Dirk Loerwald · Maik Wiesweg · Andreas Zoerner (Hrsg.)

Ökonomik und Gesellschaft

VS RESEARCH

Dirk Loerwald
Maik Wiesweg
Andreas Zoerner (Hrsg.)

Ökonomik und Gesellschaft

Festschrift für Gerd-Jan Krol

Mit einem Geleitwort von Prof. Dr. Hans-Jürgen Albers

VS RESEARCH

Bibliografische Information Der Deutschen Nationalbibliothek
Die Deutsche Nationalbibliothek verzeichnet diese Publikation in der Deutschen Nationalbibliografie; detaillierte bibliografische Daten sind im Internet über <http://dnb.d-nb.de> abrufbar.

1. Auflage 2008

Lektorat: Christina M. Brian / Britta Göhrisch-Radmacher

Der VS Verlag für Sozialwissenschaften ist ein Unternehmen von Springer Science+Business Media.
www.vs-verlag.de

Umschlaggestaltung: KünkelLopka Medienentwicklung, Heidelberg
Gedruckt auf säurefreiem und chlorfrei gebleichtem Papier
Printed in Germany

ISBN 978-3-531-15990-4

Geleitwort

von Hans-Jürgen Albers

Gerd-Jan Krol, Professor für Wirtschaftswissenschaft und ihre Didaktik am Institut für Ökonomische Bildung (IÖB) der Westfälischen Wilhelms-Universität Münster wird 65 Jahre alt. Mitarbeiter, Freunde und Kollegen nehmen dies zum Anlass, mit dieser Festschrift sein wirtschaftswissenschaftliches und wirtschaftsdidaktisches Lebenswerk zu würdigen. Die Ehrung gilt einem allseits hoch geschätzten Wissenschaftler und Kollegen, der wie kaum ein anderer die wirtschaftsdidaktische Diskussion der vergangenen Jahrzehnte geprägt und die Entwicklung der Wirtschaftsdidaktik in Forschung und Lehre gefördert hat.

1943 in Bentheim (Niedersachsen) geboren, studierte Gerd-Jan Krol nach dem Abitur in Nordhorn Volkswirtschaftslehre an der Westfälischen Wilhelms-Universität Münster. Nach dem Abschluss als Diplom-Volkswirt begann er seine wissenschaftliche Laufbahn als Wissenschaftlicher Mitarbeiter am Lehrstuhl für Volkswirtschaftstheorie (Prof. Dr. Jochen Schumann), am Institut für Genossenschaftswesen (Prof. Dr. Erich Böttcher) und – ab 1970 – als Wissenschaftlicher Mitarbeiter und Assistent am Lehrstuhl von Professor Dr. Bernhard Gahlen, Universität Augsburg. Seine Promotion 1971 zum Dr. rer. pol. an der Westfälischen Wilhelms-Universität wurde mit dem Fakultätspreis ausgezeichnet. 1974 erfolgte die Berufung an die Pädagogische Hochschule Westfalen-Lippe, Abteilung Münster, auf den Lehrstuhl für Wirtschaftswissenschaft und die Didaktik der Wirtschaftslehre (Schwerpunkt Wirtschaftspolitik). Seit 1980 ist Gerd-Jan Krol Professor im Institut für Wirtschaftswissenschaft und ihre Didaktik, ab 01.01.2000 im Institut für Ökonomische Bildung der Universität Münster.

Seine Forschungsschwerpunkte bilden sowohl wesentliche Bereiche der Grundlagenforschung (Ökonomische Bildung, Allgemeine Wirtschaftsdidaktik) als auch aktuelle Forschungsfelder der Wirtschaftsdidaktik ab (Bildungsstandards und Kompetenzen in der ökonomischen Bildung, Reform der Lehrerbildung in der ökonomischen Bildung, Verbraucherpolitik und Verbraucherbildung). Ein besonderes Forschungsanliegen waren ihm die Gegenstände von und die Zusammenhänge zwischen Umweltökonomie, Umweltpolitik und Umweltbildung.

Die Ergebnisse seiner Arbeit schlagen sich in einer beeindruckenden Zahl von Monographien und Herausgeberschaften sowie Veröffentlichungen in Zeitschriften, Handbüchern und Sammelbänden nieder (siehe Schriftenverzeichnis im Anhang dieses Bandes). Die Publikationen spiegeln die enorme Bandbreite der wissenschaftlichen Interessen und Kompetenzen von Gerd-Jan Krol wider.

Mit seinem Namen verbinden sich sowohl fachwissenschaftliche Standardwerke (seine zusammen mit anderen Autoren verfasste „Volkswirtschaftslehre – eine problemorientierte Einführung“ liegt derzeit in der 21. Auflage vor) als auch weit verbreitete unterrichtsnahe Werke (so hat er u. a. von 1978 bis 1994 die bei Lehrern und Kollegen geschätzte Reihe „Wirtschaftliche Grundbildung. Der Verbraucher in der Sozialen Marktwirtschaft“; vormals „Verbrauchererziehung und wirtschaftliche Bildung“; vormals „Informationsdienst zur wirtschaftlichen Bildung“ editiert). Große Beachtung gefunden haben auch seine grundlegenden Beiträge „'Ökonomische Bildung' ohne ‚Ökonomik'? (erschienen in: Journal für Sozialwissenschaften und ihre Didaktik 01/2001) und „Environmental Problems, Morals and Incentives in Modern Societies“ (erschienen in: Our Fragile World Challenges and Opportunities for Sustainable Development. Vol. I, ed. by M.K.Tolba, Oxford 2001). Durch seine Veröffentlichungen zieht sich wie ein roter Faden sein Grundanliegen als Forscher und akademischer Lehrer: die Verbesserung der ökonomischen Bildung und deren Anpassung an wissenschaftliche und gesellschaftliche Veränderungen. Das 2008 zusammen mit Hans Kaminski herausgegebene Werk „Ökonomische Bildung: legitimiert, etabliert, zukunftsfähig. Stand und Perspektiven“ greift dieses Anliegen erneut in umfassender Weise auf.

Wegen seiner hohen Fachkompetenz, seiner väterlichen Strenge, seines hintergründigen Humors und seinen Fähigkeiten sowohl komplizierte Sachverhalte nachvollziehbar darzustellen als auch wirtschafts- und bildungspolitische Defizite ungeschminkt beim Namen zu nennen, ist Gerd-Jan Krol bei Generationen von Studierenden hoch geschätzt und beliebt. In seinen Lehrveranstaltungen thematisiert er wirtschaftstheoretische Grundlagen der Mikro- und Makroökonomie ebenso wie wirtschaftspolitische Aspekte von Wettbewerb, Verbraucherschutz, Arbeitsmarkt und Beschäftigung. Gerüchten zu Folge war vor allem sein Seminar „Arbeitsmarkt und Beschäftigung“ bei Studierenden sehr beliebt, weil es regelmäßig als Segelseminar (meist im Ijsselmeer) stattfand und hier Professor und Studierende Wissenschaft und Muße aufs Beste miteinander verknüpfen konnten.

Von den zahlreichen Forschungsprojekten, die Gerd-Jan Krol in seinem langen Hochschullehrerdasein durchgeführt hat, sei hier nur eines seiner jüngsten erwähnt, weil es beispielhaft die von ihm angestrebte Partnerschaft von Theorie und Praxis verdeutlicht: „Praxiskontakte Wirtschaft – Wirtschaft in die Schule (PRAWIS)“. Mit dem von der Industrie- und Handelskammer Nord-Westfalen finanzierten und in Kooperation mit dem Ministerium für Schule, Jugend und Kinder (MSJK) des Landes Nordrhein Westfalen durchgeführten Modellprojekt wurde in ausgewählten Gymnasien untersucht, welchen Beitrag unterschiedliche Formen von Praxiskontakten bei der handlungsorientierten Erschließung eines

"Oberstufencurriculums Ökonomie" zu leisten vermögen. Es ist nicht zuletzt diesem Projekt zu verdanken, dass in Nordrhein-Westfalen nun in der gymnasialen Oberstufe ein Schwerpunkt Wirtschaft im Rahmen von Sozialwissenschaften gewählt werden kann.

Lieber Gerd-Jan, resp. Felix, Mitarbeiter, Freunde und Kollegen sind mit Dir jahrzehntelang die verschlungenen Pfade der Wirtschaftsdidaktik gemeinsam gegangen. Wir empfinden es als große wissenschaftliche und persönliche Bereicherung, dass wir zu diesen Weggefährten gehören durften. Wir haben Dich wegen Deiner unbestechlichen Wissenschaftlichkeit, Deiner profunden Fachkenntnisse, Deiner Geradlinigkeit und vor allem wegen Deiner Menschlichkeit als einen außerordentlichen Wissenschaftler und als eine besondere Persönlichkeit kennen und schätzen gelernt. Wir alle wünschen Dir Gesundheit, ein weiterhin erfülltes privates und wissenschaftliches Leben – mit etwas weniger Arbeit als bisher – und uns allen noch viele Begegnungen und Gespräche mit Dir in der Dir eigenen fachlich anspruchsvollen und menschlich warmen Art.

Hans-Jürgen Albers

Inhaltsverzeichnis

5 Arbeit und Gesellschaft

6 Ökonomik und gesellschaftliche Ziele

7 Wirtschaft und Globalisierung

Vorwort der Herausgeber

Bei dem Titel dieses Bandes „Ökonomik und Gesellschaft" handelt es sich um ein Begriffspaar, das – im doppelten Sinne – durch eine gewisse Spannung gekennzeichnet ist. Auf der einen Seite macht die Analyse sozialer Phänomene und Probleme seit Beginn der Wirtschaftswissenschaften ihren eigentlichen Kern aus. Ökonomen sehen die Geburtstunde ihrer Wissenschaft im Erscheinen des Werks „Vom Wohlstand der Nationen", verfasst vom schottischen Moralphilosophen Adam Smith. Ökonomik und Gesellschaft sind dementsprechend disziplingeschichtlich untrennbar miteinander verbunden. Auf der anderen Seite lässt sich beobachten, dass die Ökonomik in vielen Forschungsbereichen weitgehend mathematisiert stattfindet. Dies ist unbestritten teilweise hilfreich und angesichts einer hohen Komplexität in vielen Forschungsprozessen auch notwendig. Würde man hierauf verzichten wollen, bestünde die Gefahr von falschen logischen Schlussfolgerungen, die ihrerseits angesichts von Unschärfen in der Sprache auch nur schwierig von Dritten in der Forschungsgemeinde aufzudecken wären. Es besteht allerdings die Gefahr, dass die so angestrebte naturwissenschaftliche Exaktheit auch die gesellschaftlichen Bezüge ökonomischer Theorie verschleiert, sodass sich Wirtschaftswissenschaft und Gesellschaft perspektivisch voneinander zu lösen drohen und teilweise sogar in einen Gegensatz zu geraten scheinen. Das geht soweit, dass in der öffentlichen Wahrnehmung die Wirtschaftswissenschaft zunehmend eher als ein gesellschaftliches Problem denn als Lieferant von Lösungsbeiträgen zu gesellschaftlichen Problemen gesehen wird.

Gerd-Jan Krol war und ist die Integration der Auffassung von der Ökonomik als Sozialwissenschaft und deren strenger theoretischer und formaler Gebundenheit stets ein zentrales Anliegen. Die Theorie dient als Wegweiser auch in noch unbekannte wissenschaftliche Gefilde, doch am Ende steht die Frage nach wissenschaftlicher, didaktischer und gesellschaftlicher Relevanz. Wissenschaft dient dazu, der Gesellschaft Hilfen zur Analyse, Strukturierung und schließlich auch Lösung von Problemen und Fragestellungen anzubieten. Die Überzeugung, dass die Ökonomik hier einen originären und damit durch andere Disziplinen nicht zu ersetzenden Beitrag leisten kann, leitet Gerd-Jan Krol bis heute.

Die Beiträge des vorliegenden Bandes tragen diesem Gedanken Rechnung. Die Autorinnen und Autoren veranschaulichen anhand ausgewählter Problemstellungen die gesellschaftlichwissenschaftliche und gesellschaftspolitische Relevanz des ökonomischen Ansatzes in ganz unterschiedlichen Kontexten. Dabei folgt die Unterteilung in sieben Kapitel den Forschungsschwerpunkten Gerd-Jan Krols. Frage- und Problemstellungen aus den Bereichen Bildung, Schule, Umwelt sowie der Arbeit und weiterer gesellschaftlicher Zielgrößen, häufig auch unter wirtschaftsethischer Perspektive und seit einiger Zeit unter den veränderten Rahmenbedingungen der Globalisierung, haben Gerd-Jan Krol in seiner wissenschaftlichen Laufbahn stets besonders am Herzen gelegen. Mit Ihren Beiträgen zeigen die 38 Autorinnen und Autoren nochmals die Fruchtbarkeit des ökonomischen Denkansatzes in der Bearbeitung gesellschaftlicher Fragestellungen auf.

Karl-Hans Hartwig, *Jörg Luttmann* und *Sebastian Badura* zeigen im ersten Kapitel **Ökonomik und Umwelt** zunächst Potenziale und Ausgestaltungsmöglichkeiten der Einbeziehung des motorisierten Individualverkehrs in das marktwirtschaftliche Instrumentarium des Europäischen Emissionshandels als Alternative zum obrigkeitlichen Ordnungsrecht auf. *Ansgar Kortenjann* befasst sich aus ökonomischer Perspektive mit der Frage, ob und unter welchen Bedingungen individuell moralisches Handeln im Klimaschutz möglich und sinnvoll ist. Der europäische Emissionshandel als ökonomisches Instrument des Klimaschutzes wird im Folgenden von *Fritz Rahmeyer* analysiert. *Maik Wiesweg* befasst sich insbesondere mit der Frage, welche regionalen Verteilungswirkungen durch den Klimawandel einerseits und durch das umweltökonomische Instrumentarium zur Bekämpfung des Klimawandels andererseits ausgehen.

Im zweiten Kapitel **Wirtschaft und Moral** setzt sich zunächst *Alexander Dilger* mit einer vor allem mit dem Namen Karl Homann verbundenen Konzeption moderner Wirtschaftsethik auseinander und arbeitet in Erweiterung dieses Ansatzes mögliche Plätze der Moral in der ökonomischen Ethik heraus. Die Zusammenhänge zwischen Tausch und Täuschung werden von *Ivo Bayer* und *Holger Bonus* ökonomisch analysiert. *Aloys Prinz* und *Tanja Kasten* liefern einen vor allem empirischen Beitrag zur ökonomischen Glücksforschung, in welchem sie Zusammenhänge zwischen der allgemeinen Lebenszufriedenheit und unterschiedlichen Bereichszufriedenheiten (z. B. Arbeit, Freizeit etc.) herstellen und innerdeutsche Bestimmungsfaktoren für die allgemeine Lebenszufriedenheit herausarbeiten. Mit unterschiedlichen Menschenbildern der Ökonomie setzt sich *Hans Jürgen Schlösser* auseinander. *Günther Seeber* stellt grundsätzliche Überlegungen zu einer Verknüpfung empirischer Gerechtigkeitsforschung mit fundamentalen wirtschaftsdidaktischen Annahmen an.

Das dritte Kapitel **Ökonomik und Bildung** eröffnet *Hans Kaminski* mit Überlegungen zu konzeptionellen Grundlagen einer ökonomischen Bildung. Dabei zeigt er die dreifache Dilemmasituation auf, in der sich gerade Hochschullehrer bei der Förderung ökonomischer Bildung befinden. *Manfred Hübner* schließt daran Gedanken zum Gegenstandsbereich ökonomischer Bildung an. *Dietmar Krafft*, der langjährige Münsteraner Kollege Gerd-Jan Krols, zeigt in einem weiten Rückblick die historischen und kulturellen Widerstände gegen die Etablierung ökonomischer Bildung an Schulen in Deutschland auf. *Andreas Zoerner* belegt in seinem Beitrag die Notwendigkeit einer theoriefundierten ökonomischen Bildung, um in Bildungsprozessen der Falle des Trugschlusses von Verallgemeinerungen zu entgehen. *Thomas Retzmann* lotet in seinem Beitrag das Potenzial der Spieltheorie für die ökonomische Bildung kompetenztheoretisch aus.

Das anschließende vierte Kapitel **Wirtschaft und Schule** stellt das Potenzial ökonomischer Kategorien und Methoden zur Erweiterung traditioneller Bildungsprozesse vor. Zunächst unterzieht *Dirk Loerwald* die häufig gehörte Forderung nach Multiperspektivität in Bildungsprozessen einer eingehenden Untersuchung und wendet das gerne als Entgegnung gegenüber der Forderung nach fachwissenschaftlich fundierter ökonomischer Bildung vorgetragene Diktum in ein eine solcherart konzipierte ökonomische Bildung stützendes Argument. *Katrin Eggert* und *Michael Koch* zeigen am Beispiel des Urheberrechtes auf, dass es bei der Forderung nach Stärkung der ökonomischen Bildung in der Schule nicht um den Aufbau eines Gegensatzes zur politischen Bildung geht, sondern um die erklärungskräftige Ergänzung der politischen durch eine originär ökonomische Perspektive und belegen die wechselseitige Abhängigkeit der beiden Zugänge in der Bearbeitung gesellschaftlicher Fragestellungen. *Claudia Wiepcke* schließlich stellt in ihrem Beitrag Möglichkeiten vor, das Konzept der Entrepreneurship Education unter der Perspektive von Nachhaltigkeit und Employability zu erweitern.

Mit dem folgenden Kapitel **Arbeit und Gesellschaft** widmen wir uns einer Thematik, der Gerd-Jan Krol insbesondere in der Lehre stets aufs Engste verbunden ist. *Alfons Schmid* untersucht in seinem Beitrag die Besonderheiten elektronischer Arbeitsmärkte für die Marktkoordination. Anschließend stellt *Manfred Borchert* eine theoriegeleitete Diagnose der Arbeitslosigkeit in den alten Bundesländern vor. Auch *Gustav Dieckheuer* fragt in seinem Beitrag nach den Ursachen der Arbeitslosigkeit und überprüft mit der Mismatch- und der Globalisierungsthese zwei konkurrierende Ansätze auf ihr Erklärungspotenzial. *Thomas Apolte* untersucht die Auswirkungen staatlicher (Familien-)Politik auf das Erwerbsverhalten privater Haushalte. Das Kapitel abschließend untersucht *Heinz-Dieter Hardes* vor dem Hintergrund des demographischen Wandels in Deutschland die Bedeutung betrieblichen Gesundheitsmanagements für Arbeitszufriedenheit und Arbeitsfähigkeit.

Im sechsten Kapitel **Ökonomik und gesellschaftliche Ziele** setzen sich *Ansgar Belke, Martin Leschke, Wim Kösters* und *Thorsten Polleit* kritisch mit einer Geldpolitik auf Basis des realen neutralen Zinses auseinander und bewegen sich hiermit in der aktuellen geldpolitischen Diskussion. *Norbert Eickhof* und *Marina Gruševaja* zeigen anhand der russischen Wettbewerbspolitik die Schwierigkeiten und Herausforderungen einer Übernahme bzw. „Transplantation" evolutorisch gewachsener Institutionen westlicher Prägung auf. Der Beitrag von

Andreas Liening ist in den Forschungsbereich der Neuen Wachstumstheorie anzusiedeln. Er setzt sich explizit mit dem Beitrag des Humankapitals zum Wirtschaftswachstum auseinander.

Im abschließenden, aber gleichwohl wichtigen siebten Kapitel **Wirtschaft und Globalisierung** erläutert *Albrecht Söllner*, welche Erkenntnisse die Neue Institutionenökonomik für das Internationale Management bietet. Mit den Auswirkungen von Globalisierung auf Wertschöpfungsstrategien der Unternehmen insbesondere hinsichtlich der Veränderung von Governancestrukturen befasst sich der Beitrag von *Theresia Theurl*. *Jan Karpe* und *Michael Krohn* nehmen mit China einen für westliche Unternehmen immer wichtiger werdenden Unternehmensstandort in den Blick und befassen sich mit den Herausforderungen eines interkulturellen Personalmanagements. *Klaus-Peter Kruber* schließlich nähert sich dem Themenfeld Globalisierung aus einer wirtschaftsdidaktischen Perspektive und empfiehlt angesichts der Fülle des Lehrstoffs eine Orientierung an der kategorialen Bildung.

Mit diesem Band möchten wir, die Herausgeber, unserem akademischen Lehrer Gerd-Jan Krol herzlich für die Unterstützung danken, die wir auf wie auch abseits des wissenschaftlichen Weges durch ihn erhalten haben, für die Möglichkeiten, die er uns eröffnet hat, und die unzähligen konstruktiven Gespräche, die unser eigenes Wissenschaftsverständnis nachhaltig beeinflusst haben. Ebenso bedanken wir uns bei Frau Gesine Krol, die uns bei der organisatorischen Vorbereitung der Festschrift eine große Hilfe war. Darüber hinaus danken wir allen Autoren, die mit ihren inspirierenden Beiträgen das Zustandekommen der Festschrift erst ermöglicht haben. Hervorzuheben sind hier Prof. Dr. Thomas Apolte und Prof. Dr. Alexander Dilger, denen wir für die institutionelle und finanzielle Unterstützung durch das Münsteraner IÖB danken. Nicht zuletzt sind wir Frau Christina Brian und Frau Britta Göhrisch-Radmacher vom VS Verlag für die professionelle und konstruktive Zusammenarbeit zu Dank verpflichtet. Wir hoffen, dass Sie alle mit dem vorliegenden Ergebnis genauso zufrieden sind wie wir.

Dirk Loerwald
Maik Wiesweg
Andreas Zoerner

Teil 1
Ökonomik und Umwelt

Emissionshandel für PKW – Eine ökologische und ökonomische Alternative zu CO_2-Grenzwerten

Karl-Hans Hartwig, Jörg Luttmann, Sebastian Badura

1 Das Scheitern der Selbstverpflichtungen der Automobilindustrie

„Es wird keine weiteren Selbstverpflichtungen mehr geben. Das ist eine schlechte Nachricht für deutsche Premiumhersteller. Die italienischen und französischen Autobauer sind nicht mehr willens, die Deutschen bei den Emissionen ein zweites Mal zu subventionieren". Mit diesen Äußerungen reagierte der Industriekommissar der Europäischen Kommission, Günter Verheugen, im Januar 2007 darauf, dass die europäischen Autobauer – allen voran, die Deutschen – ihre selbstgesetzten Klimaschutzziele für das Jahr 2008 mit Sicherheit nicht erreichen werden (G. Verheugen 2007). 1998 hatte der Verband Europäischer Automobilhersteller (ACEA) im Rahmen einer freiwilligen Selbstverpflichtungserklärung gegenüber der Europäischen Kommission eine Verringerung der durchschnittlichen CO_2-Emissionen seiner aktuell verkauften Flotte von 198 g/km unter 140 g/km bis 2008 angekündigt (ACEA 1998).

Bislang scheinen jedoch nur drei von insgesamt 20 Automobilherstellern – Fiat, Citroen und Renault – dabei, dieser Selbstverpflichtung nachzukommen. Den anderen Herstellern ist es zwar ebenfalls gelungen, mit technischen Innovationen die Effizienz des Kraftstoffverbrauchs zu steigern, durch stärkere Motorisierung, höhere Fahrzeuggewichte und zusätzliche Komfortausstattung („upsizing") wurden diese Effizienzgewinne jedoch teilweise kompensiert. So sank etwa von 1980 bis 2004 der durchschnittliche Kraftstoffverbrauch von Pkw von 10,1 l/100 km auf 7,4 l/100 km bei einer gleichzeitigen Zunahme der durchschnittlichen Motorleistung von 53 kw auf 73 kw (T & E 2006). Da das Verkehrsaufkommen stark wuchs, stiegen die Treibhausgasemissionen aus dem Straßenverkehr in den 25 Mitgliedstaaten der EU von 1990 bis 2004 um nahezu 26 %, während die Gesamtemissionen aller Sektoren um fast 5 % zurückgingen (H. J. Ziesing 2006). Die Europäische Kommission hat daher im Februar 2007 beschlossen, mit eigenen Maßnahmen den durchschnittlichen CO_2-Ausstoß bei neuen Pkw-Modellen bis 2012 auf 120 g zu senken (EU-Kommission 2007).

Nun sind in diesem Zusammenhang verschiedene Hinweise angebracht: Erstens sind die Bedeutung anthropogener Treibhausgasemissionen für den weltweiten Klimawandel wie auch die Auswirkungen eines Klimawandels zumindest in den Naturwissenschaften, im Gegensatz zu Politik und Medien, nicht unumstritten (L. C. Gerhard/B. M. Hanson 2006). Zweitens ist vor der Fehleinschätzung zu warnen, dass die weltweite Menge an CO_2-Emissionen dadurch abnimmt, dass einige Länder ihre Emissionen verringern. Vielmehr dürfte diese Verringerung über einen entsprechenden Rückgang der Nachfrage nach fossilen Brennstoffen deren Marktpreise senken und damit andere Länder dazu veranlassen, mehr zu verbrauchen als bisher, ein Effekt, der noch verstärkt wird, wenn die Förderländer aus Befürchtung vor um sich greifenden Klima schonenden Maßnahmen ihre gegenwärtige Förderung erhöhen (A. Endres 2007: 287). Drittens sind der geringere Kraftstoffverbrauch und damit die CO_2-Emissionen pro km der französischen und italienischen Flotten weniger auf höhere Kraftstoffeffizienz zurückzuführen, als vielmehr darauf, dass deren Hersteller vor allem kleinere und damit sparsamere Fahrzeuge produzieren. Viertens zeigt sich bei genauerem Hinsehen, dass zwar die CO_2-Emissionen des Straßenverkehrs in der jüngeren Vergangenheit insgesamt gestiegen sind, Verursacher dafür aber der Güterverkehr war. Letzterer verursachte z. B. in Deutschland von 1990 bis 2002 eine Zunahme der CO_2-Emissionen um 20 %, während die Emissionen des Pkw-Verkehrs um 4 % zurückgingen, sodass die Gesamtemissionen des Straßenverkehrs um 5,4 % zunahmen (FiFo 2005: 23 f.). Fünftens schließlich gehen aktuelle Prognosen davon aus, dass durch weitere deutliche Verbesserungen der Kraftstoffeffizienz und nahezu stagnierende Kilometerleistungen des motorisierten Individualverkehrs die Energienachfrage des Straßenverkehrs und damit dessen CO_2-Emissionen von 180 Mio. t in 2001 auf 140 Mio. t im Jahr 2030 zurückgehen wird (EWI & Prognos 2005).

Diesen sowohl den aktuellen als auch zukünftigen umweltpolitischen Handlungsdruck mindernden Faktoren steht allerdings entgegen, dass der gegenwärtig prognostizierte Rückgang des Kraftstoffverbrauchs allein auf einer Minderung von Otto-Kraftstoffen beruht, während der Einsatz der wesentlich CO_2-intensiveren Dieselkraftstoffe eher zunehmen wird (IFEU 2003: 72). Auch variieren die Einschätzungen über künftige Effizienzgewinne und Reduktionspotenziale beim Kraftstoffeinsatz erheblich (UBA 2003: 25) und haben in der Vergangenheit nahezu alle Prognosen die weitere Entwicklung des Straßenverkehrs systematisch unterschätzt. Zudem darf nicht übersehen werden, dass der für 2030 prognostizierte Rückgang der CO_2-Emissionen des Straßenverkehrs im Vergleich zu anderen Branchen vergleichsweise bescheiden ist. Da somit der Anteil des Straßenverkehrs und damit auch des Pkw-Verkehrs an den Emissionen weiterhin zunehmen dürfte, beabsichtigt die Politik Maßnahmen, um ihre Klimaschutzziele durch den Straßenverkehr nicht zu gefährden. Zentrales Element sind Vorschriften zur Reduktion der CO_2-Emissionen für Neufahrzeuge. Dazu sollen Mindestanforderungen an die Kraftstoffeffizienz von Klimaanlagen, Vorgaben für die Beimischung von Biokraftstoffen, die Verpflichtung zum Einbau von Systemen zur Reifendrucküberwachung und steuerliche Maßnahmen, wie der Umstellung der Kfz-Steuer von der Hubraumdominanz zur CO_2-Orientierung kommen sowie die Überprüfung, „ob der Straßenverkehrssektor im 2013 beginnenden dritten Zuteilungszeitraum in das EU-Emissionshandelssystem einbezogen werden kann“ (EU-Kommission 2007).

Mit einer solchen Zertifikatlösung für den motorisierten Individualverkehr beträten die EU und ihre Mitgliedstaaten umwelt- und verkehrspolitisches Neuland, kamen doch bislang neben den bereits genannten Selbstverpflichtungen die klassische Auflagen- und Abgabenpolitik zum Einsatz. Im Vergleich dazu gelten Umweltzertifikate gerade bei der Erreichung von Klimazielen – bei entsprechender Ausgestaltung – sowohl als flexibel und ökologisch effektiv, d. h. treffsicher, als auch als ökonomisch effizient, worunter zu verstehen ist, dass das vorgegebene Umweltziel mit den geringst möglichen volkswirtschaftlichen Kosten erreicht und umwelttechnischer Fortschritt induziert wird (K.-H. Hartwig 2007: 229 ff.). Inwieweit dies auch für CO_2-Emissionsrechte für den Pkw-Verkehr zutrifft, soll im Folgenden geprüft werden. Da unter den volkswirtschaftlichen Kosten der Umweltverbesserung häufig allerdings nur die Vermeidungskosten der Regulierten verstanden werden, müssen die Kosten um eine Transaktionskostenkomponente ergänzt werden. Sie betrifft jene Kosten, die beim Staat und den Regulierten bei der Implementierung eines Emissionshandels anfallen (R. Geres 2002).

2 Ausgestaltungsmöglichkeiten eines CO_2-Zertifikatehandels

Verkehrsbedingte CO_2-Emissionen entstehen durch die Verbrennung fossiler Kraftstoffe, die direkt für den Antrieb von Motoren oder indirekt für die Erzeugung von Strom zum Betrieb von elektrischen Fahrzeugen eingesetzt werden. Darüber hinaus fallen Emissionen bei der Herstellung von Fahrzeugen, der Kraftstoffbereitstellung in Raffinerien und beim Betrieb der Verkehrsinfrastruktureinrichtungen an. Mit deutlich mehr als 70 % wird der Großteil der CO_2-Emissionen in der Betriebsphase der Fahrzeuge durch die Nutzung von Kraftstoffen und Strom verursacht (G. W. Schweimer 2000), wobei die bei der Stromproduktion entstehenden Emissionen ebenso wie die in den Raffinerien anfallenden Emissionen bereits in der aktuellen EU-Emissionshandelsrichtlinie für stationäre Anlagen berücksichtigt sind.

Die direkten CO_2-Emissionen des Straßenverkehrs werden von drei Faktoren beeinflusst: Den von den Fahrzeugen erbrachten Kilometerleistungen, dem jeweiligen Endenergieverbrauch pro km sowie dem Fahrverhalten. Verantwortlich dafür sind drei Gruppen von Akteuren: Die Fahrzeugnutzer, die als Endverbraucher oder als Transportunternehmen die eigentliche Fahrtentscheidung treffen und mit ihrer Fahrweise, der Fahrzeugwartung und dem Fahrzeugkauf den spezifischen Verbrauch bestimmen, die Fahrzeughersteller, die durch ihre Fahrzeugentwicklung die Kraftstoffeffizienz und den Einsatz CO_2-sparender Kraftstoffe beeinflussen, und die Kraftstoffhersteller, die durch ihre Preise auf den Kraftstoffverbrauch sowie durch Änderung der Kraftstoffqualitäten und die Beimischung regenerativ erzeugter Produkte auf den Kohlenstoffgehalt einwirken.

Zwischen verbrauchter Kraftstoffmenge und CO_2-Emissionen besteht bei mineralölbasierten Kraftstoffen und Erdgas ein direkter stöchiometrischer Zusammenhang. Eine Messung der Emissionen ist daher nicht erforderlich. Für ein Emissionshandelssystem kann vielmehr der jeweilige Brennstoffverbrauch als Bemessungsgrundlage herangezogen werden. Das bedeutet, dass das System an jedem Punkt der Energiebereitstellungskette ansetzen kann und Zertifikatspflichtige – diejenigen, die verpflichtet sind, Zertifikate für die Emissionen nachzuweisen – und Belastungsträger – jene, welche die finanziellen Belastungen aus den Zertifikaten tragen sollen – nicht identisch sein müssen (J. Heister u. a. 1990; PWC 2002: 107 f.; O. Deuber 2002: 52). Zertifikatspflichtige Akteure der Energiebereitstellungskette können sein: Kraftstoffbereitsteller (Upstream-Ansatz), Pkw-Hersteller (Midstream-Ansatz) sowie Pkw-Eigentümer und -Nutzer (Downstream-Anssatz).

Der Grundgedanke des Emissionshandels besteht darin, dass die zertifikatspflichtigen Akteure nur noch so viel emittieren dürfen, wie durch den Umfang der von ihnen jeweils gehaltenen Emissionsrechte abgedeckt ist. Die Einhaltung erfolgt durch den Vergleich von verbrieften und tatsächlichen Emissionen. Zertifikatspflichtige, die größere als die ihnen zur Verfügung stehenden Mengen emittieren wollen, müssen sich am Zertifikatsmarkt zusätzliche Emissionsrechte beschaffen, Besitzer überzähliger Emissionsrechte können diese am Markt veräußern. Je nach institutioneller Ausgestaltung kann der Zertifikatehandel innerhalb eines Sektors oder Subsektors eines nationalen Hoheitsgebietes erfolgen (geschlossenes System) oder über Sektor- und Staatsgrenzen hinaus (offenes System). Ein geschlossenes System für den Pkw-Verkehr würde etwa darin bestehen, dass Zertifikate nur zwischen Pkw-Nutzern in Deutschland – also innerhalb des Subsystems motorisierter Individualverkehr – gehandelt werden dürften.

Ebenfalls geschlossen wäre das System, wenn ein Zertifikatehandel innerhalb des gesamten deutschen Verkehrssektors möglich wäre, also zwischen Pkw-Nutzern sowie Speditionen, Schienentransportunternehmen und Airlines. In einem offenen Handelssystem könnte ein Zertifikatehandel auch zwischen den Akteuren des Verkehrssektors und anderer Sektoren, etwa der Energieversorgung oder energieintensiver Industrien, erfolgen. Darüber hinaus ist schließlich eine internationale Öffnung möglich, wie sie im Handelssystem des Kyoto-Protokolls angelegt ist. Hier müssten dann Pkw-Nutzer mit ihrer traditionell geringen Preiselastizität und dementsprechend hohen Grenzvermeidungskosten ihre Pkw-spezifischen Emissionen nicht reduzieren, sondern sie könnten statt dessen Emissionsrechte russischer Stahlunternehmen kaufen.

Im Rahmen eines geschlossenen oder offenen Handelssystems können die Emissionsvorgaben für den Pkw-Verkehr dann in absoluten oder in spezifischen Werten erfolgen (PWC 2002: 25). Absolute Vorgaben für CO_2-Emissionen begrenzen den jährlichen Ausstoß direkt in t CO_2, wie etwa im Kyoto-Protokoll. Bei spezifischen Emissionszielen bezieht sich die Emission bzw. Emissionsreduktion auf ein Produkt oder eine Leistung, wie g CO_2/Fahrzeugkilometer oder g CO_2/Personenkilometer.

2.1 Downstream-Ansatz

Der Downstream-Ansatz orientiert sich am Verursacherprinzip. Danach ist der Fahrzeugnutzer als Endverbraucher und letztes Glied in der Energieflusskette der eigentliche Verursacher der Emissionen und daher der Zertifikatspflicht zu unterwerfen. Faktisch ist dazu für den motorisierten Individualverkehr ein CO_2-Emissionsziel als Cap für einen bestimmten Zeitraum festzulegen und die Emissionszielmenge auf die Fahrzeugnutzer aufzuteilen. Die Zuteilung kann nach den üblichen Methoden erfolgen, d. h. kostenlos pro Kopf der erwachsenen Bevölkerung, durch eine Versteigerung, die in zeitlichen Abständen erfolgt, oder durch Mischformen aus kostenloser Zuteilung und Versteigerung. So könnten Pkw-Halter oder auch alle Bürger im Rahmen einer „Bürgerlizenzlösung" für jedes Jahr eine aufladbare elektronische Chipkarte mit CO_2-Emissionsrechten erhalten, von der bei jedem Tankvorgang mit der Bezahlung des Kraftstoffes die entsprechende Menge an Emissionsrechten abgebucht wird (Swedish EPA 2006: 36). Bei einer Tankfüllung von 50 l Benzin entspräche das etwa 118 kg CO_2, bei 50 l Diesel etwa 132 kg CO_2 (PWC 2002: 32). Ist das Kontingent an Zertifikaten verbraucht muss bei einer weiteren Pkw-Nutzung die Karte zum jeweiligen Marktpreis an Tankstellen oder anderen geeigneten Stellen mit Zertifikaten neu aufgeladen werden. Umgekehrt können nicht benötigte Zertifikate veräußert werden.

Der Downstream-Ansatz bewirkt letztlich eine Verteuerung emissionsintensiver Transporte und damit eine Anpassung des Verhaltens der Pkw-Nutzer (H. Neu 1990: 151). Diese können über die Wahl des Fahrzeugtyps, einen anderen Treibstoff, einen geänderten Fahrstil, die gemeinsame Nutzung von Fahrzeugen, die Wahl des Verkehrsmittels, aber auch durch den Verzicht von Fahrten die von ihnen verursachten Emissionen direkt beeinflussen. Indirekt beeinflussen die Nachfragereaktionen auch das Verhalten von Fahrzeug- und Kraftstoffherstellern. Für die Hersteller von Pkw ergeben sich Anreize zur Verbesserung der Kraftstoffeffizienz, für die Kraftstoffhersteller Anreize, den Kohlenstoffgehalt des Kraftstoffs etwa durch Beimischung von Biokraftstoffen zu verringern. Dabei hängen Art und Ausmaß der Anpassungsreaktionen der unterschiedlichen Akteure nicht nur vom Umfang der staatlichen Zielvorgabe ab, d. h. der Begrenzung der Gesamtemissionen bzw. ihrer Reduktion, sondern in besonderem Maße auch von der Art des Handelssystems. So dürften in einem offenen System, das ein sektorübergreifendes Emissionsziel vorgibt, zertifikatspflichtige Pkw-Nutzer aufgrund der sehr geringen Preiselastizität der Verkehrsnachfrage vorwiegend als Käufer von Emissionsrechten auftreten, was dazu führt, dass sich das Verkehrsverhalten letztlich nur geringfügig ändert und damit die CO_2-Emissionen des Pkw-Verkehrs kaum abnehmen. In einem geschlossenen System, in dem, politisch gewollt, der motorisierte Individualverkehr seine Emissionen reduzieren soll, fallen die Reaktionen deutlich stärker aus.

2.2 Midstream-Ansatz

Beim Midstream-Ansatz unterliegen die Fahrzeughersteller der Zertifikatspflicht. Sie müssen beim Verkauf an die Pkw-Händler Zertifikate für Emissionen in der Höhe nachweisen, die von seinen Fahrzeugen während ihrer gesamten Nutzungsdauer voraussichtlich verursacht werden (D. Kniestedt 1999). Die CO_2-Emissionen pro Fahrzeug ergeben sich aus der Lebenslaufleistung, dem dabei entstehenden spezifischen Energieverbrauch und der CO_2-Intensität des jeweiligen Energieträgers. Die Hersteller können weder die Zahl der verkauften Fahrzeuge noch deren Fahrleistungen oder auch die Fahrweise und dementsprechend auch nicht die Höhe der absoluten Gesamtemissionen direkt beeinflussen. Ihrem direkten Einfluss unterliegen die Kraftstoffeffizienz und die Kohlenstoffintensität, die sie durch neue Technologien und leichtere Fahrzeuge verbessern können. Daher bietet sich eine spezifische Zielvorgabe in g CO_2/km an. Die Zielvorgabe gilt für die gesamte Flotte jedes Herstellers und wird mit den jeweiligen tatsächlichen spezifischen Flottenemissionen in g CO_2/km verglichen. Letztere ergibt sich durch Division der mit den jeweiligen Verkaufszahlen gewichteten Emissionen aller Fahrzeuge und Modelle einer Marke durch die Gesamtzahl der verkauften Fahrzeuge der Marke (O. Deuber 2002). Die jeweilige Zahl der Emissionszertifikate für jeden Hersteller wird dann berechnet, indem die Differenz zwischen den Zielwerten und seinen tatsächlichen spezifischen Flottenemissionen mit der Anzahl der zugelassenen Pkw seiner Marke und der durchschnittlichen Gesamtfahrleistung multipliziert wird.

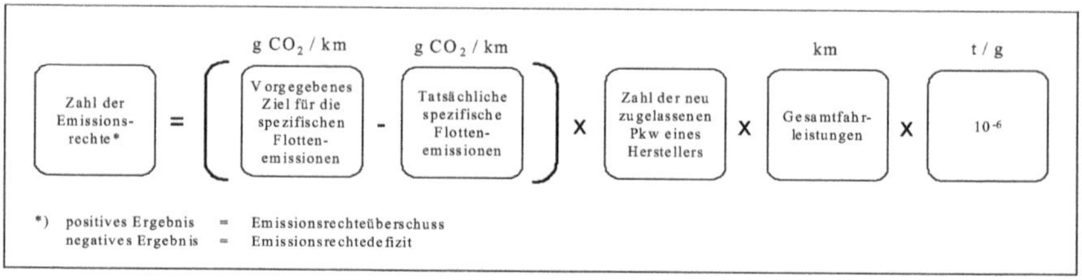

Quelle: PWC 2002: 36.

Abbildung 1: Berechnung des Emissionsrechteüberschusses bzw. -defizits

Basis des Emissionshandels ist ein Baseline and Credit-System (PWC 2002: 26). Hier erfolgt die Zuteilung von Zertifikaten auf die Emittenten nicht von vornherein durch Großvaterrechte oder eine Auktion, sondern über ein Vergleichsszenario. Übersteigen die tatsächlichen spezifischen Emissionen der Flotte eines Herstellers die Flottenemissionsstandards, entsteht ein Emissionsrechtedefizit, d. h. der Hersteller muss Emissionsrechte erwerben. Unterschreiten die Emissionen die Emissionsstandards, werden handelbare Emissionsrechte ausgegeben. In einem offenen Handelssystem mit Sektoren, für die absolute Emissionsziele bestehen, müssen besondere Vorkehrungen getroffen werden (M. Stronzik/G. Bühler/U. Lambrecht 2002: 199 f.; H. Neu 1990). Das liegt daran, dass bei spezifischen Emissionszielen die absoluten Emissionen trotz Verringerung der spezifischen Emissionswerte steigen können, wenn gleichzeitig die Fahrzeugverkäufe oder Gesamtfahrleistungen der Pkw überproportional zunehmen. Dann erhalten aber die Fahrzeughersteller trotz gestiegener absoluter Emissionen entsprechend dem Baseline and Credit-System zusätzliche Zertifikate zugeteilt, die sie an die Emittenten anderer Sektoren verkaufen können. Insgesamt erhöht sich so die Anzahl der Emissionsrechte im Gesamtsystem. Um dies zu verhindern, muss ein Verkauf von Emissionsrechten aus Bereichen mit spezifischen Emissionszielen in Bereiche mit absoluten Zielen unterbunden werden, während ein Handel in umgekehrter Richtung erlaubt ist. Gelingt eine solche „Gateway-Lösung“, so kann der Handel der Emissionsrechte sowohl in einem offenen System erfolgen als auch innerhalb eines geschlossenen Systems zwischen den Fahrzeugherstellern.

Die Zertifikatspflicht für Hersteller soll direkte Anreize zur Produktion schadstoffärmerer Pkw vermitteln. Da bei einem Überschreiten des spezifischen Flottenemissionsziels Zertifikate erworben werden müssen, verteuern sich die entsprechenden Pkw-Modelle. Geben die Hersteller die mit den Zertifikaten verbundenen Kosten über den Absatzpreis weiter, werden indirekt auch die eigentlichen CO_2-Emittenten beeinflusst. Es kommt zu Anpassungen ihrer Transportnachfrage. Zumindest ein Teil der Käufer wird auf schadstoffärmere Pkw oder andere Transportmittel umsteigen. Bereits diese Möglichkeiten veranlassen die Hersteller zur Suche nach Emissionsminderungen durch geringere c_w-Werte, leichtere Fahrzeuge, neue Antriebskonzepte, wie Turbinen und Elektromotoren, sowie den Einsatz schadstoffsarmer Energieträger. Schätzungen gehen davon aus, dass für Pkw zwischen 1990 und 2010 Energieverbrauchsreduktionen unter ökonomischen Gesichtspunkten von 20 % bis 50 % möglich sind, unter rein technischen Gesichtspunkten sogar von 30 % bis 70 % (P. Kageson 2001).

2.3 Upstream-Ansatz

Der Upstream-Ansatz setzt mit absoluten Emissionszielen direkt am oberen Bereich der Energieflusskette an. Zertifikatspflichtig sind dementsprechend die Produzenten und Importeure der Brennstoffe. Aufgrund des direkten Zusammenhangs zwischen verbrannter Treibstoffmenge und Emissionsmenge müssen sie für alle von ihnen in Umlauf gebrachten, d. h. verkauften Treibstoffmengen Zertifikate nachweisen. Sollen größere Treibstoffmengen bei gegebenem Kohlenstoffanteil verkauft werden, müssen weitere Zertifikate gekauft, im umgekehrten Falle können frei werdende Zertifikate verkauft werden (SRU 2005: 174). Das Emissionsziel wird in absoluten Mengen t CO_2 vorgegeben, die Erstausgabe der daraus abgeleiteten Emissionsrechte kann kostenlos, durch Versteigerung oder mittels einer Mischform erfolgen. Da bei Benzin und Dieselkraftstoffen eine Differenzierung des Verbrauchs nach Pkw, Lkw und Bussen auf der Upstream-Ebene der Mineralölproduzenten und -händler nur sehr schwer möglich ist, ist eine Beschränkung des Zertifikatehandels allein auf den Pkw-Bereich ausgeschlossen. Das Handelssystem muss mindestens den gesamten Verkehrssektor umfassen.

Die Kosten der Zertifikate werden von den Akteuren der Upstream-Ebene auf ihre Verkaufspreise überwälzt und damit an die Pkw-Nutzer als Endverbraucher weitergegeben (M. Stronzik/G. Bühler/U. Lambrecht 2002: 203). Auch erfolgt die Wirkung auf die Pkw-Nutzer als eigentliche Verursacher der CO_2-Emissionen indirekt. Für sie ist die Auswirkung des Zertifikatehandels vergleichbar mit einer CO_2-Steuer. Sie tragen die Belastungen aus der Zertifikatpflicht und werden mit einer Reduktion ihrer Fahrleistungen, vor allem aber mit dem verstärkten Einsatz energieeffizienter Fahrzeuge reagieren. Während bei einer reinen Emissionssteuer jedoch die tatsächliche Gesamtmenge an Emissionen letztlich unbestimmt ist oder sich selbst im Rahmen eines langwierigen Trial-and-Error-Prozesses der politisch angestrebten Menge allenfalls nähert, wird beim Zertifikatehandel im Rahmen des Upstream-Ansatzes das vorgegebene Mengenziel durch die begrenzte Menge an Emissionsrechten sicher erreicht.

3 Effektivität und Effizienz eines Zertifikatehandels

Ein erster Vergleich zwischen den verschiedenen Ansätzen zeigt, dass der Midstream-Ansatz den beiden anderen Ansätzen hinsichtlich der ökologischen Treffsicherheit unterlegen ist. Im Gegensatz zum Upstream- und Downstream-Ansatz mit ihren absoluten Zielvorgaben, können spezifische Emissionsvorgaben in g CO_2/km nicht verhindern, dass trotz Erfüllung der spezifischen Emissionswerte für die einzelnen Fahrzeugflotten die Verkehrsleistungen und damit auch die Menge an verkehrsbedingten Gesamtemissionen zunehmen. Darüber hinaus können spezifische Emissionswerte nur für Neufahrzeuge vorgegeben werden, womit in einer Übergangsphase die Pkw-Emissionen aus Altfahrzeugen unberücksichtigt bleiben, die den Großteil der Gesamtflotte ausmachen und deren gegenwärtige durchschnittliche Nutzungsdauer von 15 Jahren sich künftig zudem verlängern kann. Aus ökologischer Sicht sind sie daher weniger zielführend. Spezifische Emissionsziele können allerdings gezielt als Anreiz zur Steigerung der Kraftstoffeffizienz von Fahrzeugen und damit als direkter Innovationsanreiz für die Fahrzeughersteller dienen.

Anreize zur Entwicklung neuer Vermeidungstechniken und -strategien entfalten auch die beiden anderen Ansätze. Geht man davon aus, dass die Innovationsvielfalt um so größer ist, je mehr Vermeidungsoptionen den zertifikatspflichtigen Akteuren zur Verfügung stehen, müsste der Downstream-Ansatz, der direkt auf den Pkw-Nutzer als eigentlichen Emittenten von CO_2 gerichtet ist, das größte Innovationspotenzial aufweisen, da die Nutzer sowohl direkt mit Verkehrsvermeidung, Verkehrsverlagerung und der Nutzung energieeffzienterer Fahrzeuge reagieren als auch über ihr Verhalten indirekt die Fahrzeughersteller zur Entwicklung solcher Fahrzeuge und die Raffinerien zur Herstellung CO_2-ärmerer Treibstoffe veranlassen können (IFEU 2003: 81). Die Innovationsanreize dürften auch um so stärker sein, je größer der Vermeidungsdruck für die Akteure ist, was dafür spräche, den Emissionsrechtehandel auf den Pkw-Bereich zu beschränken. Andererseits reduziert man damit aber den Grad der Kosteneffizienz, weil man die Möglichkeit beschränkt, Emissionen in jenen Bereichen von Wirtschaft und Gesellschaft zu senken, in denen die Grenzvermeidungskosten am niedrigsten sind. Da im Verkehrssektor und insbesondere im motorisierten Individualverkehr höhere Zahlungsbereitschaften und höhere technische CO_2-Vermeidungskosten durch Fahrzeugverbesserungen bestehen als in anderen Sektoren (M. Junkernheinrich 2002; SRU 1996; VDA 2000), wäre es nicht effizient, den Emissionsrechtehandel auf den Pkw-Verkehr zu beschränken. Ein offenes Handelssystem würde gegenüber einem geschlossenen System hinsichtlich der Vermeidungskosten deutliche Effizienzgewinne bringen (UBA 2003: 26). Zudem verhindert es Wettbewerbsverzerrungen und Einnahmenausfälle durch Tanktourismus.

Die Vorteile, die das direkt beim Emissionsverursacher Pkw-Nutzer ansetzende Downstream-Modell im Hinblick auf die größere Innovationsvielfalt aufweisen könnte, werden durch die ausgesprochen hohen Transaktionskosten relativiert, die damit sowohl für den Staat als auch die zertifikatspflichtigen Akteure verbunden sind (U. Blum/F. Leibrand 1993; Swedish EPA 2006). Bei etwa 45 Mio. Pkw in Deutschland und 80 Mio. Einwohnern, die gegebenenfalls im Rahmen einer „Bürgerlizenzlösung" mit Emissionsrechten ausgestattet werden müssten, die Emissionsrechte beim Tanken entwerten müssten und sich zu großen Teilen am Emissionshandel beteiligen würden, entstehen unverhältnismäßig hohe Implementierungs-, Durchführungs- und Kontrollkosten sowie entsprechende Sanktionskosten. Hohe Transaktionskosten für die betroffenen Akteure könnten zudem zu erheblichen Akzeptanzproblemen in der Bevölkerung führen, die dann wiederum erst mit entsprechendem Aufwand überwunden werden müssten (J. Heister u. a. 1990; M. Stronzik/G. Bühler/U. Lambrecht 2002: 206). Im Vergleich dazu sind die Transaktionskosten beim Midstream-Ansatz und beim Downstream-Ansatz aufgrund der deutlich geringeren Anzahl der direkt betroffenen Akteure für alle Beteiligten wesentlich niedriger. So wird in Deutschland nahezu die gesamte Zahl an Neuwagen von weniger als 50 Markenherstellern angeboten, die beim Midstream-Modell zertifikatspflichtig wären (IFEU 2003: 71; VDA 2007: 56 ff.). Die Zahl der Hersteller und Importeure von mineralölbasierten Kraftstoffen (Benzin, Diesel, Erdgas, Flüssiggas), die auch auf absehbare Zeit noch mehr als 95 % des verkehrlichen Energieverbrauchs decken dürften, läge bei etwa 90 zertifikatspflichtigen Akteuren (FiFo 2005: 89).

Will man aus den oben genannten Gründen einen möglichst offenen, d. h. intra- und intersektorellen Handel mit Zertifikaten, weist der Midstream-Ansatz gegenüber dem Upstream-Ansatz Transaktionskostennachteile auf. Neben der Implementierung einer Gateway-Lösung, deren Kosten allerdings als gering zu veranschlagen sein dürften, resultieren Nachteile vor allem daraus, dass sich die Zertifikate der Fahrzeughersteller jeweils auf die durchschnittliche Lebenszeit der verkauften Pkw beziehen. Um unter diesen Bedingungen einen intersektoralen Handel zu ermöglichen, dürften daher von den Fahrzeugherstellern nur Anteile eines Zertifikats verkauft werden. Erhalten Hersteller z. B. durch Unterschreiten des vorgegebenen spezifischen Emissionswertes ihrer Pkw-Flotte Zertifikate für ihre neu verkauften Fahrzeuge zugeteilt, kann bei einer durchschnittlichen Pkw-Lebensdauer von 15 Jahren im ersten Jahr dann nur 1/15 der Zertifikate sektorübergreifend gehandelt werden. Dadurch wird der Handel aufwändiger und kontrollintensiver. Außerdem könnte sich die Preisbildung für Zertifikate erschweren (IFEU 2003: 77).

Im Ergebnis ist der Upstream-Ansatz den anderen beiden Ansätzen überlegen. Er ist anreizkompatibel, weil er sowohl eine Verringerung der Fahrleistungen induziert als auch den verstärkten Einsatz energieeffizienter Fahrzeuge, und er ist transaktionskostengünstig. Lediglich seine Fokussierung allein auf den Pkw-Verkehr ist nicht möglich, weil sich bei der Herstellung von Benzin und Dieselkraftstoff nicht unterscheiden lässt, welche Verkehrsträger damit jeweils betrieben werden. Allerdings gibt es aus ökologischen Gründen – und um die geht es letztlich – keine oder nur dann eine sachliche Begründung dafür, nur den Pkw-Verkehr mit seinen Emissionen einem CO_2-Zertifikatesystem zu unterwerfen, den Lkw-Verkehr, den mit Dieselloks betriebenen Schienenverkehr und die Binnenschifffahrt aber nicht, wenn bei diesen aus Gründen von Effektivität und Effizienz alternativ andere Instrumente eingesetzt werden. Solche Gründe sind nicht zu erkennen, vielmehr würde die Einbeziehung aller direkt mit fossilen Brennstoffen betriebenen Verkehrsträger in den Emissionsrechtehandel für mehr Effektivität und Effizienz sorgen. Außerdem entspräche dies dem Gleichbehandlungsgrundsatz der EU, wonach vergleichbare und in Konkurrenzbeziehung stehende Branchen gleich behandelt werden müssen (A. Epiney 2001).

4 Ausgestaltung eines Upstream-Modells für den Verkehr

Wie ein an Effektivitäts- und Effizienzgesichtspunkten ausgerichteter Upstream-Handel für CO_2-Emissionen im Verkehr ausgestaltet sein könnte ist kürzlich in einer umfangreichen Studie präzisiert worden (FiFo 2005: 78 ff.): Grundlage ist danach ein Cap-and-Trade-System mit einer absoluten Emissionsvorgabe für den Verkehrssektor. Zertifikatspflichtige sind aus Transaktionskostenüberlegungen nicht nur die Raffinerien und Importeure der Kraftstoffe, sondern alle Wareneigentümer, die verkehrsrelevante Treibstoffe verkaufen. Dadurch steigt zwar die Zahl der Zertifikatspflichtigen in Deutschland auf fast 1.000, weil allein 184 Zwischenhändler für die Binnenschifffahrt und 90 Zwischenhändler für Flüssiggas tätig sind sowie etwa 650 Gasversorgungsunternehmen über eigene Rohrleitungen Tankstellen beliefern, für die Überwachung können jedoch die bereits für die Erhebung der Mineralölsteuer verwendeten Mechanismen genutzt werden. D. h., die Zertifikatpflicht entsteht mit der Entnahme des Kraftstoffs aus dem Steuerlager, kann also gemeinsam mit der Steuerzahlung erfasst werden.

Neben den geringen Transaktionskosten, die eine solche Lösung für Staat und betroffene Akteure bietet, weist sie weitere Vorteile auf. Aufgrund der europaweit identischen Praxis der Mineralölsteuererhebung erlaubt sie nämlich die Übertragung des Upstream-Ansatzes auf den gesamten europäischen Verkehrssektor und eine Integration in den EU-Emissionshandel. Ersteres verhindert Wettbewerbsverzerrungen, letzteres reduziert die Gesamtkosten des Klimaschutzes, weil mit der Zahl der Emissionsquellen und Emittenten die Optionen für kostengünstige Emissionsvermeidungen zunehmen. Sowohl ein gesamteuropäischer Emissionshandel für den Verkehrssektor als auch dessen Einbezug in den bereits bestehenden EU-Emissionshandel sind faktisch wie rechtlich möglich. Zwar ist der gegenwärtige EU-Emissionshandel downstream angelegt und direkt auf stationäre emissionsverursachende Anlagen der Energiewirtschaft und Industrie ausgerichtet, die in der entsprechenden EU-Handelsrichtlinie 2003/87/EG aufgezählt sind. Sofern durch einen Emissionshandel nicht einzelne Tätigkeiten mehrfach mit einer Zertifikatpflicht belastet werden, scheint jedoch kein Integrationsproblem zu bestehen, zumal die Richtlinie einen Upstream-Ansatz in anderen Sektoren nicht ausdrücklich untersagt.

Die Emissionshandelsrichtlinie der EU fordert bis 31.12.2012 bei der Erstausgabe für den größten Teil der Emissionsrechte eine kostenlose Zuteilung an die Zertifikatspflichtigen. Bis Ende 2007 durften maximal 5 %, bis 2012 dürfen maximal 10 % der Zertifikate bei der Erstausgabe versteigert werden. Als Hauptgrund für die Dominanz des Grandfathering wird der Bestandsschutz für die betroffenen Akteure angeführt, die mit der Genehmigung ihrer emittierenden Anlagen durch das Bundesimmissionsschutzgesetz praktisch auch automatisch eine Emissionsberechtigung erhalten haben. Ein nachträglich kostenpflichtiger Erwerb einer solchen Berechtigung im Rahmen einer Versteigerung ist damit nicht zu vereinbaren (FiFo 2005: 97). Für die zertifikatspflichtigen Hersteller, Importeure und Händler von Treibstoffen für den Verkehrssektor, wie sie das Upstream-Modell vorsieht, liegen solche Rechte und dementsprechend ein daraus ableitbarer Bestandsschutz nicht vor. Da zudem die Zertifikatspflichtigen in Energiewirtschaft und Industrie nicht im Wettbewerb mit den Zertifikatspflichtigen des Verkehrssektors stehen, eine Ungleichbehandlung bei unterschiedlichen

Vergabeverfahren also nicht bestehen würde, ist es möglich für den CO_2-Emissionshandel des Verkehrssektors eine Auktionierung vorzunehmen. Das europaweite Gesamtvolumen an CO_2-Emissionsrechten würde dann im Rahmen eines gemischten Verfahrens zugeteilt. Als Auktionsverfahren wird die als einfach handhabbar und mit geringen administrativen Kosten geltende offene dynamische Mehrgüterauktion mit einheitlichem Preis vorgeschlagen (P. Cranton/S. Kerr 1998; J. Schleich u. a. 2002). Die Auktionserlöse kann der Staat für die Förderung Treibstoff sparender Fahrzeuge einsetzen, er könnte sie an die Zertifikatspflichtigen nach einem bestimmten Schlüssel zurückverteilen, er könnte die Mineralöl- oder Kfz-Steuer senken u. a. m. ohne sein Emissionsziel zu gefährden.

Für eine kostenpflichtige Auktionierung der CO_2-Zertifikate für den Verkehrssektor sprechen verschiedene Argumente: Erstens gehen die Zertifikate sofort an die Bieter mit den höchsten Zahlungsbereitschaften, d. h. mit der größten Dringlichkeit und den höchsten Grenzvermeidungskosten. Zweitens ist es nicht erforderlich, wie beim Grandfathering, die historischen Treibstoffmengen zu erfassen, die Zertifikate unter wahrscheinlich intensiver Einflussnahmeversuche der entsprechenden Interessenverbände auf die Zertifikatspflichtigen zu verteilen und eine ausreichende Menge an Zertifikaten für neu in den Markt eintretende Akteure zu reservieren und zu alloziieren, um Diskriminierung und Wettbewerbsverzerrungen zu verhindern. Drittens schließlich lässt sich die gegenwärtig im EU-Emissionshandel zu beobachtende Generierung von Windfall-Profits verhindern, die dadurch entstehen, dass die zertifikatspflichtigen Unternehmen die ihnen durch den Nichtverkauf ihrer kostenlosen Zertifikate entgangenen Einnahmen auf dem Spotmarkt als Opportunitätskosten kalkulieren und auf ihre Nachfrager überwälzen. Von dieser Abschöpfung von Konsumentenrenten profitieren die zertifikatspflichtigen Akteure umso mehr, je mehr Gratiszertifikate sie aufgrund ihrer Unternehmensgröße erhalten haben, sodass neben der Umverteilung von Renten eine wettbewerbsverzerrende Benachteiligung kleiner und mittlerer Unternehmen entsteht.

Die Vorteile einer Erstvergabe durch Auktion übersteigen ihre Transaktionskosten für Staat und Zertifikatspflichtige ebenso wie den immer wieder für das Grandfathering reklamierten Vorteil der Sicherheit und Akzeptanz der Betroffenen. Die Auktion selbst ist transparent und elektronisch einfach durchführbar, sie ist – wie Experimente zeigen – effizient und sie lässt sich von den teilnehmenden Akteuren mit vertretbarem Aufwand bewältigen. So werden die Sach- und Personalkosten der Verwaltung für die Einrichtung des Emissionshandelssystems und seinen laufenden Betrieb in Anlehnung an die Erfahrungen mit dem gegenwärtigen EU-Emissionshandel durchweg geringer veranschlagt als beim Grandfathering. Das gilt auch, wenn man die Kosten der zertifikatspflichtigen Unternehmen für den Aufbau einer internen Handels- und Überwachungseinheit mit dem Aufwand für Datenaufbereitung und Lobbying im Falle eines Grandfathering vergleicht. Da sich sofort ein Zertifikatpreis herausbildet, verringert sich zudem die Preisunsicherheit. Die Risikokosten, die durch Absicherungsgeschäfte der gleichwohl verbleibenden Zertifikatpreisschwankungen anfallen, werden ebenfalls als gering eingeschätzt, da in einem offenen Handelssystem, das den flexiblen Kyoto-Mechanismen entspricht, Zertifikatpreise zwischen 4 € und 10 € pro Tonne erwartet werden (u. a. C. Böhringer/A. Löschel 2001; Natsource 2001).

5 Auswirkungen des Zertifikatehandels auf den Verkehr

Mit einem mengenorientierten Upstream-Ansatz lässt sich nicht nur der Verkehrssektor als einer der zentralen Verursacher von CO_2-Emissionen in den EU-Emissionshandel einbeziehen, der durch die damit verbundene Ausweitung an Emissionsquellen an ökologischer und ökonomischer Wirksamkeit gewinnen würde (W. Ströbele 2005; G.-J. Krol 2005: 300 ff.). Gleichzeitig käme ein klimapolitisches Instrument zum Einsatz, dass im Hinblick auf Effektivität und Effizienz anderen Instrumenten überlegen ist. Gegenüber Abgaben ist es effektiv, weil der Umfang an Emissionen durch eine klare Mengenvorgabe geregelt ist und letztlich nicht vom Verhalten der Emittenten abhängt, gegenüber Auflagen ist es effizient, weil es die Emissionsvermeidungen dort induziert, wo die Grenzvermeidungskosten am geringsten sind, weil es Anreize zur Verringerung von Vermeidungskosten und damit zur Förderung des umwelttechnischen Fortschritts setzt und weil mit seiner Implementierung und Kontrolle relativ geringe Transaktionskosten verbunden sind.

Mit der Integration des Verkehrssektors in ein offenes und möglichst viele Sektoren und Nationen umfassendes Emissionshandelssystem wird der höchste Grad an Vermeidungskosten- und Innovationseffizienz erreicht. Faktisch kann das aber bedeuten, dass der Verkehrssektor und insbesondere der Pkw-Verkehr seine CO_2-Emissionen nicht nur nicht verringert, sondern sogar durch einen Anstieg der Verkehrsmenge und geringe Kraftstoffeinsparungen noch weiter erhöht, indem er aus anderen Sektoren Zertifikate hinzukauft. Diese Vermutung liegt aus zwei Gründen nahe: Erstens spricht alles dafür, dass die Grenzvermeidungskosten im Verkehrssektor höher sein dürften als in einigen anderen Sektoren (P. Capros 1998; SRU 1996; VDA 2000; I. W. H. Parry/M. A. Walls/W. Harrington 2007: 394). Das liegt an der ausgesprochen hohen Zahlungsbereitschaft für den motorisierten Individualverkehr und den hohen Technologiekosten, die bei den Fahrzeugherstellern anfallen. Zweitens würden bei einem für die flexiblen Kyoto-Mechanismen gegenwärtig erwarteten Zertifikatspreis von maximal 10 € t/CO_2 die Kraftstoffpreise lediglich moderat steigen: Für Benzin um 2,36 Cent, für Diesel um 2,61 Cent pro Liter (PWC 2002: 138 f.) Das ergibt für einen Pkw mit der üblichen durchschnittlichen Fahrleistung von 15.000 km pro Jahr und einem Verbrauch von 8 l Benzin/100 km eine zusätzliche jährliche Belastung von 28 €. Im Vergleich dazu betrug die Zusatzbelastung durch die Ökosteuer 184 €.

Eine Zunahme der verkehrsbedingten CO_2-Emissionen lässt sich im Rahmen eines Emissionshandels nur ausschließen, wenn dieser administrativ ausschließlich auf den Verkehrssektor beschränkt wird. Dessen Anpassungslasten sind dann umso größer je strenger das Emissionsziel festgelegt wird. Die Gründe für eine solche Beschränkung können vielfältig sein. Der Klimaschutz dürfte dabei jedoch eine untergeordnete Rolle spielen, denn für das Klima ist es gleichgültig wo und von wem die Emissionen reduziert werden, solange das Gesamtemissionsziel dadurch nicht verletzt wird. Überhaupt keine Rolle spielen bei solchen Vorhaben Effizienzüberlegungen, denn je stärker der Emissionshandel eingeschränkt wird, umso mehr muss die Gesellschaft für den gleichen Umfang an Klimaverbesserung zahlen.

Literatur

Blum, U./Leibrand, F. (1993): Emissionsorientierte Wegekostenrechnung mittels Umweltzertifikaten. Alternative zur Preislösung. In: Internationales Verkehrswesen. 45. Jahrgang. S. 641-643.

Böhringer, C./Löschel, A. (2001): Market Power in Internationale Emissions Trading: The Impacts of U.S. Withdrawal from the Kyoto Protocol. Discussion Paper 01-48. Zentrum für Europäische Wirtschaftsforschung. Mannheim.

Capros, P. (1998): Note on the Costs for the EU of Meeting the Kyoto Target. Discussion Paper. National Technical University of Athens. Athens.

Cranton, P./Kerr, S. (1998): Tradable Carbon Permit Auctions: How and Why to Auction Not Grandfather. Working Paper. University of Maryland.

Deuber, O. (2002): Einbeziehung des motorisierten Individualverkehrs in ein deutsches CO_2-Emissionshandelssystem. Öko-Institut. Freiburg.

Endres, A. (2007): Umweltökonomie. 3. Auflage. Stuttgart.

Energiewirtschaftliches Institut an der Universität zu Köln und Prognos (EWI & Prognos) (2005): Die Entwicklung der Energiemärkte bis zum Jahr 2030. Schlussbericht. Köln/Basel.

Epiney, A. (2001): Fragen des europäischen und deutschen Verfassungsrechts. In: Rengeling, H.-W. (Hrsg.): Klimaschutz durch Emissionshandel. Köln. S. 207-247.

EU-Kommission (2007): Mitteilung der Kommission an das Europäische Parlament und den Rat. Ein wettbewerbsfähiges Kfz-Regelungssystem für das 21. Jahrhundert. Brüssel. http://eur-lex.europa.eu/LexUriServ/site/de/com/2007/com2007_0022de01.pdf.

European Automobile Manufacturers Association (1998): ACEA commitment on CO_2-Emission reductions from new passenger cars in the framework of an environmental agreement between the European Commission and ACEA. Brussels.

FiFo-Köln (2005): Emissionshandel im Verkehr. Ansätze für einen möglichen Up-Stream-Handel im Verkehr. Projektgemeinschaft H. Bergmann u. a. Forschungsvorhaben im Auftrag des Umweltbundesamtes. Umweltforschungsplan Nr. 202 14 198. Dessau. http://www.umweltbundesamt.de.

Geres, R. (2002): Emissionsrechtehandel im Verkehrssektor. Koexistenz von Ökosteuern und Emissionshandel. Hamburg.

Gerhard, L. C./Hanson, B. M. (2006): Ad hoc committee on global climate issues: Annual report. In: AAPG Bulletin. Band 84. Nr. 4. S. 466-471.

Hartwig, K.-H. (2007): Umweltökonomik. In: Apolte, T. u. a. (Hrsg.): Vahlens Kompendium der Wirtschaftstheorie und Wirtschaftspolitik. Band. 2. 9. Auflage. München. S. 195-241.

Heister, J./Michaelis, P./Klepper, G./Krämer, H. R./Mohr, E./Neu, A./Schmidt, R./Weichert, R. (1990): Umweltpolitik mit handelbaren Emissionsrechten – Möglichkeiten zur Verringerung der Kohlendioxid- und Stickoxidemissionen. Kieler Studien. Institut für Weltwirtschaft. Kiel.

IFEU (2003): Flexible Instrumente der Klimapolitik im Verkehrsbereich. Weiterentwicklung von konkreten Ansätzen zur Integration des Verkehrssektors in ein CO_2-Emissionshandelssystem. Endbericht im Auftrag des Ministeriums für Umwelt und Verkehr des Landes Baden-Württemberg. Heidelberg. http://www.um.baden-wuertemberg.de.

Junkernheinrich, M. (2002): Auflagen, Steuern und Zertifikate? – Ökonomische Aspekte des Einsatzes umweltpolitischer Instrumente im Verkehrssektor. In: Junkernheinrich, M. (Hrsg.): Ökonomisierung der Umweltpolitik. Beiträge zur Volkswirtschaftlichen Umweltökonomie. 2.Auflage. Berlin.

Kageson, P. (2001): The Impact of CO_2 Emissions Trading on the European Transport Sector. Stockholm.

Kniestedt, D. (1999): Anwendungsmöglichkeiten von ökonomischen Instrumenten – insbesondere von Umweltnutzungsrechten – im Vergleich. Ein Flottenverbrauchsmodell für den motorisierten Individualverkehr. Frankfurt a. M.

Krol, G.-J. (2005): Europäischer Emissionshandel. In: Göcke, M./Kooths, S. (Hrsg.): Entscheidungsorientierte Volkswirtschaftslehre. Festschrift für Gustav Dieckheuer. Frankfurt a. M. u. a. S. 291-341.

Natsource (2001): Broker-Quotes. August 2001. http://www.natsource.com.

Neu, H. (1990): Der EG-Abgaskompromiß. Eine kritische Bestandsaufnahme unter umweltökonomischen Aspekten und unter Berücksichtigung alternativer Instrumente zur Regulierung von Externalitäten mobiler Emissionsquellen. Essen.

Parry , I. W. H./Walls, M. A./Harrington, W. (2007): Automobile Externalities and Policies. In: Journal of Economic Literature. Vol. 45. S. 373-399.

PricewaterhouseCoopers (PwC) (2002): Zertifikatehandel im Verkehrsbereich als Instrument zur CO_2-Reduzierung unter Berücksichtigung von Interdependenzen mit anderen Lenkungsinstrumenten und unter Gewährleistung der Kompatibilität der EU-Gesetzgebung. Kurzstudie im Auftrag des Rates für Nachhaltige Entwicklung. Frankfurt a. M.

Schleich J. u. a. (2002): Simulation eines Emissionshandels für Treibhausgase in der baden-württembergischen Unternehmenspraxis. Ministerium für Umwelt und Verkehr Baden-Württemberg. Endbericht. Karlsruhe.

Schweimer, G. W. (2000): Sachbilanz des Golf A4. Volkswagen AG „Forschung Umwelt und Verkehr", 31.07.2000, http://volkswagen-umwelt.de

Rat von Sachverständigen für Umweltfragen (SRU) (1996): Umweltgutachten 1996. Zur Umsetzung einer dauerhaft umweltgerechten Entwicklung. Stuttgart .

Rat von Sachverständigen für Umweltfragen (SRU) (2005): Umwelt und Verkehr. Hohe Mobilität – Umweltverträglicher Verkehr. Eckpunkte des Sondergutachtens. Stuttgart.

Ströbele, W. (2005): Klimapolitik: Kyoto-Protokoll und Emissionshandel für CO_2-Zertifikate in der EU. In: Perspektiven der Wirtschaftspolitik. Band 6. S. 325-346.

Stronzik, M./Bühler, G./Lambrecht, U. (2002): Ansatzpunkte für einen Emissionshandel im Verkehrssektor. In: Zeitschrift für Energiewirtschaft. Vol. 26. S. 193-208.

Swedish Environmental Protection Agency (Swedish EPA) (2006): Dealing with Transport Emissions. An Emission Trading System for the Transport Sector, a Viable Solution? Report 5550, 03. http://www.naturvardsverket.se/bokhandeln/pdf/620-5550-X.pdf.

T & E (2006): How Clean is Your Car Brand? The Car Industries Commitment to the EU to reduce CO_2 Emissions: A Brand-BY-Brand Progress Report. European Federation for Transport and Environment. T & E 06/03. October 2006.

Umweltbundesamt (UBA) (2003): CO_2-Minderung im Verkehr. Ein Sachstandsbericht des Umweltbundesamtes – Beschreibung und Aktualisierung von Potenzialen. Bearb.: R. Kolke u. a. Berlin.

Verband der Automobilindustrie (VDA) (2000): Auto 2000, Jahresbericht 2000. Frankfurt a. M.

Verband der Automobilindustrie (VDA) (2007): Auto 2007, Jahresbericht 2007. Frankfurt a. M.

Verheugen, G. (2007): Spiegel Online v. 16.01.2007: EU erwägt CO_2-Zertifikatehandel für Autohersteller._http://www.spiegel.de/auto/aktuell/0,1518,459972,00.html.

Ziesing, H. J. (2006): CO_2-Emissionen in Deutschland im Jahre 2005 stark gesunken. In: Wochenbericht des DIW. 73. Jahrgang. Nr. 12/2006. S. 153-162.

Ablass für Abgas – Selbstanzeige oder Fehlanzeige? Ökonomische Aspekte von Moral und Freiwilligkeit beim Klimaschutz

Ansgar Kortenjann

1 Das Klimaneutral-Prinzip: Kaufe Solarkocher, fliege guten Gewissens

„Und an den Küsten – liest man – steigt die Flut." (Jakob van Hoddis)

Was der expressionistische Lyriker Jakob van Hoddis zu Beginn des vergangenen Jahrhunderts in seinem Gedicht „Weltende" schrieb, erfährt gut 100 Jahre später eine ungeahnte Aktualität – zumindest wenn man die öffentliche Debatte über den Klimawandel in den Medien verfolgt. Dort wird darüber diskutiert, ob die Pole und die Gletscher schmelzen, ob der Golfstrom versiegt, die Wüsten auf dem Vormarsch sind und es insgesamt immer häufigere und heftigere Naturkatastrophen gibt. Allem dabei mitschwingenden Alarmismus zum Trotz kann behauptet werden, dass der Klimawandel mittlerweile in Wirtschaft und Gesellschaft angekommen und zu einem Gegenstand kontroverser Diskussionen geworden ist. Vor allem die Veröffentlichung des so genannten *Stern-Reports* und des vierten *IPCC-Berichts* der UN über den Stand der Klimaveränderungen haben zu einem erkennbaren Wandel von einem reinen Forschungs- zu einem Handlungsdiskurs in der öffentlichen und politischen Debatte geführt. Aufgrund der mittlerweile fast unstreitbaren Tatsache, dass das vom Menschen verursachte und hinsichtlich der Konzentration in der Atmosphäre stetig steigende Kohlendioxid (CO_2) als Hauptursache für den beobachteten Klimawandel gilt, wird in Politik und Medien von vielen ein drastischer Umbau der Energieversorgung angeregt und eine Verschärfung all jener Maßnahmen gefordert, die den Klimawandel verlangsamen.

In Zeiten von Flugreisen zum Taxipreis nach Mailand oder Madrid soll auch das Fliegen im Kampf gegen den Klimawandel stärker belastet werden. Dass der Flugverkehr durch eine Vielzahl von Schadstoffemissionen zum anthropogenen Treibhauseffekt beiträgt, steht außer Frage. Wie hoch sein Anteil am gesamten Mensch gemachten Treibhauseffekt hingegen genau ist, darüber scheiden sich die Geister. Man geht allerdings davon aus, dass nicht nur die durch das Verbrennen von Kerosin emittierte CO_2-Menge, sondern auch der Ort der Emission entscheidend ist. Demzufolge tragen die in 10.000 Metern Höhe produzierten Emissionen besonders stark zur globalen Erwärmung bei (vgl. J. E. Penner u. a. 1999). Um diese spezifischen klimawirksamen Effekte der Luftfahrt im Gegensatz zu entsprechenden Emissionen am Boden zu erfassen, wird daher häufig der CO_2-Ausstoß von Flugzeugen mit einem bestimmten Faktor multipliziert.[1] Stimmt man – unabhängig von den genauen Fakten – darin überein, dass der zunehmende Flugverkehr mehr „Klimakiller" verursacht als vergleichbare Verkehrsmittel am Boden, dann liegt es nahe, dem Flugverkehr ökologische Kosten stärker anlasten.

In diesem Kontext hat sich Unternehmen und Privatpersonen seit einiger Zeit das (Geschäfts-)Feld so genannter *Offset*-Programme eröffnet. Im Allgemeinen geht es dabei um den – je nach Anbieter gemeinnützigen oder gewinnorientierten – Verkauf von Zertifikaten, mit denen man auf *freiwilliger* Basis CO_2-Emissionen ausgleichen kann.[2] *Offset*-Programme für den Flugverkehr funktionieren dabei folgendermaßen: Vor dem Antritt einer Flugreise gibt man bei einem entsprechenden Anbieter[3] seine Reisedaten in einen Emissionsrechner ein. Dieser berechnet sodann den individuell herunter gebrochenen CO_2-Verbrauch und kalkuliert, was es kostet, die durch die Flugreise erzeugten Emissionen an anderer Stelle einzusparen. Dies geschieht dadurch, dass in erneuerbare Energie- und Energiesparprojekte – vornehmlich in Entwicklungsländern – investiert wird. Es werden also jene Emissionen eingespart, deren Klimawirkung derjenigen der Flugreise eines Passagiers vergleichbar ist (vgl. Brockhagen 2006: 220). Die freiwillige Geldspende wird beispielsweise in ein Windkraftwerk in Windhoek, in eine Müllverbrennungsanlage in Manila oder in ein Solarküchenprojekt in Somalia gesteckt, so dass dort weniger CO_2 emittiert wird. Dabei ist zu gewährleisten, dass die jeweiligen Projekte hinsichtlich ihrer Zuverlässigkeit und der tatsächlichen Emissionsvermeidung entsprechend zertifiziert sind, beispielsweise durch die im Kyoto-Protokoll festgelegten und durch das

1 Dieser auch als *Radiative Forcing Index* bezeichnete Faktor wird gemäß J. Penner u. a. (1999) mit 2 bis 4 angegeben.

2 Genau genommen ist es jedoch faktisch nicht möglich, einen Flug für das Klima ungeschehen zu machen. In diesem Kontext dürfen Begriffe wie „kompensieren" und „neutralisieren" auch nicht allzu wörtlich genommen werden (vgl. D. Brockhagen 2006: 221).

3 Die bekanntesten Vertreter von *Offset*-Programmen für Flugreisende sind *CarbonFund, ClimatePartner, ClimateCare, Atmosfair, MyClimate, 3 C Climate Change Consulting, NativeEnergy, Climate friendly*.

Klimasekretariat der UN registrierten CDM-Projekte (*Clean Development Mechanism*).[4]

Seit es diese *Offset*-Programme gibt, findet eine intensive, häufig kontrovers geführte Diskussion darüber statt, ob es sich dabei um ein wirkungsvolles Instrument zur Reduktion der durch den Flugverkehr verursachten CO_2-Emissionen handelt oder schlicht um eine moderne Form des Ablasshandels, mittels derer man sich von begangenen Klima*sünden* freikaufen kann. Diese Debatte wird jedoch oftmals nur auf der Ebene der operativen Ausgestaltung von konkreten Projekten geführt. So geht es bei der Bewertung von *Offset*-Programmen vornehmlich darum, dass die Berechnungsmaßstäbe der Anbieter stark voneinander divergieren oder dass unterschiedlich viel Geld für Verwaltungszwecke verwandt wird (vgl. A. Kollmuss/B. Bowell 2006). Auch stellt sich die Frage, ob eine heute produzierte Tonne CO_2 mit einer zukünftig (vielleicht) eingesparten Tonne CO_2 überhaupt eins-zu-eins verrechnet werden kann.

Wenngleich solche und ähnliche Fragen durchaus von Relevanz sind, wird der Fokus im weiteren Verlauf auf eine dem vorgelagerte Betrachtungsebene gerichtet, um damit der wichtigsten Voraussetzung derartiger *Offset*-Programme in besonderem Maße Beachtung zu schenken: Der *Freiwilligkeit*. Im Folgenden soll der Versuch unternommen werden, sich den Aspekten Freiwilligkeit und Moral aus ökonomischer Perspektive zu nähern. Dabei wird zunächst die Kluft zwischen Anspruch und Wirklichkeit beim individuellen Umweltbewusstsein beschrieben und erläutert, um darauf Möglichkeiten und Grenzen freiwilliger Beiträge zum Klimaschutz in einem erweiterten theoretischen Kontext beurteilen zu können und abschließend im Hinblick auf die ökologische Effizienz von *Offset*-Programmen zu bewerten.

2 Anspruch und Wirklichkeit beim Umweltbewusstsein

Ob Jahrhundertflut, Verwüstungen durch *Kyrill*, ausbleibende Winter und zu heiße Sommer – die Auswirkungen eines drohenden Klimawandels sind uns hinlänglich bewusst, und zwar sowohl „im Sinne von Wissen um die Umweltprobleme und der Einsicht in die umweltunverträglichen Konsequenzen des eigenen Verhaltens“ als auch „im Sinne emotionaler Einstellungen und Bewertungen gegenüber ökologischen Problemen“ (G.-J. Krol/J. Karpe 1999: 15). Der Schutz und die Bewahrung der natürlichen Umgebung ist zu einem Bestandteil unserer privaten Werthaltung geworden, was regelmäßig durch repräsentative

4 Eine weitere gängige Zertifizierung ist der von der Nichtregierungsorganisation *Climate Action Network* (CAN) entwickelte *Gold-Standard* für CDM-Projekte. (vgl. www.cdmgoldstandard.org)

Umfragen zu den neuesten „Trends im Umweltbewusstsein" bestätigt wird (vgl. U. Kuckartz/A. Rheingans-Heintze 2006). Doch das Bewusstsein für und die Betroffenheit um unsere Umwelt führen nicht notwendig zu einem schonenden Umgang mit der Natur. Vielmehr besteht zwischen ökologisch bewusster Einstellung und tatsächlichem Handeln eine große Kluft (vgl. A. Diekmann/P. Preisendörfer 1992). Es stellt sich die Frage, ob diese Diskrepanz das Ergebnis allgemeiner menschlicher Schwäche ist oder ob es dafür ein anderes Erklärungsmuster gibt.

2.1 Saulus statt Paulus: Klimawandel durch mangelndes Umweltbewusstsein?

Die heutigen Umweltprobleme sind zu großen Teilen das Resultat menschlichen Handelns. Aus diesem Grund wird beispielsweise im Zusammenhang mit dem Klimawandel von einem *anthropogenen* Treibhauseffekt geredet. Somit scheint es auf den ersten Blick angebracht, derartige Probleme einem individuellen oder gruppenspezifischen Fehlverhalten des modernen Wohlstandsmenschen zuzuschreiben, welches sich in einem der Umwelt gegenüber rücksichtslosem Lebensstil manifestiert. Nähert man sich der Umweltproblematik auf diesem Weg, dann liegt konsequenterweise ihre Entschärfung in einem veränderten Individualverhalten – und zwar als Ergebnis eines entsprechenden Umweltbewusstseins. Vor dem Hintergrund einen solch „moralisierenden Problemzugriffs" (G.-J. Krol/J. Karpe 1999: 16) weist Krol (1993, 1994, 2005) jedoch mehrfach darauf hin, dass die feststellbare Lücke zwischen Umweltbewusstsein einerseits und tatsächlichem Verhalten andererseits geradezu paradox anmutet. Denn genau in dem Augenblick, in welchem wir unserem ökologischen Wissen und unserer darauf aufbauenden Umweltmoral Taten folgen lassen, indem wir den Müll trennen, das eigene Auto stehen lassen und aufs Fahrrad umsteigen, stoßen wir uns selbst wieder vom Podest des „ökologischen Helden", weil plötzlich ein Anbieter von Billigflügen daherkommt und uns das Erkunden der Welt zum Schnäppchenpreis offeriert. Da man schon ein großer Asket sein muss, um einem Wochenendtrip nach Rom nichts abzugewinnen, fliegen wir für 19 € dorthin – und verhindern damit unsere Wandlung vom ökologischen Saulus zum Paulus! Als aufgeklärter Bürger wollen wir eine intakte Umwelt und empören uns über den CO_2-Ausstoß „der" Industrie und als Konsumenten beschleunigen wir den Klimawandel, indem wir zum Taxipreis fliegen.

Trotzdem greift es zu kurz, die Ursache von solchen Umweltproblemen in einem nicht genügend ausgeprägten ökologischen Bewusstsein zu sehen. Nimmt man nämlich Abstand von einem rein moralisierenden Problemzugriff, indem das Handlungsmotiv (Umweltmoral) vom -ergebnis (Umweltschädigung durch individuelles Fehlverhalten) entkoppelt wird, lässt sich feststellen, dass die hier thematisierte Umweltproblematik nicht aus menschlicher Schwäche, sondern vielmehr aus menschlicher Vernunft resultiert.

2.2 Saulus trotz Paulus: Rationalverhalten in sozialen Dilemmasituationen

Betrachtet man die tieferen Ursachen von globalen Umweltproblemen in einem sozioökonomischen Kontext (vgl. G.-J. Krol/J. Karpe 1999: 16 ff.), dann wird deutlich, dass viele dieser Probleme auch bei einem stark ausgeprägten Umweltbewusstsein der Menschen existieren würden. Am Beispiel des anthropogenen Treibhauseffekts lässt sich diese Behauptung besonders verdeutlichen.

Obwohl uns bewusst ist, dass der Ausstoß von CO_2 zu Veränderungen des Klimas führt, verhalten wir uns nicht dementsprechend. Das ist zunächst auch nachvollziehbar, wenn man sich klar macht, was es bedeuten würde, wenn man sich „Klima schonend" verhielte: Denn wenn ich Strom aus Windkraft beziehe, mein Auto stehen lasse und den Sommerurlaub in Rostock statt auf Rhodos verbringe, dann bedeutet das für die Umwelt zunächst einmal so gut wie gar nichts. Meine persönlich verminderte CO_2-Bilanz hat nämlich keinen messbaren Einfluss auf den weltweiten Schadstoffausstoß und trägt dementsprechend zur Verhinderung des Klimawandels allenfalls infinitesimal bei. Somit wäre weder der Umwelt geholfen, noch mir selbst, denn im Endeffekt würde ich sogar einen Schaden davontragen, da ich mehr Geld für den Ökostrom ausgebe, meine Mobilität eingeschränkt ist und der Sommerurlaub an der verregneten Ostsee statt in der sonnigen Ost-Ägäis stattfindet.[5] Doch auch umgekehrt sieht es ähnlich auch: Wenn ich meinen Energie fressenden Kühlschrank ausschließlich mit Strom aus einem Braunkohlekraftwerk versorge, jeden kleinsten Weg mit meinem besonders „trinkfreudigen" Geländewagen zurücklege und einmal im Monat in den Flieger nach Rhodos steige, dann hätte auch das keinen nennenswert messbaren Einfluss auf das Klima. Ganz gleich, wie man sich verhält, der *Einzelne* hat nicht den geringsten Einfluss auf das Klima. Diese Feststellung ist zunächst wenig ermutigend, vor allem wenn man sich verdeutlicht, dass das Verhalten *aller Einzelnen* das Klima sehr wohl beeinflussen kann – und zwar sowohl in positiver als auch in negativer Konsequenz. Eine ausgeprägte Umweltmoral kann zwar dazu führen, dass man sich diese Tatsache eingesteht, doch bleibt damit die eigentliche Schwierigkeit bei Umweltproblemen weiterhin bestehen. Die Lösung des Problems hängt nicht vom Beitrag des jeweils Einzelnen ab, sondern vom – unter der gegebenen Anreizkonstellation unwahrscheinlichen – Beitrag aller! Die

5 Selbstverständlich handelt es sich hierbei um ein bewusst überspitztes Beispiel, mit welchem die Reize der Ostsee als Urlaubsziel keineswegs in Frage gestellt werden sollen!

wesentliche Problematik liegt demnach nicht in einem wie auch immer ausgeprägtem ökologischem Bewusstsein der Menschen, sondern an der spezifischen Entscheidungssituation, in der die Menschen sich *vernünftig* verhalten. Beim Thema Umwelt- und Klimaschutz versagen nämlich die Märkte – und das gleich aus mehreren Gründen.

Zu erwähnen ist hier an erster Stelle die so genannte *Kollektivgut*problematik. Demnach kann von der Nutzung eines solchen Gutes niemand ausgeschlossen werden. Das hat zur Konsequenz, dass dieses Gut von den Konsumenten übermäßig in Anspruch genommen wird, da diese sich eventuellen Kosten der Bereitstellung oder Erhaltung unbemerkt enthalten können. Demnach muss ich beispielsweise nichts dafür zahlen, das Gut „saubere Luft" in Anspruch zu nehmen, und deshalb fahre ich weiterhin mit meinem Auto. Selbst wenn mir bewusst ist, dass damit langfristig das Klima überbeansprucht und nachhaltig beschädigt wird, werde ich mich nicht anders verhalten, denn ich befinde mich in einer *sozialen Dilemmasituationen*: Benutze ich zukünftig mein Auto nicht, dann nehme ich durch meinen derart praktizierten Klimaschutz letztlich einen Verzicht in Kauf, von dem ich nicht weiß, ob er sich für mich selbst jemals rechnen wird. Zunächst ist nämlich meine Mobilität eingeschränkt und das Klima wird sich nicht kurzfristig verbessern, weil „die anderen" nicht aufs Rad umsteigen und weiterhin ihre Autos benutzen. Für mich persönlich wäre es hingegen optimal, wenn „alle anderen" in die Pedale treten und ich weiterhin mein Auto benutzen kann, denn dann verbessert sich das Klima und ich muss keine Mobilitätsbeschränkungen in Kauf nehmen. Die besondere Tragik eines solchen *Gefangenendilemmas* liegt aber nun einmal darin, dass *jeder* so denkt – und deshalb lassen, abgesehen von wenigen, in letzter Konsequenz *alle* das Auto *nicht* stehen. Der ökologische Paulus verhält sich somit weiterhin als Saulus – nicht weil es ihm an Umweltbewusstsein mangelt, sondern weil er sich in einer spezifischen Entscheidungssituation rational verhält, indem er auf Anreize reagiert, „die kollektiv erwünschtes Handeln aus individueller Sicht unattraktiver erscheinen lassen als das Einnehmen der Trittbrettfahrerposition" (G.-J. Krol/J. Karpe 1999: 23).

Die Hauptursache von Umweltproblemen liegt demnach nicht in „falscher" Umweltmoral, grundsätzlicher menschlicher Schwäche oder Unvernunft der Entscheidungs*träger*, sondern in der spezifischen Entscheidungs*situation*, in der wir nichts anderes tun, als uns *rational* zu verhalten. Die Problematik von Umweltproblemen ist also nicht das Ergebnis „fehlenden Wollens" als vielmehr „fehlenden Könnens" (I. Pies 2000: 18). Um aus dieser „Rationalitätenfalle" ausbrechen zu können, muss der Staat aktiv werden, indem er die institutionellen Rahmenbedingungen verändert und dadurch die individuellen Entscheidungsalternativen im umweltrelevanten Handlungsbereich beeinflusst. Ohne auf die dabei zur Verfügungen stehenden umweltpolitischen Instrumente im Detail einzugehen, kann festgehalten werden, dass diese in der Regel darauf zielen, Umwelt schädigende Aktivitäten entweder grundsätzlich zu bepreisen oder zu verteuern.[6] Die Verschmutzung der Umwelt wird damit den Verursachern in Form von (höheren) Kosten angelastet, was wiederum ein *ökonomisches* Eigeninteresse erzeugt, bedachtsam und schonend mit *ökologischen* Ressourcen umzugehen. Vor dem Hintergrund der grundsätzlichen Notwendigkeit eines staatlichen Eingriffs bei im Zusammenhang mit CO_2-Emissionen stehenden Umweltproblemen stellt sich indessen die Frage, welcher Stellenwert dann noch einem individualpolitischen Ansatz zukommt, „der von freiwilligen Verhaltensänderungen einen Beitrag zur Lösung der Umweltprobleme erwartet" (G.-J. Krol/J. Karpe 1999: 67). Auf den ersten Blick liegt es geradezu nahe, Aspekten wie Moral und Freiwilligkeit eine lediglich unbedeutende Rolle zuzuweisen. Doch diese Sichtweise ist – soviel kann bereits vorweggenommen werden – zu kurz gegriffen. Vielmehr gilt es abzuwägen, ob und wo neben und innerhalb der bestehenden institutionellen Anreizstrukturen Handlungsspielräume verbleiben, die hinsichtlich ethischer Grundsätze der Beteiligten genutzt werden können (vgl. B. S. Frey/F. Oberholzer-Gee 1996; B. S. Frey/M. Kucher 1999; G. Kirsch 1994, 1996; G.-J. Krol 1998, 2001a).

3 *Auf den* oder *vom* guten Willen verlassen? Möglichkeiten und Grenzen freiwilliger Beiträge beim Klimaschutz

Die Wirksamkeit individualpolitischer und -ethischer Ansätze zur Lösung von Umweltproblemen darf nicht von vornherein grundsätzlich in Frage gestellt werden. So gibt es nämlich durchaus Bereiche, in denen trotz vorliegender Kollektivgutproblematik und ohne (staatlichen) Zwang von rational entscheidenden Individuen erwartet werden kann, dass sie sich umweltschonend verhalten (vgl. G. Kirsch 1994: 262). Gleichwohl gibt es aber auch Wirksamkeitsgrenzen individualpolitischer Ansätze, demzufolge sich anreizorientierte Instrumente als überlegen erweisen (vgl. G.-J. Krol 1994: 10). Im Folgenden soll zunächst theoretisch fundiert werden, in welchem Umfang man sich *auf den guten Willen* verlassen und von Individuen einen freiwilligen Beitrag zu umweltschonendem Verhalten erwarten kann. Daran anknüpfend wird gezeigt, wann umweltschonendes Verhalten *vom guten Willen* der Individuen verlassen wird und die Grenze einer individualpolitischen Lösung erreicht ist.

6 Für einen dementsprechenden Überblick vgl. P. Michaelis 1996.

3.1 Auf den guten Willen verlassen: Möglichkeiten ökologischer Moral

Menschen verhalten sich nicht nur ökologieverträglich, weil sie *extrensisch motiviert* – beispielsweise durch finanzielle Anreize – dazu veranlasst werden, sondern auch *intrinsisch motiviert*, also aus eigenem Antrieb (vgl. B. S. Frey/F. Oberholzer-Gee 1996: 209–217), indem sie etwa freiwillig auf Autofahrten verzichten, Müll vermeiden oder eben – um auf das Anfangsbeispiel zurückzukommen – einen höheren Flugpreis bezahlen, um emittiertes CO_2 an anderer Stelle auszugleichen. Richten Menschen also ihr Verhalten *freiwillig* und gegen die aus der Kollektivgutproblematik resultierenden Anreize nach ökologischen Aspekten aus, dann manifestieren sich in diesem Fall Umweltbewusstsein und -moral als spezifische Ausprägungen intrinsischer Motivation.

Da eine derartig praktizierte Rücksicht auf die Umwelt zunächst mit Kosten für den Einzelnen verbunden ist, muss davon ausgegangen werden, dass der Mensch nicht ausschließlich versucht, in einer Welt knapper Güter seine individuellen Bedürfnisse bestmöglich zu befriedigen, sondern teilweise auch aus einer Sorge um sich selbst handelt. Kirsch (1994: 262 ff., 1996: 24 ff.) hält in diesem Kontext mit Bezug auf Taylor (1989: 3 ff.) fest, dass der Mensch sein Handeln nicht nur an den eigen Interessen („*self interests*") ausrichtet, sondern auch am Interesse am eigenen Selbst („*interest of his own self*"). Die Definition des „eigenen Selbst" anhand positiv und negativ besetzter Kategorien ist dabei in einem so genannten *moral space* verortet, „innerhalb dessen die Eigen- und Fremddefinition des Selbst eines Menschen stattfindet" (G. Kirsch 1996: 25). Im Hinblick auf die hier behandelte Umweltproblematik vertritt Kirsch (1996: 26) ferner die These, „dass seit einiger Zeit die Einstellung zur Umwelt zunehmend als eine Dimension des „moral space" gilt: (…) man ist zunehmend auch (in den eigenen oder fremden Augen) ein Umweltsünder oder Umweltschützer". Wenngleich sich aus der bloßen Tatsache, dass jemand sein Selbst in einem, mit einer ökologischen Dimension ausgestatteten, *moral space* definiert, nicht notwendigerweise eine positive Korrelation zwischen Umweltbewusstsein und tatsächlichem Umweltverhalten ableiten lässt (vgl. G. Kirsch 1991), kann dennoch von den Menschen ein bestimmtes Maß an Rücksichtnahme auf die Umwelt erwartet werden, ohne das entsprechende selektive Anreize vorliegen. „Das Individuum ist bereit (…), bis zu einem bestimmten Punkt seine „self interests" dem „interest of his own self", das ökologisch dimensioniert ist, zu opfern." (G. Kirsch 1996: 27) Es stellt sich allerdings die Frage, wo dieser „bestimmte Punkt" erreicht ist, das heißt, in welchen Bereichen Umweltbewusstsein einen wirkungsvollen Beitrag zur Lösung von Umweltproblemen leisten kann und/oder für darüber hinausgehende umweltpolitische Maßnahmen sogar eine unverzichtbare Voraussetzung (vgl. B. S. Frey/M. Kucher 1998: 13 f.; G.-J. Krol/J. Karpe 1999: 71 f.) ist:

- Eine freiwillig umweltverträgliche Verhaltensweise kann vornehmlich in *Low Cost*-Entscheidungssituationen erwartet werden (vgl. G. Kichgässner 1992), in denen die Aufwandskosten (Geld, Zeit, sonstige Mühen) einer – von den Anreizbedingungen abweichenden – geänderten Verhaltensweise entweder gering sind oder nur einmalig bzw. phasenweise übernommen werden müssen, weil eine *exit*-Option gegeben ist. Krol (1998: 8) verweist in diesem Zusammenhang auf die Beispiele „Brent Spar“ und „BSE“, bei denen – pauschal formuliert – das Motto gilt: Wo das Gute einfach und kostengünstig ist, da tun wir es auch! Denn wie unkompliziert war nach der angekündigten Versenkung einer Ölbohrinsel in der Nordsee der Boykott eines Weltkonzerns, indem man an der Shell-Tankstelle vorbeigefahren ist. Allerdings nicht – und das schränkt die ökologischen Wirkungsmöglichkeiten freiwilligen Konsumentenverhaltens in diesem Fall erheblich ein – um auf das Tanken gänzlich zu verzichten, sondern um bei Aral, BP oder Esso Station zu machen! Auch der Verzicht auf den Kauf von Rindfleisch im Zuge der BSE-Krise wurde von den Verbrauchern entweder durch den Erwerb von Fisch und Geflügel oder aber – zumeist jedoch nur kurzfristig – durch Bio-Fleisch substituiert. Damit kann festgehalten werden, dass in all solchen Bereichen „das allgemein gestiegene Bedürfnis nach mehr [Umwelt-]Moral preiswert zu realisieren und wohlfeil“ (G.-J. Krol 1998: 8) ist. In *High Cost*-Situationen hingegen, in denen ökologieverträglichere Handlungen mit individuell spürbarem Aufwand einhergehen, bleiben langfristige und nachhaltig wirksame Verhaltensänderungen *ceteris paribus* aus (vgl. G.-J. Krol 1998: 5 f.; G.-J. Krol/J. Karpe 1999: 22).
- Was zuvor für die Seite der Konsumenten erörtert wurde, lässt sich auch auf den Bereich der Unternehmen übertragen. Im *Low Cost*-Bereich dürfte auch dort zu erwarten sein, dass Unternehmen vom Ziel einer strikten Gewinnmaximierung abweichen und umweltgerechtere Produktionsverfahren anwenden oder ökologieverträglichere Produkte anbieten, was Krol und Karpe (1999: 71) mit Verweis auf Lammers und Schmitz (1995) hervorheben. Zu denken wäre in diesem Kontext beispielsweise an die Automobilindustrie, in der seit den 1990er Jahren relativ viel für die ökologische Optimierung des Autos (Katalysator, Rußpartikelfilter, Hybridmotor) unternommen wurde. Häufig geht es jedoch vor allem um die – relativ kostengünstig erreichbare – Verbesserung des allgemeinen ökologischen Images von Unternehmen.

- Daneben gibt es Bereiche, in denen anreizorientierte und/oder ordnungsrechtliche Instrumente zu kostspielig oder gar grundsätzlich nicht anwendbar sind (vgl. W. J. Baumol/W. E. Oates 1979; B. S. Frey/M. Kucher 1998: 13). Das ist vornehmlich dort von Relevanz, wo die Kontrolle umweltgerechten Verhaltens mit einem vertretbaren technischen und finanziellen Aufwand nicht zu leisten ist, entweder aufgrund der Vielzahl von Umweltschädigungsquellen oder aufgrund der großen Anzahl von Personen, die viele kleine Schädigungen verursachen. Zu denken wäre in diesem Zusammenhang beispielsweise an das Wegwerfen von Müll auf die Straße. In solchen Fällen gilt es als unbestritten, „dass ein umweltrelevanter Wandel des Alltagsverhaltens ein entsprechendes Umweltbewusstsein voraussetzt" (G.-J. Krol/J. Karpe 1999: 71). Daneben sind sogar Fälle möglich, in denen der Einsatz anreizorientierter umweltpolitischer Instrumente einen negativen Einfluss auf die intrinsische Motivation der betroffenen und handelnden Akteure haben kann (vgl. B. S. Frey 1992).
- Grundsätzlich ist ein gewisser Grad an intrinsischer Motivation im Sinne ökologieverträglichen Handelns notwendig, wenn anreizorientierte (ökonomische) Instrumente des Umweltschutzes eingesetzt und implementiert werden sollen (vgl. B. S. Frey/M. Kucher 1998: 13; G.-J. Krol/J. Karpe 1999: 71 f.). Umweltschonende Maßnahmen, die im Rahmen einer kollektiven politischen Entscheidung zu Stande kommen, sind meist mit individuell spürbaren zusätzlichen Kosten und Mühen verbunden. Diese grundsätzlich zu übernehmen, erfordert einen tragfähigen Konsens der davon Betroffenen, ausgedrückt beispielsweise durch das individuelle Stimmverhalten bei Wahlen oder Referenden.

Diesen Möglichkeiten freiwilliger Beiträge zur Entschärfung der Umweltproblematik sind jedoch jene Aspekte gegenüber zu stellen, die die Grenzen individualethisch motivierten Handelns aufzeigen.

3.2 Vom guten Willen verlassen: Grenzen ökologischer Moral

Auch wenn gezeigt werden konnte, dass Freiwilligkeit und Moral einen wichtigen, ja sogar notwendigen Beitrag zur Lösung von Umweltproblemen leisten, darf daraus nicht das Fazit gezogen werden, die Förderung individualethisch motivierten Handelns durch Appelle an die Umweltmoral zum entscheidenden umweltpolitischen Instrument zu erheben. Damit würde nämlich ein „Einfallstor für unzulässig verkürzende Deutungsmuster und Ideologien" (G.-J. Krol 1998: 1) geöffnet und die Tatsache vernachlässigt, dass „Umweltbewusstsein (…) *not-*

wendig, unter dem Hinweis auf den Kollektivgutcharakter der Umwelt in vielen Bereichen aber *nicht hinreichend*" (G.-J. Krol/J. Karpe 1999: 73) ist. Angesprochen sind hier die Grenzen ökologischer Moral, an denen individuell umweltverträgliches Verhalten vom eigenen „guten Willen verlassen" wird – obwohl eine hohe Wertschätzung für die Umwelt im jeweiligen Einzelfall vorliegen mag. Häufig wird vergessen, dass die Menschen – auch bei einer hohen Umweltmoral – nicht ausschließlich in einem ökologischen Kontext handeln, sondern immer auch in einem sozialen und ökonomischen Zusammenhang (vgl. G.-J. Krol 1998: 1 ff.). Schließlich steigt man nicht in einen Billigflieger nach Neapel, um in großer Höhe CO_2 zu emittieren und damit den Klimawandel bewusst zu verstärken, sondern um schnell und bequem in den Urlaub zu gelangen. Umweltprobleme manifestieren sich in diesem Kontext somit als *unintendierte Folgen* einer ökonomisch und/oder sozial motivierten *intendierten Verhaltensweise*.[7] Um über diesen Sachverhalt aufzuklären, kommt Appellen an die Umweltmoral der Akteure durchaus eine wichtige Funktion zu. Nur gilt es hinsichtlich der ökologischen Effizienz solcher Maßnahmen zu bedenken, dass die Menschen trotz intensiver Aufklärung über die ökologischen Folgen ihres Handelns in ihrer Rolle als Konsumenten und Produzenten weiterhin auch dort die Umwelt schädigen, wo ihnen die Risiken hinlänglich bekannt sind. Man denke nur daran, dass heute mehr Menschen häufiger fliegen als vor wenigen Jahren. Diese Tatsache mit dem Verweis auf mangelnde Umweltmoral und unzureichende Verantwortung der Akteure zu begründen greift zu kurz, wenn der vorliegende *Kollektivgutcharakter* von Umweltproblemen nicht hinreichend berücksichtigt wird. Bezieht man indessen den spezifischen Kollektivgutcharakter der Umwelt in die Problemanalyse ein, wird deutlich, dass – insbesondere globale – Umweltprobleme in dem Sinne *unverantwortbar* sind, dass sie außerhalb der individuellen Verantwortung stehen: „Wenn (…) alle verantwortlich sind, dann ist keiner verantwortlich." (K. Bayertz 1997: 223) Diese Feststellung wird dadurch untermauert, dass viele Handlungen in einem anonymen, sozial nicht kontrollierbaren Kontext stattfinden. In einer überschaubaren Gruppe kann das umweltschädigende Trittbrettfahren eines Akteurs noch kontrolliert und ggf. sanktioniert werden.[8] Wächst jedoch die Zahl der Beteiligten und wird damit der Handlungskontext sukzessive anonymer – was bei den großen Umweltproblemen wie Klima, Energie, Verkehr etc. der Fall ist –, dann schwinden jene sozialen Anreize, die helfen können, aus dem

7 Erschwerend kommt hinzu, dass das handlungsleitende Interesse der Individuen vornehmlich kurzfristiger Natur ist, während die unintendierten Folgeschäden dieses Handelns zumeist langfristig wirken oder zeitverzögert spürbar werden. In diesem Kontext sei insbesondere auf die Klimaerwärmung hingewiesen, denn dort treten ökologische Folgeschäden als Resultat einer Vielzahl einzelner Handlungen nicht nur zeitlich verzögert, sondern zudem räumlich getrennt auf.

8 Genau an diesem Punkt setzen auch moralsensible Konzeptionen wie die *lokale Agenda 21* an.

sozialen Dilemma auszubrechen (vgl. G.-J. Krol/J. Karpe 1999: 22 f.). Das bedeutet letztlich, dass die Trittbrettfahrerposition wieder an Attraktivität gewinnt. Vor diesem Hintergrund ist die Bewältigung von globalen Umweltproblemen ausschließlich mittels Moral und (der Hoffnung auf) Freiwilligkeit hinsichtlich folgender Aspekte als problematisch einzuschätzen:

- In anonymen Handlungskontexten und funktional ausdifferenzierten Lebensbereichen (Wohnen, Arbeit, Freizeit etc.) ist es zunehmend schwerer, bisweilen sogar unmöglich, soziale Dilemmasituationen durch die „verhaltensprägende Kraft gemeinsam geteilter Normen" (G.-J. Krol 2001 b: 6) zu bewältigen. Während in gesellschaftlichen Gruppen mit einer relativ homogenen Normstruktur kollektive Selbstschädigungstendenzen durch gegenseitige Anerkennung und Kontrolle des eigenen (ökologieverträglichen) Handelns verhindert oder zumindest entschärft werden können, ist diese Möglichkeit den heutzutage überwiegend wertepluralen Gesellschaften nahezu verwehrt.
- Eine ausschließliche Fokussierung auf die Förderung ökologischer Handlungsabsichten durch Moralisierung führt zudem, wie Krol und Karpe (1999: 72 f.) mit Verweis auf Knobloch (1994: 162) anmerken, zu einer „ungerechtfertigten Verantwortungszumutung für den Einzelnen". Verantwortungszumutung meint in diesem Zusammenhang, dass dem Einzelnen aus vornehmlich zwei Gründen nicht abverlangt werden kann, sich systematisch gegen die sich aus dem Kollektivgutcharakter der Umwelt ergebenden Anreize zu verhalten. Zum einen würde die Aufforderung, sich zu Gunsten ökologischer Ziele entgegen der ökonomischen Funktionslogik des Marktes zu verhalten, zu einer systematischen Erosion der Funktion von Konsumenten und Produzenten auf dem Markt (vgl. auch G.-J. Krol 2001 b: 7f.) führen. Zum anderen droht – gerade unter den Bedingungen der modernen, anonymen Industriegesellschaft – dem moralisch Handelnden die systematische Ausbeutung seiner „guten Tat". Das wiederum kann hinsichtlich des eigentlich angestrebten ökologischen Ziels sogar negative Konsequenzen zur Folge haben.
- Wenn nämlich umweltethisch motiviert Handelnde feststellen, dass sie durch ihren freiwilligen Verzicht auf vorteilhafte Alternativen nicht nur keinen messbaren Umwelteffekt bewirken, sondern sogar durch ihr umweltverträgliches Verhalten den Entfaltungsspielraum der übrigen erweitern, den diese durch eine Intensivierung des Trittbrettfahrens sogleich ausnutzen, dann droht jegliche Umweltmoral gänzlich zu erodieren (vgl. G.-J. Krol 1998: 6 f). In diesem Fall führt das aus ökologischer Perspektive vor-

bildhafte Verhalten einzelner nicht zu weniger, sondern im Endeffekt zu mehr Trittbrettfahrern.

Das Potenzial moralsensibler Instrumente, die auf die intrinsische Motivation und Freiwilligkeit der Akteure setzen, scheint angesichts dieser Einwände im Hinblick auf die ökologische Treffsicherheit und Wirksamkeit insgesamt eingeschränkt – doch nicht vollends zu vernachlässigen. Freiwilligkeit als Ansatz zur Lösung von Umweltproblemen ist demnach keine Alternative zu anreizorientierten Instrumenten, aber durchaus eine sinnvolle Ergänzung. Ganz in diesem Sinne ist die abschließende Bewertung der zu Anfang erwähnten *Offset*-Programme aufzufassen.

4 Zur Effizienz freiwilligen Klimaschutzes *„über den Wolken“*?

Die zentrale Voraussetzung von *Offset*-Programmen für den Flugverkehr ist die unverbindliche Bereitschaft von Flugreisenden, *freiwillig* einen höheren Ticketpreis zu bezahlen, damit an anderer Stelle der Ausstoß von CO_2 vermieden werden kann. Rückblickend auf die bisherigen Ausführungen ist zunächst festzuhalten, dass ein ausschließlich auf Freiwilligkeit basierender Ansatz der Dimension des Klimaproblems nicht gerecht werden kann. Die Möglichkeit, ausgestoßenes CO_2 über Zusatzzahlungen zu „kompensieren“ darf nicht darüber hinwegtäuschen, dass weniger fliegen für das Klima nach wie vor die beste Lösung bleibt. Die Teilnahme an einem *Offset*-Programm ist allerdings – und das darf auch nicht vergessen werden – für das Klima in Anbetracht jedes *nicht* vermiedenen Flugs eine Alternative. Allerdings mit einer großen Einschränkung hinsichtlich der ökologischen Treffsicherheit, welche in der Freiwilligkeit dieses Instruments zu sehen ist. Wie nämlich gezeigt wurde, kann auf freiwilliges ökologieverträglicheres Verhalten vornehmlich im *Low Cost*-Bereich gesetzt werden. Inwiefern *Offset*-Programme für den Flugverkehr dazu gehören, kommt jedoch darauf an. Für Geschäftsreisende, die zweimal wöchentlich von Düsseldorf nach London fliegen, mag ein Ticket-Aufpreis von 20 EUR je Hin- und Rückflug im *Low Cost*-Bereich liegen. Der gleiche Aufpreis für einen Wochenendausflug von Köln nach Lissabon macht aber für manch einen das „Fliegen zum Taxipreis“ sogleich weniger attraktiv – und die Teilnahme an einem *Offset*-Programm unterbleibt. Oder aber sie findet statt, jedoch mit dem Ziel, in erster Linie das eigene schlechte Gewissen und nicht das ausgestoßene CO_2 zu kompensieren. In diesem Fall besteht aber die Möglichkeit, dass durch die Teilnahme an einem *Offset*-Programm nicht weniger sondern sogar mehr geflogen wird – denn schließlich spart man durch die freiwillige Abgabe ja Emissionen in Entwicklungsländern ein. Wer so denkt und handelt muss sich tatsächlich den Vorwurf gefallen lassen, durch die Teilnahme an einem *Offset*-Programm einen modernen Ablasshandel zu betreiben. Der vermögende und ökologiebewusste Spanien-Fan begeht durch einen Wochenendtrip per Flieger nach Barcelona eine Untat, die jedoch vergeben wird, wenn man einen zuvor fixierten Zusatzpreis an eine bestimmte *Offset*-Organisation zahlt. Also plant man den nächsten Trip nach Madrid, Valencia, Jerez ... Mal ganz davon abgesehen, dass im Falle von Freiwilligkeit der ökologie*un*bewusste Spanien-Fan sein Flugverhalten nicht im Geringsten ändern wird, macht der „Ablass" dem ökologiebewussten Spanien-Fan seine „schlechte Tat" attraktiver. Genau wie im Mittelalter, wo der Dieb einen kleinen Obolus an den Priester leistete. Damals kam Luther – und heute möglicherweise die Europäische Kommission! Denn dort wird momentan darüber diskutiert, den gesamten europäischen Luftverkehr in den Emissionshandel einzubeziehen. Sollte dieses Vorhaben tatsächlich einmal umgesetzt werden, dann fände kein moderner Ablasshandel mehr statt. Denn wenn sich Flüge nicht ausschließlich auf freiwilliger Basis sondern durch die Schaffung eines künstlichen Marktes verteuern wird die „schlechte Tat" des Fliegens tatsächlich *un*attraktiver. Damit wäre wirklich etwas für den Klimaschutz getan. Ganz in diesem Sinne sind daher *Offset*-Programme im Luftverkehr zu bewerten: In erster Linie als ein über den üblichen Appell-Charakter hinausgehendes, institutionell verankertes, auf Freiwilligkeit angewiesenes Mittel zur Bildung eines ökologischen Bewusstseins, das letztlich die notwendige Grundlage für die Akzeptanz weiter gehender, anreizorientierter Instrumente bildet.

Literatur

Baumol, W. J./Oates, W. E. (1979): Economics, Environmental Policy, and the Quality of Life. Prentice Hall, Englewood Cliffs.

Bayertz, K. (1997): Global Umweltveränderungen und die Grenzen der ökologischen Moral. In: Barz, W./Brinkmann, B./Furger, F. (Hrsg.): Globale Umweltveränderungen. Symposium am 17. und 18. Juni in Münster. Landsberg. S. 219–232.

Brockhagen, D. (2006): „atmosfair" – sauber fliegen? In: Altner, G./Leitschuh-Fecht, H./Michelsen, G./Simonis, U.E./von Weizäcker, E.U. (Hrsg.): Jahrbuch Ökologie 2007. München. S. 220–226.

Diekmann, A./Preisendörfer, P. (1992): Persönliches Umweltverhalten. Diskrepanzen zwischen Anspruch und Wirklichkeit. In: Kölner Zeitschrift für Soziologie und Sozialpsychologie, 44. Jg., S. 226–251.

Frey, B. S. (1992): Tertium Datur. Pricing, Regulating, and Intrinsic Motivation. In: Kyklos, 45. S. 161–184.

Frey, B. S./Oberholzer-Gee, F. (1996): Zum Konflikt zwischen intrinsischer Motivation und umweltpolitischer Instrumentenwahl. In: Siebert, H. (Hrsg.): Elemente einer rationalen Umweltpolitik. Expertisen zur umweltpolitischen Neuorientierung. Tübingen. S. 207–238.

Frey, B. S./Kucher, M. (1998): Umweltmoral oder Umweltökonomie? In: Altner, G./Mettler-von Meibom, B./Simonis, U. E./von Weizäcker, E. U. (Hrsg.): Jahrbuch Ökologie 1999. München. S. 11–21.
Kirchgässner, G. (1992): Towards a Theory of Low-Cost-Decisions. In: European Journal of Political Economy. Vol. 8. S. 305–320.
Kirsch, G. (1991): Umweltbewusstsein und Umweltverhalten. Eine theoretische Skizze eines empirischen Problems. In: Zeitschrift für Umweltpolitik & Umweltrecht, 14. Jg., Bd. 3. S. 249–261.
Kirsch, G. (1994): Umweltmoral – Ein Ersatz für Staatliche Umweltpolitik? In: Mackscheidt, K./Ewringmann, D./Gawel, E. (Hrsg.): Umweltpolitik mit hoheitlichen Zwangsabgaben? Karl-Heinrich Hansmeyer zur Vollendung seines 65. Lebensjahres. Berlin. S. 261–271.
Kirsch, G. (1996): Umwelt, Ethik und individuelle Freiheit. Eine Bestandsaufnahme. In: Siebert, H. (Hrsg.): Elemente einer rationalen Umweltpolitik. Expertisen zur umweltpolitischen Neuorientierung. Tübingen. S. 3–32.
Knobloch, U. (1994): Theorie und Ethik des Konsums. Reflexion auf die normativen Grundlagen sozioökonomischer Konsumtheorien. Bern u. a.
Kollmuss, A./Bowell, B. (2006): Voluntary Offsets For Air-Travel Carbon Emissions. Evaluations and Recommendations of Voluntary Offset Companies. Boston.
Abgerufen am 15.09.2007 unter *http://www.tufts.edu/*
Krol, G.-J. (1993): Ökologie als Bildungsfrage? Zum sozialen Vakuum in der Umweltbildung. In: Zeitschrift für Pädagogik, Heft 4. S. 651–672.
Krol, G.-J. (1994): Änderung gesellschaftlicher Anreize statt individueller Bedürfnisse. Kritik der Umweltpädagogik aus ökonomischer Sicht. In: DGU Nachrichten, Nr. 9. S. 3-12.
Krol, G.-J. (1998): Freiwilligkeit – Zwang – Anreize. Bemerkungen zu strategischen Ansatzpunkten der Umweltpolitik. Diskussionsreihe Ökonomische Bildung, Nr. 4. Münster.
Krol, G.-J. (2001a): Environmental Problems, Morals and Incentives in Modern Societies. In: Tolba, M. K. (Hrsg.): Our Fragile World. Challenges and Opportunities for Sustainable Development, Vol. I. Oxford. S. 973–982.
Krol, G.-J. (2001b): Ökonomische Bildung ohne Ökonomik? Zur Bildungsrelevanz des ökonomischen Denkansatzes. Abgerufen am 23.08.2007 unter *http://www.sowi-online-journal.de/2001-1/krol.htm*
Krol, G.-J. (2005): Umweltprobleme aus ökonomischer Sicht. Zur Relevanz der Umweltökonomie für die Umweltbildung. In: May, H. (Hrsg.): Handbuch zur ökonomischen Bildung, 8. Aufl., München u. a. S. 531–552.
Krol, G.-J./Karpe, J. (1999): Ökonomische Aspekte von Nachhaltigkeit. Die Umweltproblematik aus sozioökonomischer Sicht. Münster.
Kuckartz, U./Rheingans-Heintze, A. (2006): Trends im Umweltbewusstsein. Umweltgerechtigkeit, Lebensqualität und persönliches Engagement. Wiesbaden.
Lammers, J./Schmitz, O. (1995): Der moralische Handlungsspielraum von Unternehmen. Eine institutionenökonomische Perspektive., Marburg.
Michaelis, P. (1996): Ökonomische Instrumente in der Umweltpolitik. Eine anwendungsorientierte Einführung. Heidelberg.
Penner, J. E./Lister, D./Griggs, D. J./Dokken, D .J./McFarland, M. (1999): Aviation and the Global Atmosphere. A Special Report of the Intergovernmental Panel on Climate Change, Cambridge.
Pies, I. (2000): Wirtschaftsethik als ökonomische Theorie der Moral. Zur fundamentalen Bedeutung der Anreizanalyse für ein modernes Ethikparadigma. In: Gaertner, W. (Hrsg.): Wirtschaftsethische Perspektiven V. Schriften des Vereins für Socialpolitik, Bd. 228. Berlin. S. 11–33.
Taylor, Ch. (1989): Sources of the Self. The Making of the Modern Identity. Cambridge, Mass.

Europäischer Handel mit Treibhausgasemissionszertifikaten und seine Umsetzung in nationales Recht

Fritz Rahmeyer

Für die Analyse der europäischen Klimapolitik mit handelbaren Emissionszertifikaten werden zunächst die einzelnen Elemente einer vorsorgenden Klimapolitik benannt (1.). Anschließend stehen Ziele und Instrumente des Kyoto-Protokolls als der politischen Architektur des Klimaschutzes in Europa im Mittelpunkt (2.). Kapitel 3 behandelt die theoretischen Grundlagen des Zertifikatehandels. Anhand der Richtlinie 2003/87/EG über ein System für den Handel mit Treibhausgasemissionszertifikaten wird danach das sektorale System des Zertifikatehandels erläutert. Im Vordergrund stehen die Fragen nach dessen Vereinbarkeit mit dem geltenden Anlagengenehmigungsrecht und die Umsetzung in nationales Recht, daneben die Ausgestaltung der Erstzuteilung der Emissionszertifikate in den beiden Nationalen Allokationsplänen (4.). Den Abschluss bildet ein kurzer Ausblick auf die Zukunft der europäischen und globalen Klimaschutzpolitik im Anschluss an die erste Verpflichtungsperiode (5.).

1 Elemente der vorsorgenden Klimapolitik

Der Klimaschutz ist seit Ende der achtziger Jahre des vorigen Jahrhunderts ein zentraler Teilbereich der nationalen und internationalen Umweltpolitik, speziell der Luftgütepolitik. Seine umfassende naturwissenschaftliche und ökonomische Modellierung muss folgende Elemente beinhalten (R. Perman 1994: 101):

- Ökonomische Aktivitäten und Treibhausgasemissionen,
- Treibhausgaskonzentration und Klimawandel,
- Kosten und Nutzen des Klimaschutzes,
- Strategien und Instrumente des Klimaschutzes,
- Politische Architektur des Klimaschutzes.

Ausgangspunkt der Klimapolitik ist die Beobachtung, dass sich die Erdatmosphäre im Zeitraum 1906-2005 trendmäßig gegenüber 1861-1900 um 0,74°C ($\pm$0,18°C) erwärmt hat (S. Solomon et al. 2007: 36). Entsprechend den naturwissenschaftlichen Grundlagen des Klimawandels führen ökonomische Aktivitäten in Produktion und Konsum als Folge des Verbrauches fossiler Brennstoffe zur Emission von CO_2 (Stromgröße) und daraus folgend zu einer Zunahme der CO_2-Konzentration (Bestandsgröße) in der Erdatmosphäre. Sie ist von einem vorindustriellen Wert von ungefähr 280 ppm auf ungefähr 380 ppm im Jahre 2005 gestiegen (ebd.: 25). Etwa 40 vH des anthropogen emittierten CO_2 verbleiben in der Erdatmosphäre, der größere Teil wird von den Ozeanen und der Biosphäre absorbiert. Der Anstieg der Konzentration von Treibhausgasen, neben Kohlendioxid vor allem Methan, wird als *eine* Ursache des anthropogenen Klimawandels angesehen, daneben auch die Verringerung der Waldfläche auf der Erde. Zu diesem Zusammenhang heisst es im vierten Bericht des "Intergovernmental Panel on Climate Change" (IPCC) wie folgt: "It is *very likely* that anthropogenic greenhouse gas increase caused most of the observed increase in global average temperatures since the mid-20th century" (ebd.: 60).[1] Eine Verdoppelung der CO_2-Konzentration gegenüber ihrem vorindustriellen Wert führt wahrscheinlich (likely) zu einem Temperaturanstieg zwischen 2°C und 4,5°C, mit einer besten Schätzung von ungefähr 3°C (ebd.: 65).

Eine ökonomische Bewertung des Klimaschutzes erfordert einen Vergleich seiner Kosten und Nutzen. Kosten entstehen aus der Vermeidung der Emissionen, gemessen z. B. in Form eines Rückgangs des Output- und Konsumwachstums oder der „social costs of carbon", einschließlich der Kosten der Anpassung an den Klimawandel z. B. durch Küstenschutz und veränderten Landbau.. Der Nutzen des Klimaschutzes resultiert aus der Vermeidung der residualen Schadenskosten. Diese werden aufgewendet, um Folgen der Umweltbelastung zu verringern (W. Nordhaus 1993: 18 f.). Die Schadenskosten der Emissionstätigkeit und in der Folge des Klimawandels steigen relativ gering an. Die Höhe der Vermeidungskosten hängt von der Flexibilität des Mitteleinsatzes ab. Bei gegebenen Technologien und Verhaltensweisen werden sie umso stärker ansteigen, je schneller das Stabilisierungsziel erreicht werden soll. Die empirische Ermittlung der Kosten und damit Nutzen des Klimaschutzes erfordert die monetäre Bewertung der Vermeidungs- und der Schadenskosten in Abhängigkeit vom Emissions- bzw. Konzentrationsniveau. Je nach Modellschätzung führt ein globaler Temperaturanstieg von bis zu 2°C zu einem Outputverlust von rund 1 vH (Stern 2007: 166 f.). Die Nutzen des Klimaschutzes bzw. die Nutzeneinbußen durch

1 Nach der Sprachregelung des IPCC bedeutet „likely" eine Wahrscheinlichkeit von 66 vH, „very likely" von 90 vH.

den Klimawandel können mittels der maximalen Zahlungsbereitschaft der Bevölkerung für die Erhaltung oder der minimalen Kompensationsforderung für die Verschlechterung der Umweltqualität ermittelt werden, vornehmlich auf dem Wege der direkten Befragung. Sind die Grenzvermeidungskosten des Klimawandels geringer als die (abdiskontierten) Grenzschadenskosten, dann entsteht ein sofortiger politischer Handlungsbedarf für eine Verringerung der Treibhausgasemissionen.

Um Kosten und Nutzen vergleichbar zu machen, muss der Gegenwartswert zukünftiger Umweltschäden und damit der gegenwärtige Nutzen des Klimaschutzes bestimmt werden. Wird der Diskontierungssatz, der sich aus der Rate der reinen Zeitpräferenz und der gewichteten Wachstumsrate des pro-Kopf-Einkommens zusammensetzt, für alle Investitionen relativ hoch angesetzt, dann fallen die zukünftigen Schadenskosten und entsprechend die in der Gegenwart aufzuwendenden Vermeidungskosten relativ gering aus. Daraus resultiert die Empfehlung für eine anfänglich geringe, danach mit effizienteren Technologien zunehmend stärkere CO_2-Reduzierung („the climate-policy ramp"; W. Nordhaus 2007: 687). Bei einer aus ethischen Gründen empfohlenen reinen Zeitpräferenzrate für Investitionen in den Klimaschutz von Null wird der Nutzen der gegenwärtigen Generation gleich dem der zukünftigen Generationen bewertet. Der angenommene Diskontierungssatz ist niedriger, die abdiskontierten Schadenskosten sind entsprechend höher. Hieraus resultiert die Empfehlung für eine drastische Emissionsminderung in der näheren Zukunft. Aus dem Unterschied der Diskontierung zukünftiger Schadenskosten kann sich ein trade-off zwischen dem Risiko einer verspäteten und einer verfrühten Emissionsreduktion ergeben. Sind die Kosten der CO_2-Emissionsreduktion anfänglich relativ gering, dann entsteht ein zeitlicher Gewinn für die Entwicklung neuer energiesparender Technologien und einer umfassenden Architektur für internationale Klimaabkommen.

Gegen die Verwendung unterschiedlich hoher Diskontierungsraten für herkömmliche Investitionen und solche in den Umwelt- und Klimaschutz ist einzuwenden, dass Investitionsprojekte jeglicher Art Nutzen für zukünftige Generationen erbringen, also auch solche in die materielle und soziale Infrastruktur. Eine Differenzierung des Diskontsatzes ist dann nicht zu empfehlen (vgl. R. Mendelsohn 2005: 137 f.; R. Tol 2005: 156). Hierhinter steht als alternatives ethisches Postulat, dass jede Generation einen mindestens so hohen Kapitalstock hinterlässt wie sie übernommen hat (dazu W. Nordhaus 2007: 693). Entsprechend des Konzeptes der schwachen Nachhaltigkeit kann Naturkapital teilweise durch Sachkapital ersetzt werden. Herkömmliche Investitionen werden bei einem höheren Diskontsatz solche in den Umwelt- und Klimaschutz verdrängen. Eine weitere Empfehlung zur Diskontierung besteht darin, für sehr lange Zeiträume eine geringere Diskontrate als für kürzere zu verwenden. Zusammenfassend kommt

Weitzman (2007: 705) bezüglich der Höhe des anzusetzenden Diskontierungssatzes zu folgendem Ergebnis: „...it is not an exaggeration to say that the biggest uncertainty of all in the economics of climate change is the uncertainty about which interest rate to use for discounting."

Die Unsicherheit über die Höhe der zukünftigen Schadenskosten, damit des Nutzens des Klimaschutzes (Höhe der zukünftigen CO_2-Emissionen, der CO_2-Konzentration und des Temperaturanstiegs), Bewertungsprobleme insbesondere bei nicht marktbezogenen Schäden und die Höhe der aufzuwendenden Vermeidungskosten verhindern, ein ökonomisches Optimum der Emissionsvermeidung ermitteln zu können Auch mag dessen Ergebnis ethisch nicht zu rechtfertigen sein. Ziele der Umwelt- bzw. Klimapolitik werden alternativ entsprechend des Vorsorgeprinzips als Umweltqualitätsstandards bestimmt, z. B. als Obergrenze der CO_2-Konzentration in der Atmosphäre oder als maximal tolerierbarer Temperaturanstieg (climate targeting).

Politische Reaktionen auf die Folgewirkungen des Klimawandels können kombinierte Maßnahmen aus Anpassung und Emissionsvermeidung sein. Anpassung erbringt zeitlich früher einen Nutzen für den Klimaschutz als die Vermeidungsstrategie. Im Vordergrund der zweitbesten Strategie der Klimapolitik steht die Analyse des Instrumenteneinsatzes zur kosteneffektiven Erreichung des umweltpolitischen Ziels. Als ökonomische Instrumente kommen Formen von Umweltsteuern und/oder handelbare Emissionszertifikate, die ein Nutzungsrecht am öffentlichen Gut saubere Luft begründen, in Betracht. Letztere sind vor allem zur Vermeidung von Globalschadstoffen geeignet. In der Europäischen Union ist der Versuch, eine harmonisierte CO_2-/Energiesteuer einzuführen, aufgrund von Unterschieden in den nationalen Steuer- und Energiesystemen, im ökonomischen Entwicklungsprozess und in den umweltpolitischen Prioritäten gescheitert. Im Mittelpunkt der Klimapolitik steht in positiver - nicht normativer - Begründung die Einführung, Implementierung und Durchführung des Handels mit Emissionszertifikaten. Der Emissionshandel stellt gegenüber der traditionellen Ordnungspolitik mittels technikorientierter Auflagen einen einschneidenden Wandel in der Umweltpolitik in Deutschland dar.

2 Ziele und Instrumente der vorsorgenden Klimapolitik

Im ersten Schritt zur Institutionalisierung eines globalen Klimaschutzes schaffte die Klimarahmenkonvention der Vereinten Nationen („United Nations Framework Convention on Climate Change") eine völkerrechtlich verbindliche Grundlage für die internationale Zusammenarbeit souveräner Staaten bei der Bekämpfung von globalen Klimaänderungen. Ihre Zielsetzung ist es, die Konzentration von Treibhausgasen in der Atmosphäre auf einem Niveau zu stabilisieren, das Klimaschäden in der Zukunft vermeidet. Dazu legte sie einen Folgeprozess fest, der auf Klimakonferenzen der Vertragsstaaten bestimmt wird. Die ursprünglichen Beschlüsse der dritten Vertragsstaatenkonferenz in Kyoto sahen eine verbindliche Verringerung eines Korbes von sechs Treibhausgasen („basket approach“: 80 vH CO_2, 13 vH Methan) um rd. 5 vH im Zeitraum 2008-2012 gegenüber dem Referenzjahr 1990 vor, bei einer Differenzierung zwischen Staatengruppen (u. a. EU und Mehrzahl der mittel- und osteuropäischen Länder 8 vH, Deutschland zur bindenden Lastenverteilung innerhalb der EU-Staaten 21 vH). Für die sich entwickelnden Länder wurden entsprechend des Prinzips der geteilten Verantwortung der Klimarahmenkonvention noch keine Minderungsziele festgelegt. Zwar wird der Trend des CO_2-Emissionsanstiegs bei Erfüllung des Reduktionsziels gebrochen, eine Stabilisierung der CO_2-Konzentration in der Atmosphäre aber bei weitem noch nicht erreicht. Sowohl der ökologische Nutzen in Form der Vermeidung von Schadenskosten als auch die ökonomischen Kosten der CO_2-Verminderung werden als gering angesehen (M. Grubb u. a.: 165). Zusätzlich übt die Ungewissheit über die Ziele der Klimapolitik nach 2012 einen negativen Anreiz auf emissionsmindernde Investitionen der Unternehmen aus (N. Stern 2007: 542). Bei dieser viel geübten Kritik des Kyoto-Protokolls ist zu bedenken, dass die Politik des Klimaschutzes nicht aus einer einmaligen Entscheidung über die obere Grenze der CO_2-Konzentration oder des Temperaturanstiegs besteht, sondern aus einem kontinuierlichen und sequentiellen Entscheidungsprozess, auf der Grundlage neuer naturwissenschaftlicher und ökonomischer Erkenntnisse (R. Lind 1985: 388; auch IPCC 2001: 352). Hieraus ergibt sich ein trade-off zwischen langfristigem commitment und kurzfristiger Flexibilität in der Klimapolitik. Der Schwerpunkt der Kyoto-Verhandlungen lag zusammenfassend darin, einen Einstieg in die Klimaarchitektur zu finden mit der Festlegung eines ersten Reduktionsziels und des Zeitraumes seiner Erfüllung (so S. Barrett 2003: 366 f.; W. McKibbin/P. Wilcoxen 2002: 125).

Auf der Instrumentenebene sieht das Kyoto-Protokoll als Ergänzung zu im Inland zu erbringenden Emissionsvermeidungen insbesondere auf Verlangen der USA zum einen einen Emissionshandel zwischen den Unterzeichnerstaaten vor. Zum anderen können diese durch Klimaschutzprojekte im Ausland einen Teil ihrer Reduktionsverpflichtungen erbringen und auf ihre eigenen Verpflichtungen anrechnen lassen. Für die Europäische Union hatten bei den Verhandlungen im Unterschied u. a. zu den USA nationale Emissionsminderungen Priorität gegenüber den flexiblen Mechanismen. Der Emissionshandel zwischen den Staaten, wie ihn das Kyoto-Protokoll vorsieht, kann um den Handel innerhalb eines Landes zwischen privaten Unternehmen ergänzt werden. Erstere bleiben dabei für die Minderungsverpflichtung verantwortlich.

Auf der siebten Vertragsstaatenkonferenz in Marrakesch wurde 2001 Übereinstimmung über die Regeln für die Implementierung der Kyoto-Mechanismen gefunden. Nachdem die USA als potentiell größter Nachfrager ihre Reduktionsverpflichtung zurückgenommen hatte, machten die EU-Länder bis dahin abgelehnte Zugeständnisse an wichtige Unterzeichnerstaaten (Kanada, Japan, Russland). Hierzu gehörte die höhere Anrechenbarkeit von Senken bildenden Maßnahmen für CO_2 auf die Reduktionsverpflichtung. Weiterhin wird der Handel von Emissionsrechten unlimitiert erfolgen. Inländische Maßnahmen haben lediglich einen „signifikanten" Beitrag, keinen festen Anteil zur Verringerung der Emissionen zu leisten. Die Reduktionsverpflichtung der Unterzeichnerstaaten sank dadurch faktisch auf 2 vH.

3 Handelbare Emissionszertifikate als Instrument der Klimapolitik

Handelbare Emissionszertifikate sind ein marktanaloges und - je nach Vergabeverfahren - fiskalisches oder nicht-fiskalisches Instrument der Mengensteuerung von Emissionen. In der Variante des Cap-and-trade-Systems wollen sie ein regionales oder globales Umweltqualitätsziel mittels der Zuteilung (cap) und des anschließenden Tausches (trade) von in geeigneten Einheiten zerlegten Emissionsrechten sowohl ökologisch effektiv als auch ökonomisch (statisch und dynamisch) effizient erreichen. Sie verkörpern ein vom Staat verbrieftes übertragbares Recht auf Umweltnutzung, z. B. am Ge- und Verbrauch des bisher freien öffentlichen Gutes saubere Luft. Das Umweltmedium Luft wird einer öffentlich-rechtlichen Bewirtschaftung unterworfen (M. Winkler 2005: 248 ff.; auch I. Appel 2006: 782). Geeignet sind Zertifikate insbesondere für die Verringerung von Globalschadstoffen wie Treibhausgase, für die der Ort der Entstehung keine Bedeutung für zukünftige Umweltschäden hat. Auch ist hierfür eine räumliche Differenzierung des Lizenzmarktes nicht erforderlich. Entsprechend groß können die Zahl der Marktteilnehmer und das Handelsvolumen auf dem Zertifikatsmarkt sein, so dass Marktmacht nicht entstehen dürfte. Ist der Verlauf der Grenzschadens- und der Grenzvermeidungskosten bekannt, dann entspricht die Wirkung des Zertifikatesystems genau der einer Steuer auf fossile Brennstoffe. Im Unterschied zu dieser geben Zertifikate eine absolute Obergrenze der Emissionstätigkeit vor (ökologische Sicherheit), während der Zertifikatepreis und damit die ökonomischen Kosten unsicher sind (ökonomisch Unsicherheit).

Im ersten Schritt für den Aufbau eines Emissionshandelssystems bestimmt der Staat, bis zu welcher Höchstgrenze ein Umweltmedium innerhalb einer abgegrenzten Zeitperiode genutzt werden kann. Danach wird die zulässige Gesamtemission in einzelne Zertifikate aufgeteilt. Sie können entweder zeitlich begrenzt oder unbefristet gültig sein. Eine Versteigerung der Gesamtemissionsmenge führt wie die Erhebung von Umweltabgaben zu Einnahmen des Staates und zu Ausgaben der Unternehmen. Der Staat erhält daraus die Möglichkeit, den Versteigerungserlös z. B. in Form einer Senkung von verzerrenden Steuern auf dem Arbeitsmarkt zu verwenden („revenue recycling policies"). Dieses Zuteilungsverfahren liefert zugleich einen Anhaltspunkt für den späteren Zertifikatspreis auf dem Sekundärmarkt, indem es die Zahlungsbereitschaft der einzelnen Bieter offenbart.

Im Unterschied zur Versteigerung knüpft die Gratisvergabe an die Höhe der historischen Emissionen an. Sie gewährleistet dadurch den Bestandsschutz für Altanlagenbetreiber. Ausgaben für die Anlagenbetreiber und Einnahmen für den Staat entstehen nicht. Ist der Markt für Zertifikate wettbewerblich strukturiert und sind die Transaktionskosten des Emissionshandels gering, dann hat die Form der Anfangszuteilung keinen Einfluss auf die Kosteneffektivität des Emissionshandels auf dem Sekundärmarkt (T. Tietenberg 1995: 326). Entsprechend kann die Erstallokation dazu dienen, anderweitige Ziele, z. B. fiskalischer oder verteilungspolitischer Art zu erreichen. Auch bei der Überwälzung (pass through) des Zertifikatspreises auf die Preise der Konsumgüter und der Vorleistungen der Unternehmen besteht kein Unterschied: Die Versteigerung führt zu Ausgaben der Unternehmen. Bei der Gratiszuteilung verursacht der Gebrauch von Zertifikaten für die Deckung der Emissionen Opportunitätskosten in Höhe ihres möglichen Verkaufes zum Marktpreis im Falle einer Emissionsvermeidung, die sie auch in diesem Falle weiterwälzen. Die Zuteilung der Zertifikate wirkt bei beiden Methoden wie eine Steuer auf Produktionsfaktoren und verringert den realen Faktorertrag („tax interaction effect"). Im Falle der Gratisverteilung steigt als Folge der Preiserhöhung seitens der Lizenzpflichtigen die Produzentenrente zulasten der Konsumentenrente („windfall profit"). Eine Rückverteilung des Versteigerungserlöses an die Konsumenten mildert zumindest den Umverteilungseffekt zugunsten der Unternehmen. Verteilungsargumente sprechen somit für die Versteigerung der Zertifikate (P. Bader 2000: 264 f.; C. Hepburn u. a. 2006: 140). Trotz der in normativer Analyse abgeleiteten theoretischen Vorteile der Versteigerung dominiert in der Praxis - auch unter dem Einfluss des Lobbyismus - die Gratiszuteilung. Zum einen verteilt sie die entstehenden Renten der Lizenzzuteilung auf die teilnehmenden Unternehmen, zum anderen behält der Staat Einfluss auf die Lizenzzuteilung.

Zertifikatspflichtige sind entweder die Produzenten und Importeure von Primärenergie als Hersteller (Upstream-Variante) oder Großemittenten wie Kraftwerke, Raffinerien und Industrieanlagen als Verbraucher (Downstream-Variante). Die Anzahl der auszugebenden Zertifikate ist bei beiden Verfahren unterschiedlich. Im ersteren Fall werden alle Emissionen, auch die der Kleinverbraucher, erfasst und direkt belastet (Brennstoffzertifikate). Damit geht eine genaue Verhaltenssteuerung einher. Die administrativen Kosten sind vergleichsweise gering. Bei einer Gratiszuteilung fällt die entstehende Rente einer kleinen Gruppe von Unternehmen zu, insbesondere denen der Energiewirtschaft, die den Zertifikatspreis auf die Endverbraucher überwälzen werden (M. Grubb/K. Neuhoff 2006: 14 f.; C. Hepburn u. a. 2006: 140). Im zweiten Fall, bei Ausgabe von Emissionszertifikaten, kommt die Rente einer größeren Gruppe von Unternehmen zugute. Eine Zertifikatspflicht für kleine und mobile Emissionsquellen (Haushalte, Verkehrsteilnehmer) verbietet sich aus Gründen der Praktikabilität (im Einzelnen P. Bader 2000: 164 ff.). Hierfür eignet sich die Erhebung einer Energie- oder Emissionssteuer.

4 Europäischer Handel mit Emissionszertifikaten

4.1 Die EG-Richtlinie zum Emissionshandel

Nach dem Scheitern der Klimapolitik mittels Einführung einer harmonisierten CO_2-/Emissionssteuer entschied sich die Europäische Union für die Ausgabe von und den Handel mit Emissionszertifikaten (EU ETS), um ihre eingegangene Reduktionsverpflichtung erfüllen zu können. Für den Emissionshandel sprach vor allem, dass die Mengenlösung in ihrer Zielsetzung mit den nationalen Vermeidungszielen und der Anwendung von flexiblen Mechanismen des Kyoto-Protokolls übereinstimmte. Entsprechend ihrer Richtlinie 2003/87/EG zum Handel mit Treibhausgasemissionszertifikaten nahmen die Länder der Europäischen Union bereits zu Beginn des Jahres 2005 den Emissionshandel für CO_2 auf, nicht erst zu Beginn der ersten Verpflichtungsperiode 2008. Die anfängliche Beschränkung auf CO_2 soll Kontrollprobleme für andere Treibhausgase verringern. Die Zuteilung der Zertifikate wurde in der Vorbereitungsphase 2005-2007 ausschließlich in Form der Gratiszuteilung vorgenommen, vornehmlich aus Gründen der Praktikabilität und der Wirkung auf die Verteilung, damit der politischen Durchsetzbarkeit. Über die Gesamtmenge der zu vergebenden Zertifikate und deren Aufteilung auf die einbezogenen Tätigkeiten (Sektoren) entschied jeder Unterzeichnerstaat eigenständig. Sie erfolgte in einem zweistufigen Verfahren zunächst an die beteiligten Länder, danach durch diese an die Unternehmen in den einbezogenen Sektoren. Für die Kontrolle der Emissionsmenge und damit die Einhaltung des Vermeidungszieles sind die Unterzeichnerstaaten verantwortlich. Die Europäische Gemeinschaft überwacht lediglich die Einhaltung der nationalen Minderungsprogramme.

Adressaten der Zuteilung und des anschließenden Emissionshandels sind - in Anlehnung an das Emissionsmodell - die Mehrzahl der genehmigungsbedürftigen ortsfesten Industrieanlagen in den Wirtschaftszweigen der Strom- und Wärmeerzeugung (Verbrennungsanlagen mit mehr als 20 MW), der Eisen- und Stahlerzeugung, von Glas, Keramik, Zement, von Papier und Pappe. Insgesamt unterliegen etwa 45 vH der CO_2-Emissionen in der Europäischen Union dem Emissionshandel. Die Form der Zuteilung entspricht der Downstream-Variante. Sie eignet sich am ehesten für Bereiche mit wenigen großen Anlagen und großen Emissionsmengen. Mobile Emissionsquellen in Haushalten und im Verkehr als Kleinverbraucher müssen aus Gründen des Gleichheitsgrundsatzes in die Emissionsreduktion einbezogen werden, wenn auch mit anderen Instrumenten, z. B. der Erhebung einer Umweltabgabe.

Die Emission von Treibhausgasen für ortsfeste Anlagen bedarf der Genehmigung (permit). Im Anschluss daran werden die Zertifikate, die zur Emission berechtigen (allowances), seitens der Mitgliedsstaaten auf der Basis eines Nationalen Allokationsplanes auf die einbezogenen Anlagen zugeteilt. Sie haben den Charakter von Inputfaktoren und sind handelbar. Die Betreiber der Anlagen müssen jährlich über die Emissionstätigkeit berichten und zu einem Stichtag diejenige Anzahl von Zertifikaten zurückgeben, die den Gesamtemissionen ihrer Anlagen im Vorjahr entspricht. Sie benötigen damit sowohl – wie bisher – eine Anlagengenehmigung als auch eine ausreichende Anzahl von Emissionszertifikaten.

Die Betreiber von genehmigungsbedürftigen Anlagen haben in Deutschland nach § 5 Abs. 1 BImSchG als Grundpflichten den Schutz vor und die Vorsorge gegen schädliche Umwelteinwirkungen zu erfüllen. Die Schutzpflicht zielt darauf ab, die durch Immissionen auf Umweltmedien verursachten Schadenswirkungen, die mit hoher Wahrscheinlichkeit Gefahren für die Allgemeinheit und die Nachbarschaft hervorrufen können zu verhindern. Zu den Schutzgütern zählt auch die Atmosphäre und damit das Klima (C. Bail/S. Marr/S. Oberthür 2003: 299; M. Winkler 2005: 135 f.). Die Vorsorgepflicht bezieht sich auf einen Schadensverdacht, dessen Wahrscheinlichkeit nicht genau angegeben werden kann. Sie dient der Vorbeugung vor schädlichen Umwelteinwirkungen durch Emissionsverminderung mittels Berücksichtigung der „besten verfügbaren Techniken“, die wirtschaftlich vertretbar sein müssen (vgl. hierzu D. Cansier 1996: 52 f.) (zum Vergleich der Grundpflichten W. Hoppe/M. Beckmann/P. Kauch 2000: § 21, Rn 53; H.-J. Koch 2002: 153 ff.). Zu den Grundpflichten gehört weiterhin das Gebot der sparsamen und effizienten Energieverwendung, unabhängig von der damit einhergehenden gleichzeitigen Emissionsminderung, also auch die Ressourcenschonung.

Für die Ausgabe der Zertifikate müssen die Mitgliedsstaaten bis zu Beginn jeder Zuteilungsperiode einen nationalen Allokationsplan erstellen. Er muss die zulässige Emissionsmenge und die Kriterien der Zuteilung auf die beteiligten Unternehmen enthalten und von der Europäischen Kommission gebilligt werden. Die Mitgliedsstaaten sollten die Zuteilung möglichst einheitlich vornehmen, um Wettbewerbsverzerrungen zwischen ihnen zu vermeiden. Die Minderungspflicht ist in der Vorbereitungsphase 2005-2007 noch nicht bindend. Auch fallen finanzielle Sanktionen gegenüber privaten Unternehmen bei Überschreiten der zulässigen Emissionen geringer aus. Die Menge der zu vergebenden Zertifikate bleibt innerhalb einer Verpflichtungsperiode konstant. Danach kann sie zwecks Verschärfung des Umweltstandards verringert werden.

4.2 Kritik des Konzeptes der EG-Richtlinie

Die EG-Richtlinie und der anschließende europäische Emissionshandel werden dahingehend kritisiert, dass die begrenzte Anzahl der einbezogenen Wirtschaftszweige mit zudem als Folge des geltenden Ordnungsrechtes ähnlich hohen Vermeidungskosten die Kostenersparnis des Emissionshandels in der Vorbereitungsphase beschränke (RSU 2002: Tz. 478; E. Meyer/W. Ströbele 2001: 71). Nach Art. 30 der Richtlinie soll geprüft werden, ob der Emissionshandel auf weitere Sektoren (chemische Industrie, Verkehrssektor) und Treibhausgase ausgeweitet werden kann.

Entsprechend den Grundpflichten der Anlagenbetreiber, zur Erteilung einer Genehmigung für jede einzelne Industrieanlage den Einsatz der besten verfügbaren Techniken und eine effiziente und zusätzlich sparsame Energieverwendung zu berücksichtigen, waren die Schutz- und die Vorsorgepflicht des geltenden deutschen Anlagengenehmigungsrechts mit dem europäischen Emissionshandel nicht vereinbar. Erstere sind anlagenbezogen und beinhalten das Recht zum Ausstoß von Treibhausgasen (M. Burgi 2003: 2488). Letzterer zielt auf die Höhe der Gesamtemissionsmenge, unabhängig von der Emission der einzelnen Anlage (L. Giesberts/J. Hilf 2002: 107). Anlagenbetreiber wären nach geltendem Recht nicht befugt, sich durch den Erwerb von Emissionszertifikaten vom ordnungsrechtlichen „Stand der Technik" und dem Gebot der sparsamen und effizienten Energieverwendung zu befreien (u. a. H.-J. Koch/A. Wieneke 2001: 116; E. Rehbinder/M. Schmalholz 2002: 6 f.). In Erkenntnis der Unvereinbarkeit dieser beiden umweltpolitischen Ansätze ergänzte Art. 26 der Richtlinie 2003/87/EG die Genehmigungsauflage von Art. 9 Abs. 3 der IVU- Richtlinie dahingehend, dass keine Emissionsgrenzwerte für direkte Emissionen von Treibhausgasen aus Anlagen, die unter die vorliegende Richtlinie fallen, vorgeschrieben werden und dass es den Mitgliedsstaaten freisteht, keine Energieeffizienzanforderungen in Bezug auf Verbrennungseinheiten oder andere Einheiten am Standort, die Kohlendioxyd ausstoßen, festzulegen. Allerdings dürfen die Emissionen neben ihren Fernwirkungen keine schädlichen örtlichen oder regionalen Auswirkungen haben, wie es bei CO_2 als Globalschadstoff auch nicht der Fall ist. Das Vorsorgegebot von Art. 3 IVU-Richtlinie als allgemeines Prinzip der Grundpflichten der Betreiber war allerdings weiter zu befolgen. Die Pflicht zum Einsatz der „besten verfügbaren Techniken" blieb damit bestehen. Ein freier Emissionshandel war entsprechend eingeschränkt.

4.3 Rechtliche Umsetzung der EG-Richtlinie

Die Umsetzung der EG-Richtlinie in deutsches Recht erfolgte durch ein eigenes Umsetzungsgesetz und ein Gesetz über den Nationalen Zuteilungssplan für Treibhausgasemissionszertifikate (u. a. F. Shirvani 2005: 182 f.; I. Appel 2006: 779 ff.; D. Weinreich 2006). Das Umsetzungsgesetz enthält in Art. 1 das Treibhausgasemissionshandelsgesetz (TEHG) (BGBl. I 2004: 1579 ff.), in Art. 2 eine Änderung von §5 Abs. 1 BImSchG. Eine Begrenzung von Treibhausgasen ist danach nur zulässig um sicherzustellen, dass im Einwirkungsbereich der Anlagen keine schädlichen Umweltwirkungen für die Allgemeinheit und die Nachbarschaft entstehen. Zur Erfüllung der Vorsorgepflicht gegen schädliche Umwelteinwirkungen sind bei genehmigungsbedürftigen Anlagen, die dem Anwendungsbereich des TEHG unterliegen, die Anforderungen an die Ermittlung von Emissionen und die Erstellung eines Emissionsberichtes und an die fristgerechte Abgabe von Emissionsberechtigungen einzuhalten (§§ 5 und 6 Abs. 1 TEHG). Das Vorsorgeprinzip gilt mit der Beschränkung der Emissionsmenge als erfüllt, wenn dadurch eine gleiche Emissionsreduktion erreicht wird wie mit der bisherigen ordnungsrechtlichen Regelung (I. Appel 2006: 788 f.). Weiterhin dürfen zur Erfüllung der Pflicht, Energie effizient zu verwenden, in Bezug auf CO_2-Emissionen keine Anforderungen gestellt werden, die über die Pflichten des TEHG hinausgehen. Die Emissionsgenehmigung für Neuanlagen wird im gleichen Verfahren wie die Anlagengenehmigung nach BImSchG erteilt, um den Verwaltungsaufwand zu vereinfachen. Bei Altanlagen wird die bestehende immissionsschutzrechtliche Genehmigung um Anforderungen zur Ermittlung der Treibhausgasemissionen und zur Abgabe einer die Emissionsmenge des Vorjahres entsprechenden Berechtigungsmenge ergänzt.

Das Zuteilungsgesetz (ZUG 2007) (BGBl. I 2004: 2211 ff.) setzt den ersten Nationalen Allokationsplan (NAP I) und damit die Zuteilung der Emissionsberechtigungen auf die einzelnen Anlagen in nationales Recht um. Er ist - wie für alle Teilnehmerstaaten - von der Europäischen Union gebilligt worden. Die Zuteilungsregel differenziert nach bestehenden und nach neuen Anlagen. In Deutschland wurden die Emissionsberechtigungen zu 100 vH gratis zugeteilt. Mehr als 90 vH davon entfielen auf weniger als 500 Anlagen (F. Schafhausen 2005: 37). Die Zuteilung erfolgte auf der Grundlage der Emissionen der Vergangenheit (Basisperiode 2000-2002). Eine sektorale Differenzierung, vor allem nach Energiewirtschaft und produzierendem Gewerbe, wurde nicht vorgenommen.

Die zugeteilte Gesamtemissionsmenge nach dem Makroplan muss mit dem nationalen Klimaschutzziel und den Verpflichtungen des Kyoto-Protokolls übereinstimmen. Als Ergebnis eines Verhandlungsprozesses mit den betroffenen energieintensiven Sektoren beträgt das Emissionsbudget für die Zuteilungsperiode 2005-2007 499 Mio to CO_2/Jahr. Er führte im Vergleich zum ursprünglich projektierten Emissionsniveau zu einer relativ reichlichen Ausstattung mit Zertifikaten (ders. 2006: 10; 2007: 104 ff.). Auf andere Sektoren entfallen jährlich 356 Mio to, davon auf Verkehr und private Haushalte 298 Mio to. Diese müssen entsprechend eine höhere Minderungsleistung bei zugleich höheren Vermeidungskosten als die energieintensiven Industrien und die Energiewirtschaft erbringen.

Der Mikroplan beinhaltet die Regeln für die Zuteilung der Emissionsberechtigungen an die Betreiber der einbezogenen Anlagen und für die Bildung eines Reservefonds für zusätzliche Neuanlagen. Nach den allgemeinen Allokationsregeln erfolgt auf Antrag die Zuteilung in Höhe der durchschnittlichen CO_2-Emissionen der Anlagen in der Basisperiode, korrigiert um einen sog. Erfüllungsfaktor. Dieser bringt das Emissionsbudget des Makroplans mit den Emissionen der einbezogenen Anlagen in Übereinstimmung. Maßgeblich sind für Anlagen, die bis zum Jahre 2002 in Betrieb genommen sind, die historischen, für solche im Zeitraum 2003-2004 die angemeldeten Emissionen. Als Erfüllungsfaktor für letztere wird Eins angesetzt. Um die Zuteilung zu flexibilisieren, kann auf Antrag eines Betreibers die Zuteilung für bestehende Anlagen auf der Basis historischer Emissionen durch prognostizierte Produktionsdaten von Neuanlagen ersetzt werden. Diese Optionsregel nahmen unerwartet viele der am Emissionshandel teilnehmenden Unternehmen in Anspruch. Sie trug dazu bei, dass das maximale Emissionsbudget um knapp 3 vH überschritten wurde. Entsprechend musste die Zuteilung an die Anlagen ohne Sonderregeln gekürzt werden (Erfüllungsfaktor 0,926).

Für im Zeitraum 1994-2002 modernisierte Altanlagen („early actions"), die Betreiber von Anlagen mit prozess- statt energiebedingten CO_2-Emissionen und für Anlagen der Kraft-Wärme-Koppelung zur Stromerzeugung gelten spezielle Allokationsregeln. In den beiden ersten Fällen wird ein Erfüllungsfaktor von

Eins angesetzt. Für Anlagen der Kraft-Wärme-Koppelung wird eine Sonderzuteilung an Emissionsberechtigungen vorgenommen, die sich an der Höhe der Stromerzeugung bemisst. Im Ergebnis unterliegen 36 vH der vom Emissionshandel erfassten CO_2-Emissionen diesen Sonderregeln. Entsprechend müssen die übrigen 64 vH der erfassten Emissionen die erforderliche Emissionsreduktion erbringen (F. Schafhausen 2006: 14).

Der Erfüllungsfaktor errechnet sich aus dem Verhältnis des zugewiesenen Emissionsbudgets für Industrie und Energiewirtschaft, korrigiert um die genannten Sonderregelungen und den Reservefonds, zur Summe der benötigten Emissionen. Daraus resultiert rechnerisch ein Wert von 0,9709. Er ist für alle Anlagen gleich, unabhängig von deren Vermeidungskosten. Insgesamt entspricht europaweit die Allokation von Emissionszertifikaten in etwa der Höhe der historischen Emissionen (M. Grubb/C. Azar/U. Persson 2005: 128). Dem Reduktionsziel von Kyoto entspricht sie nicht.

Zusammenfassend zur Vorbereitungsphase des EU ETS kommt die Europäische Kommission (2006: 11) zum Ergebnis, dass diese eine wertvolle Lernphase für die erste offizielle Verpflichtungsperiode 2008-2012 darstelle. Sie schaffe die Grundlage für die Überarbeitung des Handelssystems. Am Grundprinzip des Cap-and-trade-Systems hält sie fest. Als einzelne Kritikpunkte am Nationalen Allokationsplan in Deutschland neben der Überallokation von Emissionszertifikaten werden insbesondere genannt (F. Schafhausen 2007: 107 ff.)

- die hohe Anzahl von speziellen Allokationsregeln und die entsprechend hohe Komplexität des Zuteilungsverfahrens,
- die unzureichende Harmonisierung der Allokationsregeln auf europäischer Ebene, z. B. in Bezug auf die Zuteilungsmethode, die Verteilungskriterien auf die einzelnen Sektoren, die Bildung von Reserven für die kostenlose Zuteilung von Zertifikaten an neue Marktteilnehmer,
- unzureichende Anreize für den Neubau von energieeffizienten Kraftwerken auch auf Grund der lediglich fünfjährigen Verpflichtungsperiode.

Der Nationale Allokationsplan für die Verpflichtungsperiode 2008-2012 (NAP II) und das darauf beruhende Zuteilungsgesetz (ZUG 2012) (BGBl. I 2007: 1788 ff.) sieht eine Absenkung der Zertifikatsmenge für emissionspflichtige Anlagen auf 456 Mio to CO_2 pro Jahr vor. Sein Ziel ist, die Minderungsverpflichtung des Kyoto-Protokolls von 21 vH gegenüber dem Basisjahr 1990 bei Bewahrung der internationalen Wettbewerbsfähigkeit der energieintensiven Wirtschaftszweige zu erreichen. Im Unterschied zu NAP I differenziert NAP II zwischen der Energiewirtschaft und dem produzierenden Gewerbe zu Lasten ersterer. Die Zuteilung erfolgt überwiegend weiterhin kostenlos. Ca. 10 vH der Zertifikate werden erstmalig versteigert.

Entsprechend des Makroplans werden die Zertifikate für die Tätigkeitsbereiche des produzierenden Gewerbes auf der Basis historischer Emissionen (2000-2005) mit einem Erfüllungsfaktor von 98,75 vH, also mit einer Minderung von 1,25 vH ausgegeben. Die Zuteilung für Neu- und Altanlagen der Energiewirtschaft erfolgt nach einem Benchmark-System auf der Basis der besten verfügbaren Technik. Ein gesonderter Erfüllungsfaktor erübrigt sich damit. Die Begründung für diese Ungleichbehandlung besteht darin, dass die höhere Belastung der Energiewirtschaft dazu diene, Zusatzgewinne aus der kostenlosen Verteilung der Zertifikate und der Einbeziehung der Opportunitätskosten in die Strompreise abzuschöpfen. Auch werden von der Energiewirtschaft größere Minderungspotentiale erwartet.

Nach dem Mikroplan werden für Bestandsanlagen der Industrie, die vor 2002 in Betrieb genommen sind, Zertifikate auf der Basis der durchschnittlichen historischen Emissionen in der Basisperiode 2000-2005 unter Anwendung des Erfüllungsfaktors einheitlich für alle Anlagen ausgegeben. Die Anzahl der Sonderregelungen im Vergleich zu NAP I wird verringert. Für Anlagen, die der Periode 2003-2007 in Betrieb gegangen sind, erfolgt die Zuteilung auf der Basis von BAT-Benchmarks sowie den für Neuanlagen festgelegten Standardauslastungsfaktoren.

Für Bestandsanlagen im Energiesektor werden Emissionszertifikate auf der Basis der durchschnittlichen historischen Produktion in der Basisperiode 2000-2005 und einer Benchmark (produktbezogener Emissionswert/Produkteinheit) auf der Basis der besten verfügbaren Technik (BAT) einheitlich für alle Anlagen, die bis 2002 in Betrieb gegangen sind, zugeteilt. Je höher der CO_2-Ausstoß je Produkteinheit, desto weniger Zertifikate werden kostenlos zugeteilt, ohne Differenzierung nach Energiequellen, z. B. Kohlekraftwerke. Für bestehende und neue KWK-Anlagen gilt als verbleibende Sonderregel eine doppelte Benchmark-Regel, für die Stromversorgung nach dem Benchmark für Strom, für die Wärmeerzeugung nach dem Benchmark für Wärme. Anlagen mit Inbetriebnahme zwischen 2003 und 2007 erhalten eine Zuteilung auf der Basis der für Neuanlagen festgelegten Standardauslastungsfaktoren. Die Zuteilung für energiewirtschaftliche Anlagen unterliegt gegebenenfalls einer anteiligen Kürzung, um die Einhaltung der verfügbaren Zuteilungsmenge gewährleisten zu können. Neuanlagen (ab 2008) werden entsprechend ihrer Kapazität, dem produktbezogenen Emissionswert als Benchmark und einem Standardauslastungsfaktor mit Zertifikaten ausgestattet. Die Reservehaltung in Höhe von 27 Mio Zertifikaten richtet sich vor allem nach der Abschätzung gegenwärtiger Investitionsplanungen für die Inbetriebnahme von Neuanlagen im Zeitraum 2008-2012. Zudem dient sie dazu, die durch den Emissionshandel entstehenden Systemkosten durch einen Verkauf von Zertifikaten am Markt zu decken.

5 Ausblick

Der im März 2005 aufgenommene europäische Emissionshandel hat die praktische Funktionsfähigkeit dieses neuen umweltpolitischen Instruments erwiesen. Die europäische Klimapolitik kann auf den bisherigen Erfahrungen aufbauen, ebenfalls auf der politischen Architektur des Kyoto-Protokolls. „There are strong practical reasons to build on the achievements of Kyoto in the next round of negotiations, whilst exploring ways to learn from other approaches and to increase the breadth and depth of international cooperation for climate change“ (N. Stern 2007: 542). Ein Kyoto-Nachfolgeabkommen, das bis 2009 vereinbart sein muss, um bis 2012 ratifiziert werden zu können, muss die Emissionsminderungen mittelfristig erheblich verstärken (zwischen 25 und 40 vH bis 2020). Dazu ist der Emissionshandel auf weitere Länder, sowohl Industrieländer als auch vor allem industrielle Schwellenländer, auszuweiten, auch um zusätzliche Sektoren, z. B. den Flugverkehr. Hierdurch steigt die Effektivität der globalen Emissionsminderung. Für letztere Staatengruppe ist die Einführung alternativer Allokationsregeln zu prüfen, z. B. die Zuteilung proportional zur Größe der Bevölkerung (Prinzip der Gleichheit) oder des Inlandsprodukts (Prinzip der Zahlungsfähigkeit). Damit müssen ein verstärkter Technologietransfer und eine Finanzierung von Anpassungsmaßnahmen in Schwellen- und Entwicklungsländer einhergehen („Bali Roadmap“). Auf diese Weise besteht die Möglichkeit, die notwendige internationale Kooperation im Klimaschutz weiterzuentwickeln.

Literatur

Appel, I. (2006): Emissionshandel zwischen ordnungsrechtlicher Emissionsbegrenzung und integriertem Umweltschutz. In: Bauer, H. u. a. (Hrsg.): Wirtschaft im offenen Verfassungsstaat. Festschrift für Reiner Schmidt zum 70. Geburtstag. München. S. 775-802.

Bader, P. (2000): Europäische Treibhauspolitik mit handelbaren Emissionsrechten. Berlin.

Bail, C./Marr, S./Oberthür, S. (2003): Klimaschutz und Recht. In: Rengeling, H.-W. (Hrsg.): Handbuch zum europäischen und deutschen Umweltrecht (EUDUR), 2. Aufl., Bd. II, § 54. Köln, München u. a.

Barrett, S. (2005): Kyoto Plus. In: Helm, D. (ed.): Climate-Change Policy. Oxford. S. 282-303.

Böhringer, C./Finus, M. (2005): The Kyoto Protocol: Success or Failure? In: Helm, D. (ed.): Climate-Change Policy. Oxford. S. 253-281.

Burgi, M. (2003): Die Rechtsstellung der Unternehmen im Emissionshandelssystem. Neue Juristische Wochenschrift 56. S. 2486-2492.

Burgi, M. (2005): Die Rechtsstellung von Unternehmen im Emissionshandel. In: Auswirkungen des Emissionshandels auf die Praxis. H. 103 der Schriftenreihe der GDMH. Clausthal-Zellerfeld. S. 59-69.

Burgi, M./Lange, K. (2006): Der Emissionshandel als Herausforderung für die gesamte Rechtsordnung. In: Zeitschrift für das gesamte Handelsrecht und Wirtschaftsrecht 170. S. 539-566.

Cansier, D. (1996): Umweltökonomie. 2. Aufl. Stuttgart u. a.

Cansier, D.: (1998), Ausgestaltungsformen handelbarer Emissionsrechte und ihre politische Durchsetzbarkeit. In: Bonus, H. (Hrsg.): Umweltzertifikate. Der steinige Weg zur Marktwirtschaft. Zeitschrift für angewandte Umweltforschung, Sonderheft 9. S. 97-112.

Giesberts, L./Hilf, J. (2002): Handel mit Emissionszertifikaten. Köln u. a.

Grubb, M. u. a. (1999): The Kyoto Protocol. A Guide and Assessment. The Royal Institute of International Affairs. London.

Grubb, M./Azar, C./Persson, U. (2005): Allowance allocation in the European emission trading system: a commentary. In: Climate Change 5. S. 127-136.

Grubb, M./Neuhoff, K. (2006), Allocation and competitiveness in the EU emission trading scheme: policy overview. In: Climate Policy 6. S. 7-30.

Hepburn, C. u. a. (2006), Auctioning of EU ETS phase II allowances: how and why? In: Climate Policy 6. S. 137-160.

Hoppe, W./Beckmann, M./Kauch, P. (Hrsg.) (2000): Umweltrecht, 2. Aufl. München.

Intergovernmental Panel on Climate Change (IPCC) (2001): Climate Change 2001: Synthesis Report. Cambridge u. a.

Koch, H.-J. (Hrsg.) (2002): Umweltrecht. Neuwied u. a.

Koch, H.-J./Wieneke, A. (2001): Das europäische und das deutsche Anlagengenehmigungsrecht als Ordnungsrahmen eines Emissionshandels. In: Rengeling, H.-W. (Hrsg.): Klimaschutz durch Emissionshandel. Schriften zum deutschen und europäischen Umweltrecht 26. Köln u. a. S. 99-122.

Kommission der Europäischen Gemeinschaften: Richtlinie 2003/87/EG des Europäischen Parlaments und des Rates vom 13.10.2003 über ein System für den Handel mit Treibhausgasemissionszertifikaten in der Gemeinschaft und zur Änderung der Richtlinie 96/61 EG des Rates. ABl. L 275 v. 25.10. 2003.

Kommission der Europäischen Gemeinschaften: Mitteilung der Kommission an den Rat, das Europäische Parlament und den Ausschuss der Regionen, Errichtung eines globalen Kohlenstoffmarktes. Bericht nach Maßgabe von Art. 30 der RL 2003/87/EG vom 13.11.2006. Kom (2006) 676. Brüssel.

Lind, R. (1995): Intergenerational equity, discounting, and the role of cost-benefit analysis in evaluating global climate change policy. In: Energy Policy 23. S. 379-389.

McKibbin, W./Wilcoxen, P. (2002): The Role of Economics in Climate Change Policy. In: The Journal of Economic Perspectives 16, No. 2. S. 107-129.

Mendelsohn, R. (2005): The Social Costs of Greenhouse Gases: Their Values and Policy Implications. In: Helm, D. (ed.): Climate-change Policy. Oxford. S. 134-151.

Meyer, E./Ströbele, W. (2001): Ökonomische und institutionelle Beurteilung des Zertifikatehandels für CO_2 in der EU. In: H.-W. Rengeling (Hrsg.): Klimaschutz durch Emissionshandel. Schriften zum deutschen und europäischen Umweltrecht 26. Köln u. a. S. 57-93.

Nationaler Allokationsplan 2008-2012 v. 13.02. 2007: http://www.bkwk.de/aktuelles/politik/EmiHNAPII%20revidiert%2013%202%2007%20_4_.pdf

Nordhaus, W. (1993): Reflections on the Economics of Climate Change. In: The Journal of Economic Perspectives 7, No. 4. S. 11-25.

Nordhaus, W. (2007): A Review of the *Stern Review on the Economics of Climate Change.* The Journal of Economic Literature 45. S. 686-702.

Oberthür, S./Ott, H.: The Kyoto Protocol. International Climate Policy for the 21st Century. Berlin, Heidelberg 1999.

Rat von Sachverständigen für Umweltfragen (RSU) (2002): Umweltgutachten 2002. Für eine neue Vorreiterrolle. Stuttgart.

Rehbinder, E./Schmalholz, M. (2002): Handel mit Emissionsrechten für Treibhausgase in der Europäischen Union. Umwelt- und Planungsrecht 22. S. 1-10.

Schafhausen, F. (2005): Der Handel mit Kohlendioxid - Hintergründe, Stand, erste Ergebnisse und Perspektiven. In: Auswirkungen des Emissionshandels auf die Praxis, H. 103 der GDMB. Clausthal-Zellerfeld 2005. S. 9-45.

Schafhausen, F. (2006): Emissionshandel-Start frei für die zweite Runde. Zeitschrift für Energiewirtschaft 30. S. 3-30.

Schafhausen, F. (2007): Perspektiven des Emissionshandels aus deutscher Sicht. DIW-Vierteljahreshefte zur Wirtschaftsforschung 76. S. 99-117.

Shirvani, F. (2005): Die Richtlinie der EU über den Handel mit Emissionszertifikaten: Rechtliche Umsetzung eines umweltökonomischen Modells. Zeitschrift für Umweltpolitik und Umweltrecht 28. S. 155-192.

Solomon, S. u. a. (2007): Technical Summary. In: Solomon, S. u. a. (Hrsg.): Climate Change 2007: The Physical Science Basis. Contribution of Working Group I to the 4th Assessment Report of the IPCC. Cambridge u. a.

Stern, N. (2007): The Economics of Climate Change. The Stern Review. Cambridge u. a.

Tietenberg, T. (1995): Transferable Discharge Permits and Global Warming. In: Bromley, D. (ed.), Handbook of Environmental Economics. Oxford, Cambridge (Mass.) 1995. S. 317-352.

Tol, R. (2005): The Marginal Damage Costs of Carbon-dioxide Emissions. In: Helm, D. (ed.): Climate-change Policy. Oxford. S. 152-166.

Weinreich, D. (2006): Klimaschutzrecht in Deutschland. Stand und Entwicklung der nationalen Gesetzgebung zum Klimaschutz. Zeitschrift für Umweltrecht 17. S. 399-405.

Weitzman, M. (2007): A Review of *The Stern Review on the Economics of Climate Change*. The Journal of Economic Literature 45. S. 703-724.

Winkler, M. (2005): Klimaschutzrecht. Münster.

Klimapolitik zwischen Effizienz- und Verteilungszielen

Maik Wiesweg

1 Distributive und allokative Aspekte im Klimaschutz

Sowohl der Klimawandel selbst als auch Maßnahmen zur Eindämmung des Klimawandels sind mit erheblichen Kosten verbunden. Es kann daher nicht überraschen, dass eine Diskussion um die (gerechte) Verteilung der Lasten zwischen souveränen Staaten, verschiedenen Branchen und Sektoren, Unternehmen und Haushalten oder auch verschiedenen Generationen eine wichtige Rolle spielt. Gleichwohl sollte man sich vor normativ kurzschlüssigen Argumenten in Acht nehmen. Die Höhe der Last insgesamt ist nämlich keineswegs eine feste Größe und an dieser Stelle kommt das Kriterium der Effizienz zum tragen. Sie ist ein zentrales Kriterium zur Beurteilung wirtschaftspolitisches Handeln, weil letzteres stets mit Kosten verbunden ist. „There's no such thing as a free lunch", so ist der Titel eines Buches des Nobelpreisträger Milton Friedman. Sollen wirtschaftspolitische Aktivitäten beurteilt werden, müssen stets Verzichtskosten in das Kalkül einbezogen werden. Genauer: Verzichtskosten sollten so gering wie möglich gehalten werden, um Verschwendung zu vermeiden.

Aus Sicht vieler Ökonomen sind Effizienz- und Verteilungsziele gedanklich auseinanderzuhalten. Van Suntum (2005) bemüht zur Erläuterung ein Beispiel von Herbert Giersch: Ganz offensichtlich ist es besser, einem Taxifahrer ein Trinkgeld zu geben als ihn ein weiteres Mal zur Aufbesserung seiner Einnahmen um den Häuserblock fahren zu lassen (U. van Suntum 2005: 32 f.). Beide stellen sich mit dem Trinkgeld besser.

In vorliegendem Beitrag sollen einige ausgewählte Restriktionen und Verzichtskosten offen gelegt werden, mit denen politisches Handeln bei der globalen und regionalen Lastenzuteilung von Klimaschutzmaßnahmen konfrontiert ist. Hierzu werden unter 2 die regional recht unterschiedlichen Folgen eines Klimawandels dargestellt. Die Bedeutung von regional unterschiedlichen Folgen des Klimawandels für die Ermittlung eines optimalen Emissionsniveaus und regionaler Lastenverteilung wird unter 3 erläutert. In Kapitel 4 wird schließlich die europäische Klimapolitik hinsichtlich der Distribution von Lasten unter Berücksichtigung von Effizienzüberlegungen aufgezeigt und in diesem Zusammenhang die Chancen und Grenzen des Emissionshandels angedeutet.

2 Verteilungswirkungen zwischen Industrie- und Entwicklungsländern

Der anthropogene Klimawandel wird verursacht durch die mit dem Beginn der Industrialisierung weltweit verstärkten Emissionen von Treibhausgasen. Da sich diese Klimagase bei einer hohen Verweildauer gleichmäßig in der Atmosphäre verteilen, ist deren Einfluss auf das regionale und globale Klima und damit auch auf regionale und globale Klimafolgen gänzlich unabhängig vom Entstehungsort der Emissionen.

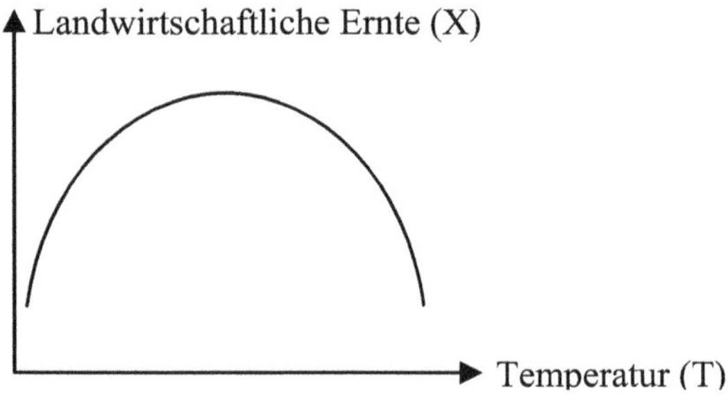

Abbildung 1: Temperatureinfluss auf Ernteerträge

Die Schäden durch die Emission von Treibhausgasen sind indes höchst ungleich verteilt. Auch wenn die Kosten des Klimawandels in der Summe größer sind als deren Nutzen,[1] sind nicht alle Regionen, Staaten, Sektoren oder Personen gleichermaßen negativ betroffen. Im Einzelfall könnte es sogar Profiteure eines Klimawandels geben. Obwohl die Durchschnittstemperatur in Industrieländern teilweise stärker angestiegen ist und voraussichtlich ansteigen wird als in vielen Entwicklungsländern ist insgesamt zu erwarten, dass Industrieländer (cum grano

1 Ein Teil dieser Kosten ist irreversibel, da er das Resultat vergangener, bereits getätigter Emissionen sind. Über das Ausmaß der Kosten des Klimawandels besteht darüber hinaus eine nicht unerhebliche Unsicherheit. Zur Bestimmung einer optimalen Emissionsmenge müssen zudem die Kosten und Nutzen von marginalen Änderungen der Emissionsmenge für verschiedene Emissionsniveaus bekannt sein. Siehe für einen Überblick über verschiedene Modellrechnungen und eine Einschätzung über das Ausmaß der Unsicherheit zur Bestimmung der „marginalen Schadenkosten" von Kohlendioxid im Optimum R. S. Tol (2005; 2007).

salis) nicht so stark der Klimaproblematik ausgesetzt sein werden wie Entwicklungsländer. Der dritte und vierte Sachstandsbericht des Intergovernmental Panel on Climate Change (IPCC) legen dies ausführlich dar (vgl. insbesondere Smith u. a. 2001; Schneider u. a. 2007). Hierfür können mehrere Gründe ausschlaggebend sein (vgl. auch R. Tol 2004: 265 ff.; N. Stern 2006: 106 ff.).

1. Ärmere Länder weisen tendenziell höhere Temperaturen auf (R. Tol 2004: 265 f.; W. Nordhaus 2006). Nun ist es nicht so, dass gleiche Temperatur*veränderungen* regionenübergreifend mit gleichen Klimafolgen verbunden sind. Die ökonomischen und sozialen Folgen eines Temperaturanstiegs können u. a. auch vom Ausgangstemperatur*niveau* abhängen. Abbildung 1 illustriert einen denkbaren und nicht unrealistischen Zusammenhang von Temperaturniveau und Ernteerträgen. Demnach könnten die Ernteerträge ausgehend von niedrigen Temperaturen mit steigender Durchschnittstemperatur z. B. aufgrund des CO_2-Düngeeffektes oder verlängerter Wachstumsperioden sogar steigen, ausgehend von einer hohen Durchschnittstemperatur bei Überschreiten bestimmter Toleranzschwellen aber sinken; Letzteres möglicherweise wie in der Abbildung dargestellt sogar mit zunehmenden Raten.
   In der Tat zeigen Modellrechnungen, dass bei geringen bis mittleren Durchschnittstemperaturanstiegen (1-3°C) Ernteerträge in Regionen mittlerer und höherer Breitegrade steigen, während selbst bei geringen Temperaturanstiegen (1-2°C) die Effekte in Regionen niedriger Breitengrade negativ sind. Die genauen Auswirkungen sind aber auch u. a. abhängig von der jeweiligen Frucht, den jeweiligen Veränderungen in den Niederschlägen und nicht zuletzt von Anpassungsmaßnahmen.[2] Der aufgezeigte, für Entwicklungsländer negative Zusammenhang von Temperaturanstieg und Klimaschäden lässt sich auf die Fälle verallgemeinern, bei denen ein zunehmender Temperaturanstieg mit zunehmenden Grenzschäden verbunden ist. Immer dann sind Regionen mit bereits hoher Durchschnittstemperaturen besonders negativ betroffen.[3] Für Entwicklungsländer in tropischen Regionen gilt im Allgemeinen, dass es dort bereits zu heiß ist (R. Mendelsohn/A. Dinar/L. Williams 2006).
2. In Entwicklungsländern ist ein größerer Anteil der Wirtschaft direkt abhängig vom Klima. Beispielsweise ist der landwirtschaftliche Sektor in ärmeren Ländern anteilsmäßig von größerer Bedeutung als in reicheren Ländern. (R. Tol 2004: 265 f.). Dies bedeutet im Umkehrschluss, dass mit zunehmendem Strukturwandel insbesondere zugunsten des Dienstleistungssektors die Verwundbarkeit gegenüber einem Klimawandel sinkt.

2 Vgl. hierzu ausführlich W. E. Easterling u. a. und die dort angegebene Literatur.
3 Für weitere Bereiche und Beispiele vgl. auch N. Stern (2007: insbesondere 65 ff).

3. Entwicklungsländer verfügen kaum über Kapazitäten, Anpassungsmaßnahmen an Klimaschäden vorzunehmen (Adaptionsstrategie). Die Kosten eines Deichbaus beispielsweise sind in unterentwickelten Ländern etwa gleich groß wie in Industrieländern, jedoch in Relation zum Gesamteinkommen erheblich größer (R. Tol 2004). Strömberg (2007) zeigt, dass vergleichbare Katastrophen in ärmeren Ländern in den letzten Jahrzehnten mit einer höheren Anzahl von Todesfällen verbunden waren als in reicheren Ländern. Nach diesen Schätzungen führen Katastrophen der gleichen Art auf dem gleichen Kontinent und im gleichen Jahr zu 70 % weniger Todesfällen als in Ländern mit hohem Einkommen als in Ländern mit geringem Einkommen (D. Strömberg 2007: 208 f.).[4] Ohne Wirtschaftswachstum zwischen 1960 und 2004 wäre gegenwärtig mit einer etwa 30 % höheren Anzahl an Todesfällen zu rechnen (ebd.: 210).

Die letzten beiden Punkte werfen unmittelbar die Frage auf, ob und inwiefern Investitionen in Emissionsvermeidungen zum Schutz vor Klimaänderungen in Entwicklungsländern mit Investitionen in Entwicklungshilfe konkurrieren. Führt Entwicklungshilfe zu einer positiven ökonomischen Entwicklung, könnte die Verwundbarkeit gegenüber einem Klimawandel sinken. „We might find better use für the money“, so hat Thomas C. Schelling (1992) dieses Argument zusammengefasst. Die Schlussfolgerungen von Tol (2005) aus Modellrechnungen legen nahe, dass dies tatsächlich der Fall sein könnte. Tol selbst empfiehlt jedoch, diese Ergebnisse mit Vorsicht zu behandeln, u. a. auch deswegen, weil sie auf nur einem einzigen Modell basieren und andere Autoren zu abweichenden Schätzungen von Klimaschäden für verschiedene Regionen oder Sektoren gelangen (vgl. R. Tol 2005: 627).[5]

3 Optimaler Klimaschutz und regionale Verteilungswirkungen von Klimaschäden

Die adversen Wirkungen von Klimaschäden in unterschiedlichen Regionen können in mindestens zweifacher Hinsicht relevant werden, nämlich erstens für die Bestimmung des globalen Ausmaßes der Emissionsreduktionsanstrengungen und zweitens hinsichtlich der regionalen Lastenaufteilung von Emissionsreduktionen. Beide Aspekte werden im Folgenden erörtert.

---

4 Die Klassifizierung erfolgt nach derjenigen der Weltbank in Länder mit hohem, mittlerem und geringen Einkommen.

5 Vgl. hierzu des Weiteren und ebenfalls R. S. J. Tol/H. Dowlatabati (2001); R. S. J. Tol/K. L. E Kristie/G. W. Yohe (2007).

3.1 Regionale Verteilung von Klimaschäden und globale (optimale) Emissionsreduktionen

Im Rahmen von Kosten-Nutzen-Analysen werden die Kosten von Emissionsreduktionen deren Nutzen gegenübergestellt um die sozialen Kosten von Treibhausgasemissionen zu bestimmen. Im Optimum entsprechen bei „normalen" Kostenverläufen die Kosten einer zusätzlichen Emissionseinheit genau den Kosten ihrer Vermeidung. Das Konzept des optimalen Umweltschutzes bietet den Vorteil, dass konsistent und explizit Verzichtskosten erfasst und berücksichtigt werden. Implizit müssen diese unter Knappheitsbedingungen immer in Kauf genommen werden. Jede wirtschaftspolitische Entscheidung zugunsten einer Aktivität, jedes klimapolitisches Handeln oder Nichthandeln ist stets mit Verzichten an anderer Stelle konfrontiert. Nun ist die Monetarisierung von Umweltschäden im Allgemeinen und Klimaschäden im Besonderen schon aus technischen Gründen nicht unproblematisch.[6] Umweltgüter sind häufig eben dadurch gekennzeichnet, dass das Ausschlussprinzip privatwirtschaftlich nicht anwendbar ist und somit keine Marktpreise existieren.

Die Monetarisierung von Umwelt bzw. Umweltschäden wird aber auch mit darüber hinausgehender, grundsätzlicher Kritik konfrontiert. So kann eingewendet werden, dass die Monetarisierung von Kosten und Nutzen des Klimaschutzes auf der Basis von Zahlungsbereitschaften Ungleichheiten produziere. Zahlungsbereitschaften hängen nämlich nicht unerheblich vom Einkommen ab und die Der Einfluss des Klimawandels auf reichere Menschen bekommt dann dementsprechend ein größeres Gewicht. So unterscheiden sich beispielsweise nach Hohmeyer (2005) die Bewertung eines Todesfalls im Niger und den USA abhängig von der jeweiligen Zahlungsbereitschaft ungefähr um den Faktor 100 (O. Hohmeyer 2005: 166). Dies kann in zweifacher Hinsicht Anlass zur Kritik geben. Erstens stellt sich die Frage, ob eine Monetarisierung und hiermit eine Verrechenbarkeit von Menschenleben, die mit Kant einen intrinsischen Wert besitzen, überhaupt ethisch zu verantworten ist (vgl. z. B. C. Azar 2000: 234; U. Hampicke 2001: 154 ff.). Andererseits nehmen Menschen in der Realität gewisse Risiken auch hinsichtlich einer Verkürzung ihres Lebens *in Kauf*. Die Zahlungsbereitschaft beispielsweise für eine Reduzierung der Wahrscheinlichkeit zu verunglücken könnte dementsprechend abgefragt werden, um die Präferenzen der

6 Für einen Überblick über Monetarisierungsverfahren vgl. A. Endres/K. Holm-Müller (1998). Es lassen sich indirekte und direkte Monetarisierungsverfahren unterscheiden. Bei indirekten Verfahren wird versucht, den Wert der Umwelt bzw. spiegelbildlich das Ausmaß von Umweltschäden über die tatsächliche Reaktionen der Akteure auf Umweltveränderungen beispielsweise über Marktdaten zu erfassen. Bei direkten Verfahren soll die Zahlungsbereitschaft für Umweltgüter z. B. über Befragungen ermittelt werden. Zur Diskussion von letzterem vgl. stellvertretend W. M. Hanemann (1994) und P. A. Diamond/J. A. Hausman (1994).

Menschen auch für entsprechende öffentliche Maßnahmen zur Geltung zu bringen. Darüber hinaus stehen Mittel, die in den Klimaschutz investiert werden möglicherweise – wenn auch zunächst nur hypothetisch – in Verwendungskonkurrenz zu anderen Maßnahmen, die ebenfalls Leben retten könnten.

Eine Entscheidung, ob Todesfälle oder auch andere Werte wie z. B. die reine Existenz von Staaten monetarisiert werden sollten, lässt sich nicht leicht beantworten. Man kann dies aus grundsätzlichen Erwägungen ablehnen oder aus pragmatischen Gründen zulassen.

Es stellt sich aber noch ein zweites Problem, welches auch gewöhnliche, prinzipiell verrechenbare Güter betrifft. Ist es ethisch vertretbar, einen physisch gleichen Schaden unterschiedlich zu bewerten? Diesem Einwand steht nämlich ein generelles Misstrauen gegenüber Markmechanismen zur Allokation von knappen Gütern und Produktionsfaktoren nahe, da unterschiedliche Zahlungsbereitschaften bei einer Marktallokation eine wesentliche Rolle spielen. Es müsste zumindest die Frage geprüft werden, warum ausgerechnet Umweltgüter von der Bewertung durch Zahlungsbereitschaften ausgenommen werden sollten (vgl. D. Pearce 2003: 364).

Grundsätzlich ist an einer Bewertung durch Zahlungsbereitschaften schließlich auch nichts auszusetzen, sofern das Wollen der Individuen Grundlage für die Beurteilung von wirtschaftspolitischen Projekten sein soll. Menschen haben unterschiedliche Präferenzen und dementsprechend auch unterschiedliche Zahlungsbereitschaften für gleiche Güter. Gleichwohl ließe sich eine Gewichtung von Zahlungsbereitschaften zugunsten armer Regionen rechtfertigen. Schließlich ist eine überregionale Aggregation dieser unterschiedlichen Zahlungsbereitschaften wiederum unvermeidlich mit normativen Wertungen verbunden. Letztlich ist auch eine Entscheidung gegen die Verwendung von Gewichtungsfaktoren zugunsten armer Regionen innerhalb von Kosten-Nutzen-Analysen eine normative Entscheidung. „[...] 'not equity weighting' implies a value of an equity weight equal to unity, i.e. $1 of damage to a poor person is treated as if it is the same as $1 of loss to a rich person" (D. W. Pearce 2003: 372).[7] Dies wird nicht selten als ungerecht erachtet und würde auch bei einer Wohlfahrtsanalyse implizit unterstellen, dass ein zusätzlicher Dollar für eine reiche Person den selben Nutzen stiftet wie für eine arme Person. Es geht hierbei dementsprechend auch um die Frage, welche Einkommensverteilung als gerecht angesehen wird. Jedoch bleibt fraglich, ob die Klimapolitik als Instrument zur Korrektur von globalen Ungerechtigkeiten in der Einkommensverteilung genutzt werden *kann* und *sollte*.

7 Diese normativen Wertungen lassen sich durch die Formulierung der entsprechenden Wohlfahrtsfunktion mit unterschiedlichen Arten von Gewichtungsfaktoren modellieren (vgl. hierzu C. Azar 1999; C. Azar/T. Sterner 1996; S. Fankhauser/R. S. Tol/D. W. Pearce 1997; C. Helm/T. Bruckner/F. Toth 1999; D. W. Pearce 2003).

Können setzt voraus, dass Einkommensumverteilung zu Lasten bestimmter Regionen durchgesetzt werden kann. Sollen muss sich auch an Alternativen messen lassen. Einkommensumverteilung könnte schließlich auch über andere, möglicherweise effizientere Maßnahmen erfolgen.[8]

3.2 Regionale Lastenverteilung von Emissionsreduktionen

Neben der Frage, welche Emissionsreduktionsanstrengungen insgesamt ergriffen werden sollten und wie diese von der regionalen Gewichtung von Zahlungsbereitschaften abhängen, lässt sich die Frage der gerechten regionalen Verteilung von Emissionsreduktionslasten politisch bestimmter globaler Emissionsreduktionslasten stellen.[9] Hier spielt in der öffentlichen Diskussion über Gerechtigkeit eine nicht unerhebliche Rolle, dass in den Industrieländern lebende Menschen anteilsmäßig in einem erheblich größerem Ausmaß zum Klimawandel beitragen und in der Vergangenheit beigetragen haben als Menschen in Entwicklungs- und Schwellenländern. In Abbildung 2 lässt sich erkennen, dass die CO_2-Emissionen pro Kopf 2005 in den USA und auch in der EU-27 ein Vielfaches derer in Schwellenländern wie China und Indien oder auch dem Kontinent Afrika betragen. Hinzu kommt, dass der Klimawandel das Resultat der akkumulierten Emissionen vieler Jahre sind.

Gleichzeitig weisen insbesondere Staaten wie Indien oder China die höchsten Emissions*zuwächse* auf. Während die EU-15 insgesamt ihre CO_2-Emissionen fast stabilisieren konnte,[10] hat sich der Ausstoß von CO_2-Emissionen in China und Indien zusammen genommen mehr als verdoppelt, sodass sie in der Summe fast so viel emittieren wie die USA. China alleine emittiert bereits mehr CO_2 als die EU-15 und Indien mehr als Deutschland (vgl. H.-J. Ziesing 2006). Es ist auch nicht unplausibel anzunehmen, dass sich diese Entwicklung verschärfen wird.

8 In letzter Konsequenz setzt Sollen auch Können voraus.

9 Diese politisch bestimmten Emissionsreduktionen können Kosten-Nutzen-Analysen zur Grundlage haben. Sie könnten aber auch anders bestimmt werden, etwa durch wie auch immer genau definierte, kritische Schwellenwerte von ökologischen Systemen, die nicht überschritten werden sollen.

10 Bezieht man die übrigen Treibhausgase mit ein, sind die Emissionen von Klimagasen „sogar" leicht gesunken. Daraus kann jedoch keine Trendwende hin zu niedrigeren Emissionen abgeleitet werden. Der Emissionsrückgang insgesamt kann hauptsächlich zurückgeführt werden auf die Emissionsrückgänge in Deutschland und Großbritannien, die ihrerseits wieder erklärbar sind durch so genannte wall-fall-profits im Falle Deutschlands und das Ende der Kohlesubventionen in Großbritannien.

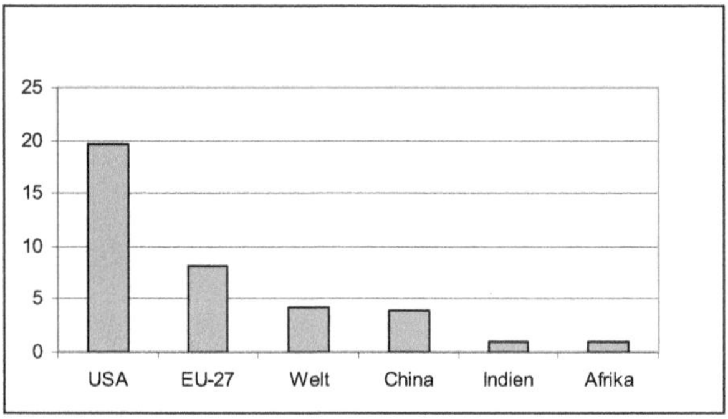

Quelle: IEA

Abbildung 2: CO_2-Emissionen (in Tonnen) pro Kopf in ausgewählten Ländern und Regionen im Jahr 2005

Die UN-Klimarahmenkonvention von 1992 spricht von gemeinsamer, aber unterschiedlicher Verantwortung der Staaten. Das auf der 3. Vertragsstaatenkonferenz der Klimarahmenkonvention 1997 in Kyoto beschlossene Kyoto-Protokoll trennt die Vertragsparteien in zwei Staatengruppen: In Staaten mit Emissionsziel und Staaten ohne Emissionsziel. Bei den Ländern ohne Emissionsziel handelt es sich im Wesentlichen um Entwicklungs- und Schwellenländer – beispielsweise auch um Indien und China. Wenn auch unter Gerechtigkeitsmotiven eine derartige Differenzierung möglicherweise verständlich erscheint,[11] stellt sich dies anders dar, wenn man die Folgen dieser Differenzierung betrachtet. Nicht nur werden günstige Emissionsreduktionspotentiale in Entwicklungsländern nicht oder nur unzureichend[12] ausgeschöpft, es besteht auch die Gefahr, dass das globale Emissionsziel angesichts der dynamischen Entwicklung in Ländern wie China und Indien verfehlt wird. Hinzu kommt, dass die Emissionen in den Ländern ohne Emissionsziel sogar steigen könnten, gerade *weil* Länder mit Emissionsziel Maßnahmen zur Reduzierung ihrer Emissionen ergreifen. Erstens drohen regulierte energieintensive Unternehmen abzuwandern in das nichtregulierte Aus-

11 Der Frage, was nun konkret auf welcher ethischer Grundlage unter einer gerechten Lastenverteilung verstanden werden könnte und welchen Einfluss dies genau auf bisher auf Klimaverhandlungen hat oder haben wird, soll an dieser Stelle nicht näher nachgegangen werden (vgl. hierzu stellvertretend W. Buchholz/W. Peters 2005; B. Buchner/J. Lehmann 2005; A. Lange/C.Vogt/A. Ziegler (2007); L. Ringius/A. Torvanger/A. Underdal 2002; A. Rose u. a. 1998).

12 Der so genannte Clean Development Mechanism (CDM) des Kyoto-Protokolls macht es immerhin möglich, dass Emissionsminderungsmaßnahmen von Industrieländern in Entwicklungsländern auf das Emissionsziel der Industrieländer angerechnet werden können.

land. Zweitens führt eine verringerte Nachfrage nach fossilen Energieträgern in Ländern mit Emissionsziel zu reduzierten Weltmarktpreisen und damit zu einer erhöhten Nachfrage in Ländern ohne Emissionsziel. Diese beiden Effekte werden als *Leakage* bezeichnet (vgl. W. Ströbele 2005: 326 ff.). Ökologisch ist dann wenig gewonnen. Gar nichts ist ökologisch gewonnen, wenn das Angebot an fossilen Energieträgern preisunelastisch ist. Es sind die Ressourceneigentümer, die darüber entscheiden, wie schnell die Ressourcen gefördert werden (H.-W. Sinn 2007; 2008). Bleibt der Ressourcenextraktionspfad von klimapolitischen Maßnahmen unbeeinflusst, führen reduzierte Kohlenstoffemissionen in einem Teil der Welt vermittelt über den Preismechanismus unweigerlich zu erhöhten Emissionen in einem anderen Teil der Welt.

> „Übertragen auf den Fall der mildtätigen Spenden bedeutet dies, dass der Spender nicht etwa nur vergeblich darauf wartet, dass andere es ihm nachtun, sondern mit ansehen muss, wie der nächste Kirchgänger aus dem Klingelbeutel herausnimmt, was er selbst dort hinein getan hat." (H.-W. Sinn 2008: 11)

Bei gegebenem Angebot an fossilen Energieträgern sind Emissionsmengenbeschränkungen, die sich lediglich auf Teilmengen beziehen, also ökologisch wirkungslos. Es ist sogar denkbar, dass die Ausbeutung der Rohstoffe und damit auch der Klimawandel beschleunigt wird. Dies könnte dann der Fall sein, wenn die Ressourceneigentümer befürchten müssen, dass sich die Klimapolitik zukünftig eher verschärfen wird und somit Druck auf die Produzentenpreise ausübt (ebd.: 34 ff.). Emissionsmengenbeschränkungen für alle oder fast alle Länder einschließlich der Entwicklungs- und Schwellenländer, um dem Preismechanismus auszuhebeln ist dann eine ökologische Notwendigkeit.

Eine Klimapolitik, die ökologische Treffsicherheit und Kosteneffizienz mit einer differenzierten Lastenverteilung kombiniert ist indes nicht grundsätzlich ausgeschlossen. Ein globaler Handel mit Treibhausgaszertifikaten wäre ein Instrument, der dieses ermöglichen könnte. Ein zentraler Bestandteil der Klimapolitik auf europäischer Ebene ist der Europäische Emissionshandel. Anhand dessen wird im folgenden Kapitel erläutert, in welchem Verhältnis Lastenverteilung und Effizienz stehen.

4 Europäischer Emissionshandel, EU-Lastenverteilung und Effizienz

4.1 Europäischer Emissionshandel und EU-Lastenverteilung

Über das EU-Lastenverteilungsabkommen haben die Mitgliedstaaten der EU unterschiedliche Emissionsreduktionsverpflichtungen für die Reduktion bestimmter Treibhausgase übernommen. Während beispielsweise Deutschland seine Emissionen im Durchschnitt der Periode 2008-2012 gegenüber 1990 um 21 % reduzieren muss, darf Portugal seine Emissionen im gleichem Zeitraum um bis zu 27 % erhöhen. Zentraler Bestandteil der europäischen Klimaschutzstrategie ist der Europäische Emissionshandel.[13] Seit 2005 müssen Kohlendioxidemissionen aus Anlagen des Energie- und Industriesektors (zum Teil ab einer bestimmten Mindestgröße) durch handelbare Emissionszertifikate gedeckt sein. Der Haushaltssektor und der Transportsektor ist dementsprechend vorerst vom Emissionshandel ausgenommen.[14] Der Europäische Emissionshandel ist so konstruiert, dass die anlagenspezifische Mikroallokation der Emissionszertifikate an die Unternehmen über von den Mitgliedstaaten zu erstellende Nationale Allokationspläne erfolgt, welche der Europäischen Kommission zur Genehmigung vorgelegt werden müssen. In welcher Höhe die Unternehmen in den Mitgliedstaaten Emissionsreduktionen vornehmen müssen, wird also u. a. beeinflusst durch die Höhe des Emissionsbudgets nach dem EU-Lastenverteilungsabkommen, durch die Aufteilung des Emissionsbudgets zum Emissionshandelssektor und dem Nichtemissionshandelssektor und die Zuteilung innerhalb des Emissionshandelssektors. Unterschiedliche Kürzungsfaktoren für ansonsten vergleichbare Unternehmen in unterschiedlichen Ländern sind dann nicht die Ausnahme, sondern die Regel.

4.2 Effizienz und Distribution bei unterschiedlicher Anfangsausstattung

Auf Wettbewerbsmärkten ist es unter Effizienzgesichtspunkten irrelevant, wie die Anfangsaustattung an Emissionsrechten ist und ob die Vergabe der Emissionsrechte kostenlos erfolgt z. B. nach Maßgabe historischer Emissionen (Grandfathering) oder ob die Emissionsrechte versteigert werden[15] (W. D. Montgomery 1972). Durch den potentiellen Handel mit Emissionsrechten entstehen Spielräume zu Paretoverbesserungen, die durch gewinnmaximierende Unternehmen auch ausgenutzt werden. Emissionsrechte werden in die rentabelste Verwendungsrichtung gelenkt und Emissionen dementsprechend vermieden, wo dieses am kostengünstigsten möglich ist. Auf Wettbewerbsmärkten kann das Ausgabeverfahren die Effizienz des Emissionshandels also nicht beeinträchtigen. Distributiv ist

---

13 Zum Konzept des Europäischen Emissionshandels und einer kritischen Bewertung vgl. z. B. A. Endres (2005); P. Graichen/T. Requate (2005); G.-J. Krol (2005).

14 Zu einer potentiellen Integration des Transportsektors in den Emissionshandel vgl. den Beitrag von K-H. Hartwig, S. Badura und J. Luttman in diesem Band

15 Die Diskussion, ob Emissionsrechte kostenlos zugeteilt (z. B. auf Basis historischer Emissionsmengen) oder versteigert werden sollen, kann hier nicht im Detail eingegangen werden (Siehe hierzu P. Cramton/S. Kerr 2002; für den Europäischen Emissionshandel C. Kemfert 2007; H. Rentz 2007.)

die Erstausstattung an Emissionsrechten jedoch alles andere als irrelevant. Abbildung 3 veranschaulicht die Konsequenzen bezüglich Effizienz und Verteilung.

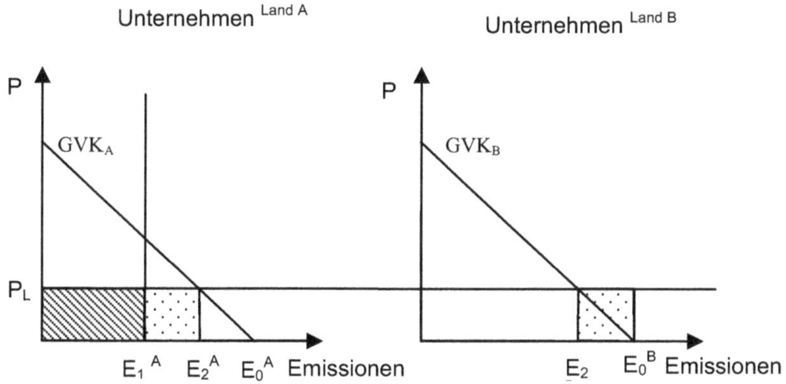

Abbildung 3: Effizienz- und Distributionswirkungen der Erstallokation in einem föderalen Europa

Unterstellt wird hier, dass das Emissionshandelssystem auf zwei Länder beschränkt ist, in denen die Unternehmen am Emissionshandel teilnehmen. In der Ausgangssituation ohne Emissionsbeschränkung emittieren die Unternehmen mit E_0^A bzw. E_0^B. Die Grenzvermeidungskosten sind definitionsgemäß null. Nun werde von den Ländern eine Lastenverteilung dergestalt vereinbart, dass Land A Emissionen in der Höhe der Strecke $E_1^AE_0^A$ reduzieren muss, während Land B weiterhin die Menge E_0^B emittieren darf. Diese Vereinbarung wird mit einem Emissionshandelssystem verbunden, um eine effizientere Verteilung der Emissionsrechte zu ermöglichen. Aus Effizienzgesichtspunkten scheint es irrelevant, welche Kürzungsfaktoren den Unternehmen auferlegt werden. Durch den Handel wird sich ein einheitlicher Lizenzpreis P_L bilden, bei dem die Grenzvermeidungskosten der Unternehmen in Land A und Land B ausgeglichen sind. Die Unternehmen in Land A werden nämlich solange Emissionsrechte von Unternehmen im Land B kaufen, wie der Preis geringer ist als ihre Grenzvermeidungskosten und Unternehmen in Land B werde solange bereit sein, Emissionsrechte zu verkaufen, wie der Preis für den Verkauf von Emissionsrechten höher ist als die Kosten einer zusätzlichen Emissionsvermeidung. Unternehmen in Land A werden dann die Menge E_2^A, Unternehmen in Land B die Menge E_2^B emittieren. Im Vergleich zur Ausgangssituation ohne Emissionsbeschränkung hat sich zwar für die Unternehmen in Land A die finanzielle Situation des Unternehmens verschlechtert, während sich die Finanzausstattung der Unternehmen in

Land B verbessert hat. Unternehmen in Land A müssen nämlich nicht nur gleichen Grenzvermeidungskostenstrukturen die gleichen Vermeidungskosten tragen wie die Unternehmen in Land B. Sie müssen auch Zahlungen leisten für den Erwerb von Verschmutzungsrechten, nämlich im Falle der kostenlosen Vergabe von Emissionsrechten in Höhe der gepunkteten Fläche, welche wiederum den Unternehmen in Land B zugute kommt. Gleichwohl ändert dies nichts an der Effizienz des Systems. Die erfolgten Zahlungen haben aber eher Ähnlichkeiten mit „lump-sum"-Subventionen, die unabhängig von der Produktionsmenge erfolgen. Daran ändert sich in diesem Modell auch dann nichts, wenn die Erstvergabe der Emissionsrechte an die Unternehmen in Land A nicht kostenlos erfolgt, sondern wenn die Zertifikate vom Staat versteigert werden. Lediglich die finanzielle Belastung erhöht sich für Unternehmen in Land A, und zwar maximal um die im Vergleich zu einer kostenlosen Erstvergabe zusätzliche Belastung in Höhe der gestreiften Fläche. Diese Zahlungen fließen dem Staat im Land A zu. Für die genaue Belastung der Unternehmen kommt es auf die Verwendung dieser Staatseinnahmen an.

Bezüglich der These der Effizienz bei Ungleichbehandlung in der Erstausstattung müssen gleichwohl Einschränkungen gemacht werden. Effizienzauswirkungen können sich aus den Belastungsunterschieden zwischen den Unternehmen beispielsweise dann ergeben, wenn die Märkte, wie der Kapitalmarkt oder Produktmärkte nicht perfekt sind (vgl. E. Woerdman 2000: 620). Nicht zuletzt ist die konkrete institutionelle Ausgestaltung des Erstausgabeverfahrens ein entscheidender Faktor. Wenn z. B. Emissionsrechte bei Stilllegung von Anlagen entzogen werden, können möglicherweise Standortverlagerungen in Länder ohne Verschmutzungsbeschränkungen verhindert und so die Effektivität des Instrumentes gesichert werden. Jedoch ist dies aus Effizienzgesichtspunkten problematisch, da ein Entzug von Emissionsrechten bei Stilllegung ebenso wie die Vergabe von Emissionsrechten unter dem Marktpreis bei einem Markteintritt einer Subventionierung der Produktion gleichkommt (vgl. P. Graichen/T. Requate: 53 f.). Gleichwohl drohen auch gesamtwirtschaftlich ineffiziente Standortverlagerungen, wenn bei Produktionsstilllegung Emissionsrechte nicht entzogen werden, hingegen in einem anderen Mitgliedstaat durch eine Newcomerregelung möglicherweise wiederum subventioniert erworben werden können.

4.3 Wettbewerbsverzerrungen und Distribution bei unterschiedlicher Erstaustattung

Das Argument der Wettbewerbsverzerrungen existiert in zwei Ausprägungen (vgl. R. A. van der Laan/A. Nentjes 2001: 131 ff.; E. Woerdman 2004: 142 ff.). Zum einen wird von Wettbewerbsverzerrungen gesprochen, wenn eine Verzerrung der relativen Preise vorliegt. Wenn das Opportunitätskostenkonzept zugrunde gelegt wird, kann auf eine unterschiedliche Erstausstattung mit Emissionsrechten nicht ohne Weiteres auf Wettbewerbsverzerrungen geschlossen werden. Anders ist dies, wenn das zugrunde gelegte Konzept auf Gerechtigkeit zwischen vergleichbaren, miteinander im Wettbewerb stehenden Unternehmen abzielt. „[...] a competitive distortion arises if the introduction of an environmental policy measure leads to unequal changes of the competitive relations among comparable firms, thereby reducing the (perceived) fairness of (inter)national competition" (E. Woerdman 2004: 171). Dieses Konzept zielt dementsprechend nicht auf Effizienz bezüglich unverzerrter relativer Preise, sondern auf ein unverzerrtes "level-playing-field". Letztere Interpretation von Wettbewerbsverzerrungen soll im Folgenden als Kriterium für die Bewertung des Europäischen Emissionshandels dienen.

Laut Böhringer, Lange und Moslener (2005) gibt es nur zwei Möglichkeiten Wettbewerbsverzerrungen nach der „level-playing-field"-Interpretation in einem föderalen Europa zu vermeiden. Die erste besteht darin, einheitliche Kürzungsfaktoren für alle Mitgliedstaaten vorzuschreiben. Dies muss aber, da nicht alle Sektoren vom Emissionshandel erfasst sind, zu Ineffizienzen führen (vgl. C. Böhringer/A. Lange/U. Moslener 2005: 314 f). Sollen nämlich die von den Mitgliedstaaten aufzustellenden Allokationspläne den im Anhang der Richtlinie formulierten Kriterien genügen, muss auf der Makroebene die Gesamtmenge an vergebenen Emissionsrechten im Emissionshandelssektor zuzüglich der zu erwartenden Emissionsmenge in Nichtemissionshandelssektoren den Verpflichtungen aus dem EU-Lastenverteilungsabkommen Genüge tragen. Die Emissionsreduktionen im Nichtemissionshandelssektor werden also endogen durch die Zuteilungsmenge im Emissionshandelssektor bestimmt. Effizient wären diese Allokationspläne jedoch nur dann, wenn die Grenzvermeidungskosten im Emissionshandelssektor den Grenzvermeidungskosten im Nichtemissionshandelssektor entsprechen würden. Es existiert also durch die Lastenverteilung ein trade-off zwischen einer effizienten Allokation und einer Wettbewerbsverzerrungen ausschließenden Allokation (vgl. C. Böhringer/A. Lange 2005: 84 ff). Dieser trade-off kann nach Böhringer und Lange (2005) nur aufgehoben werden, wenn die kostenlose Erstausgabe mit einer Auktionierung von Emissionsrechten kombiniert wird. Notwendige Bedingung einer Wettbewerbsverzerrungen vermeidenden Allokation ist weiterhin, dass in allen Mitgliedstaaten prozentual die gleiche Menge an Emissionsrechten an die Unternehmen kostenlos zugeteilt wird. Soll das Gesamtemissionsbudget in den einzelnen Mitgliedsaaten eingehalten und identische Grenzvermeidungskosten mit den Nichtemissionshandelssektoren sichergestellt werden, muss der Allokationsfaktor für kostenlos zugeteilte Verschmutzungsrechte hinreichend gering sein. Dieser muss sich an dem Mitgliedstaat orientieren, welcher den mit intersektoraler Effizienz zu vereinbarenden, prozentual größten Emissionsreduktionsbedarf im Emissionshandelssektor aufweist. Der Grundgedanke der Argumentation von Böhringer und Lange soll anhand Abbildung 4 veranschaulicht werden.

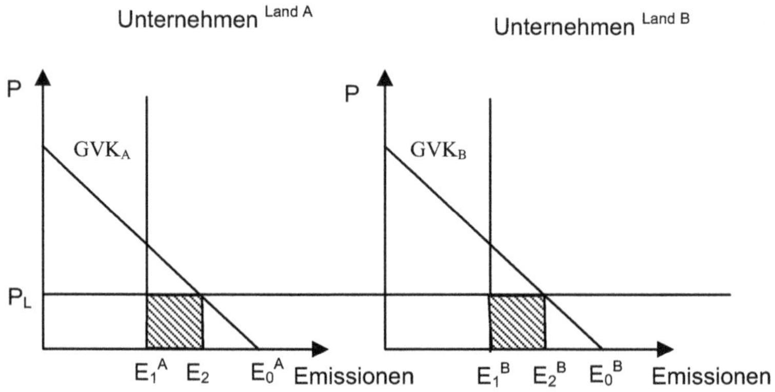

Abbildung 4: Effizienz und Wettbewerbsverzerrungen bei Auktionierung und kostenloser Erstausgabe

Die Ausgangskonstellation sei die gleiche wie im oben genannten Beispiel. Land A habe wiederum Emissionsvermeidungen durchzuführen in Höhe der Strecke $E_0^A E_1^A$. Land B hingegen habe wiederum keine Emissionsreduktionsverpflichtungen. Dennoch sollen für Unternehmen in beiden Ländern Emissionsrechte lediglich in Höhe der gleich langen Strecken $E_0^A E_1^A$ bzw. $E_0^B E_1^B$ kostenlos zugeteilt werden. Die übrigen Emissionsrechte, die Land B innehat, kann es an die Unternehmen in Land B versteigern. Der Versteigerungserlös in Höhe der beiden schraffierten Flächen kommt hier vollständig dem Staat in Land B zugute.[16] Emittiert wird von den Unternehmen wiederum die Menge E_2^A bzw. E_2^B. Wettbewerbsverzerrungen in Emissionshandelssektoren nach dem „level-playing-field" werden hier ausgeschlossen. Die Problematik wird aber nur verlagert. Zwar ist die „fairness", wenn „fairness" als Gleichbehandlung vergleichbarer Unternehmen in unterschiedlichen Ländern interpretiert wird, so sichergestellt.

16 Auch wenn Emissionsrechte nur an Unternehmen in Land B versteigert werden, führt der internationale Handel mit Emissionsrechte dazu, dass die versteigerten Zertifikate von Unternehmen in Land B *gezahlt*, aber auch zu gleichen Teilen von Unternehmen in Land A *getragen* würde.

Gleichwohl stellt sich die Frage nach der Verwendung der Auktionseinnahmen. Diese könnten z. B. vom auktionierenden Staat genutzt werden, die Einnahmen wieder an inländische Unternehmen weiterzuleiten und so wiederum das „level-playing-field" zu stören. Wie auch immer die Einnahmen verwendet werden. Weder Auktionierung noch Grandfathering können verhindern, dass mehr oder minder große Emissionsreduktionsverpflichtungen über eine Lastenverteilung mit mehr oder minder großen Kosten verbunden sind, die notwendigerweise zu Lasten der Produzenten und damit (von Lohn und Gewinneinkommen) und/oder zu Lasten der Konsumenten gehen müssen.

5 Fazit

Die Ausführungen zeigen, dass zur Beurteilung klimapolitischen Handelns distributive Aspekte (zu Recht) eine große Rolle spielen. Gleichwohl sollten ökonomische Restriktionen bei der Verfolgung von Verteilungszielen beachtet werden, wie hier selektiv für die räumliche Dimension aufgezeigt wurde. Nicht minder bedeutsam sind intergenerationelle Verteilungswirkungen im Zusammenhang mit dem Klimawandel, wie nicht zuletzt die kontroverse Diskussion um die Wahl der „richtigen" Diskontrate zeigt.

Literatur

Azar, C. (1999): Weight Factors in Cost-Benefit Analysis of Climate Change. In: Environmental and Resource Economics 13. S. 249-268.

Azar, C. (2000): Economics and Distribution in the Greenhouse. In: Climatic Change 47. S. 233-238.

Azar, C./Sterner, T. (1996): Discounting and Distributional Considerations in the Context of Global Warming. In: Ecological Economics 19. S. 169-184.

Böhringer, C., Lange, A. (2005): Mission Impossible!? On the Harmonization of National Allocation Plans under the EU Emissions Trading Directive. In: Journal of Regulatory Economics, H. 1, S. 81-94.

Böhringer, C., Lange, A., Moslener, U. (2005): Der EU-Emissionshandel im Zielkonflikt zwischen Effizienz, Kompensation und Wettbewerbsneutralität. In: Perspektiven der Wirtschaftspolitik 6. S. 309-323.

Buchholz, W./Peters, W. (2005): A Rawlsian Approach to International Cooperation. In: Kyklos 58. S. 25-44.

Buchner,B./Lehmann, J. (2005): Equity Principles to Enhance the Effectiveness of Climate Policy: An Economic and Legal Perspective. In: Bothe, M./Rehbinder, E. (Eds.): Climate Change Policy. Utrecht.

Cramton, P./Kerr, S. (2002): Tradeable Carbon Permit Auctions: How and Why to Auction not Grandfather. In: Energy Policy. S. 333-345.

Diamond, P. A. (1994): Contingent Valuation: Is some Number better than no Number? In: Journal of Economic Perspectives 8. S. 46-64.

Easterling, W. E. u. a. (2007): Food, Fibre and Forest Products. In: Parry, M. L. u. a. (Eds.): Climate Change 2007: Impacts, Adaptation and Vulnerability. Contribution of Working Group II to the Fourth Assessment Report of the Intergovernmental Panel on Climate Change. Cambridge, UK. S. 273-313.

Endres, A. (1998): Die Bewertung von Umweltschäden: Theorie und Praxis. Stuttgart u. a.

Endres, A. (2005): Kyoto Europe? - An Economic Evaluation of the European Emission Trading Directive. In: European Journal of Law and Economics 19. S. 17-39.

Fankhauser, S./Tol, R. S./Pearce, D. W. (1997): The Aggregation of Climate Change Damages: A Welfare Theoretic Approach. In: Environmental and Resource Economics 10. S. 249-266.

Graichen, P., Requate, T. (2005): Der steinige Weg von der Theorie in die Praxis des Emissionshandels. In: Perspektiven der Wirtschaftspolitik, H.1. S. 41-56.

Hampicke, U. (2001): Grenzen der monetären Bewertung – Kosten-Nutzen-Analyse und globales Klima. In: Beckenbach u. a. (Hrsg.): Ökonomische Naturbewertung. Jahrbuch Ökologische Ökonomik. Band 2. S. 151-179.

Hanemann, W. M. (1994): Valuing the Environment through Contingent Valuation. In: Journal of Economic Perspectives 8. S. 19-43.

Helm, C./Bruckner, T./Toth, F. (1999): Value Judgments and the Choice of Climate Protection Strategies. In: International Journal of Social Economics 26. S. 974-998.

Hohmeyer, O. (2005): Die Abschätzung der Kosten des anthropogenen Treibhauseffektes – Dominieren normative Setzungen die Ergebnisse? In: Vierteljahreshefte zur Wirtschaftsforschung 74. S. 164-168.

IEA (Intenational Energy Agency):
http://www.iea.org/Textbase/stats/index.asp; abgerufen am 01.03.2008.

Kemfert, C. (2007): Versteigern statt Verschenken! : warum es sinnvoll ist, eine vollständige Versteigerung der Emissionsrechte anzustreben. In: Zeitschrift für angewandte Umweltforschung 18. S. 9-17.

Krol, G.-J. (2005): Europäischer Emissionshandel, in: Göcke, M., Kooths, S. (2005): Entscheidungsorientierte Volkswirtschaftslehre. Frankfurt a. M. S. 291-314.

Lange, A./Vogt, C./Ziegler, A. (2007): On the Importance of Equity in International Climate Policy: An Empirical Analysis. In: Energy Economics 29. S. 545-562.

Mendelssohn, R./Dinar, A./Willimas, L. (2006): The Distributional Impact of Climate Change on Rich and Poor Countries. In: Environment and Development Economics, 11. S. 1-20.

Montgomery, D. W. (1972): Markets in Licenses and Efficient Pollution Control Programs. In: Journal of Economic Theory 5. S. 395-418.

Pearce, D. (2003): The Social Cost of Carbon and its Policy Implications. In: Oxford Review of Economic Policy, Vol. 19, No. 3. S. 362-384.

Schelling, T. (1992): Some Economics of Global Warming. In: American Economic Review 82. S. 1-14.

Ströbele, W. (2005): Klimapolitik: Kyoto-Protokoll und Emissionshandel für CO2-Zertifikate in der EU. In: Perspektiven der Wirtschaftspolitik, H. 3. S. 325-346.

Laan, R.A. van der, Netjes, A. (2001): Competitive Distortions in EU Environmental Legislation: Inefficiency versus Inequity. In: European Journal of law and economics, H. 2, S. 131-152.

Rentz, H. (2007): Ohne Nutzen für das Klima : warum eine Versteigerung von Emissionsrechten nicht nur für die Umwelt wirkungslos, sondern sogar volkswirtschaftlich riskant ist. In: Zeitschrift für angewandte Umweltforschung 18. S. 17-22.

Ringius, L./Torvanger, A./Underdal, A. (2002): Burden Sharing and Fairness Principles in International Climate Policy. In: International Environmental Agreements: Politics, Law and Economics 2. S. 1-22.

Rose, A. u. a. (1998): International Equity and Differentiation in Global Warming Policy – an Application to Tradeable Emission Permits. In: Environmental and Resource Economics 12. S. 25-51.

Schneider, S. H. u. a. (2007): Assessing Key Vulnerabilities and the Risk from Climate Change. In: Parry, M. L. u. a.: Climate Change 2007. Impacts, Adaption and Vulnerability. Contribution to Working Group II to the Fourth Assessment Report of the Intergovernmental Panel on Climate Change. S. 779-810.

Sinn, H.-W. (2007): Public Policies against Global Warming. NBER Working Paper 13454. http://www.nber.org/papers/w13454.pdf.

Sinn, H.-W. (2008): Das grüne Paradoxon: Warum man das Angebot bei der Klimapolitik nicht vergessen darf. Ifo Working Paper No.54.

Smith, J. B. u. a. (2001): Vulnerability to Climate Change and Reasons for Concern: a Synthesis. In: Climate Change 2001: Impacts, Adaption and Vulnerability. Cambridge. Chapter 19. S. 913-967.

Stern, N. (2007): The Economics of Climate Change: The Stern Review. Cambridge.

Ströbele, W. (2005): Klimapolitik: Kyoto-Protokoll und Emissionshandel für Co2-Zertifikate in der EU. In: Perspektiven der Wirtschaftspolitik 6. S. 326-346.

Strömberg, D (2007): Natural Disasters, Economic Development, and Humanitarian Aid. In: Journal of Economic Perspectives 23. S. 199-222.

Tol, R. S. J. (2004): Distributional Aspects of Climate Change Impacts. In: Global Environmental Change 14. S. 259-272.

Tol, R. S. J. (2005): The Marginal Damage Costs of Carbon Dioxide Emission: An Assessment of the Uncertainties. In: Energy Policy 33. S. 2064-2074.

Tol, R. S. J. (2007): The Social Costs of Carbon: Trends Outliers an Catastrophes. Discussion Paper 2007-44.
http://www.economics-ejournal.org/economics/discussionpapers/2007-44.

Tol, R. S. J. (2005): Emission Abatement versus Development as Strategies to reduce Vulnerability to Climate Change: an Application of Fund. In: Environment and Development Economics 10. S. 615-629.

Tol, R. S. J./Dowlatabadi, H. (2001): Vector Borne Diseases, Climate Change, and Economic Growth. In: Integrated assessment 2. S. 173-181.

Tol, R. S. J./Kristie, L. E./Yohe, W. Y. (2007): Infectious Disease, Development, and Climate Change: a Scenario Analysis. In: Environment and Development Economics 12. S. 687-706.

Van Suntum (2005): Die unsichtbare Hand. Ökonomisches Denken gestern und heute. Berlin u. a.

Woerdman, E. (1999): Organizing Emissions Trading: the Barrier of Domestic Permit Allocation. In: Energy Policy 28. S. 613-623.

Woerdman, E. (2004): The Institutional Economics of Market Based Climate Policy. Amsterdam.

Ziesing, H.-J. (2006): Trotz Klimaschutzabkommen: Weltweit steigende CO2-Emissionen. DIW Wochenbericht 73, Nr. 35/2006. S. 485-499.

Teil 2
Wirtschaft und Moral

Der Platz der Moral in der Ökonomischen Ethik

Alexander Dilger

Ökonomik und Ethik als die jeweiligen Wissenschaften von Wirtschaft(en) und Moral können auf vielfältige Weise miteinander verknüpft werden, auch wenn gelegentlich ihre Gegensätzlichkeit behauptet wird. Hier soll mit der „Ökonomischen Ethik" eine bestimmte Auffassung[1] dieses Verhältnisses bezeichnet und näher betrachtet werden, die auf Karl Homann zurückgeht,[2] am ausführlichsten und unter diesem Namen von seinem Schüler Andreas Suchanek ausgearbeitet wurde[3] und auch die Überlegungen von Gerd-Jan Krol zu diesem Themenbereich prägt.[4] Im nachfolgenden ersten Abschnitt werden die Grundüberlegungen der Ökonomischen Ethik kurz vorgestellt, für ausführlichere Darstellungen siehe die genannten Autoren und ihre angeführten Werke. Im zweiten Abschnitt wird die Ökonomische Ethik über die bislang vorrangig bis ausschließlich von ihren Vertretern betrachteten sozialen Dilemmasituationen hinaus erweitert bzw. auf andere Situationen angewendet. Dabei wird deutlich, dass die Ökonomische Ethik durch Nachrangigkeit oder gar Abwesenheit von Moral geprägt ist, was im dritten Abschnitt zu der expliziten Frage führt, wo die Moral in dieser Ethikkonzeption bleibt. Im vierten Abschnitt werden mögliche Plätze der Moral in der Ökonomischen Ethik bzw. einer sinnvollen Erweiterung derselben diskutiert. Der fünfte Abschnitt schließt mit Fazit und Ausblick.

---

1 Die Großschreibung von Ökonomischer Ethik soll verdeutlichen, dass es hier um diesen einen, von Karl Homann und seinen Schülern ausgearbeiteten Ansatz der Verknüpfung von Ökonomik und Ethik geht, während auch ganz andere ökonomische Ethiken denkbar sind.

2 Vgl. z. B. K. Homann (1988, 1990, 1994a, 1994b, 1997a, 1997b, 1999, die wichtigsten Arbeiten dokumentierend 2002 und 2003).

3 Vgl. A. Suchanek (2001), siehe auch K. Homann/A. Suchanek (2005) oder für einen weiteren Homann-Schüler K. Homann/I. Pies (1991 und 1994) sowie I. Pies (2000 und 2006). Relevant sind weiterhin K. Homann/F. Blome-Drees (1992) und K. Homann/C. Lütge (2004).

4 Vgl. G.-J. Krol (1994, 2001a und 2001b), J. Karpe/G.-J. Krol (1997) und G.-J. Krol/D. Loerwald/A. Zoerner (2006), wobei die dort gegebenen Hinweise auch schwächer (nicht als vollständige Ethik) im Sinne von Abschnitt 5 verstanden werden können.

1 Grundüberlegungen der Ökonomischen Ethik

Die Grundüberlegungen der Ökonomischen Ethik sollen hier nur kurz skizziert werden, da sie von den in der Einführung genannten Autoren bereits sehr oft, redundant und ausführlich dargestellt wurde.[5] Ausgangspunkt der Überlegungen sind so genannte „Dilemmastrukturen"[6], wobei es sich in der Grundform um das berühmte Gefangenendilemma[7] handelt und bei der Erweiterung auf mehr als zwei Personen um eine Form von Kollektivgutproblemen. Es handelt sich stets um spieltheoretische Szenarien[8], bei denen es für jeden einzelnen Teilnehmer individuell rational bzw. sogar die dominante Strategie ist, den anderen Teilnehmern zu schaden, um den eigenen Nutzen zu mehren. Wenn sich alle Teilnehmer so verhalten, was sie bei angenommener Rationalität und Eigennutzorientierung tun werden, ergibt sich für alle ein schlechteres und damit pareto-inferiores bzw. ineffizientes Ergebnis im Vergleich zu der Situation, in der sich alle sozial bzw. kooperativ, den Nutzen der übrigen Teilnehmer berücksichtigend verhalten hätten. Allseitige Kooperation ist jedoch kein Nash-Gleichgewicht, weil jeder Einzelne von einem anderen, nicht-kooperativen Verhalten, dem so genannten Defektieren, individuelle Vorteile hätte. Umgekehrt ist das allseitige Defektieren das einzige Nash-Gleichgewicht dieser Art von Spielen, weil sich niemand durch einen Strategiewechsel hin zur Kooperation besser stellen kann.

Die Vertreter der Ökonomischen Ethik weisen nun darauf hin, dass in solchen Dilemmata ‚Moralisieren' nicht weiterhilft. Gegeben die beschriebene Anreizstruktur ist Defektieren richtig. Wer kooperiert, schadet sich selbst, was zumindest langfristig zu moralischer Demotivation führen muss. Moralisieren droht die Moral zu erodieren, weil die Akteure damit überfordert werden, gegen ihre eigenen Interessen zu handeln und dabei auch noch den Erfolg anderer beobachten zu müssen, die sich anders, angeblich weniger moralisch verhalten. Die Ökonomische Ethik hält dieses andere, den eigenen Interessen und gesetzten Anreizen folgende Verhalten jedoch nicht für unmoralisch, sondern für sowohl klug als auch ethisch richtig. Die individuelle Nutzenmaximierung wird ethisch legitimiert. Entsprechend ist es nach der Ökonomischen Ethik ein Fehler,[9] Dilemmastrukturen durch individuell anderes, vom Eigeninteresse abweichendes

5 Für eine andere kritische Außenansicht siehe z. B. H.-U. Küpper (2006: 124-132).

6 Siehe z. B. K. Homann (1994a und 2000), wo sich diese Bezeichnung bereits im Titel findet.

7 Siehe dazu und zu den folgenden Ausführungen dieses Absatzes ein beliebiges Buch zur Spieltheorie, z. B. W. Güth (1999) oder D. Fudenberg/J. Tirole (2000).

8 Es geht hier und im Folgenden nicht um rein moralische Dilemmata, wo verschiedene moralische Pflichten oder Werte miteinander kollidieren. Zur Unterscheidung siehe T. Retzmann (2007).

9 Sich so verhaltende Individuen handeln wohl nicht unmoralisch (sondern eher zu moralisch), aber unklug, während zu solchem Verhalten zu mahnen unethisch ist.

Verhalten begegnen zu wollen. Diese lassen sich nur durch Änderung der Anreizstrukturen, die auf überindividueller Ebene liegen, auflösen.[10] Der relevante Ort der Moral ist damit nicht das individuelle Verhalten, sondern die Rahmenordnung bzw. die Anreizstruktur.

2 Erweiterung auf andere Situationen

Die Vertreter der Ökonomischen Ethik weisen darauf hin, dass die von ihnen explizit behandelten Dilemmastrukturen häufig vorkommen. So ist es bei Problemen der Umweltverschmutzung nicht ungewöhnlich, dass es zahlreiche Verschmutzer gibt, von denen jeder einzelne die Umwelt nur etwas belastet; wenn ein Einzelner damit aufhört, wird die Umwelt für alle ein klein wenig besser, doch er allein hat die höheren Kosten des Umweltschutzes bzw. Verschmutzungsverzichts zu tragen. Viele Autofahrer führen gemeinsam zu Staus; wer Alternativen zum Auto nutzt, macht die Straßen für die verbleibenden Fahrer etwas freier. Wenn jemand für die Bekämpfung von Krankheit und Hunger in der Welt spendet, hilft das nicht nur den Kranken und Hungernden, sondern auch viele wohlhabende Nichtspender freuen sich über den Rückgang solcher Übel. Teamleistungen setzen sich aus den Anstrengungen aller Teammitglieder zusammen, die eigene Anstrengung spürt aber jeder für sich. Diese Liste ließe sich beliebig fortsetzen.

Trotzdem gibt es natürlich viele Situationen, bei denen es sich nicht um ein entsprechendes Dilemma handelt. In der Spieltheorie gibt es zahlreiche andere berühmte Spiele, z. B. Kampf der Geschlechter, Spiel mit dem Untergang (*Chicken Game*) oder das Ultimatumspiel,[11] es lassen sich aber auch beliebige andere (interaktive) Situationen spieltheoretisch modellieren. So handelt es sich meistens nicht um ein Dilemma, wenn sich jemand durch ein Verbrechen (z. B. Raub, Diebstahl oder Betrug) oder eine schwächere Form opportunistischen Verhaltens (z. B. Verschweigen von Mängeln, Faulheit während bezahlter Arbeitszeit, kreative Buchführung) individuelle Vorteile verschaffen kann. Die Ökonomische Ethik ist erstaunlicherweise bislang nicht auf solche Fälle angewendet worden, aber eine umfassende ethische Theorie muss sich natürlich darauf anwenden lassen. Dies fällt auch nicht schwer, da auch hier der Eigennutz

10 In manchen Fällen ist dies aber gar nicht erwünscht, sondern werden Dilemmata extra geschaffen oder erhalten, weil die Akteure weniger verlieren als weitere Betroffene gewinnen (z. B. Konsumenten bei Produzentenwettbewerb).

11 Auch diese Spiele werden in nahezu jedem Buch zur Spieltheorie erklärt, siehe Fußnote 7.

bei gegebenen Anreizen leicht zu bestimmen ist.[12] Wird die Grundüberlegung von den Dilemmastrukturen übertragen, dass Individuen stets ihren Anreizen folgen sollen, dann ist nach der Ökonomischen Ethik das Begehen von opportunistischen Handlungen bis hin zu Verbrechen nicht nur nicht falsch, sondern ethisch richtig, solange sie individuell klug erscheinen. Lohnende Verbrechen sind legitim bis empfehlenswert.[13] Moralisieren hilft nicht dagegen, sondern nur das Ändern der Anreizstrukturen.[14]

Doch nicht nur über Dilemmata hinaus lässt sich die Ökonomische Ethik mit überraschenden Konsequenzen erweitern, sondern auch bei den Dilemmastrukturen selbst sind relevante Erweiterungen bzw. Differenzierungen möglich. Erstens führt die gegenüber moralischen Anstrengungen innerhalb einer Dilemmastruktur präferierte Änderung der Anreizstrukturen, sodass gar kein Dilemma mehr besteht, in der Regel selbst wieder zu einer Dilemmastruktur höherer Ordnung. Die Vertreter der Ökonomischen Ethik sind der Ansicht, dass Dilemmastrukturen durch Änderung der Anreize aufgelöst werden sollen, doch wie das getan werden soll, von wem und warum, ist weit weniger deutlich. Gelegentlich scheint es, als sollten hier andere Kriterien gelten, aber letztlich findet auch auf dieser Ebene individuelles Verhalten bei gegebenen Anreizstrukturen statt. Eine konsistente Theorie sollte also auch in diesen Fällen dieselben Prinzipien zur Anwendung bringen wie in allen übrigen, zumal es nur von der Perspektive des Betrachters abhängt, ob dasselbe Verhalten als innerhalb einer Dilemmastruktur stattfindend oder eine andere Dilemmastruktur ändernd beschrieben wird. So gestaltet eine Vorgesetzte die Anreizstrukturen für ihre Mitarbeiter, ist aber selbst in Anreizstrukturen mit ihren Kollegen durch Vorgesetzte und die Gesamtorganisation eingebunden, welche wiederum mit anderen Organisationen konkurriert und an Gesetze gebunden ist, die von Politikern gemacht werden, die ihrerseits um Wählerstimmen buhlen. Jeder einzelne Wähler ist schließlich mit dem Wahlparadoxon konfrontiert, dass die eigene Teilnahme an der Wahl (oder gar hinreichende Informationsgewinnung über die Alternativen) ihn mehr kostet,

12 In realen Situationen kann es natürlich schwierig sein, die Faktenlage, das anzuwendende spieltheoretische Modell und damit die den Erwartungsnutzen maximierende Handlung zu bestimmen, doch das ist kein ethisches, sondern ein praktisches Problem bzw. eine Frage der Klugheit. Bei den hier verwendeten Gedankenbeispielen kann einfach vorausgesetzt werden, dass die betreffende Handlung den Individualnutzen (zumindest im Erwartungswert) maximiert.

13 Um es noch einmal explizit zu betonen, dies steht so nicht bei den Vertretern der Ökonomischen Ethik und vermutlich würden sie sich gegen diese Folgerung verwahren, die sich nichtsdestotrotz einfach aus einer Erweiterung auf andere Situationen ziehen lässt.

14 Umgekehrt sollten die Anreizstrukturen nicht geändert werden, wenn sie zu guten Ergebnissen führen. Die Grundintention der Ökonomischen Ethik, dass wirtschaftliches Verhalten nicht nur klug, sondern (meistens, aber nicht immer?) auch ethisch richtig ist, ließe sich wohl besser durch die vielen Kooperation, Produktivität und Investitionen begünstigenden Situationen insbesondere in einer Marktwirtschaft vermitteln als ausgerechnet über Dilemmastrukturen.

als sie ihm persönlich im Erwartungswert bringt (A. Downs 1957). Die winzige Wahrscheinlichkeit, dass er auf dem Weg zum und vom Wahllokal tödlich verunglückt, ist immer noch weitaus größer als die, dass er das Wahlergebnis substantiell beeinflusst. Bei konsequenter Anwendung der Ökonomischen Ethik auf dieses Dilemma sollten die meisten Wahlberechtigten also zu Hause bleiben, während die Anwendung auf jede Anreize gestaltende Situation[15] dazu führt, dass sich Anreizstrukturen bestenfalls zufällig ändern und schlimmstenfalls immer mehr und immer schlimmere Dilemmata resultieren, innerhalb derer die Akteure sich durch die von der Ökonomischen Ethik empfohlene Nutzenmaximierung gegenseitig schaden.

Zweitens sind die Dilemmastrukturen nicht alle gleich, es gibt gravierende Unterschiede, die eine einheitliche Empfehlung zu ihrer Bewältigung zumindest fraglich erscheinen lassen. So erscheint es beim klassischen Gefangenendilemma mit nur zwei Beteiligten immerhin möglich, dass diese sich irgendwie verständigen können, doch beide zu kooperieren, obwohl dies individuell nicht rational und auch kein Nash-Gleichgewicht ist. Während die Ökonomische Ethik die individuelle Nutzenmaximierung propagiert, erschwert sie zugleich solche Verständigungsversuche, während andere Moralauffassungen sie erleichtern könnten. Auch die Parameterwerte im Gefangenendilemma sind nicht irrelevant, da gegebenenfalls die Kooperation nur eines Beteiligten den Gesamtnutzen gegenüber beiderseitiger Kooperation oder zumindest gegenüber beiderseitiger Defektion noch steigern könnte. Das Opfer eines Kooperierenden wäre dann nicht verschwendet, vielleicht lässt sich sogar eine Kompensationszahlung vereinbaren oder losen, wer kooperiert und wer defektiert. Bei Kollektivgutproblemen mit großer Personenanzahl ist allgemeine Kooperation ohne wirksame Sanktionsmechanismen sehr unwahrscheinlich. Allerdings ist es zumindest möglich, dass starke moralische Überzeugungen oder gar das von der Ökonomischen Ethik vehement abgelehnte Moralisieren einen solchen Sanktionsmechanismus darstellen (indem sie beim Defektieren starke Gewissensbisse herbeiführen) oder hervorbringen (indem Kooperierende aus Empörung weitere Kosten auf sich nehmen, um Defektierende zu bestrafen). Schließlich ist auch hier zu fragen, ob die Kooperation zumindest anderen etwas oder sogar viel bringt, selbst wenn sie individuell mehr kostet als nutzt. Wenn wenige selbstlose Euro z. B. viele fremde Menschenleben retten, ist die Empfehlung der Ökonomischen Ethik, bei gegebenen Anreizen nur den eigenen Nutzen zu maximieren, weit fraglicher, als

15 Die Vertreter der Ökonomischen Ethik können auch so verstanden werden, dass es nur eine einheitliche Rahmenordnung (wohl auf Ebene der Gesetze) gäbe, nicht die hier beschriebene Hierarchie von Anreizstrukturen gestaltenden Situationen. Das ist jedoch erstens nicht plausibel (siehe auch Abschnitt 3), zweitens ändert es an dem hier beschriebenen grundsätzlichen Problem nichts.

wenn ohne Kooperation hinreichend vieler oder gar aller anderen die eigene Kooperation völlig bedeutungslos ist bzw. nur dem Kooperierenden schadet und niemandem nutzt, etwa wenn ein Gewässer ohnehin umkippt, die Klimakatastrophe auch ohne eigenes Autofahren eintritt oder das Wahlergebnis durch einzelne Stimmen nicht geändert werden kann. Das letzte Beispiel zeigt im Übrigen, dass gerade bei der Änderung von Anreizstrukturen besonders schwer überwindbare Dilemmastrukturen höherer Ordnung vorliegen dürften. Ihr individuelles Alltagsverhalten können die meisten Menschen stark beeinflussen, übergeordnete politische Entscheidungen hingegen nicht.

3 Wo bleibt die Moral?

Die Erweiterung der Ökonomischen Ethik auf weitere Situationen im vorhergehenden Abschnitt führt unmittelbar zu der Frage, wo die Moral in dieser Ethikkonzeption bleibt. Die Legitimation von sich lohnenden Verbrechen scheint eine (meta-)ethisch äußerst problematische Konsequenz zu sein. An dieser Stelle könnte noch ein Verweis auf die zu verbessernden Anreizstrukturen als Ausweg erscheinen, dass also dem individuellen Verbrecher keine Vorwürfe zu machen sind, sondern den sein Tun begünstigenden sozialen Umständen. Doch wenn die Gestaltung dieser Umstände selbst wieder als ein Dilemma bzw. allgemeiner eine Anreizstruktur höherer Ordnung erkannt wird, in dem konsequenterweise dasselbe Prinzip der Ökonomischen Ethik anzuwenden ist, nämlich dass auch hier die Akteure allein ihren Anreizen und keinem davon abweichenden Moralisieren folgen sollen, dann verbleibt nach dieser Ethik kein Ort mehr für Moral, jedenfalls für eine von Klugheit und Eigennutzmaximierung abweichende Moral.

Die sehr plausible Grundintention der Ökonomischen Ethik, dass Fakten, insbesondere solche ökonomischer Art, nicht einfach durch Moralisieren entkräftet werden können, droht in die zumindest für eine Ethik ebenfalls nicht sehr plausible (Gegen-)Position zu münden, dass allein ökonomische Überlegungen und Interessen zählen und keinerlei davon abweichende Moral. Konsequenter Egoismus (für jeden) ist eine denkbare normative Position, führt aber gerade nicht zur Überwindung der von der Ökonomischen Ethik betonten Dilemmastrukturen, sondern mitten hinein ohne jeden moralischen Ausweg.

Bevor im nächsten Abschnitt mögliche Plätze der Moral in der Ökonomischen Ethik bzw. einer sinnvollen Weiterentwicklung derselben aufgezeigt werden, ist kurz noch zu zeigen, dass bestimmte Versuche von Auswegen aus dieser Problematik wohl nicht gangbar sind. Zum einen könnte man meinen, dass die

Moral stets in den Anreizstrukturen liegt,[16] ohne dass es dazu moralisch handelnder Akteure bedarf. Eigennutz allein würde dann die Anreizstrukturen verbessern, bis kluges und moralisches Verhalten identisch sind. Dazu muss jedoch diese Identität, zumindest auf der höchsten Ebene der Anreizgestaltung, bereits vorausgesetzt werden, ansonsten ist höchstens zufällig mit einer Besserung der Anreizstrukturen zu rechnen. Auch stellt sich die Frage, warum es dann überhaupt noch Dilemmata gibt[17] und diese nicht bereits durch eigennützige Änderung der Anreizstrukturen überwunden wurden. Für die in einer Dilemmasituation befindlichen Akteure führt der Eigennutz jedenfalls gerade nicht zu einem erfreulichen Ergebnis, denn das ist die für ein solches Dilemma konstitutive Eigenschaft.

Zum anderen könnte die Folgerung aus dem letzten Abschnitt, dass dasselbe moralische bzw. egoistische Prinzip sowohl innerhalb einer Dilemma- oder sonstigen Situation als auch bei der Anreizgestaltung einer solchen Situation anzuwenden ist, bestritten werden. Die Ökonomische Ethik bzw. ihre Vertreter könnten auch so ausgelegt werden, dass innerhalb solcher Situationen nur den gegebenen Anreizen gefolgt werden soll, bei der Anreizgestaltung dies jedoch nicht gilt, sondern andere, auch nach dem Alltagsverständnis moralische Prinzipien anzuwenden sind. So dürften etwa Privatpersonen ihren Nutzen und Privatunternehmen ihren Gewinn maximieren, zumindest im Rahmen der geltenden Gesetze,[18] während die Gesetze selbst und die sie aufstellenden Politiker moralisch im engeren Sinne zu beurteilen wären.

Diese Trennung der Situationen und Prinzipien führt jedoch zu mindestens drei gravierenden Problemen. Erstens ist sie nicht willkürfrei möglich, jede Handlungssituation hat ihre Anreize und fast jede hat Auswirkungen auf andere und deren Anreizstruktur. Auch das Alltagshandeln normaler Bürger hält sich an

16 Gemäß K. Homann/F. Blome-Drees (1992: 35-47), ist der Ort der Moral die Rahmenordnung.

17 Dies gilt jedenfalls für insgesamt schädliche Dilemmata, nicht unbedingt für sozial erwünschte gemäß Fußnote 10.

18 Es verbliebe auch hier das Problem, was bei im Erwartungswert vorteilhaftem Gesetzesbruch zu tun wäre, ein Handeln der Betroffenen nach der Norm gegen die Anreize oder eine Ebene höher die Änderung der Anreize hin zu größeren Sanktionen, höherer Entdeckungswahrscheinlichkeit oder auch Belohnung von normkonformem Verhalten. Im ersteren Falle käme es aber gar nicht mehr wirklich auf die Anreizstrukturen an, sondern nur auf die Formulierung des moralisch Wünschenswerten in Gesetzesform. Jedes Dilemma könnte durch eine Norm zum kooperativen Verhalten aufgelöst werden. In letzterem Fall könnten hingegen schnell die Grenzen des gesetzlich Machbaren erreicht werden, wenn z. B. Fehlverhalten nicht oder nur zu prohibitiv hohen Kosten aufgedeckt werden kann. Die für die moderne Ökonomik zentralen Probleme asymmetrischer Informationsverteilung pflegen sich einer einfachen gesetzlichen Regelung zu entziehen; bei vollständiger und kostenfreier Beobachtbarkeit und Durchsetzbarkeit würde im Übrigen das Vertragsrecht gegen Dilemmata ausreichen, die Betroffenen würden sich stets auch ohne übergeordnete Normen von selbst auf eine effiziente Lösung einigen (vgl. R. H. Coase 1960).

bestehende Normen oder verstößt dagegen, verstärkt oder schwächt sie damit, ist zumindest ein gutes oder schlechtes Beispiel für andere, wenn sie nicht unmittelbar davon betroffen sind. Unternehmen sind immer in beiden Positionen, sie reagieren auf Anreize und unterliegen Normen, wie sie selbst aktiv Anreize und Normen setzen. Ebenso geht es Beamten, Politikern und Wählern, die sich außerdem nicht einfach in Privatpersonen und politisch-moralisch Handelnde spalten lassen. Zweitens ist zwar leicht zu erklären, warum die Anreizempfänger den ihnen gesetzten Anreizen folgen, insbesondere wenn dieses Verhalten ethisch legitimiert wird, aber es bleibt völlig unklar, was die Anreizgestalter motivieren kann, sich völlig anders, gegen die für sie bestehenden Anreize zu verhalten. Entweder wird Moral eine eigene Motivationskraft neben allen sonstigen Interessen zugeschrieben, die sich dann jedoch auch schon auf der Ebene der Anreizempfänger nutzbar machen lassen sollte, oder die Anreizgestalter sind und werden gar nicht zur richtigen Anreizsetzung motiviert. Die Ökonomische Ethik hätte in diesem Fall gar keine handlungsleitende, sondern nur eine schuldzuweisende Funktion: Privatpersonen und -unternehmen trifft keine Schuld, wenn bzw. dass sie ihren Eigeninteressen folgen, während Politiker für dasselbe Tun Schuld auf sich laden und kritisiert werden dürfen (allerdings ohne weitere Konsequenz). Drittens hält die Ökonomische Ethik zumindest bislang wenig moralische Grundsätze und Inhalte bereit, wie die Anreize gestaltet werden sollten. Bei Dilemmastrukturen mag es noch naheliegen, dass diese aufgelöst und das kooperative Verhalten angereizt werden sollte. Doch schon dabei gäbe es große Spielräume, während für viele andere moralisch relevante Situationen ein Mangel an materiellen Normen zu konstatieren ist. Ist das moralische Endziel der Ökonomischen Ethik utilitaristische Gesamtnutzenmaximierung, ein ordinales Paretooptimum, die Maximierung des Bruttosozialprodukts, aufgeklärter Egoismus, etwas ganz anderes oder gibt es vielleicht gar kein solches Ziel?

4 Mögliche Plätze der Moral

In diesem Abschnitt soll versucht werden, die Frage aus dem letzten Abschnitt zu beantworten, wo sinnvollerweise die Moral in der Ökonomischen Ethik ihren Platz haben könnte. Ein Automatismus bei der Entstehung der richtigen Anreizstrukturen sowie eine strikte Trennung der Ebenen nur ihrer Klugheit verpflichteter Anreizempfänger und allein moralischer Anreizgestalter wurden bereits im letzten Abschnitt diskutiert und als wenig plausibel verworfen. Anknüpfend an Nebenbemerkungen und Zusatzüberlegungen von den Vertretern der Ökonomischen Ethik[19] lassen sich jedoch zwei mögliche Plätze der Moral ausmachen, nämlich erstens doch die Anreizstrukturen selbst und zweitens die handelnden Akteure bzw. ihre Präferenzen, wobei hier nochmals zwischen den Anreizen entsprechenden, im Einzelfall von den Anreizen abweichenden und schließlich anreizgestaltenden Handlungen unterschieden werden kann.

Dass die Anreizstrukturen stets das moralisch richtige Verhalten anreizen, wurde im vierten Abschnitt als höchstens zufällig richtig und höchstwahrscheinlich faktisch falsch bezeichnet. Das schließt jedoch nicht aus, dass es solche Anreizstrukturen gibt, bei denen das angereizte und damit kluge Verhalten mit dem moralisch richtigen übereinstimmt oder immerhin zu dem (oder zumindest einem) moralisch richtigen Ergebnis führt. In diesen Fällen kann die Anreizstruktur durchaus als Träger der Moral bezeichnet werden, die keinen zusätzlichen Wunsch mehr offen lässt. Andere Ethikkonzeptionen, die einen harten Gegensatz zwischen Moral und Egoismus konstruieren, wonach das mit dem Eigeninteresse überstimmende Handeln allein schon deshalb an moralischem Wert verlieren würde, erscheinen, jedenfalls aus ökonomischer Sicht, viel weniger plausibel. Wenn Klugheit und Moral übereinstimmen, ist das ein Vorteil und kein zu behebender Mangel. Selbstverleugnung und moralischer Heroismus sind nicht um ihrer selbst willen da; wenn Gutes auch ohne sie erreicht werden kann, ist das gut oder sogar besser (als wenn sie notwendig wären und dann vielleicht fehlen).

Solange die ‚unsichtbare Hand' von Adam Smith (1776) den Eigennutz vieler zum Gemeinwohl führt, ist dagegen und gegen den Eigennutz nichts zu sagen, sondern kann die entsprechende marktliche Anreizstruktur als Träger der Moral angesehen werden. Ob es sich so verhält, ist keine moralische, sondern eine faktische Frage, die von der Ökonomik[20] statt Ethik zu beantworten ist. Die Antwort der meisten (wenn auch nicht aller) Ökonomen lautet nun, dass ein marktwirtschaftliches System in Theorie und Praxis zu besseren Ergebnissen führt als alle (bekannten) Alternativen. Im Detail mag es einzelne Verbesserungsmöglichkeiten oder auch bedeutsame Varianten dieses Systems geben, doch der Versuch einer politischen Detailsteuerung ist, zumindest nach dieser Auffassung, ein Irrweg. Die Ökonomische Ethik kann also einen Großteil der Moral im marktwirtschaftlichen System verorten, in welchem ein Befolgen der systemimmanenten Anreize durch jedes Individuum zu besseren Ergebnissen für jeden Einzelnen und alle zusammen führt als ein Abweichen davon, sei es aus

19 Siehe die in den Fußnoten 2 und 3 angeführte Literatur, z. B. Abschnitt „III. Möglichkeiten und Aufgaben individueller Moral innerhalb von Wettbewerbsprozessen" von K. Homann (1990).

20 Potentiell können auch andere Sozialwissenschaften (und die Geschichtswissenschaft) diese Frage zu beantworten versuchen. Wenn die Antworten voneinander abweichen sollten, wäre eine interdisziplinäre fachwissenschaftliche, keine ethische Diskussion darüber nötig.

moralischen oder anderen Gründen. Die Legitimierung der Anreizbefolgung ist dabei keine unbedingte, sondern bedingt auf die guten Folgen, die jedoch innerhalb der liberalen Ordnung nicht in jedem Einzelfall und von jedem Einzelnen überprüft werden müssen. Wenn die Rahmenordnung eine andere ist, z. B. feudal, kommunistisch oder nationalsozialistisch, dann sind die moralisch überwiegend guten Folgen nicht gesichert, sondern ist umgekehrt mit schlechten Folgen bei Befolgen der vom System gesetzten Anreize zu rechnen.[21] Die Ökonomische Ethik würde dann ein Befolgen der Anreize nicht legitimieren, sondern entweder nicht mehr anwendbar sein oder zu einer der nachfolgenden individuellen Verhaltensstrategien raten.

Alternativ oder auch ergänzend lässt sich die Moral der Ökonomischen Ethik auch in den Handelnden bzw. deren Präferenzen verorten. Präferenzen müssen nicht rein egoistisch sein, sondern sie können auch altruistisch, idealistisch oder umgekehrt gegen andere Personen gerichtet sein, was bereits für die positive Ökonomik gravierende Konsequenzen hat, weil Personen mit vielfältigen Präferenzen sich anders verhalten als nur am Eigennutz orientierte.[22] Die Folgen für die normative Ökonomik sind natürlich noch größer, während die Ökonomische Ethik an dieser Tatsache ansetzen kann. Reale Menschen haben vielfältige moralische Präferenzen, die nicht gleich zu werten sind wie rein egoistische oder klar unmoralische Präferenzen. Wenn nun bereits die Anreizstrukturen moralisch richtiges Verhalten oder zumindest die moralisch erwünschten Ergebnisse hervorbringen, dürfte es auf die Moralität der Präferenzen weniger ankommen. In diesem Falle wäre höchstens zu fragen, ob moralische Präferenzen nicht sogar in für egoistische Präferenzen optimierten Anreizsystemen stören und dort zu schlechteren Ergebnissen führen oder ob umgekehrt für reale Präferenzen optimale Anreizsysteme ein gewisses (nämlich realistisches) Maß an moralischen Präferenzen voraussetzen und bei reinen Egoisten zu schlechteren Ergebnissen führen würden. Im Zweifel ist wohl von den empirisch vorfindbaren Menschen und ihren Präferenzen auszugehen. Auch für die Ökonomische Ethik sind letztlich die Anreizstrukturen natürlich für die Menschen da und nicht umgekehrt. Das bedeutet aber auch, dass die Ökonomische Ethik ein gewisses Maß an moralischen Präferenzen einplanen sollte und auch entsprechende Formen von Anreizen wie moralisches Lob oder Tadel.

Eine moralische Präferenzen integrierende Ökonomische Ethik kann diese auch für solche Fälle nutzbar machen, in denen die Anreizstruktur nicht zum gewünschten Ergebnis führt, etwa eine Dilemmasituation, die nicht ihrerseits

21 Eigentlich relevant ist selbstverständlich, ob die Folgen bei anderem Verhalten besser oder noch schlechter wären. Es ist durchaus vorstellbar, dass auch in einem schlechten System systemkonformes Verhalten das individuell und moralisch bestmögliche ist.

22 Vgl. hierzu und zum Folgenden A. Dilger (2006: 393-396, und 2008 mit weiteren Nachweisen).

erwünscht ist. Gegebenenfalls genügt bereits die Existenz der moralischen Präferenzen, um die Situation zum Positiven zu verändern, sodass die Analyse des letzten Absatzes greift. Ein Gefangenendilemma unter Egoisten muss für Altruisten keines sein, auch eine Präferenz für Ehrlichkeit und Vertragstreue kann das Dilemma auflösen. In anderen Fällen befinden sich auch oder sogar gerade Altruisten in einer Dilemmasituation, doch sie haben mehr Handlungsspielraum als reine Egoisten. Wenn sich z. B. ergibt, dass altruistische Handlungen den eigentlich zu begünstigenden Personen mehr schaden als nutzen, sollte ein wahrer Altruist davon Abstand nehmen. Ein Versprechen, welches niemandem mehr nützt, kann aufgelöst werden, an dem Guten an sich Interessierte werden ohnehin flexibel das Bestmögliche zu tun versuchen. Dabei kann ihnen eine andere, z. B. egoistische Präferenz in die Quere kommen, sodass originär ökonomische Überlegungen anwendbar werden: Ein kleines Opfer für einen selbst zur Erreichung eines großen moralischen Fortschritts ist „billiger" als ein großes eigenes Opfer, sodass es häufiger erbracht werden dürfte (und nicht gar nicht, wie reiner Egoismus vorhersagen würde, oder stets, wie absolute Moralauffassungen fordern). Eine so verstandene Ökonomische Ethik lässt also ein Abwägen zwischen der eigenen Interessensbefriedigung und (verschiedenen) moralischen Gütern zu. Kleine Sünden können demnach erlaubt sein, schwere Verbrechen hingegen nur bei hinreichend guten (allerdings nicht nur im engeren moralischen Sinne) Gründen.

Diese Überlegung lässt sich schließlich bruchlos auf Anreizsituationen gestaltende Handlungen übertragen. Wenn die Anreize dazu selbst wieder das moralisch richtige Ergebnis hervorbringen, gibt es kein zu lösendes Problem. Sind die Anreize des Gestalters hingegen nicht optimal, dann sollte er die eigenen Vorteile gegen die moralischen Folgen abwägen. Wenn er oft wiederholte, wichtige Situationen für viele andere Akteure stark beeinflusst, dann wiegt das offensichtlich moralisch besonders schwer, ein grundsätzlicher Unterschied zu der im letzten Absatz beschriebenen Situation besteht jedoch nicht. Hinzu kommt höchstens noch, dass es hier zusätzlich darauf ankommen kann, wie der Gestalter von Anreizsituationen in diese Lage gekommen ist. Jeder Mensch ist zum Handeln gezwungen, die meisten Erwachsenen müssen auch irgendetwas arbeiten, doch nicht jeder muss Vorgesetzter, Beamter oder Politiker werden. Wer aktiv das Vertrauen von anderen gesucht hat, kann sich auch des Missbrauchs dieses Vertrauens schuldig machen. Von daher ist es verständlich, dass an Politiker höhere moralische Anforderungen gestellt werden als z. B. an einzelne Wähler. Kluge Wähler achten auch auf die moralischen Eigenschaften ihrer Politiker, wie auch Geschäftspartner untereinander diesen Aspekt nicht vernachlässigen sollten, sowohl aus Eigeninteresse als auch aus moralischen Gründen.

5 Fazit und Ausblick

Im zweiten Abschnitt wurde die Ökonomische Ethik kurz dahingehend skizziert, dass sie in Dilemmastrukturen für das Akzeptieren und Befolgen der vorgefundenen Anreize plädiert, während Verbesserungen nicht durch individuelles Verhalten, sondern nur geänderte Strukturen möglich sind. Im dritten Abschnitt wurde dieses Prinzip auf andere Situationen erweitert, insbesondere auch die Gestaltung von Anreizstrukturen, die ihrerseits nicht frei von Anreizen stattfindet. Dies führte im vierten Abschnitt zu der Frage, wo dann eigentlich der Platz für Moral in der Ökonomischen Ethik sei bzw. ob es sich überhaupt um eine Ethik handelt. Im fünften Abschnitt wurden als mögliche Orte der Moral nicht alle, sondern nur zu moralisch guten Ergebnissen führende Anreizstrukturen sowie moralische Präferenzen vorgeschlagen. Die letzte Überlegung lässt sich sicher noch ausbauen mit spannenden Resultaten für Ökonomik und Ethik.

Ob dies innerhalb der Ökonomischen Ethik geschehen muss, über diese hinausgeht oder von dieser gänzlich unabhängig ist, ist eine andere Frage. Vielleicht ist auch der Name zu groß gewählt (oder nur das hier verwendete Ö?), jedenfalls erscheint die bisherige Betonung der Dilemmastrukturen übertrieben. Dilemmata sind selbstverständlich interessant und wichtig, aber es gibt viele andere Situationen. In der Wirtschaft wichtiger und zur Vermittlung der Vorzüge der Marktwirtschaft geeigneter dürften Kooperationsgleichgewichte z. B. mit simplen Tauschgewinnen oder den komplexeren Vorteilen der Arbeitsteilung sein. Dass ökonomische Fakten und Theorien nicht durch Moralisieren ersetzt werden können, sondern ethische Überlegungen durchaus bereichern, ist eine einfache und zugleich leider nötige Botschaft, doch selbst noch keine Ethik.[23]

Literatur

Brandt, R. B. (1979): A Theory of the Good and the Right. Oxford.

Coase, R. H. (1960): The Problem of Social Cost. In: Journal of Law and Economics 3. S. 1-44.

Dilger, A. (2006): Ökonomik vs. Diskursethik. 10 Thesen zu Felix Ekardt. In: Zeitschrift für Umweltpolitik & Umweltrecht (ZfU) 29, 3/2006. S. 383-398.

Dilger, A. (2008): Agency Theory with Ethical Preferences. Wird erscheinen in einem Tagungsband der VHB-Kommission Wissenschaftstheorie.

Downs, A. (1957): An Economic Theory of Democracy. New York.

Fudenberg, D./Tirole, J. (2000): Game Theory. 7. Auflage. Cambridge (MA).

Güth, W. (1999): Spieltheorie und ökonomische (Bei)Spiele. 2. Auflage. Berlin u. a.

23 Die ethische Theorie „hinter" der Ökonomischen Ethik ist vermutlich eine Form des Regelutilitarismus (siehe dazu z. B. R. B. Brandt 1979).

Homann, K. (1988): Die Rolle ökonomischer Überlegungen in der Grundlegung der Ethik. In: Hesse, H. (Hrsg.): Wirtschaftswissenschaft und Ethik. Berlin. S. 215-240.
Homann, K. (1990): Wettbewerb und Moral. In: Jahrbuch für Christliche Sozialwissenschaften 31. S. 34-56.
Homann, K. (1994a): Homo oeconomicus und Dilemmastrukturen. In: Sautter, H. (Hrsg.): Wirtschaftspolitik in offenen Volkswirtschaften. Festschrift für Helmut Hesse zum 60. Geburtstag. Göttingen. S. 387-411.
Homann, K. (1994b): Ethik und Ökonomik: Zur Theoriestrategie der Wirtschaftsethik. In: Homann, K. (Hrsg.): Wirtschaftsethische Perspektiven I. Berlin. S. 9-30.
Homann, K. (1997a): Sinn und Grenze der ökonomischen Methode in der Wirtschaftsethik. In: Aufderheide, D./Dabrowski, M. (Hrsg.): Wirtschaftsethik und Moralökonomik. Normen, soziale Ordnung und der Beitrag der Ökonomik. Berlin . S. 11-42.
Homann, K. (1997b): Die Bedeutung von Anreizen in der Ethik. In: Harpes, J.-P./Kuhlmann, W. (Hrsg.): Zur Relevanz der Diskursethik in Wirtschaft und Politik. Dokumentation des Kolloquiums in Luxemburg (10.-12. Dez. 1993). Münster. S. 139-166.
Homann, K. (1999): Moralität und Vorteil. In: Mittelstraß, J. (Hrsg.): Die Zukunft des Wissens. XVIII. Deutscher Kongreß für Philosophie. Konstanz. S. 353-360.
Homann, K. (2000): Die Bedeutung von Dilemmastrukturen für die Ethik. In: Abeldt, S./Bauer, W./ Heinrichs, G./Knauth, T./Koch, M./Tiedemann, H./Weiße, W. (Hrsg.): „... was es bedeutet, verletzbarer Mensch zu sein". Erziehungswissenschaft im Gespräch mit Theologie, Philosophie und Gesellschaftstheorie. Helmut Peukert zum 65. Geburtstag. Mainz. S. 256-266.
Homann, K. (2002): Vorteile und Anreize. Zur Grundlegung einer Ethik der Zukunft. Hrsg. v. Lütge, C. Tübingen.
Homann, K. (2003): Anreize und Moral. Gesellschaftstheorie, Ethik, Anwendungen. Hrsg. v. Lütge, C. Münster.
Homann, K./Blome-Drees, F. (1992): Wirtschafts- und Unternehmensethik. Göttingen.
Homann, K./Lütge, C. (2004): Einführung in die Wirtschaftsethik. Münster.
Homann, K./Pies, I. (1991): Wirtschaftsethik und Gefangenendilemma. In: Wirtschaftswissenschaftliches Studium (WiSt) 20. S. 608-614.
Homann, K./Pies, I. (1994): Wirtschaftsethik in der Moderne. Zur ökonomischen Theorie der Moral. In: Ethik und Sozialwissenschaften (EUS) 5, Heft 1. S. 3-12.
Homann, K./Suchanek, A. (2005): Ökonomik. Eine Einführung. 2. Auflage. Tübingen.
Karpe, J./Krol, G.-J. (1997): Ökonomische Verhaltenstheorie, Theorie der Institutionen und ökonomische Bildung. In: Kruber, K.-P. (Hrsg.): Konzeptionelle Ansätze ökonomischer Bildung. Bergisch Gladbach. S. 75-102.
Krol, G.-J. (1994): Änderung gesellschaftlicher Anreize statt individueller Bedürfnisse? Kritik der Umweltpädagogik aus ökonomischer Sicht. In: DGU-Nachrichten, Heft 9, April. S. 3-12.
Krol, G.-J. (2001a): „Ökonomische Bildung" ohne „Ökonomik"? Zur Bildungsrelevanz des ökonomischen Denkansatzes. In: sowi-onlinejournal – Zeitschrift für Sozialwissenschaften und ihre Didaktik 1/2001. Im Internet unter http://www.sowi-onlinejournal.de/2001-1/krol.htm (aufgerufen am 20.09.07).
Krol, G.-J. (2001b): Environmental Problems, Morals and Incentives in Modern Societies. In: Tolba, M. K. (Hrsg.): Our Fragile World. Challenges and Opportunities for Sustainable Development. Vol. I. Oxford. S.973-982.
Krol, G.-J./Loerwald, D./Zoerner, A. (2006): Ökonomische Bildung, Praxiskontakte und Handlungskompetenz. In: Weitz, B. O. (Hrsg.): Kompetenzentwicklung, -förderung und -prüfung in der ökonomischen Bildung. Bergisch Gladbach 2006. S. 61-109.
Küpper, H.-U. (2006): Unternehmensethik. Hintergründe, Konzepte, Anwendungsbereiche. Stuttgart.

Pies, I. (2000): Wirtschaftsethik als ökonomische Theorie der Moral. Zur fundamentalen Bedeutung der Anreizanalyse für ein modernes Ethikparadigma. In: Gaertner, W. (Hrsg.): Wirtschaftsethische Perspektiven V. Methodische Ansätze, Probleme der Steuer- und Verteilungsgerechtigkeit, Ordnungsfragen. Schriften des Vereins für Socialpolitik. Band 228/V. Berlin. S. 11-33.

Pies, I. (2006): Ökonomische Ethik. Zur Überwindung politischer Denk- und Handlungsblockaden. In: Rektor der Universität Passau (Hrsg.): Mentale Blockaden reicher Volkswirtschaften. Deutschlands Gordischer Knoten und geeignete Schwerter. Fünf Vorträge. Schriftenreihe des Neuburger Gesprächskreises. Passau. S. 41-49.

Retzmann, T. (2007): Die Dilemmamethode im Ökonomieunterricht. In: Unterricht Wirtschaft. 8. Jahrgang, Heft 30, 2/2007. S. 41-47.

Smith, A. (1776): An Inquiry into the Nature and Causes oft he Wealth of Nations. London.

Suchanek, A. (2001): Ökonomische Ethik. Tübingen.

Tausch und Täuschung

Ivo Bayer, Holger Bonus

Die Worte „Tausch" und „Täuschung" ähneln sich so sehr, dass man unwillkürlich auf eine gemeinsame Wurzel schließt. Und in der Tat klärt uns das Herkunftswörterbuch des Duden (Duden 1963: 703) darüber auf, dass im Neuhochdeutschen „tauschen" zurückgeht auf das mittelhochdeutsche „tûschen", was „unwahr reden, lügnerisch versichern, anführen" heißt. Die heute allein übliche Interpretation „Waren auswechseln, gegen etwas anderes geben" tauchte zuerst im 15. Jahrhundert auf und hat sich laut Duden aus „unwahr reden, in betrügerischer Absicht aufschwatzen" entwickelt. „Vertauschen" heißt soviel wie „irrtümlich oder unabsichtlich auswechseln". „Täuschen" ist mit dem niederländischen „tuisen" verwandt, was „betrügen, übervorteilen, schachern" bedeutet. Interessanterweise meint das Wort „enttäuschen" eigentlich „aus einer Täuschung herausreißen".

Was den für die ökonomische Theorie absolut zentralen Ausdruck „Tausch" angeht, hat sich die sprachliche Entwicklung von dessen ursprünglicher Bedeutung in verstohlener Weise vollständig abgelöst („verstohlen" übrigens, mittelhochdeutsch „verstoln", kommt von „versteln", was „heimlich wegnehmen, d. h. stehlen" bedeutet (ebenda: 742).

Es muss also tatsächlich einen tiefen inneren Zusammenhang zwischen Tausch und Täuschung geben. Dieser hat offenbar damit zu tun, dass man im Vollzuge eines Tausches Eigenes, das man selbst gut kennt, für Fremdes weggibt, das im Großen und Ganzen unbekannt ist. Damit ist jeder Tauschakt doppelbödig; und hier liegt das Problem.

Worin besteht ein Tausch? Man gibt etwas auf, um etwas anderes dafür zu bekommen, an dem einem liegt. Offenbar verspricht man sich etwas davon; sonst würde es nicht zum Tausch kommen. Aber was man im Gegenzug für die Weggabe von etwas Wertvollen erhält, mag den eigenen Erwartungen nicht entsprechen; man ist enttäuscht, fühlt sich getäuscht. Ist die Täuschung dem Tausch immanent, sodass man ohne Täuschung nicht tauschen kann, oder ergibt sich

Täuschung nur gelegentlich, während aber im Prinzip täuschungsfreier Tausch machbar ist?

1 Täuschung und Transaktion

Tausch ist eine *Transaktion*. Nach Williamson wird im Verlauf von Transaktionen ein Gut oder eine Leistung über eine technologisch separierbare Schnittstelle geführt (O. E. Williamson 1985: 1). Wir können diese Definition verallgemeinern, indem wir an die Stelle von „Gut oder Leistung“ den Ausdruck „Wert“ setzen. Der über die Schnittstelle geführte Wert mag negativ sein, wenn jemand etwa Abfälle in einen benachbarten Vorgarten kippt. Welche Rolle spielt dabei die *technologisch separierbare Schnittstelle*? Diese kann im Verlauf der Transaktion geschlossen werden, sodass die Transaktion unterbrochen wird. Die Möglichkeit einer Täuschung ergibt sich in diesem Falle einmal aus dem temporären Auseinanderfallen von Kosten- und Nutzenströmen zwischen den Beteiligten (V. P. Goldberg 1989: 17) sowie aus Informationsasymmetrien, da es für den Empfänger schwierig sein kann, eine fehlende Qualität rechtzeitig zu erkennen. So mögen sich die Partner auf einen spezifischen Tausch verständigt oder auf bestimmte Sitten vertraut haben. Im Vollzug der Vereinbarung hat ein Partner bereits den vereinbarten Wert über die Schnittstelle gebracht, während der andere dies unterlässt, nachdem er die Schnittstelle geschlossen hat.

Der Vorgang erinnert an kommerzielle Exporte. Ein Exporteur liefert Werte über die Grenze ins Ausland, wo sie nicht mehr unter seiner Kontrolle sind. Der Exporteur erwartet nunmehr die Lieferung des Gegenwertes über die Grenze hinweg. Diese wird jedoch geschlossen, nachdem die gelieferten Werte passiert haben. Infolgedessen wird der erwartete Gegenwert ausbleiben. Falls er jedoch tatsächlich über die Grenze transferiert wird, mag er geringer sein als vereinbart. Da die Schnittstelle jederzeit geschlossen werden kann, ist die Möglichkeit einer Täuschung in solchen Transaktionen allgegenwärtig. In diesem Zusammenhang bedeutet „Täuschung“, dass mindestens ein Partner willentlich gegen Kontrakte verstößt oder Sitten absichtlich ignoriert.[1]

Da in jeder Transaktion latente Täuschung existiert, ist Abhilfe durch angemessene *Institutionen* erforderlich[2], d. h. durch Sätze von Regeln und Normen, die darauf zugeschnitten sind, menschliches Verhalten einzuschränken (D. C. North 1981: 201 f.). Nach Luhmann ist in den modernen ausdifferenzierten Ge-

1 Nicht alle Transaktionen beruhen auf Kontrakten. So geschieht etwa *Diebstahl* ohne vertragliche Grundlage (vgl. H. Bonus 1995a: 2 f.).

2 „Institutions are the rules of the game in a society or, more formally, are the humanly devised constraints that shape human interaction” (D. C. North 1990: 3).

sellschaften das Problem einer unabsichtlichen oder absichtlichen Täuschung immanent. Um zumindest dem absichtlichen Missbrauch vorzubeugen, wird von der Gesellschaft Aufrichtigkeit und Wahrhaftigkeit honoriert (N. Luhmann 1998: 225). Der Wohlstand von Nationen hängt in der Tat weitgehend von ihrer *Kultur* ab (vgl. D. S. Landes 1998, A. Klamer 1996), da das institutionelle Regelwerk einer Kultur (eine kulturelle Gegebenheit) die Wirtschaft mit angemessenen Regeln und Normen unterfüttern muss, um glaubhafte Bindungen zu ermöglichen (vgl. D. C. North 1993) und dadurch die Transaktionskosten zu verringern, d. h. die Kosten der Absicherung gegen Irrtum und Täuschung (vgl. J. Winecki 1996: 63-94; A. Stone u. a. 1996: 95-128). Andererseits lassen ungeeignete Institutionen die Transaktionskosten exzessiv steigen (vgl. O. E. Williamson 1985: 15-23). Wenn die Transaktionskosten aber auf prohibitive Niveaus steigen, werden Handel und Arbeitsteilung erdrückt (G. A. Akerlof 1970: 488-500).

2 Täuschung im Tausch

Die inhärente Möglichkeit absichtlicher Täuschung *(Betrug)* ist für das Funktionieren der Wirtschaft von größter Bedeutung. Gleichwohl ist sie nur ein Teil des Problems. Wir wenden uns nun jenen besonderen Transaktionen zu, die wir als „Tausch" bezeichnen. Von Tausch sprechen wir, wenn die Transaktionen mit dem Ziel erfolgen, den beteiligten Partnern zu jeweils gleichen Werten zu verhelfen. Was bedeutet das aber, wenn solche Werte nicht objektiv zu beziffern sind? Um das besser zu verstehen, wollen wir die Natur des ökonomischen Werts etwas näher betrachten.

Güter und Dienstleistungen sind nicht als solche von Wert. Es sind wir selbst, die auf bestimmte Gegenstände subjektiven Wert legen. Dabei lassen wir uns von individuellen Wertkonventionen leiten. Wir wollen den Bereich einer gegebenen Wertkonvention als *Wertsphäre* bezeichnen (H. Bonus 1990; H. Bonus/D. Ronte 1997a: 49-52). So teilen beispielsweise die USA (unter anderen) eine Wertkonvention, die des US-Dollar. Länder, die über eigene Währung verfügen, bilden in dieser Hinsicht nationale Wertsphären. Mit der Einführung des Euro wurden nationale monetäre Wertsphären zu einer einheitlichen Wertsphäre verschmolzen. Für eine Person hängt der subjektive Wert eines Gegenstandes von ihrer persönlichen Wertkonvention ab. Diese – eine *fundamentale Institution*[3] – hat eine Doppelnatur. Sie gehört einerseits zum Kern der individuellen

3 Eine Institution wird *fundamental* genannt, wenn sie historisch evolviert ist und nicht willentlich geändert werden kann. Sie heißt *sekundär*, wenn sie willentlich zu entwerfen bzw. zu modifizieren ist. So stellt ein Gesetz eine sekundäre Institution dar, während das Rechtsempfinden als fundamentale Institution zu klassifizieren ist (vgl. H. Dietl 1993: 71 ff.).

Identität (E. H. Erikson 1959), während sie zugleich tief in der Kultur verwurzelt ist, d. h. in der kollektiven Wertkonvention[4] einer kulturellen Wertsphäre[5].

Innerhalb einer Familie sind die Tauschvorgänge nicht präzise definiert (H. Bonus/D. Ronte 1997a: 153-56). Ein Familienmitglied lässt dem anderen Werte zukommen – nicht, um einen spezifischen Gegenwert dafür zu erhalten, sondern aus Liebe oder Sympathie, und weil die Kooperation von praktischem Nutzen ist. Während es im Ganzen auf ein ungefähres Gleichgewicht zwischen den Familienmitgliedern ankommt (selbst enge Beziehungen sind nicht lebensfähig, wenn ein Beteiligter ständig weggibt und der Andere nur annimmt), gilt das nicht für jede einzelne Transaktion. Liebe und Sympathie werden sozusagen als Währung akzeptiert, auch wenn sie nicht einzelnen Transaktionen zuzurechnen sind. Preise in Geld werden grundsätzlich nicht gefordert.[6]

Demgegenüber können in einer Volkswirtschaft Werttransfers nicht mit Hilfe von Liebe und Sympathie ausgeführt werden. Der Grund ist, dass die meisten Beteiligten anonym sind und auf ihrer Privatsphäre bestehen. Jetzt wird es entscheidend, dass jeder einzelne über die Grenze der privaten Wertsphäre hinweg geführte Wert in Form von entsprechenden Gegenwerten ausgeglichen wird, da niemand Fremde *beschenken* will. Deshalb sind Tauschakte in der Wirtschaft präzise definiert. Wie aber können Beteiligte an einem Tauschakt erwarten, dass sie für ihre Lieferung einen äquivalenten Gegenwert erhalten, wenn der über die Grenze gelieferte eigene Wert in hohem Maße persönlich und mit dem Wert des gelieferten Gegenstandes jenseits der Grenze nicht zu vergleichen ist?

Tauschakte finden *freiwillig* statt. Die Tauschpartner stimmen zu, weil der Tausch in ihrer subjektiven Einschätzung für sie vorteilhaft ist oder ihnen zu-

---

4 Denzau und North (1994: 9-13) postulieren, dass Institutionen definitionsgemäß aus *kollektiven* Restriktionen bestehen, die vom Individuum als extern empfunden werden. Infolgedessen könne eine persönliche Wertsphäre nicht als Institution gelten, sondern sei als *mentales Modell* zu bezeichnen. Persönliche Identität ist jedoch teilweise durchaus kollektiver Natur. „The cultural heritage provides a means of reducing the divergence in the mental models hat people in the society have and also constitute a means for the intergenerational transfer of unifying perceptions. We may think of culture as encapsulating the experience of past generations of any particular cultural group" (A. T. Denzau/ D. C. North 1994: 15; vgl. auch H. Bonus 1995b: insbes. 75 ff.)

5 Zu den Interdepenzen zwischen persönlicher und kollektiver Identität vgl. z. B. D. Claessens (1980: Kap. 2.1.3); L. Krappmann (1982); H. Bonus (1994: 4-6); H. Lübbe (1997: 277-292); I. Bayer/H. Bonus (2006: 282 f.).

6 Taschengeld und andere monetäre Zuwendungen werden nicht als Belohnung für besondere Dienstleistungen gezahlt und sind deshalb nicht als Preise zu betrachten. Allerdings gibt es Ausnahmen. Einem Kind mag eine bestimmte Summe dafür zugesprochen werden, dass es zum Beispiel den Rasen mäht. In dem Maße, wie für Dienstleistungen innerhalb der Familie *Preise* gezahlt werden, wendet sich das Familienleben ins Kommerzielle. Wenn Familien auseinander fallen, beginnen kommerzialisierte Dienstleistungen überhand zu nehmen.

mindest nicht zum Nachteil gereicht.[7] Da eine individuelle Wertkonvention Teil der persönlichen Identität und damit einzigartig ist, werden die Tauschpartner einen Gegenstand unterschiedlich bewerten. Beim Grenzübergang werden im Rahmen eines Tausches die individuellen Wertkonventionen abgeglichen: A hat viel Brot und wünschte sich Butter hinzu, die in seiner Wertschätzung demzufolge hoch angesiedelt ist. Demgegenüber ist B im Besitz von viel Butter und hätte gern Brot dazu, das ihm besonders wertvoll erscheint. Obwohl die individuellen Wertkonventionen der Partner durchaus differieren, haben beide das Gefühl, bei diesem Tauschakt zu profitieren. Von außen betrachtet, mag es ungerecht sein, wenn A für sein Brot von B viel mehr Butter erhält als dieser Brot von A. Aber für B ist Butter subjektiv offenbar wichtiger als Brot für A.

Wenn A so viel Butter erhält, liegt darin noch kein *Betrug*, da der Grund dafür in B's tatsächlich höherer Wertschätzung von Brot besteht. Wenn wir von Betrug sprechen, meinen wir für gewöhnlich, dass ein Partner den anderen dazu bringt, etwas für wahr oder gültig zu halten, das in Wirklichkeit falsch oder ungültig ist. Nach Webster's impliziert das Täuschen „imposing a false idea or belief that causes ignorance, bewilderment, or helplessness“ (Webster's: 1985 329). Wenn wir den Begriff der Täuschung so eng auslegen, dann bleibt keine Täuschung übrig (ausgenommen die in Abschnitt 2 diskutierte), sofern im Zuge des Tausches Gegenstände von korrekt bezeichneter Qualität transferiert werden, obwohl diese Werte subjektiv und unvergleichbar sind. In der vorliegenden Arbeit werden wir den Begriff der Täuschung nicht auf die Irreführung eines Partners durch den anderen beschränken. *Selbsttäuschung* kann das Gleiche bewirken. Jemand mag durch die Erscheinung von Dingen dazu gebracht werden, irrtümlich in unangemessener Weise zu handeln. Paul Watzlawik begründet, dass sehr oft gerade die Selbsttäuschung beharrlich im menschlichen Bewusstsein verankert ist. Das gilt hauptsächlich dann, wenn man zuvor in eine falsche Begründung sehr viel Einsatz investiert hat (P. Watzlawik 2005: 67). In der vorliegenden Arbeit wird es darauf ankommen, ob ein Akteur dazu verführt wird oder nicht, etwas als wahr oder gültig zu akzeptieren, das in Wahrheit falsch oder ungültig ist.

Die subjektive Wertschätzung des Senders eines Gegenstandes ist für den Empfänger übrigens irrelevant, da dieser nur seine eigene, subjektive Wertschätzung zugrunde legt. Zu einer Tauschbeziehung kommt es nur dann, wenn beide Partner – Sender und Empfänger – finden, dass nach ihren eigenen Wertkonventionen die beim Empfang realisierten Werte dem abgegebenen Wert mindestens äquivalent sind.

---

7 Unfreiwillige Werttransfers wie Diebstahl oder Raub kann man nicht als Tauschakte bezeichnen. Freiwilligkeit ist konstitutiv für Tausch.

3 Informationsdefizite

Wir wenden uns nun komplexeren Tauschbeziehungen zu, in denen eine oder mehrere Partner sich über die auszutauschenden Qualitäten nicht vollständig klar sind. In solchen Fällen kann der Sender von Werten nicht hinreichend genau bestimmen, ob der zu empfangende Gegenwert den Vorstellungen entsprechen wird, die der Vertragsschließung zugrunde lagen. Offensichtlich bergen solche Situationen ein reiches Potential für Täuschung.

3.1 Glaubwürdigkeit

Der berühmte Artikel von Akerlof (1970) erklärt, warum ziemlich neue Gebrauchtwagen auf dem Markt unverkäuflich sind – außer zu unverhältnismäßig niedrigen Preisen. Die Gründe dafür sind ein Informationsdefizit und fehlendes Vertrauen. Wenn der Eigentümer versucht, ein Auto loszuwerden, das er erst kurz zuvor gekauft hat, muss man mutmaßen, dass dieses konkrete Auto eine ‚Zitrone' ist, d. h. unbefriedigend oder mit schwerwiegenden, versteckten Defekten behaftet. Bei uns spricht man auch von ‚Montagswagen', die unter erschwerten Umständen montiert wurden und entsprechende Mängel aufwiesen, wie sie sich aber erst nach einigen Tagen offenbarten. Andere, offenkundigere Defekte wurden nicht marktwirksam, weil sie in der Qualitätskontrolle hängen blieben. Während dem Eigentümer die verborgenen Mängel nach kurzer Zeit bekannt sind, sieht sich ein potentieller Käufer nicht in der Lage zu bestimmen, ob es sich bei dem angebotenen Wagen in der Tat um eine ‚Zitrone' handelt oder nicht. Angesichts einer solchen *asymmetrischen Information* gehen potentielle Käufer vorsichtshalber davon aus, dass es sich in der Tat um ein Auto mit versteckten Defekten handle, weil schwer zu sehen ist, warum sich jemand so rasch von einem Auto trennen möchte, das er kurz zuvor noch für einen Kauf hinreichend attraktiv fand. Dem plötzlichen Impuls des Eigentümers zu verkaufen mangelt es an Glaubwürdigkeit. Deshalb scheuen potentielle Käufer vor einer Transaktion zurück, weil sie davon ausgehen, dass der Wagen wirklich in einem schlechten Zustand ist. Wenn das nicht zutrifft, wird der Eigentümer mit dem niedrigen Marktpreis nicht einverstanden sein und von dem Verkauf bis auf weiteres Abstand nehmen. Daher ist es sehr wahrscheinlich, dass ‚neue' Gebrauchtwagen, die kurz nach ihrem Kauf auf dem Markt erscheinen, in der Tat ‚Zitronen' sind. Informationsdefizite, verbunden mit Misstrauen, werden also Markttransaktionen ausschließen – auch wenn Angebot und Nachfrage an sich erheblich sind.
Wenn die Qualität eines Artikels nicht transparent ist, kommt es für den Tausch entscheidend auf Glaubwürdigkeit an (vgl. H. Bonus/D. Ronte 1997b; H. Bonus

1998). Die Qualität von Gütern ist nicht immer offensichtlich und muss vor einem Kauf zunächst eruiert werden. Nelson unterscheidet *Suchgüter*, deren Qualität vor dem aktuellen Kauf durch einfaches Suchen festzustellen ist, und *Erfahrungsgüter*, deren Qualität sich erst nach dem ersten Kauf beim Probieren äußert (P. Nelson 1970). *Marken* haben die Funktion, Erfahrungs- in Suchgüter zu verwandeln. Wenn man erst einmal Fisch in der Dose einer bestimmten Marke gekostet hat und gut findet, braucht man später nur noch nach den Dosen dieser Marke zu suchen. Marken können allerdings gefälscht werden, was teilweise in großen Stil praktiziert wird. In diesen Fällen können wir in der Tat von Betrug sprechen, der sich zumeist gegen den imitierten Hersteller der Markenware richtet.

3.2 Vertrauensgüter

Darby und Karni (1973) führten als dritte Kategorie die *Vertrauensgüter* ein. Die Qualität solcher Güter äußert sich nicht im normalen Verbrauch, sondern kann nur mit Hilfe kostspieliger Informationen ermittelt werden. Autoreparaturen sind ein Beispiel. War das Ersetzen kostspieliger Teile wirklich erforderlich? Der normale Kunde wird das nie erfahren. Testzeitschriften geben gelegentlich präparierte Autos bei verschiedenen Werkstätten zur Reparatur und veröffentlichen die Ergebnisse. Aber das kann nicht immer und überall getan werden. Der Normalkunde hat einfach nicht das erforderliche Wissen, um zu beurteilen, ob ein vorgenommener Austausch wirklich adäquat war oder nicht. Deswegen ist Täuschung im Geschäft zwischen Reparaturwerkstätten und ihren Kunden inhärent, und dies gilt allgemein für Geschäfte mit Vertrauensgütern.

Die moderne Welt dreht sich zum großen Teil um Vertrauensgüter. Welcher Laie kann wirklich die Qualität von Chirurgen, Zahnärzten, Rechtsanwälten, Maklern, Fleischabteilungen von Kaufhäusern, Fluggesellschaften und Bahnen, Computern, Software und Banken hinreichend abschätzen? Wir alle mögen Experten auf irgendeinem Gebiet sein, aber überall sonst sind wir Laien – was aber bedeutet, dass wir Personen und Institutionen vertrauen müssen, die wir nicht kennen und die unser Vertrauen nicht unbedingt verdienen (vgl. z. B. T. Ripperger 1998).

Betrachten wir etwa Rindfleisch. Es ist sowohl Erfahrungs- als auch Vertrauensgut. Wenn sich der Rinderbraten während eines feierlichen Essens als zäh erweist, ist das unangenehm. Aber die Gastgeber merken das immerhin selbst und können dem Metzger Vorhaltungen machen oder das nächste Mal ihr Fleisch woanders kaufen. Angenommen aber, das Fleisch sei mit BSE infiziert, verstrahlt oder hormonbehandelt. Dann haben die Gastgeber keine Chance, davon etwas zu bemerken und Konsequenzen zu ziehen. Der Einkauf beim Metzger erfolgte unter stillschweigender Qualitätsgarantie. Wird diese verfehlt, so fehlt dem Kaufakt die Grundlage, sodass die Transaktion im Prinzip nichtig und illegitim ist. Beachten Sie jedoch, dass der Metzger sich über den Sachverhalt wahrscheinlich selbst nicht klar war.

Angenommen, das Fleisch sei in der Tat infiziert, und der Metzger wusste davon. Wenn er es dennoch verkaufte, müsste man von einem opportunistischen Missbrauch asymmetrischer Information und gewöhnlichem Betrug sprechen, weil der Metzger die Gastgeber dazu brachte, eine falsche Vorstellung – wonach das Qualitätserfordernis erfüllt wäre – als wahr zu akzeptieren. In der Regel werden jedoch beide Partner das gefährliche Potential nicht bemerken, weil man es nicht sieht und die Herkunft des Fleisches unklar ist. Deshalb ist der Tausch von Fleisch gegen Geld latent illegitim und würde nicht zustande kommen, wenn den Partnern die Wahrheit bewusst wäre. Aber tatsächlich kennen sie die Wahrheit nicht und werden sie wohl sie wohl niemals erfahren. Zum Betrug kam es irgendwo innerhalb der Tauschkette, die dem schließlichen Fleischkauf vorausging. Irgendjemand hat betrogen und dadurch die Qualität des Fleisches in unsichtbarer Weise beschädigt. Diese Art von Schäden – und deshalb indirekte Täuschung – sind in einer globalisierten Welt ubiquitär.

Inhärenter Betrug ruft nach institutioneller Abhilfe. Im Falle des Fleisches wäre dies etwa Aufgabe des Bundesministeriums für Ernährung, Landwirtschaft und Verbraucherschutz, welches Nahrungsmittelqualität zertifizieren kann. Eine weitere Möglichkeit bieten Franchise-Ketten (vgl. P. H. Rubin 1978), deren Ziel darin besteht, Qualitäten zu standardisieren, zu garantieren und regelmäßig zu prüfen[8]. Ein Überland reisender Kunde wird den Eigentümer eines entlegenen Restaurants nicht kennen, in dem er sein Mittagessen einnehmen könnte und das er in aller Wahrscheinlichkeit nie wieder besuchen wird. In dieser Situation sieht sich der Eigentümer einer starken Versuchung ausgesetzt, die Qualität drastisch, aber verdeckt zu mindern. Der Reisende wird dies antizipieren und es in der Regel vermeiden, unbekannte Restaurants in abgelegenen Gegenden zu besuchen. Da alle Überland-Reisenden dasselbe Problem haben, mag das Restaurant vom Markt verschwinden, selbst dann, wenn die tatsächlich servierten Gerichte von exzellenter Qualität sind. Erst die Reputation einer Franchise-Kette gibt dem Restaurant jene Glaubwürdigkeit, die sie für Reisende attraktiv macht.

8 Einige Franchisegeber versäumen es allerdings, diesem Versprechen gerecht zu werden.

4 Pseudorealitäten

Bis jetzt konnten wir uns auf Realitäten verlassen, die unabhängig von Informationsdefiziten existieren. Täuschung im Tausch konnte entweder als direkter Betrug oder durch Ausnutzung von Informationsdefiziten entstehen. Wir wenden uns nun Fällen zu, in denen die Realität beobachteter Phänomene selbst in Zweifel steht. Man wird getäuscht; aber es ist schwierig zu sagen, durch wen. Während es die tägliche Erfahrung nahe legt, dass man sich auf beobachtete Regelmäßigkeiten verlassen kann, mögen diese in Wirklichkeit von spezifischen Konfigurationen abhängen, die sich abrupt auflösen können. Wer in dieser Situation *vertraut*, kann schwer betrogen werden, wenn auch durch niemanden im Besonderen. Wir begegnen jetzt Situationen, in denen man sich durch Sitten, Traditionen oder die eigene Erfahrung dazu verleiten lässt, etwas als wahr zu akzeptieren, was offensichtlich erscheint, aber nicht ist. Man handelt zum eigenen Nachteil, nicht aufgrund von Hinweisen anderer, sondern infolge irriger Evidenz. Die resultierenden Irrtümer sind die gleichen, als ob man durch einen Dritten getäuscht worden wäre.

4.1 Geld

Wie schon bemerkt, werden individuelle Wertsphären durch persönliche Konventionen geprägt, deren gemeinsame Wurzeln in der Kultur und in der persönlichen Geschichte liegen. Daraus folgt, dass Individuen ein und dieselben Gegenstände unterschiedlich bewerten (vgl. Abschnitt 2). Wie können Tauschakte routinemäßig und in großer Zahl ausgeführt werden, wenn individuelle Wertschätzungen subjektiv und unvergleichbar sind? In modernen Wirtschaften wird dieses Problem durch den Rückgriff auf eine weitere Wertkonvention gelöst, die in dem Sinne neutral ist, dass sie von allen betroffenen Partnern geteilt wird: Geld. Um das zu erreichen, müssen individuelle Werte in Gelddimension überführt werden. Sie werden dadurch gewissermaßen *entfremdet* – verdichtet in eindimensionale Wertziffern. Im Laufe dieser Umformung werden individuelle Werte ihres biographischen Gehalts enthoben (der für dritte Partner ohnehin bedeutungslos ist).[9] Während eines Tauschaktes erhält der Empfänger von Geld einen *unpersönlichen Wert* (H. Bonus/D. Ronte 1997a: 153-156), den er danach in seine persönliche Wertsphäre integriert, indem er für das Geld Artikel kauft, die er gemäßseiner individuellen Wertkonvention subjektiv schätzt. Zum Tauschakt

9 Die Schönheit persönlicher Geschenke besteht darin, dass biographische Inhalte wiederhergestellt werden. Deshalb gilt es als ungebührlich, Geld zu verschenken, weil es unpersönlich und ohne biographischen Gehalt ist (vgl. H. Bonus/D. Ronte 1997a: 155).

wird es nur kommen, wenn beide Partner sich davon individuelle Werte versprechen, die mindestens ebenso hoch sind wie die vorher gehaltenen.[10]

Diese elegante Art, unvergleichliche und höchstpersönliche Werte *konvertierbar* zu machen, öffnet jedoch zugleich eine andere Dimension latenter Täuschung. [11] Geld leitet seine Kaufkraft aus einer nationalen Wertkonvention ab, die sich als fiktiv erweisen und rasch destabilisieren und sogar auflösen kann. Der Verkäufer trennt sich von individuellem Wert, um dafür unpersönlichen Wert zu erhalten. Aber Geld, einmal als Ware interpretiert, ist selbst ohne Wert. Indem er während des Tausches anstelle persönlichen Wertes Geld akzeptiert, vertraut der Verkäufer darauf, dass er mit Hilfe dieses Geldes wiederum denselben individuellen Wert oder mehr realisieren kann. Jedoch kann sich solche Überzeugung als Irrtum erweisen, weil die Kaufkraft des empfangenen Geldes durch *Inflation* gemindert oder zerstört werden kann. Das war es, was die Bevölkerung zu ihrem Entsetzen im Verlauf der Hyperinflation in Deutschland erfahren musste. Der US-Dollar hatte vor dem Ersten Weltkrieg einen Wert von 4,20 Mark und 8,28 Mark danach. Im Januar 1923 stieg der US-Dollar auf 17.972 Mark, im Juni 1923 auf 109.996 Mark, im Oktober 1923 auf 25,3 Mrd. und am 20. November 1923 auf 4,2 Billionen Mark (H. Bonus 1990: 55 f.).

Wir wollen Geld, das die Fähigkeit besitzt, durch Werthaltigkeit in der Realität etwas zu bewirken, als *real* bezeichnen. *Fiktiv* ist demgegenüber Geld ohne diese Fähigkeit (vgl. Bonus 1990: 162 f.). Die Hyperinflation von 1923 transformierte reales in fiktives Geld. Die Meisten hatten der nationalen Wertkonvention vertraut, nach der Geld ein stabiler Träger von Wert sei – nur, um sich anschließend aller monetären Möglichkeiten beraubt zu finden. Einige Wenige allerdings erkannten rechtzeitig, dass sich die nationale Wertkonvention aufzulösen begann. Sie akkumulierten riesige Vermögen, indem sie Grundstücke oder andere reale Anlageobjekte mit ausgeliehenem Geld kauften, das rasch seinen Wert verlor. Juristisch gesehen war dagegen nichts einzuwenden, Betrug lag nicht vor. Aber diejenigen, die sich auf die nationale Wertkonvention verließen, wurden durch diese dazu verleitet, die falsche Vorstellung als korrekt zu akzeptieren, wonach das von ihnen empfangene Geld real bleiben würde. Wer also hatte sie getäuscht?

---

10 Die hier durchgeführte Analyse bezieht sich auf individuelle Tauschakte. Sie kann jedoch auf kommerzielle Untenehmen ausgedehnt werden. Unternehmen können (und sollten) eigene Identität haben. Das ist aber nicht immer der Fall - was fatale Konsequenzen haben kann. (vgl. H. Bonus 1994: 1-16; H. Bonus 1995b, 80 ff.; K. Backhaus/H. Bonus 1998).

11 Wertkonvention und Illusionen sind dem Geldwesen immanent: „Die Existenz eines gemeinsamen und allgemein akzeptierten Tauschmittels beruht [...] auf einer Konvention: Unser gesamtes Geld – und verdankt seine Existenz der allgemeinen Anerkennung eines Faktors, der – aus einer bestimmten Warte betrachtet – reine Illusion ist“ (M. Friedman 1992: 23).

Wer damals ein Vermögen aufhäufte, konnte dies nur, weil die Meisten ihren Glauben an die nationale Wertkonvention nicht aufgaben. Die Gewinner spürten den kommenden Verfall dieser Konvention früher als die Verlierer. Als die Gewinner an die Verlierer mit der Bitte herantraten, ihnen reale Werte für Geld zu verkaufen, von dem sie fühlten, dass es bald seinen Wert verlieren würde, *verursachten* sie nicht den (falschen) Eindruck der Verlierer von Stabilität; vielmehr nutzten sie ihn einfach in profitabler Weise aus. Sie *täuschten* also die Verlierer nicht; sie wussten es nur besser und machten sich ihr frühes Wissen zunutze.

Geld kann seine Realität nur in dem Maße erhalten, wie es der Zentralbank gelingt, die Geldmenge zu kontrollieren. Die Gesamtnachfrage nach Gütern und Dienstleistungen darf das nicht übersteigen, was insgesamt vorhanden ist. Wenn die Nachfrage zu groß wird, weil das verfügbare Geld theoretisch mehr Güter und Dienstleistungen zu kaufen erlaubt, als existieren, dann wird der Realitätsgehalt des Geldes ausgedünnt, weil die Preise steigen. Deswegen kann derjenige, der das Geldangebot kontrolliert, jene *betrügen*, die Geld besitzen, indem er die Entstehung einer exzessiven Geldmenge duldet. Wir sollten jedoch nicht vergessen, dass die verantwortlichen Banker 1923 nicht *willentlich* täuschten, sondern falschen Theorien folgten. Sie waren davon überzeugt, dass ein überhöhtes Geldangebot die Preise nicht in die Höhe treiben würde. Hingegen hat *Hitler* willentlich getäuscht, als er den Zweiten Weltkrieg durch frisch gedrucktes Geld finanzierte, während er zugleich Lebensmittel und andere Güter rationierte. Auf diese Weise konnte er die Bevölkerung daran hindern, auf dem Markt zu erfahren, dass ihr Geld inzwischen fast seinen gesamten Wert verloren hatte.

Nehmen wir an, dass 1923 jedermann in gleicher Weise voraussah, dass die nationale Wertkonvention zerfallen würde. Hätten sich dann alle bereichern können, indem sie Geld für Güter weggaben? Sicher nicht, weil unter diesen Umständen niemand dazu bereit gewesen wäre, Güter für Geld zu geben, das seinen Wert alsbald verlieren würde. Die Wertkonvention des Geldes löst sich in dem Maße auf, wie die Leute aufhören, an sie zu glauben. Die Realität des Geldes wird verschwinden, sobald die Leute es erwarten. Geldpolitik besteht nicht zuletzt aus Psychologie. Die Zentralbank muss auf der einen Seite die Geldmenge in vernünftiger und flexibler Weise steuern, um Wachstum zu ermöglichen, muss aber auf der anderen Seite auch dafür sorgen, dass die Leute der Stabilität der Wertkonvention vertrauen. Verfehlt die Notenbank diese zweite Aufgabe, wird sich die monetäre Wertkonvention auflösen und die noch immer Stabilitätsgläubigen werden getäuscht. Deshalb ist die Täuschung immanent in monetären Tauschakten vorhanden.

4.2 *Virtualitäten*

Findet eine Investition statt, etwa in Maschinen oder Gebäuden, wird Kapital versenkt und kann nicht zurückgeholt werden. Um die Investition zu finanzieren, wird eine Firma Aktien ausgeben, welche die Aktionäre zum Empfang von Dividenden berechtigt, sofern diese ausgeschüttet werden. Die Aktien können an der Börse verkauft werden, sodass individuelle Aktionäre den Geldwert realisieren können. Aber im Ganzen existiert diese Möglichkeit keineswegs. Sie ist fiktiv, weil das Kapital versenkt wurde.

Man denke sich die Börse als geräumige Halle mit breiten Türen (H. Bonus 1990: 39-47). Wer investieren möchte, kommt herein, während Andere, die sich von Anlagen trennen wollen, herausgehen. Aber in Wahrheit kann man die Halle nur betreten, wenn ein anderer sie verlässt; und man kommt nur heraus, wenn ein Anderer sie betreten möchte. Im Falle eines Feuers geraten die Anwesenden in Panik und wollen heraus. Das geht aber nicht, weil niemand die brennende Halle zu betreten wünscht. Zu ihrem Entsetzen bemerken die Anwesenden, dass überhaupt keine Türen vorhanden sind. Die Gefangenen fühlen sich getäuscht – aber durch wen? Sie finden sich in der Falle, weil sie das für wahr gehalten hatten, was sie sie Tag für Tag erfuhren, d. h. große Saaltüren, die jedem hereinzukommen oder herauszugehen erlaubten, der das wünschte. In modernen Ökonomien kann man sich nicht immer auf die Realität von Phänomenen verlassen, die man als faktisch erlebt.

Dasselbe gilt für andere tägliche Erfahrungen. Wer mit dem Zug reisen möchte, geht zum Bahnhof und betritt einen Zug. Aber in der Zeit gegen Ende des zweiten Weltkrieges entfiel diese Möglichkeit, weil die ankommenden Züge bereits überfüllt waren. Jeder wollte fort aus dem Osten und die begrenzte Kapazität des Bahnsystems konnte nur einen winzigen Bruchteil der Reisewilligen befördern. In der Tat sind Bahnreisen möglich nur dann, wenn hinreichend wenige mit dem Zug reisen möchten.

Der Grund von Massenexodus und dem resultierenden Zusammenbruch des Verkehrs mag auch eine Naturkatastrophe sein. Wer täuscht die Leute dann? Im Falle eine Naturkatastrophe können Fluchtwillige ihre Autos nicht mehr benutzen, weil alle Straßen verstopft sind. Auch kann man das Telefon nur benutzen, wenn alle zugleich telefonieren wollen. Wenn alle Bankkunden sich anstellen, um ihre Konten zu räumen, können die Banken sie nicht auszahlen, weil sie das meiste Geld angelegt haben; das war während des Zusammenbruchs im Jahr 1929 und später der Fall. Die Realität, auf die wir uns im Alltag routinemäßig verlassen können, kann sich plötzlich als virtuell erweisen und ohne Vorwarnung zerfallen.

5 Glaubwürdigkeit

Betrachten wir den Prozess näher, durch den ein sozialer Konsens über die Qualität von Kunst hergestellt wird. Solche Qualität kann weder wissenschaftlich bewiesen noch widerlegt werden. Deshalb muss ein Kunstwerk öffentlich glaubwürdig sein, um von wirtschaftlichem Wert zu sein. Solcher Wert bildet sich auf Kunstmärkten nur heraus, wenn potentielle Käufer einem Kunstwerk *vertrauen*, dessen Qualität sie nicht selbst ermitteln können.

Die Glaubwürdigkeit eines Künstlers ist eine fundamentale Institution (siehe Fußnote 3), die nicht willkürlich ‚produziert' werden kann. Vielmehr entsteht Glaubwürdigkeit im Laufe eines evolutionären Prozesses. *Experten* oder *Insider* der Kunstszene – etwa Museumsleute und Galeristen – bilden ein Netzwerk (Powell 1990), d. h. eine über die Welt verteilte Gruppe, deren Mitglieder eine Reihe anderer Mitglieder gut kennen, aber nicht alle. Das endgültige Urteil der Gruppe bildet sich nicht sofort heraus, sondern entsteht langsam im Zuge häufiger Diskussionen unter den Mitgliedern.

Man kann zeigen, dass dieser Prozess „pfadabhängig" ist (H. Bonus/D. Ronte 1997b: 109-111). Kleine Geschehnisse und Zufälle können den Ausgang des Prozesses bestimmen, selbst wenn bessere Alternativen möglich wären (D. C. North 1990: 94; D. C. North 1993). Glaubwürdig wird ein Künstler, wenn sich die Insider im Laufe des Prozesses über seine Qualität verständigt und in ihn Vertrauen gefasst haben. Diese Bedingung ist notwendig, aber nicht hinreichend. Die zweite Bedingung ist nämlich, dass die Insider dem Publikum selbst glaubwürdig erscheinen. Nur, wenn das der Fall ist, kann sich ihre Überzeugung auf das Publikum übertragen. Während die Experten in Auseinandersetzungen über Gentechnik und Kernkraft das Publikum nicht überzeugen, weil sie ihm nicht hinreichend unabhängig scheinen, leuchtet das Urteil der Insider auf Kunstmärkten eher ein, weil es auf der Welt viele Insider gibt, deren Einigung von Gewicht ist, und weil die meisten von ihnen in der Tat unabhängig sind.

6 Schlussfolgerung

Ist Täuschung dem Tausch immanent? Wir unterscheiden drei Arten von Täuschung. Eine davon ist regelrechter Betrug, wobei eine Partei die andere hinter Licht führt. Die zweite ist Selbsttäuschung, während die dritte darauf hinausläuft, dass man sich durch falsche oder suggestive Evidenz irre leiten lässt. Ganz allgemein verleiten Transaktionen zur Täuschung im ersten Sinne, also Betrug. In *‚normalen' Tauschvorgängen* ist die Qualität von Gütern und Dienstleistungen kostenlos und vollständig von den Beteiligten einzuschätzen. Solche Arrangements sind in neoklassischen Modellen der Standard, sind aber in der Realität unwahrscheinlich. Wenn die Parteien fair sind und Betrug ausgeschlossen wird – eine andere unwahrscheinliche Annahme –, dann ist Täuschung in normalen Tauschakten nicht vorhanden. Aber auch in diesem Fall kann es Selbsttäuschung geben, weil die Parteien des Glaubens sind, man könne Werte unverändert über die Grenzen von Wertsphären bringen.

Wenn wir von ‚normalen' Tauschakte absehen, wird Glaubwürdigkeit wesentlich. Die Qualität eines Gutes oder einer Dienstleistung werden undurchsichtig; und fehlende Glaubwürdigkeit mag die Parteien von Tauschakten fernhalten. Informationsmangel ist ein prominentes Beispiel. Glaubwürdigkeit kann beispielsweise durch Marken erreicht werden. Aber es gibt Markenfälschungen. Vertrauensgüter stellen uns vor besondere Probleme, weil sie praktisch nicht zu beobachten sind. Deshalb ist Täuschung in diesen Fällen häufig und bleibt meist unentdeckt.

Moderne Ökonomien sind durchwachsen mit Pseudorealitäten, die zur Täuschung im dritten Sinne führen können. Ein Beispiel dafür ist das Geld. Es ist eine täuschende Einrichtung, weil die Leute reale Werte für Geld hergeben, dessen Realität von einer kollektiven Wertkonvention abhängt, die sich jederzeit auflösen kann. Man täuscht sich, wenn man einer Wertkonvention nachhängt, die im Prozess der Auflösung begriffen ist. Andererseits kann die Konvention nur wirken, solange sie glaubwürdig bleibt.

Aktien, mit denen Investitionen finanziert werden, können auf der Börse gehandelt werden, obwohl das Kapital selbst versenkt wurde und nicht zurückgewonnen werden kann. Die Möglichkeit, individuell Aktien zu kaufen oder verkaufen, ist im Ganzen jedoch fiktiv. Man kann Aktien nur dann verkaufen, wenn Käufer auftreten, die im Fall einer Krise ausbleiben können. Wenn Viele gleichzeitig verkaufen möchten, ist es unmöglich für sie, ihre finanziellen Investitionen zurückzubekommen. Dasselbe gilt, wenn zu viele auf einmal mit dem Zug zu reisen, den Wagen zu benutzen oder zu telefonieren wünschen. In solchen Fällen ist die täglich erfahrene Realität virtueller Natur. Was Einzelnen jederzeit möglich ist, bleibt der Masse versagt – nämlich der latenten Täuschung zu entkommen, wie sie Pseudorealitäten innewohnt.

Literatur

Akerlof, G. A. (1970): The Market for "Lemons": Quality, Uncertainty, and the Market Mechanism. In: Quarterly Journal of Economics 84. S. 488-500.

Backhaus, K./Bonus, H. (1998): Unternehmens-Identität und Stil. In: Backhaus, K./Bonus, H., Die Beschleunigungsfalle oder der Triumph der Schildkröte. 3. Auflage. Stuttgart. S. 27-40.

Bayer, I./Bonus, H. (2006): European Identity and Symbolic Uses of Politics. In: Bindseil, U./Haucap, J./Wey, C. (Hrsg.): Institutions in Perspective. Festschrift in Honor of Rudolf Richter on the Occasion of his 80th Birthday. Tübingen. S. 281-293.

Bonus, H. (1990): Wertpapiere, Geld und Gold - Über das Unwirkliche in der Ökonomie. Graz/Wien/Köln.

Bonus, H. (1994): Das Selbstverständnis moderner Genossenschaften. Tübingen.

Bonus, H. (1995a): Precarious Relationships in Economics. No. 9501. Working Paper Series. Center for Research on Contracts and the Structure of Enterprise, The Katz School. 278 Mervis Hall, University of Pittsburgh. Pittsburgh, PA 15260.

Bonus, H. (1995b): Europäische Identität aus ökonomischer Sicht. In: Henrichmeyer, W. u. a. (Hrsg.): Auf der Suche nach europäischer Sicht. Bonn. S. 67-100.

Bonus, H. (1998): Wenn die Vertrauensbildung zum Schlüsselfaktor wird. Kulturökonomische Überlegungen zum Wirtschaftsstandort Deutschland. In: Neue Zürcher Zeitung Nr. 146 vom 27./28. Juni 1998. S. 61.

Bonus, H./Ronte, D. (1997a): Die Wa(h)re Kunst, 2. Aufl., Stuttgart.

Bonus, H./Ronte, D. (1997b): Credibility and Economic Value in the Visual Arts. In: Journal of Cultural Economics 21. S. 103-118.

Claessens, D. (1980): Das Konkrete und das Abstrakte - Soziologische Skizzen zur Anthropologie, Frankfurt a. M.

Darby, M. R./Karni, E. (1973): Free Competition and the Optimal Amount of Fraud. In: Journal of Law and Economics XVI. S. 67-86.

Denzau, A. T./North, D. C. (1994): Shared Mental Models: Ideologies and Institutions. In: Kyklos 47. S. 3-31.

Dietl, H. (1993): Institutionen und Zeit. Tübingen.

Duden Band 7: Das Herkunftswörterbuch. Mannheim: Bibliographisches Institut 1963

Erikson, E. H. (1959): Identity and the Lifecycle, Monograph, Psychological Issues. Vol. I, No. 1. New York.

Friedman, M. (1992): Geld regiert die Welt. Neue Provokationen vom Vordenker der modernen Wirtschaftspolitik. Düsseldorf u. a.

Goldberg, V. P. (1989) [1980], „Relational Exchange: Economics and Complex Contracts“. In: American Behavioral Scientist. Heft 23, 1980. S. 337-352. Abgedruckt in: Goldberg, V. P. (Hrsg.): Readings in the Economics of Contract Law. Cambridge University Press 1989. S. 16-20. Zitiert wird aus der letztgenannten Quelle.

Klamer, A. (Hrsg.) (1996): The Value of Culture - On the Relationship Between Economics and Arts. Amsterdam.

Krappmann, L. (1982): Soziologische Dimensionen der Identität: Strukturelle Bedingungen für die Teilnahme an Interaktionsprozessen. 6., unveränd. Auflage. Stuttgart.

Landes, D. S. (1998): The Wealth and Poverty of Nations - Why Some Are So Rich and Some So Poor. New York/London.

Lübbe, H. (1979): Zur Identitätsrepräsentation der Historie. In: O. Marquard und K. Stierle (Hrsg.), Identität: Politik und Hermeneutik. München. S. 277-292.

Luhmann, N. (1997): Die Gesellschaft der Gesellschaft. Frankfurt a. M.

Nelson, P. (1970): Information and Consumer Behavior. Journal of Political Economy 78. S. 311-329.

North, D. C. (1981): Structure and Change in Economic History. New York/London.

North, D. C. (1990): Institutions, Institutional Change and Economic Performance. The Political Economy of Institutions and Decisions, Cambridge u. a.

North, D. C. (1993): Institutions and Credible Commitment. In: Journal of Institutional and Theoretical Economics 149. S 11-23.

Powell, W. W. (1990): Neither Market nor Hierarchy: Network Forms of Organization. In: Research in Organizational Behavior 12. S. 295-336.

Ripperger, T. (1998): Ökonomik des Vertrauens – Analyse eines Organisationsprinzips, Tübingen.

Rubin, P. H. (1978): The Theory of the Firm and the Structure of the Franchise Contract. In: Journal of Law and Economics 21. S. 223-233.

Stone, A./Levy, B./Paredes, R. (1996): Public Institutions and Private Transactions: A Comparative Analysis of the Legal and Regulatory Environment for Business Transactions in Brazil and Chile. In: Alston/ Eggertson/North (Eds.): Empirical Studies in Institutional Change. Cambridge/New York/Melbourne. S. 95-128.

Watzlawick, P. (1976): Wie wirklich ist die Wirklichkeit - Wahn, Täuschung, Verstehen. München.

Webster's: Webster's Ninth New Collegiate Dictionary. Springfield (Mass.) 1985.

Williamson, O. E. (1985): The Economic Institutions of Capitalism - Firms, Markets, Relational Contracting. New York.

Winiecki, J. (1996): Why Economic Reforms Fail in the Soviet System: A Property Rights-Based Approach. In: Alston, L. J./ Eggertson, T./North, D. C. (Eds.): Empirical Studies in Institutional Change. Cambridge/New York/Melbourne. S. 63-91.

Ökonomik des subjektiven Wohlbefindens: Was determiniert die Zufriedenheit von Ost- und Westdeutschen?

Aloys Prinz, Tanja Kasten

Das Streben nach Glück und Zufriedenheit ist wohl so alt wie die Menschheit selbst. Glückssymbole und Glücksbringer, die die Menschen bei ihrer Suche nach Glück und Zufriedenheit unterstützen sollen, sind in allen Kulturen zu finden. Beispielsweise hält die amerikanische Unabhängigkeitserklärung vom 4. Juli 1776 den „pursuit of happiness" für selbstverständlich[1] und das deutsche Sprichwort, dass jeder seines Glückes Schmied sei, suggeriert, dass jeder selbst dafür verantwortlich ist, sein Glück zu finden. Theoretische und empirische Glücks- und Zufriedenheitsanalysen waren lange Zeit vornehmlich psychologisch motiviert (K. Gerlach/B. Stephan 2001: 515). Seit einiger Zeit beschäftigen sich aber auch die Wirtschaftswissenschaften mit der Erforschung des menschlichen Glücks und der individuellen Zufriedenheit sowie deren sozioökonomischen Bestimmungsfaktoren.[2] Dies ist nicht weiter erstaunlich, wenn man an den engen Zusammenhang zwischen der traditionellen ökonomischen Nutzen- bzw. Wohlfahrtstheorie und dem allgemeinen Konzept der Glücks- und Zufriedenheitsforschung denkt (vgl. R. A. Easterlin 1974: 90). Das theoretische Konstrukt zur Erforschung des menschlichen Glücks und der Zufriedenheit wird häufig als eine Erweiterung der klassischen ökonomischen Theorie aufgefasst (vgl. B. S. Frey/A. Stutzer 2002a: 404). Während sich die ökonomische Theorie auf die Analyse der objektiv messbaren Bestandteile des Nutzens konzentriert, bietet die Glücks- und Zufriedenheitsforschung die Möglichkeit, auch subjektive Aspekte des Lebens zu erfassen und zu bewerten.

---

1 „We hold these truths to be selfevident that all men are created equal, that they are endowed by their Creator with certain unalienable rights, that among these are life, liberty and the pursuit of happiness", Declaration of Independence (1990 [1776]: vii).

2 Siehe dazu bereits T. Scitovsky (1976) und neuerdings z. B. A. J. Oswald (1997), D. G. Blanchflower/A. J. Oswald (2000), A. E. Clark/ A. J. Oswald (2002) oder B. S. Frey/A. Stutzer (2000, 2002).

Für die folgende Analyse ist es zunächst erforderlich, eine begriffliche Klärung hinsichtlich Glück und Zufriedenheit herbeizuführen. In der Literatur wird diesem Problem auf sehr unterschiedliche Weise begegnet. In einigen Arbeiten werden die Begriffe Glück, Zufriedenheit und subjektives Wohlbefinden synonym verwendet (vgl. bspw. B. S. Frey/A. Stutzer 2002b oder A. Ferrer-i-Carbonell 2002). In anderen Beiträgen hingegen erfolgt in Abhängigkeit des jeweiligen Untersuchungsgegenstandes eine eindeutige Differenzierung zwischen den einzelnen Termini der Glücks- und Zufriedenheitsforschung. Diener (1993) ist bspw. der Ansicht, dass Glück primär durch affektive Einflüsse bestimmt wird, während das Zufriedenheitsniveau eines Individuums in erster Linie kognitiv festgelegt wird. Die Vermutung, dass es einen Unterschied zwischen Glücklich- und Zufriedensein gibt, wird zudem durch die Ergebnisse neurowissenschaftlicher Untersuchungen gestützt.

Im Mittelpunkt der vorliegenden Untersuchung steht die *allgemeine Lebenszufriedenheit*, unter der im Folgenden die auf Selbsteinschätzung beruhende Bewertung der individuellen Lebensumstände in ihrer gesamten Komplexität zu verstehen ist (K. Gerlach/G. Stephan 2001: 515). Das Ziel besteht im Folgenden darin, den Einfluss diverser persönlicher, soziodemografischer und sozioökonomischer Faktoren auf die allgemeine Lebenszufriedenheit in Ost- und Westdeutschland einer systematischen Analyse zu unterziehen. Dabei liegt ein Schwerpunkt darin, innerdeutsche Unterschiede aufzudecken und einander gegenüberzustellen. Ein weiterer Schwerpunkt der Untersuchung besteht in der Klärung des Zusammenhangs zwischen der allgemeinen Lebenszufriedenheit und einzelnen Bereichszufriedenheiten, wie bspw. der Arbeits- oder Einkommenszufriedenheit.

Der Beitrag ist wie folgt aufgebaut: *Abschnitt 1* führt in die konzeptionellen Grundlagen ein. In *Abschnitt 2* wird die zugrunde liegende Datenbasis beschrieben. Im Anschluss folgen in *Abschnitt 3* die Spezifikation der ökonometrischen Schätzgleichung sowie eine systematische Beschreibung der relevanten Kontrollvariablen. In *Abschnitt 4* werden die Ergebnisse der Zufriedenheitsanalyse präsentiert. Der Beitrag schließt mit einer kurzen Zusammenfassung der wichtigsten Ergebnisse und einem Fazit.

1 Konzeptionelle Grundlagen

Die Ökonomik als Handlungswissenschaft geht davon aus, dass Menschen grundsätzlich danach streben, „ihren Nutzen zu maximieren“, also das Beste aus ihrem Leben zu machen, gegeben einige Verhaltensbegrenzungen, die als Budgetbeschränkungen formuliert werden. Demnach müssten diejenigen Menschen besonders zufrieden sein, deren Budgetbeschränkungen das größte Bedürfnisbefriedigungsniveau zulassen, oder einfacher ausgedrückt: je reicher eine Person ist, desto zufriedener müsste sie sein. Doch dieser Zusammenhang erweist sich selbst bei elementarster ökonomischer Analyse als zu einfach:[3]

1. Die Fähigkeit, aus Gütern und Dienstleistungen sowie Aktivitäten aller Art Nutzen zu ziehen, ist individuell unterschiedlich (und nicht notwendigerweise positiv mit dem Reichtum einer Person verknüpft).[4]
2. Die Budgetbeschränkungen sind sehr komplex und selbst für reiche Personen gibt es Dinge, die mit Geld nicht zu kaufen sind (z. B. Liebe und Gesundheit) (siehe dazu auch D. S. Hamermesh/J. Lee: 2003).
3. Der Nutzenzuwachs durch höheren Reichtum wird recht schnell sehr klein.[5]
4. Da Menschen soziale Wesen sind, spielt die Einbindung in eine Gemeinschaft und die Anerkennung in der Bezugsgruppe eine große Rolle.[6] Anerkennung kann aber nur bedingt mit Geld erkauft werden.
5. Menschen bewerten ihre Lebensumstände in der Regel im Vergleich zu relevanten Bezugspersonen oder -gruppen.[7] Auch aus diesem Grund kann der Zusammenhang von Reichtum und Zufriedenheit verloren gehen.
6. An Reichtum kann man sich sehr schnell gewöhnen, sodass das individuelle Zufriedenheitsniveau vom Reichtum entkoppelt sein kann.[8]
7. Zudem kann die Angst vor dem Verlust des Reichtums die Zufriedenheit erheblich senken.
8. Das Zufriedenheitsgefühl im Zusammenhang mit Gütern, die nicht zu den Basisgütern zählen, scheint eher in der *Erwartung* eines positiven

3 Darauf weist vor allem T. Scitovsky (1976) hin.

4 Möglicherweise ist das subjektive Wohlbefinden eine Persönlichkeitseigenschaft, die zudem vererbbar sein könnte (siehe dazu E. Diener/R. E. Lucas 1999).

5 Dies ist in der üblichen Konkavitätsannahme für die Nutzenfunktion bereits berücksichtigt. Obwohl der Reichtum und Wohlstand sich in vielen Staaten (u. a. in Deutschland und den USA) in den vergangenen fünf Dekaden merklich erhöht hat, ist der Anteil derjenigen, die sich als zufrieden bezeichnen, mit etwa einem Drittel der Befragten konstant geblieben; vgl. z. B. D. Myers/E. Diener (1995).

6 Auf diesen Aspekt weist bereits T. Parsons (1949) hin.

7 Vgl. dazu A. E. Clark/A. J. Oswald (1996) und die von A. E. Clark/A. J. Oswald (1998) vorgeschlagene Nutzenfunktion. – Auch Vergleiche des subjektiven Wohlbefindens zwischen Nationen zeigen deutliche Unterschiede zwischen armen und reichen Ländern, wobei aber nicht geklärt ist, ob bzw. wie der Reichtum das subjektive Wohlbefinden beeinflusst (siehe dazu Diener/Suh 1999).

8 Hier scheinen die Mechanismen *hedonic treadmill* und *satisfaction treadmill* eine wichtige Rolle zu spielen. Die Begriffe *hedonic treadmill* und *satisfaction treadmill* stammen von P. Brickman/D. T. Campbell (1971). Zu neueren Ergebnissen hierzu siehe D. Kahneman (1999: 13 ff.)

Effektes zu bestehen als in der Nutzung bzw. im Verbrauch des Gutes selbst (siehe dazu S. Klein 2004: 68 f.). Demnach spielt Reichtum (Einkommen und Vermögen) für das Wohlbefinden eine größere Rolle als die tatsächlichen Konsumgüter, da das Einkommen das allgemeine Mittel der Bedürfnisbefriedigung ist. Wie aber bereits argumentiert, spricht einiges dafür, dass auch Geld allein – wie schon der Volksmund weiß – nicht glücklich bzw. zufrieden macht.

Die Schlussfolgerung aus diesen Überlegungen lautet, dass empirisch geklärt werden muss, welche Faktoren die allgemeine Lebenszufriedenheit einer Person beeinflussen. Die Nutzentheorie bietet für die Analyse zwar den entsprechenden formalen theoretischen Rahmen, ist aber auf das empirische Ausfüllen dieses Rahmens angewiesen. Im Folgenden sollen das Einkommen und einige weitere potenzielle Einflussgrößen der individuellen Zufriedenheit anhand der Mikrodaten des Sozio-ökonomischen Panels (SOEP) bestimmt werden. Die im SOEP erfassten Zufriedenheitsindikatoren beruhen auf individueller Selbsteinschätzung der Befragungsteilnehmer.

Die grundlegende Hypothese dieses Beitrags lautet, dass Tatbestände der Außenwelt der Befragten einen wichtigen Einfluss auf die Lebenszufriedenheit haben. Dabei wird die *Außenwelt* der Befragten als Ereignisraum angesehen, in dem in verschiedenen Bereichen Lebenssachverhalte und Ereignisse auftreten bzw. bestehen, die von der betreffenden Person wahrgenommen, emotional erfasst und bewertet werden. In diesem Beitrag wird vorgeschlagen, diese Außenwelt in vier Bereiche zu unterteilen:

1. den *individuellen* Bereich,
2. den *ökonomischen* Bereich,
3. den *sozialen* Bereich und
4. den *politischen* Bereich.

Diese Unterteilung erhebt keinen Anspruch auf Vollständigkeit. Sie dient lediglich der Abgrenzung von Ereignisräumen, von denen erwartet werden kann, dass sie für die allgemeine Lebenszufriedenheit eines Menschen eine große Rolle spielen. Dabei sollte bedacht werden, dass sich die einzelnen Bereiche nicht komplett voneinander trennen lassen, sondern sich vielmehr überlagern und in vielfältiger Weise in einem großen Netzwerk miteinander verbunden sind.

2 Datenbasis und Stichprobenselektion

Grundlage der empirischen Analyse bilden die Mikrodaten des Sozio-ökonomischen Panels (SOEP) aus dem Jahr 2004.[9] Das SOEP ist eine repräsentative, seit 1984 jährlich wiederholte Befragung in Westdeutschland lebender privater Haushalte, die im Zuge der Wiedervereinigung 1990 auf die neuen Bundesländer ausgeweitet wurde. Die Besonderheit des SOEP liegt vor allem in dem breiten Themenspektrum, das es abdeckt. Im SOEP werden u. a. Informationen über die Zufriedenheit der Befragungsteilnehmer mit ihrem Leben insgesamt sowie mit einzelnen Bereichen ihres Lebens erfasst. Aufgrund der deutlichen Unterschiede in Bezug auf die Lebenszufriedenheit in den alten und neuen Bundesländern (vgl. bspw. P. Frijters u. a. 2002) wird die folgende Untersuchung für West- und Ostdeutschland getrennt durchgeführt. Um die innerdeutsche Vergleichbarkeit der Ergebnisse zu gewährleisten, beschränkt sich die Analyse im vorliegenden Beitrag auf die Teilstichproben A und C des SOEP.[10] Die allgemeine Lebenszufriedenheit wird im Rahmen des SOEP durch folgende Frage erfasst:

> „Wie zufrieden sind sie gegenwärtig, alles in allem, mit ihrem Leben?“

Dabei werden die Befragungsteilnehmer gebeten, ihr gegenwärtiges Zufriedenheitsniveau anhand einer 11-stufigen Skala zu beurteilen, wobei der Wert „0“ bedeutet, dass die Person derzeit ganz und gar unzufrieden mit ihrem Leben ist. Der Wert „10“ repräsentiert im Gegensatz dazu vollkommene Zufriedenheit. Für die Bereichszufriedenheiten lauten die entsprechenden Fragen:

> „Wie zufrieden sind sie … mit ihrer Arbeit,
> … mit ihrem persönlichen Einkommen,
> … mit ihrer Wohnung,
> … mit ihrer Freizeit?“

Die Zufriedenheitsindikatoren im SOEP stellen demnach ordinal skalierte Maßzahlen dar.

9 Für eine ausführliche Beschreibung des SOEP vgl. z. B. G. Wagner u. a. (1993).

10 Für einen Überblick über die einzelnen Teilstichproben des SOEP vgl. z. B. R. V. Burkhauser u. a. (1997: 8).

3 Modellspezifikation und Variablenbeschreibung

Die Untersuchung der Einflussfaktoren auf die allgemeine Lebenszufriedenheit in den alten und neuen Bundesländern basiert auf folgendem Modell:

$$lz_i = \alpha + x_i'\beta + \varepsilon_i \qquad (1)$$

mit i = 1, …, N Individuen. lz_i stellt die abhängige Variable dar und gibt damit die allgemeine Lebenszufriedenheit von Person i an. α ist die Konstante des Modells, x_i beinhaltet K Kontrollvariablen und β die K zu schätzenden Regressionskoeffizienten. ε_i erfasst den unerklärten Rest.

Unter der Annahme, dass die Dichte der zugrunde liegenden Wahrscheinlichkeitsverteilung einer logistischen Standardfunktion folgt, lassen sich die unbekannten Regressionskoeffizienten in β mit Hilfe der Maximum-Likelihood-Methode konsistent schätzen. Die geschätzten Regressionskoeffizienten werden in diesem Fall als *Ordered-Logit-Schätzer* bezeichnet.

Der Ordered-Logit-Ansatz scheint im vorliegenden Fall ein adäquates Schätzverfahren zu sein, da eine Vielzahl der interessierenden Variablen – u. a. die abhängige Variable – ordinal skaliert ist. Um die Interpretierbarkeit der Ergebnisse zu erleichtern, können die geschätzten Koeffizienten aus dem Ordered-Logit-Modell in sog. *Odds Ratios* (OR) transformiert werden:

$$OR = e^b, \qquad (2)$$

wobei e die Euler*sche* Zahl und b den geschätzten Koeffizienten bezeichnet. Odds Ratios geben allgemein an, wie sich bei einer Veränderung eines Einflussfaktors das Verhältnis zwischen hohen und niedrigen Werten der abhängigen Variablen ändert.

Im Folgenden sollen nun die im SOEP verfügbaren Variablen, die als Determinanten der allgemeinen Lebenszufriedenheit in Betracht kommen und daher in Modell (1) als Kontrollvariablen spezifiziert werden, den vier deklarierten Lebensbereichen zugeordnet werden:

Individueller Bereich:

Alter, Nationalität, Familienstand, Anzahl der Kinder unter 16 Jahren, gegenwärtiger Gesundheitszustand, Geschlecht.

Ökonomischer Bereich:

Schulabschluss, Berufsabschluss, Erwerbsstatus, logarithmiertes Haushaltsnettoeinkommen, Sorge um die allgemeine wirtschaftliche Lage, Sorge um die eigene wirtschaftliche Situation.

Sozialer Bereich:
Risikobereitschaft bzw. Vertrauen in andere Menschen, Einschränkung sozialer Kontakte aus gesundheitlichen Gründen.

Politischer Bereich:
Grad des politischen Interesses, Wichtigkeit von politischem Einfluss.

Zusätzlich soll untersucht werden, ob und inwiefern die Zufriedenheit mit einzelnen ausgewählten Lebensbereichen einen Einfluss auf die allgemeine Lebenszufriedenheit einer Person hat. Darüber hinaus gilt es zu klären, ob eine Person, die in der Vergangenheit sehr zufrieden mit ihrem Leben war, auch in der Gegenwart ein hohes Zufriedenheitsniveau aufweist. Zu diesem Zweck werden zusätzlich verzögerte Werte der endogenen Variablen (Lags) sowie einige ausgewählte Bereichszufriedenheiten in Schätzmodell (1) aufgenommen:

(Bereichs-)Zufriedenheiten:
Allgemeine Lebenszufriedenheit vor einem Jahr und vor fünf Jahren, Zufriedenheit mit dem persönlichen Einkommen, Zufriedenheit mit der Arbeit, Zufriedenheit mit der Wohnung, Zufriedenheit mit der Freizeit.

Nachdem das der Analyse zugrunde liegende Modell sowie die damit verbundenen grundlegenden theoretischen Überlegungen eingehend erläutert wurden, werden nachfolgend die Ergebnisse der empirischen Untersuchung präsentiert und interpretiert.

4 Schätzergebnisse

Die empirische Analyse basiert auf Ordered-Logit-Schätzungen. Zur Überprüfung der Robustheit der Ergebnisse wurden zusätzlich einfache OLS-Regressionen durchgeführt. Für Westdeutschland lassen sich keine Unterschiede in Bezug auf die Wirkungsrichtung und Signifikanz der untersuchten Einflussfaktoren feststellen, d. h. die Ergebnisse sind weitestgehend unabhängig von der verwendeten Schätzmethode. Auch die Ergebnisse für die ostdeutsche Stichprobe sind hinreichend robust. Lediglich für drei der unabhängigen Variablen – *Anzahl der Kinder*, *Sorge um die eigene wirtschaftliche Situation* und *Risikobereitschaft* bzw. *Vertrauen in andere Menschen* – führen die beiden Schätzverfahren zu unterschiedlichen Signifikanzniveaus. Die Wirkungsrichtung der drei Determinanten ist jedoch jeweils identisch.

Da davon auszugehen ist, dass die einzelnen Lebensbereiche eng miteinander verknüpft sind und gegenseitig aufeinander einwirken, d. h. in einer engen

Wechselbeziehung zueinander stehen, wurde in der empirischen Analyse u. a. für den Einfluss einiger ausgewählter Bereichszufriedenheiten – der Einkommens- und Arbeitszufriedenheit sowie der Zufriedenheit mit der Wohnung und der Freizeit[11] – sowie für die Effekte bestimmter Vergangenheitswerte der allgemeinen Lebenszufriedenheit kontrolliert. Um Multikollinearitätsprobleme bei den Schätzungen zu vermeiden, wurde ex-ante überprüft, ob und inwiefern die einzelnen Zufriedenheitsindikatoren sowohl mit der abhängigen Variablen als auch untereinander korreliert sind.

Sowohl in West- als auch in Ostdeutschland besteht der stärkste lineare Zusammenhang zwischen der aktuellen allgemeinen Lebenszufriedenheit und dem um ein Jahr verzögerten Zufriedenheitsindikator. Die entsprechenden Korrelationskoeffizienten liegen mit 0,5903 (Westdeutschland) und 0,5854 (Ostdeutschland) im mittleren Bereich, sodass durch die Aufnahme der verzögerten Zufriedenheitsindikatoren und der Bereichszufriedenheiten als erklärende Variablen in Modell (1) keine multikollinearitätsbedingten Schätzprobleme zu erwarten sind.

In *Tabelle 1* werden die Ergebnisse der Ordered-Logit-Schätzungen getrennt für West- und Ostdeutschland überblicksartig dargestellt.

Tabelle 1: Determinanten der allgemeinen Lebenszufriedenheit in West- und Ostdeutschland

Determinante	**Westdeutschland**			**Ostdeutschland**		
	Koeff.	OR	z-Wert	Koeff.	OR	z-Wert
			(Bereichs-)Zufriedenheiten			
Lebenszufriedenheit vor 1 Jahr	0,5449***	1,72***	17,06	0,5230***	1,69***	13,50
Lebenszufriedenheit vor 5 Jahren	0,2633***	1,30***	9,08	0,1646***	1,18***	4,67
Zufriedenheit mit dem persönlichen Einkommen	0,1866***	1,20***	7,85	0,1742***	1,19***	6,13
Zufriedenheit mit der Arbeit	0,2306***	1,26***	9,64	0,1714***	1,19***	5,88
Zufriedenheit mit der Wohnung	0,1342***	1,14***	5,42	0,1711***	1,19***	5,68
Zufriedenheit mit der Freizeit	0,1274***	1,14***	6,11	0,1296***	1,14***	5,34

11 Die Teilnehmer der SOEP-Studie werden allgemein gefragt, wie zufrieden sie mit ihrer Freizeit sind, d. h. in die Beurteilung der Freizeit können verschiedene Aspekte einfließen, wie bspw. der Umfang der Freizeit oder die Art der Freizeitaktivitäten.

			Individueller Bereich			
Altersgruppen (26-39 Jahre)						
16-25 Jahre	0,2321	1,26	1,19	0,0780	1,08	0,36
40-54 Jahre	-0,0200	0,98	-0,22	-0,0837	0,92	-0,62
55-65 Jahre	0,0850	1,09	0,62	0,2317	1,26	1,25
über 65 Jahre	0,9443***	2,57***	3,52	0,1131	1,12	0,19
Nationalität (deutsch)	-0,0105	0,99	-0,03	0,4388	1,55	0,39
Familienstand (verheiratet)						
ledig	-0,0336	0,97	-0,28	0,1945	1,21	1,24
verwitwet/ geschieden	-0,2939**	0,75**	-2,27	0,4418***	1,56***	2,65
Anzahl der Kinder	0,0540	1,06	1,27	0,1523**	1,16**	2,03
Gegenwärtiger Gesundheitszustand	0,6035***	1,83***	4,89	0,1520***	1,67***	3,05
Geschlecht (männlich)	0,0193	1,02	0,25	-0,1553	0,86	-1,60
			Ökonomischer Bereich			
Schulbildung (Real-/ Hauptschule)						
Fachhochschule/ Abitur	-0,0731	0,92	-0,73	-0,0370	0,96	-0,28
(noch) kein Abschluss	0,4775	1,61	1,06	0,6083	1,84	0,61
anderer Abschluss	-0,2953	0,74	-0,77	0,1696	1,18	0,38
Berufsausbildung (Berufsabschluss)						
(Fach-) Hochschulabschluss	0,0330	1,03	0,26	-0,0591	0,94	-0,46
kein Berufsabschluss	0,1410	1,15	1,18	-0,4376**	0,65**	-2,25
Erwerbsstatus (arbeitslos)	0,5913	1,81	1,53	0,1279	1,14	0,48
Log. Haushaltsnettoeinkommen	0,0571	1,06	0,60	0,1576	1,17	1,27
Sorge – allg. wirtschaftliche Lage	0,1082	1,11	0,51	-0,7311**	0,48**	-2,13
Sorge – eigene wirtschaftliche Lage	-0,3652***	0,69***	-3,70	-0,3805**	0,68**	-2,41

			Sozialer Bereich			
Risikobereitschaft/ Vertrauen	0,0530***	1,05***	3,20	0,0393*	1,04*	1,84
Einschränkung sozialer Kontakte	-0,7611***	0,47***	-7,15	-0,7275***	0,48***	-5,58
			Politischer Bereich			
Grad des politischen Interesses	0,1840**	1,20**	2,12	-0,1031	0,90	-0,89
Wichtigkeit von politischem Einfluss	-0,1658	0,85	-1,78	0,3236**	1,38**	2,35
Anzahl der Personen		2.497			1.544	
Probability (LR stat)		0,0000			0,0000	
LR index (Pseudo-R^2)		0,2201			0,2001	

Quelle: Eigene Berechnungen auf Basis der Mikrodaten des SOEP.
Signifikanzniveau: ***: 1%, **: 5%, *: 10%; LR: Likelihood Ratio; OR: Odds Ratio; z-Wert: Test-Statistik für die übliche Hypothese H_0: $\beta_k = 0$.

Aus *Tabelle 1* wird ersichtlich, dass die geschätzten Regressionskoeffizienten sämtlicher Zufriedenheitsindikatoren statistisch hoch signifikant sind. Der stärkste Einfluss auf die allgemeine Lebenszufriedenheit geht sowohl in den alten als auch in den neuen Bundesländern von dem um ein Jahr verzögerten Lebenszufriedenheitsindikator aus. Für Westdeutschland liegt der entsprechende Odds Ratio bei 1,72. Dies bedeutet, dass die Chance für ein hohes Zufriedenheitsniveau um das 1,72-fache steigt, wenn der verzögerte Zufriedenheitsindikator um eine Einheit zunimmt. Für Ostdeutschland liegt der Odds Ratio bei 1,69, d. h. dass sich die entsprechenden Odds bei einem Anstieg der um ein Jahr verzögerten allgemeinen Lebenszufriedenheit um das 1,69-fache erhöhen.

Bei den individuellen Determinanten erweist sich für beide Länderteile insbesondere der gegenwärtige Gesundheitszustand als statistisch signifikant. Ein gesunder Mensch ist i. d. R. zufriedener mit seinem Leben als eine Person mit gesundheitlichen Problemen. Ereignisse wie eine Scheidung oder der Tod des Ehepartners wirken sich in Westdeutschland erwartungsgemäß signifikant negativ auf die allgemeine Lebenszufriedenheit aus. Die Odds für ein hohes Zufriedenheitsniveau sind für verwitwete und geschiedene Personen (OR = 0,75) geringer als für verheiratete Menschen. In Ostdeutschland lässt sich im Gegensatz dazu empirische Evidenz für einen positiven Effekt einer Scheidung zeigen. Ein Odds Ratio von 1,56 besagt, dass geschiedene oder verwitwete Personen mit größerer Wahrscheinlichkeit ein höheres Zufriedenheitsniveau konstatieren als verheiratete Individuen. Dieses Phänomen könnte zum Teil auf die geringere Bedeutung der Institution „Ehe" in der ehemaligen DDR zurückzuführen sein. Was das Alter betrifft, lässt sich nur für die alten Bundesländer ein signifikanter Einfluss nachweisen. Menschen über 65 Jahre haben im Vergleich zu Personen zwischen 26 und 39 Jahren eine höhere Chance, zufrieden zu sein, was zum einen mit Kohorteneffekten und zum anderen mit der im Alter häufig sinkenden Erwartungshaltung erklärt werden kann. In der gängigen Zufriedenheitsliteratur wird i. d. R. unterstellt, dass frühere Geburtskohorten geringe Ansprüche an ihr Leben stellen als spätere Geburtenjahrgänge und dass die Erwartungen an das Leben mit dem Alter abnehmen, sodass dementsprechend die Wahrscheinlichkeit für ein höheres Zufriedenheitsniveau mit zunehmendem Alter steigt. Weiterhin lässt sich in *Tabelle 1* erkennen, dass sich in Ostdeutschland im Unterschied zu den alten Bundesländern die Anzahl der im Haushalt lebenden Kinder positiv auf das subjektive Wohlbefinden auswirkt.

Aus dem ökonomischen Bereich hat lediglich eine Variable – die Sorge um die eigene wirtschaftliche Situation – einen statistisch signifikanten Einfluss auf das individuelle Zufriedenheitsniveau in beiden Teilen Deutschlands. Sowohl in West- als auch in Ostdeutschland scheint die Sorge um die eigene wirtschaftliche Lage einen negativen Einfluss auf die allgemeine Lebenszufriedenheit zu haben. Die entsprechenden Odds Ratios liegen in beiden Teilen Deutschlands bei rund 0,69. In Westdeutschland kann für keine weitere ökonomische Determinante empirische Evidenz gefunden werden. Für Ostdeutschland kann hingegen nachgewiesen werden, dass sich sowohl das Fehlen eines beruflichen Abschlusses als auch die Sorge um die allgemeine wirtschaftliche Lage negativ auf die allgemeine Lebenszufriedenheit auswirkt. Der zuletzt genannte Effekt könnte mit der sozialistischen Vergangenheit der neuen Bundesländer in Zusammenhang stehen, während der negative Einfluss einer fehlenden beruflichen Ausbildung zumindest teilweise auf die höhere Erwerbsbeteiligung in Ostdeutschland – insbesondere von Frauen – oder auf sonstige regionale Unterschiede im Erwerbsverhalten zurückzuführen sein könnte.

Die geschätzten Koeffizienten der Einflussfaktoren aus dem sozialen Bereich sind – mit Ausnahme der Risikobereitschaft in Ostdeutschland – alle hoch signifikant. Eine Einschränkung der sozialen Kontakte aufgrund gesundheitlicher Probleme wirkt sich sowohl in den alten als auch in den neuen Bundesländern negativ auf die allgemeine Lebenszufriedenheit aus. Durch eine gesundheitsbedingte Einschränkung der sozialen Kontakte reduziert sich die Chance für ein hohes Zufriedenheitsniveau sowohl in West- als auch in Ostdeutschland ungefähr um die Hälfte. Im Gegensatz dazu hat eine hohe Risikobereitschaft in Bezug auf das Vertrauen in andere Menschen einen geringfügigen positiven Effekt auf die individuelle Zufriedenheit, wobei dieser Effekt für Ostdeutschland lediglich auf einem Signifikanzniveau von 10% statistisch gesichert ist. Die hohe Irrtumswahrscheinlichkeit könnte in diesem Zusammenhang damit begründet werden, dass das Vertrauen gegenüber anderen Menschen zu DDR-Zeiten häufig durch Spitzeltätigkeiten für die Staatssicherheit missbraucht wurde und dieser Vertrauensmissbrauch bis heute nachwirkt.

Hinsichtlich der politischen Variablen ergeben sich besonders prägnante Unterschiede zwischen West- und Ostdeutschland. Während in den alten Bundesländern der Grad des politischen Interesses einen signifikanten Erklärungsbeitrag für die allgemeine Lebenszufriedenheit leistet, ist in Ostdeutschland der politische Einfluss von größerer Bedeutung für das individuelle Zufriedenheitsniveau. Mit dem Ausmaß an politischem Interesse steigt in Westdeutschland allgemein auch das subjektive Wohlbefinden. In den neuen Bundesländern kann statistisch kein signifikanter Einfluss des politischen Interesses nachgewiesen werden. Dafür zeigt sich, dass Ostdeutsche, die politischen Einfluss als wichtig erachten, tendenziell zufriedener sind als Personen, für die die Möglichkeit des politischen Mitwirkens unwichtig erscheint. Dieser Aspekt hat wiederum für die allgemeine Lebenszufriedenheit in Westdeutschland keine Relevanz. Die regionalen Unterschiede hinsichtlich der Zusammenhänge zwischen den politischen Variablen und dem subjektiven Wohlbefinden sind vermutlich u. a. auf die unterschiedlichen politischen Systeme vor der Wiedervereinigung zurückzuführen. In sozialistischen Systemen besteht für den Normalbürger i. d. R. kaum die Möglichkeit, politischen Einfluss auszuüben; dies könnte zumindest ansatzweise eine Erklärung für die hohe Bedeutung der politischen Einflussnahme in den neuen Bundesländern liefern.

5 Fazit

Ziel des vorliegenden Beitrags war es zunächst, den Zusammenhang zwischen der allgemeinen Lebenszufriedenheit und den ausgewählten Bereichszufriedenheiten zu untersuchen. Im Ergebnis konnte gezeigt werden, dass die vier ausgewählten Bereichszufriedenheiten sowohl in West- als auch in Ostdeutschland einen hoch signifikanten Einfluss auf die allgemeine Lebenszufriedenheit haben, d. h. je zufriedener eine Person mit ihrem Einkommen, ihrer Arbeit, ihrer Wohnung oder ihrer Freizeit ist, desto zufriedener ist sie tendenziell auch mit ihrem Leben insgesamt. Neben der Einkommens- und Arbeitszufriedenheit wurden zusätzlich das logarithmierte Haushaltsnettoeinkommen und der Erwerbsstatus als erklärende Variablen in die Schätzgleichung aufgenommen. Im Widerspruch zu den Ergebnissen zahlreicher vorangegangener Untersuchungen konnte weder für das Haushaltsnettoeinkommen noch für den Erwerbsstatus empirische Evidenz gefunden werden, was darauf schließen lässt, dass durch die Aufnahme der jeweiligen Bereichszufriedenheiten bereits hinreichend für diese beiden Aspekte des Lebens kontrolliert wird.

Des Weiteren wurde im Rahmen der vorliegenden Analyse versucht, einen Beitrag zur Erklärung der Bestimmungsfaktoren der allgemeinen Lebenszufriedenheit in Deutschland zu leisten. Dabei stand insbesondere der innerdeutsche Vergleich im Vordergrund. Die Analyseergebnisse haben gezeigt, dass der Anpassungsprozess auch über ein Jahrzehnt nach der Wiedervereinigung immer noch nicht abgeschlossen ist. Was die Determinanten der allgemeinen Lebenszufriedenheit betrifft, konnten sowohl auf individueller, ökonomischer und sozialer Ebene als auch im politischen Bereich einige gravierende Unterschiede zwischen den alten und neuen Bundesländern nachgewiesen werden. Abgesehen von den Bereichszufriedenheiten herrscht zwischen den beiden Länderteilen lediglich in Bezug auf den *gegenwärtigen Gesundheitszustand, die Einschränkung sozialer Kontakte* und die *Sorge um die eigene wirtschaftliche Situation* Einigkeit. Je gesünder ein Mensch ist, desto zufriedener ist er im Allgemeinen. Die Einschränkung sozialer Kontakte aus gesundheitlichen Gründen führt in ganz Deutschland tendenziell zu einem geringeren individuellen Zufriedenheitsniveau. Und auch finanzielle Sorgen sind i. d. R. mit einem Verlust an subjektivem Wohlbefinden verbunden.

Zufriedenheitsindikatoren, die auf individueller Selbsteinschätzung beruhen, erfreuen sich in der empirischen Forschung großer Beliebtheit. Dennoch sollte nicht vernachlässigt werden, dass subjektive Messmethoden auch mit einigen Gefahren verbunden sind, die zu verzerrten oder ggf. sogar inkonsistenten Schätzergebnissen und zu Fehlinterpretationen führen können. Dennoch warnt die ökonomische Theorie davor, ausschließlich objektive Faktoren bei politischen Entscheidungen zu berücksichtigen. Wenn politische Maßnahmen tatsächlich die Wohlfahrt erhöhen sollen, ist der Rekurs auf das individuelle Wohlbefinden unverzichtbar. Der entscheidende Schritt in der Volkswirtschaftslehre zur Behebung des klassischen Wertparadoxons bestand schließlich gerade darin, eine individuelle Bewertung der entsprechenden Güter zu postulieren, und zwar in der Form einer Nutzenfunktion. Dahinter zurückzufallen ist an sich schon kaum zu rechtfertigen, vor allem aber nicht damit, dass es schwierig ist, das subjektive Wohlbefinden zu messen.

Literatur

Blanchflower, D. G./Oswald, A. J. (2000): Well-being over time in Britain and the USA. NBER Working Paper 7487. New York u. a.

Brickman, P./Campbell, D. T. (1971): Hedonic activism and planning the good society. In: Apley, M. H. (Hrsg.): Adaptation-level theory. New York. S. 287-302.

Burkhauser, R. V./ Kreyenfeld, M./ Wagner, G. G. (1997): The German Socio-Economic Panel: A representative sample of reunited Germany and its parts. In: Dunn, T.A./Schwarze, J. (Hrsg.): Vierteljahreshefte zur Wirtschaftsforschung 66(1). Deutsches Institut für Wirtschaftsforschung. Berlin. S. 7-16.

Clark, A. E./Oswald, A. J. (forthcoming): A simple statistical method for measuring how life events affect happiness. Wird erscheinen in: International Journal of Epidemiology.

Clark, A. E./Oswald, A. J. (1998): Comparison-concave utility and following behaviour in social and economic settings. In: Journal of Public Economics 70. S. 133-155.

Clark, A. E./Oswald, A. J. (1996): Satisfaction and comparison income. In: Journal of Public Economics 61. S. 359-381.

Declaration of Independence. In: Boyer, P.S. u. a.: The enduring vision. The history of the American people. Toronto u. a. 1990 [1776]. Appendix S. vii f.

Diener, E./Lucas, R. E. (1999): Personality and subjective well-being. In: Kahneman, D./Diener, E./ Schwarz, N. (Hrsg.): Well-Being. The foundations of hedonic psychology. New York. S. 213-229.

Diener, E./Suh, E. M. (1999): National differences in subjective well-being. In: Kahneman, D./ Diener, E./Schwarz, N. (Hrsg.): Well-Being. The foundations of hedonic psychology. New York. S. 434-450.

Diener, E. (1993): Assessing subjective well-being: Progress and opportunities. In: Social Indicators Research 31. S. 103-157.

Easterlin, R. A. (1974): Does economic growth improve the human lot? Some empirical evidence. In: David, P. A./Reder, M. W. (Hrsg.): Nations and housholds in economic growth: Essays in honor of Moses Abramowitz. New York u. a. S. 89-125.

Ferrer-i-Carbonell, A. (2002): Income and well-being: An empirical analysis of the comparison income effect. In: Journal of Public Economics 89. S. 997-1019.

Frey, B. S./Stutzer, A. (2002a): What can economists learn from happiness research? In: Journal of Economic Literature *40*. S. 402-435.

Frey, B. S./Stutzer, A. (2002b): Happiness and economics. New Jersey.

Frey, B. S./Stutzer, A. (2000): Happiness, economy and institutions. In: Economic Journal 10l. S. 918-938.

Fritjers, P./Haisken-DeNew, J. P./Shields, M. A. (2002): The value of reunification in Germany: An analysis of changes in life satisfaction. IZA Discussion Paper No. 419. Mannheim.

Gerlach, K./Stephan, G. (2001): Lebenszufriedenheit und Erwerbsstatus: Ost- und Westdeutschland im Vergleich. In: Mitteilungen aus der Arbeitsmarkt- und Berufsforschung (MittAB) 34(4). Nürnberg. S. 515-529.

Hamermesh, D. S./Lee, J. (2003): Stressed out on four continents: Time crunch or yuppie kvetch? NBER Working Paper 10186. New York u. a.

Kahneman, D. (1999): Objective happiness. In: Kahneman D./ Diener, E./ Schwarz, N. (Hrsg.): Well-Being. The foundations of hedonic psychology. New York. S. 3-25.

Klein, S. (2004): Einfach Glücklich. Reinbek bei Hamburg.

Myers, D./ Diener, E. (1995): Who is happy? In: Psychological Science 6. S. 10-19.

Oswald, A. J. (1997): Happiness and economic performance. In: Economic Journal 107. S. 1815-1831.

Parsons, T. (1949): The motivation of economic activities. In: Ders.: Essays in sociological theory. Pure and applied. Glencoe. S. 200-217.

Scitovsky, T. (1976): The joyless economy. An inquiry into human satisfaction and consumer dissatisfaction. Oxford u. a.

Wagner, G./Burkhauser, R. V./Behringer, F. (1993): The English language public use file of the German Socio-Economic Panel study. In: The Journal of Human Resources 28(2). S. 429-433.

Ökonomik und Menschenbild

Hans Jürgen Schlösser

Das ökonomische Verhaltensmodell stellt eine wesentliche Basis moderner Wirtschaftsdidaktik dar (G.-J. Krol 2005) und findet eine breite Anwendung auf eine Vielzahl wirtschaftsdidaktisch relevanter Problemstellungen (G.-J. Krol/K.-P. Kruber 1999). Das neoklassische Grundmodell steht dabei für den wirtschaftstheoretischen Mainstream. Daher wird im ersten Abschnitt der epistemologische Charakter des homo oeconomicus neoklassischer Prägung untersucht. Diese Untersuchung kommt zu dem Ergebnis, dass homo oeconomicus von Anfang an – wir gehen zu J. S. Mill zurück – ein Akteursmodell gewesen ist und besser nicht als Menschenbild angesehen werden sollte. Bevor danach das Menschenbild der klassischen Ökonomen am Beispiel Adam Smiths erörtert wird, soll in einer kurzen Abhandlung der geistesgeschichtliche Hintergrund dargestellt werden. Die Analyse kommt zu dem Ergebnis, dass insbesondere in der Renaissance der „dynamische Menschenbegriff" auftritt und von hoher Bedeutung für die Arbeiten der klassischen Ökonomen ist. Es folgen Erörterungen der Neuen Institutionenökonomik und der Beiträge von Psychologie und Neurowissenschaften zum Menschenbild bzw. Akteursmodell der Ökonomie. Den Abschluss bildet eine kurze Untersuchung des Verhältnisses von Wirtschaftsordnung und Menschenbild am Beispiel Ludwig Erhards.

1 Der epistemologische Charakter von homo oeconomicus „neoclassicus"

Die Diskussion um das Menschenbild der Ökonomik – auch darüber, ob Ökonomik überhaupt ein Menschenbild benötigt – kreist immer wieder um den homo oeconomicus, der in der Regel mit dem Verhaltensmodell der Neoklassik verbunden wird. John Stuart Mills Ausführungen „Über die Definition der Politischen Ökonomie und die ihr angemessene Forschungsmethode"stellen bereits

1836 klar, dass Politische Ökonomie nicht die Gesamtheit der menschlichen Natur behandelt, sondern allein ökonomische Bestrebungen, die dadurch gekennzeichnet sind, dass Mittel zur effizienten Erreichung von Zielen eingesetzt werden. „Sie abstrahiert völlig von allen anderen Leidenschaften oder Motiven des Menschen". Für Mill ist klar, dass es sich bei homo oeconomicus nicht um einen Menschen aus Fleisch und Blut handeln kann: „Nicht dass jemals ein politischer Ökonom jemals so töricht gewesen wäre, anzunehmen, die Menschheit sei wirklich so beschaffen, sondern vielmehr, weil dies die Art und Weise ist, wie eine Wissenschaft zwangsläufig vorgehen muss." (S. Mill 1976: 62) Aus dieser Sicht ist der homo oeconomicus der neoklassischen Ökonomie kein Menschenbild, denn er stellt keine ontologische Kategorie dar.

Pointiert bezeichnet Franz mit Machlup homo oeconomicus als „Gedankenretorte", die ein Erklärungskonzept, eine „heuristische Fiktion" darstellt (S. Franz 2004: 9 ff.). Folgt man Franz darin, dass gleichwohl „die Verhaltensannahme des ökonomischen Ansatzes auf tatsächlichen Einsichten in die menschliche Natur beruht", soweit die Menschen ökonomische Ziele verfolgen, kann Homo oeconomicus auch als „Semifiktion" angesehen werden (H. J. Schlösser 1992: 41), denn die Wirklichkeit wird nur alteriert, aber nicht ganz verlassen.

Der Wert einer heuristischen Fiktion liegt in dem, was durch sie möglich ist. Im Unterschied zur Hypothese behauptet die Fiktion nicht etwas Wirkliches, sondern etwas, nach dem sich die Wirklichkeit berechnen und begreifen lässt. Die Fiktion verfolgt also einen praktischen Zweck in der Wissenschaft, sie ist ein Mittel. Ohne solche Kunstgriffe des Denkens wären weder theoretische Physik noch theoretische Volkswirtschaftslehre möglich geworden.

Eine einzige unvereinbare Tatsache kann eine Hypothese stürzen, davon aber kann bei der heuristischen Fiktion nicht die Rede sein. Es ist ein Denkfehler, sich durch Widersprüche der Fiktion mit der Erfahrungswirklichkeit beirren zu lassen und aus solchen Widersprüchen Welträtsel herauszuklauben. Daher ist es auch kontraproduktiv, im Kontext von homo oeconomicus beispielsweise über den „guten Menschen" zu grübeln.

Absichtliche Einseitigkeit ist ein Motor für die wissenschaftliche Erkenntnis; allerdings muss sie bei der praktischen Anwendung korrigiert werden. Praktische Anwendungen der Volkswirtschaftslehre sind die Wirtschaftspolitik und die Wirtschaftsdidaktik. Was die reine Theorie vorläufig außer Acht gelassen hat, muss nachträglich wieder in Anschlag gebracht werden. Diese Frage der Berichtigung ist ebenfalls eine Aufgabe der Volkswirtschaftslehre, wobei die Strenge der wissenschaftlichen Anordnung der praktischen Nützlichkeit zum Teil wieder geopfert wird.

2 Formale Modelle und ökonomisches Denken

Neoklassik fokussiert unter Abstraktion vom konkreten Marktgeschehen auf die Katallaktik. So gelingt die Strukturierung der grundlegenden Wirkungszusammenhänge. Neoklassische Wirtschaftstheorie bringt die Volkswirtschaftslehre auf den Weg zur exakten Wissenschaft. Sie liefert die entscheidungstheoretische Fundierung, welche der klassischen Theorie fehlt.

Die Prozesse, welche von Ungleichgewichten zu Marktgleichgewichten führen, werden in der Wirtschaftstheorie in formalen Modellen bearbeitet. Und diese formalen Modelle sind es, in denen homo oeconomicus steckt. Menschen aus Fleisch und Blut zeigen zweckgerichtetes Verhalten. Wenn dieses zweckgerichtete Verhalten in formalen Modellen abgebildet wird, also in „analytischen Konstrukten" (L. Robbins 1985), dann wird es in die Fiktion vollständiger Rationalität, eben: in homo oeconomicus, transformiert. Die formalen Modelle beruhen auf der homo oeconomicus-Fiktion, nicht aber das ökonomische Denken an sich.

Kritiker, welche das volkswirtschaftliche Denken ablehnen – es besagt im Kern: in einer Welt der Knappheit muss eine Auswahl getroffen werden, und diese Auswahl ist mit Opportunitätskosten verbunden – irren, wenn sie meinen, durch die Ablehnung der homo oeconomicus-Fiktion mit der Volkswirtschaftslehre fertig geworden zu sein. Wenn „sich alle darüber im Klaren wären, dass homo oeconomicus nichts ist als ein Hilfsmittel zur Erkenntnisgewinnung [...] wäre er wahrscheinlich nicht zu einem solchen allgemeinen Popanz geworden. Aber natürlich denken alle, er [...] lauere hinter jeder Verallgemeinerung der ‚Gesetze von Angebot und Nachfrage' [...], die dem Wunsche so abträglich sind, man könne gleichzeitig den Kuchen behalten und ihn essen. Und genau dies ist der Grund dafür, dass homo oeconomicus so wütend angegriffen wird." (L. Robbins 1984: 97, Übersetzung HJS).

3 Der dynamische Menschenbegriff

Homo oeconomicus wurde als Semifiktion charakterisiert, weil auch die neoklassische Ökonomie Interesse an der „Natur" des Menschen hat. Ein solches Interesse an der Natur des Menschen ist allerdings für die klassischen Ökonomen (Smith, Ricardo, Mill) noch viel zentraler gewesen; im Hinblick auf die „Anthropologie von Adam Smith" ist es daher legitim, zumindest im Zusammenhang mit den Klassikern vom „Menschenbild der Ökonomie" zu sprechen (Manstetten 2002). Um ihr Interesse am Menschen zu verfolgen, ist es hilfreich, in gebotener Kürze auf die Renaissance und auf die Aufklärung zu rekurrieren.

„Die Renaissance ist die Morgendämmerung des Kapitalismus“ (Heller 1982: 10). Sie bringt mit dem „dynamischen Menschen“ (ebenda) einen neuen Menschentypus und gleichzeitig einen Menschenbegriff hervor, der sich vom antiken wie vom mittelalterlichen unterscheidet. Das Schicksal gilt als eine Folge dessen, was der einzelne aus sich gemacht hat und ist eine Kategorie der richtigen Wahrnehmung gesellschaftlicher Dynamik. Die Dialektik von Mensch und Schicksal kann daher als die Zentralkategorie des dynamischen Menschenbegriffes angesehen werden.

Eine weitere Kategorie des dynamischen Menschenbegriffs ist die Vielseitigkeit bzw. Allseitigkeit. In der Renaissance gibt es mehr vielseitig gebildete Menschen als in der späteren bürgerlichen Entwicklung. Es „entstand der ‚allseitige Mensch‘, l’uomo universale“ (J. Burckhardt 1988: 103).Vielseitigkeit bedeutet darüber hinaus Aufhebung der ständischen Einseitigkeit. Die plebejischen Schichten allerdings bleiben von alledem beinahe unberührt.

Zweifellos bestehen Verbindungen zwischen Renaissance und Aufklärung. Sie unterscheiden sich aber auch in verschiedener Hinsicht, zum Beispiel im Verhältnis zur Vernunft. Während bei Leonardo die Erkenntnis durch die ruhelose Neugierde des Menschen versinnbildlicht wird, die ihn dazu treibt, vom hellen Tageslicht in die dunkle Tiefe der Höhle hinabzusteigen, ist sie für Diderot ein Kerzenlicht, das, wenngleich nur flackernd, die Finsternis erhellt. Die Renaissance begreift die Vernunft noch als ethisch widersprüchliche Kraft, häufig sogar als Verbündete des Teufels. In der Aufklärung dagegen ist sie ungebrochen ein Synonym für Erhellung.

Ob es jemals ein homogenes Menschenideal gegeben hat, das sich mit dem Menschenbegriff gedeckt hat, kann hier nicht geklärt werden. Möglicherweise gilt dies für die Antike, auf welche sich die Renaissance ja bezogen hat, also für den idealisierten ionisch-attischen Polis-Bürger, für die römische Republik oder die Frühzeit des Cäsarenreichs. Im christlichen Mittelalter jedenfalls widersprechen sich Menschenbegriff – basierend auf dem Konzept der Verdorbenheit – und Menschenideal – basierend auf der Idee der Gnade – krass. In der Renaissance tritt an die Stelle des überlieferten mittelalterlichen Menschenbegriffs der dynamische Menschenbegriff und das christliche Menschenideal wird in den Hintergrund gedrängt.

Der Menschenbegriff der Renaissance ist homogen: Der Mensch als Schöpfer seines Schicksals, der sich selbst verwirklicht. Von einem einheitlichen Menschenideal dagegen kann nicht die Rede sein. Selbst die Gestalt Christi und die Marienfigur werden pluralistische Ideale mit einer Vielfalt von Interpretationen, was in der Kunst besonders deutlich hervortritt: Das mittelalterliche Ideal von Christus als Leidendem und Erlöser verblasst und weicht einer Idealvielfalt mit Christus als König, Herr, Denker, Plebejer usw.

Zur Pluralisierung der Ideale gehört ein pluralistisches moralisches Wertsystem, oder anders: der Verfall der einheitlichen Wertordnung. Was für den einen eine Tugend ist, wird vom andern verlacht, ein gemeinsamer Kanon existiert nicht mehr, und immer neue Werte werden geschaffen. Machiavelli, Montaigne, Bacon und Shakespeare, „die vier großen Vollender der Renaissance" (A. Heller 1982: 28), trennen Wert, Tugend und Ideal in einer Welt, in welcher das Individuum sich in einem relativierten und widersprüchlichem Wertesystem positionieren muss.

Gesellschaftsideal und Menschenideal hängen zusammen: Wenn Machiavelli in „Der Fürst" jegliches Staatsideal verwirft, dann damit gleichzeitig jegliches Menschenideal. Nun tritt das Konzept des eigennützigen, auch das des egoistischen Menschen in den Vordergrund: An ihm werden die Möglichkeiten von Moral und Politik gemessen.

Das Streben nach Wiedervereinigung von Menschenbegriff und Menschenideal jedoch verschwindet nicht. Aber es wird auf andere, nur mäßig erfolgreiche Weise praktiziert, beispielsweise durch Rousseau: Um sein Menschenideal, das er als Revolutionär braucht, zu bewahren und gleichzeitig die Menschen so zu sehen wie sind, vereinigt er Menschenideal und Menschenbegriff durch eine historische Fragestellung. Waren die Menschen schon immer so, wie sie sind, und warum sind sie so geworden? Rousseau verwirft die Gegenwart und sieht die Menschen als durch die herrschende Gesellschaft depraviert an. Es folgt seine Forderung des „Zurück zur Natur".

4 Die Bedeutung des Eigennutzes bei Adam Smith

Das Selbstinteresse spielt bei Smith in soweit eine Rolle, als das „natürliche" Streben, die eigene wirtschaftliche Lage zu verbessern, ein wesentliches Motiv dafür ist, überhaupt wirtschaftlich tätig zu werden. Dieses Streben nach Verbesserung der eigenen Lage sorgt in der Wirtschaft für Dynamik. Ohne Fähigkeit zur „sympathy" jedoch, ohne Sittlichkeit, wird das summum bonum, der letzte moralische Zweck wirtschaftlichen Handelns, verfehlt.

Nirgendwo ist in Smiths Werk die Rede davon, dass der menschliche Egoismus der Ursprung des Wohlstandes sei. Es ist die Arbeitsteilung der Vielen: sie stellt die Ursache des Reichtums der Nationen dar, und Arbeitsteilung kann es ohne Tausch und Kauf nicht geben. Tausch und Arbeitsteilung erfordern Kommunikation, Kooperation sowie ein adäquates Sozialverhalten. Damit schließt Smith auf seine spezifische Weise an das Menschenbild des zoon politikon an.

Marktwirtschaftlicher Wettbewerb kanalisiert den Egoismus. Die Arbeitsteilung bedarf des Altruismus nicht. Selbst wenn keiner der wirtschaftlich handelnden Menschen das Interesse des Gemeinwesens berücksichtigt, wirkt sich dieses Handeln zum Vorteil der Allgemeinheit aus. Der Eigennutz in den Grenzen des Sittlichen – also reguliert durch Smiths „Sympathie" – führt durch die „unsichtbare Hand" des Marktes zur harmonischen Gestaltung des Ganzen. Markt und Sittlichkeit – so finden wir es später auch bei Ludwig Erhard – sind die beiden Säulen einer guten Wirtschaftsordnung.

Die moralische Prägung ökonomischen Nachdenkens ist bei keinem so ausgeprägt wie bei Adam Smith. Bei seinen Nachfolgern kristallisiert sich stärker „economic man" als Menschenbild der Wirtschaftswissenschaft heraus. Der ökonomische Mensch kalkuliert, und wer kalkuliert, ist kalkulierbar. Er stellt zwar keine moralische Lichtgestalt dar, aber seinen Weg pflastern weniger Kollateralschäden als den des trieb- und leidenschaftsgesteuerten „natürlichen" Menschen (natural man). Aus dieser Perspektive ist der kalkulierende, auf seinen Vorteil bedachte Mensch kein pessimistisches Konstrukt. Und neigen gar die Heerführer zum ökonomischen Kalkül, so tendieren die Schlachten zum Unblutigen und die Akteure zu Verhandlungslösungen.[1] Für solche Krämerseelen haben Heldenverehrer allerdings wenig übrig (W. Sombart 1915).

Aus der Sicht der Klassischen Nationalökonomie hat die Welt den Händlern mehr zu verdanken als den Helden. Die Wirtschaft ist nicht amoralisch, sondern entwickelte sogar eigene moralische Strukturen: Zahlungsmoral, Liefersicherheit, Verpflichtung auf Effizienz. Die Wirtschaftsordnung wird um ein Menschenbild herum gedacht, das weder des Menschen Wolf (Hobbes) noch den seiner Natur nach guten, lediglich durch Zivilisation verdorbenen Menschen (Rousseau) darstellt. Dieser homo oeconomicus ist sicherlich etwas langweilig, aber durchaus tauglich für eine „irenische Ordnung" (Müller-Armack) der friedfertigen Konfliktlösungen.

5 Die Neue Institutionenökonomik: Opportunismus und eingeschränkte Rationalität

Eine Wirtschaftsordnung kann als Implementationsergebnis von Institutionen angesehen werden (A. Pitsoulis 2004: 28). Als handlungslenkende Elemente verhindern sie erratisches oder täuschendes Verhalten, vermindern Unsicherheit

1 Herrn Prof. Athanassios Pitsoulis verdanke ich den Hinweis auf Macchiavelli, der sich darüber beklagt, dass die Condottieri, also militärische Unternehmer, zur unblutigen, verlustarmen Kriegsführung neigten.

und bringen so *Ordnung* in die alltäglichen Tätigkeiten. Konsistente und sanktionsbewehrte Regeln ermöglichen die Kooperation zwischen den Individuen, denn sie schaffen systematische und nachvollziehbare individuelle Handlungsmuster (D. C. North 1988: 208).

Haben sich Institutionen einmal etabliert, dann lassen sie sich aufgrund von Lerneffekten bei den Akteuren nicht beliebig ändern. Das Beharrungsvermögen ist umso größer, je größer die positiven Netzwerkexternalitäten sind. Interdependente Ordnungen, beispielsweise Wirtschaftsordnung und politische Ordnung, werden sich als Implementationsergebnisse von *verbundenen* Institutionen deshalb nicht schlagartig ändern. Die Pfadabhängigkeit erfüllt eine wichtige Stabilisierungsfunktion, stellt aber auch ein Hindernis für institutionellen Wandel dar. Dies erklärt, warum sich auch ineffiziente Ordnungen über lange Zeit halten können.

Institutionen determinieren die Transaktionskosten in einer Volkswirtschaft und können eine wichtigere Rolle spielen als beispielsweise technische Neuerungen. Niedrige Transaktionskosten fördern die Arbeitsteilung, hohe Transaktionskosten verhindern Kooperation. Nicht Technik ist entscheidend, sondern die Ordnung der Wirtschaft. In sofern kommt die Institutionenökonomik, jedenfalls in der Ausprägung der „Virginia School“, als wirtschaftstheoretische Richtung dem wirtschaftspolitischen Leitbild der Sozialen Marktwirtschaft Ludwig Erhards von allen theoretischen Strömungen der zeitgenössischen Volkswirtschaftslehre am nächsten.

Die Institutionenökonomik arbeitet mit einem mentalen Modell, in dem die Akteure nicht lediglich eine Zielfunktion maximieren, sondern auch durch Institutionen und Weltansichten, also durch Ideen und Ideologien, geleitet werden. Die beiden zentralen sind begrenzte Rationalität und Opportunismus. Die Akteure kennen nicht alle Handlungsoptionen, die ihnen offenstehen, sie sind nur unvollständig informiert und können zukünftige Ereignisse schlecht einschätzen und bewerten. Deshalb schließen sie gezwungener Maßen „unvollständige“ Verträge ab, die Lücken und Unklarheiten aufweisen und den Vertragspartnern Möglichkeiten eröffnen, den anderen zu übervorteilen.

Unvollständige Rationalität wäre unproblematisch, wenn kein Vertragspartner solche Lücken listig ausnutzen würde. Aber gerade die „Verfolgung des Eigeninteresses unter Zuhilfenahme von List“ (O. E. Williamson 1990: 54), der Opportunismus, prägt das Verhaltensmodell der Institutionenökonomik. Begrenzte Rationalität und Opportunismus zusammen erhöhen die Transaktionskosten. Opportunismus stellte andererseits kein Problem dar, wenn alle Verträge perfekt wären

Ein typisches Anwendungsbeispiel der Institutionenökonomik besteht in Abstimmungsproblemen zwischen einem Auftraggeber (Prinzipal) und einem

Auftragnehmer (Agent). Der Agent hat gegenüber dem Prinzipal einen Informationsvorsprung: Er verfügt über Informationen, die dem Prinzipal unbekannt sind (versteckte Information) und kann handeln, ohne den Prinzipal zu informieren (verstecktes Handeln). Ein Anwendungsgebiet des Prinzipal-Agent-Ansatzes ist das Abstimmungsverhalten in gesetzgebenden Körperschaften. Prinzipal ist die Wählerschaft, der Gesetzgeber ist der Agent. Der Ansatz liefert „reichliches, wenn auch umstrittenes Material zu der Frage, in welchem Ausmaß der Gesetzgeber unabhängig von den Wählerinteressen handelt“ (D. C. North 1992: 130).

6 Beiträge aus der Psychologie und der Neuroökonomik zum Menschenbild der Wirtschaftswissenschaft

Psychologische Forschungsergebnisse (B. S. Frey/M. Benz 2002) deuten darauf hin, dass nicht, wie in der neoklassischen Ökonomie angenommen, das absolute Versorgungsniveau mit Gütern und Dienstleistungen den Nutzen des Individuums bestimmt, sondern dass stattdessen Veränderungen im Vergleich zu einem Referenzniveau für die Lebensqualität entscheidend sind. Ein solches Referenzniveau kann durch den Konsum der Vergangenheit determiniert sein oder durch den erwarteten zukünftigen Konsum. Letztlich geht es darum, habituelle Konsumniveaus in die Nutzenfunktion zu inkorporieren.

Eines der wichtigsten Ergebnisse der Forschung zur Bedeutung von Referenzpunkten lautet, dass die Aversion, welche die Konsumenten gegen Absenkungen der Versorgung unter ihr Referenzniveau empfinden, viel höher ist als die Wertschätzung, die sie gleich großen Steigerungen über ihr Referenzniveau entgegenbringen: Sie bewerten Verluste etwa doppelt so hoch wie gleich große Gewinne.

Mit der Verlust-Aversion sind Ausstattungseffekte verbunden. Wenn eine Person ein Gut besitzt, schätzt sie es höher, als wenn sie es nicht besitzt: Der Besitz verschiebt den Referenzpunkt der Person. In die gleiche Richtung wirkt die Status-Quo-Verzerrung. Hier impliziert Verlust-Aversion, dass Individuen den Status gegenüber Veränderungen vorziehen, selbst wenn mögliche Verluste durch höhere Gewinne kompensiert werden.

Inspiriert durch die experimentelle Psychologie haben verschiedene Ökonomen eine entschiedene Abkehr vom Menschenbild der Neoklassik vollzogen (D. Kahnemann 2003). Der Mensch verfügt nur über begrenzte intellektuelle Ressourcen, seine Willenskraft ist ebenfalls eingeschränkt, er ist ungeduldig und neigt zur Selbsttäuschung. Individuen, die sich selbst täuschen, versuchen über „normatives Refraiming“ Entscheidungssituationen so umzudeuten, dass normverletzende Entscheidungen positiv besetzt werden und die Selbstachtung nicht infrage gestellt wird.

Akteure entscheiden in der Realität nicht nur danach, worin die Handlungsoptionen bestehen, sondern auch danach, wie sie sich repräsentieren. Zwei Situationen mögen rechnerisch identisch sein, aber mathematische Äquivalenz ist nicht dasselbe wie kognitive Äquivalenz. Wenn ein Kunde mit einer Kreditkarte bezahlt, so fallen für den Händler zusätzliche Kosten an. Ein Preisaufschlag für Kartenzahler wird aber viel unwilliger hingenommen als ein gleich hoher Rabatt für Barzahler, obwohl es sich rechnerisch um dasselbe handelt (R. H. Thaler 1980).

Beschränkte Rationalität, Verlust-Aversion und Willensschwäche spielen eine wichtige Rolle in der modernen wirtschaftswissenschaftlichen Forschung und stellen das traditionelle Bild von homo oeconomicus infrage. Eine allgemeine Theorie, die dies alles zusammenführt, steht jedoch noch aus.

Die Erkenntnisfortschritte in den Neurowissenschaften haben neuerdings Wirtschaftswissenschaftler dazu angeregt, menschliches Verhalten als komplexe Interaktion zwischen kontrollierten und automatischen Prozessen und zwischen kognitiven und affektiven Systemen zu modellieren (C. Camerer u. a. 2002). Um die Bedeutung von Emotionen für ökonomisches Handeln zu untersuchen, werden in Laborversuchen Emotionen erzeugt und gemessen, insbesondere mit bildgebenden Verfahren der Neurowissenschaften (Kernspintomographie). Es lässt sich zeigen, dass Belohnungsareale im menschlichen Gehirn stärker aktiviert werden, wenn die Versuchspersonen mit Menschen anstatt mit Computern kooperieren, auch wenn die materiellen Gewinne gleich hoch sind. Vermutlich empfinden Menschen mit einer Präferenz für Fairness zwischenmenschliche Kooperation als besonders belohnend. Daraus wird geschlossen, dass der Mensch über eine emotionale Ausstattung verfügt, die Kooperation begünstigt.

Die Neuroökonomik ist dabei, sich als eine neue wirtschaftswissenschaftliche Teildisziplin herauszubilden. Ihr zentrales Forschungsthema ist die Steuerung sozialer Interaktionen durch das menschliche Gehirn. Die Hirnforschung hat sich mit diesem Zusammenhang bisher nicht befasst. Der Versuch, eine Synthese von Neurowissenschaften und Ökonomie zu Neuroökonomie herbeizuführen, zeigt, dass die Hirnforschung und die kontroversen Diskussionen, die sie begleiten – beispielsweise über die Autonomie des Individuums, Willensfreiheit und Selbststeuerung – nun auch die Wirtschaftswissenschaft erreicht hat.

7 Menschenbild und Wirtschaftsordnung am Beispiel Ludwig Erhards

Die Frage nach dem Menschenbild der Ökonomie und die Frage nach der Wirtschaftsordnung stehen in einem engen Zusammenhang, jedenfalls solange der Mensch als soziales und politisches Wesen angesehen wird. Menschliches Dasein ist ursprünglich soziales Dasein, und das „bedeutet, dass gleich ursprünglich mit dem Menschen die Möglichkeit einer Ordnung seines gesellschaftlichen Daseins gegeben sein muß." (H. L. Barth 1961: 184). Im Hinblick auf Ludwig Erhard ist die wichtige Beziehung zwischen Erhards Ordnungsmodell und seinem Bild vom Menschen hervorzuheben.

Erhards Menschenbild ist vielschichtig und basiert auf seiner fundierten philosophischen und gesellschaftswissenschaftlichen Bildung und seiner christlichen Überzeugung. Allerdings ist es kaum explizit im ordnungspolitischen Schrifttum behandelt worden. Die Soziale Marktwirtschaft ist eine vom Humanum bestimmte und getragene Ordnung (L. Erhard 1962: 484). Erhard sah im Mittelpunkt seines eigenen Wirkens stets den arbeitenden Menschen. Die von Erhard anvisierte Formierte Gesellschaft spiegelte das Menschenbild wieder, dass er vor Augen hatte: ein Bild vom Menschen als zôon politikón mit „prometheischer Haltung" (Gemper), ein selbstbewusster Bürger, der für sich selbst verantwortlich ist und dementsprechend *handelt* – und auch dementsprechend *behandelt* werden muss.

Erhards Menschenbild basiert nicht auf einer naiven Anthropologie. Er hat durchaus gesehen, dass die meisten Menschen sehr viel stärker nach Sicherheit streben als nach Freiheit. Deshalb muss eine freiheitliche Politik besonders legitimiert werden, was sich bei Erhard darin niederschlägt, dass mit Sozialer Marktwirtschaft Wohlstand für alle verbunden wird. Das ist keineswegs materialistisch gedacht, sondern es geht um wirtschaftliche Sinngebung. Marktwirtschaft und Effizienz sind keine Zwecke an sich, und Ordnungspolitik erschöpft sich nicht in „Anreizkompatibilität". Deshalb „gründet die Legitimation einer Wettbewerbsordnung nicht in ihrer Effizienz, sondern im Interesse der Bürger. Dies ist aber keine ökonomisch-mechanistische, sondern eine politisch-konzeptionelle Aufgabe" (N. Goldschmidt 2002: 222).

Andererseits war Erhards Menschenbild auch nicht pessimistisch. Sein zoôn politikón, sein citoyen verfügt über Einsicht und Erkenntnis, guten Willen, gesunden Menschenverstand und wirtschaftliche Vernunft (L. Erhard 1962: 277). Erhards Menschenbild ist geprägt durch den selbstbewussten und verantwortlichen, an gesellschaftlichen Werten orientierten Citoyen, mit vernunftorientiertes Pflichtbewusstsein. Gewiss zeichnet sich nicht jeder Einzelne durch alle diese Vorzüge aus. Erhard war aber fest davon überzeugt, dass sich in Politik und Wirtschaft genügend Fachleute finden, die fähig und willens sind, eine Wirtschafts- und Gesellschaftsordnung zu verwirklichen, welche auf seinem Menschenbild basierte.

Erhard nahm eine holistische Perspektive ein: Gewiss gehört homo oeconomicus *auch* zum Menschenbild, aber ebenfalls homo socialis und homo politicus. Der tiefe Graben, der die heutige Hauptströmung der Ökonomie, die neoklassische Wirtschaftstheorie, von Ludwig Erhard trennt, lässt sich kaum deutlicher aufzeigen als durch einen Rückgriff auf den von Erhard sehr geschätzten Wilhelm Röpke. Röpke hatte immer wieder jene Ökonomen kritisiert, die über ihren ausgefeilten mathematischen Methoden die gesellschaftliche Wirklichkeit vergessen und die Wirtschaft losgelöst von Kultur und Geschichte beschreiben.

Röpke hingegen betrachtete das Wirtschaftsleben nicht als etwas Isoliertes, sondern begriff es als Bestandteil der Kultur und versuchte, ökonomische Ausprägungen von Krisen auf ihre sozialen, kulturellen und moralischen Ursachen hin zu erklären (H. J. Schlösser/M. H. Schlösser 2007). Genau so beruhte Erhards Menschenbild nicht auf dem Glauben an die Rechenhaftigkeit des menschlichen Lebens, sondern auf der Vorstellung, dass der Mensch von Geschichte und Kultur beeinflusst wird und vor diesem Hintergrund die Wirtschaft formt. Die wichtigste wirtschaftspolitische Konsequenz daraus ist die Erkenntnis, dass das gesellschaftliche Leben in seiner „schicksalhaften Gestaltung und Ausrichtung" (Erhard) nicht für „machbar" zu erachten ist.

Literatur

Barth, H. L. (1961): Wahrheit und Ideologie. Zürich/Stuttgart.

Burckhardt, J. (1988): Die Kultur der Renaissance in Italien. 11. Auflage. Stuttgart.

Camerer. C./Loewenstein, G./Prelec, D. (2005): Neuroeconomics: How Neuroscience Can Inform Economics. In: Journal of Economic Literature. 43. Jahrgang. S. 9-64.

Erhard, L. (1962): Deutsche Wirtschaftspolitik. Der Weg der Sozialen Marktwirtschaft. Düsseldorf u. a.

Franz, S. (2004): Grundlagen des ökonomischen Ansatzes: Das Erklärungskonzept des Homo Oeconomicus: International Economics. Working Paper 2004-02. Potsdam.

Frey, B. S./Benz, M. (2002): Ökonomie und Psychologie: Eine Übersicht. In: Rosenstiel, D. und L. von (Hrsg.): Enzyklopädie der Wirtschaftspsychologie. Göttingen.

Goldschmidt, N. (2002): Wirtschaft ohne Wunder. Zum 25. Todestag von Ludwig Erhard. In: Die neue Ordnung. 56. Jahrgang, S. 221-223.

Heller, A. (1982) Der Mensch der Renaissance. Köln.

Kahnemann, D. (2003): Maps of Bounded Rationality: Psycology for Behavioural Econmics. Revised Version of the Nobel Prize Lecture. In: American Economic Review. S. 1449-1475.

Krol, G.-J. (2005): Ökonomische Verhaltenstheorie. In: May, H. (Hrsg.): Handbuch zur ökonomischen Bildung. 8. Auflage. München/Wien. S. 15-29.

Krol, G.-J./Kruber, K-P. (Hrsg.) (1999): Die Marktwirtschaft an der Schwelle zum 21. Jahrhundert – Neue Aufgaben für die ökonomische Bildung? Bergisch Gladbach.

Manstetten, R. (2002): Das Menschenbild der Ökonomie. Der homo oeconomicus und die Anthropologie von Adam Smith. Freiburg (Breisgau).

Mill, J. S. (1976): Einige ungelöste Probleme der politischen Ökonomie. Frankfurt u. a.

North, D. C. (1988): Theorie des institutionellen Wandels. Tübingen.

Pitsoulis, A. (2004): Entwicklungslinien ökonomischen Denkens über Systemwettbewerb. Marburg.

Robbins, L. (1985): An Essay on the Nature and Significance of Economic Science. 3d Edition. New York .

Schlösser, H. J./Schlösser, M. H. (2007): Das Menschenbild von Wilhelm Röpke. In: Die Neue Ordnung. 61. Jahrgang. S. 422-430.

Schlösser, H. J. (1992): Das Menschenbild in der Ökonomie. Köln.

Sombart, W. (1915): Händler und Helden. München.

Thaler, R. H. (1980): Towards a Positive Theory of Consumer Behavoiur. In: Journal of Economic Behaviour and Organization. 1. Jahrgang. S. 39-60.

Williamson, O. E. (1990): Die ökonomischen Institutionen des Kapitalismus. Tübingen.

Zum Zusammenhang von Gerechtigkeitsurteilen über Marktwirtschaft und ökonomischer Kompetenz

Günther Seeber

Im Folgenden werden grundsätzliche Überlegungen für eine Verknüpfung empirischer Gerechtigkeitsforschung mit fundamentalen wirtschaftsdidaktischen Annahmen vorgestellt. Als Ergebnis soll ein Gerüst für ein Forschungsdesign skizziert werden, das sich der Frage widmet, inwieweit Gerechtigkeitsurteile von Schülern mit Blick auf empirische Phänomene und systemische Regeln der Marktwirtschaft von ihrer ökonomischen Kompetenz abhängen. Es handelt sich hierbei deshalb um ein Fundamentum wirtschaftsdidaktischer Forschung, weil ökonomische Bildung das Ziel verfolgt, Schülern eine Urteilskompetenz für ökonomisch geprägte Lebenssituationen zu vermitteln. Wären die allgegenwärtigen Urteile, die eine ethische bzw. politisch-soziale Wertung über ökonomische Zusammenhänge beinhalten, unabhängig vom ökonomischen Domänenwissen, verlöre die ökonomische Bildung weitgehend ihre Legitimation als Teil der Allgemeinbildung.

Zunächst soll dargestellt werden, vor welchem sozioökonomischen und wirtschaftstheoretischen Hintergrund die Fragestellung entwickelt wird.[1] Anschließend wird der Gerechtigkeitsbegriff aus empirischer Sicht beleuchtet und danach die wirtschaftsdidaktische Relevanz des Vorhabens erläutert. Abschließend gilt es, das Forschungsdesign zu skizzieren, wobei besonders die Problematik der Erfassung ökonomischer Kompetenz zu diskutieren sein wird.

---

1 Den Anstoß zur Integration dieser Fragestellung in einen gemeinsamen interdisziplinären Projektantrag mit dem Titel „Wirtschaftsordnung und soziale Gerechtigkeit“ gab Viktor Vanberg, Leiter des Walter Eucken Instituts in Freiburg. Ihm und allen anderen beteiligten Wissenschaftlern verdanke ich eine Reihe in diesem Beitrag verarbeiteter Anregungen. Neben dem Genannten möchte ich namentlich noch Stefan Liebig von der Universität Duisburg-Essen und Bernd Remmele von der Wissenschaftlichen Hochschule Lahr (WHL) nennen, da ich von deren Arbeit besonders profitiert habe.

1 Gerechtigkeit und Marktwirtschaft

Die Marktwirtschaft als unsere Wirtschaftsordnung bedarf ebenso der gesellschaftlichen Legitimation wie andere gesellschaftliche Institutionen. Diese Legitimation kann als gegeben angenommen werden, wenn die Menschen die Ordnung als insgesamt zustimmungsfähig wahrnehmen (ausführlich V. Vanberg 1997). Als zustimmungsfähig erweist sie sich aber nicht nur, wenn die Institutionen effizient die ihnen zugewiesenen Funktionen erfüllen, sondern wenn deren Funktionsprinzipien als gerecht empfunden werden. Gerechtigkeit ist der Maßstab, an dem sich gesellschaftliche Institutionen messen lassen müssen. Sie äußert sich in erster Linie darin, wie die Grundrechte und -pflichten geregelt sind und wie der erwirtschaftete Wohlstand verteilt wird (J. Rawls 1979: 23).

Insofern findet die Marktwirtschaft laut empirischer Forschungsergebnisse grundsätzliche Zustimmung: Im Frühjahr 2005 äußerte immerhin etwas mehr als die Hälfte der Befragten (55 %) einer repräsentativen Stichprobe in Deutschland, sie sehe Einkommensunterschiede als durch das Leistungs-, Motivations- (Anreiz-) und Marktprinzip legitimiert an (S. Krömmelbein u. a. 2007: 66). Als Legitimationsindikator der Marktwirtschaft ist dieses Resultat angesichts der Bedeutung von Verteilungsgerechtigkeit im alltäglichen Gerechtigkeitskonstrukt bemerkenswert. Ähnlich kann eine Umfrage des Instituts für Demoskopie Allensbach interpretiert werden, nach der 47 % gegenüber 37 % der Befragten lieber in einem „liberalen" als in einem „fürsorglichen" Staat leben (FAZ 16. Mai 2007, Nr. 13: 5). Allerdings sehen 42 % gegenüber 30 % mehr Gerechtigkeit im „fürsorglichen" Staat verwirklicht.

Hier kommt möglicherweise ein Paradoxon zum Ausdruck (ausführlich V. Vanberg 2005): Da mit einem liberalen Staat regelhaft eine marktwirtschaftliche Ordnung einhergeht, scheint diese in der vergleichenden Perspektive vor allem zur Wahrung individueller Freiheiten geeignet. Jedoch ist sie systemintern bzw. in ihrer praktischen Ausprägung nicht unumstritten, wie weitere empirische Ergebnisse zeigen. Das Paradoxon erscheint als eine Vermischung verschiedener Ebenen. Einmal findet die Marktwirtschaft auf der Regelebene eher Zustimmung, das andere Mal wird auf der Ergebnisebene Skepsis offensichtlich. Die Kritik äußert sich speziell mit Blick auf Gerechtigkeitsfragen. So fanden 72 % in einer TNS Emnid-Umfrage vom August 2007, die Regierung tue zu wenig für die soziale Gerechtigkeit (DIE ZEIT 9. August 2007, Nr. 33: 4).

Auch die oben genannte Repräsentativbefragung von 2005 fördert einen Zufriedenheitswert mit der sozialen Absicherung zutage, der im Vergleich mit allen anderen abgefragten Lebensbereichen am niedrigsten ist (S. Krömmelbein u. a. 2007: 135). Fast 80 % stimmen der Aussage zu, die soziale Gerechtigkeit habe in den vergangenen drei, vier Jahren abgenommen. Knapp 90 % empfinden die Einkommensunterschiede als zu hoch (ebenda: 61). Letzteres passt zu den Erkenntnissen des International Social Justice Project, das 1992 in 13 Ländern durchgeführt wurde. In allen Ländern fanden die Befragten, das Einkommen von Arbeitern müsste gerechterweise höher sein, als es real ist. Insgesamt zeigen Umfragen „eine deutliche Tendenz zu egalitären Verteilungen" (S. Liebig 2002: 86), was marktbestimmten Verteilungsergebnissen nicht entspricht. Deshalb sieht die Mehrheit der Deutschen Verteilungsgerechtigkeit nur bei staatlichen Interventionen in marktwirtschaftliche Allokationsergebnisse als realisierbar an (S. Krömmelbein u. a. 2007: 61).

Eine Ursache der Spannung zwischen grundsätzlicher Zustimmung zu den Regeln der Marktwirtschaft und der empfundenen Gerechtigkeitslücke kann in den veränderten Rahmenbedingungen und in tradierten Werten gesehen werden. Die Eingebundenheit Deutschlands in weltwirtschaftliche Entwicklungen mit einem ‚Wettbewerb der Systeme' führte zu Reformen in den Sozialsystemen, die mit den biographisch und kulturell erworbenen Gerechtigkeitsvorstellungen kollidieren können. Die entstehende Verunsicherung kann das Vertrauen in die sozialen Sicherungssysteme längerfristig belasten (S. Krömmelbein u. a. 2007: 16). So urteilt Leisering (2004), der Konflikt sei in die deutsche Sozialpolitik zurückgekehrt und führt das auf die Spannungen zwischen unterschiedlichen Gerechtigkeitsparadigmen zurück: Bedarfs- und Teilhabegerechtigkeit versus „produktivistische", marktinduzierte Gerechtigkeit.

Wenn auf der einen Seite die Ordnung legitimiert scheint, die von ihr hervorgebrachten Ergebnisse auf der anderen Seite aber ungerecht erscheinen, kann man von einem Paradoxon sprechen. Da die veränderten Rahmenbedingungen lediglich Symptome eines dynamischen Wettbewerbssystems sind und nicht Ausdruck eines grundsätzlichen Systemwandels, liegt für den Wirtschaftsdidaktiker die Frage nahe, ob die Dissonanzen durch ein fehlendes Systemverständnis hervorgerufen werden. Dann könnten Gerechtigkeitsurteile je nach dem Grad ökonomischer Kompetenz unterschiedlich ausfallen. Bevor andere Einflussfaktoren und im Verhältnis dazu die Sinnhaftigkeit dieser Annahme dargestellt werden, soll zunächst referiert werden, wie es um die ökonomische Kompetenz – insbesondere von Schülern – bestellt ist.

2 Ökonomische Kompetenz, Gerechtigkeitsurteile und wirtschaftsdidaktische Forschung: Grundlagen

Bisher durchgeführte Untersuchungen zum ökonomischen Wissensstand deutscher Schüler von allgemeinbildenden Schulen kommen alle zu dem Schluss, dass erhebliche Defizite vorliegen (z. B. C. Sczesny/S. Lüdecke 1998, R.

Würth/H. J. Klein 2001, K. Müller/B. Fürstenau/R. Witt 2007). Der Mehrzahl der Untersuchungen liegt der Wirtschaftskundliche Bildungstest (WBT) zugrunde, eine Übertragung des Test of Economic Literacy ins Deutsche. Die getesteten Schüler konnten im Durchschnitt selten mehr als die Hälfte der Fragen richtig beantworten. In der groß angelegten Studie von Sczesny und Lüdecke (N = 9.142) wurden über alle Probanden hinweg 45 % der Fragen korrekt beantwortet. Würth und Klein, die ihre Befragung auf Baden-Württemberg beschränkten, benutzten eigens entworfene Items, die sich an den Lehrplaninhalten orientierten. Je nach Schulart und Alter der Schüler lag die Bandbreite der richtigen Lösungen zwischen 25 % und 59 %.[2]

Aus diesen und weiteren Studien (Überblick: G. Seeber 2006) resultiert in der Regel die Forderung nach einer Intensivierung des ökonomischen Unterrichts und einer angemessenen Lehrerausbildung im Fach. Müller und Koautoren (2007: 245 f.) stellen aufgrund ihrer Ergebnisse fest, dass die Lösungswahrscheinlichkeit mit den Lehrplaninhalten teilweise korreliert, also bei einer Behandlung des Stoffes im vorausgegangenen Unterricht steigt. Beck und Wuttke (2004: 120) erkannten bei ihrer Befragung von Studienanfängern ebenfalls Kompetenzvorsprünge bei Personen mit einer abgeschlossenen kaufmännischen Berufsausbildung. Zu ähnlichen Ergebnissen hinsichtlich des Zusammenhangs zwischen unterrichtlichen Erfahrungen (High School, College) und ökonomischem Wissen kommt eine us-amerikanische Befragung Erwachsener (J. Gleason, L. J. Van Scyoc 1995).

Gerade mit Blick auf den Bildungsanspruch schulischer Ausbildung zeigt sich ein wirtschaftsdidaktischer Forschungsbedarf. Im pädagogischen Diskurs gilt eine Person als gebildet, wenn sie in der Lage ist, selbständig eine Haltung gegenüber einer Sache, sich selbst und der Mitwelt einzunehmen. Ein solches Individuum besitzt Urteilskompetenz. Für sein Urteil benötigt es neben einem ethisch-sozial fundierten Orientierungswissen eben auch Sachwissen. Für eine moralische Beurteilung marktinduzierter Phänomene sollte also nicht nur ein reflektiertes Gerechtigkeitsempfinden, sondern ebenso ökonomische Urteilskraft vorhanden sein. In unserem Zusammenhang wird das durch eine evidenzbasier-

2 Interessanterweise schneiden die Schüler mit dem Leistungskurs Gemeinschaftskunde besser ab, als jene des Wirtschaftsgymnasiums. Ein gleichgerichtetes Ergebnis förderte die Untersuchung von Beck und Wuttke (2004) zutage, nach der Studienanfänger aus dem Wirtschaftsgymnasium ein geringeres ökonomisches Vorwissen – gemessen mit dem WBT – mitbrachten, als jene aus dem allgemeinbildenden Gymnasium. Sie vermuten für das Fachgymnasium eine Vermittlung ‚trägen Wissens'. In allen Untersuchungen zeigt sich außerdem eine geschlechtsspezifische Verteilung: Mädchen und junge Frauen schneiden schlechter ab als ihre männlichen Mitschüler bzw. Kommilitonen. Würth und Klein (2001: 138) konstatieren sogar ein nahezu totales Desinteressebekenntnis angehender Abiturientinnen bezüglich Themen des Wirtschaftslebens, das ursächlich für die schwächeren Leistungen sein könnte.

te, nicht validierte Untersuchung von Carrithers und Peterson (2006) bestätigt: Studierende der ökonomischen Fakultät an der Hochschule der Autoren äußerten sich völlig konträr in einem Interview zu Gerechtigkeitsfragen in der Marktwirtschaft gegenüber Studierenden der Theologie. Während erstere den Zusammenhang oft nicht wahrnahmen – Gerechtigkeit ist keine ökonomische Perspektive – empfanden die anderen die Marktwirtschaft im Wesentlichen als ungerecht. Als Schlussfolgerung für beide Gruppierungen halten die Autoren fest (ebenda: 375): "They fail to address opposing ideas critically because they lack any context to do so. … Armed with only one side of an enormous, complex issue, or unable to navigate the lines of the debate, they will not be equipped to help design social policy." Gerade diese Fähigkeit zu einem wirtschaftsbürgerlichen, kritischen und sachgerechten Engagement strebt ökonomische Bildung an.

Auf welche Weise das Ziel erreicht werden kann, wird in der Wirtschaftsdidaktik kontrovers oder zumindest mit deutlich verschiedenen Akzentuierungen diskutiert. Während zum Beispiel Krol (2001a und 2001b) ein stärker aufklärerisches Element in den Vordergrund stellt und den originären Beitrag einer ökonomischen Bildung in der systematischen Durchdringung individueller Anreizsituationen und gesellschaftlicher Dilemmata sieht, betonen andere die Bedeutung eines werteorientierten Unterrichts. Zu Recht sehen Autoren wie Krol die Gefahr eines moralisierenden Unterrichts, der eher Gesinnung als Wissen und Urteilskompetenz vermittelt. In einer Zusammenführung von Fach- und Wertebildung (z. B. bei G. Seeber 1995) – einer dritten Diskussionslinie – ist nicht nur ein Kompromiss zu sehen, sondern die Verknüpfung normativer Pädagogik (Bildungsanspruch) mit empirischer Evidenz (mangelnde Urteilskompetenz bei einseitiger Wissensorientierung).

Die Erforschung des Zusammenhangs zwischen ökonomischer Kompetenz und Gerechtigkeitsurteilen darf also als ein Desiderat wirtschaftsdidaktischer Grundlagenforschung betrachtet werden. Sie knüpft an zentrale Überlegungen der Fachdidaktik an. Darüber hinaus sind Schüler auch für die empirische Gerechtigkeitsforschung von besonderem Interesse. Diese geht davon aus, dass sich Gerechtigkeitsvorstellungen weniger aus rationalen Argumenten ableiten als aus persönlichen Einflüssen. Hier spielen dann das Alter, das ökonomische Interesse oder die sozioökonomische wie kulturelle Eingebundenheit eine Rolle (S. Liebig, H. Lengfeld 2002: 8). Es ist deshalb zwischen reflektierten Gerechtigkeits*urteilen* und – zum Beispiel tradierten – Gerechtigkeits*einstellungen* zu unterscheiden.

Aus einer didaktischen Perspektive ist Liebig (2002: 82) zuzustimmen, der Urteile als das Ergebnis einer Abwägung betrachtet, die erst zustande kommt, nachdem die Probanden über die Erwartung informiert wurden, sie sollten einen Standpunkt der Unparteilichkeit einnehmen und ihre Urteile begründen. Eine solche Positionierung ist nämlich die Grundlage von Urteilskompetenz. Da diese als Zielvorstellung ökonomischer Bildung betrachtet wird, ist in der Unterscheidung Liebigs ein Ansatz für die Schülerbefragung zu sehen: Es sollten insbesondere Urteile gefordert werden, deren Abwägung ökonomische Kompetenzen – speziell im Hinblick auf marktwirtschaftliche Verfahrensregeln – erfordert.

Bisherige Untersuchungen haben typischerweise Einstellungen abgefragt und nicht ein rationales Urteil eingefordert. Das gilt auch für Krömmelbein u. a. (2007). Sie haben aber gegenüber früheren Studien die Einstellung mit dem Einflussfaktor „Informiertheit“, gemessen als Faktenwissen über sozialpolitische Maßnahmen, neu korreliert. Aus den Ergebnissen könnten sich eventuell Analogien oder zumindest Impulse für das Vorgehen bei der Erforschung unseres Themas ergeben. Gut Informierte vertrauen überdurchschnittlich in die sozialen Sicherungssysteme und wünschen für die Zukunft weder höhere Staatsausgaben noch Steuern.

Bei der unabhängigen Variablen „Erwerbsstatus“ übernehmen die Forscher eine Kategorisierung, die als Klasse auch „Schüler/Studenten“ ausweist. Die Gruppe der Schüler und Studenten akzeptiert mehr Eigenverantwortung in der Zukunft und spricht sich deutlich gegen höhere Staatsausgaben aus. Ebenso befürwortet sie überdurchschnittlich stark eine höhere Eigenbeteiligung, vertraut sehr stark in die sozialen Sicherungssysteme und sieht soziale Sicherheit häufiger realisiert als alle anderen Gruppen (ebenda: 103, 126, 157). Inwieweit diese Einstellungen durch die fehlenden Erfahrungen der Schüler mit marktwirtschaftlichen Mechanismen beeinflusst werden, da zum Beispiel die soziale Absicherung über die Eltern oder Transfers geregelt wird, bleibt ebenso offen wie der Einfluss des ökonomischen Wissens.

Wenn – wie gesehen – die ökonomische Kompetenz der Schüler wenig ausgeprägt ist, gleichzeitig ein Verständnis des Marktssystems aber neben allgemeinen kognitiven Kompetenzen eindeutig ökonomische Kompetenz erfordert, dann liegt die Vermutung nahe, Gerechtigkeitsurteile bezüglich marktwirtschaftlicher Phänomene und Strukturen könnten in Abhängigkeit vom Wirtschaftswissen zustande kommen. In der Studie von Würth und Klein (2001: 229 f.) zeigt sich tatsächlich ein Zusammenhang zwischen ökonomischem Verständnis und Akzeptanz der Marktwirtschaft. Bei den Leistungskursschülern ‚Gemeinschaftskunde' der Klasse 12, welche die besten Testergebnisse hatten, liegt die Zustimmung zur Marktwirtschaft bei 85 % (ebenda: 178). Andererseits assoziieren die Schüler mit Marktwirtschaft – vorgelegt wurden 15 Begriffe zur Assoziation – selten ‚Gerechtigkeit', sehr wohl aber ‚Profitstreben' und ‚großes Warenangebot' (ebenda: 174). Auch hierin ist ein Indiz für das Vorhandensein des skizzierten Paradoxons zu sehen.

Bevor nun ein Ansatz zur empirischen Erfassung des Zusammenhangs von Gerechtigkeitsurteilen und ökonomischer Kompetenz vorgestellt werden kann, sollen ein paar systematische Anmerkungen klären helfen, von welchem Gerechtigkeitsbegriff ausgegangen wird. Zum einen ist noch einmal auf die Unterscheidung zwischen Einstellung und Urteil hinzuweisen, und zum anderen gilt es, die Domänenspezifität von Gerechtigkeitsurteilen hier kurz zu erläutern. Beides ist für das Design der anvisierten Studie Voraussetzung.

3 Gerechtigkeit: Typisierungen und Prinzipien

Im Hinblick auf die Einstellungen existiert ein eigener Zweig der Gerechtigkeitsforschung: die Einstellungsforschung. Sie arbeitet mit dem Instrument der Einstellungstypen, wie sie auch im International Social Justice Project unterschieden werden. Die vier Typen (Ideologien) sind (S. Krömmelbein u. a. 2007: 41):

- *Individualismus*: Im Mittelpunkt steht die individuelle Freiheit. Die Personen orientieren sich an der Gerechtigkeit des Marktes.
- *Egalitarismus/Etatismus*: Der Staat hat für den Ausgleich ungerechter Marktergebnisse zu sorgen. Die Personen orientieren sich an den Prinzipien der Gleichheit und des Bedarfs.
- *Askriptivismus*: Eine Verteilung hat entsprechend einer bestimmten Gruppenzugehörigkeit zu erfolgen.
- *Fatalismus*: Es wird auf Gerechtigkeitsforderungen verzichtet.

Es handelt sich bei diesen Typen um Einstellungen bezüglich der *Verteilungsgerechtigkeit*. Einstellungen werden nicht in Form von Urteilen im obigen Sinn erhoben, sondern mithilfe generalisierender Aussagen. In solchen Fällen kommen eher personale Präferenzen zum Ausdruck. Bei Urteilen sollen dagegen ethische Präferenzen erfasst werden (S. Liebig 2002: 88). Die Probanden sollten dann prinzipiengeleitet urteilen. Prinzipien sind typischerweise domänenspezifisch. Drei dieser Prinzipien sind laut empirischen Forschungsbefunden von zentraler Bedeutung. Sie kommen wiederum in unterschiedlichen Situationstypen (Domänen) zum Tragen (G. Mikula 2002):

- Solidarische Gemeinschaften: *Bedürfnisprinzip* (Zuteilung nach Bedürftigkeit),
- Bürgerschaft: *Gleichheitsprinzip* (Zuteilung nach einem gleichrangigen Mitgliedsstatus),

- Produktionsorientierte Gruppen: *Leistungsprinzip* (Zuteilung nach dem individuellen Leistungsbeitrag).

An dieser Stelle ist zu fragen, ob Verteilungsgerechtigkeit für eine Marktwirtschaft überhaupt den passenden Maßstab darstellt, oder ob nicht vielmehr eine ordnungs- anstelle einer ergebnisbezogenen Beurteilung angebracht ist. Dann wäre nach der *Regelgerechtigkeit* einer Marktwirtschaft zu fragen (V. Vanberg 2006). Genau hier besteht die Gefahr der Fehlapplikation, die Ausdruck des angenommenen Paradoxons ist: Domänen können vermischt und die Verteilungsergebnisse als Messlatte eines Alltagsverständnisses von Gerechtigkeit auf grundsätzliche Urteile über die Wirtschaftsordnung fälschlicherweise transferiert werden.

Für ein wirtschaftsdidaktisches Forschungsdesign bleibt zunächst einmal festzuhalten:

1. Im Vordergrund sollten Urteile und nicht Einstellungen stehen. Die Zielsetzung ökonomischer Bildung ist Urteilskompetenz und nicht eine Einstellungsänderung. Sicherlich bleibt es dennoch von Interesse, den Zusammenhang zwischen der Entwicklung eines ökonomischen Verständnisses und einer möglichen Einstellungsveränderung zu ermitteln. Hierbei kann auf die genannte Typisierung zurückgegriffen werden. Eine Befragung müsste dann sowohl generalisierende Aussagen, als auch regelbezogene Urteile einbeziehen.
2. In einer empirischen Studie müssen die Domänen unterschieden werden. Fragen der Regelgerechtigkeit sollten unterscheidbar von jenen zur Ergebnisgerechtigkeit mit den ökonomischen Kompetenzen korreliert werden.

4 Zur Erfassung des Zusammenhangs von ökonomischer Kompetenz und Gerechtigkeitsurteilen

Im Mittelpunkt steht der *Entwicklungs*zusammenhang zwischen ökonomischer Kompetenz und Gerechtigkeitsurteilen. Idealerweise sollte also eine Längsschnittuntersuchung zu Grunde gelegt werden, auch wenn eine Bestandsaufnahme zum Zeitpunkt x hinsichtlich einer Korrelation beider Faktoren bereits aussagekräftig sein könnte. Da mit der formalen Bildung auch die moralische Urteilsfähigkeit steigt (L. Kohlberg 1996: 123 ff.) und für Urteile zur Regelgerechtigkeit die Abstraktionsfähigkeit mit Blick auf sozialvertragliche und universalistische Prinzipien Voraussetzung ist, bietet sich die Befragung von Schülern der gymnasialen Oberstufe an[3], die gemäß Lehrplan Wirtschaftskunde angeboten bekommen. Der Schuljahresanfang in Klasse 11 entspricht dem Zeitpunkt t_0 und die Wiederholungsbefragung sollte frühestens mit Beginn der 12ten Klasse (t_1) stattfinden. Mehr als zwei Befragungen sind aufgrund anzunehmender befragungsspezifischer Lerneffekte nicht sinnvoll.

Das eigentliche Problem stellt die Erfassung der ökonomischen Kompetenz dar. Der WBT ist ein auf ein lehrbuchorientiertes Grundwissen hin konzipiertes Befragungsinstrument. Auch wenn die Anwender dieses Verfahrens den insgesamt 46 Aufgaben in vier ökonomischen Dimensionen fünf Niveaustufen auf der Basis der Bloomschen Taxonomie kognitiver Lernziele zuweisen (K. Beck, V. Krumm 1998: 18), die einen Rückschluss auf das Wissensniveau zulassen, ist der Test als Ganzes für die vorliegende Fragestellung kein hinreichendes Fundament. Zunächst ist festzustellen, dass bisherige Untersuchungen erwartungswidrige Häufigkeitsverteilungen der korrekt beantworteten Fragen bezüglich der Niveaustufen zu Tage förderten (K. Müller/B. Fürstenau/R. Witt 2007: 243). Die Schüler beantworteten mehr Fragen der Kategorie „Anwenden" richtig als der Kategorie „Verstehen". Die Taxonomie nimmt jedoch an, dass das Verstehen vor dem Anwenden kommt. Darüber hinaus fehlt die Kategorie „Synthese" komplett. Die Probanden müssen also keine eigenständigen Lösungen auf der Basis von Analyse und Evaluation vorhandener Lösungen produzieren. Es ist aber zu überlegen, ob nicht genau diese Fähigkeit für die Untersuchung des vorliegenden Forschungsproblems benötigt wird.

Dem WBT liegt ein Modell zugrunde, das die Aneignungsprozesse und damit Annahmen über den Verlauf ökonomischer Kompetenzentwicklung ausblendet. Es ist deshalb darüber nachzudenken, inwieweit bei der Erfassung ökonomischer Kompetenz die dem seit der Standardisierungsdiskussion viel beachteten, kognitionspsychologischen Modell des so genannten Klieme-Gutachtens (E. Klieme u. a. 2003) zugrundeliegenden Annahmen aufgenommen werden sollten. Das Modell nimmt Bezug auf Schulfächer, hat die Leistungsmessung im Blick und macht Aussagen über die erwarteten Inhaltskategorien und den Aneignungsverlauf. Demnach wären zum einen nicht nur ökonomische Begriffsvorstellungen und ökonomisches Grundlagenwissen relevant, sondern ebenso diesen Inhalten zuzuordnende Denkoperationen und Verfahren. Zum anderen sollte die Stufung anders als beim WBT den Aneignungsverlauf der Kompeten-

3 Eine Befragung von Schülern beruflicher Schulen böte sich aufgrund des anzunehmenden gleichen Entwicklungsstandes ebenfalls an. Erstens hat der Verfasser aber die ökonomische Allgemeinbildung und damit auch das allgemeinbildende Schulwesen im Blick, und zweitens zeigt sich, dass die moralischen Urteile bei Berufsschülern auch von empirischen Bedingungen des Ausbildungsverhältnisses geprägt werden (K. Beck u. a. 2001).

zen nachvollziehen (G. Seeber/J. Krämer 2007). Da nach Klieme u. a. die Kompetenzen als Standards für den Abschluss eines bestimmten Schulabschnittes gedacht sind, ist jedoch zu problematisieren, inwieweit Tests für Standards in unserem Zusammenhang geeignet sind. Sie beziehen sich auf den Wissenstand am Ende des Schulabschnitts und sollten nicht schon zu Beginn der Klasse 11 vorgelegt werden. Vielmehr sind Items zu entwickeln, die zum Zeitpunkt t_0 und t_1 gleichlautend vorgelegt werden.

Für die Domäne[4] Ökonomie fehlt bisher ein validiertes Kompetenzmodell, das den Anforderungen der Kognitionspsychologie genügt. Die vorliegenden Vorschläge sind noch im Stadium diskussionswürdiger Entwürfe. Dazu zählt auch die Systematik der Deutschen Gesellschaft für ökonomische Bildung (DeGöB 2004). Ihr Vorteil ist es, dass sie über die Lehrbuchgliederung hinaus Dimensionen formuliert, die sich an den erwarteten Kompetenzen zur Bewältigung ökonomisch geprägter Lebenssituationen orientieren. Dadurch ist eine Adaption für unser Vorhaben möglich, weil die ökonomische Urteilskompetenz des Wirtschaftsbürgers ebenso erfasst wird, wie seine Fähigkeit „Konflikte perspektivisch und ethisch [zu] beurteilen“ (ebenda).

Vor der Abfassung der Fragebögen ist also der Stand der Diskussion zur Modellierung ökonomischer Kompetenzen aufzuarbeiten. Es steht zu vermuten, dass Teile des bereits validierten WBT zum Einsatz kommen können (Begriffe und Grundlagen) und mit neuen Items kombiniert werden, die den genannten Problemen gerecht werden. Auf der einen Seite kann das ökonomische Basiswissen unter besonderer Berücksichtigung ordnungsökonomisch relevanter Kategorien und auf der anderen Seite synthetisierende, perspektivenübergreifende Problemlösungskompetenz erfasst werden. Letzteres erfordert entsprechende Testitems, die trennscharf systemische Kompetenzen (Regelwissen) und Urteile unterscheiden.

Urteilserwartungen (Unparteilichkeit usw.) müssen als solche von den Probanden erkannt werden. Die vorzufindenden Antworten sollten sich den Gerechtigkeitsdomänen zuordnen lassen, um so eventuelle Fehlapplikationen zu identifizieren. Alternativ oder zusätzlich könnten Items zum Einsatz kommen, die die Gerechtigkeitskonzeptionen der Schüler domänenbezogen aufdecken. Ergänzende Einstellungsfragen lassen im Längsschnitt Rückschlüsse auf den Entwicklungszusammenhang von Wissen und Werten zu.

Insbesondere auf die Einstellungen haben neben dem Wissen eine Reihe anderer Faktoren Einfluss, wie oben beschrieben wurde. Es ist zu prüfen, inwieweit diese als Variablen aufgenommen werden müssen, um den Einfluss der ökonomischen Kompetenz auf die Gerechtigkeitsurteile und die Einstellungen isolie-

4 Einer Domäne im Sinne des Gutachtens entspricht ein Schulfach.

ren zu können. In dem vorgeschlagenen Design sollte sich erkennen lassen, ob bessere Kenntnisse wirtschaftlicher Zusammenhänge tatsächlich zu einem reflektierten Umgang mit dem durch das Paradoxon beschriebenen Spannungsverhältnis führen. Wenn die Individuen in der Lage sind, Kategorienfehler zu erkennen, lässt sich die Spannung zumindest kognitiv auflösen. Letztlich wäre dies ein wichtiger Schritt, um die fachdidaktisch angestrebte Wirtschaftsbürgerrolle kompetent wahrnehmen zu können. Das gilt insbesondere, wenn die erkannte Divergenz von Gerechtigkeitsempfinden und Marktresultaten zu reflektierten Strategien der Auflösung – idealer Weise auch in Form von gesellschaftspolitischem Engagement – führten. Weiterführend wäre dann zu fragen, wie effektive didaktische Interventionen aussehen könnten.

Literatur

Beck, K./Krumm, V. (1998): Wirtschaftskundlicher Bildungs-Test (WBT). Handanweisung. Göttingen.

Beck, K. u. a. (2001): Progression, Stagnation, Regression – Zur Entwicklung der moralischen Urteilskompetenz während der kaufmännischen Berufsausbildung. Arbeitspapiere Wirtschaftspädagogik des Lehrstuhls für Wirtschaftspädagogik der Universität Mainz. Nr. 33. Mainz.

Beck, K./Wuttke, E. (2004): Eingangsbedingungen von Studienanfängern – Die prognostische Validität wirtschaftskundlichen Wissens für das Vordiplom bei Studierenden der Wirtschaftswissenschaften. In: Zeitschrift für Berufs- und Wirtschaftspädagogik. 100. Band. Heft. 1. S. 116-123.

Carrithers, D. F./Peterson, D. (2006): Conflicting Views of Markets and Economic Justice: Implications for Students Learning. In: Journal of Business Ethics. Heft 69. S. 373-387.

DeGöB Deutsche Gesellschaft für ökonomische Bildung (Hrsg.) (2004): Kompetenzen der ökonomischen Bildung für allgemein bildende Schulen und Bildungsstandards für den mittleren Bildungsabschluss. O. O.

Gleason, J./Van Scyoc, L. J. (1995): A Report on the Economic Literacy of Adults. In: Journal of Economic Education. Heft 3. S. 203-210.

Klieme, E. u. a. (2003): Zur Entwicklung nationaler Bildungsstandards. Eine Expertise. Hrsg. v. Bundesministerium für Bildung und Forschung. Bonn.

Kohlberg, L. (1996): Die Psychologie der Moralentwicklung. Frankfurt am Main.

Krol, G.-J. (2001a): "Ökonomische Bildung" ohne „Ökonomik"? Zur Bildungsrelevanz des ökonomischen Denkansatzes. In: Sowi-onlinejournal. Zeitschrift für Sozialwissenschaften und ihre Didaktik. 2. Jg. Ausgabe 1.

Krol, G.-J. (2001b): Environmental Problems, Morals and Incentives in Modern Societies. In: Tolba, M. K. (Hrsg.): Our Fragile World Challenges and Opportunities for Sustainable Development. Vol. I. Oxford. S. 973-982.

Krömmelbein, S. u. a. (2007): Einstellungen zum Sozialstaat. Repräsentative Querschnittsuntersuchung zu grundsätzlichen gesundheits- und sozialpolitischen Einstellungen in der Bevölkerung Deutschlands 2005. Opladen & Farmington Hills.

Leisering, L. (2004): Paradigmen sozialer Gerechtigkeit. Normative Diskurse im Umbau des Sozialstaats. In: Liebig, S./Lengfeld, H./Mau, S. (Hrsg.): Verteilungsprobleme und Gerechtigkeit in modernen Gesellschaften. Frankfurt am Main, New York. S. 29-68.

Liebig, S. (2002): Gerechtigkeitseinstellungen und Gerechtigkeitsurteile. Zur Unterscheidung zweier Urteilskategorien. In: Liebig, S./Lengfeld, H. (Hrsg.): Interdisziplinäre Gerechtigkeitsforschung. Zur Verknüpfung empirischer und normativer Perspektiven. Frankfurt/New York. S. 77-102.

Liebig, S./Lengfeld, H. (2002): Gerechtigkeitsforschung als interdisziplinäres Projekt. In: Liebig, S./ Lengfeld, H. (Hrsg.): Interdisziplinäre Gerechtigkeitsforschung. Zur Verknüpfung empirischer und normativer Perspektiven. Frankfurt a.M./New York. S. 7-22.

Mikula, G. (2002): Gerecht und ungerecht: Eine Skizze der sozialpsychologischen Gerechtigkeitsforschung. In: Held, M./Kubon-Gilke, G./Sturm, R. (Hrsg.): Gerechtigkeit als Voraussetzung für effizientes Wirtschaften. Marburg. S. 257-278.

Müller, K./Fürstenau, B./Witt, R. (2007): Ökonomische Kompetenz sächsischer Mittelschüler und Gymnasiasten. In: Zeitschrift für Berufs- und Wirtschaftspädagogik. 103. Band. Heft 2. S. 227-247.

Rawls, J. (1993): Eine Theorie der Gerechtigkeit. 7. Auflage. Frankfurt/Main.

Sczesny, C./Lüdecke, S. (1998): Ökonomische Bildung Jugendlicher auf dem Prüfstand: Diagnose und Defizite. In: Zeitschrift für Berufs- und Wirtschaftspädagogik, 94. Band Heft 3. S. 403-420.

Seeber, G. (1995): Umweltbildung und Bewusstseinsbildung - Eine Betrachtung im Bezugsrahmen der Ökonomie. In: Wirtschaft und Erziehung, 4/95. S. 122-128.

Seeber, G. (2006): Ökonomische Bildung in der Schule – Notwendigkeiten und Handlungsbedarfe. Diskussionspapiere der WHL Wissenschaftliche Hochschule Lahr. Nr. 7. Lahr.

Seeber, G./Krämer, J. (2007): Zur Modellierung ökonomischer Kompetenzen vor dem Hintergrund eines fragwürdigen Domänenbegriffs - das Beispiel Nachhaltige Entwicklung. In: Fischer, A./Seeber, G. (Hrsg.): Nachhaltigkeit und ökonomische Bildung. Bergisch Gladbach. S. 44-63.

Vanberg, V. (1997): Die normativen Grundlagen von Ordnungspolitik. In: ORDO 48. S. 707-726.

Vanberg, V. (2005): Das Paradoxon der Marktwirtschaft: Die Verfassung des Marktes und das Problem der ‚sozialen Sicherheit'. In: Leipold, H./Wentzel, D. (Hrsg.): Ordnungsökonomik als aktuelle Herausforderung. Stuttgart. S. 52-67.

Vanberg, V. (2006): Marktwirtschaft und Gerechtigkeit – Zu F. A. Hayeks Kritik am Konzept der „sozialen Gerechtigkeit". In: Held, M./Kubon-Gilke, G./Sturn, R. (Hrsg.): Soziale Sicherung und Marktwirtschaft. Marburg. S. 39-70.

Würth, R./Klein, H. J. (2001): Wirtschaftswissen Jugendlicher in Baden-Württemberg. Eine empirische Untersuchung. Künzelsau.

Teil 3
Ökonomik und Bildung

Zur bildungspolitischen und didaktischen Nachhaltigkeit von ökonomischer Bildung: drei Dilemmata

Hans Kaminski

Die ökonomische Bildung ist im allgemein bildenden Schulsystem eine der wenigen inhaltlichen Innovationen der Nachkriegszeit in Deutschland – beginnend mit der Diskussion der Arbeitslehre durch das Gutachten des Deutschen Ausschusses für das Erziehungs- und Bildungswesen im Jahre 1964. Und es gibt in der Zunft der ökonomischen Bildner doch einige Kollegen/innen, die sich über Jahrzehnte mit und gegen Organisationen und Institutionen, mit bildungspolitischen Entscheidungen, mit inneruniversitären Machtstrukturen, Ministerien und Verbänden bei der mühsamen Etablierung der ökonomischen Bildung in Hochschule und Schule auseinandersetzen mussten.

Anlässlich der Emeritierung von Kollegen, die Jahrzehnte mit hohem Engagement und fachlicher Brillanz wie der Kollege Krol für die ökonomische Bildung gekämpft haben, gibt es gute Anlässe einen Augenblick darüber nachzudenken, mit welchen Erschwernissen die Etablierung von ökonomischer Bildung in Deutschland behaftet ist.

Vielleicht kann die nachfolgende kurze Skizze von Problemlagen für die weiteren Etablierungsbemühungen der ökonomischen Bildung den ein oder anderen nützlichen Hinweis geben, denn – dies ist meine persönliche Überzeugung: Es wird noch einer weiteren Generation bedürfen um folgendes im öffentlichen Bewusstsein zu verankern:

- Ökonomische Bildung ist Allgemeinbildung
- Ökonomische Bildung muss ein verpflichtendes Schulfach in allen Schulformen und Schulstufen sein
- Ökonomische Bildung benötigt hoch qualifizierte Lehrkräfte
- Ökonomische Bildung bedarf vielfältiger Forschungsanstrengungen

Der Beitrag dient dem Ziel, den Etablierungsprozess für die ökonomische Bildung intensiv weiter zu betreiben. Deshalb möge der Leser mir nachsehen, wenn die Beschreibung der Problemlagen nüchtern und pointiert ausfällt.

Bei der Etablierung einer neuen Bildungsaufgabe gibt es mehrere Dilemmata, die diesen Prozess wesentlich beeinflussen und für sich jeweils nicht auflösbar sind, alleine schon dadurch nicht, weil es bei knappen Zeitressourcen permanente Verwendungskonkurrenzen gibt. Als Dilemma wollen wir die Schwierigkeit der Wahl zwischen zwei Dingen bezeichnen, wenn für beide gleich gute Gründe sprechen. Betrachten wir die universitären und schulischen Institutionalisierungsprozesse für die ökonomische Bildung, dann lassen sich ohne Mühe zumindest drei Dilemmata für die Tätigkeit eines jeden Hochschullehrers identifizieren. Die Beschreibungen der Dilemmata sind nicht trennscharf; vielmehr handelt es sich jeweils um die Verschiebung einer Betrachtungsweise. Wenngleich es zwischen den drei Dilemmata Überschneidungen gibt, weisen sie jeweils einen spezifischen Kern auf, der mit dem Kern eines anderen Dilemmas mehr oder minder in Konkurrenz liegt.

- Dilemma 1: Lehrern helfen oder sich bildungspolitisch beteiligen?
- Dilemma 2: Lehrern helfen oder sich inneruniversitär einrichten?
- Dilemma 3: Inneruniversitäre Fachpolitik betreiben oder lehren/forschen?

1 Dilemma 1: Lehrern helfen oder sich bildungspolitisch beteiligen?

Der Schweizer Dubs kommt am Ende seiner sehr erfolgreichen Karriere als ökonomischer Bildner (R. Dubs 2001: 391) zu einer Einschätzung der wissenschaftlichen Tätigkeit, die einen eher nachdenklichen Unterton beinhaltet: „Ich komme je länger desto mehr zum Schluss, dass die langfristige Wirksamkeit eines Bildungssystems maßgeblich durch die bildungspolitischen Entscheidungen und weniger durch die Klärung von Einzelfragen – selbst wenn sie Wesentliches zur Verbesserung der Gestaltung und Durchführung einzelner Bildungsmaßnahmen beitragen – bestimmt ist. Deshalb muss die Wissenschaft versuchen, mehr Einfluss auf die langfristige Gestaltung der Bildungspolitik zu gewinnen. Andernfalls werden das Bildungswesen und vor allem die Berufsbildung immer mehr zu einem Spielball – meistens kurzfristig dem Zeitgeist entsprechender – politischer Ideen oder wirtschaftlicher und/oder sozialer, rein interessengerichteter Gruppenansprüche, welche langfristigen Notwendigkeiten – manchmal wider besseres Wissen – zu weiten Teilen vernachlässigen.“ (R. Dubs 2001: 393) „Andererseits haben viele Forscher das Interesse an solchen umfassenden bildungspolitischen Problemstellungen verloren, weil sich die politischen Entscheidungsgremien sowie die staatliche Bildungsverwaltung zunehmend weniger an Forschungsergebnissen orientieren und sich bei ihren Entscheidungen immer häufiger vom Gedanken der Machbarkeit und der Akzeptanz in der interessierten Öffentlichkeit leiten lassen. Weil dieser Zustand unbefriedigend ist, muss sich die Wissenschaft Gegenmaßnahmen überlegen.“ (ebenda)

Die Aussagen von Dubs lassen sich in Beziehung setzen zur Entwicklung der ökonomischen Bildung im allgemein bildenden Schulsystem. Alle Kollegen/innen, die sich an dieser Entwicklungsarbeit in der jahrelangen Aufbauzeit beteiligt haben, können empirische Belege dafür liefern, dass bildungspolitische Entscheidungen Forschung und Lehre mit einem Schlag entwerten können. Die erforderliche Frustrationstoleranz, um dennoch immer wieder neu anzusetzen, ist sowohl aus wissenschaftlicher wie auch aus persönlicher Sicht eine Herausforderung mit hohen Opportunitätskosten, die man sich gerne ersparen möchte. Die erkennbare Eigenlogik von Politik im Allgemeinen und Bildungspolitik im Besonderen ist unterschiedlich im Verhältnis zur Eigenlogik von Hochschulen, Schulen und Lehrertätigkeiten.

Ein kurzer Blick in die Geschichte der Wirtschaftslehre in NRW: nachdem in NRW Anfang der 1970iger Jahre an mehreren Hochschulen eigene Lehrstühle mit der Bezeichnung „Wirtschaftswissenschaften und Didaktik der Wirtschaftslehre“ o. Ä. etabliert worden waren, fasste die Landesregierung, nicht zuletzt „auf Betreiben der Kollegen für Politologie und Soziologie sowie der Lehrer für Sozialkunde und Politik trotz heftiger Kritik der Fachvertreter für Ökonomie den Beschluss, die Lehrerausbildungsgänge für Ökonomie durch ein integriertes Studium der Sozialwissenschaften abzulösen. Die Studienanteile wurden anteilmäßig auf die Teilgebiete Politik, Ökonomie und Soziologie verteilt.“ (F.-J. Kaiser 2008: 145 f.) Die Folgen sind bis in die Gegenwart spürbar. Ansätze einer professionellen Ökonomie-Ausbildung sowie einer wirtschaftsdidaktischen Forschung wurden damit an den Hochschulen – so Kaiser – auf ein Minimum reduziert; zumal den Studierenden die Möglichkeit gegeben war, eines der drei Teilgebiete als Schwerpunktfach zu wählen. Dies war meist nicht die Ökonomie (vgl. F.-J. Kaiser a. a. O.). Ein Blick auf die nordrhein-westfälische Landkarte zeigt, dass die ökonomische Bildung in den letzten beiden Jahrzehnten systematisch reduziert und Lehrstühle schrittweise abgeschafft wurden. Dabei hatte es zu keiner Zeit solch eine hohe Anzahl von Lehrstühlen für Wirtschaftswissenschaften und ihre Didaktik in einem Bundesland gegeben, vergleichbar am ehesten noch mit Berlin (dort jedoch mit einer anderen Konzeption an Schulen und Hochschulen).

Bildungspolitik muss es um öffentliche Zustimmung für Entscheidungen gehen. Diese müssen auch einen Beitrag zur Erzeugung von Massenloyalität leisten und haben deshalb immer den bildungspolitischen „Zeitgeist“ im Blick. Ein Beispiel: Jeder bildungspolitisch Verantwortliche weiß, dass neue Fächer zu Zeit-, Finanz- und Personalansprüchen führen. Nur zu gerne wurde deshalb von bildungspolitischen Akteuren angesichts der Forderung nach einem Schulfach

Wirtschaft die Argumentationsfigur des fachübergreifenden Arbeitens aufgegriffen, um gerade diese Fachansprüche abzuweisen („wider die Fachborniertheit"). Mit dieser Position ließen sich auch einfacher die divergierenden Interessen der Verbände befriedigen und im Ergebnis konnte sich die Bildungspolitik so relativ gemütlich in der „Öffentlichkeit" einrichten und sich mit ihr arrangieren. Eine konfliktfähige Interessenbündelung wurde nicht möglich. Dieses Phänomen ließ sich immer wieder beobachten: Fand sich ein Verband für die Verankerung der ökonomischen Bildung im allgemein bildenden Schulsystem, gab es immer wieder einen anderen, der dagegen war. Auch die Auseinandersetzung mit der politischen Bildung war hiervon geprägt. Während die Vertreter der ökonomischen Bildung eine sozialwissenschaftliche Öffnung, insbesondere mit Blick auf die politische Bildung zumeist als eine inhaltliche, didaktische Frage interpretiert haben und sich diskussionsbereit zeigten, haben viele Vertreter der politischen Bildung diese Frage konsequent als eine interessenpolitische Frage interpretiert und entsprechend agiert. Dies gilt bis heute (vgl. stellvertretend G. Weißeno 2006). Mit dem Ergebnis, dass die ökonomische Bildung unter dem disziplinierenden Dach der politischen Bildung und gefesselt an den Ketten des „Beutelsbacher Konsenses" diskutiert wird, um der vermeintlich „kritiklosen" Ökonomie ein politisches Bewusstsein einzuhauchen. Die fehlende Interessenbündelung aus dem Kreis der ökonomischen Bildner und der sozialwissenschaftlichen Kollegen hat allerdings auch zu keiner verbandspolitischen Konfliktfähigkeit geführt. Es lässt sich zeigen, dass die stärksten „Verbündeten" für die Landesministerien zumeist die „nicht-verbündeten" Fachvertreter auf Landesebene waren, weil diese in Abhängigkeit von der Landesposition didaktisch haftbar gemacht werden konnten. Es ist kompliziert auf Bundesebene für eine Fachposition einzutreten, wenn auf Landesebene eine integrative Lösung umgesetzt worden ist. Hier bietet sich aus den letzten Jahrzehnten üppiges empirisches Fallmaterial, wie sich Fachvertreter bei der Implementation der ökonomischen Bildung in Fesseln legen lassen müssen.

Die Verteilung ökonomischer Inhalte auf verschiedene Schuljahre in verschiedenen Fächern war in einigen Bundesländern der effektive Weg die ökonomische Bildung an den Hochschulen zu marginalisieren. Damit wurden nicht nur Lehrkulturen verhindert, sondern durch die Zersplitterung wurde auch organisationspolitisches Potenzial gar nicht erst geburtsfähig gemacht. Insbesondere die Fachdidaktik hatte keine Entwicklungschance. Die Stelle der Fachdidaktiker wurde gerne verwendet für fachpraktische Aufgaben, für die Betreuung von Fachpraktikanten oder von Betriebspraktika. Ein personell und fachlich ausgewogenes und lebensfähiges Lehr- und Forschungsfeld ist aber über eine „Ein-Mann/Frau-Veranstaltung" mit einer zusätzlichen halben abgeordneten Lehrkraft aus der Schule nur mühsam zu etablieren.

Das Dilemma für einen Hochschullehrer, z.B. die Berufung auf eine Stelle „Wirtschaftswissenschaften und Didaktik der Wirtschaftslehre“ für sich als erfreulich zu bewerten, kann sehr leicht in den nicht auflösbaren Widerspruch geraten, dass entweder durch eine „außen“-politische Entscheidung, die „inneruniversitäre Geschäftsgrundlage“ brüchig wird und eine als notwendig gesehene interessenpolitische Organisation über das eigene Bundesland hinaus sich gar nicht erst herstellen lässt. Wir konnten auch beobachten, dass Kollegen angesichts dieses Dilemmas durchaus die Möglichkeit nutzten wieder zurück in die Fachwissenschaft zu flüchten.

2 Dilemma 2: Lehrern helfen oder sich inneruniversitär einrichten?

Dilemma 1 erweitert sich leicht zu einem Dilemma 2. Was tun im Spannungsfeld inneruniversitärer Notwendigkeiten bei dem Aufbau einer Lehr- und Forschungseinheit einerseits und der schulischen Nachfrage nach Konzepten, Unterrichtsmaterialien, Fort- und Weiterbildung usw. andererseits. Soll eine neue inhaltliche Dimension bei Lehrkräften, Schülern und Eltern Akzeptanz bekommen, dann geht dies zunächst nur über attraktiven Unterricht, über das Wecken von Neugier bei Schülern. Von wo kann aber professionelle Hilfe kommen? Nehmen wir einmal an, dies sei über Hochschulen möglich, was nicht selbstverständlich sein muss, zumal dies nicht ganz unabhängig von der bisherigen Berufsbiografie von Hochschullehrern/innen zu beurteilen ist, d.h. wer vorwiegend eine fachwissenschaftliche Sozialisation bis zur Berufung auf einen fachdidaktischen Lehrstuhl hatte, benötigt verständlicherweise eine teilweise Neuausrichtung in Lehre und Forschung.

Damit lassen sich aber beide Dimensionen des Dilemmas aus Sicht eines Hochschullehrers einfach beschreiben. Einerseits die Frage: Wie kann das eigene Fachgebiet in der Hochschule institutionell, personell, finanziell etabliert und abgesichert werden? Andererseits die Frage: Lehrkräfte, die an den Schulen ökonomische (technische, hauswirtschaftliche o. ä) Bildung unterrichten (sollen), verlangen mit gutem Recht von Universitäten Unterstützung: Gebt uns Materialien, organisiert für uns Weiterbildungsveranstaltungen, kommt zu uns in die Praxis, seht euch die schulische Realität an und verlasst euren Elfenbeinturm. Was ihr an Hochschulen lehrt, soll doch bei unseren Schülern landen – oder? Und wir wissen: Wer Lehrer gewinnen will, muss ihnen Hilfen anbieten können, Materialien in Form von Unterrichtsplanungen, Arbeitsblättern, Methodenbeispielen, Schulbüchern, Lehrerbegleitbänden usw.

Der Unterricht findet mit Schülern der Hauptschule des 7. bis 9. oder 10. Schuljahres statt. Für den Lehrer haben deshalb Konzeptionsdebatten für oder gegen ein Fach, für oder gegen eine Verknüpfung von ökonomischer Bildung mit Technik oder Politik o. Ä. eine nachgeordnete Bedeutung. Diese Entscheidung ist bildungspolitisch wie auch immer motiviert in den Landesparlamenten schon erfolgt, wenn die erste Unterrichtsstunde in einem Inhaltsbereich an der Schule beginnt. Die für den Personaleinsatz verantwortliche Schulleitung hat auch schon die Entscheidung getroffen, wer diesen Unterricht übernehmen soll. Und vielfach waren es in den siebziger und achtziger Jahren Lehrkräfte, die über den zweiten Bildungsweg in die Schule gekommen sind, eine Berufsausbildung absolviert hatten und deshalb per se als qualifiziert galten[1] oder solche „bereitwilligen" Lehrkräfte, die hier schnell die Chance erkannt haben, für die Funktion z.B. als Klassenlehrer die neuen Unterrichtsstunden in das eigene Lehrdeputat in einer Klasse einzuverleiben, um möglichst viel Zeit für die Arbeit in der Klasse zur Verfügung zu haben. Und es gab erhebliche Nebeneffekte. Zum einen wurde die Unterrichtsversorgung in einigen Bundesländern auf diese Weise überhaupt erst möglich. In späteren Jahren konnten aber nicht selten jene an Universitäten ausgebildeten Lehrkräfte keine Anstellung im Schuldienst bekommen, weil Schulen keinen Bedarf meldeten. Eine Fachkultur konnte sich an Schulen so schwerlich entwickeln. „Hilfreich" war, dass sich dann mit der „Berufsorientierung" ein gemeinsames Identifikationsobjekt entwickelte, das offensichtlich die Bedeutung der Fachausbildung der Lehrkräfte minderte, weil Berufsorientierung, so die Meinung vieler Schulleitungen, doch jeder können müsse.

Dies sind alles bekannte Faktoren, aber es soll deutlich werden, mit welchem Dilemma bei der Etablierung ökonomischer Bildung gerechnet werden muss. Dies führt nur dazu, dass Lehrerkräfte nach Überlebenshilfen für Unterrichtsstunden suchen. Die Lehrer tun, was ihre Aufgabe ist: sie unterrichten, beraten, erziehen, entwickeln, administrieren. Aber: Konzeptionen kommen, Konzeptionen gehen, der Unterricht um 8 Uhr bleibt bestehen. Meine subjektive These ist, dass man sich angesichts des o. g. beschriebenen Dilemmas bei der Etablierung ökonomischer Bildung, der Arbeitslehre o. Ä. in den allgemein bildenden Schulen an den Hochschulen zu stark auf die Entwicklung didaktischer Arrangements sowie ausgefeilter Methodensets konzentriert hat. Taktisch-

1 Ich erinnere mich noch sehr deutlich, wie ich als junger Lehrer zur Wirtschaftslehre in NRW „expediert" wurde. Der damalige Schulrat des Kreises Höxter hatte erfahren, dass ich über den so genannten 2. Bildungsweg zum Lehramtsstudium gekommen bin und weil im Jahre 1968 ff. das Land NRW die Wirtschaftslehre in der Hauptschule eingeführt hatte, wurde ich schlicht beauftragt: Sie, Herr Kaminski, unterrichten jetzt die Klassen 7 bis 9 an der Volksschule Herstelle an der Weser. Damit war ich im gesamten Kreis einer von vielleicht fünf Kollegen, der Erfahrungen mit dem Fach Wirtschaftslehre gewinnen konnte und an andere Lehrkräfte weiter tragen sollte. Dies führte dann in den weiteren fünf Jahren meines Lehrerdaseins dazu, dass ich an den Schulen in Brakel und Bad Driburg wöchentlich zwischen 14 bis 18 Stunden nur Wirtschaftslehre unterrichtet habe.

strategische Aspekte der Bildungspolitik, der Öffentlichkeitsarbeit, der institutionellen Verankerung der ökonomischen Bildung im Wissenschaftssystem und im schulischen System sind damit eher in den Hintergrund gedrängt worden, weil die Personalausstattung es auch schlicht nicht zuließ beide Aufgaben gleichzeitig zu bewältigen. Im Konflikt den Lehrkräften Hilfen anzubieten und/oder das eigene Fachgebiet an der Hochschule zu etablieren, musste man sich für Lehrkräfte und Schüler entscheiden- was gut nachvollziehbar ist. Und die inneruniversitäre Etablierung? Was ist die wissenschaftliche Aufgabe der Wissenschaft, der für die in einem neuen Feld agierenden Person? Zunächst: Sie werden berufen für eine an Hochschulen in einem bestimmten Bundesland etablierte Aufgabe. Zum Beispiel Mitarbeit, Aufbau eines neuen Lehrgebietes, eines neuen Studienganges, Aufbau von Fort- und Weiterbildungssystemen, von Forschungsfeldern usw. Dies erfolgt in der Eigenlogik des Wissenschaftssystems, nicht mit der Eigenlogik des Schulsystems. Es gibt ein System von Entscheidungen und von Entscheidungsverläufen, wie z.B. Arbeitsgruppen, Fachbereiche, Fakultäten, Senat, Lehrerbildungszentrum, Haushaltskommissionen usw. Diese Gremien mit kodifizierten Prozeduren im Landeshochschulgesetz usw., sind keine neutralen oder höheren wissenschaftsverpflichteten Einrichtungen. Sie sind interessenspolitische Institutionen im Kampf um Einfluss, Personal, Finanzen usw. Die skizzierten Aufgaben verlangten von den Beteiligten insbesondere in den Aufbauphasen die konsequente Auseinandersetzung mit den „ortsüblichen“ inner-universitären Gremienstrukturen, was wiederum einen hohen Zeitaufwand erforderte. Die inneruniversitäre Akzeptanz ist im Allgemeinen nicht über die Produktion von Arbeitsblättern für Hauptschulen zu fördern oder über das Angebot regionaler Fort- und Weiterbildungsmaßnahmen zur Einführung in die Methodik der ökonomischen Bildung. Und neuerdings wird bei einer indikatorengesteuerten Mittelvergabe mehr darauf geachtet, in welchen Zeitschriften man z. B. über „schwarze Flecken auf der Rückseite des Mondes“ nachdenkt um sich wissenschaftliche Reputation zu erwerben. Beiträge in A-Journals sind wichtig, nicht Hilfen für Lehrkräfte. Wer sich mit einem nicht gefestigten Selbstbewusstsein für die Förderung der ökonomischen Bildung einsetzt, kann sehr leicht in Selbstzweifel geraten, ob das Einlassen mit „schulischer Realität“ der eigenen wissenschaftlichen Karriere dient oder nur zu mitleidvollen Anmerkungen der Kollegen/innen nach dem Motto „ach ja, du bist in der Lehrerausbildung tätig. Ist das Gerücht richtig, dass diese an die Fachhochschule verlagert werden soll?“

Eine Erfahrung hat sich allerdings immer wieder bestätigt: Wenn inhaltliche Innovationen Erfolg haben sollen, gelingt das nur, wenn die Nachhaltigkeit mit durchschnittlichen Lehrern unter durchschnittlichen organisatorischen Bedingungen von Schule geleistet wird und der erforderliche psychische, physische und organisatorische Aufwand nicht immer einen „Pestalozzi-Pädagogen“ als

Normalfall voraussetzt. Dazu gehört auch eine systematische Unterstützung der Lehrkraft. Wer generell voraussetzt, dass das Schulsystem als Organisation und Schulleiter/innen mit einer unendlichen Flexibilität ausgestattet sind, wer annimmt, dass die Kolleginnen und Kollegen der jeweils anderen Fächer alle neuen organisatorischen Sonderwünsche klaglos in Kauf nehmen, die Klassenarbeiten verschieben, weil sich z. B. gerade eine aktuelle Möglichkeit für eine Betriebserkundung ergeben hat, wird in der sozialen Organisation „Schule" auf Dauer scheitern. Deshalb sind weit reichende Unterstützungsstrukturen für Lehrkräfte unabdingbar. Aber die Frage bleibt: Wie kann das neue Lehr- und Forschungsgebiet an Hochschulen gesichert und ausgebaut werden?

3 Dilemma 3: Lehren und forschen und/oder fachpolitisch agieren?

Zwischen Dilemma 2 und 3 gibt es ebenfalls Überschneidungen. Dieses Dilemma lässt sich nur schwer oder gar nicht lösen, weil der natürliche Wunsch eine Balance zwischen befriedigender Lehre und erfolgreichem Forschen unabdingbar mit der Idealvorstellung unseres Berufsbildes als Hochschullehrer verknüpft und erstrebenswert ist. Allerdings steht dieser Wunsch im Konflikt mit der Innovationsaufgabe, ökonomische Bildung im Schulsystem zu verankern und diese Aufgabe leider immer wieder auch in fachpolitische Aktivitäten mündet. Gerade fachpolitische Aktivitäten verlangen nach hoher Frustrationstoleranz, hohem zeitlichen Einsatz mit der Akzeptanz der Opportunitätskosten, die die Verschiebung der zeitlichen Budgets zur einen oder anderen Seite mit sich bringen.

Universitäten sind – ebenso wie Schulen – nicht nach Querschnittsprinzipien organisiert, sondern nach Disziplinen mit allen Formen wissenschaftlicher Arbeitsteilung. Dies lässt sich vielfach belegen, wie z.B. die Denominationspolitik für neue Professorenstellen an Hochschulen praktiziert wird, welche Entscheidungsverfahren für die Bestimmung von Forschungsschwerpunkten gewählt werden, mit welchen Förderprogrammen (inner- und außeruniversitär, national, international) sie sich verknüpfen lassen und wie schließlich Maßnahmen der Nachwuchsförderung ergriffen werden können für den Aufbau eines neuen Lehr- und Forschungsgebietes.

Dies heißt, dass die Weiterentwicklung zur ökonomischen Bildung nicht im „luftleeren" Raum, ohne Berücksichtigung der fach-, ausbildungs- und wissenschaftspolitischen sowie der schulorganisatorischen und schulpraktischen Aspekte möglich ist. Sie würde die Fachdidaktik reduzieren auf die Diskussion allgemeiner erziehungswissenschaftlicher Lern- und Lehrarrangements und würde nicht zur Etablierung ökonomischer Bildung im Wissenschaftssystem führen. Deshalb bin ich davon überzeugt, dass die Etablierung der ökonomischen Bildung auf allen Ebenen eine institutionelle Etablierung ist, die nicht didaktisch, sondern vor allem politisch erfolgt. Hierbei muss jedoch folgendes beobachtet werden: Die gegenwärtigen wissenschaftspolitischen Entwicklungen haben für kleine Fächer, für neue Aufgaben (z.B. ökonomische Bildung) im hohen Maße einen innovationsfeindlichen Charakter. Die Tendenz zu Clusterbildungen, die Identifizierung von sog. Leuchttürmen, die Entwicklung von sog. „Exzellenzinitiativen“ fördert vor allem jene Entwicklungen, die bisher schon erfolgreich gewesen sind und sich zumeist durch das Zusammenfügen von disziplinübergreifenden und jeweils schon für sich allein höchst erfolgreichen Forschungsschwerpunkten mit nachweisbar hohem Drittmittelaufkommen erwiesen haben. Wer hat, dem wird gegeben. Auch fachdidaktische Forschung wird in Deutschland in den nächsten beiden Jahrzehnten – so die Vermutung- nur über höchst arbeitsteilige und themenzentrierte Forschung möglich sein.

Die Politik der Fakultäten orientiert sich an Fach- und Forschungs-Profilen, weil ein Wettbewerb mit anderen Hochschulen offensichtlich nur „über Profile“ möglich zu sein scheint. Profile können alles Mögliche sein. Bündelungen zu Profilen erfolgen über eine vorherige Arbeitsteiligkeit von Forschungsaktivitäten. Wissenschaftspolitische Entwicklungen befördern die wissenschaftliche Arbeitsteiligkeit, und die Förderprogramme der Länder, des Bundes, der EU folgen anderen Kriterien als jenen, die im Wissenschaftssystem selbst gelten. Die wissenschaftspolitisch häufig geforderte „Interdisziplinarität“ setzt hoch spezialisierte Arbeitsteiligkeit voraus und die klassische und Fachgrenzen überschreitende Zusammenarbeit erfolgt eher in der Verknüpfung von Spezialdisziplinen an den Rändern von Disziplinen.

Ein häufig geübtes Verfahren, mit dem die Etablierung neuer Fächer an Hochschulen insbesondere auch im Bildungsbereich verhindert werden kann, besteht darin, durch Prozessverfahren und Prozessentscheidungen in inhaltliche Entwicklungen einzugreifen, die eine Etablierung eines neuen Gebietes nicht mehr oder nur sehr schwer möglich machen, weil sonst gleichzeitig für andere Disziplinen finanzielle und personelle Konsequenzen befürchtet werden. Woher soll z.B. die Personalstelle für die Förderung der ökonomischen Bildung kommen? Wer soll das bezahlen? Die von Hochschulleitungen gerne geforderte Kostenneutralität bei der Etablierung eines neuen Inhaltsfeldes verlagert die Entscheidung zurück auf die Fakultätsebene und damit werden Entscheidungen für neue Aufgaben von den bisherigen Fachvertretern sorgfältig im Hinblick darauf geprüft, welche nachteiligen Auswirkungen für das eigene Fachgebiet zu befürchten sind. Dies verlangt dann wieder nach Außenfinanzierungen (z.B. nach Drittmitteln), die außerhalb der Universität organisiert werden müssen und inneruniversitär so lange geduldet werden wie sie keine Folgekosten für Fakultäten mit sich bringen.

Ein weiterer Aspekt: Dem Naturwissenschaftler Eddington wird die Aussage zugeschrieben, dass Modelle wie Fischernetze seien. Die Maschenlänge bestimme die Definition was als ein Fisch zu gelten habe. Wenn die Definition eines wissenschaftlichen Institutes mit der personalpolitischen Annahme von fünf Professuren beginnt, dann wird es in den nächsten 50 Jahren mit Sicherheit kein Institut für Ökonomische Bildung in Deutschland geben! Die zahlreichen öffentlichen Forderungen, dass das deutsche Schulsystem generell aufgerüstet werden möge mit einer soliden ökonomischen Bildung im Bereich Lehre und Forschung wird wissenschaftspolitisch nicht einmal „müde Reaktionen" hervorrufen, sondern unter dem Nachrichtenteil „Skurriles" verbucht.

Die Behauptung, dass die Förderung ökonomischer Bildung für alle Kinder und Jugendlichen in allen Schulformen mittelfristig ähnlich positive Entwicklungen haben könnte, wie die Förderung sonstiger Sonderforschungsbereiche z.B. im Bereich Physik, Biologie o. Ä. ist folgenlos:

a) Kurzfristigkeit bestimmt auch das Denken an Hochschulen. Wie sagte noch ein Kollege sarkastisch auf die Frage, wie man Bewegung und Entscheidungsspielräume in eine Hochschule bekomme: „Durch Verrentung und/ oder Unfalltod".
b) An Hochschulen ist es kaum oder gar nicht möglich, eine kritische öffentliche Konfliktmasse für neue Bildungsaufgaben zu schaffen, weil die dafür erforderliche Kommunikationspolitik weder finanziell noch personell gestützt werden kann.
c) Die interessenpolitische Bündelung von Aktivitäten zur ökonomischen Bildung außerhalb der Universitäten ist bisher noch unzureichend und hat sich in Deutschland jahrzehntelang vielfach verheddert in geradezu banal wirkenden Spiegelstrich-Diskussionen, z. B. im Streit darüber, ob die politische Bildung die bessere ökonomische Bildung sei oder auch umgekehrt, ob der „Beutelsbacher Konsens" für die ökonomische Bildung zu gelten habe, was eine integrative, problemorientierte ökonomische Bildung usw. heißen kann. Das didaktische Fell wird verteilt, bevor der Bär, d. h. ein Fach überhaupt „erlegt" und etabliert ist. Keine Frage: dies sind alles notwendige Diskussionen, aber gerade in den jeweiligen Anfangsphasen von inhaltlichen Innovationen müssen leider immer wieder Prioritäten verändert werden, die im Konflikt zu notwendigen innerfachlichen Diskussionen stehen.
d) Eine einheitliche interessenpolitische Bündelung in Deutschland ist für die ökonomische Bildung auch durch die persönliche berufliche Situation von Hochschullehrern/innen in den jeweiligen Bundesländern nur schwer herstellbar. Wer nicht als Vertreter eines Studiengangs zur ökonomischen Bildung agieren kann, der durch das jeweilige Bundesland errichtet worden ist, sondern nur Teilaufgaben in einen anderen Studiengang übernehmen kann,

ist damit auch zwangsläufig einsortiert in das „fachpolitische Gefangenen-Dilemma“ seines Bundeslandes: Wessen didaktisches Brot ich essen kann, dessen fachpolitisches Lied ich weitgehend singen muss. Hierbei ist zu beachten, dass es einen gravierenden Unterschied zu klassischen Diplomstudiengängen oder Lehramtsfächern wie Mathematik, Deutsch, Englisch gibt. Ökonomische Bildung, Arbeitslehre o. Ä. haben jeweils einen bundeslandspezifischen und keinen bundesdeutschen Zuschnitt. Es ist ein Unterschied, ob die Qualität des Mathematikunterrichts in Deutschland in der Nachfolge von PISA-Studien diskutiert werden kann oder eine Rahmenvorgabe für ökonomische Bildung in Nordrhein-Westfalen oder eine AWT-Konzeption (Arbeit-Wirtschaft-Technik) für das Land Brandenburg.

e) Die beruflichen Biografien unserer Kollegen/innen zeigen, dass sie nicht selten in mehreren Disziplinen tätig sein mussten und aus berufsbiografischer Sicht bundesweite Transformationsprozesse über sich haben ergehen lassen müssen, wie z.B. von der Arbeitslehre zur Soziologie, von der Wirtschaftspädagogik im berufsbildenden Bereich zur Wirtschaftslehre im allgemein bildenden Schulsystem, von der Erziehungswissenschaft zur Didaktik der Wirtschaftslehre o. Ä., von der Arbeitslehre zur Grundschulpädagogik, von der Polytechnik zu Arbeit-Wirtschaft-Technik usw. Man stelle sich diese Transformationsprozesse in etablierten Disziplinen vor, wie z. B. Geschichte, Mathematik, Biologie, Physik, Deutsch. Dies sind Disziplinen, die ausgestattet sind mit allen bestehenden Formen wissenschaftlicher Arbeitsteilung in Forschung und Lehre. Der bekannte Wissenschaftsjournalist Urban berichtete einmal über seine Teilnahme an einer Fachtagung der Max-Planck-Gesellschaft, die diesen arbeitsteiligen Prozess, mit durchaus kuriosen Folgen deutlich macht: „Während der Mittagspause einer Fachtagung bin ich einmal mit einem namhaften Forscher der Max-Planck-Gesellschaft spazieren gegangen: einem promovierten und habilitierten Botaniker. Am Rande des Weges sahen wir eine schöne Blume, und ich fragte den Pflanzen-Forscher, was das wohl für ein Gewächs sei. ‚Das dürfen Sie mich nicht fragen, ich bin Fachmann für Gerste‘, antwortete der Mann. Der Durchschnittsdeutsche, so hat man schon vor vielen Jahren getestet, kann heute mehr Automarken als Pflanzen- und Tierarten unterscheiden. Das gilt wohl selbst für den Biologen.“ (M. Urban 2002)

f) Gegenwärtig werden für die 3. Phase des Bologna-Prozesses verpflichtende, strukturierte Doktorandenprogramme an verschiedenen Universitäten entwickelt. Wo wäre dies mit den formulierten Anforderungen solcher Programme beispielsweise für die ökonomische Bildung in Deutschland überhaupt möglich, ohne dass Ausnahmemöglichkeiten konstruiert werden müssten? Es gibt nicht einmal durchgängig Promotionsmöglichkeiten für

Absolventen aus Sek. I-Studiengängen ohne zusätzliche Studienprogramme an Hochschulen.

g) Ein weiteres Beispiel: Etablierte Hochschulinstitute für einen Arbeitsbereich und damit auch für Personen, können alles Mögliche sein, z. B.
   - Stätten zur Förderung von Lehre, Forschung, Förderung des wissenschaftlichen Nachwuchses, Marketinginstrumente, Akquisitionseinheiten usw. oder
   - ein rechtlicher Schutz gegen eine „feindliche Übernahme" durch andere Disziplinen, und zwar dann, wenn es um die Schaffung bzw. um die Wiederbesetzung von Stellen geht.

Institute an meiner Universität hatten bisher als Gründungsvoraussetzung fünf Professuren. Mir ist in Deutschland keine Hochschule bekannt, wo eine solche Konstruktion mit fünf Professuren im Bereich der ökonomischen Bildung möglich wäre.

Auch eine Bündelung mit affinen Disziplinen wie die Wirtschaftspädagogik muss sehr differenziert betrachtet werden: Wenn es um die Besetzung von Stellen geht, ist man „offen", geht es um inhaltliche Zusammenarbeit, dann gibt es „Kontaminierungsängste" und man stellt fest, dass die ökonomische Bildung inhaltlich weiter von der Wirtschaftspädagogik entfernt ist als die tibetanische Vokalkunst von der südoldenburgischen Schweinemast. Nach dem Motto: Wir haben doch andere Ziele und andere Inhalte, unsere Studierenden sind doch gar keine Lehramtsstudierende, sie gehen doch sofort in den Betrieb (richtig ist: ca. 35% gehen direkt in ein Unternehmen). „Die Grenzbereiche zwischen etablierten Wissenschaftsdisziplinen mit ihren einhergehenden Abgrenzungen, Anreizen und internen Wettbewerbsregeln gelten zwar meist als besonders interessant und potenziell innovativ, sie sind aber in der Regel nicht besonders hilfreich insbesondere für die Etablierung von Nachwuchswissenschaftlern. Profilierung empfiehlt sich eher im Kernbereich der eigenen Disziplin, und „Grenzgänger" begegnen z.B. bei Berufungsverfahren eher Vorbehalten und der Neigung, sie „über die Grenze" ins Niemandsland abzuschieben." (U. Andersen 2006: 35)

4 Ein vorläufiges Resümee

In dem Beitrag wurde versucht eine Problemlage zu skizzieren, die in dieser oder jener Weise die Entwicklung von ökonomischer Bildung als universitäre Aufgabe in Lehre und Forschung m. E. massiv beeinflusst hat und gegenwärtig auch noch beeinflusst. Der Aufweis einiger Dilemmata hatte die Funktion nicht Schuldzuweisungen zu formulieren, sondern hatte die Funktion, das komplizierte

Bedingungsgefüge für die Etablierung einer neuen Bildungsaufgabe in Schulen mit den Folgeproblemen an Hochschulen , für die Verbandspolitik o. ä. aufzuzeigen. Es ließen sich noch zahlreiche weitere Dilemmata identifizieren, nur wenige seien genannt, wie

- die Abhängigkeit von Studiengängen für die ökonomische Bildung von der „zufälligen“ fachwissenschaftlichen Ausrichtung in den Wirtschaftswissenschaften an einer Universität und der Aufgeschlossenheit der VWL- und BWL-Lehrstühle für die Lehrausbaubildung;
- das Dilemma, inwieweit bei Neuberufungen auch ein Schwerpunkt zu legen ist auf unterrichtspraktische Erfahrungen oder allein die fachwissenschaftliche Qualifikation in der universitären Bezugsdisziplin maßgeblich sein sollte;
- das Dilemma, dass Bewerbungen mit unterrichtspraktischen Erfahrungen im Rahmen der Lehrerausbildung zwar hohe Bedeutung haben, sich andererseits damit Ausbildungskarrieren um mindestens vier bis fünf Jahre für eine Professur in der Fachdidaktik der ökonomischen Bildung verlängern würden.

Welches weitere Dilemma auch immer noch identifiziert werden mag, deutlich sollte werden, dass es bei jedweder Bildungsinnovation systemimmanente Strukturprobleme entstehen, die nicht einzeln auflösbar erscheinen, aber letztlich den Prozess der Etablierung einer neuen inhaltlichen Innovation immer wieder behindern und dies könnte man wieder als Münchhausen-Dilemma bezeichnen. Wir werden uns als Vertreter der ökonomischen Bildung am eigenen Schopfe aus dem „bildungspolitischen“ Sumpf ziehen müssen.

Literatur

Andersen, U. (2006): Das wirtschaftswissenschaftliche Element in der Politikwissenschaft. In: G. Weißeno (Hrsg.): Politik und Wirtschaft unterrichten. Schriftenreihe der Bundeszentrale für politische Bildung Band 483, Bonn. S. 18-36.

Dubs, R. (2001): Lehr-Lern-Prozesse in der kaufmännischen Erstausbildung – Rückblickende Würdigung eines DFG-Schwerpunktprogramms. In: K. Beck/V. Krumm (Hrsg.): Lehren und Lernen in der beruflichen Erstausbildung. Grundlagen einer modernen kaufmännischen Berufsqualifizierung. Opladen. S. 391-408.

Goodson, I. F. (1999): Entstehung eines Schulfaches (Becoming a School Subject, übers. von B. Perlwiitz). In: I. F. Goodson/S. Hopmann/K. Riquarts (Hrsg.): Das Schulfach als Handlungsrahmen – Vergleichende Untersuchung zur Geschichte und Funktion der Schulfächer. Köln u. a. S. 151- 176.

Hübner, M. (2008): Ökonomische Bildung in Niedersachsen. In: H. Kaminski/G.-J. Krol (Hrsg.): Ökonomische Bildung: legitimiert, etabliert, zukunftsfähig. Stand und Perspektiven. Bad Heilbrunn. S. 217-238.

Kaiser, F.-J. (2008) : Fehlentwicklungen der ökonomischen Bildung in Deutschland aus historischer Sicht im Kontext der Arbeitslehre-Diskussion, in: H. Kaminski/G.-J. Krol (Hrsg.): Ökonomische Bildung: legitimiert, etabliert, zukunftsfähig. Stand und Perspektiven. Bad Heilbrunn. S. 131-149.

Kahlert, J./Hartinger, A. (2005): Förderung des wissenschaftlichen Nachwuchses – Verantwortung in übersichtlichem Gelände. In: A. Hartinger/J. Kahlert (Hrsg.): Förderung des wissenschaftlichen Nachwuchses im Sachunterricht. Perspektiven fachdidaktischer Forschung, Bad Heilbrunn. S. 9-33.

Kaminski, H. (2008): Problemfelder für die Entwicklung der ökonomischen Bildung im deutschen allgemein bildenden Schulsystem. In: H. Kaminski/G.-J. Krol (Hrsg.): Ökonomische Bildung: legitimiert, etabliert, zukunftsfähig. Stand und Perspektiven. Bad Heilbrunn. S. 11-70.

Urban, M. (2002): Wie die Welt im Kopf entsteht. Von der Kunst, sich eine Illusion zu machen. Frankfurt a. M.

Teichler, U. (2005): Hochschulstrukturen im Umbruch, eine Bilanz der Reformdynamik seit vier Jahrzehnten. Frankfurt/New York.

Reflexionen zum Gegenstand der ökonomischen Bildung

Manfred Hübner

1 Problemaufriss

Die Bestimmung des Gegenstandsbereichs der ökonomischen Bildung war und ist ein zentraler Aspekt der fachdidaktischen Entwicklungsforschung im Institut für ökonomische Bildung der Carl von Ossietzky Universität Oldenburg. Darüber wurden im Laufe der Jahre einige Beiträge veröffentlicht (z. B. H. Kaminski 1994a; H. Kaminski 1994b; H. Kaminski u. a. 2007; M. Hübner 1991; M. Hübner 1994). Mit diesem Beitrag sollen, durchaus im Anschluss dieser Entwicklung, einige weitere Überlegungen hinzugefügt werden.

Zunächst soll, auch unter dem Aspekt der Übereinstimmung mit dem Allgemeinbildungscharakter, eine ökonomische Bildung von der Zielsetzung und der Begriffsinterpretation her folgendermaßen beschrieben werden: „Das Individuum hat einen Anspruch darauf, sich in seiner Gesellschaft zurechtzufinden. Eine freiheitliche demokratische Gesellschaft hat den Anspruch, dass die Menschen in ihr fähig sind, diese Gesellschaft zu durchschauen, um sie mitgestalten zu können“ (A. Ammen 1988: 42). Die existentielle Bedeutung der Wirtschaft für den Einzelnen und die Gesellschaft lässt es deshalb nur folgerichtig erscheinen, jedem Bürger im Rahmen der Schulpflicht das nötige Rüstzeug an Kenntnissen und Fähigkeiten auf dem Gebiet der Wirtschaft zu vermitteln. Eine ökonomische Grundbildung ist als wesentlicher Teil der allgemeinen Persönlichkeitsbildung anzusehen und kann nicht früh genug einsetzen.

Die im Rahmen einer ökonomischen Grundbildung zugrunde liegende Sicht von „Wirtschaft“ geht davon aus, dass wirtschaftliche Tätigkeiten im sozialen Leben jeder Gesellschaft und jedes Individuums eine Konstante darstellen. Sie dienen der Sicherung der Existenz, sie haben eine zentrale Bedeutung für soziale Beziehungen, sie konstruieren Interaktionsmöglichkeiten und Konfliktfelder. Kurz, sie sind eine Universale menschlichen Lebens (vgl. H. Kaminski 1991: 164). Der Begriff Wirtschaft verknüpft sich mit menschlichem Handeln und dem Verhalten von Individuen. Dies schließt Konfliktfelder, die beispielsweise durch unterschiedliche Machtbefugnisse und Interessen aufgrund unterschiedlicher

Stellungen in der betrieblichen Hierarchie oder durch die ungleiche Verteilung von Eigentum und Vermögen entstehen, nicht aus (vgl. H. Kaminski u. a. 2007). „Wirtschaft“ steht somit für eine Vielzahl von sozio-ökonomischen Sachverhalten und Beziehungen, die alle Bürgerinnen und Bürger eines Landes betreffen. „Wirtschaft“ stellt einen Lebensbereich dar, der Gegenstand der Allgemeinbildung sein muss.

Ohne die über 40jährige Diskussion um die Arbeitslehre hier nachzeichnen zu können, muss dennoch festgestellt werden, dass dabei von einer Bildungsaufgabe gesprochen werden kann, die weder bildungspolitisch noch curricular (vgl. W. Schulz 1988: 3 ff.; A. Schmid 1982: 6 ff.; G.-J. Krol 1989: 6; H. Kaminski 1994a: 7 ff.) abgesichert ist[1].

Ein erster Schritt zur Bestimmung des Gegenstands ökonomischer Bildung ist die Spezialisierung in einem Gegenstandsbereich des „Lernfeldes Arbeitslehre“. Dies scheint mir auch deshalb sinnvoll zu sein, weil es einen Widerspruch zwischen der Diskussion um die schulische Bildungsaufgabe und der damit verbundenen Lehrerausbildung gibt. „Die Notwendigkeit einer Spezialisierung in einem Gegenstandsbereich der Arbeitslehre ist weitgehend unwidersprochen, denn es führt zu Dilettantismus, wolle man hinreichende Unterrichtskompetenz für alle Gegenstandsbereiche der Arbeitslehre – Technik, Haushalt, Wirtschaft, Beruf – in einem Lehramtsstudiengang (...) erreichen“ (B. Meier 1995: 2). Kaminski (1991: 167) führt dazu aus: „Jede Diskussion um eine integrierte Arbeitslehre in der Schule hat, wenn sie glaubwürdig sein will, immer auch gleichzeitig Ausbildungskonzepte für Lehrkräfte, die in einem Integrationsfach unterrichten sollen, mitzudenken. Wenn es nicht gelingt, einen Studiengang zu konstruieren, in dem z. B. gleichgewichtig ökonomische und technische Fachanteile angemessen aufeinander bezogen werden, dann erweisen sich Forderungen nach einem Konzept integrativer Arbeitslehre als wissenschaftliche und didaktische Mogelpackung“. Auch durch die Entwicklung neuer Curricula (R.

1 Das Lernfeld Arbeitslehre konkretisiert sich in folgenden Gegenstandsbereichen: „Technik als Gegenstandsbereich umfasst technische Mittel und Verfahren zur Herstellung und Verwendung von Waren und zur Erbringung von Dienstleistungen. Wirtschaft als Gegenstandsbereich umfasst wirtschaftliche Bedingungen und Verfahren zur Produktion, zum Austausch von Waren und zur Bereitstellung von Dienstleistungen, insbesondere Verteilung und Verbrauch unter Berücksichtigung sozialer Verpflichtungen. Haushalt als Gegenstandsbereich umfasst den Lebensbereich des privaten Haushalts und die in dieser sozioökonomischen Einheit enthaltenen Bedingungen, Bedürfnisse und Verfahren. Beruf als Gegenstandsbereich umfasst Bedingungen und Formen von Arbeit, die vorwiegend Erwerbszwecken dient und auf die meist in Ausbildungsgängen vorbereitet wird sowie die Entwicklung einer Berufswahlfähigkeit" (KMK 1987: 4).

Oberliesen/H. Zöllner 2003) konnte dieses Problem nicht zufrieden stellend gelöst werden.

2 Wirtschaftliche Grundsachverhalte

Lawrence Senesh (1978: 121 ff.) beklagt, dass mit ökonomischer Bildung zu spät begonnen wird. Der Grund dafür liegt in einer vermuteten nicht vorhandenen Reife der Kinder, um sich mit ökonomischen Sachverhalten auseinanderzusetzen. Das Warten der Bildungsinstitutionen auf Reife vergleicht Senesh mit dem „Warten auf Godot" und führt aus: „Haben wir zu lange gewartet, hat uns Godot bereits in der ersten Klassen passiert? Als sich Johnny überlegte, wie er seine ersten fünfzig Cent ausgeben könnte? Als Elisabeth ihr heiß ersehntes Fahrrad nicht bekam, weil ihre Familie es sich nicht leisten konnte? Als Larry sich Sorgen machte, weil seine Mutter nicht zu Hause bleiben konnte, da sie Arbeit suchen musste? Als Tommy sich quälte, weil sein Vater eines Morgens nicht zur Arbeit ging, da das Stahlwerk geschlossen hatte? Als Jimmy im Fernsehen sah, dass die Menschen in Afrika wegen der Dürre verhungerten? Als Bobby herausfand, dass sein Vater auf Streikwache stand?" (L. Senesh 1978: 124).

Diese Aufzählung von Situationen – oder wie Senesh schreibt Verwunderungen – zeigt, dass Wirtschaft zum Lebens- und Erfahrungsbereich schon von Grundschulkindern gehört bzw. von ihnen mit Alltagserfahrungen verbunden werden kann.

Alltagserfahrungen im wirtschaftlichen Bereich können mit ökonomischen Begriffen verbunden werden, die eine Strukturierung dieses Erfahrungsbereichs ermöglichen. Über die Differenzierung des Bereichs Wirtschaft durch die Identifizierung ökonomischer Grundsachverhalte ergeben sich Merkmale für die fachliche Struktur des Gegenstands.

Wirtschaft ist ein Erfahrungs- und Lebensbereich, dessen Wesen durch die Aufgabe bestimmt wird, menschliches Leben materiell zu erhalten und zu sichern. Diese Aufgabe stellt sich zu allen Zeiten und an allen Orten, auch wenn die Art der Bewältigung dieser Aufgabe verschieden ist. Der Grund dafür liegt in der Güterknappheit. Als Güter werden solche Mittel bezeichnet, die menschliche Bedürfnisse befriedigen. Ist ein Gut so reichlich vorhanden, dass es sich bei der Bedürfnisbefriedigung nicht erschöpft und sind für seine konsumreife Bereitstellung Anstrengungen nicht erforderlich, besteht keine Knappheit. Dieser Fall tritt nur selten auf. In Wirklichkeit herrscht Güterknappheit, eine Spannung bzw. ein Konflikt zwischen Bedürfnissen und Mitteln zu deren Befriedigung.
Menschen können ihre Bedürfnisse i. d. R. nicht vollständig befriedigen. Wirtschaften bedeutet, zwischen verschiedenen Möglichkeiten zu wählen. Mit der

Entscheidung für eine bestimmte Bedürfnisbefriedigung muss bei knappen Mitteln auf eine alternative Bedürfnisbefriedigung verzichtet werden. Die Befriedigung eines Bedürfnisses kostet den Verzicht auf ein anderes Gut, mindestens aber den Verzicht auf die Vorteile einer entgangenen Alternative. Ist die wirtschaftliche Entscheidung so getroffen worden, dass die Bedürfnisbefriedigung optimal ist oder aus der Sicht des Entscheidungsträgers optimal erscheint, liegt rationales Verhalten vor, was bedeutet, dass knappe Güter bzw. Zeit und Mühe zum Erwerb knapper Güter nicht verschwendet sind.

Die Güterknappheit wird gemildert, nicht behoben, durch die Arbeitsteilung. Müsste jedes Individuum alles erzeugen, was es für die Existenzerhaltung benötigt, könnten sich die meisten Menschen auch bei günstigsten klimatischen Bedingungen nur mühselig und schlecht versorgen. In einer arbeitsteiligen Wirtschaft verzichtet der einzelne ganz oder überwiegend darauf, für den eigenen Bedarf zu produzieren. Die von allen erzeugte Gütermenge ist erheblich größer als bei Eigenversorgung, vor allem, weil die unterschiedlichen Fähigkeiten der Menschen und Besonderheiten der Wirtschaftsräume besser genutzt und arbeitssparende und arbeitserleichternde Maschinen eingesetzt werden können.

Die Arbeitsteilung hat zwei wichtige Konsequenzen: Erstens erfordert sie einen Gütertausch, weil der Einzelne von einem Produkt mehr erzeugt, als er selbst benötigt, dagegen einen Mangel an Gütern hat, an deren Erzeugung er nicht beteiligt ist. Dies erfordert ein Transportwesen. Zweitens erfordert sie eine gesamtwirtschaftliche Koordination von Güterangebot und -nachfrage. Die Arbeitsteilung führt darüber hinaus zu einem Geldwesen und zu einer Geldwirtschaft, da das Geld durch Kauf und Verkauf zwischen Güterangebot und -nachfrage tritt. Mit der Arbeitsteilung entsteht die Notwendigkeit, die Pläne der individuellen Anbieter und Nachfrager gesamtwirtschaftlich zu koordinieren. Die Größe dieser Aufgabe wird z. B. daran deutlich, dass es in der Bundesrepublik Deutschland etwa 30 Millionen Haushalte und Unternehmen gibt, die Güter anbieten und nachfragen. Hier liegen wirtschaftspolitische Aufgaben des Staates, dessen Verhältnis zu den privaten Entscheidungsträgern von der Wirtschaftsordnung abhängt. Die Wahl der Wirtschaftsordnung beeinflusst wiederum die Güterversorgung.

Die ökonomischen Grundsachverhalte beinhalten bestimmte Merkmale oder Kategorien, die für das wirtschaftliche Geschehen typisch sind:

- die Bedürfnisorientierung wirtschaftlichen Handelns,
- die Knappheit als Ursache wirtschaftlichen Handelns,
- die Notwendigkeit der Entscheidung bei wirtschaftlichem Handeln,
- die Arbeitsteilung und die daraus entstehenden Abhängigkeiten und die Notwendigkeit der Koordination.

Die ökonomischen Grundsachverhalte verweisen darüber hinaus auf drei grundlegende Dimensionen wirtschaftlichen Geschehens, zwischen denen unauflösbare Abhängigkeiten bestehen. Diese Dimensionen betreffen einzelwirtschaftliche und gesamtwirtschaftliche Aspekte sowie die Wirtschaftsordnung, die den Rahmen wirtschaftlichen Geschehens darstellt. Sie werden verwendet, um die Struktur des Gegenstands ökonomischer Bildung zu bestimmen.

3 Dimensionen des Gegenstands der ökonomischen Bildung

3.1 Wirtschaftsordnungsdimension

Das Wirtschaften des Menschen und die Gestaltung des wirtschaftlichen Geschehens ist weithin ordnungsbedingt. Die Menschen handeln stets im Rahmen der jeweils realisierten Ordnung der Wirtschaft. Ändert sich die Wirtschaftsordnung im Ganzen oder in ihren Teilen, dann reagieren die Menschen auf diese Änderung. Sie ändern ihre Pläne und damit ändern sich die Wirtschaftsprozesse und die arbeitsteiligen Beziehungen der Menschen zueinander. Die Probleme des Wirtschaftens, die in allen Gesellschaften aktuell werden, sind in und vermittels einer Wirtschaftsordnung zu lösen (vgl. K. P. Hensel 1978: 15 f).

Die Wirtschafts- und Gesellschaftsordnung bildet demnach den Ordnungsrahmen für Arbeits- und Lebenssituationen der Bürger bzw. für wirtschaftliches Handeln, für die Koordinierung und Lenkung der wirtschaftlichen Aktivitäten und für die Entstehung und Lösung von Konflikten. Für wirtschaftliche Handlungssituationen und Handlungsbereiche stellt die Wirtschaftsordnung den Ordnungs- und Handlungsrahmen dar, in dem sich die wirtschaftlichen Akteure bewegen. Die Annahme der Wirtschaftsordnung als Referenzsystem des Gegenstands der ökonomischen Bildung bedeutet keinesfalls die Annahme einer „festgeschriebenen" Wirtschaftsordnung, sondern diese Annahme ist m. E. notwendig, um in der ökonomischen Bildung überhaupt die Grundlage für eine problemorientierte Auseinandersetzung mit ihren Strukturen und Prozessen zu ermöglichen und einen Ansatz zu finden, sich mit den Vorstellungen, Überzeugungen, Wertmustern, die es in unserer Gesellschaft zur Sozialen Marktwirtschaft gibt, auseinander zu setzen (vgl. M. Wohlgemuth/N. Goldschmidt 2004).

Ordnungen sollen die Unsicherheit menschlicher Interaktionen vermindern. (D. C. North 1992: 6). Sie entstehen durch die Schaffung von Institutionen und können selbst als Institutionen verstanden werden.

Damit ist – gerade auch aus ordnungstheoretischer Sicht - die Berücksichtigung neuer Entwicklungen in den Wirtschaftswissenschaften verbunden, die – unter dem Begriff „Institutionenökonomie" – als der Versuch gekennzeichnet werden kann, den institutionellen Rahmen in die ökonomische Analyse mit einzubeziehen (vgl. O. E. Williamson 1990; D. C. North 1992; H.-D. Assmann/C. Kirchner/E. Schanze 1993; R. Richter 1994; H. Kaminski 1994c).

3.2 Gesamtwirtschaftliche Dimension

Über die Medien werden die Bürger mit gesamtwirtschaftlichen Problemen und Fragestellungen konfrontiert. Ob Steuern, Sozialbeiträge oder Zinsen erhöht oder gesenkt werden sollen, ob der Staat Arbeitsbeschaffungs- oder Konjunkturbelebungsmaßnahmen durchführen soll oder nicht, es sind wirtschaftspolitische Fragestellungen, die sich dem Bürger über die eingesetzten Instrumente der Wirtschaftspolitik vermitteln. Gerade bei der so genannten Globalsteuerung (Geld- und Finanzpolitik) geht es nicht um einzelne Bürger, sondern um gesamtwirtschaftliche Größen.

Die Geldpolitik der Deutschen Bundesbank setzt am Zins und am Kreditangebot an. Damit werden Investitionen sowohl von der Angebots- als auch von der Nachfrageseite beeinflusst: Sofern der Zins als Kostenfaktor eine Rolle spielt, kann die Geldpolitik über Zinsänderungen die Rentabilität von Investitionsvorhaben beeinflussen. Durch Veränderung des Kreditangebotsspielraums der Geschäftsbanken wird Einfluss auf die Finanzierungsmöglichkeiten genommen. Ansatzpunkte der Geldpolitik sind die Geldmenge, das Zinsniveau und die Bankenliquidität.

Die Fiskalpolitik der öffentlichen Hand wirkt über die staatliche Nachfrage direkt auf die Gesamtnachfrage. Die private Konsumnachfrage wird durch steuerpolitische Maßnahmen über die Veränderung des verfügbaren Einkommens indirekt beeinflusst. Auch die Ersparnis kann fiskalpolitisch durch steuerliche Anreize oder durch Prämien beeinflusst werden. Einflussnahme auf die Investitionen sind ebenfalls durch steuerpolitische Maßnahmen möglich. Ansatzpunkte der Fiskalpolitik sind die Einnahmen-, Ausgaben- und Schuldenpolitik der öffentlichen Hand.

Die Auswirkungen solcher Steuerungsmaßnahmen können den einzelnen Bürger positiv oder negativ treffen. Das Verständnis und die Kenntnis gesamtwirtschaftlicher Abläufe und Zusammenhänge sind nicht nur für die Beurteilung wirtschaftspolitischer Konzepte, sondern auch für die Entwicklung und Begründung eigener Interessen von Bedeutung.

Mit Hilfe des Wirtschaftskreislaufs können komplizierte Wirkungszusammenhänge, die ein generelles Merkmal wirtschaftlicher Entscheidungen sind, abgebildet und analysiert werden (vgl. K. J. Burkard/M. Hübner 2005: 34; M. Hübner 2007: 24).

3.3 Einzelwirtschaftliche Dimension

Ökonomische Bildung befasst sich mit dem Menschen und den Bedingungen und Möglichkeiten seiner ökonomischen Existenz in einer zunehmend komplizierteren Welt. Die Auseinandersetzungen mit wirtschaftlichen Sachverhalten haben immer menschliches Verhalten als einen Bezugs- und Referenzpunkt zu beachten. Die Beschäftigung mit wirtschaftlichen Sachverhalten, wirtschaftlichen Prinzipien und Grundstrukturen macht es m. E. auch notwendig, sich mit dem Menschenbild und der Frage nach der Erklärung wirtschaftlichen Handelns oder Verhaltens zu beschäftigen.

Dies soll mit einem Blick auf die ökonomische Verhaltenstheorie geschehen. Die ökonomische Verhaltenstheorie fragt, wenn sie menschliches, wirtschaftliches Verhalten erklärt, nach den Determinanten, die Verhalten bewirken oder verändern (können), mit anderen Worten, nach den institutionellen Bedingungen, die sich häufig als situationsabhängige Handlungsbeschränkungen erweisen. Auf das wirtschaftliche Verhalten der gesellschaftlichen Akteure bezogen bedeutet dies, auf die institutionellen Bedingungen (Entscheidungssysteme, Organisationen, Normen und Traditionen) einzugehen, die zu einem bestimmten Verhalten führen. Die institutionellen Bedingungen selbst müssen auf der Grundlage entsprechender wissenschaftlicher Erklärungsansätze untersucht werden.

Von welchen Annahmen geht die ökonomische Verhaltenstheorie aus? Frey (1990: 4 ff.) beschreibt fünf Elemente (Annahmen), die das Handeln der Menschen bestimmen (vgl. M. Hübner 1994: 90 ff.)

Zentrale erste Grundannahme ist, dass der einzelne Mensch die Handlungseinheit ist. Unter dem Begriff des „methodologischen Individualismus“ wird deshalb das auf der Ebene der Gesellschaft beobachtbare Geschehen auf das Handeln von Personen zurückgeführt. Dabei wird der Mensch nicht als isoliertes Wesen gesehen, vielmehr ist sein Verhalten nur im Zusammenhang mit anderen Menschen und Institutionen zu erklären. Damit gerät die Gesellschaft nicht aus dem Blickfeld. Ansatzpunkt ist der Mensch in der Gesellschaft: Nicht die Gesellschaft handelt, sondern die Menschen in der Gesellschaft.

Die zweite Grundannahme besagt, dass menschliches Verhalten durch Anreize bestimmt wird. Dies beinhaltet, dass Menschen nicht zufällig handeln, sondern in systematischer und damit vorhersehbarer Weise. Voraussetzung dieser Handlungsweise ist die Fähigkeit, Handlungsmöglichkeiten als positiv oder negativ zu bewerten.

Diese Annahme soll mit einer Alltagssituation illustriert werden: Stehen in einem Supermarkt mehrere Menschen in einer Schlange an einer Kasse und wird eine zweite Kasse geöffnet, verteilen sich die Wartenden ziemlich exakt auf beide Kassen. Die Handlungsmöglichkeiten in dieser Situation sind „in der

Schlange stehen bleiben“ oder „an die andere Kasse gehen“. Die für die Wechsler zu erreichende Zeitersparnis lässt sie die Handlungsmöglichkeit „Kassenwechsel“ positiv bewerten. Aus der Sicht der Kassierer an den Kassen ist mit großer Wahrscheinlichkeit zu erwarten, dass sich die Menschen auf die Kassen verteilen. Es kommt nicht darauf an, wer dies nun tut oder nicht tut, im Durchschnitt kommt das erwartete, systematische Verhalten des Kassenwechsels zustande (vgl. M. Bletzinger 1991: 26).

Die dritte Grundannahme besagt, dass Anreize durch Präferenzen und Einschränkungen hervorgerufen werden. In dem Alltagsbeispiel ist der Wunsch, nicht zu lange in der Kassenschlange zu stehen, für die Mehrzahl der Menschen vorhanden, weil die gesparte Zeit für etwas „Besseres“ als Schlangestehen genutzt werden kann. Ob sie diesen Wunsch realisieren können, hängt davon ab, wie viele Kassen geöffnet sind. Die Zahl der geöffneten Kassen ist die Einschränkung, die mit dafür verantwortlich ist, ob die Zeitersparnis realisiert werden kann. In der Sprache der ökonomischen Verhaltenstheorie heißt das, dass die Veränderungen des menschlichen Verhaltens vor allem auf die Veränderungen des durch Einschränkungen bestimmten Möglichkeitsraums zurückgeführt werden und nicht vorrangig auf die Veränderung der Präferenzen. Davon wird ausgegangen, weil sich die Einschränkungsveränderungen i. d. R. empirisch überprüfen lassen, die Präferenzveränderungen nicht oder sehr schwer. Solange die Menschen in der Schlange vor einer Kasse standen, war keine Präferenz feststellbar. Erst die Verhaltensänderungen „Kassenwechsel“ aufgrund der Veränderung des Möglichkeitsraumes „zwei Kassen geöffnet“ hat eine Präferenz sichtbar gemacht, die darin besteht, einen eigenen Vorteil zu erlangen (Zeit, mit der etwas Sinnvolleres getan werden kann als in einer Schlange zu stehen).

Nach der vierten Grundannahme der ökonomischen Verhaltenstheorie sind Individuen auf ihren eigenen Vorteil bedacht und verhalten sich eigennützig. Diese - teilweise sehr umstrittene - Annahme sagt im Grunde aus, dass Menschen ihren Mitmenschen nicht dauernd Gutes tun, was im Umkehrschluss bedeutet, dass sie ihnen auch nicht dauernd Böses tun. Das menschliche Verhalten ist durchschnittlich neutral. Dies schließt die beiden Verhaltensextreme im Regelfall aus, lässt die Vorteilswahrnehmung aber erwarten. Dies trifft insbesondere auf anonyme Situationen zu. In dem Beispiel der Kassenschlangen will niemand dem anderen etwas Schlechtes oder Gutes tun. Solange die Schlange besteht, drängelt sich niemand vor, aber vorgelassen wird i. d. R. auch niemand (dies ist quasi eine traditionelle Norm). Beim Öffnen der zweiten Kasse wird zwar der eigene Vorteil verfolgt, aber auch dies hat im Grunde den erwähnten neutralen Charakter.

Die fünfte Grundannahme beinhaltet, dass die Einschränkungen oder Restriktionen im Wesentlichen die Handlungsmöglichkeiten des Menschen bestimmen und durch Institutionen vermittelt sind. In dem Beispiel ist dies die Zahl der geöffneten Kassen. Die Restriktionen sind institutionell vermittelt, hängen also davon ab, wie Institutionen ausgestaltet sind. In dem Beispiel ist die maßgebliche Institution die „Organisation". Entsprechend der betrieblichen Organisation (z. B. Anzahl der Arbeitskräfte, Einsatz der Arbeitskräfte, Anzahl der Kassen) können Kassen geöffnet werden.[2]

In diesem Verhaltensmodell ist es zwingend erforderlich, zwischen geeigneten Handlungsalternativen zu wählen. Jede Handlung verursacht Kosten, die als Opportunitätskosten bezeichnet werden. Die Kosten bestehen in der besten Alternative, auf die verzichtet werden muss, wenn eine Entscheidung für eine Alternative getroffen wird. Jede Handlung verursacht Kosten, und es ist die Veränderung dieser Kosten, mit denen im ökonomischen Ansatz Verhalten erklärt wird, weil diese Handlungsmöglichkeiten positiv oder negativ erscheinen lassen (Anreize bestimmen menschliches Verhalten). Dabei ist es wichtig zu beachten, dass der Kostenbegriff sich keineswegs auf Geld beschränkt, sondern gleichermaßen zeitliche, physische, psychische und soziale Dimensionen umfassen kann (vgl. G.-J. Krol 1988: 153 f).

Das Modell stellt dabei den Versuch dar, Mustererklärungen, also „Erklärungen im Prinzip statt [...] im Detail zu liefern. [...] Hier steht nicht die Frage im Zentrum, wie sich die Menschen verhalten sollen, sondern wie sie sich typischerweise verhalten werden" (G.-J. Krol 2001: 4). Anders ausgedrückt wird also davon ausgegangen, dass Menschen in zu bestimmenden Situationen in „systematischer und vorhersagbarer Weise auf Veränderungen der Handlungsbedingungen reagieren" (ebenda).

4 Fazit

Die Bestimmung des Gegenstandsbereichs der ökonomischen Bildung verweist auf drei zentrale Fragestellungen:

1. wie und wo ein Individuum mit wirtschaftlichem Geschehen konfrontiert ist,
2. mit und an welchen Inhalten die Auseinandersetzung mit Wirtschaft erfolgen soll,
3. welche Auswahlkriterien sich daraus für den Gegenstand der ökonomischen Bildung ergeben.

---

2 Restriktionen sind des weiteren beispielsweise das verfügbare Einkommen, die verfügbare Zeit, Preise in ihrer Relation zu alternativen Gütern oder Handlungen, Rechtsnormen, soziale Normen und Traditionen.

Zur Beantwortung dieser Fragestellungen soll zunächst noch einmal eine Allgemeinbildungsdefinition herangezogen werden (vgl. B. Sachs 1993: 71). Sie besagt, dass wesentliche Kennzeichen der allgemeinbildenden Schulen ein einheitliches Grundverständnis von Bildung, ein gemeinsamer Wissenschaftsbezug der gemeinsamen Fächer und ein Grundkanon gemeinsamer Inhalte sind. Diese sind Voraussetzung dafür, dass sich die Mitglieder der Gesellschaft über allgemein bedeutsame Sachverhalte verständigen können, unabhängig von ihrer Zugehörigkeit zu unterschiedlichen Berufen. Dies ist der unverzichtbare gesellschaftliche Kern von Allgemeinbildung.

Bei der Auswahl von Inhalten bedarf es demnach Kriterien, die diesen Anforderungen genügen und, bezogen auf die Konfrontation des Individuums mit „Wirtschaft", sich auf allgemein bedeutsame Sachverhalte beziehen. Ochs/ Steinmann (1978: 186 ff.) und Steinmann (1975: 7) verbinden dies mit der Frage nach ökonomisch geprägten Lebenssituationen und deren Lernbedeutung in persönlichen wirtschaftlichen Entscheidungsprozessen, in wirtschaftlichen Entscheidungen bestimmter Gruppen oder in bestimmten Institutionen und bei staatlichen wirtschaftlichen Entscheidungen.

Der Situationsbezug der ökonomischen Bildung geht von der Wirtschaftsordnung als strukturierenden Rahmen wirtschaftlicher Tätigkeiten und wirtschaftlicher Prozesse aus, die sich mit den Aktivitäten und Prozessen von und zwischen aggregierten Einheiten und in identifizierbaren Handlungsdimensionen verknüpfen. Diese sind zu sehen (vgl. H. Kaminski 1993, 9 ff)

- im Privaten Haushalt (Konsum und Beeinflussung von Produktions-, Angebots- und Nachfragestrukturen. Empfangen von Einkommen aus unterschiedlichen Quellen; Sparer sowie Betroffener und Beeinflusser wirtschaftspolitischer Entscheidungen);
- in der Arbeit, der beruflichen Tätigkeit im privaten Haushalt und im Betrieb (Einkommen und Arbeit, Arbeit und sozialer Status, Einkommen und physische und soziale Lebensumstände, Berufswahl, Arbeitstätigkeit, Mitbestimmung und Entlohnung);
- im wirtschafts- und gesellschaftspolitischen Bereich auf unterschiedlichen Ebenen (Staat und Wirtschaftsprozess, Wirtschaftspolitik: Angebot öffentlicher Güter, Ausgestaltung des Steuersystems, System der sozialen Sicherung, Arbeitsmarkt, Strukturwandel, internationale Wirtschaftsbeziehungen und ihre Auswirkungen auf den Bürger eines Landes);
- in den wirtschaftlichen (sozialen) Konfliktbereichen, die sich mit den angeführten wirtschaftlichen Bereichen und Handlungsfeldern verbinden (soziale Sicherung im Spannungsfeld von Fürsorge und Selbstverantwortlichkeit sowie staatlicher Einnahme-, Ausgaben- und Verteilungspolitik; Einkommens- und Vermögensverteilung verbunden mit der Entlohnungsproblematik; die

Frage der Arbeitsbedingungen im Zusammenhang mit Fragen der Unternehmensverfassung und der sozialen Korrektur der Marktvorgänge; die Berücksichtigung ökologischer Erfordernisse im Spannungsfeld ökonomischer und sozialer Erfordernisse).

Die von unterschiedlichen Autoren verwendeten Begriffe, wie Handlungsdimension (Kaminski), Handlungsbereiche oder Lebensbereiche im Sinne von Lebenssituationen (Kruber, Ochs/Steinmann), sollen im folgenden als Handlungssituationen und Handlungsbereiche aufgefasst werden.

Für die ökonomische Bildung können demnach drei relevante Handlungssituationen identifiziert werden, die mit den institutionellen Handlungsbereichen Privater Haushalt, Unternehmen und Staat in Verbindung stehen. Diese Handlungssituationen sind

- die Situation als Konsument(in),
- die Situation als Erwerbstätige(r),
- die Situation als Wirtschaftsbürger(in).

Die Handlungssituationen beinhalten die wirtschaftlichen Aktivitäten, die ein Wirtschaftssubjekt ausüben kann:

- Einkommensschaffung durch Produktion von Gütern und Erstellung von Dienstleistungen (= Produktion),
- Einkommensverwendung durch Verbrauch und Nutzung von Gütern und Dienstleistungen (= Konsum),
- Einkommensverwendung durch Sparen (= Vermögensbildung),
- Einkommensübertragung durch Kreditgewährung bzw. Kreditaufnahme (= Kreditbildung).

Aus diesen Aktivitäten ergeben sich vielfältige Tauschprozesse. Die Beziehungen zwischen diesen Aktivitäten und den damit verbundenen Wirtschaftsakteuren lässt sich mit der Darstellung des Wirtschaftskreislaufs zeigen. Damit ist für die wirtschaftlichen Handlungsbereiche und Handlungssituationen ein systematischer Rahmen gegeben, der inhaltliche Aspekte der Handlungssituationen mit den Handlungsbereichen systematisch verknüpft.

Die Handlungssituationen und deren inhaltliche Ausfüllung lassen sich auf die Auswahlkriterien Wirtschaftsordnungsdimension, gesamt- und einzelwirtschaftliche Dimension beziehen: Es sind einzel- und gesamtwirtschaftliche sowie ordnungspolitische Inhalte. Damit kann einerseits explizit der Zusammenhang zwischen den Handlungsbereichen bzw. Handlungssituationen und den Dimensionen des Gegenstands ökonomischer Bildung hergestellt werden, andererseits wird der interdependente Charakter dieser Ebenen durch diese inhaltliche Ausfüllung deutlich. Es ist allerdings darauf hinzuweisen, dass die mit den Handlungssituationen verbundenen potentiellen und tatsächlichen Handlungen den Handlungsbereichen nicht eindeutig zuzuordnen sind. Als Wirtschaftsbürger beispielsweise ist das Individuum sowohl im Betrieb als auch im privaten Haushalt betroffen und aktiv.

Kruber (1995: 99) nennt als eine Voraussetzung für das Verständnis wirtschaftlicher Probleme und Zusammenhänge das Denken

- in den Kategorien der ökonomischen Verhaltenstheorie,
- in Kreislaufzusammenhängen,
- in ordnungspolitischen Zusammenhängen.

Diese Kategorien lassen sich in folgender Weise auf die bisherigen Ergebnisse der Gegenstandsbeschreibung ökonomischer Bildung beziehen:

1. Das Denken in den Kategorien der ökonomischen Verhaltenstheorie steht in unmittelbarem Zusammenhang mit der einzelwirtschaftlichen Dimension des Erfahrungs- und Erkenntnisbereichs Wirtschaft. Es geht um Entscheidungen im wirtschaftlichen Bereich als Konsument, am Arbeitsplatz und unter dem Einfluss gesamtwirtschaftlicher Entwicklungen und wirtschaftspolitischer Entscheidungen. Im Rahmen der inhaltlichen Auseinandersetzung mit den Handlungssituationen als Konsument, Erwerbstätiger und Wirtschaftsbürger liefert die ökonomische Verhaltenstheorie auf der Basis verhaltenstheoretischer Grundlagen, die die Wirtschaftswissenschaften liefern, wichtige Erkenntnisse über die Qualität und die Ziele von Entscheidungen.
2. Das Denken in Kreislaufzusammenhängen hängt unmittelbar mit der gesamtwirtschaftlichen Dimension zusammen. Komplizierte Wirkungszusammenhänge sind ein generelles Merkmal wirtschaftlicher Entscheidungen; Wirtschaften vollzieht sich in verzweigten Güter- und Geldkreisläufen. Wirtschaftliche Maßnahmen wirken sich im Kreislauf auf zahlreiche volkswirtschaftliche Größen und damit auch auf der einzelwirtschaftlichen Ebene aus. Das Modell des Wirtschaftskreislaufs ist nicht nur ein didaktisches Hilfsmittel zur Veranschaulichung komplizierter Prozesse, sondern es hat als Instrument des Denkens in Kreisläufen grundlegende Bedeutung für das Verständnis wirtschaftlicher Sachverhalte.
3. Das Denken in ordnungspolitischen Zusammenhängen steht im Zusammenhang mit der Wirtschaftsordnungsdimension und ist wesentlich gekennzeichnet durch Entscheidungen über die Koordination wirtschaftlicher Aktivitäten und die Regelung der Eigentumsrechte. Die grundlegenden Ordnungsformen und Ordnungselemente haben konkrete Ausprägungen in weiteren ordnungspolitischen Vorgaben (Aufbau des Bankensystems, Unternehmensrechtsformen, Umfang staatlicher Wirtschaftstätigkeit usw.). Dadurch und durch die praktizierte Ordnungspolitik des Staates wird ein Rah-

men für wirtschaftliche Tätigkeiten erzeugt, der sowohl gesamtwirtschaftliche Entwicklungen als auch einzelwirtschaftliche Entscheidungen beeinflusst.

Damit werden die Dimensionen des Gegenstands der ökonomischen in fachdidaktische Fragestellungen transformiert.

Kaminski hat diesen Ansatz weiterentwickelt und ihn mit der Frage nach der Bedeutung des Ordnens im Rahmen der Fachdidaktik der ökonomischen Bildung verbunden (vgl. Kaminski 2004). Er kommt zu dem Schluss, dass „‚Ordnungen' Orte des kulturellen Gedächtnisses einer Gesellschaft [sind], sie enthalten Wissen und Erfahrungen von Generationen über lange Zeitläufe hinweg. Wissen ist nur dann verfügbar, wenn es geordnet ist. Ordnungen lassen sich zwar weiterentwickeln, aber auch. Weiterentwicklungen haben sich auf Referenzsysteme zu beziehen, sonst wird eine Weiterentwicklung nicht erkennbar und schon gar nicht kritisierbar. ..... Das heißt: Es muss insgesamt das Ziel des Ordnens sein, Gesamtzusammenhänge wirtschaftlicher Strukturen und Prozesse zu erfassen, um die Bedeutung einzelner ökonomischer Tatbestände im Kontext zu erkennen. Für die ökonomische Bildung werden vier Ordnungsversuche vorgeschlagen, die immer gleichzeitig zur Analyse eines wirtschaftlichen Phänomens herangezogen werden müssen (vgl. auch die Arbeiten von Dauenhauer 1997 (2001; M. H.); May 1978/2001 Kaminski 1994 (a, b; M. H.) und Kruber 1994/1997/2000)" (Kaminski/Brettschneider/Eggert/Hübner/Koch 2007, 61 ff).:

- Denken in Ordnungszusammenhängen: Erfassen und Ordnen des Institutionen- und Regelsystems einer Wirtschaftsordnung.
- Denken in Kreislaufzusammenhängen: Auseinandersetzung mit den zentralen Akteuren sowie deren Beziehungen zueinander im Wirtschaftsprozess.
- Denken in den Kategorien eines ökonomischen Verhaltensmodels: Entwicklung eines Verhaltensmodells, in dem Präferenzen, Restriktionen und Institutionen sowie Eigennutz verhaltensleitend sind.
- Denken in Kategorien, die allen wirtschaftlichen Handlungen immanent sind: Die Invarianten wirtschaftlichen Handelns (Knappheit, Nutzen, Bedürfnis, Risiko usw.) als Erkenntnisgegenstand.

Literatur

Ammen, A. (1988): Allgemeinbildung zwischen individuellem Interesse und gesellschaftlichem Anspruch, in: Holthausener Manuskripte 3 (1988), hrsg. v. Ludwig-Windthorst- Haus in Lingen. Lingen. S. 35 ff.

Assmann, H.-D./Kirchner, C./Schanze, E. (1993): Ökonomische Analyse des Rechts, Tübingen.

Bletzinger, M. (1991): Einführung in ökonomische Zusammenhänge, in: M. Bletzinger/A. Eckert/B. M. Schulte/J. Winter, J. (Hrsg.): Ökologie und Ökonomie in der Stadt. Bausteine zur Humanökologie, Tübingen.

Burkard, K. J./Hübner, M. (2005): Analyse gesamtwirtschaftlicher Zusammenhänge. In: Unterricht Wirtschaft, 22, S. 34 ff.

Dauenhauer, E. (1997): Kategoriale Wirtschaftsdidaktik, Bd. I, Münchweiler/Rod.

Dauenhauer, E. (2001): Kategoriale Wirtschaftsdidaktik, Bd. II, Münchweiler/Rod.

Frey, B. S. (1990): Ökonomie ist Sozialwissenschaft, München.

Hensel, K. P. (1978): Grundformen der Wirtschaftsordnung. Marktwirtschaft – Zentralverwaltungswirtschaft, München.

Hübner, M. (1991): Betrieb als Gegenstands- und Inhaltsbereich der ökonomischen Bildung, in: arbeiten + lernen/Wirtschaft, 3 (1991), hrsg. v. Friedrich Verlag in Zusammenarbeit mit Klett, S. 11 ff.

Hübner, M. (1994): Umwelterziehung im Rahmen der ökonomischen Bildung in allgemein bildenden Schulen, Oldenburg: Carl von Ossietzky Universität Oldenburg, Zentrum für pädagogische Berufspraxis.

Hübner, M. (1997): Beiträge zur Gegenstandsbeschreibung ökonomischer Bildung. Schrift zur kumulativen Habilitation, Oldenburg.

Hübner, M. (2007): Der Markt regelt die Umweltnutzung. In: Unterricht Wirtschaft, 22, S. 24 ff.

Kaminski, H. (1991): Die Umgestaltung der Polytechnischen Bildung und Erziehung im Lichte der Erfahrungen der Entwicklung der Arbeitslehre. In: Pädagogik und Schule in Ost und West, 3 (1991), hrsg. v. Kupski, H., Oldenburg. S. 163 ff.

Kaminski, H. (1993): Beschreibung des Gegenstandsbereichs der ökonomischen Bildung, in: Ökonomische Bildung und Gymnasium, Oldenburg.

Kaminski, H. (1994 a): Der Gegenstandbereich der ökonomischen Bildung (Teil 1). In: arbeiten + lernen/Wirtschaft, 14 (1994), hrsg. v. Friedrich Verlag in Zusammenarbeit mit Klett. S. 7 ff.

Kaminski, H. (1994 b): Der Gegenstandbereich der ökonomischen Bildung (Teil 2). In: arbeiten + lernen/Wirtschaft, 15 (1994), hrsg. v. Friedrich Verlag in Zusammenarbeit mit Klett. S. 4 ff.

Kaminski, H. (1994 c): Die neue Institutionenökonomik – Herausforderung für die Fachdidaktik der ökonomischen Bildung. In: arbeiten + lernen/Wirtschaft, 15 (1994), hrsg. v. Friedrich Verlag in Zusammenarbeit mit Klett. S. 13 ff.

Kaminski, H. (2004): Standards für die ökonomische Bildung. In: Unterricht Wirtschaft, 1 (2004). S. 2 ff.

Kaminski, H. u. a. (2007): Mehr Wirtschaft in die Schule, Wiesbaden.

KMK (Hrsg.) (1987): Material zum Lernfeld Arbeitslehre, 8./9. Oktober 1987, Berlin.

Krol, G.-J. (1988): Das Konzept rationalen Verhaltens als Bezugsrahmen für eine integrative Theorie des Konsumentenverhaltens. In: Bundesfachgruppe Ökonomische Bildung (Hrsg.): Ökonomische Bildung – Aufgabe für die Zukunft, Bergisch Gladbach. S. 151 ff.

Krol, G.-J. (1989): Der sozialökonomische Beitrag der Arbeitslehre zur Umweltbildung. In: arbeiten + lernen, 65 (1989), hrsg. v. Friedrich Verlag in Zusammenarbeit mit Klett. S. 6 ff.

Krol, G.-J (2001): Ökonomische Bildung ohne Ökonomik? Zur Bildungsrelevanz des ökonomischen Denkansatzes, Sowi-online-Journal 1-2001, in: http://www.sowi-online.

Kruber, K.-P. (1994): Didaktische Kategorien der Wirtschaftslehre. In: Derselbe (Hrsg.): Didaktik der ökonomischen Bildung, BaltmannsweilerS. 44 ff.

Kruber, K.-P. (1995): Wirtschaftspolitisches Denken lernen an und in Modellen. In: H.-J. Albers (Hrsg.): Handlungsorientierung und ökonomische Bildung. Bergisch Gladbach. S 93 ff.

Kruber, K.-P. (Hrsg.) (1997): Konzeptionelle Ansätze ökonomischer Bildung, Bergisch Gladbach.

Kruber, K.–P. (2000): Kategoriale Wirtschaftsdidaktik – der Zugang zur ökonomischen Bildung. In: Gegenwartskunde, 49 (Heft 3), dokumentiert in sowi-online Reader 1: Ökonomische und politische Bildung. http://sowi-online.de.

May, H. (1978): Arbeitslehre, München/Basel.
May, H. (2001): Handbuch zur ökonomischen Bildung, München/Wien: Oldenbourg
Meier, B. (1995): Statement zur Lehrerbildung für das Lernfeld Arbeitslehre, Dokumentation einer Expertenbefragung. In: arbeiten + lernen/Technik, 17/1995, hrsg. v. Friedrich Verlag in Zusammenarbeit mit Klett, S. 1 (Beilage).
North, D. C. (1992): Institutionen, institutioneller Wandel und Wirtschaftsleistung, Tübingen.
Oberliesen, R./Zöllner, H. (2003): Kerncurriculum im Lernfeld Arbeitslehre. Heftbeilage: Kerncurriculum Arbeit - Wirtschaft - Technik – Arbeitslehre. In: Unterricht Arbeit + Technik, hrsg. v. Friedrich Verlag in Zusammenarbeit mit Klett, 5 (2003). S. 53.
Ochs, D./Steinmann, B. (1978): Beitrag der Ökonomie zu einem sozialwissenschaftlichen Curriculum. In: E. Forndran/H. J. Hummel/H. Süssmuth (Hrsg.): Studiengang Sozialwissenschaften: Zur Definition eines Faches, Düsseldorf. S. 186 ff.
Richter, R. (1994): Institutionen ökonomisch analysiert, Tübingen.
Sachs, B. (1993): Überlegungen zur Ausbildung von Techniklehrern. In: B. Meier (Hrsg.): Lehrerbildung im Lernfeld Arbeitslehre, Hamburg.
Schmid, A. (1982): Arbeitslehre als Hochschulfach. In: arbeiten + lernen, 23 (1982), hrsg. v. Friedrich Verlag. S 6 ff.
Schulz, W. (1988): Ohne Arbeitslehre ungebildet. In: arbeiten + lernen, 58 (1988), hrsg. v. Friedrich Verlag in Zusammenarbeit mit Klett. S. 3 ff.
Senesh, L. (1978): Konzepte und Strategien integrierter Curricula im sozio-ökonomischen Lernbereich. In: F.-J. Kaiser (Hrsg.): Die Stellung der Ökonomie im Spannungsfeld sozialwissenschaftlicher Disziplinen, Bad Heilbrunn.
Steinmann, B. (1975): Der Wirtschaftskreislauf im Unterricht, Köln.
Williamson, O. E. (1990): Die ökonomischen Institutionen des Kapitalismus, Tübingen.
Wohlgemuth, M./Goldschmidt, N. (2004): Die Zukunft des Sozialstaats. Sozialethische und ordnungsökonomische Grundlagen, Tübingen.

Ökonomische Bildung: Stiefkind der Bildungspolitik in Deutschland

Dietmar Krafft

1 Konjunkturwellen wirtschaftlicher Bildung

1.1 Die „amerikanische Herausforderung" und Arbeitslehre/Wirtschaftslehre

D. Loerwald, einer der Schüler von Gerd-Jan Krol, erneuerte erst kürzlich die im Jahr 2000 durch die Bundesvereinigung der Deutschen Arbeitgeberverbände gemeinsam mit dem Deutschen Gewerkschaftsbund und weiteren Verbänden in einem Memorandum erhobene Forderung: „Wirtschaft – notwendig für schulische Allgemeinbildung" (D. Loerwald 2007).

Dieses Thema, zu Ende des letzten Jahrhunderts wieder hoch gekocht, durchzieht die gesamte berufliche Schaffensperiode von mir und meinem verehrten Kollegen Gerd-Jan Krol, dem dieser Band gewidmet ist. Vor mehr als 20 Jahren habe ich als Vorsitzender der Deutschen Gesellschaft für ökonomische Bildung (seinerzeit „Bundesfachgruppe für ökonomische Bildung") ein gleichartiges Schreiben der beiden Spitzenverbände von Arbeitgebern und Arbeitnehmern der Öffentlichkeit übergeben dürfen, ohne dass in der Zwischenzeit dauerhafte, konstruktive Reaktionen der Bildungspolitiker festzustellen gewesen wären.

So ist es wieder einmal an der Zeit deutlich zu machen, welche Diskrepanz im Bildungssystem des „Wirtschaftswunderlandes" zwischen allgemeiner und beruflicher Bildung besteht und den offensichtlich unüberwindbaren Wall zwischen allgemein bildender Schule und Wirtschaftswelt zu brandmarken. Jahrzehnte wirtschaftsdidaktischer Bemühungen, insbesondere in Nordrhein-Westfalen, ähneln der Echternacher Springprozession. Der Takt des Prozessionsmarsches wird von einer Vielzahl von bildungspolitisch interessierten Institutionen vorgegeben, die z. T. noch von den pädagogischen Erkenntnissen des ausgehenden Mittelalters zehren, wenn nicht gar auf antike Vorbilder zurückgreifen, in denen die Begriffe Wirtschaft und Bildung miteinander unvereinbar waren und die mit der Wirtschaft Beschäftigten gar außerhalb der Gesellschaft standen, weil die Beschäftigung mit materiellen Werten als Gegensatz zur Verfolgung der erstrebenswerten geistigen Werte angesehen wurde. Wie in Vorzeiten wird von weiten Kreisen unseres Bildungsestablishment die Beschäftigung mit Wirtschaft als etwas Anstößiges betrachtet, das nur von Menschen betrieben wird, die kein Ethos haben (leider tragen im Zeitalter der Globalisierung und Kommunikation einige der Spitzenmanager zur Bestätigung bei!), so dass man füglich die Jugend in den Schulen von diesem Metier fern halten sollte.

Von Zeit zu Zeit kommt es – wie schon bei der biblischen Darstellung des zyklischen Wechsels von fetten und mageren Jahren – in Form von konjunkturellen Zyklen zu wirtschaftlichen Rezessionen, die dann die Bedeutung von Bildung für die Wirtschaftsentwicklung und die Aufrechterhaltung des gewohnten Lebensstandards wieder ins Bewusstsein rufen. Diese Erkenntnis ist – aufgrund der unterentwickelten Wirtschaftsbildung unserer Bildungseliten – nicht auf das Wissen um den Zusammenhang von Konjunktur und Wachstum zurückzuführen, sondern einfach eine Lebenserfahrung als Ergebnis der Betroffenheit von wirtschaftlichen Schwierigkeiten, die auch Bürger mit „humanistischer Bildung“ nicht verschonen und dann zum Nachdenken über die Wohlstandseinbuße und den eventuellen Nutzen von Wissen um ökonomische Zusammenhänge anregen. So hatte die ökonomische Bildung in der Bundesrepublik Deutschland ihre erste Blütezeit Mitte der 60er Jahre, als Servan-Schreiber die „Amerikanische Herausforderung“ und ihre Ursache, den „*eco-technological gap*“, entdeckte (J. J. Servan-Schreiber 1970). Dies gab technisch-ökonomischen Forschungsbemühungen Auftrieb und förderte nicht nur die Bildungsökonomie, sondern auch die Wirtschaftsdidaktik. Der Deutsche Ausschuss für das Erziehungs- und Bildungswesen hatte nämlich in den „Empfehlungen zum Aufbau der Hauptschule“ (Deutscher Ausschuss für das Erziehungs- und Bildungswesen 1964) die Schaffung einer „Arbeitslehre“ gefordert, für die nun die Hochschulen die entsprechenden Lehrer ausbilden sollten. Ich selbst profitierte von diesem Boom durch die erstmalige Einrichtung von Lehrstühlen für Wirtschaftsdidaktik in der Bundesrepublik als einem der positiven Impulse. „Bildungsökonomie“ war bei der Bewerbung um diesen Lehrstuhl auch das Thema meines Vorstellungsvortrages, in dem ich die Notwendigkeit des Brückenschlages zwischen Schule und Wirtschaftswelt herausstellte. Natürlich schaffte man mit der Einrichtung von einigen Lehrstühlen nicht die Tausende von Lehrern, die notwendig gewesen wären, um die Anforderungen zu erfüllen, aber einige der Bundesländer gaben sich zumindest Mühe, dem Auftrag gerecht zu werden. So war ich nach meiner Berufung für die Umschulung von 2000 bis 3000 Geschichts-, Geographie- und anderen Fachlehrern in mehreren Bundesländern durch Fernunterricht tätig. In Nordrhein-Westfalen wurde die Initiative vor allem vom Wirtschaftsminister stark unterstützt, der einen Großteil dieser Bemühungen zur ökonomischen Bildung finanzierte. Gemeinsam mit Gerd-Jan Krol wurden im Direktunterricht jährlich einige hundert Lehrer in dreiwöchigen Seminaren geschult und die zunächst von mir, dann von Gerd-Jan Krol herausgegebene Zeitschrift „Wirtschaftliche Grundbildung“ ging als Unterrichtshilfe über 15 Jahre vierteljährlich allen Schulen mit Sekundarstufe I unseres Bundeslandes zu. Praxisnahe, handhabbare Schulbücher mit Lehrerhandreichungen, die dem ungenügenden Ausbildungsstand der Lehrer Rechnung tragen, werden von mir seit über 30 Jahren erstellt. Die Euphorie, die sich u. a. in speziellen Curricula für Wirtschaftslehre im Hochschulbereich – didaktisch auf die Zielgruppe „Lehrämter“ abgestellt – aber auch in Lehrplänen und Lernmaterialien für Haupt- und Gesamtschulen und einem beträchtlichen Engagement der Wirtschaft für die Schulen zeigte, verflog im Verlaufe der weiteren wirtschaftlichen und politischen Entwicklung in NRW.

1.2 Wirtschaftslehre weicht den Sozialwissenschaften

Der Bildungsboom, der mit einem gleichlaufenden Wirtschaftsaufschwung einherging, währte nur wenige Jahre und war für die ökonomische Bildung im Schulbereich weitgehend auf die Hauptschule und Gesamtschule beschränkt. Er färbte ein klein wenig auf die Realschulen ab – während die Gymnasien sich in ausreichender Distanz zu den Niederungen technisch-ökonomischer Grundbildung hielten. Die Antriebskräfte der ökonomischen Bildung erlahmten und gingen – parallel zur Konjunktur – in die bildungspolitische Depression über. Der Mohr hatte seine Schuldigkeit getan. Unrühmliches Vorbild war dann das Land Nordrhein-Westfalen, in dem die Fachausbildung der Lehrer für Arbeitslehre/ Wirtschaftslehre wieder abgeschafft wurde: Soziologie, Politikwissenschaft und Wirtschaftswissenschaft hatten sich fortan als sog. „Sozialwissenschaften“ im Kopf der Studierenden zu integrieren – was an sich eine lobenswerte Akzentsetzung wäre. Leider war damit die Auflage verbunden, für diese Ausbildung in drei Wissenschaftsbereichen nicht mehr Studienzeit zu verwenden, als für jedes andere Studienfach allein zur Verfügung stand, sei es Geografie oder Latein, Mathematik oder Kunst.

Zur Beschäftigung der Hochschullehrer für „Wirtschaftslehre und ihre Didaktik“ wurde diese Depressionsphase ausgefüllt mit Forderungen der Ministerien nach neuen, abgemagerten sozialwissenschaftlichen Hochschul- und Schulcurricula. In Studienreformkommissionen und Fachbereichsräten stritten die Fachvertreter mit Soziologen und Politikwissenschaftlern um kärgliche Semesterwochenstunden für ihre Disziplin – jeder in dem Bewusstsein, dass bei den vorgegebenen Zahlen ohnehin ein ordnungsgemäßes Studium nicht möglich sei. Dieser Kampf dauert im übrigen heute noch an.

Die Argumentation, dass wegen der geringen Stundenzahlen in der Schule ein „multifunktional" verwendbarer Lehrer verfügbar sein müsse, der den gesamten Bereich der politischen Bildung mit Soziologie, Politik, Wirtschaft und Recht beherrschen müsse, lief – und läuft noch heute – darauf hinaus, dass ein Lehrer geschaffen wurde, der über eine breit gefächerte Ignoranz verfügt. Im Fremdsprachenunterricht würde eine solche Ausbildung spätestens beim ersten Auslandsurlaub die Ergebnisse aufdecken; es ist auch fraglich, ob ein so argumentierender Politiker sich einem multifunktional verwendbaren Arzt bei einer Operation anvertrauen würde. Für den sozialwissenschaftlichen Unterricht wird dem Lehrer die Aufgabe übertragen, Unterricht in einer verantwortungslosen Breite zu gestalten. Hier ein willkürlich herausgegriffenes – und aktuelles – Beispiel:

Im „Bildungsportal" des Schulministeriums NRW findet sich folgende Passage, die hier wörtlich wiedergegeben wird:

> Zur Konkretisierung fachübergreifenden und fächerverbindenden Unterrichts werden zwei Beispiele für Grundkurse der Jahrgangsstufe 12 angeführt, die sich auch zu Projekten erweitern lassen:
>
> - Beispiel I: Ökonomie und Ökologie – ein unüberwindbarer Konflikt?
>   Beteiligte Fächer: Sozialwissenschaften, Biologie, Erdkunde, Chemie
>   Bereiche des Faches Sozialwissenschaften:
>   Inhaltsfeld I: Marktwirtschaft: Produktion, Konsum und Verteilung
>   Inhaltsfeld IV: Wirtschaftspolitik
>   Kurzbeschreibung:
>   Ursachen von Umweltschäden aus ökonomischer Sicht; Funktionsprobleme des Marktes im ökologischen Bereich; Ziele, Prinzipien und Instrumente der Umweltpolitik, Analyse der Instrumente in Bezug auf ihre ökonomische und ökologische Effizienz; Wirtschaftswachstum, Entropie und sustainable development.
>   Methoden: Modellbildung, Mathematisierung, Ideologiekritik.
> - Beispiel II: Islamische Frauen in Algerien, Frankreich und Deutschland – hat Frauenemanzipation noch universelle Chancen?
>   Beteiligte Fächer: Sozialwissenschaften, Französisch, Recht, Religionslehre
>   Bereiche des Faches Sozialwissenschaften:
>   Inhaltsfeld II: Individuum, Gruppen und Institutionen
>   Inhaltsfeld III: Politische Strukturen und Prozesse in Deutschland
>   Inhaltsfeld VI: Globale politische Strukturen und Prozesse
>   Kurzbeschreibung:
>   Biographien junger islamischer Frauen aus Algerien, Frankreich und Deutschland; Prägung der Identität durch gesellschaftliche Faktoren, Rollen, religiöse Normen, Wertewandel; Familienstrukturen; Berufswahl, Lebensplanung; Frauen- und Männerrollen; Emanzipati-

> onschancen; Bildungschancen und deren Bedingungen; Emigration, Immigration, Asylrecht, Ausländerrecht, Integrationspolitik; Umgang mit ehemaligen Kolonialvölkern; Interventionspolitik der EU; Entwicklungspolitik der UN. (LSW o. J.)

Es geht hier ausschließlich um die Aufgaben, die einem Sozialwissenschaftslehrer gestellt werden, der in einem fächerübergreifenden Unterricht die Fachkenntnisse zu den angeführten Kurzbeschreibungen für Sozialwissenschaften einbringen soll, um einen Erkenntnis fördernden Unterricht zu gewährleisten. Man verlangt nicht von ihm die Beteiligung an einer Diskussion am Bierabend an einer Theke, sondern eine Erfüllung der Zielsetzungen des Unterrichts in der gymnasialen Oberstufe der Schulen in Nordrhein-Westfalen: „Die erforderlichen Kenntnisse, Methoden, Lernstrategien, Einstellungen und Verhaltensweisen werden über eine fachlich fundierte, vertiefte allgemeine und wissenschaftspropädeutische Bildung und eine an den Werten des Grundgesetzes und der Länderverfassungen orientierte Erziehung vermittelt“ (Kultusministerkonferenz 2000).

Es ist offensichtlich nicht in das Bewusstsein der für die Schaffung von Rahmenbedingungen zur ökonomischen Bildung Verantwortlichen gedrungen, dass ein Unterschied darin besteht, ob ich in einem Fach unterrichte, dessen Grundlagen bei mir selbst im Schulunterricht gelegt wurden und das ich in einem normalen Lehramtstudium weiterhin vertiefen konnte, oder ob der Unterricht in einem Fach erteilt wird, bei dem der Lehrer mit einem Null-Wissen von der Schule kam, dieses Wissen durch Stammtischgespräche und Fernsehsendungen so weit in den Negativbereich verschoben wurde, dass die spärliche Studienzeit im Rahmen der Fächermixtur an der Hochschule gerade ausreicht, um den Null-Pegel wieder zu erreichen. Untersuchungen über das Wirtschaftswissen von so genannten Fachlehrern (dies gilt nicht für die Lehrer im berufsbildenden Schulwesen) weisen aus, dass kaum Unterschiede zu dem normalen Bürger bestehen. Nach meinen – gegenwärtig nur persönlichen Beobachtungen – hat sich das Ergebnis dieser systematischen Analysen über die ökonomischen Fachkenntnisse der Lehrer im allgemein bildenden Schulwesen aus den Jahren 1977 (K.-H. Schaffartzik 1977) und 1979 (P. J. Becker 1979), kaum verändert, weil ein „normales“ Studium wie in anderen Schulfächern nicht erfolgen konnte. Eine geringfügige Besserung war eingetreten, als durch ministerielle Anordnung die Hochschulen aufgefordert wurden, in den „Sozialwissenschaften“ der Wirtschaftswissenschaft eine quantitative Besserstellung bei den verfügbaren Semesterwochenstunden einzuräumen. Allerdings zeigten sich hierbei als Ergebnis der zuvor erwähnten „Kämpfe“ beträchtliche Realisierungsunterschiede zwischen den Hochschulen.

1.3 Ersatzlösungen für Fachunterricht

Die Konjunkturwellen ökonomischer Bildung hängen davon ab, dass in Zeiten rückläufiger Wirtschaftskonjunktur nicht nur die allgemeine Arbeitslosigkeit steigt, sondern besonders die Jugendarbeitslosigkeit. Mitte der 80er Jahre war – ebenso wie später auch um 2000 – in dieser Hinsicht ein Höhepunkt, der dazu führte, dass „Wirtschaft" wieder Bedeutung für die Schule gewann. Die Schulen wünschten Hilfe zur Ausstattung mit Computern, zur Fortbildung von Lehrern und die Möglichkeit zu Firmenkontakten als „Anschauungsbeispiele" für Schüler. Die beklagenswert hohe Arbeitslosigkeit machte allerdings – neben allen unerfreulichen Folgen – auch deutlich, dass die Chancen am Arbeitsmarkt wesentlich von Grundkenntnissen und einer positiven Einstellung zur Leistungserbringung abhängen. Der Kampf um die Ausbildungsstellen führte für die Jugendlichen dazu, sich Vorteile bei der Stellensuche zu verschaffen, die von der Qualität der fachlichen Schulbildung und den sog. Schlüsselqualifikationen (H.-J. Albers 1992: 263) abhängen. Hier zeigte es sich, dass zwar Abiturienten aufgrund der Allgemeinbildung Vorzüge aufwiesen, jedoch Schüler mit dem SI-Abschluss durchaus eine beachtenswerte „Konkurrenz" um die Ausbildungsplätze dann darstellten, wenn der Unterricht in Wirtschaftslehre kompetent erfolgt war – insbesondere dann, wenn sich noch eine Handelsschulausbildung angeschlossen hatte. Die allgemein bildenden Gymnasien öffneten sich in dieser Zeit Wirtschaftsaspekten zur Verbesserung der beruflichen Chancen ihrer Klientel. Dies ging allerdings nicht soweit, einen regulären Unterricht in Wirtschaftslehre aufzunehmen. Die SI beschränkte sich – was auch noch für die Gegenwart gilt – auf die Durchführung von Berufswahlunterricht und Schülerbetriebspraktika, zum einen, um den Schülern einen Einblick in die Wirtschaftswirklichkeit zu geben, vor allem aber, um schon evtl. Kontakte für spätere Ausbildungschancen nach dem SI-Abschluss anzubahnen.

In der SII gab und gibt es in NRW nach wie vor das Fach Sozialwissenschaften mit einer Aufteilung der Zeit in Kurse für Soziologie, Politik und Wirtschaftswissenschaft, die – zumindest aus Sicht der ökonomischen Bildung – eine absolut unzureichende Vorbereitung für Beruf oder Studium sind. Natürlich gibt es auch hier Fälle, in denen ein ambitionierter Lehrer auf der Basis eines wirtschaftswissenschaftlichen Studiums oder einer vergleichbaren Berufserfahrung bzw. durch vertiefende Weiterbildung sich dieser Vorbereitung qualifiziert widmet. Die überwiegende Zahl der Sozialwissenschafts-Lehrer widmet sich jedoch der Durchführung von Kursen mit soziologischen oder politikwissenschaftlichen Schwerpunkten. Die inzwischen eingeräumte Möglichkeit, in einem Kursangebot Sozialwissenschaft/Wirtschaft einen ökonomischen Schwerpunkt zu setzen, ist eine taube Nuss. Zum einen stehen nur sehr wenige Fachlehrer hierfür zur Verfügung (Grund: Fächermixtur bei der Hochschulausbildung); zum anderen ist festgelegt, dass die Schulkonferenz über die Einführung des Faches entscheidet. Loerwald/Zoerner schreiben hierzu: „Im Differenzierungsbereich der Sekundarstufe finden selbst die buntesten Orchideenangebote ohne einen Beschluss der Schulkonferenz ihren Platz. Die ökonomische Bildung hingegen sieht sich dieser formal – bürokratischen Hürde gegenübergestellt, als handele es sich bei ihr um eine Weltanschauung und nicht eine anerkannte, reguläre Disziplin.“ (D. Loerwald/A. Zoerner 2005: 3).[1]

Vielleicht ist meine Sichtweise zu pessimistisch; es könnte sein, dass in der gegenwärtigen Situation Schüler und Eltern sich in der Schulkonferenz durchsetzen, um den Jugendlichen den Weg in das Erwerbsleben durch eine gegenwartsbezogene Bildung zu ebnen. Selbst das Goethe-Institut gibt seit über 10 Jahren eine Zeitschrift „Markt“ heraus, um – als Alternative zu den Werken des Namensgebers – durch Angebote von Wirtschaftsdeutsch auf Veränderungen im Bildungsbereich einzugehen!

Tatsächlich wird in einer Reihe von Schulen versucht, diesem Mangel an ökonomischer Bildung durch Zusatzangebote zu begegnen, die auf Anforderungen für Studium und Beruf abgestellt sind. *PRAWIS*, u. a. von G.-J. Krol initiiert und geleitet, stellt in erster Linie auf Praxiskontakte zur Wirtschaft ab und wird als Modellprojekt von vielen Institutionen gestützt, wie IHK Nordwestfalen, Bertelsmann-Stiftung, Schulministerium NRW u. a. (H. Kaminski/G.-J. Krol u. a. 2005). Es ersetzt jedoch, auch wenn es weitere Verbreitung finden würde, einen normalen Fachunterricht ebenso wenig wie das auf ökonomische Bildung von Oberstufenschülern ausgerichtete und mit dem Initiativpreis Aus- und Weiterbildung 2006 von DIHK, Otto-Wolff-Stiftung und Wirtschaftswoche ausgezeichnete Projekt *JUNIOR – BUSINESS – SCHOOL* meines Kollegen Liening oder viele ähnliche – von der Wirtschaft oft unterstützte – Versuche, eine bessere Wirtschaftsbildung in den Schulen zu erreichen, z. B. *BOSS, JUNIOR, BORIS, TRANS-JOB, JUGEND UND WIRTSCHAFT, ECONOMICS.NRW, BUSINESS-AT-SCHOOL* u. v. a. m.

Alle diese Ersatzlösungen können nicht das generelle Problem der stiefmütterlichen Behandlung bei der schulischen Vorbereitung aller Jugendlichen auf die Anforderungen im Wirtschaftsleben als Verbraucher, als Arbeitende, als wirtschaftspolitisch Betroffene und Agierende u. a. m. beheben. Voraussetzung für eine Verbesserung ist in jedem Fall – wie auch die konkrete organisatorische Lösung für die Schule aussehen mag – eine fundierte Ausbildung der Lehrer für diese Aufgabe der Wirtschaftslehre als Teil der Allgemeinbildung. In seinem

1 In Kapitel 2 führe ich aus, dass die Annahme, es handele sich bei der ökonomischen Bildung um eine weltanschauliche Frage, nicht abwegig ist. Ich habe es „Stiefkind“ genannt. Die Realität wird zeigen, wie eine solche Entscheidung in einem deutschen Gymnasium i. d. R. aussieht.

Beitrag zur politischen und ökonomischen Bildung stellt Hartwich dies sehr anschaulich heraus: „Erstaunlich ist, mit welcher Leichtfertigkeit die heutigen Forderungen nach einem eigenen Schulfach Ökonomie über die entscheidende Schwelle der Ausbildung von Lehrern für dieses Fach hinweggehen." (H. H. Hartwich 2001).

Die vielfältigen, aufwändigen und häufig phantasievollen Ersatzlösungen für das Nahebringen des Wirtschaftslebens können nicht einen Ausgleich für die unzureichende fachliche Qualifikation der Lehrer bieten; auch dann nicht, wenn externe Fachreferenten aus Unternehmen, der IHK oder Hochschulen dabei eingesetzt werden, weil diesen Referenten wiederum die pädagogische Qualifikation fehlt.

1.4 Bringt der Bachelor eine Rettung in der Lehrerausbildung für ökonomische Bildung?

Nach über 35 Jahren sozialwissenschaftlicher Lehrerausbildung in NRW eröffnet sich durch die Studienreform eine Chance, die SI- und SII-Studiengänge Sozialwissenschaften in dem Chaos der Neugestaltung zunächst einmal untergehen zu lassen. Die Neugestaltung in einem Bachelorstudium und dem Master of Education verringert keineswegs die Vielfalt der Auslegung des Begriffes „Sozialwissenschaften", die bisher schon die Lehramtsstudiengänge – und das i. d. R. zu Lasten der Wirtschaftswissenschaft – prägte. Eine positive Entwicklung kann sich jedoch daraus ergeben, dass der Bachelor – im Gegensatz zum bisherigen Lehramtsstudium – nicht ausschließlich auf die schulische Berufslaufbahn ausgerichtet ist. Selbst wenn bereits im Bachelor-Studiengang erziehungswissenschaftliche Anteile eingeschlossen sind, richtet sich das Ziel auf einen Einsatz auch außerhalb der Schule, z. B. in Weiterbildungseinrichtungen. Die angehenden Studierenden werden in dieser Situation – bei rationalem Verhalten – solche Studienangebote bevorzugen, die ihnen den Weg in die Wirtschaft oder zu wirtschaftsbezogenen Weiterbildungseinrichtungen offen halten. Dass dieser Lehrer dann auch fachlich im Sinne der ökonomischen Bildung besser geschult sein wird als bisher, kann man nur erhoffen. Zu viele Faktoren, auf die ich hier nicht eingehen kann, spielen hierbei eine Rolle.

1.5 Ist der gegenwärtige Boom von Ersatzlösungen hilfreich?

Ausgehend von der eingangs erwähnten Gemeinschaftsaktion von BDA und DGB hat sich eine Vielzahl von Initiativen für ökonomische Bildung entwickelt, die vergleichbar mit dem Boom der sechziger Jahre ist. Einen recht guten Einblick erhält man, wenn man im Internet unter „google.de" die „Ökonomische Bildung" mit knapp 2 Mio. Seiten aufruft. Einen knappen, aber informativen Überblick über die Probleme gibt www.sowi-online.de.

Wieder sieht es so aus, als käme nun endlich die Erleuchtung, dass der ökonomischen Bildung ein der Bedeutung dieses Lebensbereiches adäquater Platz im Bildungssystem zu schaffen ist. Als besonders herauszustellendes Ereignis muss erwähnt werden, dass die KMK im Jahr 2003 beschlossen hatte, in der Sekundarstufe I für alle Schulformen 200 Unterrichtsstunden einer ökonomischen Grundbildung sicherzustellen. Auch hier zeigt sich, wie unterschiedlich diese Vorgaben interpretiert werden, und welche politischen und weltanschaulichen Vorbehalte gegen die ökonomische Bildung immer wieder zu Perversionen führen. So heißt es in der Rahmenvorgabe für die ökonomische Bildung in der Sekundarstufe I für die Schulen in NRW: „Die Rahmenvorgabe [...] geht [...] von dem Grundsatz aus, dass eine Betrachtung wirtschaftlicher Sachverhalte aus ausschließlich ökonomischer Perspektive Einseitigkeiten in sich bergen kann, die der gesellschaftlichen Wirklichkeit widerspricht." (MSJK 2004: 12).

Die Konsequenz aus dieser listigen NRW-Interpretation ist: „Insofern findet ökonomische Bildung in einer Vielzahl von Fächern statt, in denen ökonomische Kenntnisse und Zugriffsweisen von Bedeutung sind" (Rahmenvorgabe: 13). Also benötigen wir auch keinen Lehrer für ökonomische Bildung, weil es ja die anderen Fachlehrer als „Aspekt" mit verarbeiten werden, oder wir benötigen einen Lehrer für ökonomische Bildung wie der unter 1.2 beschriebene, der über eine breit gefächerte Ignoranz verfügt.

Ich fühle mich zurück versetzt in die Jahre 1971-1975, in denen ich zunächst für die Lehramtskandidaten ein Curriculum für Wirtschaftslehre entwickeln konnte, das im Stundenumfang den Semesterwochenstunden der anderen Schulfächer entsprach, mit Einführung des „multifunktionalen Lehrers" jedoch Aufgaben übernehmen musste, die ständig die Überwindung innerer Widerstände wegen unredlicher Erfüllung von mir verlangten.

Die Autoren der Rahmenvorgabe können die obigen Formulierungen nur aus weltanschaulicher Verblendung oder aus Unkenntnis der Wirtschaftsdidaktik formuliert haben. Es sei ihnen empfohlen, einmal die Ausführungen von H. J. Schlösser zur Konvergenz und Divergenz von Fachwissenschaft und Fachdidaktik und zur Aufgabe der Fachdidaktik für die ökonomische Bildung zu lesen, durch die die gezogene Konsequenz in der Rahmenvorgabe ad absurdum geführt wird (Schlösser 2001).

Die permanente Nichtbeachtung der wirtschaftsdidaktischen Notwendigkeiten zwingt zur Frage, wo eigentlich die Hemmungsfaktoren der Realisierung gerade der ökonomischen Bildung liegen.

2 Hemmungsfaktoren der Realisierung ökonomischer Bildung im allgemein bildenden Schulwesen

2.1 Traditionelle kulturhistorisch-religiöse Einflüsse

Die Schwierigkeiten, mit Vertretern der humanistischen Bildung über eine Verbesserung der ökonomischen Bildung zu sprechen, gehen, wie bereits eingangs erwähnt, im Prinzip bis in graue Vorzeiten zurück. Im alten Griechenland waren die Kaufleute minderwertige und gesellschaftlich nicht anerkannte Bürger. Odysseus, Held der Antike, braust auf, als er als Kauffahrer bezeichnet wird. Hermes war der Gott des Handels, aber auch der Diebe. In der Politeia von Platon werden die Krämer als Wesen bezeichnet, die nicht taugen, irgendein anderes Geschäft zu verrichten (Platon 1962: 108). Auch in Indien gehörten die Kaufleute zu einer niederen Kaste. In Europa erfolgte die Ausbreitung des Handels und Geldwesens durch die Juden, weil das Christentum u. a. den Zins verdammte. Caesarius von Heisterbach schreibt in dem „Buch der Wunder“, dass ein Kaufmann nicht ohne Sünde sein kann (Caesarius 1910). Die mittelalterliche Kirche sah den Kaufmann als unredlichen Profitmacher. Er war unehrenhaft, während die Kaufleute häufig überfallenden Raubritter Ansehen hatten. Auch die Macht und der Einfluss von großen Kaufmannsgeschlechtern, wie Welser und Fugger, ändern nichts an dem Bild. Die politischen Herrscher waren auf diese Kaufmannshäuser wegen der Geldquellen angewiesen, sie hatten aber keine Sympathie, schon gar nicht in de Bevölkerung. Cauponen, die Kaufleute und Kantinenbetreiber römischer Legionäre, galten als landfremde Betrüger und hinterließen ein bleibendes Misstrauen (vgl. zu dieser Thematik auch den Beitrag von Bayer/Bonus in diesem Band). Es wird erklärlich, wenn noch heute Bankeinbrüche, Versicherungsbetrug oder Ladendiebstahl vielfach als modernes Raubrittertum angesehen und zwar nicht juristisch, aber moralisch mit anderen Maßstäben gemessen werden als andere Delikte, bei denen nicht die ohnehin unsympathischen Wirtschafts- und Finanzinstitutionen betroffen sind.

Eine Ausnahme machten in der Einstellung gegenüber der Wirtschaft in historischer Sicht eigentlich nur die wenig auf Europa bezogenen Puritaner, die die Berufsarbeit und den Erwerbs- und Spartrieb heiligten und damit zu einer engeren Verbindung von Wirtschaft und Gesellschaft in den USA beitrugen.

Die Prägung des Bildungssystems durch den europäischen Humanismus führte zu trennenden Barrieren zwischen Wirtschaft und Gesellschaft. Timmermann (1976: 44f.) schreibt:

> „Wer nun als Theologe, Philosoph oder Politiker den europäischen Frühkapitalismus ablehnte, durfte nicht die Handelssysteme, die Produktionsweisen, das

> Kreditwesen und den Weltmarkt der Großhandelshäuser als gegeben hinnehmen, wissenschaftlich beschreiben und vielleicht kritisieren, sondern er musste die Entwicklung mit der ihr zugeordneten Bildung selbst ablehnen und zu verhindern suchen".

Wie viel ist davon noch heute im Bereich des Schulwesens wirksam und prägt über Einflüsse der „Humanitas" ältere und neuere Entwicklungen gerade der Erziehungswissenschaften!

2.2 Dissonanz von Wirtschafts- und Bildungspolitik in Deutschland

Nicht minder einflussreich erweist sich die von der wirtschaftspolitischen Konzeption des Liberalismus ausgehende negative Wirkung auf die ökonomische Bildung. Das zentrale Element des wirtschaftlichen Liberalismus, die Eigengesetzlichkeit der Wirtschaft, verlangt nach weitgehender Abstinenz des Staates. Während sich durch das liberale Ideengut im 18. und 19. Jahrhundert eine Abkehr des Staates von der Wirtschaft vollzieht, breitet sich im Bereich Deutschlands gleichzeitig die Etablierung des staatliche Schulwesen aus, z.B. mit dem preußischen General-Landschul-Reglement von 1763, in dem die Schulpflicht verankert wurde und der staatlich Einfluss nun dominiert.

Mit der Liberalisierung und Privatisierung der Wirtschaft geht aber auch das zuvor im Merkantilismus gegebene unmittelbare Interesse des Staates an der Förderung der Wirtschaft durch Bildung und Erziehung verloren. Ansätze der bislang stark wirtschaftskundlich ausgerichteten Schulen (Arbeitsschul- und Industrieschulbewegung) verkümmern. Die Ausbildung des Nachwuchses speziell für den wirtschaftlichen Bereich entwickelt sich seither nicht mehr im Zusammenhang mit dem allgemein staatlichen Bildungssystem, sondern wird zur beruflichen Spezialausbildung im Anschluss an den allgemeinen Bildungsgang oder als Alternative dazu (Berufsschulen, Handelsschulen, Wirtschaftspraxis, duales System, weitgehend getragen von Kammern).

Mit der Abkoppelung von Wirtschaftsbildung und Allgemeinbildung beginnt ein unheilvoller Kreislauf, der noch heute wirksam ist: Bildungspolitische Entscheidungsträger und Pädagogen wachsen – wie der überwiegende Teil der Bevölkerung, der in den Genuss des weiterführenden allgemeinen Bildungsganges an Gymnasien und Hochschulen kommt – säuberlich getrennt vom Bereich der betrieblichen Berufsausbildung und der begleitenden Berufsschulen – auch Höhere Handelsschulen und Wirtschaftsgymnasien – heran.

Die Abqualifizierung der Beschäftigung mit materiellen Werten wird durch diese elitäre Trennung ständig verschärft. Gegenüber der Führungsschicht in der Wirtschaft verstärkt sich der Neidkomplex der sogenannten „Gebildeten", gegenüber den abhängig Beschäftigten ihre Überheblichkeit. Sie zeigt sich als moderne Erscheinung in der von Anfang an vorhandenen Aversion von Humanisten gegen das „Blaujackenfach" Arbeits- und Wirtschaftslehre, das für Hauptschulen und Gesamtschulen als akzeptabel, für die anderen Schulbereiche jedoch als überflüssig und gar schädlich angesehen wird. Da Bildungspolitiker und -praktiker nur in Ausnahmefällen in der Schule oder in ihrer Berufsausbildung und -tätigkeit Qualifikationen und Interesse für den Erfahrungsbereich Wirtschaft gewonnen haben, erweisen sich gerade Kultuspolitik und -bürokratie als der resistenteste Bereich hinsichtlich der Aufgeschlossenheit für ökonomische Probleme. Selbst wenn der Blick auf die Lebenswirklichkeit Anlass gibt, veränderte Lebenssituationen und ein zunehmendes Gewicht von Wirtschaftsproblemen angesichts wachsender Arbeitsteilung, zu erkennen und daher auf das heutige Leben vorbereitende Fähigkeiten und Fertigkeiten in pädagogische Zielsetzungen umzusetzen, steht man sich mangels entsprechender Qualifikation selbst im Weg. So mischen sich in der Schulwirklichkeit mangelhaftes Interesse, vorgetäuschtes Interesse und zwar vorhandenes, aber – mangels curricularer Vorgaben – nicht realisierbares Interesse. Die Folge ist die eingangs geschilderte Inkompetenz in Wirtschaftsfragen bei weiten Bevölkerungskreisen durch die unzureichende Schulausbildung.

Im Übrigen ist auch die Unterstützung einer verstärkten Wirtschaftslehre in allgemein bildenden Schulen durch die Vertreter der Wirtschaft selbst zwiespältig. So sehr man sich auch für die zuvor beschriebenen Ersatzlösungen engagiert, die mehr oder weniger Zusatzangebote sind, so wenig sind oft die für Personal- und Bildungsfragen zuständigen Vertreter der Wirtschaft geneigt, sich im Standardcurriculum der Schulen für eine verstärkte ökonomische Ausbildung einzusetzen. Für sie ist der Einsatz zur Verstärkung des Unterrichts in den berufsrelevanten Kulturtechniken (Lesen, Schreiben, Rechnen) absolut vorrangig. Die Befürchtung geht auch dahin, dass die quantitative Steigerung ökonomischer Inhalte u. U. zu Lasten dieser Kulturtechniken geht und man damit den Teufel mit dem Beelzebub austreibt. Natürlich werden die Vertreter der Wirtschaft diese Feststellung von mir bestreiten und z. B. auf die „Eckpunkte für ein Kerncurriculum Wirtschaft" (Eckpunkte 2003) verweisen. Es handelt sich dabei um die Fortführung der zu Beginn dieses Beitrages schon erwähnte Gemeinschaftsaktion von BDA und DGB im Jahr 2000, der sich dann zu den gemeinsamen Eckpunkten bis 2003 eine Vielzahl von Institutionen anschlossen. Natürlich ist dies aus meiner Sicht sehr erfreulich, wenn dadurch eine Besserung für das von mir beklagte Stiefkind eintreten würde – doch sind, wie ich mehrfach beschrieben habe, solche und ähnliche Empfehlungen und Resolutionen schon vor Jahrzehnten veröffentlicht worden, ohne dass eine Änderung eingetreten wäre.

Zum Teil trägt hierzu in den letzten Jahrzehnten eine unheilige Allianz von einerseits konservativen Neuhumanisten und andererseits linken Politökonomen bei. Beide Gruppen stehen der Sozialen Marktwirtschaft emotional ablehnend gegenüber und haben eine große Anzahl von Anhängern, die alternativen Heilslehren nachjagen, um den „Neoliberalismus" zu bekämpfen und an die Stelle der ökonomischen Rationalität die „Rationalität des gesellschaftlichen Bedarfs" setzen. Da sich die wirtschaftswissenschaftliche Theorie weitgehend auf das Individualprinzip stützt, muss zur Durchsetzung der kollektivistischen Anschauung konsequent auch eine Theoriekritik der Ökonomie erfolgen und die Einbindung in andere gesellschaftswissenschaftliche Bezüge erfolgen. Dass die Didaktik der ökonomischen Bildung diese Einbindung von Anbeginn an vollzogen hat, ohne jedoch die methodischen Grundlagen der Wirtschaftswissenschaft dabei zu vernachlässigen, wird aus taktischen Überlegungen von den beiden genannten Gruppen ignoriert.

2.3 Ökonomische Bildung benötigt Wirtschaftsdidaktiker

Die konjunkturellen Wellen der ökonomischen Bildung in der Nachkriegszeit haben dazu geführt, dass die im Zuge der beschriebenen amerikanischen Herausforderung in den 70er Jahren des vorigen Jahrhunderts bundesweit geschaffenen Lehrstühle für Wirtschaftswissenschaft und ihre Didaktik, die sich der ökonomischen Bildung im allgemein bildenden Schulwesen als Ziel verschrieben hatten, in der Zwischenzeit drastisch reduziert wurden und ein Aussterben droht. Nicht nur, dass viele dieser Lehrstühle staatlichen Einsparmaßnahmen zum Opfer fielen – auch bei Neubesetzung wurde innerhalb der Hochschulen die Bedeutung der ökonomischen Bildung egoistischen Ansprüchen von anderweitigen Interessengruppen – nicht zuletzt in der Wirtschaftswissenschaft selbst – negiert. Dass mit der Besetzung von wirtschaftsdidaktischen Lehrstühlen durch Wissenschaftler, die ihre Lehr- und Forschungsaufgabe in speziellen Fachgebieten der BWL, VWL oder Informatik bzw. in der Wirtschaftspädagogik sehen, der ökonomischen Bildung ein Bärendienst erwiesen wird, geht zu wenig in das Bewusstsein ein. Ich darf noch einmal auf die oben angeführte Darstellung von Schlösser zur Divergenz und Konvergenz von Fachwissenschaft und Fachdidaktik verweisen (siehe Kap. 1.5). Bei der Vermittlung von Wirtschaftswissen ist ein besonderes Problem darin zu sehen, dass der Lernprozess – abgesehen von wirtschaftskundlichen Techniken – sehr hohe Anforderungen an die Denkstruktur stellt. Die Vermittlung von Faktenwissen, oft in Schulbüchern in Form von Merksätzen dargelegt, reicht nicht aus. Man kann hier eine Parallele zum Schachspiel ziehen, in dem die Kenntnis der Regeln noch zu keinem guten Schachspieler führt. Auch in der Wirtschaftslehre muss der Blick für das Gesamtsystem da sein, weil in der ökonomischen Wirklichkeit eine Vielzahl von Neben- und Folgewirkungen ineinander greifen und Interdependenzen beachtet werden müssen. Die schlichte Feststellung, dass höhere Preise höhere Löhne oder höhere Löhne höhere Preise zur Folge haben, reicht eben nicht aus. Der Wirkungszusammenhang ist erheblich komplizierter und erfordert mühsam anzueignende Grundkenntnisse, was nicht nur in der Schule, sondern auch in der Hochschule gern zu Gunsten anderer gesellschaftswissenschaftlicher Fächer vermieden wird. Wenn hierbei auch noch bei Erstsemestern die Drohung „dreidimensionaler Ertragsgebirge" und mathematischer Integral- und Matzritzenrechnungen jede Motivation zur intensiveren Beschäftigung mit der Wirtschaft unterbindet, verwundert es nicht, dass die Studierenden andere gesellschaftswissenschaftliche Varianten wählen.

Die lebensnahe Darstellung auch komplizierter Zusammenhänge in anschaulicher Form ist nicht jedem Hochschullehrer, m. E. sogar den wenigsten, gegeben – schon gar nicht, wenn das Forschungsinteresse auf Gebieten liegt, die im wirtschaftswissenschaftlichen Fachstudium nur in höheren Semestern vermittelt werden. So ist es auch absurd, z. B. bei der Besetzung von Lehrstühlen für Wirtschaftsdidaktik von den Bewerbern Leistungen zu erwarten, die in internationalen wirtschaftswissenschaftlichen Fachzeitschriften Furore machen. Diese Bewerber sind in der Regel nicht diejenigen, die Fähigkeiten zur Vermittlung ökonomischer Bildung bei den Studierenden der Lehrämter für Schulen oder Weiterbildungseinrichtungen wecken und fördern. Aus dem großen Angebot des wirtschaftswissenschaftlichen Fundus das herauszuschälen, was eine besondere Zielgruppe – sei es in Primarstufe, Sekundarstufe I oder II, sei es für Mediziner, Geologen oder Juristen, für Lehrende an Schulen oder Weiterbildungseinrichtungen – benötigt und es verständlich aufzubereiten, lebendig zu vermitteln und dabei die heute verfügbaren, vielfachen Medien zweckentsprechend einzusetzen, das ist es, was Wirtschaftsdidaktik u. a. leisten muss. Die Förderung dieses Anliegens könnte dazu beitragen, das Stiefkind der Bildungspolitik abzuschaffen.

Dass ich damit nichts Neues verkünde, sondern nur eine sehr alte Forderung wieder in das Bewusstsein der Verantwortlichen unserer Bildungspolitik bringen möchte, belege ich mit einem Zitat, dass mein berühmter Kollege Pigou in „Praktische Fragen der Volkswirtschaft" veröffentlichte. Er stellt sich hinter eine Rede des Präsidenten der Royal Economic Association, Edwin Cannan, der die mangelhafte ökonomische Kenntnis der Bevölkerung beklagt und seine wirtschaftswissenschaftlichen Kollegen auffordert: „Ich rufe besonders die jungen Lehrer auf, nicht einfach Ohren und Augen vor diesen bedauerlichen Zuständen zu verschließen und sich abzuwenden, um bei säuberlichen Gleichungen und eleganter Algebra wieder Ruhe und Befriedigung zu finden" (A. C. Pigou 1937). Ich wünsche mir, dass Pigou mit diesen Forderungen zur ökonomischen Bildung ebenso viel Erfolg finden möge wie bei seinen Leistungen für die Entwicklung der Umweltökonomie. Auch hier musste man lange Zeit dicke Bretter bohren.

Literatur

Albers, H.-J. (1992): Bildung und Weiterbildung – technischer Fortschritt und Qualifikation. In: May, H. (Hrsg.): Handbuch zur ökonomischen Bildung. München/Wien. S. 249-264.

Becker, P. J. (1979): Qualifikation und Weiterbildung von Hauptschullehrern im Fach Wirtschaftslehre. Münster.

Caesarius von Heisterbach (1910): Dialogus miraculorum, 1219-1223. Berlin.

Deutscher Ausschuss für das Erziehungs- und Bildungswesen (1964): Empfehlungen und Gutachten des Deutschen Ausschusses für das Erziehungs- und Bildungswesen, Folge 7/8. Stuttgart.

Eckpunkte (2003): Eckpunkte – Empfehlungen für ein Kerncurriculum Wirtschaft einschließlich Qualitätskriterien für die Lehreraus- und -fortbildung sowie Betriebspraktika von Lehrern und Schülern. Gemeinsame Arbeitsgruppe der WMK, KMK, der BDA, des BDI, DIHK, ZDH und DGB, Bremen 14. 2. 2003. Online verfügbar unter: : http://www.bdaonline.de/www/bdaonline-.nsf/id/KerncurriculumWirtschaft/ $file/kerncurriculum-wirtschaft.pdf

Hartwich, H.H. (2001): Politische und ökonomische Bildung gehören in der Schule zusammen. In: sowi-onlinejournal 1/2001. Online verfügbar http://www.sowi-online.de/journal/2001-1/hartwich.htm.

Kaminski, H./Krol, G.-J. u. a. (2005): Praxiskontakte. Zusammenarbeit von Schule und Wirtschaft. Braunschweig.

KMK (2000): Die gymnasiale Oberstufe in den Ländern in der Bundesrepublik Deutschland. Beschluss der Kultusministerkonferenz vom 30.01.1981 i. d. F. vom 16.06.2000. Online verfügbar unter: http://www.kmk.org/doc/beschl/abi-02.pdf

Landesinstitut für Schule und Weiterbildung NRW [LSW] (o. J.): Fortbildungsmaterialien für die Gymnasiale Oberstufe. Gesellschaftswissenschaftliches Aufgabenfeld. Online verfügbar unter http://www.learn-line.nrw.de/angebote/argost/download/gwlb.pdf

Loerwald, D. (2007): Ökonomische Bildung für bildungsferne Milieus. In: Aus Politik und Zeitgeschichte, B 32-33. S. 27-33.

Loerwald, D./Zoerner, A. (2005): Ökonomische Bildung vor dem Durchbruch? In: Unterricht Wirtschaft, Heft 22, 2/2005. S. 2-3.

Ministerium für Schule, Jugend und Kinder des Landes Nordrhein-Westfalen [MSJK] (2004): Rahmenvorgabe für die ökonomische Bildung in der Sekundarstufe I. Frechen.

Pigou, A. C. (1937): Praktische Fragen der Volkswirtschaftslehre. Jena.

Platon (1962): Politeia. In: Platons sämtliche Werke, Bd. 3. Reinbek bei Hamburg.

Schaffartzik, K.-H. (1977): Befragung von Lehrern gesellschaftswissenschaftlicher Fächer zur Verbrauchererziehung an Realschulen und Gymnasien. In: D. Krafft u. a.: Verbrauchererziehung an den Realschulen und Gymnasien des Landes Nordrhein-Westfalen – eine Analyse. Düsseldorf. S. 59ff.

Schlösser, H. J. (2001): Ökonomische Bildung, Wirtschaftsdidaktik, Wirtschaftswissenschaft. In: sowi-onlinejournal 2/2001. Online verfügbar unter http://www.sowi-online.de/journal/2001-2/oekonomische_bildung_schloesser.htm.

Servan-Schreiber, J. J. (1970): Die amerikanische Herausforderung. Reinbek bei Hamburg.

Timmermann, J. (1976): Bemerkungen zum Wirtschaftslernen in den deutschen Schulen seit der Aufklärung. In: Neugebauer, W. (Hrsg.): Fachdidaktisches Studium in der Lehrerbildung, Wirtschaft I. München. S. 44-45.

Stolpersteine und Leitplanken – Emergenz- und Aggregationsprobleme erfahrungsorientierten Unterrichts und die Antwort der ökonomischen Bildung

Andreas Zoerner

Dieser Beitrag versucht, die Mikro-Makro-Probematik für die ökonomische Bildung neu zu rekonstruieren. Mein Anknüpfungspunkt sind die Forderungen der allgemeinen Didaktik nach verstärktem Handlungs- und Praxisbezug von Unterricht, die lerntheoretisch gut begründet erscheinen (vgl. F.-J. Kaiser/H. Kaminski 1999; H. Kaminski/G.-J. Krol u. a. 2005: 64 ff.). Bereits an anderer Stelle ist jedoch auf Gefahren hingewiesen worden, die sich aus fachdidaktischer Sicht daraus ergeben können (G.-J. Krol 2004; H. Kaminski/G.-J. Krol u. a. 2005: 74 ff.; G.-J. Krol/D. Loerwald/A. Zoerner 2006: 88 ff.; G.-J. Krol/A. Zoerner 2008: 116 f.). Im Folgenden werde ich solche unterrichtlichen „Stolpersteine" systematisieren und gehe dabei vor allem auf Emergenz- und Feedback-Prozesse zwischen der Mikro- und der Makroebene ein. Ziel des Beitrags ist es, die Sicht auf Mikro-Makro-Probleme zu schärfen und ggf. Aufgaben für die Fachdidaktik zu begründen.

1 Der Stellenwert des Erfahrungslernens in der Didaktik

In den letzten Jahren ist zunehmend die Forderung nach einem deutlich größeren Anteil an eigenverantwortlichem und erfahrungsbezogenem Lernen in schulischen Lehr-Lernprozessen erhoben worden. Dieser Trend hat vor allem zwei Wurzeln: Zum einen zeigen die Erkenntnisse der Lernforschung, dass sich Wissen in Lernprozessen nicht einfach vom Lehrenden auf den Lernenden übertragen lässt. Lernen findet nicht als (einfacher) Instruktionsprozess statt, sondern lässt sich verstehen als eine an individuelle Erfahrungen und Voraussetzungen gebundene, eigenaktive Aneignung von Lerngegenständen durch den Lerner selbst (J. Gerstenmaier/H. Mandl 1995; für den Kontext der ökonomischen Bildung vgl. G.-J. Krol/D. Loerwald/A. Zoerner 2006: 75 ff.). Dadurch wird der

Lehrende jedoch nicht überflüssig, vielmehr bedürfen auch solch eigenverantwortlich gestaltete Lernprozesse einer sorgfältigen Planung, motivierender Anregung sowie Phasen der Instruktion (vgl. F.-J. Kaiser/H. Kaminski 1999; H. Gudjons 2003; R. Dubs 2004).

Zum anderen verlangt die im Zuge der Verarbeitung der PISA-Ergebnisse einsetzende Hinwendung zu Kompetenzzielen eine Orientierung an Fertigkeiten und Fähigkeiten von Schülerinnen und Schülern und eine Abkehr von „bloßen“ Wissenszielen. Zu einem auf Kompetenzen, also auf Fähigkeiten zielenden Unterricht gehören Phasen des eigenaktiv entdeckenden Lernens, des situierten Problemelösens und des Ausprobierens, um Fähigkeiten zu entwickeln und schließlich auch nach außen zu dokumentieren. Unterricht mit diesen Elementen möchte ich hier als „erfahrungsorientiert“ bezeichnen[1].

Ein mit solchen Elementen konzipierter, erfahrungsorientierter Unterricht ist zudem notwendig, um – das zeigen Gerstenmaier und Mandl – der Gefahr des „trägen Wissens“ entgegenzuwirken (J. Gerstenmaier/H. Mandl 1995). Wissen wird dann als „träge“ bezeichnet, wenn es zwar „lexikalisch“ vorhanden ist, jedoch nicht zum Lösen von Problemen – auch in unterschiedlichen Kontexten – eingesetzt werden kann. Erst wenn Unterricht systematisch die Gelegenheit bietet, Lerninhalte in verschiedenen Kontexten auch auszuprobieren und anzuwenden, können diese Inhalte durch Schülerinnen und Schüler verfügbar gemacht und angewandt statt lediglich „gewusst“ zu werden.

Vor diesem Hintergrund sind auch im Bereich der ökonomischen Bildung zahlreiche Initiativen unternommen worden, erfahrungsorientierte Elemente in den schulischen Unterricht zu integrieren. Am augenfälligsten sind dabei die Begegnungen zwischen Schule und Wirtschaftspraxis, deren Bandbreite von einzelnen, eher aus zufälligen personalen Konstellationen sich ergebenen Betriebsbesichtigungen über Fallstudien, Befragungen sowie vor- und nachbereitete Betriebspraktika bis hin zu aufwändigen, wissenschaftlich begleiteten Forschungsprojekten wie PRAWIS reicht (vgl. G.-J. Krol 2004; H. Kaminski/G.-J. Krol u. a. 2005)[2].

Ist damit also die ökonomische Bildung auf bestem Wege? Die Antwort folgt dem bekannten Radio-Eriwan-Muster: Im Prinzip ja! Jedoch stellen Begegnungen mit der Wirtschaftspraxis an sich – wenn überhaupt – in Bildungskontex-

1 Die häufig zu lesende Bezeichnung „handlungsorientiert“ ist m. E. inzwischen zu unscharf. Die in diesem Beitrag dargestellten „Stolpersteine“ ergeben sich denn auch aus Trugschlüssen eigener *Erfahrungen.* Insofern scheint mir die Bezeichnung „erfahrungsorientiert“ den Sachverhalt eher zu treffen.

2 Dabei ist selbstverständlich zu beachten, dass nicht automatisch jeder Lernortwechsel und jede Begegnung mit der Wirtschaftspraxis per se für Schülerinnen und Schüler im hier verwendeten Sinn erfahrungsorientiert angelegt ist. Zu zahlreich sind leider immer noch die Beispiele allein rezeptiver Betriebsbesichtigungen und Expertenvorträge.

ten nur einen geringen Wert dar. Auch sie haben Bildungszielen zu dienen und sind somit jeweils sorgfältig auf ihre Bildungswirksamkeit hin zu befragen. Abgesehen von Spezifika der jeweiligen Lerngruppe, der Unterrichtssituation und lokaler Gegebenheiten, die für die Unterrichtsplanung selbstverständlich immer zu berücksichtigen sind, gibt es dabei auch verborgene, situationsübergreifende fachdidaktische „Stolpersteine“, die sich unter der Überschrift „Mikro-Makro-Problematik“ subsumieren lassen. Im Folgenden sollen diese systematisch dargestellt werden.

2 Das Mikro-Makro-Problem in den Sozialwissenschaften und die Abgrenzung der beiden Ebenen

Das Mikro-Makro-Problem stellt sich in den Sozialwissenschaften im Grunde von Anfang an (für einen Überblick vgl. N. Wiley 1988). Kurz gesagt geht es dabei um die Frage, wie sowohl Ziele, Werthaltungen und Einstellungen von Individuen als auch deren Handeln einerseits (Mikroebene) und gesellschaftliche Strukturen und Prozesse andererseits (Makroebene) miteinander zusammenhängen. Dies betrifft sowohl die Genese von Ordnungen und Strukturmerkmalen als auch deren mögliche Rückwirkungen auf das individuelle Handeln. Von besonderem Interesse sind dabei Eigenschaften von Systemen auf der Makroebene, die sich nicht aus den Eigenschaften der jeweiligen Systemelemente ableiten lassen (Emergenz; vgl. R. Mayntz 1991; dies. 2000). Für die folgenden Überlegungen in diesem Beitrag ist es allerdings unerheblich, ob jeweils eine Dominanz der Mikro- gegenüber der Makroebene behauptet wird oder umgekehrt. Wichtig sind hingegen die Klassifizierungen und Abgrenzungen der beiden Ebenen (s. u.) sowie deren Wechselwirkungen.

Für die Ökonomik ist das Verhältnis von Mikro- und Makroebene in besonderer Weise definiert. Sie versteht sich als eine „mikrofundierte Makrowissenschaft“ (U. Gerecke 1998; K. Homann/A. Suchanek 2000; Lütge 2001: 88 ff.; vgl. Abbildung 1). Sie beschäftigt sich mit sozialen Phänomenen, jedoch lassen sich diese gemäß der Grundannahmen der Ökonomik (vgl. G.-J. Krol 2003) stets auf das (aggregierte) Handeln von Individuen zurückführen (methodologischer Individualismus). Gleichzeitig wirken auf der Makroebene zu verortende Strukturen in Form von Anreizkonstellationen immer auch auf das Handeln der Wirtschaftssubjekte zurück, so dass sich dieses nur durch das Zusammenwirken individueller Präferenzen und übergeordneter Rahmenbedingungen/Anreizkonstellationen verstehen lässt.

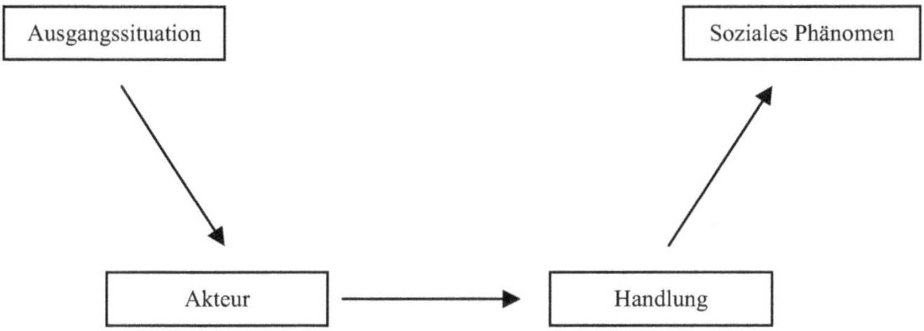

Quelle: Darstellung nach Chr. Lütge (2001: 96)

Abbildung 1: Die „Coleman'sche Badewanne" zum Zusammenhang von Mikro- und Makrophänomenen

Für den fachdidaktischen Zusammenhang muss das Mikro-Makro-Problem jedoch anders rekonstruiert werden: Hier geht es nicht um die Bildung theoretisch-abstrakter Gesellschaftsmuster, sondern der Kern des *fachdidaktischen Mikro-Makro-Problems* liegt in der Vermeidung von Fehlschlüssen, die aus der unzulässigen Verallgemeinerung individueller Erfahrungen (auf der Mikroebene) auf überindividuelle Zusammenhänge auf der Makroebene resultieren (können). Damit ist das fachdidaktische Mikro-Makro-Problem dem sozialwissenschaftlichen zwar verwandt, jedoch sind beide nicht identisch.

Was aber ist unter der Mikro- bzw. Makroebene jeweils zu verstehen? Zunächst scheint die Parallele zur bekannten Unterscheidung zwischen Mikro- und Makroökonomik augenfällig. Eine Gleichsetzung würde jedoch in die Irre führen, versteht man unter Makroökonomik doch vor allem die Theorie geleitete Beschäftigung mit volkswirtschaftlichen Sektoren und Aggregaten (Inlands- und Sozialprodukt, Volkseinkommen, Beschäftigung usw.), deren Bezug zur Handlungsebene nicht unmittelbar deutlich wird. Ebenso zählen zum Bereich der Mikroökonomie unter anderem Fragen der Preisbildung und der Wettbewerbstheorie, die – so soll im Folgenden deutlich werden – im Zusammenhang der in diesem Beitrag behandelten Fragestellung auf einer Makroebene anzusiedeln sind.

Mikro- und Makroebene lassen sich eher mit Hilfe der Unterscheidung von *Handlungen* (Mikroebene) und *Handlungsbedingungen* (Makroebene) beschreiben. Mit K. Homann/A. Suchanek (2000: 42) zählen zu den Handlungsbedingungen vor allem natürliche sowie kulturelle und gesellschaftliche Bedingungen, die (Mensch gemachte) Rahmenordnung des Handelns sowie Marktbedingungen, Konjunkturlagen usw. Zu den Handlungen zählen sie sowohl Ziele, Motive und Interessen (Präferenzen) der Individuen als auch deren Handlungsmittel. Dieser für unsere Zwecke m. E. zu unscharfe Begriff umfasst nicht nur ökonomische Transaktionen, also das Handeln im engeren Sinne, sondern auch Betriebsklima, Löhne und Gehälter usw., also Aspekte, die dem Einzelnen und seinen Handlungsmöglichkeiten nicht unmittelbar zugänglich sind (ebd.). Während also die Unterscheidung von Handlungen und Handlungsbedingungen m. E. zur Unterscheidung von Mikro- und Makroebene sinnvoll erscheint, kann die Zuordnung einzelner Elemente bei Homann/Suchanek für unseren Zweck nicht vollständig übernommen werden.

G.-J. Krol/A. Zoerner/J. Karpe (1999: 42 ff.) haben für das didaktische Instrument der Sozialökologischen Kartographierung[3] eine Unterscheidung von Mikro- und Makroebene vorgeschlagen, die auf der Mikroebene den handelnden bzw. entscheidenden *Akteur* (Wirtschaftssubjekt) mit seinen individuellen Einstellungen und Werthaltungen (Präferenzen) verortet und auf der Makroebene die *Rahmenbedingungen* für individuelles Handeln angesiedelt sieht. Sie unterscheiden die Makroebene nochmals nach situativen Rahmenbedingungen einerseits und ordnungspolitischen und systemaren Rahmenbedingungen andererseits (ebd.: 50 f.). Zwischen beiden Ebenen sehen sie den „sozialen Handlungsbereich“[4], auf dem sich Handlungen gerade aus dem Zusammenspiel von individuellen und überindividuellen Merkmalen ergeben (vgl. Abbildung 2). Man könnte diese Ebene als Mesoebene bezeichnen. Für die folgenden Überlegungen werde ich auf diese Unterscheidung von Mikro- und Makroebene zurückgreifen, jedoch versuchen, auch Überlegungen aus anderen Sozialwissenschaften aufzugreifen.

3 Die Autoren benutzen heute zumeist den Begriff der „Sozialökonomischen Kartographierung“, um die Einsatzmöglichkeiten des Instruments über den Umweltdiskurs hinaus deutlich zu machen.

4 Das Attribut „sozial“ soll in diesem Zusammenhang die Einbettung der Handlung in intentionale Handlungsmuster anzeigen.

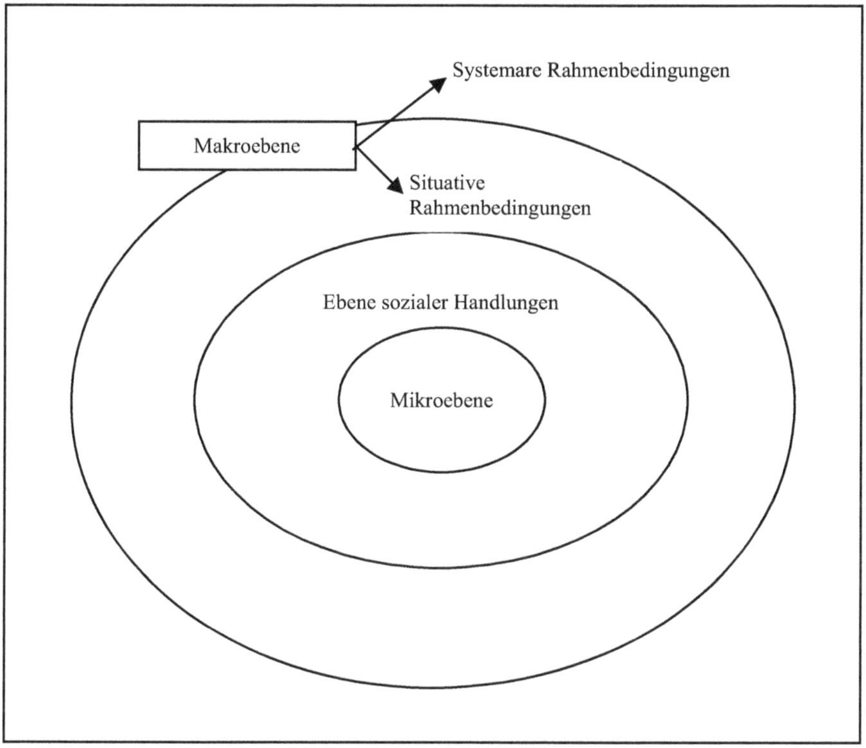

Abbildung 2: Abgrenzung der Mikro- und Makroebene bei G.-J. Krol/A. Zoerner/J. Karpe (1999: 51)

Im Gegensatz zur Ökonomie gibt es in anderen sozialwissenschaftlichen Disziplinen – namentlich in der Anthropologie und der Soziologie – zum Verhältnis von Mikro- und Makroebene der Gesellschaft eine längere Forschungsdebatte (vgl. N. Wiley 1988). Wiley unterscheidet – in einer Weiterentwicklung bisheriger Ansätze – sowohl die Mikro- als auch die Makroebene in jeweils zwei eigene ‚*level*' (vgl. Abbildung 3).

Ebene	level
Mikroebene	Individuum
	Interaktion
Makroebene	Struktur
	Kultur

Abbildung 3: Gliederung der Mikro- und Makroebene nach N. Wiley (1988).

Wiley integriert also die von Krol/Zoerner/Karpe eingeführte Mesoebene der sozialen Handlungen in die Mikroebene und ist damit nahe an den Überlegungen von Homann/Suchanek, ohne jedoch (zumindest in der Terminologie) auf der Mikroebene zu unscharf zu werden. Auch in der Makroebene kommt er ihrer Differenzierung nahe. Um die im Zuge erfahrungsorientierten Unterrichts drohenden fachdidaktischen „Stolpersteine“ zu systematisieren, möchte ich allerdings eine Weiterung von Wileys Gliederung vornehmen, die die Besonderheit der von Krol/Zoerner/Karpe eingeführten Mesoebene des sozialen Handelns (Interaktion) als zwischen Mikro- und Makroebene liegend aufgreift (vgl. Abbildung 4).

Ebene	Level		Ökonomischer Kontext
Mikroebene	a.	Individuum, Einzelfall	Präferenzen, situative/individuelle Merkmale
	b.	Interaktion I (potenziell jeder Einzelne)	Individuelle Handlungen
Makroebene	c.	Interaktion II (alle)	Aus der Summe einzelner Handlungen resultierende emergente Eigenschaften
	d.	Interaktion III (kollektives Handeln)	Veränderungen der Rahmenbedingungen
	e.	Struktur	Verfassungsrechtlicher und gesetzlicher Ordnungsrahmen; typische, überindividuelle Merkmale der Situation
	f.	Kultur, Tradition, Prinzipien	In der Gesellschaft dominierende Fairness- und Gerechtigkeitsvorstellungen u. ä.

Abbildung 4: (Fach-)didaktische Differenzierung der Mikro- und Makroebene

Auch in dieser Einteilung liegt das Level der Handlungen (Interaktion) zwischen dem des Individuums und der eindeutig auf der Makroebene zu verortenden Struktur. Allerdings überspannt die Interaktion (Level b. – d.) beide Ebenen:

Jede einzelne Handlung ist auf der Mikroebene zu verorten. Gleichzeitig kann die *Summe der Handlungen* Effekte haben, die *unu actu* mit Makroeffekten einhergehen (Problem der Emergenz, s. u.). Zwar lässt sich argumentieren, dass sie somit „Struktur" werden (vgl. R. Collins 1988) und daher bereits mit dem Strukturlevel auf der Makroebene enthalten seien, jedoch dient diese Darstellung nicht erkenntnistheoretischen, sondern vor allem (fach-)didaktischen Zwecken. Insofern erscheint es mir sinnvoll, die Interaktion aller als eigener Level gesondert auszuweisen. Das Gleiche gilt für kollektives Handeln, also die (im politischen Prozess vereinbarte) Veränderung der Rahmenbedingungen des individuellen Handelns (Interaktion III). Auch wenn sich theoretisch sauber einwänden lässt, dass aus der Perspektive der Ökonomik Kollektive keine selbstständig handelnden Einheiten sind, sondern sich deren Handlungen auf individuelle Zielsetzungen zurückführen lassen, so ist auch hier aus didaktischer Perspektive die Verortung auf der Makroebene sinnvoll, da kollektives Handeln – wie Olson (1968) gezeigt hat – nicht naturwüchsig aus individuellen Zielsetzungen hervorgeht, sondern an Strukturen und überindividuelle Voraussetzungen gebunden ist. Auf dem Hintergrund dieser Differenzierung von Mikro- und Makroebene soll nun das *fachdidaktische* Mikro-Makro-Problem erfahrungsorientierten Unterrichts systematisiert werden.

3 Erfahrungsorientierter Unterricht im Lichte des Mikro-Makro-Problems

Cum grano salis ist es der wesentliche didaktische Zweck erfahrungsorientierten Unterrichts, Schülerinnen und Schüler mittels der Arbeit an anschaulichen und konkreten Problemen, mittels eigen gesteuertem Lernen und Handeln und motivierenden Lernarrangements ein erfolgreicheres Lernen zu ermöglichen (s. Abschnitt 1). Lernen soll über eigene – und ggf. durch Dritte (Experten) vermittelte – Erfahrungen nachhaltige Problemeinsichten ermöglichen, die im Rahmen traditioneller Unterrichtsmethoden in der Gefahr standen, Schülerinnen und Schülern als bloß träges Wissen keine Kompetenz zu vermitteln. Dabei wird mehr oder weniger stillschweigend davon ausgegangen, dass Schülerinnen und Schüler Erfahrungen richtig einordnen. Das Leben selbst jedoch bildet nicht — genau aus diesem Grund benötigt man die Schule als quasi künstliche Lernumgebung und der Möglichkeit zu didaktisch aufbereiteten Lernarrangements (vgl. H. Giesecke 1998). *Ohne* eine didaktische Reflexion des situativ Erfahrenen kann dieses kaum bildungswirksam werden. Situativ Erfahrenes muss stets in (übergeordnete) Sach- und Sinnzusammenhänge eingeordnet werden, um nicht entweder nur zufällig die gewünschte Einsicht zu vermitteln oder aber als Einzelfall beliebig zu bleiben oder – dies wäre der ungünstigste Fall – zu unzulässigen Verallgemeinerungen und damit zu didaktischen „Stolpersteinen" zu führen. Genau hierin liegt das fachdidaktisch rekonstruierte Mikro-Makro-Problem, dass sich in ein Aggregationsproblem, und in das Problem scheinbarer Paradoxien unterscheiden lässt. Beide Ausprägungen lassen sich wiederum nochmals differenzieren (vgl. Abbildung 5). Im Folgenden werde ich diese Differenzierung an einigen Beispielen erläutern.

Aggregationsprobleme	
	Pars-pro-toto-Problem - Problem der Beliebigkeit - Problem der fehlenden Beispielhaftigkeit - Saldoproblematik
	Emergenzproblem
(scheinbare Paradoxien)	
	Problem sozialer Dilemmata
	Einzelfall vs. Ordnungsproblematik

Abbildung 5: Ausprägungen des fachdidaktischen Mikro-Makro-Problems

3.1 Aggregationsprobleme

3.1.1 Das Pars-pro-Toto-Problem

In der Begegnung mit der Wirtschaftspraxis lernen Schülerinnen und Schüler *notwendigerweise* zunächst jeweils einen Einzelfall kennen. Als Einzelfall ist dieser jedoch didaktisch häufig bedeutungslos. Es geht vorrangig darum, aus dem Einzelfall das Typische, die Situation Überdauernde und Übergreifende zu lernen.[5] Schülerinnen und Schüler sollen also in diesem Lernarrangement aus dem, was sie am Einzelfall kennen lernen, auf die Allgemeinheit der Fälle schließen. Doch ist dies ohne Weiteres möglich? Wie erkennen Schülerinnen und Schüler an einem für sie neuen Sachverhalt das für derartige Situationen Typische? Wie können sie es von dem, was bloß situative Bedeutung hat, unterschei-

5 Hier sei durchaus zugestanden, dass es auch bildungswirksame Einzelfälle gibt. Die Begegnung mit ihnen ist jedoch nur dann lernwirksam, wenn sie von Schülerinnen und Schülern als bedeutsame Ausnahme der Regel wahrgenommen werden können. Dazu muss der Regelfall bekannt sein. Es handelt sich also um ein grundsätzlich anderes Lehr-Lern-Arrangement als in dem Fall, in dem Schülerinnen und Schüler aus der Praxisbegegnung verallgemeinerungsfähige Kenntnisse und Einsichten gewinnen sollen.

den? Wie unterscheiden sie überhaupt Relevantes von Irrelevantem, wenn ihnen die Maßstäbe hierfür an einem neuen Fall (noch) nicht vertraut sind? Es besteht so – das heißt, ohne weitere, auf diese spezielle Lernsituation bezogene und von der Lehrkraft zu schaffende Voraussetzungen – die *Gefahr der unzulässigen Verallgemeinerung beliebiger Merkmale* der Situation, so dass Schülerinnen und Schüler fälschlich von Level a. auf das Level e. schließen (vgl. Abbildung 4).

Die Pars-pro-Toto-Problematik kennt eine weitere Ausprägung. Um ein berühmtes Beispiel zu zitieren: Werden Schülerinnen und Schüler nicht aus dem Fall des erfolgreichen Verbraucherprotestes gegen die Verssenkung der Ölplattform Brent Spar durch den Shell-Konzern schließen, dass Verbraucher in jedem Fall die realistische Möglichkeit haben, ökologie- oder sozialunverträgliches Unternehmenshandeln durch Boykotte zu ändern oder zu verhindern (vgl. G.-J. Krol/D. Loerwald/A. Zoerner 2006: 88 f.)? Der Erfolg dieser Kampagne war jedoch – und das können Schülerinnen und Schüler (zunächst) nicht wissen – an bestimmte, nicht überall anzutreffende Voraussetzungen gebunden: Die Verbraucher konnten ohne große Mühen (ökonomisch: Kosten) ihr Konsumverhalten ändern, was aus ökonomischer Perspektive eine entscheidende Voraussetzung für Verhaltensveränderungen ist. Gerade weil die Umstände so besonders waren, konnte der Fall Brent Spar zu solch einer Berühmtheit gelangen und seine Wiederholung bis heute – trotz unzweifelhaft zahlreicher möglicher Anstoß erregender Fälle von Unternehmenskommunikation oder -verhalten – ausgeschlossen bleiben.[6]

Abstrahiert man von diesem Beispiel, so stellt sich in der Begegnung mit einem Fall der Wirtschaftspraxis stets das Problem der Exemplarität: Ist dieser Fall typisch für viele und somit seine Verallgemeinerung möglich, oder ist er eher exotisch und muss somit von Schülerinnen und Schülern das Besondere der Situation/des Falls herausgearbeitet werden (Problem der fehlenden Beispielhaftigkeit)? Für Schülerinnen und Schüler ist diese Unterscheidung (zunächst) nicht leistbar, auch hier besteht die Gefahr des Trugschlusses von Einzelfall (Level a) auf Einzelfall übergreifende Merkmale (Level e) grundlegende Strukturen.

Die dritte Ausprägung des Pars-pro-Toto-Problems ist die Saldoproblematik. Ein typisches Beispiel dafür ist die Begegnung mit dem Fall eines Personal entlassenden Unternehmens. Schülerinnen und Schüler neigen dazu, aus dieser Erfahrung auf den Abbau von Beschäftigung in der Volkswirtschaft zu schließen. Dieser Schluss ist vorschnell, denn der Auf- bzw. Abbau von Beschäftigung in der Volkswirtschaft ergibt sich als saldierte Größe aller (Neu-)Einstellungen und Entlassungen in der Gesellschaft. Damit ist nicht gesagt, dass das für den Unterricht gewählte Einzelbeispiel nicht typisch für die gesellschaftliche Ent-

6 Somit lässt sich der Fall Brent Spar als ein Beispiel für den in Fußnote 5 angesprochenen bildungswirksamen Einzelfall verstehen.

wicklung sein kann. Aus der Freisetzung von Arbeitskräften im Einzelfall jedoch auf das Sinken der Beschäftigung in der Volkswirtschaft zu schließen ist unzulässig und eine typische Gefahr .

Allen Ausprägungen des Pars-pro-Toto-Problems ist die Gefahr gemein, dass unzulässigerweise vom Teil (dem Situativen oder dem Einzelfall) auf die Gesamtheit der Fälle und die ihnen zugrunde liegenden Strukturmerkmale geschlossen wird. Um nicht missverstanden zu werden: Eine Generalisierung des Einzelfalls ist didaktisch selbstverständlich erwünscht, die Begegnung mit der Wirtschaftspraxis ist notwendigerweise darauf angelegt. Dies jedoch kann nicht voraussetzungslos geschehen. Es bedarf des Vorwissens um wesentliche Situationsmerkmale, auf die sich die Aufmerksamkeit bei der Begegnung mit dem Einzelfall richten soll, um aus dem Einzelfall die richtigen Schlüsse zu ziehen.

3.1.2 Emergenzprobleme

Von der Pars-pro-Toto-Problematik lässt sich als weiterer Stolperstein bei der (zu simplen) Aggregation von Einzelfällen die Emergenzproblematik unterscheiden. Dahinter steht die Frage, ob das, was für *jeden (Einzelnen)* gilt, damit auch automatisch für *alle* Gültigkeit besitzt (vgl. G. Vollmer 1993: 33). Mit anderen Worten: Die Emergenzproblematik zielt auf Situationen, in denen die Quantität der Einzelhandlungen die Qualität der Situation verändert und somit Handlungen auf der Mikroebene (Level b) über Eigenarten des Levels c eine Veränderung von Level e herbeiführen können (vgl. Abbildung 4).

Besteht die Pars-pro-Toto-Problematik vor allem darin, dass möglicherweise Einzelfälle zu früh bzw. unzulässigerweise zu übergeordneten Strukturen aggregiert werden, so beschreibt die Emergenzproblematik im Grunde das Gegenteil: Die aus der Vielzahl gleichartiger Einzelfälle resultierende Qualitätsveränderung der Situation wird nicht gesehen, so dass die Struktur verändernde Eigenschaft der zu aggregierenden Einzelfälle unberücksichtigt bleibt. Um auch das wieder an einem Beispiel zu verdeutlichen: Aus einzelwirtschaftlicher Sicht kann es nachvollziehbar sein, dass Individuen eingezahlte Versicherungsbeiträge (bspw. einer Schadensversicherung) möglichst über die Versicherungsleistungen zurück erhalten wollen und so Schadensmeldungen großzügig zu ihren Gunsten vornehmen. Tun dies jedoch alle (oder zumindest eine hinreichend große Zahl von Individuen), so verändern sich die Rahmenbedingungen für alle. Fallen einzelne übertriebene Schadensmeldungen bei einer großen Anzahl von Versicherten nicht ins Gewicht, so muss sich versicherungsmathematisch die Versicherungsprämie für alle ändern, wenn nur eine hinreichend große Zahl von Versicherten dem einzelwirtschaftlich Rationalen folgt und seine Beiträge in Form von Leistungen zurück verlangt. Analoges gilt für die Fälle von vorgezogenen Käufen bei erwarteten Preissteigerungen, die einzelwirtschaftlich durchaus sinnvoll erscheinen, gesamtwirtschaftlich jedoch bei hinreichend vielen gleichartigen Handlungen gerade zum befürchteten Preisauftrieb führen. Ohne ein Wissen um die Kreislaufzusammenhänge des Wirtschaftsgeschehens bleiben solche Zusammenhänge verborgen, es besteht die Gefahr der Blindheit für die Emergenzproblematik, die sich als Wirkungszusammenhang von Level b und Level c in Abbildung 4 beschreiben lässt.

3.2 (Scheinbare) Paradoxien

Die Problematik scheinbarer Paradoxien ergibt sich aus einem Zusammenwirken von Handlungen auf der Mikroebene unter Strukturbedingungen der Makroebene. Zu unterscheiden sind hier die Problematik sozialer Dilemmata und die Einzelfall vs. Ordnungsproblematik.

3.2.1 Das Problem sozialer Dilemmata

Soziale Dilemmata sind Situationen, die dadurch gekennzeichnet sind, das in ihnen die Verfolgung einzelwirtschaftlicher Interessen – anders als ordnungspolitisch gewollt – zu einzelwirtschaftlich und gesamtgesellschaftlich suboptimalen Ergebnissen führt. Soziale Dilemmata prägen die moderne Gesellschaft. Sie entstehen in anonymen Situationen, in denen die soziale Kontrolle von Kleingruppen nicht mehr wirksam werden kann. Weil soziale Dilemmata lediglich in anonymen Kontexten entstehen, können sind sie durch unterrichtliche Arrangements nicht „erfahren" werden. Schülerinnen und Schüler stehen in der Gefahr, ihre Erfahrungen aus Kleingruppenkontexten unzulässigerweise auf die Bewältigung sozialer Dilemmata zu übertragen. Daraus ergibt sich die Tendenz, strukturelle und situativ bedingte Interaktionsprobleme zu personalisieren.

Damit verbunden ist konsequenterweise auch eine untaugliche Strategie der Bewältigung: Statt struktureller Maßnahmen, die auf eine Veränderung des Handlungskontextes zielen (Level d in Abbildung 4) legt eine Personalisierung des Dilemmas die Beeinflussung von Parametern der individuellen Präferenzbildung (Level a) nahe. Die Entstehung und die Lösung sozialer Dilemmata ist jedoch keine Frage fehlenden Wollens, sondern fehlenden Könnens. Ein Beispiel mag dies verdeutlichen: Obwohl alle Beteiligten eine Verbesserung der Umweltsituation wollen, kommt diese auf Basis freiwilliger Verhaltensveränderungen nicht zustande, da sie den Charakter eines öffentlichen Gutes hat. Individuen stellen sich subjektiv dann am besten, wenn sie ihren Beitrag zur Erstellung des Gutes meiden und hoffen, dass alle anderen ihren Beitrag schon leisten werden.

Fehlt diese originär ökonomische Perspektive auf soziale Dilemmata – und das ist in pädagogischen Kontexten noch immer der Regelfall –, so muss das Verhalten der Akteure paradox erscheinen (vgl. dazu die Beiträge von H. Heid 1992 und G.-J. Krol 1993). Eine Fokussierung auf erfahrungsorientierte Unterrichts- und Lernsituationen steht in der Gefahr, der Fehlinterpretation sozialer Dilemmata als individuell zu lösender Konflikt Vorschub zu leisten.

3.2.2 Einzelfall vs. Ordnungsproblematik

Hinter der Einzelfall vs. Ordnungsproblematik steht ein alter Bekannter: die unsichtbare Hand. Mit den Worten „Nicht vom Wohlwollen des Metzgers, Brauers und Bäckers erwarten wir das, was wir zum Essen brauchen, sondern davon, dass sie ihre eigenen Interessen wahrnehmen" hat bereits Adam Smith das Auseinanderklaffen von einzel- und gesamtwirtschaftlicher Rationalität, das der Einzelfall vs. Ordnungsproblematik der Fachdidaktik zu Grunde liegt, beschrieben. Man kann sagen, dass sich hier die scheinbare Paradoxie sozialer Dilemmata geradezu umdreht.

Im Mittelpunkt der Einzelfall vs. Ordnungsproblematik als Element der fachdidaktischen Mikro-Makro-Problematik steht die Wahrnehmung des institutionellen Wettbewerbs. Aus einzelwirtschaftlicher Sicht – und das ist die Perspektive, die Schülerinnen und Schüler in der Begegnung mit der Wirtschaftspraxis kennen lernen können – stellt sich der Wettbewerb als Negativum, als spürbare Handlungsbeschränkung dar. Wettbewerb bedeutet lästige Konkurrenz und eine Bedrohung erreichter Positionen, was sich individuell als Leistungsdruck vermittelt. Die gesellschaftliche Funktion des Wettbewerbs – seine Freiheit sichernde und Handlungsspielräume eröffnende Aufgabe, nicht nur im wirtschaftlichen, sondern auch und vor allem im politischen Bereich – ist durch Praxisbegegnung kaum zu erfahren.[7] Erst die Einordnung der Erfahrungen in übergeordnete Sinnzusammenhänge schützt Schülerinnen und Schüler vor einem unzulässigen verallgemeinernden Trugschluss ihrer Erfahrung und damit vor der Blindheit gegenüber den Wirkungen (und Rückwirkungen!) zwischen Level b und Level e (vgl. Abbildung 4).

7 Unseren Erfahrungen nach verbuchen Schülerinnen und Schüler höchstens die Vielfalt der Konsummöglichkeiten als ein Ergebnis des Wettbewerbs. Die angesprochenen gesellschaftlichen Funktionen bleiben ihnen hingegen i. d. R. (zunächst) verschlossen.

4 Schlussbemerkungen

Es sei an dieser Stelle nochmals erwähnt: Keinesfalls möchte ich mich mit meinen Einwänden gegen den Einsatz erfahrungsorientierter Unterrichtsmethoden aussprechen. Es sollte jedoch deutlich werden, dass die Bildungswirksamkeit des Erfahrungslernens an wichtige Voraussetzungen gebunden ist und derartige Lehr-Lern-Arrangements sorgfältiger Planung, Vor- und Nachbereitung durch die Lehrkraft bedürfen. Von Schülerinnen und Schülern ist legitimer Weise nicht zu erwarten, dass sie die im Abschnitt 3 dargestellten Stolpersteine erkennen und mit der damit verbundenen Problematik umgehen können. Damit rückt notwendigerweise die Lehrkraft in den Fokus der fachdidaktischen Mikro-Makro-Problematik.

Die fachdidaktischen Stolpersteine erfahrungsorientierten Unterrichts lassen sich nur sicher umgehen, wenn man zum einen die Kreislauf- und Wirkungszusammenhänge wirtschaftlichen Geschehens im Blick hat und zum anderen mit dem ökonomischen Erklärungsansatz menschlichen Verhaltens vertraut ist. Nur dann lassen sich die scheinbaren Paradoxien des Auseinanderklaffens von einzel- und gesamtwirtschaftlicher Vernunft erklärungskräftig auflösen und als Elemente gestalteter sowie gestaltbarer Ordnung bewusst machen. Die Kruber'schen Kategorien erweisen sich damit auch in diesem Zusammenhang als fachdidaktische „Leitplanken", die einen sicheren Umgang mit der fachdidaktischen Mikro-Makro-Problematik erlauben.

Insgesamt wird deutlich, dass erfahrungsorientiertes Lernen höchste Ansprüche an die fachlichen und fachdidaktischen Qualitäten der Lehrkräfte stellt. Damit zeigt sich erneut eine fachlich qualifizierte Lehrerausbildung als Nadelöhr einer gelingenden ökonomischen Bildung.

Literatur

Collins, R. (1988): The Micro Contribution to Macro Sociology. In: Sociological Theory, Vol. 6, Nr. 2. S. 242-253.

Dubs, R. (2004): Instruktive oder konstruktive Unterrichtsansätze in der ökonomischen Bildung? In: sowi-onlinejournal, Nr. 2/2004. Online abrufbar unter http://www.sowi-online.de/journal/2004-2/unterrichtsansaetze_dubs.htm

Gerecke, U. (1998): Soziale Ordnung in der modernen Gesellschaft. Ökonomik – Systemtheorie – Ethik. Tübingen.

Gerstenmaier, J./Mandl, H. (1995): Wissenserwerb unter konstruktivistischer Perspektive. In: Zeitschrift für Pädagogik, 41. Jahrgang. S. 867-888.

Giesecke, H. (1998): Pädagogische Illusionen. Lehren aus 30 Jahren Bildungspolitik. Stuttgart.

Gudjons, H. (2003): Frontalunterricht – neu entdeckt. Integration in offene Unterrichtsformen. Bad Heilbrunn.

Heid, H. (1992): Ökologie als Bildungsfrage. In: Zeitschrift für Pädagogik, 38. Jahrgang. S. 113-138.

Homann, K./Suchanek, A. (2000): Ökonomik. Eine Einführung. Tübingen.

Kaiser, F.-J./Kaminski, H. (1999): Methodik des Ökonomieunterrichts. 3. Auflage. Bad Heilbrunn.

Kaminski, H./Krol, G.-J. u. a. (2005): Praxiskontakte. Zusammenarbeit zwischen Schule und Wirtschaft. Braunschweig.

Krol, G.-J. (1993): Ökologie als Bildungsfrage? Zum sozialen Vakuum der Umweltbildung. In: Zeitschrift für Pädagogik, 39. Jahrgang. S. 651-672.

Krol, G.-J. (2003): Ökonomische Verhaltenstheorie. In: May, H. (Hrsg.): Handbuch zur ökonomischen Bildung. 7. Auflage. München/Wien. S. 15-29.

Krol, G.-J. (2004): Praxiskontakte und ökonomische Bildung – Potenziale, Grenzen, Herausforderungen. In: edut@in. Tagungsdokumentation 2003 (CD-Rom). Frankfurt a. M.

Krol, G.-J./Loerwald, D./Zoerner, A. (2006): Ökonomische Bildung, Praxiskontakte und Handlungskompetenz. In: Weitz, B. O. (Hrsg.): Kompetenzentwicklung, -förderung und -prüfung in der ökonomischen Bildung. Bergisch Gladbach. S. 61-109.

Krol, G.-J./Zoerner, A. (2008): Ökonomische Bildung, Allgemeinbildung und Ökonomik. In: Kaminski, H./Krol, G.-J. (Hrsg.): Ökonomische Bildung: legitimiert, etabliert, zukunftsfähig. Stand und Perspektiven. Bad Heilbrunn. S. 91-129.

Krol, G.-J./Zoerner, A./Karpe, J. (1999): Sozialökologische Kartographierung. Ein Instrument zur Förderung von Nachhaltigkeit in Umweltbildungsprozessen. Herausgegeben vom Umweltbundesamt. Münster.

Lütge, Chr. (2001): Ökonomische Wissenschaftstheorie. Würzburg.

Mayntz, R. (1991): Naturwissenschaftliche Modelle, soziologische Theorie und das Mikro-Makro-Problem. In: Zapf, W. (Hrsg.): Die Modernisierung moderner Gesellschaften. Verhandlungen des 25. deutschen Soziologentages in Frankfurt am Main 1990. Frankfurt a. M./New York S. 55-68.

Mayntz, R. (2000): Individuelles Handeln und gesellschaftliche Ereignisse. Zur Mikro-Makro-Problematik in den Sozialwissenschaften. In: Wie entstehen neue Qualitäten in komplexen Systemen? 50 Jahre Max-Planck-Gesellschaft 1948 – 1998. Dokumentation des Symposiums zum 50jährigen Gründungsjubiläum der Max-Planck-Gesellschaft am 18. Dezember 1998 in Berlin. Göttingen. S. 95-104.

Olson, M. (1968): Die Logik des kollektiven Handelns. Kollektivgüter und die Theorie der Gruppen. Tübingen.

Vollmer, G. (1993): Paradoxien und Antinomien – Stolpersteine auf dem Weg zur Wahrheit. In: ders.: Wissenschaftstheorie im Einsatz. Beiträge zu einer selbstkritischen Wissenschaftsphilosophie. Stuttgart. S. 31-71.

Wiley, N. (1988): The Micro-Macro Problem in Social Theory. In: Sociological Theory, Vol. 6, Nr. 2. S. 254-261.

Ökonomische Bildung und Spieltheorie

Thomas Retzmann

1 Innovationsbedarf und Bildungspotenzial

Die Relevanz der *ökonomischen Allgemeinbildung* für die Bewältigung der *wirtschaftlichen Anforderungen*, die sich in aktuellen und zukünftigen *Lebenssituationen* stellen, wird zunehmend (an-)erkannt. Es ist im Grunde genommen eine triviale Feststellung, dass sich die *ökonomische Urteils- und Handlungskompetenz* der Menschen in dem Maße fortentwickeln muss, in dem sich die Lebenswelt ‚ökonomisiert'. Nur dann kann das Individuum seine Autonomie bewahren. Allerdings ist es fraglich, ob die Schulen ihre Potenziale diesbezüglich bereits ausschöpfen. Es sei hier nur darauf hingewiesen, dass es vielerorts an ausgebildeten Wirtschaftslehrern mangelt, sodass Ökonomieunterricht fachfremd (und damit potenziell sachunkundig) erteilt wird. K.-P. Kruber (2005: 105) konstatiert, dass unzureichend qualifizierte Lehrer „»Kunde« vermitteln" und „am Schulbuch kleben". Allzu oft steht dann reines Begriffslernen im Vordergrund. Zwar sind fachsprachliche Termini aufgrund der darin zum Ausdruck kommenden Denkkategorien eine Voraussetzung für die ökonomische Urteilsfähigkeit, jedoch nicht mit dieser zu verwechseln. Fehlt die Bezugnahme auf die wirtschaftliche Anwendungssituation, so führt ein solcher Unterricht tendenziell nur zum Aufbau *trägen Wissens*, das vom Schüler zwar auf Anforderung reproduziert werden kann, dessen Auswirkung auf das Handeln in ökonomisch geprägten Lebenssituationen außerhalb der Schule aber fraglich ist. Das Ziel der *wirtschaftlichen Handlungskompetenz* wird bei einer solchen wirtschaftskundlichen – statt ökonomischen – Bildung regelmäßig verfehlt. [1]

Birgt in dieser Situation die Spieltheorie ein ungenutztes Potenzial für die ökonomische Bildung? Um dies zu eruieren muss zunächst geklärt werden, was unter *ökonomischer Bildung* zu verstehen ist. An die aktuellen fachdidaktischen Diskurse anknüpfend soll diese hier *kompetenztheoretisch* expliziert werden. Zu diesem Zweck wird auf einen Konsens der deutschen Wirtschaftsdidaktiker Be-

1 Zur Abgrenzung der »ökonomischen Bildung« von der »Wirtschaftskunde« siehe Th. Retzmann (2007a).

zug genommen, der bei der Erarbeitung von Kompetenzen und Standards ökonomischer Bildung erzielt wurde. Dieses Vorgehen erscheint zweckmäßig, da es sich um die mutmaßlich beste verfügbare Explikation von ökonomischer Bildung handelt. Akzeptiert man diesen Konsens der Fachdidaktik über die Intentionen ökonomischer Bildung des Subjekts, so darf die ökonomische Spieltheorie dem Lehrplan nicht – in abbilddidaktischer Manier – bloß als weiterer *Lerninhalt* hinzugefügt werden. Ihre Aufnahme in den Ökonomieunterricht muss dadurch legitimiert werden, dass ihr potenzieller Beitrag zur individuellen Kompetenzentwicklung dargelegt wird.

2 Kompetenzentwicklung mittels der Spieltheorie?

Die Deutsche Gesellschaft für ökonomische Bildung definiert »ökonomische Bildung« als „das individuelle Vermögen sich in ökonomisch geprägten Lebenssituationen und Entwicklungen einer immer schneller sich verändernden Wirtschaftswelt zu orientieren, zu urteilen, zu entscheiden, zu handeln und mitzugestalten. Ökonomische Bildung soll Menschen zu einem mündigen Urteil, zur Selbstbestimmung und zur verantwortlichen Mitgestaltung befähigen." (DeGöB 2004: 3). Ökonomische Bildung kulminiere, so wird fortgeführt, in der individuellen Fähigkeit, „zum eigenen Wohl wie auch zum Wohle Aller" (DeGöB 2004: 5) ökonomisch zu urteilen, zu argumentieren, zu entscheiden und zu handeln. In dieser Zielformel sind das *individuelle* und das *allgemeine* Wohl gleichgewichtig enthalten. Für die Implementation der Spieltheorie im Ökonomieunterricht kann daraus die Anforderung abgeleitet werden, dass dies den Schülern die Verfolgung des eigenen Wohls wie auch des Allgemeinwohls (besser) ermöglichen muss. Der *Kern ökonomischer Bildung* wurde durch die Angabe von fünf Kompetenzen bestimmt. Der ökonomisch gebildete Mensch könne:

1. Entscheidungen ökonomisch begründen,
2. Handlungssituationen ökonomisch analysieren,
3. Ökonomische Systemzusammenhänge erklären,
4. Rahmenbedingungen des Wirtschaftens verstehen und mitgestalten,
5. Konflikte perspektivisch und ethisch beurteilen.

Im Folgenden wird jede Kompetenz zunächst ohne, sodann mit Bezug zur Spieltheorie expliziert, um dadurch das *innovative Potenzial* der Spieltheorie zur Förderung der Entwicklung dieser Kompetenz zu ermitteln.

2.1 Entscheidungen ökonomisch begründen

Ökonomische Bildung konzentriert sich *extensional* auf Entscheidungen, die in Privaten Haushalten, Betrieben und Unternehmen sowie in Einrichtungen des Staates typischerweise getroffen werden. *Intensional* schließt sie nur rationale Entscheidungen ein, die auf einem *Vergleich von Alternativen nach Nutzen- und Kostengesichtspunkten* basieren. Es wird dabei unterstellt, dass das einzelne Wirtschaftssubjekt das individuell beste Ergebnis erzielen möchte. In elaborierter Form beruht die Entscheidung auf der Anwendung ökonomischer *Abwägungsverfahren*. Entscheidungen ökonomisch zu begründen heißt demnach, mit G.-J. Krol (2003: 20) gesprochen, dass sie „in der Grammatik individueller Vorteils-/ Nachteilskalküle buchstabiert" werden. Die Besonderheit der *ökonomischen* Begründung von Entscheidungen ist in dem Versuch der *Optimierung* in Anbetracht der Knappheit zu sehen. Der Auswahl der bei gegebenem Informationsstand besten Handlungsalternative gehen die Zuordnung von Ergebnissen zu den Alternativen und deren Bewertung voraus. Vereinfachend gesagt müssen die Schüler dazu lernen, drei – hier so genannte – *Schlüsselfragen* zu stellen und zu beantworten: 1. Welche (objektiven) *Folgen* hat jede *gegebene* Handlungsalternative für mich – unmittelbar aber auch langfristig? 2. Wie ist dieses Ergebnis anhand meiner (subjektiven) *Präferenzen* zu bewerten? 3. Welche Handlungsalternative ist für mich die *beste*?

Viele Entscheidungen als Verbraucher, Anleger, Berufswähler und Erwerbstätiger lassen sich ökonomisch begründen, ohne die Spieltheorie zu bemühen. Anders verhält es sich bei *strategischen* Entscheidungen, bei denen ein mit dem Entscheider verbundener Mit- oder Gegenspieler existiert, dessen Entscheidung das eigene Ergebnis beeinflusst. Dies macht es notwendig, die eigene Entscheidung im Hinblick auf die Entscheidung des anderen Spielers zu bedenken. Dabei ist es i. d. R. zweckmäßig zu unterstellen, dass der andere Spieler ebenfalls eigeninteressiert handelt und seine Entscheidungen rational trifft, d. h. auf ökonomische Kalküle stützt. Man versucht also, auch die gegnerische Entscheidung ökonomisch zu begründen. Gelingt es, dessen zukünftiges Verhalten zu antizipieren, so kann man aus dieser Erkenntnis Konsequenzen für die eigene, optimale Wahl ableiten.[2] Die Schüler müssen dazu lernen, die oben genannten *Schlüsselfragen* auch aus der Perspektive ihres Gegenübers zu stellen: 1. Welche (objektiven) *Folgen* hat jede ihm gegebene Handlungsalternative für ihn? 2. Wie bewertet er dieses Ergebnis anhand seiner (subjektiven) *Präferenzen*? 3. Welche Handlungsalternative ist für ihn die *beste*?

---

2 Aufgrund der *Wechselseitigkeit* dieser Erwartungsbildung sowie der *Rekursivität* der nie endenden Erwartungserwartungen beeinflussen die Erwartungen über das Verhalten des Gegners allerdings sowohl das eigene Handeln als auch das gegnerische Handeln (vgl. G. Sieg 2005: 2 f.).

Diese sechs erkenntnisleitenden Fragestellungen fördern – zusammen genommen – die spezifische Schwierigkeit strategischer Entscheidungssituationen zutage, dass nämlich das erzielte *Spielergebnis* nicht bloß von der eigenen Wahl abhängt, sondern auch von der Wahl des anderen Spielers. Dies gilt für beide Seiten gleichermaßen, sodass auch das Ergebnis, das der Andere erzielt, nicht allein von dessen Wahl, sondern auch von der eigenen abhängig ist. Diese *Interdependenz der Entscheidungen* ist der „Kern eines jeden strategischen Spiels" (A. K. Dixit/B. J. Nalebuff 1997: 34). Zudem zeigt sich erst in der Zusammenschau der jeweiligen „Auszahlungen", um welches Spiel es sich handelt, z. B. ein *Nullsummenspiel* oder ein *Nichtnullsummenspiel.*

Die ökonomische Begründung solch strategischer Entscheidungen ist die Domäne der Spieltheorie als der „Wissenschaft vom strategischen Denken" (A. K. Dixit/B. J. Nalebuff 1995: 1). Sie stellt die Sprache zur Beschreibung und Analyse der Entscheidungssituation zur Verfügung, indem sie diese als Spiel rekonstruiert. Die Analyse der Spielsituation und die Bewertung der den Spielern möglichen *Spielzüge* schaffen die Wissensgrundlage für eine optimale Entscheidung.

2.2 Handlungssituationen ökonomisch analysieren

Bisher wurde unterstellt, dass die Handlungsalternativen *gegeben* sind. Tatsächlich sind diese erst zu *ermitteln.* Das Individuum muss seinen *Handlungsspielraum* sowie dessen *Grenzen* kennen, bevor es die beste Alternative auswählen kann. Um die Handlungsmöglichkeiten auszuloten, müssen die gegebenen *Handlungsbeschränkungen* (= Restriktionen) erfasst werden. *Restriktionen* erläutert G.-J. Krol (2003: 19) als „Beschränkungen des Handlungsspielraumes im Rahmen einer Entscheidungssituation bzw. einer Klasse von gleichartigen Entscheidungssituationen". Er benennt ökonomische Faktoren (Preise, Einkommen, Vermögen, ...) ebenso wie außerökonomische Faktoren (Gesetze, Verordnungen, Normen, Werte, ...). Verhaltenswirksam werden diese Handlungsbeschränkungen „erst durch das Wissen um ihre Existenz" (G.-J. Krol 2003: 21). Die vom Handelnden selbst vorzunehmende ökonomische Analyse der Handlungssituation zielt auf die Verbesserung seines diesbezüglichen Informationsstandes.

Auf ökonomisch begründete Entscheidungen folgen entsprechende wirtschaftliche Handlungen. Diese finden stets in Situationen statt. Als »*Situation*« kann mit K. Homann/A. Suchanek (2000: 32) die Gesamtheit der vom Individuum wahrgenommenen Restriktionen angesehen werden. Situationsangemessenes Handeln setzt folglich die Berücksichtigung der Restriktionen schon im Entscheidungsprozess voraus. Die Beherrschung ökonomischer *Entscheidungskal-*

küle reicht daher nicht aus, um von ökonomischer Bildung sprechen zu können. Zur ökonomischen Entscheidungskompetenz hinzukommen muss die Fähigkeit, die *Handlungssituation* ökonomisch zu analysieren. Die Schüler müssen lernen, folgende Schlüsselfragen zu stellen und zu beantworten: 1. Welche objektiven und subjektiven Faktoren (*Restriktionen*) beschränken meinen Handlungsspielraum? 2. Welche *Handlungsalternativen* habe ich?

Als ein weiterer allgemeiner Konsens in der Fachdidaktik kann gelten, dass ökonomische Bildung auf die kompetente Bewältigung von ökonomisch geprägten Lebenssituationen in Gegenwart und Zukunft abzielen soll. Dann aber muss die Fähigkeit zur umsichtigen Wahrnehmung der aktuellen Handlungssituation um die Fähigkeit erweitert werden, zukünftige Lebenssituationen zu antizipieren, weil die situativen Umstände sich wandeln können. Hinzu kommt, dass zukünftige Lebenssituationen nicht schicksalhaft über das Individuum hereinbrechen, sondern von ihm durch vorgängige Entscheidungen mehr oder weniger beeinflusst werden. Die dazugehörigen Schlüsselfragen lauten: 1. Wie wird meine zukünftige Lage durch mein aktuelles Handeln beeinflusst? 2. In welcher Lage werde oder könnte ich mich zukünftig befinden?

Die Anwendung der Spieltheorie setzt – wie ausgeführt – eine *soziale Handlungssituation* voraus. Diese ökonomisch zu analysieren bedeutet zunächst, die zum *Spiel* dazugehörigen *Spieler* zu identifizieren und sodann die ihnen möglichen *Spielzüge* sowie die gegebenen *Beschränkungen ihres Handlungsspielraums* zu ermitteln. Die im Lehr-Lern-Prozess erkenntnisleitenden Fragen lauten: 1. Wer sind die *Mit- bzw. Gegenspieler*? 2. Welche *Restriktionen* begrenzen deren Handlungsspielraum? 3. Welche *Handlungsalternativen* haben sie?

Wenn wirtschaftliches Handeln auf rationalen Entscheidungen fußt und zudem stets in (hier: sozialen) Situationen stattfindet, so sind die beiden bislang erörterten Kompetenzen ökonomischer Bildung zueinander komplementär – jedenfalls im Hinblick auf die individuelle Bewältigung der Anforderungen ökonomisch geprägter, gegenwärtiger und zukünftiger Lebenssituationen.

2.3 Ökonomische Systemzusammenhänge erklären

Der ökonomischen Bildung kommt die Aufgabe zu, die Funktionsweise des Wirtschaftssystems einsichtig zu machen. Ein Charakteristikum des marktwirtschaftlichen Systems ist, dass es den Wirtschaftssubjekten größtmögliche *Freiheit am Markt* gewährt. Die einzelnen Wirtschaftssubjekte erstellen ihre Pläne autonom – ohne Direktive durch eine zentrale Steuerungsinstanz. Die ungezählten Handlungspläne der Wirtschaftssubjekte werden durch den Markt koordiniert. Der Austausch von Leistungen wird freiwillig vollzogen, sofern eine *Win-*

Win-Situation vorliegt, weil dann beide Marktseiten davon profitieren. Der *Wettbewerb unter den Anbietern* ist ein weiteres wesentliches Systemmerkmal der Marktwirtschaft. Dieser kann dagegen als ein Prozess *kollektiver Selbstschädigung* angesehen werden, von dem die Nachfrager durch tendenziell sinkende Preise und steigende Qualität profitieren (vgl. K. Homann/F. Blome-Drees 1992: 31 ff.).

Das Modell des Wirtschaftskreislaufs ist jenes curriculare Standardelement ökonomischer Bildung, das am häufigsten dazu herangezogen wird, ökonomische Systemzusammenhänge auf der Makroebene zu erklären. Das Modell zeigt einerseits, wie die verschiedenen Sektoren der Volkswirtschaft durch Güter-, Faktor- und Geldströme miteinander verbunden sind, und andererseits die Abhän-gigkeit verschiedener Märkte voneinander. Mittels Kreislaufanalysen können die unmittelbaren ebenso wie die mittelbaren Auswirkungen (Fern- und Nebenwir-kungen) von Veränderungen eines Systemelements auf andere Systemelemente ermittelt werden. Als Schlüsselfragen zur Förderung systemischen Denkens können daher gelten: 1. In welcher Weise sind die Wirtschaftssubjekte bzw. -sektoren miteinander verbunden? 2. Welche unmittelbaren Wirkungen verursacht die Handlung eines Wirtschaftssubjekts im Wirtschaftssystem? 3. Welche nicht unmittelbar sichtbaren Fern- und Nebenwirkungen verursacht dieselbe Handlung im Wirtschaftssystem?

Zur Förderung der Entwicklung der Kompetenz, ökonomische Systemzusammenhänge zu erklären, dürfte sich aber auch das Modell des *Gefangenendilemmas* eignen. Das von Merrill M. Flood/Melvin Dresher erfundene und von Alfred Tucker formalisierte Gefangenendilemma ist wohl das bekannteste Spiel und zugleich der „Lieblingsartist der Spieltheoretiker" (G. Sieg 2005: 4). Mit seiner Hilfe kann z. B. der *Anbieterwettbewerb* im Oligopol analysiert werden, denn auf einem oligopolistischen Markt befinden sich die Wettbewerber in einer *Situation preispolitischer Interdependenz* (vgl. K.-P. Kruber 2003: 297). Den Wettbewerb unter Oligopolisten als Gefangenendilemma zu rekonstruieren offenbart zugleich, dass er ein fragiles Konstrukt ist, dessen Überwindung im Interesse aller Anbieter liegt – nicht jedoch im Interesse der Nachfrager. Mit Hilfe des Gefangenendilemmas kann gezeigt werden, dass eine solche *Kooperation* unter Wettbewerbern reizvoll ist, dass deren Zustandekommen und Stabilität gleichwohl gefährdet sind, weil der Anreiz besteht, nur zum Schein zu kooperieren. Kartelle sind auf einem Wettbewerbsmarkt so instabil wie die Kooperationsversuche im Gefangenendilemma (vgl. K. Homann/F. Blome-Drees 1992: 33).

Nun gibt es jedoch einen bedeutsamen Unterschied zwischen beiden Wegen, das *systemische* Denken zu fördern. Das *Kreislaufmodell der Wirtschaft* führt zu eher *mechanischen Erklärungen* der Dynamik des Wirtschaftssystems.

Dagegen hebt die *Spieltheorie* auf die *evolutionäre* Dynamik von Interaktionen ab. Wirtschaftliches Handeln erscheint als soziales Handeln im Hinblick auf die Ko-Subjekte im Wirtschaftssystem und Wirtschaften als ein sich fortentwickelnder sozialer Prozess. Die zwischen den Wirtschaftssubjekten bestehenden wirtschaftlichen Austauschbeziehungen können als Folge von aufeinander bezogenen *Interaktionen* (Transaktionen) und damit als ein sich etablierendes und (de-)stabilisierendes *soziales System* verstanden werden, in dem die Anschlussfähigkeit von Interaktionen zu gewährleisten ist und dessen zukünftige Entwicklung durch die vergangenen Interaktionen beeinflusst ist.[3] Jene soziale *Interdependenz* zwischen den Wirtschaftssubjekten zu durchschauen, erfordert die Fähigkeit zu *systemischem* Denken. Um herauszufinden, in welcher Weise die Spieler wechselseitig miteinander verbunden sind, eignen sich folgende *Schlüsselfragen*: 1. Werden die Entscheidungen simultan oder sequenziell getroffen? 2. Erfolgt die Interaktion (Transaktion) einmalig, letztmalig oder (endlich bzw. unendlich) wiederholt? 3. In welcher Weise determinieren vergangene (gegenwärtige) Interaktionen gegenwärtige (zukünftige) Interaktionen?[4] 4. Welche Strategien sind auf Dauer erfolgversprechend(er als andere)?

2.4 Rahmenbedingungen des Wirtschaftens verstehen und mitgestalten

Die Heranwachsenden finden immer schon ein historisch entstandenes Wirtschaftssystem vor, innerhalb dessen sie agieren müssen. Sachgerechtes Handeln setzt daher bei *allen* Menschen ein Grundverständnis der Rahmenbedingungen des Wirtschaftens voraus. Was für den Einzelnen ein fixes *Datum* ist, das er bei seinen Entscheidungen in Rechnung stellen aber nicht kontrollieren kann, ist auf der politischen Ebene eine so oder anders gestaltbare *Variable*. Als Gestalter der Rahmenbedingungen des Wirtschaftens kommt in erster Linie der *Staat* in Betracht, wenngleich es eine Verkürzung wäre, in ihm den *alleinigen* Gestalter der wirtschaftlichen Rahmenordnung zu sehen. Deren Gestaltung durch die wirtschaftlichen Akteure selbst – im Wege der *kollektiven Selbstbindung* –, scheint in der sich globalisierenden Wirtschaft an Bedeutung zu gewinnen.

3 Damit würde sich die ökonomische Bildung der Position von K. Homann/A. Suchanek (2000: 1 ff.) annähern, welche die *Ökonomik als Theorie menschlicher Interaktionen* verstehen.

4 Axelrods Studie zur Evolution der Kooperation zeigt eindrucksvoll, dass nicht bloß die unmittelbaren Folgen der Entscheidung zwischen Kooperation und Defektion zu bedenken sind, sondern auch deren mögliche *Wirkung auf die zukünftige Interaktion*. Das Problem einiger im Turnier letztlich erfolgloser Strategien (z. B. JOSS) bestand darin, dass diese die Folgen ihrer Entscheidungen nicht weit genug voraus bedacht haben. Erst eine drei Ebenen tiefe Analyse der Abfolge von Interaktionen offenbarte die für die Evolution der Kooperation verheerende Wirkung auch nur vereinzelt nicht-kooperativen Verhaltens (siehe dazu R. Axelrod 1997).

Das vorgefundene System erweist sich bei näherem Hinsehen nicht nur als politisch gestaltbar, sondern auch als *gestaltungsbedürftig*. Politisches Handeln ist bei der *Etablierung* einer marktwirtschaftlichen Ordnung vonnöten, aber auch bei der konkreten *Ausgestaltung*. Vorgängiges staatliches Handeln ist oftmals die Voraussetzung für effizientes, wirtschaftliches Handeln auf Märkten. Diesbezüglich sind unter anderem eine verlässliche Rechtsordnung (z. B. hinsichtlich der Eigentumsverhältnisse) sowie eine stabile Geldordnung (z. B. hinsichtlich des Binnen- und Außenwertes der Währung) von Bedeutung. Daneben ist aber auch an nachträgliche Korrekturen unerwünschter Marktergebnisse durch den Staat zu denken, wenn z. B. eine Marktseite über Marktmacht verfügt und diese missbraucht oder wenn Transaktionen externe Effekte zeitigen, von denen Dritte negativ betroffen sind.

Das in der Marktwirtschaft mögliche *eigennützige Streben* der Marktteilnehmer setzt Energien frei, die im Ergebnis Allen in Form eines historisch einmaligen *Wohlstandsniveaus* zugute kommen. Mit dem Versprechen „Wohlstand für Alle" zu schaffen wurde die soziale Marktwirtschaft im Nachkriegsdeutschland bekanntlich legitimiert und etabliert. Unter bestimmten, idealen Bedingungen sorgt die »unsichtbare Hand« des Marktes dafür, dass sich als individuell unbeabsichtigte Nebenfolge eigennützigen Handelns ein gesellschaftlich wünschenswertes Ergebnis einstellt. Auf dieser grundlegenden Erkenntnis aufbauend gilt es im Konkreten zu prüfen, wie die für effiziente Märkte erforderlichen Bedingungen politisch am besten gewährleistet werden können.

Die ökonomische Analyse vieler sozialer und ökologischer Probleme der Menschheit ergibt, dass sie ebenfalls das Resultat *unbeabsichtigter* Nebenfolgen individuellen Handelns sind. Diese Nebenfolgen sind je für sich genommen unproblematisch. Sie wachsen erst in der Summe zum Problem an. G.-J. Krol hat betont, dass der *ökonomische Denkansatz* auch eine fruchtbare Perspektive für die Bearbeitung von *Krisenphänomenen in der modernen Gesellschaft* bietet, weil er den Zusammenhang von Einzelhandlung und gesellschaftlichen Handlungsergebnissen problematisiert (vgl. G.-J. Krol 2001: 21). Solche *epochaltypischen Schlüsselprobleme* der Menschheit sollen nach Klafki (1991) immerhin dazu dienen, den zeitgemäßen *Kanon der Allgemeinbildung* zu definieren.

Die Bezugnahme auf die *marktwirtschaftliche Ordnung* der Wirtschaft ist für die *ökonomische Bildung* so zentral wie die Bezugnahme auf die demokratische Verfassung des Staates für die politische Bildung. Die ökonomische Bildung folgt dabei der Leitidee des *mündigen Wirtschaftsbürgers*. Die Schüler sollen die Bearbeitung folgender *Schlüsselfragen* erlernen: 1. Worin besteht das Allgemeinwohl? 2. Wird dieses Allgemeinwohl unter den gegebenen Rahmenbedingungen durch das eigennützige und rationale Handeln der Wirtschaftssubjekte erreicht oder verfehlt? 3. (Wie) Kann der institutionelle Rahmen des Wirtschaftens so verändert werden, dass Eigennutz und Allgemeinwohl nicht auseinanderfallen?

Was hier als die politische Gestaltung der institutionellen Rahmenbedingungen des Wirtschaftens diskutiert wurde, ist in der Sicht der Spieltheorie die Gestaltung der *Spielregeln* wirtschaftlichen Handelns (auch: Mechanismusdesign). Diese erscheinen dem Individuum als Restriktionen und Anreize, welche es bei der Wahl seiner *Spielzüge* berücksichtigt. Der ökonomische Denkansatz nimmt an, dass die Individuen „in systematischer und damit vorhersagbarer Weise auf eine Veränderung der Handlungsbedingungen reagieren" (G.-J. Krol 2001: 22). Führen die *Spielzüge* also zu unerwünschten *Spielergebnissen*, so folgt aus diesem Erklärungsansatz, dass die allgemein verbindlichen *Spielregeln* geändert werden müssen, wenn eine nachhaltige Verbesserung dieser Situation erreicht werden soll. Ordnungspolitik etabliert und reguliert in diesem Sinne wirtschaftliche *Spiele*. Ging es bei den ersten beiden Kernkompetenzen ökonomischer Bildung um eine *individuelle* Wahl der besten Spielzüge (*choice within rules*), so nunmehr um eine *kollektive* Wahl der besten Spielregeln (*choice among rules*).

Die *Spieltheorie* kann mit Hilfe des Gefangenendilemmas zeigen, unter welchen Bedingungen das eigennützige Streben rationaler Wirtschaftssubjekte ungewollt das Allgemeinwohl fördert, während es unter anderen Bedingungen das Allgemeinwohl ungewollt schädigt. Ordnungspolitik sollte demzufolge Dilemmasituationen sowohl etablieren als auch eliminieren. Die o. g. *Schlüsselfragen* können daher spieltheoretisch gewendet werden: 1. Wann ist es für die Gesellschaft insgesamt nützlich, die Handelnden in die Situation des Gefangenendilemmas zu bringen? 2. Wann ist es um des Allgemeinwohls willen notwendig, die Akteure aus dem Gefangenendilemma zu befreien?

Die beiden zuletzt erörterten Kompetenzen ökonomischer Bildung stehen in einem sinnvollen Zusammenhang. Ökonomische Systemzusammenhänge erklären zu können ist eine Bedingung der Möglichkeit dafür, dass bei der Gestaltung der Rahmenbedingungen des Wirtschaftens ‚gut gemeint' nicht zum Gegenteil von ‚gut gemacht' wird, weil die negativen Fern- und Nebenwirkungen z. B. von Markt(de)regulierungen nicht ins Blickfeld geraten. Fehlt diese Fähigkeit, so folgt das *Staatsversagen* dem *Marktversagen* geradezu unvermeidlich auf dem Fuße. Umgekehrt ist die Etablierung und Stabilisierung marktwirtschaftlicher Systeme auf Ordnungspolitik angewiesen. Wiederum verhalten sich zwei Kernkompetenzen ökonomischer Bildung zueinander komplementär – jedenfalls im Hinblick auf die kollektive Gestaltung der allgemein verbindlichen Regeln des Wirtschaftens.

2.5 Konflikte perspektivisch und ethisch beurteilen

Mit der Marktwirtschaft werden *Rivalitätsbeziehungen* zwischen den Wirtschaftssubjekten in Form des Wettbewerbs etabliert (vgl. K.-P. Kruber 2003: 294). So konkurrieren die *Anbieter* um die begrenzte Kaufkraft der Nachfrager. Die Konkurrenz der *Nachfrager* um knappe Güter gerät angesichts des in entwickelten Ländern erreichten Wohlstandsniveaus leicht in Vergessenheit. Doch die *Rivalität im Konsum* ist bei allen nicht unbegrenzt verfügbaren Gütern unvermeidbar. Die *Sozialbeziehungen* von Anbietern und Nachfragern untereinander können demnach als *Konkurrenz* beschrieben werden. Für die auf beiden Marktseiten auftretenden *Verteilungskonflikte* ist die geradezu allgegenwärtige Knappheit ursächlich. Wenn unterschiedliche Personen Anspruch auf dieselben Ressourcen erheben, wird aus dem *technischen Knappheitsproblem* ein *sozialer Konflikt*. Der Markt löst diesen Verteilungskonflikt in der Weise, dass die Güter von den Anbietern mit den geringsten Herstellungskosten produziert und von den Nachfragern mit der höchsten Zahlungsbereitschaft konsumiert werden.

Zwischen den beiden Marktseiten herrscht ebenfalls ein *Interessengegensatz*: Die Anbieter möchten möglichst hohe Verkaufspreise erzielen, während die Nachfrager möglichst geringe Einstandspreise zahlen wollen. Bei *jedem* Tausch liegen *konfligierende* Interessen bezüglich der Aufteilung des daraus resultierenden Kooperationsgewinns vor (vgl. K. Homann/A. Suchanek 2000: 7). In marktwirtschaftlichen Systemen wird dessen Aufteilung grundsätzlich dem "freien Spiel der Kräfte" auf dem Markt überlassen. Der Ausgang hängt dann von einer etwaigen Machtposition der Marktparteien ab.

Der Interessenkonflikt ist bei *öffentlichen Gütern* anders gelagert. Ihre Bereitstellung ist zwar im Interesse Aller, doch hat niemand ein Interesse daran, selbst dazu beizutragen, weil man von deren Nutzung nicht ausgeschlossen werden und als Trittbrettfahrer von ihrer Bereitstellung durch andere profitieren kann. Die Einführung einer *Zwangsbeteiligung* durch den Staat ist ein geeigneter Weg, jeden an den *Lasten* der Bereitstellung öffentlicher Güter zu beteiligen. Zu fragen ist dann, wie die individuell zu tragende Last bemessen werden sollte.

Nicht zuletzt können *gesellschaftliche Positionen* (Positionsgüter) Gegenstand von Verteilungskonflikten sein. Diese können sogar ausgesprochen scharf ausfallen, da die Rivalität der Kontrahenten besonders stark ausgeprägt ist.

Die *Legitimation* der marktwirtschaftlichen Lösung des Verteilungskonflikts zwischen Anbietern und Nachfragern sowie innerhalb dieser beiden Gruppen erfolgt in der *Wohlfahrtsökonomik* mittels des Kriteriums der *Effizienz* und damit letztlich auf der Basis des klassisch-utilitaristischen Kriteriums des größten Glücks der größten Zahl (siehe Th. Retzmann 1994: 98 ff.). Auch bezüglich der Verteilung von Lasten können wohlfahrtsökonomische, sprich: utilitaristische Erwägungen angestellt werden. Das utilitaristische Kriterium versagt dagegen bei der Verteilung von gesellschaftlichen Positionen. Bezüglich des Zugangs zu ihnen ist die Chancengleichheit bzw. Chancengerechtigkeit ein immer wieder angelegter Maßstab.

Effizienz und *Gerechtigkeit* sind zwei aufeinander nicht zurückführbare Kriterien für die Gestaltung sozialer Verhältnisse. Zweifellos ist die durch den Preismechanismus bewirkte *Effizienz* der Ressourcenallokation mindestens insofern erstrebenswert, als sie die Abwesenheit von Verschwendung impliziert. Wenn ein Mensch durch eine andere Verteilung besser gestellt werden kann, ohne dass ein anderer Mensch dadurch schlechter gestellt wird, lässt sich gegen eine solche Umverteilung wenig einwenden. Ungeachtet dessen ist die *Gerechtigkeit* der Marktergebnisse oftmals Gegenstand wissenschaftlicher, gesellschaftlicher und politischer Kontroversen. Ökonomen sind darin geübt, den Maßstab der Effizienz an jedwedes gesellschaftliche Problem anzulegen. Mit der Gerechtigkeit tun sie sich dagegen schwer. Gerechtigkeitsurteile gelten nicht nur unter Ökonomen überwiegend als wissenschaftlich nicht belegbar, da normativ (wenn nicht gar subjektiv). Sollte der Ökonom sich von dieser Diskussion daher vollständig fernhalten? Nach allem, was bislang über Ökonomik und ökonomische Bildung ausgeführt wurde, kann es nicht überraschen, dass *Gerechtigkeit* im Rahmen der ökonomischen Bildung allenfalls nachrangig als *individuelle Tugend* gefordert werden kann. Dies widerspräche der (bisweilen kontrafaktischen) Modellierung der Menschen als rationale Egoisten. Gerechtigkeit kann jedoch mit Rawls (1990: 19) als „die erste Tugend sozialer Institutionen" aufgefasst werden. Ethik kommt dann in der ökonomischen Bildung zuvorderst als *Institutionenethik*, nicht als Individualethik zum Tragen. Dennoch ist die *Individualethik* nicht völlig obsolet. Bei Defiziten der Rahmenordnung des Wirtschaftens kann aus ethischer Sicht – sozusagen als Preis der eingeräumten Freiheit – die individuelle Verantwortungsübernahme durch die Wirtschaftssubjekte durchaus gefordert sein. Neben dieser eher marginalen Rolle kommt der *Individualethik* aber eine grundlegende Bedeutung als *Bedingung der Möglichkeit der Institutionenethik* zu (siehe Th. Retzmann 2006: 47 ff.). Ohne Menschen, die ein Interesse an gerechten Verhältnissen haben, wird es keine in Institutionen verankerte Gerechtigkeit geben. Auf der individuellen Ebene wird somit die eingeräumte Freiheit an die Übernahme von Verantwortung gebunden, auf der politischen Ebene werden Effizienz und Gerechtigkeit als maßgebliche Kriterien für die Evaluation der wirtschaftlichen Rahmenordnung beachtet.

Festzuhalten ist: Die im Ökonomieunterricht anzustrebende Kompetenz, Konflikte perspektivisch und ethisch zu beurteilen, fußt auf den nicht zu leugnenden Interessengegensätzen der Wirtschaftssubjekte. Konflikte sind weder immer vermeidbar noch grundsätzlich unerwünscht. Sie können betreffen: 1. die Verteilung von (privaten) Konsumgütern, 2. die Verteilung von (öffentlichen) Lasten und 3. die Verteilung von (gesellschaftlichen) Positionen. Die Lernenden sollen im Rahmen der ökonomischen Bildung die Möglichkeit erhalten, typische Verteilungskonflikte, die Ausgangspositionen im Wettbewerb, die Verteilungsregeln und -ergebnisse perspektivisch und ethisch zu reflektieren. Die im Lehr-Lern-Prozess erkenntnisleitenden *Schlüsselfragen* lauten: 1. Wessen *Interessen* rivalisieren bezüglich der Verteilung welcher Güter/Lasten/Positionen? 2. Genügen die herrschenden *Verteilungsregeln* dem Anspruch der Fairness? 3. Genügen die *Verteilungsergebnisse* dem Anspruch der Gerechtigkeit?

Die Spieltheorie fokussiert als Theorie *strategischen* Handelns lediglich den eigenen Handlungserfolg. Damit eignet sie sich prinzipiell nicht dazu, normative Geltungsansprüche ethisch zu beurteilen. Vertritt man aber nicht gerade eine rigoristische Form der deontologischen Prinzipienethik, sondern eine konsequentialistische Verantwortungsethik, so müssen – im Rahmen einer ethischen Beurteilung – die voraussichtlichen Folgen einzelner Handlungen und allgemeiner Handlungsregeln bedacht bzw. ihre tatsächlichen Folgen ermittelt werden. Immerhin kann die Spieltheorie dazu verwendet werden, staatliche Eingriffe in den Markt oder staatliche Korrekturen der Marktergebnisse anhand einer ökonomischen Analyse der individuellen Handlungsanreize und einer Kalkulation der voraussichtlichen Folgewirkungen zu evaluieren. Der mit solchen Maßnahmen verfolgte Anspruch kann mit der zu erwartenden Wirklichkeit konfrontiert werden. Ggf. eignet sich die Spieltheorie dazu aufzuzeigen, dass gerechte Verteilungen auch das Resultat eigennützigen Handelns sein können. Die hälftige Teilung eines Gewinns wird beim *Ultimatumspiel* von vielen Spielern als *gerecht* angesehen. Diese Lösung ergibt sich für verbreitete Verhandlungstypen (mit alternierenden Zügen) auch durch Rückwärts-Induktion. Ökonomisch-strategisches Denken kann daher in den Dienst der ethischen Urteilsbildung gestellt werden. Aber ethische Urteile können *nicht* auf strategische Urteile zurückgeführt werden (Sein-Sollen-Fehlschluss). Die *Schlüsselfragen* lauten: 1. Unter welchen Bedingungen setzen sich *gerechte Verteilungsergebnisse* ggf. von selbst durch? 2. Sind *faire Verteilungsregeln* evolutionär stabil bzw. unter-/überlegen?

Es wurde an anderer Stelle ausführlich dargelegt, dass und warum der Autor die *Diskursethik* als beste Explikation des moral point of view ansieht (siehe Th. Retzmann 1994: 137 ff.). Folgt man der Diskursethik, so ist zur ethischen Beurteilung normativer Geltungsansprüche verständigungsorientiertes, im engeren Sinne argumentatives Handeln erforderlich. Die Menschen sind demnach dazu verpflichtet, einander im Diskurs als gleichberechtigte Teilnehmer wechselseitig anzuerkennen (*Reziprozität*) und die ethische Legitimität mit nichts anderem als guten Argumenten zu prüfen. Geltungskriterium für *Gerechtigkeitsdiskurse* ist der praktische *Konsens*, der in einer *idealen und unbegrenzten Argumentationsgemeinschaft* erzielt würde. Es ist in diesem Zusammenhang wenigstens bemerkenswert, dass die Ergebnisse experimenteller Wirtschaftsforschung zum Ultimatumspiel in der Interpretation münden, dass bei den zu beobachtenden Lösungen des Verteilungsspiels der Anspruch der *Reziprozität* eine große Rolle spielt. Vor einem Sein-Sollen-Fehlschluss ist auch diesbezüglich zu warnen.

3 Resümee: Ökonomische Bildung und Spieltheorie

Ökonomische Bildung wurde im vorliegenden Beitrag *kompetenztheoretisch* expliziert. Es konnte herausgearbeitet werden, dass sie die Fähigkeit zur *optimalen Wahl* unter den zuvor umsichtig ermittelten Handlungsalternativen fördert sowie die Fähigkeit zu *strategischem Denken* im Falle der Interdependenz. Bezogen auf das System, innerhalb dessen das Individuum agiert, fördert ökonomische Bildung die Entwicklung der Fähigkeit zu *systemischem Denken* sowie die Fähigkeit zur *politischen Partizipation* bei der Gestaltung des Systems. Nicht zuletzt fördert sie die Entwicklung der *ethischen Urteilsfähigkeit* bezüglich der effizienten und gerechten Verteilung von Gütern, Lasten und Positionen. Ökonomische Bildung ist damit eine Trias individueller Qualifikationen: Erstens zur Bewältigung ökonomisch geprägter Lebenssituationen, zweitens zur (Mit-) Gestaltung der allgemein verbindlichen Regeln des Wirtschaftens und drittens zur Beurteilung der Legitimität von Verteilungsregeln und -ergebnissen. Die ersten beiden Kernkompetenzen ökonomischer Bildung ermöglichen dem Einzelnen die bestmögliche Nutzung der eingeräumten Freiheit zum eigenen Vorteil. Die beiden nachfolgenden Kernkompetenzen gewährleisten innerhalb des politischen Gemeinwesens eine möglichst weitgehende individuelle Freiheit und arrangieren sie zugleich möglichst so, dass ihre Inanspruchnahme ohne Absicht immer zugleich zum allgemeinen Vorteil gerät. Die zuletzt erörterte Kompetenz bindet nun die individuelle Inanspruchnahme und die politische Gewährung der Freiheit an die Übernahme individueller und politischer Verantwortung. Wenn ökonomische Bildung in diesem Sinne gelingt, so realisiert sie die von G.-J. Krol (2001: 21) inaugurierte „Selbstbestimmung in sozialer Verantwortung". Die *spezifische* Relevanz der Spieltheorie konnte dabei für alle Kernkompetenzen ökonomischer Bildung aufgezeigt werden. Damit ist der Nachweis erbracht, dass ihre curriculare Implementation im Ökonomieunterricht dem *Prinzip der Persönlichkeitsentwicklung*[5] genügt.

5 Zu den Prinzipien der Curriculumentwicklung siehe grundlegend L. Reetz (1984: 84 ff.).

Für die Aufnahme der Spieltheorie in den Ökonomieunterricht spricht auch, dass spieltheoretische Modelle und Methoden inzwischen in allen Bereichen der Wirtschafts- und Sozialwissenschaften Beachtung und Anwendung finden. Die *Wissenschaftsorientierung* als weiteres Prinzip der Curriculumkonstruktion gebietet, dass sich solche Entwicklungen in den zentralen Bezugswissenschaften curricular niederschlagen. Zudem können die von der Spieltheorie modellierten Situationen recht gut mittels *Planspielen* und *Experimenten* simuliert werden.[6] Auf diese Weise können die Schüler unter professioneller Anleitung spielerisch mit herausfordernden Handlungssituationen konfrontiert werden. Sie erhalten die Gelegenheit, *probeweise zu handeln* und die tatsächlichen Folgen ihrer Handlungen mit den beabsichtigten Wirkungen zu vergleichen. Die *Reflexion* der Spielzüge und Spielregeln kann schließlich in verallgemeinerbaren Erkenntnissen münden: Zum einen bezüglich des strategischen Handelns und zum anderen bezüglich der Möglichkeiten und Grenzen der Steuerung individuellen Handelns durch die Gestaltung der Rahmenordnung. Sind die ausgewählten Spielsituationen zugleich lebensbedeutsam, so kann ein solcher Ökonomieunterricht als *exemplarisch* gelten, weil sowohl dem *Wissenschaftsprinzip* als auch dem *Situationsprinzip* der Curriculumentwicklung entsprochen wurde.[7] Unter den vorhandenen Spielen kommt dem Gefangenendilemma ein besonderes Bildungspotenzial zu, weil dessen eigentümliche Eigenschaften für eine Vielzahl wirtschaftlicher (und politischer) Entscheidungssituationen charakteristisch sind: für soziale Dilemmata, in denen das individuelle Wohlergehen mit dem allgemeinen Wohlergehen kollidiert (siehe dazu auch G. Seeber 1998). Beide Aspekte sind bekanntlich Bestandteil der Definition von ökonomischer Bildung.

In zukünftigen Arbeiten sind allerdings auch die Grenzen der curricularen Implementation der Spieltheorie herauszuarbeiten. Der curricularen Innovation der ökonomischen Bildung durch die Spieltheorie steht zunächst entgegen, dass diese sehr abstrakte Denkfiguren verwendet, weil sie ein formales und ganz allgemeines Instrumentarium zur Analyse von Konflikten und Kooperationen bereitstellt. Dies wirft jedoch für die Übertragung auf schulische Kontexte das Problem der *Anschaulichkeit* auf. Zudem stützt sich die Spieltheorie auf bisweilen anspruchsvolle mathematische Modelle. Schüler der Sekundarstufe I verfügen jedoch keinesfalls über dieses mathematische Instrumentarium. Nicht zuletzt stellen die mit wissenschaftlicher Akribie betriebene Systematisierung (kooperative – nicht-kooperative Spiele; reine – gemischte Strategien; endlich wiederholte – unendlich wiederholte Spiele; perfekte – imperfekte Information usw.) sowie

6 Planspiele zur *Allmendeklemme* liegen für die ökonomische und politische Bildung bereits vor. Siehe dazu einerseits H. Steffens (1996) und andererseits W. Ziefle (2000) sowie zum fachdidaktischen Vergleich der beiden Arrangements Th. Retzmann (2007b).

7 Zu dieser Auffassung von *Exemplarität* siehe Th. Retzmann (2007a.).

der *deduktive* Argumentationsaufbau Herausforderungen dar. Für Wissenschaftler ist ein deduktives Vorgehen selbstverständlich. Lernpsychologische Erkenntnisse legen aber einen *induktiven* Unterricht nahe, der von konkreten Problemkonstellationen ausgeht, welche zu lösen sind. Aus den vorangehenden Ausführungen sollte nicht der Schluss gezogen werden, dass die Spieltheorie dann eben erst in der Sekundarstufe II in den Ökonomieunterricht einfließen kann, wenn die kognitive Entwicklung der Schüler ein entsprechendes abstraktes Denken ermöglicht und die mathematischen Fähigkeiten fortentwickelt sind. Eine derart resignierende Feststellung kann nicht befriedigen, denn das beachtliche Bildungspotenzial, das die Spieltheorie birgt, sollte den Schülern der Sekundarstufe I nicht vorenthalten werden, erst recht nicht den in vielerlei Hinsicht benachteiligten Schülern der Hauptschule. Es ist das Verdienst von Nagel (2006) beispielhaft gezeigt zu haben, dass spieltheoretisch fundierte Experimente in der Hauptschule einsetzbar sind. Die ökonomische Spieltheorie muss dort in induktiver sowie in nicht-mathematischer Weise eingeführt werden. Die deduktive und mathematische Weiterführung der Spieltheorie bleibt der Sekundarstufe II vorbehalten.

Literatur

Axelrod, R. (1997): Die Evolution der Kooperation. 4. Aufl., München.

DeGöB – Deutsche Gesellschaft für ökonomische Bildung (Hrsg.) (2004): Kompetenzen der ökonomischen Bildung für allgemein bildende Schulen und Bildungsstandards für den mittleren Schulabschluss. Köln.

Dixit, A. K./Nalebuff, B. J. (1995): Spieltheorie für Einsteiger. Strategisches Know-how für Gewinner. Stuttgart.

Homann, K./Blome-Drees, F. (1992): Wirtschafts- und Unternehmensethik. Göttingen.

Homann, K./Suchanek, A. (2000): Ökonomik. Eine Einführung. Tübingen.

Klafki, W. (1991): Grundzüge eines neuen Allgemeinbildungskonzepts. Im Zentrum: Epochaltypische Schlüsselprobleme. In: Ders.: Neue Studien zur Bildungstheorie und Didaktik. Zeitgemäße Allgemeinbildung und kritisch-konstruktive Didaktik. 2. Aufl., Weinheim/Basel.

Krol, G.-J. (2001): Ökonomische Bildung ohne Ökonomik? In: Journal für Sozialwissenschaften und ihre Didaktik. Jahresband 2001. Bielefeld. S. 20-28.

Krol, G.-J. (2003): Ökonomische Verhaltenstheorie. In: H. May (Hrsg.): Handbuch zur ökonomischen Bildung. 7. Aufl., München/Wien. S. 17-29.

Kruber, K.-P. (2003): Funktionen des Wettbewerbs und Leitbilder der Wettbewerbspolitik in der freiheitlichen Wirtschaftsgesellschaft. In: H. May (Hrsg.): Handbuch zur ökonomischen Bildung. 7. Aufl., München/Wien. S. 291-307.

Kruber, K.-P. (2005): Ökonomische und politische Bildung – der mehrperspektivische Zugriff auf Wirtschaft und Politik. In: D. Kahsnitz (Hrsg.): Integration von politischer und ökonomischer Bildung? Wiesbaden. S. 75-109.

Nagel, W. (2006): Experimentelles Lernen in der ökonomischen Bildung der Sekundarstufe I. Theoretische Analyse und empirische Tests in der Hauptschule. Aachen.

Rawls, J. (1990): Eine Theorie der Gerechtigkeit. 5. Auflage. Frankfurt a. M.

Reetz, L. (1984): Wirtschaftsdidaktik. Eine Einführung in Theorie und Praxis wirtschaftsberuflicher Curriculumentwicklung und Unterrichtsgestaltung. Bad Heilbrunn/Obb.

Retzmann, Th. (1994): Wirtschaftsethik und Wirtschaftspädagogik. Köln.

Retzmann, Th. (2006): Didaktik der berufsmoralischen Bildung in Wirtschaft und Verwaltung. Norderstedt.

Retzmann, Th. (2007a): Von der Wirtschaftskunde zur ökonomischen Bildung. In: H. Kaminski/G.-J. Krol (Hrsg.): Ökonomische Bildung – legitimiert, etabliert, zukunftsfähig? Bad Heilbrunn/Obb. S. 71-90.

Retzmann, Th. (2007b): Ökonomische und Politische Bildung für eine nachhaltige Entwicklung. In: J. Althammer/U. Andersen/J. Detjen/K.-P. Kruber (Hrsg.): Handbuch ökonomisch-politische Bildung. Schwalbach/Ts. S. 365-378.

Seeber, G. (1998): Solidarität und Eigennutz. Wirtschaftswissenschaftliche Grundlagen der Dilemmaanalyse und didaktische Folgerungen. In: arbeiten + lernen/Wirtschaft, Nr. 29. S. 8-12.

Sieg, G. (2005): Spieltheorie. 2. Auflage. München/Wien.

Steffens, H. (1996): Modellanalyse eines ökonomisch-ökologischen Dilemmas bei der Nutzung natürlicher Ressourcen. In: H.-J. Albers (Hrsg.): Ethik und ökonomische Bildung. Bergisch-Gladbach. S. 155-173.

Ziefle, W. (2000): Fischerspiel und Verfassungsspiel. Die Allmendeklemme und mögliche Auswege. In: G. Breit/S. Schiele (Hrsg.): Werte in der politischen Bildung. Schwalbach/Ts. S. 396-426.

Teil 4
Wirtschaft und Schule

Multiperspektivität im Wirtschaftsunterricht

Dirk Loerwald

„Man muss die Dinge aus verschiedenen Perspektiven betrachten", fordert der Literaturlehrer John Keating in Peter Weirs Tragikomödie „*Club der toten Dichter*" seine Schülerinnen und Schüler auf und veranschaulicht dies, indem er auf das Lehrerpult steigt. Ein Perspektivwechsel kann in schulische Bildungsprozesse auf ganz unterschiedliche Weise eingebracht werden. Beim multiperspektivischen Lernen im Rahmen des *Fachunterrichts* sollen die Lernenden die Gelegenheit erhalten, ein und denselben Lerngegenstand aus verschiedenen Blickwinkeln zu betrachten, zu analysieren und zu beurteilen. Auf den *Bildungsauftrag der Schule* insgesamt bezogen, impliziert dies fachübergreifende und Fächer verbindende Unterrichtsvorhaben, die die Vernetzungen zwischen den verschiedenen Teilbereichen schulischen Lernens erkennbar werden lassen. Die Lernenden sollen durch die Auseinandersetzung mit einem Problem aus verschiedenen, ggf. aufeinander bezogenen Perspektiven ein möglichst umfassendes Bild von einem Lerngegenstand erhalten.

Eine ganz bestimme Perspektive findet man nur selten im deutschen allgemein bildenden Schulwesen: die *ökonomische*. Und das, obwohl diese Perspektive Originäres zur Entschärfung der sozialen Probleme in der modernen Gesellschaft beitragen kann (vgl. G.-J. Krol/A. Zoerner 2008). Die Multiperspektivität wird zuweilen sogar als bildungspolitisches Argument gegen eine Stärkung der ökonomischen Bildung angeführt. Der gesellschaftlichen Forderung nach der Einführung eines Schulfaches Wirtschaft wird insbesondere von Vertretern der etablierten politischen Bildung entgegengehalten, dass dadurch die Auseinandersetzung mit sozialen Problemen im Unterricht auf eine ökonomische Perspektive verengt werde. Hingegen könne ein so genannter ganzheitlicher Unterricht im gesellschaftswissenschaftlichen Aufgabenfeld nur im Rahmen von Integrationsfächern wie Sozialwissenschaften oder Gesellschaftslehre geleistet werden (siehe kritisch dazu Abschnitt 3).

Im Folgenden sollen die Zusammenhänge zwischen Perspektivität und Multiperspektivität offen gelegt und die Potenziale eines multiperspektivischen Wirtschaftsunterrichts herausgearbeitet werden. Dazu werden zunächst Begriff und Gegenstand von Multiperspektivität im didaktischen Kontext näher gefasst (Abschnitte 1 und 2). In einem weiteren Schritt wird geprüft, ob sich der unterstellte Kausalzusammenhang zwischen Multiperspektivität und Integrationsfach sachlich aufrechterhalten lässt oder ob es sich dabei eher um ein bildungspolitisches Argument handelt (Abschnitt 3). Abschließend werden Vorschläge für den Umgang mit Multiperspektivität im Wirtschaftsunterricht entwickelt, die zeigen, dass und wie sich Multiperspektivität und – damit verbunden – der Aufbau eines vernetzten Struktur- und Funktionenwissens im Wirtschaftsunterricht bildungswirksam realisieren lassen (Abschnitt 4).

1 Multiperspektivität als didaktisches Prinzip

Die Bedeutsamkeit multiperspektivischen Lernens lässt sich u. a. *lernpsychologisch* begründen, denn durch die Auseinandersetzung mit Lerngegenständen aus verschiedenen Perspektiven kann ein flexibles Transferwissen erworben und der Aufbau ‚trägen Wissens' reduziert werden (vgl. J. Gerstenmair/H. Mandl 1995: 879). Hierfür lassen sich aber auch *bildungstheoretische* Argumente finden und zwar sowohl auf der Ebene der Bildungssubjekte als auch auf der gesellschaftlichen Ebene. Spätestens seit der Robinsohnschen Curriculumreform (S. B. Robinsohn 1975) ist unbestritten, dass Bildungsprozesse eng mit den Lebenssituationen der Lernenden zu verknüpfen sind und diese Lebenssituationen sind wiederum so komplex, dass sie sich nur selten aus einer einzelnen Perspektive hinreichend erschließen lassen. Ebenso sind mehrere Perspektiven notwendig, um die „epochalen Schlüsselprobleme" (W. Klafki 1991) unserer Gesellschaft in ihren strukturellen Ursachen verstehen zu können und Möglichkeiten ihrer Entschärfung aufzuzeigen.[1] In einer Minimalvariante impliziert dies, dass nicht lediglich *eine* Meinung oder *eine* Perspektive den Unterricht zu einem Lerngegenstand dominieren darf.

Multiperspektivität ist ein wichtiges didaktisches Prinzip, dessen Relevanz für Bildungsprozesse in verschiedenen Fachdidaktiken diskutiert wird.[2] Exemplarisch: Im Fach Geschichte wird Multiperspektivität aufgrund der wertbehafteten Subjektivität historischer Quellen gefordert, um gewährleisten zu können,

---

1 Eine ausführliche allgemeindidaktische Begründung multiperspektivischen Lernens liefert L. Duncker (2005).

2 Einen Überblick über die Umsetzungsmöglichkeiten multiperspektivischen Lernens in verschiedenen Schulfächern bietet ein von L. Duncker, W. Sander und C. Surkamp (2005) herausgegebener Band mit dem Titel „Perspektivenvielfalt im Unterricht". Auffällig ist, dass ein Beitrag zur Bedeutung von Multiperspektivität für den Wirtschaftsunterricht bzw. für die ökonomische Bildung fehlt.

dass die Lernenden historische Begebenheiten auf der Basis mehrerer Primärzeugnisse aus verschiedenen Blickwinkeln kennen lernen (vgl. z. B. O. Näpel 2005). Im Geographieunterricht sollen die Schülerinnen und Schüler für die subjektbezogene Konstruktionen von Raum sensibilisiert werden (vgl. z. B. M. Dickel 2006). Den Erziehungswissenschaften geht es im Zusammenhang mit der Multiperspektivität vor allem um die Förderung interkulturellen Lernens, wodurch das Kennenlernen kultureller Vielfalt ermöglicht und Fremdverstehen entwickelt werden sollen (vgl. z. B. G. Münnix 2004).

Auch im Kontext der sozialwissenschaftlichen Fächer kommt der Multiperspektivität als didaktischem Prinzip eine zentrale Position zu. Sie ist fest verankert in den entsprechenden curricularen Rahmenvorgaben. So heißt es beispielsweise im nordrhein-westfälischen Lehrplan für das Fach Sozialwissenschaften am Gymnasium: „Lernprozesse sollen durch komplexe Aufgabenstellungen geleitet werden. Solche Aufgabenstellungen bedingen multiperspektivische und mehrdimensionale Sichtweisen, […].“ (Lehrplan SoWi: XIX). An einer weiteren Stelle ist zu lesen, dass Schülerinnen und Schüler „die Notwendigkeit eines multiperspektivischen Zugriffs auf die Gegenstände der Sozialwissenschaften erkennen und zum jeweils adäquaten Zugriff fähig sein [sollen], um zu differenzierten Urteilen zu gelangen“ (ebd.: 7). Multiperspektivität ist ein wichtiges Ziel des Unterrichts und insbesondere in sozialwissenschaftlichen Fächern muss es gelingen, „ein Klima von Offenheit und Pluralismus“ (R. Hedtke 2002: 174) zu schaffen.

2 Formen von Multiperspektivität

Multiperspektivität als didaktisches Prinzip meint, einen bestimmten Lerngegenstand aus unterschiedlichen Perspektiven zu betrachten. Der Begriff ‚Perspektive’ ist allerdings nicht eindeutig besetzt. Soll der Lerngegenstand beispielsweise aus der Sicht verschiedener Kulturen, verschiedener sozialer Rollen oder verschiedener wissenschaftlicher Positionen und Paradigmen beleuchtet werden? Grundsätzlich kann sich hinter dem Begriff der Multiperspektivität vieles verbergen. Für sozialwissenschaftliche Lehr-Lern-Prozesse erscheinen insbesondere drei Ausprägungen von Multiperspektivität von besonderer Relevanz:

(a) Die Analyse eines sozialen Problems aus der Sicht verschiedener wissenschaftlicher Positionen
(b) Die Berücksichtigung verschiedener individueller Meinungen und akteursspezifischer Restriktionen zu einem sozialen Problem

(c) Die Zusammenführung von individuellen und gesamtgesellschaftlichen Perspektiven auf ein soziales Problem

Zu (a): *Wissenschaftliche Perspektiven*

Die Einbringung wissenschaftlicher Perspektiven in den Unterricht kann intradisziplinär und interdisziplinär ausgelegt werden. Mit der erstgenannten Variante ist das Einbringen relevanter wissenschaftlicher Paradigmen in den Unterricht eines Faches gemeint. Im Rahmen disziplinärer Forschung werden Probleme mit Hilfe unterschiedlicher und je nach Problemkontext auszuwählender Theorien und Methoden bearbeitet. Je nach Analyseperspektive erwachsen auch aus disziplinären Forschungsprozessen zum Teil unterschiedliche Ergebnisse. Bei der Auseinandersetzung mit Problemen im (wissenschaftsorientierten) Unterricht, ist den Schülerinnen und Schülern diese, dem modernen Wissenschaftssystem zugrunde liegende Vielfalt von Theorieansätzen zumindest grundsätzlich zu veranschaulichen.[3] Die zweitgenannte Variante bezieht sich auf den Bildungsauftrag von Schule insgesamt und ist mit der Forderung nach fachübergreifendem und Fächer verbindendem Arbeiten verknüpft. Auch wenn schulische Bildungsprozesse aus guten Gründen innerhalb von Schulfächern stattfinden (vgl. H. Kaminski 2002: 6 f.), darf der Bildungsauftrag von Schule insgesamt nicht an den Fächergrenzen halt machen (vgl. F.-J. Kaiser/H. Kaminski 1999: 33). Es gehört zum Bildungsauftrag der Schulen, Verbindungen zwischen verschiedenen fachspezifischen Perspektiven zu thematisieren.

Zu (b): *Perspektiven verschiedener Akteure*

Zu jedem sozialen Problem, das zum Lerngegenstand des gesellschaftswissenschaftlichen Unterrichts gemacht werden kann, existieren im öffentlichen und politischen Diskurs unterschiedliche individuelle Meinungen, Interessen und Werthaltungen und diese Meinungsvielfalt ist im Unterricht zu berücksichtigen, um „dogmatische (partei-) politische Schulung oder weltanschaulichen Gesinnungsunterricht“ (T. Grammes 2005: 126) abwenden zu können. Die Lernenden sind in die Lage zu

---

3 Eine Unterrichtsreihe, die beispielsweise ökonomische Instrumente des Umweltschutzes zu ihrem Gegenstand macht, hat idealerweise zu berücksichtigen, dass in der umweltökonomischen Diskussion drei Theoriekonzepte unterschieden werden: die *Neoklassische Umweltökonomik*, die *Ökologische Ökonomik* und die *Evolutorische Umweltökonomik* (L. Gerken/A. Renner 1996, S. 46 ff.). Ausgehend von unterschiedlichen Basisannahmen entwickeln die Vertreter dieser drei Paradigmen jeweils eigenständige Lösungsansätze für die Entschärfung von Umweltproblemen und kommen zu unterschiedlichen Bewertungen umweltökonomischer Instrumente (ebd.: 64).

versetzen, selbstständig und entdeckend zu lernen und sich im Meinungsspektrum begründet zu verorten. Dadurch soll Indoktrination verhindert und Mündigkeit als Bildungsziel ermöglicht werden. Genau dies ist der Kern des in der politischen Bildung prominent gewordenen Beutelsbacher Konsenses (H.-G. Wehling 1977/1992).

Aus Sicht der ökonomischen Bildung sind aber nicht nur verschiedene subjektive Meinungen, sondern ebenso die je nach Akteur spezifizierbaren situativen Rahmenbedingungen bedeutsam. Je nachdem, ob ein soziales Problem aus Sicht von Konsumenten, von Unternehmern oder von Politikern in den Blick gerät, werden unterschiedliche und zum Teil konkurrierende Restriktionen handlungsrelevant. Exemplarisch: Löhne sind für die Konsumenten der wichtigste Einkommensfaktor. Aus Sicht zahlreicher Unternehmen sind Löhne die höchsten Kostenfaktoren. Für Politiker sind vor allem die Lohnnebenkosten relevant, über die staatliche Aktivitäten maßgeblich finanziert werden, und die wiederum einen Keil zwischen das für die Konsumenten maßgebliche Arbeitnehmernettogehalt und die für die Unternehmer ausschlaggebenden Lohnkosten treiben. Werden also beispielsweise die Konsequenzen von Lohnerhöhungen oder Mindestlöhnen zum Unterrichtsgegenstand gemacht, dann sind alle drei dargestellten Perspektiven einzubringen, um eine einseitige Problemdarstellung zu vermeiden.[4]

Zu (c): *Mikro- und Makro-Perspektiven*

In Lehr-Lern-Prozessen und hier insbesondere im Rahmen der gesellschaftswissenschaftlichen Fächer werden in der Regel anschauliche Einzelfälle herangezogen, mit deren Hilfe auf verallgemeinerbare Zusammenhänge geschlossen werden soll. Dies wird unter dem Stichwort „exemplarisches Lernen“ diskutiert. Durch das Arbeiten mit konkreten Beispielen gewinnen Lehr-Lern-Prozesse an Authentizität (motivationale Dimension) und der Lerngegenstand wird unmittelbar in einen Anwendungskontext eingebettet (lerntheoretische Dimension).

Der Lernprozess von der Ebene des Einzelfalls hin zu wesentlichen Einsichten und grundlegenden Strukturen vollzieht sich im Bereich der ökonomischen Bildung aber nicht von selbst. Vom einzelwirtschaftlich Erfahrenen lässt sich nicht ohne weiteres auf Verallgemeinerbares schließen. Hier gewinnt das didaktische Prinzip der Multiperspektivität

4 Eine bloße Gegenüberstellung der unterschiedlichen Perspektiven führt allerdings noch nicht zu einem seriösen Lernergebnis. Für den Umgang mit Multiperspektivität werden fachliche Kriterien benötigt, die eine Einordnung der einzelwirtschaftlichen Perspektiven in gesamtwirtschaftliche Sach- und Sinnzusammenhänge ermöglichen (siehe ausführlich dazu Abschnitt 4).

eine ganz neue, fachdidaktische Dimension. Will man unzulässige Verallgemeinerungen abwenden, ist ein Perspektivwechsel notwendig, der den Lernenden ermöglicht, von der einzelwirtschaftlichen zur gesamtwirtschaftlichen Perspektive zu gelangen. Nur dann können auch all die Problemaspekte in den Blick geraten, die der einzelwirtschaftlichen Sichtweise verborgen geblieben sind. Exemplarisch: Aus einzelwirtschaftlicher Sicht ist das Vorziehen von Käufen bei drohenden Preissteigerungen rational. Verhalten sich aber viele so, wird der Preisauftrieb beschleunigt und nicht Schutz vor Inflation, sondern ein Anstieg der Inflationsrate ist das (unintendierte) Ergebnis. Solche und andere unerwünschten gesellschaftlichen Auswirkungen durchaus rationaler Einzelhandlungen können nur durch einen Perspektivwechsel von der Mikro- zur Makroebene in den Blick geraten.[5]

Es ist deutlich geworden, dass der Begriff Multiperspektivität, je nachdem wie die Perspektive definiert wird, eine andere Bedeutung erhält. Multiperspektivität wird aber nicht nur als didaktisches Prinzip diskutiert, sondern auch als ein strategisches Argument in den bildungs*politischen* Diskurs eingebracht.

3 Multiperspektivität als bildungspolitische Argumentationsfigur

Das Prinzip der Multiperspektivität wird zu einem bildungspolitischen Argument gewendet, wenn es zum Teil einer Begründungsstrategie gegen die Einführung bzw. Beibehaltung disziplinspezifischer Schulfächer herangezogen wird. So halten beispielsweise die Vertreter der in der Schule etablierten politischen Bildung der Forderung nach einem Schulfach Wirtschaft entgegen, dass multiperspektivisches Lernen in einem Unterrichtsfach Wirtschaft nicht zu realisieren sei (für viele: P. Massing 2006 oder R. Hedtke 2005). Mit dem Konzept des multiperspektivischen Lernens wird u. a. die (vermeintliche) Bedeutsamkeit von Integrationsfächern für den gesellschaftswissenschaftlichen Unterricht begründet (W. Sander 1998). Zwei grundlegende Argumentationen werden dazu angeführt: Zum einen könne die Welt nicht alleine durch die ökonomische Brille betrachtet werden, sodass sozialwissenschaftliche Lehr-Lern-Prozesse stets integrativ zu unterrichten seien und die ökonomische Bildung sich als Teil der politischen Bildung einzufügen habe. Zum anderen sei die ökonomische Bildung in besonderem Maße anfällig für eine monoperspektivische und indoktrinierende Auseinandersetzung mit Realität, da sie unter einem „Syndrom an Glaubensgewissheit

5 Weitere Beispiele und eine ausführliche Darstellung dieses unter dem Stichwort „Mikro-Makro-Problematik“ diskutierten Perspektivwechsels liefern G.-J. Krol u. a. (2006: 86 ff.).

und Sendungsbewusstsein“ (T. Hippe/R. Hedtke 2006: 28) leide. Die Darstellung struktureller Zusammenhänge könne – so Massing (2006: 88) – in einem Fach Wirtschaft mit Rekurs auf die Ökonomik nicht geleistet werden. Zu beiden Argumenten soll im Folgenden kritisch Stellung genommen werden.

3.1 Multiperspektivität und Integrationsfach – eine Scheinehe!

Die Schlussfolgerung von der bildungs*theoretischen* Notwendigkeit multiperspektivischen Lernens auf die bildungs*politische* Notwendigkeit der Einführung sozialwissenschaftlicher Integrationsfächer erscheint als ein typisches *non sequitur*, da die geschlussfolgerte These nicht aus den zugrunde liegenden Prämissen abgeleitet werden kann. Es ist zwar selbstverständlich, dass die ökonomische Bildung keinen Omnipotenzanspruch für sich reklamieren kann. Zweifellos können soziale Probleme nur hinreichend erschlossen werden, wenn sie aus der Sicht verschiedener Sozialwissenschaften – aber eben auch aus ökonomischer Perspektive – beleuchtet werden. Der unmittelbare Rückschluss auf die Notwendigkeit der Einführung eines sozialwissenschaftlichen Integrationsfaches leuchtet hingegen nicht ein. Mit derselben Begründung müssten dann beispielsweise auch Geschichte, Geographie, Haushaltswissenschaften etc. ‚ins Boot' geholt werden. Ebenso müssten andere Fächer, die gewisse Schnittmengen aufweisen, im Rahmen von Integrationsfächern unterrichtet werden. Das totgeborene Kind eines Integrationsfaches ‚Naturwissenschaften' (Biologie, Chemie, Physik) am Gymnasium in NRW im Jahre 2005 hat die damit verbundenen Probleme in aller Tragik offen gelegt.

Multiperspektivischer Unterricht, in dem die Perspektiven unterschiedlicher wissenschaftlicher Disziplinen zum Ausdruck kommen sollen, ist höchst voraussetzungsvoll, da Perspektivität das Fundament für Multiperspektivität darstellt. Retzmann weist darauf hin, dass die mit einer Perspektivierung von Problemen verbundene Einseitigkeit der Betrachtung nicht als Nachteil gesehen werden muss, sondern vielmehr eine Notwendigkeit darstellt: „Jede Perspektive ist einseitig und niemals ganzheitlich. Ohne einen Fokus wird der Blick nämlich unscharf“ (T. Retzmann 2008: 82). Ähnlich argumentiert Schlösser, der absichtsvolle Einseitigkeit als „Motor für die wissenschaftliche Erkenntnis“ bezeichnet (vgl. H.-J. Schlösser in diesem Band).

Das Verstehen, Anwenden und Vergleichen unterschiedlicher disziplinärer Denkansätze, also die theoriegeleitete Perspektivierung eines sozialen Problems, erfordert einen langfristig angelegten Lernprozess, in welchem die Theorien und Methoden der entsprechenden wissenschaftlichen Disziplinen adressatengerecht und anwendungsbezogen erarbeitet und verinnerlicht werden können. Die beiden

Kernprobleme, die das multiperspektivische Lernen im Integrationsfach erschweren und vielleicht sogar verunmöglichen, sind die fehlende Unterrichtszeit und die mangelnde Qualifikation der Lehrkräfte. Exemplarisch für das Fach Sozialwissenschaften in Nordrhein-Westfalen:

- Die Vermittlung von drei unterschiedlichen Fachperspektiven (z. B. Politik, Soziologie und Ökonomik) im Rahmen der für *ein* Fach zur Verfügung stehenden Unterrichtszeit ist bereits eine Herausforderung. Diese Perspektiven problemabhängig und theoriegestützt zueinander in Beziehung zu setzen ist im Rahmen von zwei oder drei Unterrichtswochenstunden nicht zu leisten.
- Hinzu kommt, dass die Lehrkräfte für das Integrationsfach – sofern sie nicht fachfremd unterrichten – in ihrem Studium mindestens zwei der drei sozialwissenschaftlichen Disziplinen auf ‚Sparflamme' studieren mussten, da auch an der Hochschule die drei an der Lehrerausbildung Sozialwissenschaften beteiligten Fächer die Stundenkontingente eines Faches noch einmal dritteln müssen. Eine solch schmale Ausbildung vermittelt wohl kaum ein fundiertes Theorie- und Methodenwissen in allen drei Disziplinen, das aber benötigt wird, um die originären Perspektiven der Disziplinen verstehen und vermitteln zu können.

Durch multiperspektivischen Unterricht wird die Perspektivität nicht aufgelöst sondern vielmehr vorausgesetzt und multipliziert (T. Retzmann 2008: 83). Multiperspektivischer Unterricht im Integrationsfach ist mit einer Reihe von Umsetzungsschwierigkeiten verbunden und scheint eher einem bildungspolitischen Wunschdenken zu entsprechen als der schulischen Realität.

3.2 Multiperspektivität in einem Schulfach Wirtschaft – Zur Funktion der Ökonomik als Bezugswissenschaft

Zuweilen ist zu lesen, dass sich multiperspektivisches Lernen in einem Schulfach Wirtschaft per se nicht realisieren ließe. So schreibt beispielsweise Massing, dass eine ökonomische Bildung, die sich in ihren Inhalten auf die Erschließung der geltenden Wirtschaftsordnung, auf die Erarbeitung ökonomischer Zusammenhänge und auf die Eigenlogik des ökonomischen Denkansatzes beschränke, affirmativ und unkritisch erscheine (P. Massing 2006: 84). Die Darstellung struktureller Zusammenhänge könne mit einem Rekurs auf die Ökonomik und in einem Schulfach Wirtschaft nicht geleistet werden (ebd.: 88). Kritische Erörterungen können nur dann in den Wirtschaftsunterricht Einzug finden – so Massing in Anlehnung an Ulrich (2001) – wenn ökonomische Bildung sich als Ideologiekritik verstehe und sich selbstbewusst gegen die Wirtschaftswissenschaften wende (P. Massing 2006: 84). Ähnlich argumentiert Hedtke, der in einer auf den ökonomischen Mainstream bezogenen ökonomischen Bildung die Gefahr einer „didaktischen Dogmatisierung“ sieht (R. Hedtke 2002: 42).

Wie lässt sich die immense Skepsis gegenüber dem ökonomischen Mainstream und einer auf die Bezugswissenschaft Ökonomik bezogenen ökonomischen Bildung erklären? Sind Mainstream-Positionen grundsätzlich falsch oder weniger aussagekräftig als andere? Dies kann nicht gemeint sein. Sind Mainstream-Positionen etwa unterkomplex, sodass sie die Realität nur unzureichend erklären können? Auch diese Erklärung erscheint nicht sehr plausibel, da es eine Auseinandersetzung mit den Gegenstandsbereichen und Theorieansätzen des ökonomischen Mainstreams auf jedem beliebigen Niveau und Abstraktionsgrad gibt, was sich beispielsweise in der Vielfalt der ökonomischen Lehrbücher widerspiegelt (vgl. dazu auch Th. Apolte 2007). Bleibt als Erklärung für die oben dargestellten Vorwürfe im Prinzip nur noch, dass im Mainstream nicht die gesamte Breite des ökonomischen Denkens abgebildet ist. Dies ist richtig, aber auch hinsichtlich des multiperspektivischen Lernens eher ein Vor- als ein Nachteil. Unterricht – auch der multiperspektivische – ist stets mit Auswahlproblemen verbunden. In keinem Fach kann die Fülle des Stoffes vollständig zum Gegenstand schulischer Lehr-Lern-Prozesse gemacht werden, sodass es die Aufgabe der Fachdidaktik sein muss, eine begründete Auswahl des Wissenswerten und Bildungsrelevanten zu treffen (vgl. dazu T. Grammes 2005b: 94 f.). Es ist – mit Hedtke – allenfalls eine *prinzipielle*, nicht aber eine *vollständige* Einbringung alternativer Positionen realisierbar (R. Hedtke 2002: 174). Offen lässt Hedtke jedoch, auf welche Weise und nach welchen Kriterien die Auswahl der zu thematisierenden Alternativen erfolgen soll, damit diese nicht in Beliebigkeit mündet. Insbesondere dort, wo verschiedene Perspektiven nicht gleichrangig nebeneinander zu stellen sind, sondern wo eine bestimmte Perspektive – je nach Unterrichtsgegenstand – erklärungskräftigere Lösungsansätze bereitstellen kann als andere, müssen Lehrkräfte diese Unterschiede identifizieren und bei der Auswahl der in den jeweiligen Lernprozess einzubringenden Perspektiven berücksichtigen, begründen und transparent machen. Sie müssen in die Lage versetzt werden, die „Positionenvielfalt in *verantwortlicher* Weise zu vereinfachen“ (H. Schneider 1999: 175, Herv. d. V.).

Der Mainstream kann Lehrkräften und Fachdidaktikern eine Orientierungshilfe sein. Alle wissenschaftlichen Positionen, die sich hier durchgesetzt haben, haben sich zumindest für einen bestimmten Zeitraum als tragfähig erwiesen. Der Mainstream einer Fachwissenschaft ist nicht die unkritische Meinung einer großen Masse, sondern ein im methodisch kontrollierten Disput erstrittener und verteidigter Konsens, der sich im zeitlichen Verlauf bewährt hat. Wissenschaft ist ein Prozess der Wissensbildung, der kaum kritischer sein könnte.[6] Positionen werden heute in der Regel anonym begutachtet bevor sie veröffentlicht werden und sind dann der kritischen Masse einer *Scientific Community* ausgesetzt. Wissenschaftliche Theorien stehen stets zum Diskurs und werden in der Fachdiskussion immer wieder herausgefordert und ggf. überworfen oder modifiziert (vgl. J. A. Alt 1992: 32). Mainstream-Positionen sind damit noch lange nichts Unumstößliches. Spätestens seit Popper wissen wir, dass wir insbesondere in den Sozialwissenschaften keine endgültigen Wahrheiten erwarten dürfen und dass unsere Unwissenheit grenzenlos ist (K. R. Popper 1962/2004: 80 ff.). Dennoch ist das bewährte Wissen einer Disziplin das Beste, auf das man zu einem bestimmten Zeitpunkt zurückgreifen kann.

Es versteht sich von selbst, dass die unkritische Übernahme jedweder Meinungen, Positionen etc. nicht Gegenstand von Bildungsprozessen sein kann. Bildung muss zur eigenen, selbstbewussten Stellungnahme befähigen. Gleichwohl erscheint es wenig bildungswirksam, wenn im Unterricht lediglich Meinungen ausgetauscht werden, ohne Gewichtung oder ohne die Frage nach den mehr und den weniger tragfähigeren Lösungsansätzen (vgl. dazu auch B. Sutor 1996: 65). Hier kann die Bezugswissenschaft Hilfestellungen bieten, indem sie Kriterien zur Einordnung und Gewichtung von Lösungsansätzen bereitstellt.

4 Multiperspektivischer Wirtschaftsunterricht

Wirtschaftsunterricht ist nicht gleichzusetzen mit einem Unterricht über Wirtschaft. Letzterer kann auch im Rahmen des Religions-, des Erdkunde- oder des Englischunterrichts realisiert werden. Wirtschaftsunterricht ist vielmehr durch eine perspektivengebundene Auseinandersetzung mit sozialen Problemen gekennzeichnet. Da Perspektivität die Voraussetzung für multiperspektivisches Lernen ist, soll im Folgenden zunächst die Perspektive der ökonomischen Bildung in ihren Grundzügen entfaltet werden. Dadurch wird der originäre Beitrag deutlich, um den die ökonomische Bildung die anderen Perspektiven der im allgemein bildenden Schulwesen bereits etablierten Disziplinen bereichern kann, wenn ihr hinreichend Platz zur Entfaltung zugestanden wird. Anschließend soll mit dem Konzept der „Sozialökonomischen Kartographierung“ (G.-J. Krol u. a.

6 Damit soll nicht ignoriert werden, dass auch Macht ein Einflussfaktor im wissenschaftlichen Diskurs sein kann (z. B. Publikationskartelle), sodass sich nicht immer nur die tragfähigste, sondern auch die mächtigste Position durchsetzen kann. Grammes spricht von „Immunisierungsstrategien“ und der „Definitionsmacht“ der Mainstream-Lehrstuhlinhaber (T. Grammes 2005: 131 f.). Gleichwohl soll bezweifelt werden, dass sich solche Machtpositionen im wissenschaftlichen Prozess auf Dauer aufrechterhalten lassen, wenn langfristig und konstant dürftige und ggf. fehlerhafte Beiträge in eine wissenschaftliche Diskussion eingebracht werden.

1999) ein Vorschlag zum praktischen Umgang mit Multiperspektivität im Wirtschaftsunterricht gemacht werden.

4.1 Die originäre Perspektive der ökonomischen Bildung

Die *originäre* Perspektive der ökonomischen Bildung kann abgeleitet werden aus dem Erklärungsprogramm der modernen Ökonomik.[7] Dieser Ableitungszusammenhang ist jedoch nicht als eine unmittelbare Übertragung der fachwissenschaftlichen Theorien und Modellen zu verstehen, sondern als deren Übersetzung in bildungsrelevante Kategorien. Bildungsrelevant ist der ökonomische Denkansatz, wenn er a) ein Denken in Kategorien der ökonomischen Verhaltenstheorie, b) ein Denken in Kreislauf- und Wirkungszusammenhängen und c) ein Denken in Ordnungszusammenhängen ermöglicht (vgl. ausführlich G.-J. Krol/A. Zoerner 2008: 104 ff.).

Zu a): Soziale Probleme werden in ökonomischen Analysen als das Ergebnis menschlicher Handlungen interpretiert. Diese Handlungen werden gesteuert durch die intrinsischen Motive der beteiligten Akteure und die extrinsischen Anreize der sozialen Situation. Letztere sind der systematische Ansatzpunkt der Ökonomik: „Most of economics can be summarized in four words: ‚People respond to incentives.' The rest is commentary." (S. E. Landsburg 1995: 5). Soziale Probleme werden auf die zugrunde liegenden Anreizstrukturen hin untersucht und es wird angenommen, dass die in die jeweilige Problemsituation eingebundenen Menschen auf die Anreize rational und eigeninteressiert reagieren. Diese Modellannahme dient als eine „heuristische Suchanweisung" (A. Suchanek 1993) zum Auffinden von (neuen) Lösungsansätzen für die zentralen Probleme der modernen Gesellschaft und genau darin liegt die Bildungsrelevanz dieses Ansatzes (vgl. ausführlich G.-J. Krol/A. Zoerner 2008: 110 ff.).

Zu b): In der Ökonomik lassen sich nur selten unmittelbare Zusammenhänge zwischen einem beobachtbaren Einzelfall und einer allgemeingültigen

7 Die These Hedtkes, dass es keine originäre Perspektive der ökonomischen Bildung gebe, da ökonomische Theorieansätze und Methoden heutzutage auch in anderen Sozialwissenschaften zum Einsatz kommen (R. Hedtke 2002: 30 ff.), erweist sich als eine empirisch wenig gehaltvolle Behauptung, wenn man bedenkt, dass Rational-Choice-Ansätze – hier greife ich Hedtkes Beispiel auf – weder zum Kern (!) anderer Fachwissenschaften gehören noch in den Konzepten der politischen Bildung wiederzufinden sind (vgl. z.B. die Kompetenzbereiche und Standards der GPJE: G. Weißeno 2005).

Regel herstellen. Oftmals sind wirtschaftliche Handlungen ebenso wie der Einsatz ökonomischer Instrumente zur Lösung sozialer Probleme in ein vielschichtiges Netz von Kausalketten eingebunden (vgl. auch C. C. Weizsäcker 2000: 37 ff.). So sind beispielsweise nicht nur kurzfristige, sondern auch langfristige Wirkungen ökonomischen Handelns in den Blick zu nehmen. Ebenso kann von einzelwirtschaftlichen Interessen nicht ohne weiteres auf kollektiv Erwünschtes geschlossen werden und ein Einzelfall hat andere Auswirkungen als Massenaktivitäten.[8] Um solche komplexen Verkettungen verstehen zu können, ist ein Denken in Kreislauf- und Wirkungszusammenhängen erforderlich (vgl. K.-P. Kruber 2000: 292).

Zu c): Wirtschaftliches Handeln ist stets eingebettet in einen staatlichen Ordnungsrahmen. Der Staat schafft die Voraussetzungen für den Tausch auf Märkten (vor allem: Eigentumsordnung), er greift kontrollierend in Marktprozesse ein (Wettbewerbsaufsicht) und er korrigiert unerwünschte Marktergebnisse (Internalisierung externer Effekte/Bereitstellung öffentlicher Güter). Staatliche Regeln sind aus ökonomischer Sicht insbesondere dann wirksam, wenn sie selbstinteressiertem Handeln standhalten. Ein Wissen um die Funktionsweise der Wirtschaftsordnung und die Anreizwirkungen institutioneller Rahmenbedingungen ist zentral für das Verständnis der „Grammatik einer Gesellschaft" (H. Kaminski 1997: 144).

Wenn Multiperspektivität nicht nur als ein Anliegen des Unterrichts innerhalb der im Schulsystem etablierten Fächer, sondern auch als Gegenstand des schulischen Bildungsauftrags insgesamt gedacht werden soll, dann ist nach realistischen Wegen zu suchen, die hier beschriebene ökonomische Perspektive im deutschen allgemein bildenden Schulsystem zu implementieren, dann ist ökonomische Bildung als „Innovationsaufgabe" ernst zu nehmen (vgl. H. Kaminski in diesem Band). Dies gelingt eben nicht, wenn andere Fächer – wie beispielsweise in der Sekundarstufe I in NRW – mit der Vermittlung wirtschaftlicher Inhalte betraut werden (vgl. dazu D. Loerwald/A. Zoerner 2006). In einem solchen Rahmen kann sich Perspektivität als Voraussetzung für Multiperspektivität nicht entfalten. Mit Ladenthin: „Man darf einem Fach durch seine Institutionalisierung nicht sein Spezifikum nehmen, um derentwillen man es eingeführt hat. Wenn Wirtschaft eine Leitfrage unserer Existenz ist, dann kann man diese Leitfrage

8 Einen Überblick über diese auch unter dem Stichwort „Mikro-Makro-Problematik" diskutierten fachdidaktischen Verallgemeinerungsprobleme bieten G.-J. Krol/ D. Loerwald/A. Zoerner (2006: 86 ff.).

nicht soziologisch, politisch oder historisch beantworten – sondern eben nur wirtschaftlich.“ (V. Ladentin 2006: 45).

4.2 Das Konzept der „Sozialökonomischen Kartographierung“

Der sozialökonomische Kartographierungsrahmen, der im Rahmen eines Projektes unter der wissenschaftlichen Leitung von Gerd-Jan Krol entwickelt wurde (G.-J. Krol u. a. 1999), ist ein didaktisches Instrument, mit dessen Hilfe multiperspektivisches Lernen im Wirtschaftsunterricht in ganz unterschiedlichen Dimensionen realisiert werden kann. Er eignet sich einerseits dazu, die ökonomische Perspektive auf ein soziales Problem anzuwenden, indem er soziale Handlungen als ein Zusammenspiel von Präferenzen und Restriktionen darstellt (vgl. auch A. Zoerner 2005). Andererseits können die Perspektiven verschiedener Akteure sowie die individuelle und die gesamtgesellschaftliche Perspektive systematisch zueinander in Beziehung gesetzt werden. Im Kern des sozialökonomischen Kartographierungsrahmens steht ein Rahmenraster, das im Grundmodell wie folgt dargestellt werden kann (G.-J. Krol u. a. 1999: 43):

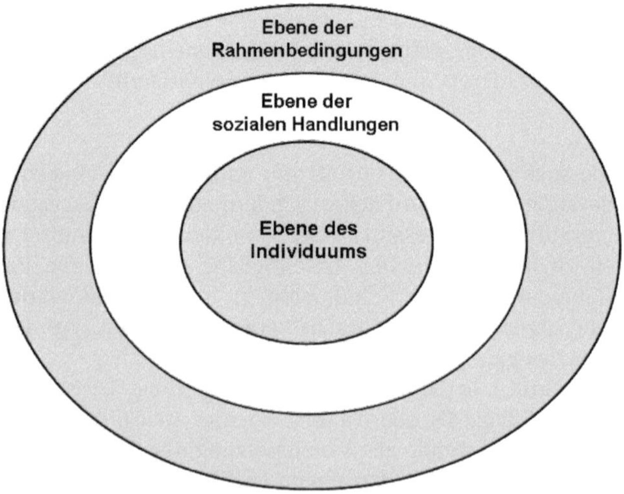

Abbildung 1: Grundmodell des sozialökonomischen Kartographierungsrahmens

Soziale Probleme sind Ergebnisse sozialen Handelns, sodass der Ausgangspunkt der Analyse im Rahmen der sozialökonomischen Kartographierung der weiß gefärbte Kreis auf der mittleren Ebene ist (Ebene der sozialen Handlungen). Von hier können in Abhängigkeit von einer oder mehreren für eine Problemstellung relevanten Handlungssituationen systematische Zusammenhänge zur Ebene des Individuums (Interessen, Werthaltungen, Motive) auf der einen und zur Makroebene der sozialen Rahmenbedingungen auf der anderen Seite her- und dargestellt werden. Zu Beginn einer Unterrichtsreihe ist der sozialökonomische Kartographierungsrahmen leer. Es empfiehlt sich, ihn im Großformat (z. B. auf einem Plakat) an der Wand des Klassenraums zu befestigen, sodass die Lehrkraft gemeinsam mit den Lernenden an der Entwicklung des Rahmens arbeiten kann. Die Arbeit mit dem Kartographierungsrahmen verläuft so, dass die mit dem jeweiligen Unterrichtsgegenstand verbundenen Problemaspekte sukzessive in den Kartographierungsrahmen an entsprechender Stelle eingetragen werden. Mit Hilfe von (Doppel-)Pfeilverbindungen können Wirkungszusammenhänge zwischen den verschiedenen Aspekten deutlich gemacht werden, sodass der Perspektivwechsel zwischen Mikro- und Makroebene im Unterrichtsprozess systematisch angelegt ist. Krol u. a. veranschaulichen dies am Beispiel „Verkehr“ (vgl. hierzu und zu Folgendem G.-J. Krol u. a. 1999: 44 ff.).

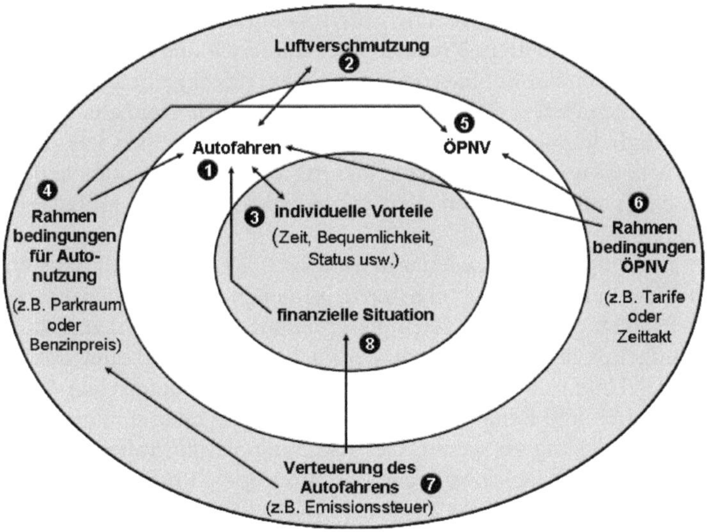

Quelle: G.-J. Krol u. a. 1999: 52.

Abbildung 2: Anwendungsbeispiel Verkehr

Die dargestellten Zusammenhänge sind wie folgt zu lesen: Im motorisierten Individualverkehr (1) wird eine der Ursachen für verkehrsbedingte Umweltprobleme (2) gesehen. Auf individueller Ebene lassen sich Vorteile des Autofahrens identifizieren (3). Das Ausmaß des Autofahrens ist aber nicht nur abhängig von den individuellen Vorteilen, die damit verbunden sind, sondern auch von den Rahmenbedingungen für die Autonutzung (4), den Alternativen (5) und den Rahmenbedingungen der Alternativen (6). Auf diese Weise werden die verhaltenssteuernden Wirkungen der Restriktionen deutlich und es können auch Lösungsansätze auf kollektiver Ebene in den Blick geraten wie beispielsweise die Einführung einer Emissionssteuer (7), von der aus wiederum Zusammenhänge zur individuellen Ebene und zur Ebene sozialen Handelns hergestellt werden können.[9]

Diese auf den ersten Blick komplex anmutende Art der Darstellung ist darauf zurückzuführen, dass eine solche Skizze als das Ergebnis eines längerfristig angelegten Lernprozesses gesehen werden muss. Nicht so sehr im Ergebnis, sondern vor allem im interaktiven, gemeinsam mit den Lernenden zu gestaltenden und unterschiedliche Perspektiven berücksichtigenden Prozess der Entwicklung einer solchen Darstellung liegt der didaktische Wert der sozialökonomischen Kartographierung. Bei dem hier gewählten Beispiel und der Art der Darstellung handelt es sich nicht etwa um eine idealtypische Skizze, sondern vielmehr um eine mögliche Vorgehensweise. Die Entwicklung der sozialökonomischen Landkarte ist in jedem Lehr-Lern-Prozess unterschiedlich und abhängig von Faktoren wie dem Vorwissen der Schüler oder den Ideen, die eingebracht werden. Es werden keine vorgegebenen Lösungen erwartet, sondern vielmehr ein forschendes Lernen ermöglicht. Neben einem, dem Konzept immanenten Perspektivwechsel zwischen Mikro- und Makro-Ebene, lassen sich auch die beiden anderen, in Abschnitt 2 dargestellten Formen der Multiperspektivität mit Hilfe des Kartographierungsrahmens realisieren.

Das Einbringen verschiedener *disziplinärer Perspektiven* lässt sich in Schule durch Lehr-Lern-Prozesse realisieren, in denen verschiedene Fächer ein und dasselbe Problem bearbeiten (fachübergreifender Unterricht) und in denen die Gemeinsamkeiten und Unterschiede der Fächer herausgearbeitet werden (Fächer verbindender Unterricht). Die Methode der Sozialökonomischen Kartographierung kann helfen, die Perspektiven verschiedener Fächer zu einem Problem zueinander in Beziehung zu setzen. Der Kartographierungsrahmen ist offen angelegt, sodass es keine fachspezifischen Grenzen gibt. Problemlos lassen sich die

9 Zur Erweiterung des Kartographierungsrahmens um eine ordnungspolitische Dimension, die die drei dargestellten Ebenen als eine Art Metaebene umfasst, siehe G.-J. Krol u. a. (1999: 51 f.).

Sichtweisen ganz unterschiedlicher Fächer integrieren. Durch seine Präsenz im Klassenraum kann der Kartographierungsrahmen fachübergreifend als Protokollinstrument und den Unterricht in einem Fach für die Lehrkräfte der übrigen Fächer sichtbar machen. Dadurch wird es für andere Fächer leichter, sich einer gemeinsamen Problembearbeitung anzuschließen.

Die *Perspektiven mehrerer Akteure* können durch verschiedene akteursspezifische Kartographierungsraster dargestellt werden, die wiederum systematisch zueinander in Beziehung gebracht werden können. Dies lässt sich grafisch veranschaulichen, indem die akteursspezifischen Kartographierungsrahmen übereinander gestülpt werden.

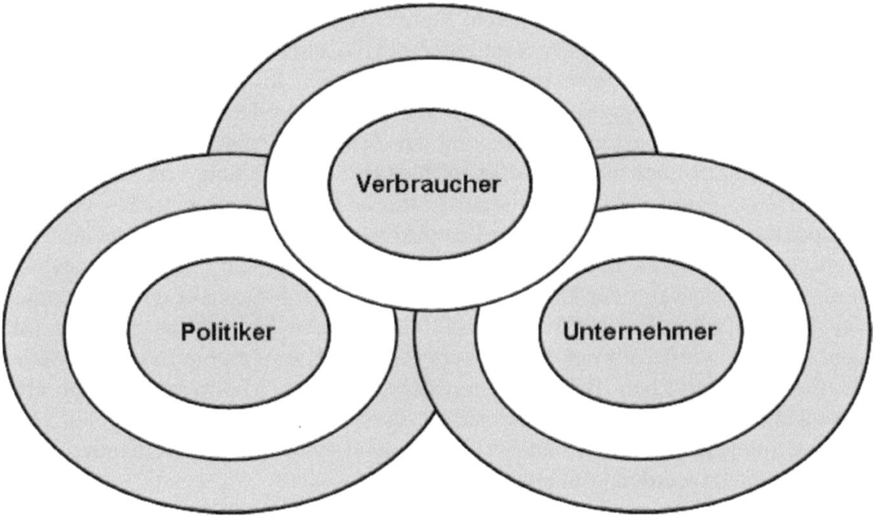

Quelle: G.-J. Krol u. a. 1999: 53

Abbildung 3: Dreipolige sozialökonomische Landkarte

Durch die Erstellung akteurspezifischer Raster können die unterschiedlichen Interessen und Motive auf der individuellen Ebene sowie die jeweils spezifischen Rahmenbedingungen auf der Makro-Ebene offen gelegt werden. Darüber hinaus lassen sich Beziehungen sowohl zwischen den Akteuren als auch zwischen den Ebenen abbilden. Auf diese Weise kann deutlich werden, dass die Handlungen des einen zu den Restriktionen des anderen werden, sodass das komplexe Netz sozialer Beziehungen und gegenseitiger Abhängigkeiten sichtbar wird. Aus Sicht der Verbraucher beispielsweise ist das Handeln von Politikern

(z. B. Erlassen neuer Gesetze) und Unternehmern (z. B. Preiserhöhungen) auf der Ebene der Rahmenbedingungen zu verorten. Umgekehrt kann aber auch das Verbraucherhandeln als Rahmenbedingung der Politiker (Berücksichtung von Wählerinteressen) und der Unternehmer (Abwanderung, Verbleib oder Zuwanderung) gesehen werden. Zusammenhänge lassen sich mit Hilfe von (Doppel-) Pfeilen abbilden.

5 Fazit

Aus den Ausführungen des vorliegenden Beitrags können (mindestens) drei Schlussfolgerungen gezogen werden. Erstens lässt sich der zuweilen unterstellte Kausalzusammenhang zwischen multiperspektivischem Lernen und Integrationsfächern sachlich nicht aufrechterhalten. Es erscheint sogar plausibel, das Multiperspektivität im Integrationsfach mit einer Reihe von Durchsetzungshemmnissen zu kämpfen hat, da eine Aufteilung der Zeitkontingente und Inhalte auf verschiedene Disziplinen zwangsläufig auf Kosten der Entfaltung von Perspektivität gehen muss – zumindest, was wissenschaftliche Perspektiven betrifft – und ohne Perspektivität kann es auch keinen Perspektivwechsel geben. Zweitens lässt sich multiperspektivisches Lernen im Wirtschaftsunterricht sehr wohl bildungswirksam realisieren, wenn der Unterricht so gestaltet wird, dass auf dem Fundament der ökonomischen Perspektive ‚Fenster' zu anderen Disziplinen geöffnet werden. Drittens wurde mit der Sozialökonomischen Kartographierung eine Methode der ökonomischen Bildung vorgestellt, die die Multiperspektivität ernst nimmt und mit deren Hilfe verschiedene Perspektiven nicht nur in einen Lernprozess integriert, sondern darüber hinaus auch systematisch zueinander in Beziehung gesetzt werden können.

Literatur

Alt, J. A. (1992): Karl R. Popper. Frankfurt a. M./New York.

Apolte, T. (2007): Lehrbuchwissen und Globalisierung. Erwiderung auf die replik von Heiko Körner und Gisela Kubon-Gilke. In: Wirtschaftsdienst, Heft 8/2007. S. 554-556.

Breit, G. (2006): Unterschiedliches Grundwerteverständnis im Fach „Politik und Wirtschaft". In: Weißeno, G. (Hrsg.): Politik und Wirtschaft unterrichten. Bonn. S. 93-106.

Dickel, M. (2006): TatOrte – zur Implementierung neuer Raumkonzepte im Geographieunterricht. In: Dickel, M./Kanwischer D. (Hrsg.): TatOrte. Neue Raumkonzepte didaktisch inszeniert. Praxis Neue Kulturgeographie. Band 3. Münster. S. 7-20.

Duncker, L./Sander, W./Surkamp, C. (Hrsg.) (2005): Perspektivenvielfalt im Unterricht. Stuttgart.

Duncker, L. (2005): Professionalität des Zeigens. Mehrperspektivität als Prinzip der Allgemeinen Didaktik. In: Duncker, L./Sander, W./Surkamp, C. (Hrsg.): Perspektivenvielfalt im Unterricht. Stuttgart. S. 9-20.

Gerken, L./Renner, A. (1996): Nachhaltigkeit durch Wettbewerb. Tübingen.
Grammes, T. (2005a): Kontroversität. In: Sander, W. (Hrsg.): Handbuch politische Bildung. Bonn. S. 126-145.
Grammes, T. (2005b): Exemplarisches Lernen. In: Sander, W. (Hrsg.): Handbuch politische Bildung. Bonn. S. 93-107.
Hedtke, R. (2002): Die Kontroversität in der Wirtschaftsdidaktik. In: Gesellschaft, Wirtschaft, Politik. Jahrgang 51, Heft 2/2002. S. 173-186.
Hedtke, R. (2005): Zwischen Integration und Vervolkswirtschaftlichung. „Sozialwissenschaften Wirtschaft" als Exempel für ökonomische Hegemonie und fachdidaktische Defizite. In: Politisches Lernen. 23. Jahrgang, Heft 1-2/05. S. 5-16.
Hippe, T./Hedtke, R. (2006): Kapitalgedeckte Rentensysteme. Wissenschaftsorientierung, Pluralismus und Kontroversität. Seeber, Günther (Hrsg.): Die Zukunft der sozialen Sicherung - Herausforderungen für die ökonomische Bildung. Bergisch Gladbach. S. 27-50.
Kaiser, F.-J./Kaminski, H. (1999): Methodik des Ökonomieunterrichts. Grundlagen eines handlungsorientierten Lernkonzepts mit Beispielen. Bad Heilbrunn.
Kaminski, H. (1997): Neue Institutionenökonomik und ökonomische Bildung. In: Kruber, K.-P. (Hrsg.): Konzeptionelle Ansätze ökonomischer Bildung. Wirtschafts- und Berufspädagogische Schriften, Band 17. Bergisch-Gladbach 1997. S. 129-160.
Kaminski, H. (2002): Zur Diskussion der ökonomischen Bildung als Fach oder als Integrationsaufgabe. In: Unterricht Wirtschaft. 4. Quartal, Heft 12/2002. S. 4-10.
Karpe, J. (1999): Ökonomische Verhaltenskonzepte. In: WiSt, Heft 11/1999. S. 605-607.
Klafki, W. (1991): Neue Studien zur Bildungstheorie und Didaktik. 2. Auflage. Weinheim.
Krol, G.-J./Zoerner, A./Karpe, J. (1999): Sozialökologische Kartographierung. Ein Instrument zur Förderung von Nachhaltigkeit in Umweltbildungsprozessen. Umweltforschung Band 2. Münster 1999.
Krol, G.-J./Loerwald, D./Zoerner, A. (2006): Ökonomische Bildung, Praxiskontakte und Handlungskompetenz. In: Weitz, B.O. (Hrsg.): Kompetenzentwicklung, -förderung und -prüfung in der ökonomischen Bildung. Bergisch Gladbach. S. 61-110.
Krol, G.-J./ Zoerner, A. (2008): Ökonomische Bildung, Allgemeinbildung und Ökonomik. In: Kaminski, H./Krol, G.-J. (Hrsg.): Ökonomische Bildung: legitimiert, etabliert, zukunftsfähig. Bad Heilbrunn. S. 91-129.
Kruber, K.-P. (2000): Kategoriale Wirtschaftsdidaktik – Der Zugang zur ökonomischen Bildung. In: Gegenwartskunde. 49. Jahrgang, Heft 3. S. 285-295.
Ladenthin, V. (2006): Die Ökonomie muss als Teil des schulischen Bildungsauftrags neu interpretiert warden. In: Orientierungen zu Wirtschafts- und Gesellschaftspolitik 107. Heft 1/2007. S. 41-46.
Landsburg, S.E. (1995): The Armchair Economist. Economics & Everyday Life. First Free Press Paperback Edition. New York.
Loerwald, D./Zoerner, A. (2006): Ökonomische Bildung vor dem Durchbruch? Kritische Anmerkungen zu einigen schulpolitischen Reformen in NRW. In: Unterricht Wirtschaft. Heft 22, 02/2005. S. 2-3.
Massing, P. (2006): Ökonomische Bildung in der Schule. Positionen und Kontroversen. In: Weißeno, G. (Hrsg.): Politik und Wirtschaft unterrichten. Bonn. S. 80-92.
Münnix, G. (2004): Fremdes Verstehen. Multiperspektivität als didaktisches Prinzip des Faches „Praktische Philosophie". In: edition ethik kontrovers 12/2004, S. 28-32.
Näpel, O. (2005): Geschichtsbewusstsein, Multiperspektivität und Geschichtsdidaktik. In: Mecking, S./Schröder, S. (Hrsg.): Kontrapunkt. Vergangenheitsdiskurse und Gegenwartsverständnis. Essen. S. 183-200.

Popper, K. R. (1962/2004): Die Logik der Sozialwissenschaften. In: Popper, K. R.: Auf der Suche nach einer besseren Welt. Vorträge und Aufsätze aus dreißig Jahren. 13. Auflage. München 2004. S. 79-98.

Reinhardt, S. (2005): Politikdidaktik. Praxishandbuch für die Sekundarstufe I und II. Berlin.

Retzmann, T. (2008): Von der Wirtschaftskunde zur ökonomischen Bildung. In: Kaminski, H./ Krol, G.-J. (Hrsg.): Ökonomische Bildung: legitimiert, etabliert, zukunftsfähig. Bad Heilbrunn. S. 71-90.

Robinsohn, S. B. (1975): Bildungsreform als Revision des Curriculums. Neuwied/Berlin.

Sander, W. (1998): Gesellschaftslehre – eine Chance für vernetztes Lernen. Politische Bildung im fächerübergreifenden Zusammenhang. In: Praxis Schule 5-10. 9. Jahrgang, Heft 10. S. 6-8.

Schneider, H. (1999): Der Beutelsbacher Konsens. In: Mickel, W. W. (Hrsg.): Handbuch zur politischen Bildung. Bonn. S. 171-177.

Suchanek, A. (1993): Der homo oeconomicus als Heuristik. Diskussionspapier der Wirtschaftswissenschaftlichen Fakultät Ingolstadt der Kath. Univ. Eichstätt, Nr. 38.

Sutor, B. (1996): Der Beutelsbacher Konsens – ein formales Minimum ohne Inhalt? In: Schiele, S./ Schneider, H. (Hrsg.): Reicht der Beutelsbacher Konsens? Schwalbach/Ts. S. 65-80.

Ulrich, P. (2001): Wirtschaftsbürgerkunde als Orientierung im politisch-ökonomischen Denken. In: sowi-onlinejournal 2/2001.

Wehling, H.-G. (1977/1992): Konsens à la Beutelsbach?. In: Breit, G./Massing, P. (Hrsg.): Grundfragen und Praxisprobleme der politischen Bildung. Bonn. S. 122-128.

Weißeno, G. (2005): Standards für die politische Bildung. In: Apuz. Heft 12/2005. 32-38.

Weizsäcker, C. C. (2000): Über die Schlusspassage der General Theory – Gedanken zum Einfluss ökonomischer Theorien auf die Politik. In: Verein für Socialpolitik (Hrsg.): Perspektiven der Wirtschaftspolitik. Band 1, Heft 1. S. 35-52.

Zoerner, A. (2005): Die ökonomische Verhaltenstheorie. Ein Analyseinstrument für Probleme moderner Gesellschaften. In: Unterricht Wirtschaft. 6. Jahrgang, Heft 22. S. 26-29.

Die Verknüpfung von Wirtschaft und Politik im Unterricht – Das Beispiel „Urheberrecht“

Katrin Eggert, Michael Koch

Im deutschen allgemeinbildenden Schulsystem wird an den Gymnasien im sozialwissenschaftlichen Bereich zunehmend auf den Fachverbund Politik und Wirtschaft gesetzt. Dieser Verbund stellt aus Sicht der ökonomischen Bildner, die für ein eigenständiges Fach Wirtschaft eintreten, nicht die Wunschoption dar, sondern einen Kompromiss.

Die Verbindung zweier Disziplinen kann aus fachdidaktischer Sicht aber auch neue unterrichtliche Möglichkeiten eröffnen und für erweiterte Erkenntnismöglichkeiten bei Schülerinnen und Schüler genutzt werden. Der Beitrag will deshalb am Beispiel der aktuellen Thematik „Urheberrecht“ aufzeigen, welches Potenzial die Verknüpfung der ökonomischen Bildung und der politischen Bildung hinsichtlich der Analyse realen Geschehens entfalten kann. Vorangestellt werden wesentliche Herausforderungen für Fachverbünde dieser Art. Wenn die Implementation der Kombination von politischer Bildung und ökonomischer Bildung in einem gemeinsamen Fach gelingen soll, ist dabei insbesondere die Qualität und Struktur der Aus- und Fortbildung von Lehrkräften in diesem Bereich in den Blick zu nehmen.

1 Bildungspolitische Anmerkungen

1.1 Wege der Implementation ökonomischer Bildung in der Schule

Die Auseinandersetzung um die Bedeutung ökonomischer Grundbildung im allgemein bildenden Schulsystem währt über vierzig Jahre. Mittlerweile besteht ein breiter Konsens in der Öffentlichkeit, dass die ökonomische Bildung einen unverzichtbaren Bestandteil der Allgemeinbildung darstellt. Über die Art der Integration wirtschaftlicher Inhalte in schulische Curricula besteht jedoch keine Einigkeit. Im Wesentlichen werden drei unterschiedliche Wege der Implementation im allgemein bildenden Schulsystem realisiert (vgl. z. B. H. Kaminski 2008: 37 ff.; K.-J. Burkard 2008: 177 ff.):

- Fachlösung (= Schaffung eines eigenständigen Faches „Wirtschaft", „Ökonomische Bildung", „Wirtschaftslehre", o. Ä.)
- Integrationslösung (= Verteilung ökonomischer Themen und Inhalte auf mehrere Fächer, ökonomische Bildung als „quer liegendes" Prinzip).
- Kombinationslösung (= Zuordnung von Stundendeputaten in einem bestehenden Fach (z. B. ökonomische Anteile im Ankerfach „Sozialwissenschaften") oder in einem Verbundfach (z. B. Fach „Politik-Wirtschaft".)

1.2 Kombinationsfach „Politik-Wirtschaft"

Wenn die Einführung eines Faches „Wirtschaft" – dies gilt bisher für das allgemeinbildende Gymnasium – in einem Bundesland nicht realisiert werden kann oder soll, entscheiden sich die Kultusministerien zunehmend für eine Kombinationslösung, die die politische Bildung mit der ökonomischen Bildung verknüpft. So hat etwa Niedersachsen das Fach „Politik-Wirtschaft" an Gymnasien (Jg. 8-12) eingerichtet, Hessen, NRW und Baden-Württemberg gehen den gleichen Weg, in Schleswig-Holstein besteht dieser Fachverbund schon seit vielen Jahren.

Durch diese Vorgehensweise werden in einigen Fällen überhaupt das erste Mal ökonomische Inhalte im allgemeinbildenden Bereich verbindlich festgeschrieben. So wurde das bisherige Fach „Politik" in Niedersachsen nicht nur um die Dimension „Wirtschaft" erweitert, vielmehr sind seit dem Schuljahr 2006/07 politische und ökonomische Inhalte zu gleichen Teilen, d. h. im Verhältnis 1:1, im Unterricht zu berücksichtigen. Dabei sind die fachlichen und didaktisch-methodischen Verknüpfungen zwischen beiden Disziplinen systematisch aufzudecken und für den Unterricht fruchtbar zu machen (vgl. Niedersächsisches Kultusministerium 2006 und 2007).

Die Einrichtung eines Kombinationsfaches wie „Politik-Wirtschaft" stellt nicht nur die Fachdidaktiken beider Disziplinen vor neue Herausforderungen, sondern insbesondere auch die Bildungspolitik. Diese ist aufgefordert, geeignete Maßnahmen zu ergreifen, um eine seriöse Verankerung des Fachverbundes im Ausbildungs- und Schulsystem zu gewährleisten. Hierzu sind u. a. zu zählen:

1. eine veränderte Lehrerausbildung, die fachliche und fachdidaktische Anteile beider Disziplinen abdeckt (die Ausbildung ist an den Hochschulen und Universitäten ist nicht nach Fachverbünden organisiert),
2. Lehrerfort- und Weiterbildungsangebote, die Politiklehrkräfte in Ökonomie bzw. Ökonomielehrkräfte in Politik schulen,
3. administrative, organisatorische und andere Hilfestellungen für Lehrkräfte, um die neuen inhaltlichen Aufgaben und die Vorgaben der Lehr-

pläne mit der Organisation von Schule und dem Alltag an den Schulen in Einklang zu bringen,
4. Materialien- und Medienangebote, die es den Lehrkräften erleichtern einen seriösen und attraktiven Unterricht in einem neuen Fach zu erteilen und nicht zuletzt
5. fachdidaktische und fachmethodische Konzepte und Realisierungshilfen, die die Fruchtbarkeit einer Verknüpfung zweier eigenständiger Fächer aufzeigen bzw. die Interdisziplinarität systematisch veranschaulichen.

Werden die oben dargestellten Aspekte nicht ernst genommen und umfänglich behandelt, so birgt die Kombinationslösung „Politik und Wirtschaft" auch Gefahren. Nur wenn es gelingt, dass sich „das Ökonomische" und „das Politische" auf Augenhöhe begegnen und Dominanzbestrebungen des einen oder anderen Faches in den Hintergrund treten, sind für Schülerinnen und Schüler neue Erkenntnisgewinne möglich.

2 Fachdidaktische Implikationen des Verbundes „Politik-Wirtschaft"

2.1 Interdisziplinarität setzt Disziplinarität voraus

Der Verbund von politischer Bildung und ökonomischer Bildung in einem Unterrichtsfach ist nur dann Ziel führend, wenn politologische und ökonomische Anteile gleichwertig angeboten und aufeinander bezogen werden und nicht zur beliebigen Auswahl stehen. Eine entsprechende Grundlage liefern z. B. die bereits erwähnten Kerncurricula „Politik-Wirtschaft" für die Jahrgänge 8-10 bzw. 11-12 des Landes Niedersachsen (vgl. Niedersächsisches Kultusministerium 2006; Niedersächsisches Kultusministerium 2007).

Die Interdependenz von Wirtschaft und Politik wird im Kerncurriculum in folgender Weise betrachtet: „Der Anspruch des Faches Politik-Wirtschaft, gesellschaftliche Realität multiperspektivisch und mehrdimensional zu erfassen, zu deuten und zu beurteilen, kann nur dann eingelöst werden, wenn die Beziehungen zwischen Politik und Wirtschaft didaktisch so modelliert werden, dass Interdependenzen erkennbar und methodisch bearbeitbar werden" (Niedersächsisches Kultusministerium 2006: 11). Die Schülerinnen und Schüler sollen demnach in gleichen Teilen politische und ökonomische Kompetenzen erwerben und über die Verknüpfung beider Disziplinen besser auf den gegenwärtigen und zukünftigen Umgang mit gesellschaftlichen Phänomenen vorbereitet werden.

Dies kann nur auf der Grundlage der den Disziplinen innewohnenden Eigenlogiken geschehen, denn Interdisziplinarität setzt Disziplinarität voraus (vgl. den Beitrag von D. Loerwald in diesem Band). Die fachdidaktische Herausforderung besteht zunächst darin, die beiden unterschiedlichen Disziplinlogiken zu erfassen. Da die ökonomische Bildung und die politische Bildung unterschiedliche Bezugsdisziplinen haben, verschiedene Denkansätze aufweisen und mithilfe unterschiedlicher Erkenntnisweisen gesellschaftliche Realität untersuchen, ist diese Unterscheidung unerlässlich. Nur in Kenntnis der verschiedenen Blickwinkel, Fragestellungen und Methoden können ökonomische und politische Sachverhalte und Probleme, nicht nur im Bereich der Wirtschaftspolitik, von Schülerinnen und Schülern sachverständig und differenziert beurteilt werden. In diesem Zusammenhang muss es darum gehen, die Eigenlogiken der beiden Fächer zu berücksichtigen und darüber hinaus Ziele, Inhalte und Methoden systematisch aufeinander zu beziehen, d. h. im Unterricht nicht nacheinander und getrennt zu behandeln, sondern diese zu verzahnen.

Im Folgenden soll kurz auf die Eigenlogik der ökonomischen Bildung eingegangen werden. Auf eine Darstellung der Eigenlogik des Politischen muss an dieser Stelle aus Platzgründen verzichtet werden (vgl. z. B. G. Weißeno 2006; P. Massing 1995; K. Pohl 2004; G. Behrmann/T. Grammes/S. Reinhardt 2004). Das Realisierungsbeispiel (Urheberrecht) bezieht sich auf die drei Dimensionen des Politischen, die im Kerncurriculum des Niedersächsischen Kultusministeriums (Niedersächsisches Kultusministerium 2006: 8 ff.) dargestellt werden (inhaltlich-normative Dimension von Politik, prozessuale Dimension von Politik, institutionell-formale Dimension von Politik, vgl. Abbildung 1).

2.2 *Die Eigenlogik der ökonomischen Bildung*

Die Theorie der Ökonomik hat für die Analyse ökonomischer, aber auch gesellschaftlicher Sachverhalte aus fachdidaktischer Sicht eine besonders hohe heuristische Erklärungskraft. Ökonomik – als wissenschaftliche Art und Weise der Auseinandersetzung mit dem Wirtschaften der Menschen – befasst sich „mit den Möglichkeiten und Problemen der gesellschaftlichen Zusammenarbeit zum gegenseitigen Vorteil" (K. Homann/A. Suchanek 2005: 5). Die Interaktionen zwischen Akteuren rücken ins Zentrum der Analyse und zentrale Arbeitshypothese ist das Konstrukt des „homo oeconomicus" (vgl. zum Verständnis H. Kaminski u. a. 2007 und D. Loerwald/A. Zoerner 2007). Die wesentlichen Theoriekomplexe der Ökonomik und ihre Leitfragen sind:

1. die Aktions- und Handlungstheorie: Welche Interessen und Anreize lösen individuelle wirtschaftliche Handlungen mit dem Ziel der Nutzenmaximierung aus?
2. die Interaktionstheorie: Wie ist eine Zusammenarbeit zum gegenseitigen Vorteil möglich?
3. die Institutionentheorie: Welchen Beitrag leisten Institutionen für wirtschaftliches Handeln, und wie muss eine Wirtschafts- und Gesellschaftsordnung ausgestaltet sein?

Dilemmastrukturen spielen in diesem Zusammenhang als invariante Beobachtungsschemata eine herausragende Rolle. Sie kennzeichnen Situationen, in denen Interessenkonflikte (zunächst) die freiwillige Kooperation zur Realisierung gemeinsamer Interessen verhindern können. Die Dilemmastruktur bildet eine unverzichtbare Grundstruktur für die Analyse von Interaktionen im Wirtschaftsgeschehen und identifiziert die Bedingungen der Kooperation zum gegenseitigen Vorteil.

2.3 Vier Ordnungsversuche in der ökonomischen Bildung

Es muss das Ziel der Fachdidaktik sein Gesamtzusammenhänge wirtschaftlicher Strukturen und Prozesse zu erfassen, um die Bedeutung einzelner ökonomischer Tatbestände im Kontext überhaupt erkennen zu können. Für die ökonomische Bildung werden - aufbauend auf den Theoriekomplexen der Ökonomik - vier Ordnungsversuche vorgeschlagen (vgl. H. Kaminski 2008: 11 ff. und G.-J. Krol/A. Zoerner 2008: 108 ff.), die immer gleichzeitig zur Analyse eines wirtschaftlichen Phänomens herangezogen werden können:

1. das Denken in den Kategorien der ökonomischen Verhaltenstheorie („Wie Menschen wirtschaftliche Entscheidungen treffen"),
2. das Denken in Kreislauf- und Wirkungszusammenhängen („Wie Menschen wirtschaftlich zusammenwirken"),
3. das Denken in Ordnungszusammenhängen („Wie Menschen sich ökonomische Ordnungen schaffen") und
4. das Denken in Kategorien, die allen wirtschaftlichen Handlungen immanent sind.

2.4 Kompetenzen in der ökonomischen und politischen Bildung

Die folgende Abbildung zeigt Kompetenzbereiche und Kompetenzen für die ökonomische Bildung auf, ergänzt um solche für die politische Bildung. Die Kompetenzen sind dabei jeweils in den Bereichen Wissen, Erkenntnisgewinnung und Beurteilung zu erlangen.

<table>
<tr><th colspan="3">Kompetenzen im Fach Politik-Wirtschaft</th></tr>
<tr><th>Kompetenzbereich</th><th>Politik</th><th>Wirtschaft</th></tr>
<tr><td rowspan="3">Fachwissen: Sach- und Analysekompetenz
Die Schülerinnen und Schüler verfügen über ein strukturiertes politisches und ökonomisches Orientierungswissen, welches ihnen das Analysieren und Beurteilen politischer und ökonomischer Sachverhalte und Entscheidungen ermöglicht.</td><td>Kompetenz 1: Die Schülerinnen und Schüler erfassen Politik als Gestaltungsaufgabe und Handlungsprogramm: die inhaltlich-normative Dimension von Politik</td><td>Kompetenz 1: Die Schülerinnen und Schüler denken in den Kategorien des ökonomischen Verhaltens: Wie Menschen wirtschaftliche Entscheidungen treffen.</td></tr>
<tr><td>Kompetenz 2: Die Schülerinnen und Schüler erfassen Politik als Willensbildungs- und Entscheidungsprozess: die prozessuale Dimension von Politik.</td><td>Kompetenz 2: Die Schülerinnen und Schüler denken in Kreislaufzusammenhängen: Wie Menschen wirtschaftlich zusammenwirken.</td></tr>
<tr><td>Kompetenz 3: Die Schülerinnen und Schüler erfassen Politik als Institutionen- und Regelsystem: die institutionell-formale Dimension von Politik.</td><td>Kompetenz 3: Die Schülerinnen und Schüler denken in Ordnungszusammenhängen: Wie Menschen sich ökonomische Ordnungen schaffen.</td></tr>
<tr><td rowspan="2">Erkenntnisgewinnung: Methodenkompetenz
Die Schülerinnen und Schüler analysieren politische und wirtschaftliche Phänomene mit Hilfe fachspezifischer Methoden und wenden fachspezifische Arbeitstechniken an.</td><td colspan="2">Kompetenz 4: Die Schülerinnen und Schüler analysieren politische und wirtschaftliche Phänomene mit Hilfe fachspezifischer Methoden.</td></tr>
<tr><td colspan="2">Kompetenz 5: Die Schülerinnen und Schüler wenden Arbeitstechniken zur methodischen Erschließung politischer und wirtschaftlicher Sachverhalte an.</td></tr>
<tr><td rowspan="2">Bewertung: Urteilskompetenz
Die Schülerinnen und Schüler bewerten politische und ökonomische Handlungen und Sachverhalte und reflektieren Wege des Erkennens und Urteilens.</td><td colspan="2">Kompetenz 6: Die Schülerinnen und Schüler bewerten politische und wirtschaftliche Handlungen und Sachverhalte mit Hilfe politischer und ökonomischer Kategorien und Wertorientierungen.</td></tr>
<tr><td colspan="2">Kompetenz 7: Die Schülerinnen und Schüler reflektieren und bewerten Wege politischen und ökonomischen Erkennens und Urteilens.</td></tr>
</table>

Quelle: Nds. Kultusministerium 2006: 14.

Abbildung 1: Kompetenzen im Fach Politik-Wirtschaft

Der vorliegende Beitrag kann das fachwissenschaftliche und fachdidaktische Selbstverständnis der ökonomischen Bildung nur im Ansatz beschreiben. Der Leser sei auf zahlreiche Publikationen verwiesen, die den Verbund von Politik und Wirtschaft im Unterricht aufgreifen und seine Implikationen für die Weiterentwicklung der ökonomischen und politischen Bildung herausarbeiten (v. a. H. Kaminski/G-J. Krol 2008; K.-J. Burkard 2008; K.-J. Burkard/I. Hartz 2007; Niedersächsisches Kultusministerium 2006; Niedersächsisches Kultusministerium 2007; G. Weißeno 2006). Um den Anspruch einer sinnvollen und ertragreichen Verknüpfung der zwei Disziplinen einzulösen, wird nachfolgend an der Thematik „Urheberrecht“ exemplarisch dargestellt, wie die Verknüpfung ökonomischer und politischer Betrachtungsebenen zu vertieften Einsichten bzgl. der

Strukturen und Zusammenhänge realen ökonomischen und politischen Geschehens verhelfen kann.

3 „Urheberrecht" als exemplarischer Gegenstand des Politik-Wirtschaft-Unterrichts

Im Folgenden soll verdeutlicht werden, wie die dargestellten Anforderungen im Unterricht Berücksichtigung finden können bzw. sollten. Dadurch soll die herausgearbeitete Sinnhaftigkeit einer Verknüpfung von politischer und ökonomischer Bildung aufgezeigt werden. Bei der unterrichtlichen Behandlung der Thematik „Urheberrecht" geht es dabei *ausdrücklich nicht* um die Darstellung detaillierter juristischer Sachverhalte. Vielmehr ist die hochkomplexe Materie auf die wesentlichen Grundlagen und Zusammenhänge zu reduzieren und sind die wesentlichen Eckpunkte der rechtlichen Rahmenvorgaben und der öffentlichen Diskussions- und legislativen Entscheidungsprozesse zu identifizieren. Es gilt also das Verständnis grundlegender, wesentlicher Strukturen zu vermitteln. Die Autoren haben bereits an verschiedenen Stellen entsprechende Vorschläge für die unterrichtliche Ausgestaltung im Rahmen des Wirtschaftsunterrichts unterbreitet (erstmals in K. Eggert/H. Kaminski/M. Koch 2001: 127 ff.).

3.1 Kurze Beschreibung des Gegenstands

Nachdem sich in einem langwierigen historischen Prozess das Bewusstsein durchgesetzt hatte, dass „geistiges Eigentum", u. a. in Form von musikalischen Werken, mit ebensolchen Rechten auszustatten sei wie materielles Eigentum, resultierten fortan technische und gesellschaftliche Entwicklungen in politischen Entscheidungsprozessen, an deren Ende jeweils eine Anpassung des bis dato gültigen Urheberrechts stand (Verabschiedung des ersten Urheberrechts in Deutschland Im Jahr 1965). Die bis dahin gültigen Regelungen mussten dabei immer wieder den (v. a. technischen) Entwicklungen angepasst werden, um die legitimen Schutzbedürfnisse der Berechtigten weiter sichern zu können. Im Rahmen der entsprechenden politischen Entscheidungsprozesse spielte die Frage nach dem Ausgleich zwischen den Interessen von Produzenten und Konsumenten stets eine wesentliche Rolle.

Im Zeitalter der „digitalen Revolution" verschärfte sich die Diskussion um einen „angemessenen" Schutz des geistigen Eigentums, da neue technologische Möglichkeiten (Internettauschbörsen, Schulhofpiraterie etc.) den Bestand des klassischen Urheberrechts z. T. gänzlich in Frage zu stellen schienen und scheinen. Darüber hinaus wurde deutlich, dass rein nationale Regelungen den Verhältnissen nicht länger entsprechen: Eine global organisierte Infrastruktur wie das Internet macht die Verabschiedung weltweiter Abkommen notwendig. Auch dies gestaltet sich als äußerst komplizierter Prozess.

Dabei ist von einem weitgehend fehlenden Unrechtsbewusstsein in der Bevölkerung in Bezug auf den alltäglichen Verstoß gegen das Urheberrecht auszugehen. Musik beispielsweise ist überall verfügbar, ein fester Bestandteil des gesellschaftlichen Alltags; entsprechend ist die unrechtmäßige Aneignung oft nicht bewusst bzw. wird als Kavaliersdelikt angesehen. Vor diesem Hintergrund wird z. B. darüber heftig gestritten, ob heute und in Zukunft noch ein Recht auf Privatkopie gewährt werden kann.

3.2 Eignung der Thematik

Die Auseinandersetzung mit der Thematik „Urheberrecht", seiner Gestaltung und gesellschaftlichen Funktionen sowie den von ihm ausgehenden Wirkungen im digitalen Zeitalter bietet vielfältige Möglichkeiten, die Verknüpfung des Politischen mit dem Ökonomischen in unserer Gesellschaft sowie die hieraus für Individuen resultierenden Konsequenzen exemplarisch zu veranschaulichen. Einige Aspekte verdeutlichen das Erkenntnispotenzial:

- In der historischen Betrachtung wird deutlich, dass der Schutz geistigen Eigentums erst dann zu einem Thema wurde, als dessen kommerzielle Verwertung in größerem Maße relevant wurde. Es handelt sich beim Urheberrecht also keineswegs um eine grundlegende gesellschaftliche Aufgabe, sondern um die rechtliche Rahmensetzung für die Handlungen der Akteure in einem Wirtschaftssektor. Als Teil der Eigentumsverfassung regelt das Urheberrecht im maßgeblichen Sinne die Handlungen der Akteure im Wirtschaftsgeschehen, sofern diese mit geistigem Eigentum hantieren.
- Die kontinuierliche Weiterentwicklung der Distributionsmöglichkeiten geistigen Eigentums (z. B. bei Musik via Schallplatte, Kassette, CD, Internet) machen eine stetige Anpassung der rechtlichen Regelungen notwendig. Entwicklungen insbesondere im technischen Bereich verändern immer wieder den faktischen Umgang mit geistigem Eigentum (vgl. Bereitstellungsmöglichkeiten im Internet abseits des Marktgeschehens). Entsprechend muss das Urheberrecht als permanente ordnungspolitische Gestaltungsaufgabe definiert werden.
- Das Urheberrecht ist dabei das Ergebnis politischer Willensbildungs- und Entscheidungsprozesse auf nationaler und internationaler Ebene, in deren Rahmen Interessen immer wieder konflikthaft aufeinander treffen (z. B. von

Musikproduzenten und -konsumenten). In diesem Zusammenhang spielt die Durchsetzung der verabschiedeten Regelungen über die Erfassung und Sanktionierung von Verstößen, sowie die in diesem Zusammenhang auftretenden Schwierigkeiten, eine nicht unerhebliche Rolle.

- Der Umgang mit dem bzw. der Verstoß gegen das Urheberrecht spielt im digitalen Zeitalter eine besonders große Rolle im jugendlichen Alltagsleben, unabhängig davon, ob dies bewusst wahrgenommen wird oder nicht. Während die aller meisten Jugendlichen den kostenfreien Bezug von Musik als Selbstverständlichkeit ansehen, zeitigen ihre Handlungen vielfache ökonomische Folgen für Musikunternehmen, deren Angestellte usw. mit z. T. volkswirtschaftlich relevanten Folgen.

Schülerinnen und Schüler erhalten über die Behandlung der Thematik im „Politik-Wirtschaft"-Unterricht ein Verständnis hinsichtlich der komplexen Verknüpfungen der politischen und wirtschaftlichen Subsysteme im Rahmen des Gesamtsystems Gesellschaft. Interdependenzen werden deutlich, ebenso wie Abhängigkeiten, Dilemmastrukturen, Ordnungsgedanken, Prozesse, Strukturen usw.

3.3 Kompetenzvermittlung mit dem Beispiel „Urheberrecht"

Im Folgenden soll mit Bezug auf die im zweiten Abschnitt gemachten Ausführungen skizziert werden, wie mit Hilfe des vorgestellten Beispiels

a. die wesentlichen Kompetenzanforderungen in den Bereichen Politik und Ökonomie, wie sie z. B. im niedersächsischen Kerncurriculum für das Fach „Politik-Wirtschaft" im Gymnasium benannt werden, erreicht und
b. gleichzeitig die vielfältigen Verknüpfungen des Politischen und des Wirtschaftlichen im Alltag für die Schülerinnen und Schüler sichtbar gemacht werden können.

3.3.1 Kompetenzvermittlung im Bereich der Ökonomie

a) Denken in den Kategorien des ökonomischen Verhaltensmodells
Das ökonomische Verhaltensmodell kann insbesondere zur Erklärung des Verhaltens der Nachfrager von Musik, Filmen o. ä. zur Anwendung kommen und helfen, vorhandene Konfliktsituationen hinsichtlich der Um- und Durchsetzung des Urheberrechts als Dilemmastrukturen zu erkennen und entsprechend zu analysieren.

Vernachlässigen wir den Bereich der klassischen Tonträgerpiraterie, so standen den Nachfragern in früheren Jahren zwei Möglichkeiten zur Beschaffung musikalischer Inhalte zur Verfügung:

- der Kauf der angebotenen Tonträger oder
- das Anfertigen von Kopien in minderwertiger Qualität (z. B. Tonkassette).

Dies hat sich im Zuge der digitalen Revolution verändert, die zum einen

- das kostengünstige Anlegen von Klonen der Originale ermöglichte und gleichzeitig
- unzählige Möglichkeiten der kostenfreien Verbreitung von Musik im Internet eröffnete.

Dem ökonomischen Grundgedanken folgend, dass Akteure im Wirtschaftsgeschehen i. d. R. die Handlungsalternative wählen, die entsprechend der eigenen Zielvorstellungen am besten geeignet scheint den größten Nutzen zu spenden, überrascht es nicht, dass viele Jugendliche (aber auch Erwachsene) im Rahmen der Ressourcenverwendungsentscheidungen auf kostenfreie Musikangebote bzw. die Möglichkeiten des CD-Brennens zurückgreifen. Appelle zeigen keine Wirkungen, vielmehr gilt es – sofern eine Veränderung dieses Verhaltens gesellschaftlich gewünscht ist – den Restriktionsrahmen zu verändern.

Des Weiteren ließe sich mit dem Instrumentarium des Verhaltensmodells und den Ansätzen der Neuen Politischen Ökonomie untersuchen, warum politische Entscheidungen zur Gestaltung des Urheberrechts immer wieder relative „weiche" Kompromissformeln darstellen, die dem marktwirtschaftlichen Primat des Schutzes des geistigen Eigentums nicht in Gänze entsprechen. Die Antwort ist in der Nutzenoptimierung der politischen Entscheidungsträger zu suchen, deren wesentliches Ziel in der Maximierung der Stimmen bei Wahlen zu sehen ist. Eine rigide Durchsetzung der Rechte der Produzenten, auch wenn sie den grundlegenden Ordnungsvorstellungen entsprechen würde, dürfte bei vielen Wählerinnen und Wählern angesichts der Einschränkung ihrer Handlungsmöglichkeiten auf Kritik stoßen.

b) Denken in Kreislaufzusammenhängen/Interdependenzen

Die unterrichtliche Beschäftigung mit der Gestaltung des Urheberrechts kann insbesondere grundlegende Einsichten bezüglich der Strukturen und Wirkungsweisen der zwischen den Handlungen der Akteure im Wirtschaftsgeschehen bestehenden Interdependenzen vermitteln. Es wird deutlich, dass Veränderungen der Handlungen auf der einen Seite Folgewirkungen für alle anderen Akteure im Wirtschaftsgeschehen haben und in Modifizierungen der Transaktionsbeziehungen resultieren (können). Hierbei können Faktoren unterschiedlicher Art (gesellschaftlich, technisch...) die Handlungsmöglichkeiten der Akteure verändern und solche Entwicklungen initiieren.

Dem Staat als Akteur fällt grundsätzlich die Aufgabe zu, die Handlungsmöglichkeiten der Akteure im Wirtschaftsgeschehen, also der Unternehmen und Privaten Haushalte gleichermaßen, im Sinne genereller Ordnungsvorstellungen zu regeln. Wird am Grundkonsens einer marktwirtschaftlichen Ordnung nicht gerüttelt, so fällt ihm nun konkret die Aufgabe zu, die Einhaltung der Grundregeln der Eigentumsverfassung durch alle Akteure sicherzustellen, also einen dem Primat des Privateigentums angemessenen Schutz geistigen Eigentums zu gewährleisten. Hierbei sind die Interessen der Unternehmen gegen diejenigen der Privaten Haushalte und der Gesamtgesellschaft (Stichwort: Wissensgesellschaft) abzuwägen. Eine komplizierte Aufgabe, insbesondere vor dem Hintergrund notwendiger internationaler Entscheidungsprozesse. Verändert der Staat das Urheberrecht, so verändern sich die bislang existierenden Handlungsmöglichkeiten der Akteure Unternehmen und Private Haushalte und die Beziehungen zwischen ihnen werden neu gestaltet. Wobei die Durchsetzungs- und Sanktionierungsmöglichkeiten der neuen Regelungen wesentlich mitbestimmen, inwieweit angestrebte Ziele auf diesem Wege tatsächlich realisiert werden (können). Und auch zu klären ist, inwieweit (zu) starke Eingriffe wiederum zu unerwünschten Behinderungen des Marktgeschehens führen (Stichwort: Staatsversagen).

c) Denken in Ordnungszusammenhängen

Die vorangegangenen Ausführungen sollten verdeutlicht haben, dass auch die Vermittlung eines Denkens in Ordnungszusammenhängen zur Beantwortung der Frage, wie die Menschen sich ökonomische Ordnungen schaffen, am Exempel der Urheberrechtsgestaltung sehr gut möglich ist.

An dieser Stelle kann entsprechend auf eine Konkretisierung verzichtet werden. Im niedersächsischen Kerncurriculum wird die Kompetenz des Denkens in Ordnungszusammenhängen in mehreren Punkten dargestellt. Die Aufführung einiger hierzu passender Lernziele sollte in ausreichendem Maße die Eignung der Urheberrechts-Thematik veranschaulichen, auf welche sich diese problemlos übertragen lassen.

„Die Schülerinnen und Schüler…

- erläutern, dass in marktwirtschaftlichen Systemen die Koordination der einzelwirtschaftlichen Pläne primär über Märkte erfolgt;
- erfassen die Wirtschaftsordnung als rechtlich-institutionelles Regelwerk für wirtschaftliches Handeln;
- zeigen Funktionsprobleme der Marktwirtschaft („Marktversagen") auf und leiten daraus Aufgaben und Handlungsfelder der Wirtschaftspolitik im Rahmen der [Sozialen] Marktwirtschaft ab;

- zeigen Grenzen und Probleme staatlicher Wirtschaftspolitik („Staatsversagen“) auf.“.

3.3.2 Kompetenzvermittlung im Bereich Politik

a) Inhaltlich-normative Dimension: Politik als Gestaltungsaufgabe und Handlungsrahmen

Die hier genannte Politikdimension, welche Schülerinnen und Schülern zu vermitteln ist, firmiert in der Politikwissenschaft unter dem Begriff der Policy. Skizziert man kurz, welche Aspekte dieser Analysedimension von Politik hier eine Rolle spielen, so kommt man v. a. zu den unterschiedlichen Entscheidungs- und Handlungsebenen der Politik, der Ausrichtung politischer Ziele und Handlungen an Grundwerten und der Funktion politischer Programme. Von besonderer Bedeutung ist es jedoch zu vermitteln, dass die Gestaltung der Rechtsordnung eine wesentliche Notwendigkeit politischen Handelns darstellt, gleichzeitig allerdings Einfluss auf politische Handlungs- und Entscheidungsprozesse hat.

Im Folgenden wiederum nur ein knappe Skizzierung der inhaltlichen Umsetzung: Bereits verdeutlicht wurde, dass es im vorliegenden Fall die Aufgabe des Staates bzw. der politischen Entscheidungsträger ist, das Urheberrecht stetig anzupassen und durchzusetzen und falls notwendig solche Gesetze zu erlassen, die die Rechte der Betroffenen wahren. Als zugrunde liegender „Wert“ kann in einer marktwirtschaftlichen Ordnung hierbei der Schutz privaten Eigentums genannt werden. Dieser ist u. a. dann ausreichend gewahrt, wenn der Eigentümer eines Gutes Dritte vom Konsum ausschließen kann. Die eindeutige Zuweisung von Eigentums- und Verfügungsrechten ist generell Grundvoraussetzung für marktliche Transaktionen. Im Falle von Musikdateien wird dieses Recht seit einigen Jahren von einer erstaunlichen Zahl von Personen mit den vorgestellten Folgen unterminiert. Allerdings spielen auch andere Werte bei der Entscheidung, wie der Schutz geistigen Eigentums auszugestalten ist, eine wichtige Rolle. Beispielsweise gilt in einer modernen Gesellschaft die Verbreitung und Bereitstellung von Informationen als zunehmend bedeutende Aufgabe. Ein Urheberrecht muss also so ausgestaltet werden, dass die Wahrung der Rechte Einzelner nicht den für eine Gesellschaft (überlebens)notwendigen Informationstransfer verhindert.

Von besonderer Bedeutung in einer demokratischen Gesellschaft sind auch die Persönlichkeitsrechte, beispielsweise im Bereich des digitalen Datenschutzes. Diese Rechte spielen insbesondere bei der Suche nach einer wirkungsvollen Sanktionierung von Urheberrechtsverstößen im Internet eine wesentliche Rolle. So ist die Weitergabe von Nutzerdaten durch Internetprovider an z. B. die Musikindustrie weiterhin umstritten. Es stellt sich gesellschaftlich die Frage, was höher wiegt: das Persönlichkeitsrecht der Bürgerinnen und Bürger im Internet oder das Recht auf Durchsetzung von Eigentums- und Verfügungsrechten bei den Urhebern. Die Politik hat hier immer wieder neu abzuwägen und Antworten zu suchen.

b) Prozessuale Dimension: Politik als Willensbildungs- und Entscheidungsprozess

An dieser Stelle ist der politische Willensbildungs- und Entscheidungsbildungsprozess in den Fokus zu rücken, wobei insbesondere deutlich zu machen ist, dass unterschiedliche Akteure mit divergierenden Interessen auf verschiedenen Ebenen konflikthaft aufeinander treffen bzw. versuchen, Einfluss zu nehmen. Zentrale Kategorien in diesem Zusammenhang sind u. a. Partizipation, Konflikt, Konsens, Interessenartikulation und -vermittlung sowie Einflussnahme.

Im Falle der Gestaltung des Urheberrechts sind es v. a. die Positionen der Produzenten/Anbietern auf der einen und der Nachfrager/Nutzer geistiger Güter auf der anderen Seite, die weitgehend diametral zueinander stehen. Während die einen i. d. R. die strikte Durchsetzung ihrer Rechte fordern, haben die andern ein Interesse an möglichst freien und kostengünstigen Zugängen zu den Inhalten. Entsprechend positionieren sich Parteien – grob zusammengefasst – innerhalb der Auseinandersetzung im Sinne der von ihnen vertretenen Wählergruppen und versuchen Interessenverbände unterschiedlicher Couleur Einfluss auf die politischen Willens- und Entscheidungsbildungsprozesse zu nehmen – auf nationaler wie internationaler Ebene. Und nicht nur das: Auf internationaler Ebene treffen Staaten mit z. T. vollkommen unterschiedlichen Traditionen und historischen Entwicklungen im Bereich des Schutzes geistigen Eigentums aufeinander, darunter Staaten, die von schwachen Regelungen in diesem Bereich sogar profitieren. Jeder Schritt zur Anpassung des Urheberrechts stellt sich hieraus resultierend als Kampf um Machtanteile und Durchsetzungspotenziale dar, an dessen Ende in den Parlamenten immer wieder ein Konsens im Sinne gesellschaftlicher und ordnungspolitischer Zielsetzungen zu finden ist.

c) Institutionell-formale Dimension: Politik als Institutionen- und Regelsystem

In Bezug auf den dritten Kompetenzbereich des Politischen kann Schülerinnen und Schülern am vorgestellten Beispiel insbesondere verdeutlicht werden, wie in heutigen Tagen politische Entscheidungen immer weniger auf nationaler und zunehmend auf internationaler/europäischer Ebene getroffen werden. Insbesondere vor dem Hintergrund der technologischen Entwicklungen der letzten 10 bis 15 Jahre und den Möglichkeiten des uneingeschränkten globalen Datentausches verlieren nationale Urheberrechtsregelungen ihre Wirkung. Entsprechend wird das deutsche Urheberrecht in wesentlichen Zügen heute in Brüssel gemacht, wo in den vergangenen Jahren die wichtigsten Entscheidungen z. B. zum Recht auf Privatkopie gefällt wurden. Politischen Entscheidungsträgern, wie denjenigen anderer EU-Staaten, bleibt im Wesentlichen die Aufgabe, europäische Rahmenrichtlinien in nationale Gesetze zu überführen. Gleichzeitig gibt es Bestrebungen auf globaler Ebene Institutionen zu etablieren, die die Etablierung und Einhaltung wesentlicher urheberrechtlicher Grundregeln im globalen Wettbewerb verfolgen.

Darüber hinaus wird den Schülerinnen und Schülern einsichtig, warum ordnungspolitische Entscheidungen nie „für die Ewigkeit“ zu gestalten sind, sondern grundsätzlich vom Gedanken der immerwährenden Gestaltungsaufgabe auszugehen ist.

Literatur

Behrmann, G. C./Grammes, T./Reinhardt, S. (2004): Politik: Kerncurriculum Sozialwissenschaften in der gymnasialen Oberstufe. In: Tenorth, H. E. (Hrsg.), Kerncurriculum Oberstufe II: Biologie, Chemie, Physik, Geschichte, Politik, Weinheim/ Basel. S. 322-406.

Burkard, K.-J./Hartz, I. (2007): Zwei Disziplinen unter einem Dach. Zur Konzeption eines Kerncurriculums Politik-Wirtschaft. In: Jahnke-Klein, S./Kieper, H./Freisel, L. (Hrsg.): Gymnasium heute. Zwischen Elitebildung und Förderung der Vielen, Baltmannsweiler. S. 163-178.

Burkard, K.-J. (2008): Ein neues Fach: Politik-Wirtschaft: Das niedersächsische Kerncurriculum Politik-Wirtschaft für die Schuljahrgänge 8-10 des Gymnasiums. In: H. Kaminski/G.-J. Krol (Hrsg.) (2008). S. 177-192.

Deutsches Aktieninstitut, Beirat für ökonomische Bildung des Deutschen Aktieninstituts e. V. (2007): Ökonomische Bildung in allgemeinbildenden Schulen – fachdidaktische und fachwissenschaftliche Überlegungen für ein Schulfach Ökonomie, hrsg. v. R. von Rosen, Frankfurt a. M. (i. E.).

Eggert, K./Kaminski, H./Koch, M. (2001): Popmusik und Ökonomie – ein Unterrichtsmodell. Gütersloh.

Kaminski, H. (2003): Zum Verhältnis von Fachwissenschaft und Fachdidaktik in der ökonomischen Bildung – Aspekte von Interdisziplinarität aus der Sicht der Ökonomik. In: Kaiser, F.-J./Kaminski, H. (Hrsg.): Wirtschaftsdidaktik, Bad Heilbrunn. S. 41-76.

Kaminski, H. (2004): Standards für die ökonomische Bildung – Bedingungen und Anregungen. In: Unterricht Wirtschaft, H. 1, S. 2 ff.

Kaminski, H. (2007): Zum Verhältnis von Wirtschaft und Politik aus fachwissenschaftlicher und didaktischer Perspektive. In: Unterricht Wirtschaft, H. 29. S. 4-12.

Kaminski, H. u. a. (2007): Mehr Wirtschaft in die Schule. Wiesbaden.

Kaminski, H./Koch, M. (2005): Ökonomische Bildung kompakt 1. Die Wirtschaftsordnung als Institutionen- und Regelsystem. Braunschweig.

Kaminski, H./Krol, G.-J. (Hrsg.) (2008): Ökonomische Bildung - legitimiert, etabliert, zukunftsfähig? Ergebnisse einer Fachtagung am Institut für Ökonomische Bildung Oldenburg. Bad Heilbrunn.

Kaminski, H./Krol, G.-J. u. a. (2006): Stellungnahme zur Rahmenvorgabe ökonomische Bildung in NRW 2005. Institute für Ökonomische Bildung Oldenburg und Münster (unveröffentlicht).

Krol, G.-J./Zoerner, A. (2008): Ökonomische Bildung, Allgemeinbildung und Ökonomik. In: H. Kaminski/G.-J. Krol (Hrsg.) (2008): Ökonomische Bildung - legitimiert, etabliert, zukunftsfähig? Ergebnisse einer Fachtagung am Institut für Ökonomische Bildung Oldenburg. Bad Heilbrunn. S. 91-129.

Loerwald, D./Zoerner, A. (2007): Der homo oeconomicus. In: Unterricht Wirtschaft, Heft 1, S. 2-3.

Massing, P. (1995): Wege zum Politischen. In: Massing, P./Weißeno, G. (Hrsg.): Politik als Kern der politischen Bildung. Wege zur Überwindung eines unpolitischen Politikunterrichts, 61 ff., Opladen.

Niedersächsisches Kultusministerium (Hrsg.) (2006): Kerncurricula für das Gymnasium, Schuljahrgänge 8-10, Politik-Wirtschaft. Hannover.

Niedersächsisches Kultusministerium (Hrsg.) (2007): Kerncurricula für das Gymnasium, Schuljahrgänge 11-12, Politik-Wirtschaft. Hannover.

Pohl, K. (2004) (Hrsg.): Positionen der politischen Bildung. Ein Interviewbuch zur Politikdidaktik. Schwalbach/Ts.

Weißeno, G. (2006) (Hrsg.): Politik und Wirtschaft unterrichten. Schriftenreihe der Bundeszentrale für politische Bildung Band 483. Bonn.

Entrepreneurship Education im Fokus von Employability und Nachhaltigkeit

Claudia Wiepcke

1 Gegenwärtiger Qualifizierungsbedarf bei Schülerinnen und Schülern

In der heutigen Gesellschaft spielt ökonomisches Wissen eine immer größere Rolle. Der Staat fordert zunehmend Selbstverantwortung und Eigenvorsorge ein, doch ein Blick auf die stetig steigende Anzahl an Privatinsolvenzen[1] und insbesondere die Überschuldung von Jugendlichen[2] zeigt, dass die ökonomische Bildung der Bürgerinnen und Bürgern damit nicht Schritt hält. Auch der Unternehmenssektor wünscht sich von Schulabgängern und Schulabgängerinnen ökonomische Grundkenntnisse, es fehlt ihnen jedoch an geeignetem Nachwuchs (Universität Hildesheim 2003). Eine Studie belegt, dass im Jahr 2004 jeder fünfte Auszubildende seine Ausbildung frühzeitig abgebrochen hat (D. Eisele 2005: 46).

Weitere Studien untersuchen, welche Eigenschaften für Unternehmen in Bezug auf Auszubildende die größte Bedeutung haben. Tätigkeitsübergreifend nennt das Institut der deutschen Wirtschaft (1997) die Einstellung zur Arbeit, Leistungsbereitschaft, Zuverlässigkeit, Verantwortungsbewusstsein, Konzentrationsfähigkeit, Teamfähigkeit, logisches Denken, Initiative, selbstständiges Lernen, kommunikatives Verhalten, planvolles Arbeiten und Motivation als wichtigste Kompetenzen. Auch die Anforderungen an Fachwissen wurden von den Unternehmen ausgeweitet. Antoni und Sommerlatte (1999) untersuchten, welches Wissen für deutsche Unternehmen von Bedeutung ist. Die Untersuchung ergab, dass neben dem Methodenwissen, also dem Wissen „wie etwas gemacht

---

1 Von 2005 auf 2006 konnte in Deutschland ein Anstieg an Privatinsolvenzen um 22,1 Prozent verzeichnet werden (Rekordwert) (Creditreform 2007: 19).

2 Besonders stark ist die Entwicklung bei den negativen Schufa-Einträgen aus dem Telekommunikationssektor (Schufa 2006: 36).

werden muss“, Wissen über Produkte, Kunden, Markt und Wettbewerber sowie deren Anwendung stark an Bedeutung zugenommen hat.

Die Ausführungen verdeutlichen, dass den Schülerinnen und Schülern als Arbeitskräfte des 21. Jahrhunderts ein anderer Erwerbsstil am Arbeitsmarkt abverlangt wird. Um die sozioökonomische Dynamik zu initiieren, die für erfolgreiches Wirtschaften erforderlich ist, bedarf es fundierter Kenntnisse in Ökonomie und Ausbildungskonzepte, die die Anwendung der Kenntnisse ermöglichen.

2 Veränderte Rahmenbedingungen von Schulabgehenden

2.1 Die Notwendigkeit von Employability

Zu den Institutionen, die Schülerinnen und Schüler auf die Einnahme mittlerer Positionen in Betrieben, Wirtschaft und Verwaltung (wie z.B. Meister oder Techniker) sowie beruflicher Tätigkeiten im Beschäftigungssystem vorbereiteten, zählten bis zum 20 Jh. die Haupt- und Realschulen. Gymnasien hatten die Funktion, Schülerinnen und Schüler auf Führungspositionen in Wirtschaft, Militär und staatlicher Verwaltung vorzubereiten (K. Rebmann./W. Tenfelde/E. Uhe 1998: 18).

Die Struktur änderte sich in den letzten Jahren jedoch dahingehend, dass auch immer mehr Abiturienten in das duale System der Berufsausbildung drängen. Diese Tatsache impliziert, dass Schulabgehende von Haupt- und Realschulen einem höheren Konkurrenzdruck unterliegen. Sie müssen mehr denn je „fit für das Berufsleben“ gemacht werden, sie müssen „employabel“[3] (beschäftigungsfähig) sein. Schulabgehende sind dann beschäftigungsfähig, wenn sie über genau die Fähigkeiten, Fertigkeiten und Kompetenzen verfügen, die Arbeitgeber benötigen. Dazu gehört die Fachkompetenz, welche zunächst in der Schule und später während der Berufsausbildung erfahren wird. Neben den fachlichen Qualifikationen kommt es jedoch im besonderen Maße darauf an, wie Schulabgehende arbeiten (Methodik), welche Persönlichkeit sie haben (Selbstvertrauen), ob sie offen für Neues sind (Innovativität), bereit sind, sich kontinuierlich weiterzubilden (lebenslanges Lernen und Selbstmotivation), sich in neue Aufgabengebiete einzuarbeiten und diese zu übernehmen (Flexibilität) sowie auf die Vielfalt von

3 Der Begriff Employability wird im Deutschen mit Beschäftigungsfähigkeit übersetzt. Er umfasst Merkmale, die ein Individuum auf Tauglichkeit oder nicht Tauglichkeit hinsichtlich seiner Beschäftigung kennzeichnen. Employability drückt die Fähigkeit einer Person aus, „auf Grundlage ihrer fachlichen und Handlungskompetenzen, Wertschöpfungs- und Leistungsfähigkeit ihre Arbeitskraft anbieten zu können und damit in das Erwerbsleben einzutreten, ihre Arbeitsstelle zu halten oder, wenn nötig, sich eine neue Erwerbsbeschäftigung zu suchen.“ (S. Blancke/Ch. Roth/J. Schmid 2000: 9).

Eigenschaften anderer Menschen eingehen können (Diversität) (C. Wiepcke/E. Mittelstädt 2006: 177). Ferner sind Schülerinnen und Schüler nun mehr aufgefordert, sich bietende Chancen zu ergreifen (Initiative), sich Ziele zu setzen (Eigenverantwortung), ihre eigenen Leistungen zu verantworten (Leistungsorientierung), sich zu engagieren (Fleiß und Selbstdisziplin), gut mit anderen zusammenzuarbeiten (Teamfähigkeit), ihre Meinung zu vertreten (Kommunikationsfähigkeit), sich in andere Menschen hineinversetzen zu können (Empathie), besonnen zu handeln (Belastbarkeit) und ihre Beschäftigungsfähigkeit regelmäßig zu überprüfen (Reflexionsfähigkeit) (S. Blancke/Ch. Roth/J. Schmid 2000).

2.2 Erhöhung der Gründungsneigung von Schulabgehenden

Es ist evident, dass die Prosperität und Zukunft einer Volkswirtschaft von der Gründung innovativer Klein- und Mittelunternehmen abhängt. Daher verwundert es nicht, dass die Erhöhung der Gründungsneigung in Deutschland in den Fokus gerückt ist. Dies zeigen Studien von Eurostat und Global Entrepreneurship Monitor (GEM)[4]: Laut Eurostat trifft der bevorstehende Bevölkerungsrückgang die Altersklassen, die bisher am häufigsten unternehmerische Tätigkeiten aufnahmen (Eurostat 2004). Um der demografischen Entwicklung entgegenzuwirken, müsste ein höherer Prozentsatz junger Leute die Bereitschaft signalisieren, eine unternehmerische Tätigkeit aufzunehmen. Dass dieser Trend schwer zu realisieren sein wird, verdeutlicht das Beispiel des Handwerks. Der Beruf des Handwerks ist gegenwärtig dadurch gekennzeichnet, dass es ihm an qualifiziertem Nachwuchs fehlt (Universität Hildesheim 2003). Hinsichtlich der Unternehmensgründungen werden Personengruppen dieser Berufsgruppe im Alter von 30-35 Jahren selbstständig. Diese Altersgruppe ist jedoch in der Bevölkerung von 6 Mio. auf 5 Mio. gesunken, während die Attraktivität einer Selbständigkeit gleich geblieben ist (G. Kucera 2003: 4).

Weiterhin ist zu verzeichnen, dass die Quote der Selbständigkeit im letzten Jahrhundert stark zurückging. Lag diese in Deutschland im Jahre 1948 noch bei 25% erreichte sie im Jahre 1981 (in West-Deutschland) einen Tiefststand von 7% und steht aktuell bei rund 11% (Eurostat 2007). Ein internationaler Vergleich von 30 Ländern zeigt Ursachen auf, dass der Standort Deutschland zwar bei der

4 GEM liefert seit 1999 Informationen über Entrepreneurship im internationalen Vergleich. Aus über 30 Ländern werden Daten über die Einstellung der Bevölkerung zu Unternehmensgründungen, zur Gründungsmotivation in der Bevölkerung und über gründungsbezogene Rahmenbedingungen erhoben. Aus dem GEM-Berichten 2002 geht hervor, dass sich die deutsche Gründungsquote im Mittelfeld der europäischen Staaten befindet, sich weltweit jedoch im unteren Drittel positioniert (R. Sternberg/H. Bergmann 2003: 6).

öffentlichen Förderinfrastruktur von Unternehmensgründungen den ersten Rang belegt, die Unternehmerbildung und Erziehung zur Selbständigkeit in Schulen sich jedoch auf Rang 24 befindet (R. Sternberg/I. Lückgen 2005: 27).

Eine Studie des IfM zeigt weiterhin, dass die Einstellung von Schülerinnen und Schülern gegenüber einer eigenen beruflichen Selbständigkeit zum Ende der Schullaufbahn abnimmt. Während die Neigung zur Selbständigkeit in der Jahrgangsstufe 8 noch 29% beträgt, sinkt diese in Jahrgangsstufe 9 auf 22% ab (IfM 2005).

Aus den eben aufgeführten Erörterungen lassen sich folgende drei Thesen aufstellen:

1. Auf Grund der gesellschaftlichen Ökonomisierung ist es notwendig, die ökonomische Bildung von Schulabgehenden zu erhöhen.
2. Darüber hinaus gilt es, die Beschäftigungsfähigkeit von Schülerinnen und Schülern zu erhöhen, indem auch berufsrelevante Kompetenzen fokussiert werden.
3. Da die Gründungsneigung für die Entwicklung einer Volkswirtschaft eine wichtige Rolle spielt und das Gründungspotenzial in Deutschland mengenmäßig zurückgehen wird, sollte ein weiterer Schwerpunkt auf einer bewussten Förderung der Selbständigkeit liegen und Gründungsoptionen aufgezeigt werden.

Wie kann die ökonomische Bildung von Jugendlichen und ihre Beschäftigungsfähigkeit gestärkt sowie eine „Kultur der Selbständigkeit“ bei Schulabgehenden gefördert werden?

3 Entrepreneurship Education

Entrepreneurship Education ist die wirtschaftsdidaktische Antwort darauf, ökonomische Bildung nicht nur in den Köpfen, sondern auch in der Haltung von Jugendlichen zu verankern. Entrepreneurship Education umfasst alle Bildungsmaßnahmen zur Weckung unternehmerischer Einstellungen und Fertigkeiten und setzt darauf, die Beschäftigungsfähigkeit von Schülerinnen und Schülern zu fördern. Dabei geht es nicht nur darum, eine Qualifikation für bereits bestehende Berufe zu bieten, sondern auch Fähigkeiten mitzuentwickeln, neue unternehmerische Ideen hervorzubringen sowie sich als mündiges und engagiertes Mitglied der Zivilgesellschaft einzubringen. Dabei spielen insbesondere unternehmerisches Denken und Handeln eine zentrale Rolle, kurz Entrepreneurship.

3.1 Ansätze in der Entrepreneurship-Forschung

Entrepreneurship wird in der Regel mit Unternehmertum übersetzt. Es beinhaltet die kreative, wertschöpfende Ausübung einer unternehmerischen Betätigung, ein dynamisch unternehmerisches Verhalten, welches zum Aufbau und zur Weiterentwicklung eines Unternehmens notwendig ist, sowie die Hervorbringung und Durchsetzung von Innovationen am Markt (R. Schulte 2006: 2).

Im Zentrum der Entrepreneurship-Forschung stehen verschiedene Erklärungsansätze (siehe B. Halbfas 2006: 9 und J. Lindner 2004: 20 f.):

- *Subjekt- (Personen-) bezogener Ansatz*: Im Fokus des subjektorientierten Ansatzes steht die Gründerperson. Gegenstand der Untersuchung ist der Grund für eine unternehmerische Haltung einer Person. Im Zentrum stehen Fragen, wer die Unternehmerperson ist, was sie auszeichnet und wodurch sie sich von den Nichtgründern unterscheidet.
- *Objekt- (Unternehmens-) bezogener Ansatz*: Im Vordergrund dieser Perspektive steht das Unternehmen als Gründungsvorhaben. Das Unternehmen wird als Produkt einer realisierten Geschäftsidee und eines Entstehungsprozesses angesehen. Im Zentrum stehen Fragen, durch welche Unternehmensstrukturmerkmale und deren Umwelt sich erfolgreiche von nicht erfolgreichen Unternehmensgründungen unterscheiden.
- *Prozessbezogener Ansatz*: Dieser Ansatz ist in der neueren Entrepreneurship-Forschung vorzufinden. Er fordert, sich vom Personenbezug zu lösen und vermehrt den unternehmerischen Prozesscharakter in den Mittelpunkt der Überlegung zu rücken (Europäische Kommission 1998).
- *Umweltbezogener Ansatz*: Bei diesem Ansatz wird davon ausgegangen, dass das Verhalten eines Individuums eine Funktion von Person und Umwelt ist. Bereits Max Weber verwies in diesem Zusammenhang auf den Kontext zwischen erfolgreicher Marktwirtschaft und vorherrschender Einstellung der Bevölkerung. Hier werden Fragen thematisiert, welchen Einfluss Umweltbedingungen, z.B. Gründungsneigung der Bevölkerung, Infrastruktur, Technologieparks, etc. auf den Erfolg unternehmerischen Agierens haben.

Da es in diesem Beitrag um die Förderung von Beschäftigungsfähigkeit sowie der Schaffung einer Kultur der Unternehmensgründung bei Schülerinnen und Schülern geht, wird im Folgenden der Fokus auf die Person, den Entrepreneur gerichtet.

3.2 Der Entrepreneur in Wirtschaftswissenschaft, Psychologie und Soziologie

In der wissenschaftlichen Literatur gibt es unterschiedliche Ansätze zur Erforschung des Entrepreneurs. Hauptimpulse geben die Wirtschaftswissenschaft, Psychologie und Soziologie (vgl. B. Hekmann 2005: 80 ff. und H. Beer 2000: 98 ff.).

Der Begriff „Entrepreneur" kommt aus dem Französischen und bezeichnet eine Person, „die etwas in die Hand nimmt". Sie betreibt im weiteren Sinne ein Unternehmen in eigentümerischer Position, sie ist also ein Unternehmer. Im engeren Sinne ist der Entrepreneur eine Person, die ein Unternehmen errichtet, also ein Gründer (J. Brüderl 2006: 1404).

Im historischen Verlauf ist der Begriff des Entrepreneurs maßgeblich durch die Ausgestaltung historischer Theorien geprägt worden. Als Vertreter der klassischen Theorie stellte Jan Baptis de Say die Funktion der Koordination von Ressourcen in den Mittelpunkt der unternehmerischen Tätigkeit. Knight als Neoklassiker beschreibt den Entrepreneur als Nehmer eines unabsicherbaren Risikos. Schumpeter als Vertreter der neuzeitlichen Phase sieht den Unternehmer hingegen als jemanden, der Innovationen am Markt durchsetzt. Neben der Theoriebildung in der Wirtschaftswissenschaft sind ökonomische Schulen abzugrenzen, die eigene Schwerpunkte legen. Die ökonomischen Schulen zählen u.a. folgende weitere Funktionen eines Entrepreneurs auf: er stellt das finanzielle Kapital bereit, er trifft Entscheidungen, er ist ein Manager und industrieller Leiter, er ist Eigentümer eines Unternehmens, er ist Anbieter und Auftraggeber (von Produktionsfaktoren), und er ist ein Arbitragehändler (B. Hekmann 2005: 81-85).

Die neueste Entrepreneur-Forschung greift nicht nur ökonomische sondern auch psychologische, soziologische und berufspädagogische Ansätze auf (H. Beer 2000: 101). Dabei werden interdisziplinär folgende Fragen gestellt:

- Wer ist ein Entrepreneur? (Eigenschaftsansatz)
- Welches Umfeld prägt den Entrepreneur? (Demografisch-soziologischer Ansatz)
- Welche verschiedenen Entrepreneurtypen gibt es? (Typologischer Ansatz)
- Weshalb wird jemand zum Entrepreneur? (Verhaltenstheoretischer Ansatz/ Motivstruktur).

Ansätze der Entrepreneurship-Forschung

Eigenschafts-ansatz	Demografisch-soziologischer Ansatz	Typologischer Ansatz	Verhaltenstheoretischer Ansatz
Kommunikationsfähigkeit	Familien- und Kindheitserfahrung	Erfinder	Unabhängigkeitsstreben
Selbstsicherheit	Ausbildung und Beruf der Eltern	Anführer	Beendigung der Arbeitslosigkeit
Innovationsfähigkeit	Religion und Kulturkreis	Animateur	Höheres Einkommen
Risikobereitschaft	Alter des Gründers	Abenteurer	Erkennen einer Marktlücke
Führungskompetenz	Eigene Ausbildung und Berufserfahrung	Verändernder	Machtstreben
Ambiguitätstoleranz		Neuer Entrepreneur	Bessere Aufstiegsmöglichkeiten
Leistungsmotivation			
Kreativität/ Flexibilität			

Abbildung 1: Psychologische und soziologische Ansätze der Entrepreneurship-Forschung

3.3 Entrepreneur vs. Intrapreneur

Eine andere Perspektive von Entrepreneurship nehmen Mandl und Hense ein. Sie unterscheiden den Entrepreneur vom Intrapreneur. Die Unternehmerpersönlichkeit, die sich von der abhängig beschäftigten Person unterscheidet, unterliegt der *deskriptiven Sichtweise* unternehmerischen Denkens und Handelns. Im Gegensatz zur deskriptiven Sichtweise versteht die *normative Sichtweise* nach Mandl und Hense unternehmerisches Denken und Handeln als Forderung, das an nichtsselbständige Arbeitnehmende gerichtet ist (H. Mandl/J. Hense 2004: 7). Unternehmerisches Handeln in abhängiger Beschäftigung wird in der wissenschaftlichen Literatur auch als Intrapreneurship bezeichnet (R. Schulte 2003: 2). Intrapreneurship hat den Anspruch an Beschäftigte, sich innerhalb des Unternehmens so zu verhalten, wie es auch der Unternehmer tut. Die vergangenen Jahrzehnte haben gezeigt, dass ein neues Leitbild der Unternehmensorganisation entstanden ist, welches unternehmerisches Denken und Handeln von der Spitze bis in alle Abteilungen und Stellen voraussetzt. Das daraus resultierende Leitbild eines abhängig Beschäftigten ist dementsprechend das eines Intrapreneurs (ebd.).

3.4 Entrepreneurship und Employability

Vergleicht man den Eigenschaftsansatz eines Entrepreneurs (siehe Abbildung 1) mit den Eigenschaften einer beschäftigungsfähigen Person (Kap. 2.1), ist zu erkennen, dass die Eigenschaften zur Förderung von Employability vollständig im Eigenschaftsansatz wiederzufinden sind. Die normative Betrachtung eines Entrepreneurs (Intrapreneurs) verdeutlicht zudem, dass nicht nur ein Unternehmensgründer im engeren Sinne unternehmerisches Denken und Handeln benötigt, sondern auch abhängig Beschäftigte. Somit kann attestiert werden, dass eine Ausbildung zum Entrepreneur nicht nur das unternehmerische Potenzial von Schulabgehenden erhöht, sondern Schülerinnen und Schüler zu Intrapreneuren, zu Unternehmern im Unternehmen ausbildet und somit deren Beschäftigungsfähigkeit am Arbeitsmarkt erhöht.

4 Nachhaltigkeit als unternehmerisches Leitbild von Entrepreneurship Education

Als Selbstzweck verstanden, ist die Schaffung von Unternehmergeist bzw. von Employability nicht mit dem Auftrag von allgemein bildenden Schulen kompatibel. Es besteht die These, dass eine Person, die unternehmerisch denkt und handelt, nur wirtschaftliche Ziele verfolgt. Schulen haben jedoch den Auftrag, Schülerinnen und Schüler zur sozialen Verantwortung zu erziehen. Es fehlt also der Auftrag der ökonomischen Bildung, welcher die Werteurteilsfähigkeit und moralische Urteilsfähigkeit als zentrale Ziele im Unterricht verfolgt. Eine soziale, ökologische und kulturelle Einordnung unternehmerischen Handelns und Denkens (A. Fischer 1999a: 41), im Sinne eines verantwortungsbewussten Unternehmergeistes ist notwendig. Für dieses Anforderungsprofil eignet sich der Querschnittsansatz der Nachhaltigkeit. Der Begriff Nachhaltigkeit gewann 1992 nach der UN-Konferenz in Rio de Janeiro an Bedeutung. Hinter dem Begriff steht die Forderung, dass gegenwärtige Generationen ihren Bedarf befriedigen sollen, ohne dabei zukünftige Generationen in ihrer Bedarfsbefriedigung zu beeinträchtigen (A. Fischer 1999b: 388). Dies verdeutlicht, dass Wirtschaft, Umwelt und die Lebensverhältnisse der Menschen untrennbar miteinander verbunden sind.

4.1 Nachhaltigkeit als Leitbild ökonomischer Bildung

In der Ökonomie bedeutet Nachhaltigkeit, dass Individuen so produzieren, konsumieren und sich so verhalten, dass es ökonomisch, ökologisch und sozial verträglich ist. Um nachhaltig zu handeln ist es wichtig, wirtschaftliche, ökologische und soziale Gesichtspunkte im Umgang mit Gütern und Dienstleistungen gleichermaßen zu berücksichtigen (A. Grunwald/J. Kopfmüller 2006: 107). Auch Unternehmen können nur langfristig erfolgreich sein, wenn sie eine stabile wirtschaftliche, ökologische und soziale Basis haben. Aus diesem Grund ist es auch für Entrepreneure von Bedeutung, Nachhaltigkeitsstrategien in ihr unternehmerisches Denken und Handeln mit einzubeziehen. Bei der Realisierung aller drei Nachhaltigkeitsdimensionen kann es zu Spannungen kommen. Die Zielsetzungen der Wirtschaft, Umwelt und Gesellschaft sind dann nicht miteinander vereinbar, es kommt zu Interessenkonflikten.

Unternehmen beeinflussen weiterhin als Hersteller von Gütern und Dienstleistungen mit ihren investitions-, produkt- und produktionsprozessbezogenen Entscheidungen direkt die Entwicklung des Ressourcenverbrauchs und der Umweltbelastungen. Indirekt nehmen sie z.B. durch Werbung Einfluss auf Konsum- und Lebensstile der Gesellschaft (ebd.). Der Ausbildung von verantwortungsbewussten Entrepreneuren und Intrapreneuren kommt somit eine weitere Bedeutung zu, nämlich die Förderung eines wirtschaftsethischen Bewusstseins.

Die Nachhaltigkeit bringt den Begriff der wirtschaftlichen Ethik in den Fokus unternehmerischen Denkens und schafft einen Normenrahmen wirtschaftlichen Handelns. Was darf und kann ein Entrepreneur, um erfolgreich zu sein? Wie hoch ist der Preis der Selbständigkeit? Es reicht nicht aus, den Unternehmergeist von Jugendlichen zu wecken. Vielmehr gehört hierzu, einen gesellschaftlich erwünschten Rahmen abzustecken und Verantwortungsbewusstsein zu schaffen. Dabei sind alle Aspekte der Unternehmensgründung (z.B. auch die Erstellung eines Businessplans) unter den Perspektiven der Nachhaltigkeit zu beleuchten.

Welchen Beitrag kann also eine an Nachhaltigkeit ausgerichtete Entrepreneurship Education leisten?

4.2 Nachhaltigkeit durch Entrepreneurship Education

Um die Bedeutung der Nachhaltigkeit von Entrepreneurship Education zu untersuchen, ist ein erster Ansatzpunkt bei der Förderung von mehr Unternehmergeist selbst zu sehen. Eines der wichtigsten Ziele, die an die Forderung nach mehr unternehmerischer Selbständigkeit geknüpft ist, ist die Schaffung von Arbeitsplätzen und Wachstum (Europäische Kommission 2003: 7 f.).

Zur Schaffung von Arbeitsplätzen tragen vorwiegend kleine und mittelständische Unternehmen bei. Allein die Gründung neuer Unternehmen garantiert jedoch noch kein Beschäftigungswachstum.

Die negativen Folgen von Unternehmensschließungen können langfristig durch Neugründungen ausgeglichen werden. Die Überlebenschance neugegründeter Unternehmen ist jeweils ungewiss, wenn eines „überlebt", ist der Impuls für das Beschäftigungswachstum jedoch immens (B. Hekman 2005: 41). Die Förderung von Unternehmergeist bei Schülerinnen und Schülern kann also zur nachhaltigen Schaffung von Arbeitsplätzen und Wirtschaftswachstum in der Zukunft beitragen. Dies trägt zur Realisierung sowohl der sozialen als auch der ökonomischen Dimension von Nachhaltigkeit bei. Die soziale Nachhaltigkeit kann gesichert werden, indem einen höhere Beschäftigungsquote zur Steigerung der Lebensqualität, zum Abbau sozialer Konflikte und Spannungen und somit zu einem besser funktionierenden Sozialstaat führt. Wie zuvor ausgeführt wurde, steigert Entrepreneurship Education ebenfalls die Beschäftigungsfähigkeit von Schulabgehenden und damit auch ihre Wertschöpfungsfähigkeit, d.h. die internationale Wettbewerbsfähigkeit der Unternehmen. Durch Entrepreneurship Education kann ein stetiges Wirtschaftswachstum gefördert werden.

(Neugegründeten) Unternehmen kommt jedoch für die Umsetzung einer nachhaltigen Entwicklung in mehrfacher Weise Bedeutung zu. So konnte festgestellt werden, dass Neugründungen im Bereich kleinerer und mittelständischer Unternehmen überlebensfähiger sind, die sich durch Innovationskraft auszeichnen (P. Descy/M. Tessaring 2002: 226).

Ein zentraler Aspekt von Entrepreneurship Education ist also die Schaffung eines Bewusstseins für das Entdecken (Invention) und Umsetzen (Innovation) neuer Ideen. Die sinnvolle Verknüpfung von Wirtschaft, Gesellschaft und Ökologie verlangt nach Innovationen. Einen ausreichend hohen Lebensstandard unter Einhaltung ökologischer Grenzen zu erreichen, erfordert neue Herangehensweisen. Im politischen Raum wird an dieser Stelle die Hoffnung geäußert, dass Unternehmensgründungen einen zukunftsfähigen Wirtschaftswandel herbei führen könnten. Etablierten Unternehmen wird unterstellt, kaum Bereitschaft zu zeigen, konventionelle Wege zu Gunsten nachhaltiger Lösungen oder Produkte zu verlassen (ebd.). Erste empirische Studien relativieren die These, dass in Gründung befindliche Unternehmen stärker zu nachhaltigen Betriebspraktiken tendieren als ihre arrivierten Mitbewerber (S. Marxen/H. Schick 2003: 42). Vielmehr zeigt sich auch hier, dass der entscheidende Faktor für eine nachhaltige Orientierung im Gründungsprozess in der Gründerperson selbst zu finden ist. Es sind die persönlichen Werte und Dispositionen des Gründers oder der Gründerin, die die

Nachhaltigkeit im Betrieb verankern oder nicht. Erneut erweisen sich also persönliche Merkmale, die durch Erziehung in Familie und Gesellschaft – also auch Schule – gebildet werden als prägend. D.h. nicht nur das unternehmerische Handeln und Denken, sondern auch die Bedeutung der Nachhaltigkeit wird erst durch Bildungsprozesse erschlossen. Mit einer positiven Einstellung zum Unternehmertum, das seinen gesellschaftlichen Bezugsrahmen aus der Nachhaltigkeit schöpft, könnte es möglich werden, dass nachhaltige Innovationen vermehrt über Gründungen Einzug in den Markt finden.

5 Umsetzung von Entrepreneurship Education an Schulen

Nachdem die Bedeutung von Entrepreneurship Education für die Beschäftigungsfähigkeit von Personen unter Aspekten der Nachhaltigkeit dargelegt wurde, soll im folgenden Kapitel darauf eingegangen werden, wie Entrepreneurship Education langfristig an Schulen eingebunden werden kann. Um Entrepreneurship Education an Schulen zielgerichtet durchführen zu können, ist zunächst zu differenzieren, aus welchen Bestandteilen eine solche Ausbildung besteht.

Die erste Forderung an Entrepreneurship Education besteht in der Berücksichtigung fachlicher Inhalte in das Schul-Curriculum. Diese Forderung ist in den meisten Lehrplänen als erfüllt vorzufinden. So heißt es beispielsweise im Lehrplan von Niedersachsen, dass bei der Auswahl und Anordnung der Themenbereiche die Funktion der Handelnden im Wirtschaftsprozess als Unternehmerin und Unternehmer zu berücksichtigen ist (Lehrplan Niedersachsen 1998: 29).

Die zweite Forderung richtet sich an die Kompetenzentwicklung der Lernenden. Es reicht nicht nur aus, die fachliche Qualifikation für Entrepreneurship zu thematisieren. An Schülerinnen und Schüler ist auch die Aufgabe zu stellen, Fähigkeiten mitzuentwickeln, die ihnen Selbstbewusstsein geben und Selbstverantwortlichkeit ermöglichen, die schöpferische und neue unternehmerische Ideen hervorbringen, die Kreativität und Individualität fördern, etc. Den Schulen kommt somit eine weitere Funktion zu, sie dienen den Lernenden als Wegbereiter und Übungsfeld für den zukünftigen Entrepreneur bzw. Intrapreneur. Dafür gilt es, für Entrepreneurship Education Lernprozesse so zu organisieren, dass die Lernenden befähigt werden, selbständig und ohne Fremdhilfen unabhängig zu werden. Zur Erfüllung dieses Anspruches rückt neben der fachthematischen Ausrichtung der Lehrinhalte insbesondere die methodische Gestaltung in den Vordergrund (vgl. D. Eickelmann 2006). Einen Bezugsrahmen liefert hierfür der handlungsorientierte Unterricht, indem Arbeitsformen in Form von mehrdimensionalen Lehr- und Lernarrangements angeboten werden. Zur Realisierung von Entrepreneurship Education spielen eine Vielzahl von Methoden wie Planspiele,

Fallstudien, Schülerfirmen, etc. eine wesentliche Rolle. Dabei handelt es sich um Methoden, die sowohl von den Lehrkräften als auch von den Lernenden ein hohes Maß an Selbstorganisation abfordern.

Die dritte Forderung verlangt eine Schulbildung für nachhaltige Entwicklung. Wie die Ausführungen in Kapitel 1 zeigen, geht es bei Nachhaltigkeit um mehr als Ökologie und Ökonomie. Eine Bildung, die ebenso die Werteurteilsfähigkeit und Gerechtigkeit hinsichtlich der Problemfelder Überschuldung, Bevölkerungsentwicklung und der Vorstellung vom "guten Leben" thematisieren soll, bedarf einer veränderten Stoffauswahl, einer vielseitigen methodischen Aufbereitung sowie einer möglichst lebensnahen Verknüpfung globaler und lokaler Themen in der täglichen Praxis des Lehrens und Lernens. Eine an Nachhaltigkeit orientierte Bildung erhebt den Anspruch an eine gemeinwesenorientierte Bildung (Community Education) und empfiehlt Themen der Lokalen Agenda (z.B. Mobilität, Wirtschaftsförderung, Energieversorgung) im Unterricht und Projekten zu behandeln (G. Behler 1997: 3).

Bei den drei Forderungen an Entrepreneurship Education (Fachwissenschaft, Kompetenzförderung und nachhaltige Bildungsinhalte) ist zu beachten, dass fachwissenschaftliche und an Nachhaltigkeit orientierte Inhalte sowie methodische Ausrichtung im Sinne wirtschaftsdidaktischer Modelle miteinander verknüpft, sowie die Lebenswirklichkeit, der Bildungsstand und Erfahrungshorizont der Jugendlichen berücksichtigt werden.

6 Didaktische Ziele für Entrepreneurship Education

Es kann attestiert werden, dass Entrepreneurship Education als ein Teil der ökonomischen Bildung einen großen Beitrag zur Beschäftigungsfähigkeit von Schülerinnen und Schülern leistet. Die Berücksichtigung nachhaltiger Aspekte impliziert zudem, dass neben dem betriebswirtschaftlichen Fachwissen sowie dessen Anwendung die Haltung von Werten und Einstellungen bei Schülerinnen und Schülern gefördert wird. Hieraus wird deutlich, dass eine Verknüpfung von Leistungsorientierung und sozialer Sensibilität möglich ist (J. Aff 2004: 7). Dieses Mehr zwischen der Förderung von Employability (Leistungsorientierung) und Ausprägung von Nachhaltigkeit (soziale Sensibilität) kann analog zur wirtschaftsdidaktischen Differenz im Verhältnis von Erfahrung und Bildung gesehen werden (vgl. A. Liening 1999: 309 ff.). Die wirtschaftsdidaktische Entrepreneurship Ausbildung ist in einen weiten Rahmen zu fassen, der alle Situationsbereiche unternehmerischen Handelns umfasst und dabei dem humanistischen Menschenbild verpflichtet ist. Dieser Rahmen kategorisiert fünf Gruppen von Lehr- und Lernzielen (vgl. S. Ripsas 1997: 229 ff.):

1. *Wertebasis*: Die Wertebasis nach Ripsas umfasst als Entrepreneurship Ausbildungsziel das Verständnis und die Wertschätzung des Unternehmens im Wirtschaftsprozess. Im Fokus von Nachhaltigkeit kommt zu dieser Kategorie jedoch noch der Aspekt der Wirtschaftsethik hinzu, welcher zum Ziel hat, gegenüber Zweck und Mitteleinsatz eine kritische Distanz zu wahren, ihn zu reflektieren und zu beurteilen.
2. *Ökonomische Kreativität:* Die ökonomische Kreativität beinhaltet die Fähigkeit, innovative und gleichzeitig ökonomisch Erfolg versprechende Produkte und Dienstleistungen zu entwickeln. Dabei ist die Befähigung zum kreativen Denken zu fördern. Diese umfasst sowohl die Transferkompetenz als auch die Kreativität im Unternehmen neue Wertschöpfungspotenziale zu nutzen und zu generieren.
3. *Entscheidungsfähigkeit:* Ziel dieser Kategorie ist die Fähigkeit, auch ohne vollständige Information, d.h. unter Unsicherheit Entscheidungen zu treffen.
4. *Betriebswirtschaftliches Methodenwissen:* Betriebswirtschaftliches Methodenwissen umfasst nach Ripsas instrumentelle Fähigkeiten wie Markt- und Marketingkenntnisse, Finanzplanungen, Investitionsrechnungsverfahren, etc. Ziel ist es, diese Methoden innerhalb des unternehmerischen Handelns anwenden zu können.
5. *Persönlichkeitskompetenz:* Diese Kategorie hat zum Ziel Führungs-, Motivations- und Kommunikationskenntnisse auszubilden, damit die Schülerinnen und Schüler lernen, Aufgaben zu delegieren sowie sich zielgerichtet und effizient informieren zu können.

Diese fünf Kategorien von Lehr- und Lernzielen zeigen, dass eine nachhaltig ausgerichtete Entrepreneurship Ausbildung für eine wirtschaftsdidaktische Ausbildungsphilosophie steht, die ökonomische Kreativität, Eigenverantwortung, Entscheidungsfähigkeit, Selbständigkeit, Leistungsorientierung und eine ethische Haltung fördert. Dabei stehen das Entdecken und Entwickeln unternehmerischer Ideen bis zur Erstellung eines Konzeptes und dessen möglicher Realisierung im Fokus. Eine angemessene Realisierung dieser Zielvorstellungen bildet die zentrale Herausforderung für eine zukunftsorientierte und nachhaltige Entrepreneurship Ausbildung im schulischen Kontext (J. Lindner 2004: 25).

Literatur

Aff, J. (2004): Einführung in das Medienpaket „Entrepreneurship Education".
Antoni, C./Sommerlatte, T. (Hrsg.) (1999): Spezialreport Wissensmanagement. Wie deutsche Firmen ihr Wissen profitabel machen. Düsseldorf.

Beer, H. (2000): Hochschul-Spin-offs im High-Tech-Wettbewerb. Entrepreneurship-Theorie, –Education und –Support. Hamburg.

Behler, G. (1997): Nachhaltige Entwicklung als Bildungsziel. www. learn-line.nrw.de. Stand: 16.06.2007.

Blancke, S./Roth, Ch./Schmid, J. (2000): Employability. "Beschäftigungsfähigkeit" als Herausforderung für den Arbeitsmarkt. Auf dem Weg zur flexiblen Erwerbsgesellschaft. Eine Konzept- und Literaturstudie. Arbeitsbericht Nr. 157/ Mai 2000. Stuttgart.

Brüderl, J. (2006): Entrepreneurship. In: Wirtschafts-Lexikon, Band 3. Stuttgart.

Creditreform (2007): Insolvenzen in Europa – Jahr 2006/2007. www.creditreform.de.

Descy, P./Tessering, M. (2002): Kompetent für die Zukunft – Ausbildung und Lernen in Europa. Luxemburg.

Eickelmann, D. (2006): Das Potenzial von Schülerunternehmen zur Förderung einer unternehmerischen Grundausbildung gegenüber dem gesamten Leben. www.sowi-online.de. Stand 13.02.2007.

Eisele, D. (2005): Persönlichkeitstest mit Perspektive. In: Personalwirtschaft, 32/ 6. S. 46-48.

Europäische Kommission (Hrsg.) (1998): Forstering Entrepreneurship in Europe: Priorities fort the future. Brüssel.

Europäische Kommission Generaldirektion Unternehmen (2003): Grünbuch Unternehmergeist in Europa. Brüssel.

Eurostat (2004): Eurostat Jahrbuch 2004 – Der statistische Wegweiser durch Europa. Luxembourg.

Eurostat (2007): Eurostat Jahrbuch 2006 – Der statistische Wegweiser durch Europa. Luxembourg.

Fischer, A. (1999a): Sustainability – nachhaltige Evolution in der Lehrerbildung. In: Fischer, A. (Hrsg.): Herausforderung Nachhaltigkeit. Frankfurt am Main. S. 41-65.

Fischer, A. (1999b): Lernfelder und nachhaltige Entwicklung – Potentiale für die ökonomische Bildung. In: R. Huisigna, R. (Hrsg.) et al.: Lernfeldorientierung. Konstruktion und Unterrichtspraxis. Frankfurt am Main. S. 383-408.

Grunwald, A./Kopfmüller, J. (2006): Nachhaltigkeit. Frankfurt/ New York.

Halbfas, B. (2006): Entrepreneurship Education an Hochschulen. Eine wirtschaftspädagogische und -didaktische Analyse. Paderborn.

Hekman, B. (2005): Entrepreneurship Education in Europa. Köln.

IfM (2005): Entrepreneurship Education in Schulen: Hinkt Deutschland hinterher? IfM-Bonn-Forschungsnews zum Mittelstand. Ausgabe 4/2005. Institut für Mittelsstandsforschung. Bonn.

Institut der deutschen Wirtschaft (1997): Anforderungsprofile von Betrieben – Leistungsprofile von Schulabgängern. Online: http://www.iwkoeln.de. Stand 03.04.2007.

Kucera, G. (2003): Stellungnahme für die öffentliche Anhörung des Ausschusses für Wirtschaft und Arbeit am 08. Juli 2003. http://www.ifh.wiwi.uni-goettingen.de/aktuell/a080703.pdf. Stand 12.02.2007.

Lehrplan Niedersachsen: Lehrplan Arbeit/ Wirtschaft – Technik Niedersachsen von 1998. http://www.lehrplaene.org/niedersachsen. Stand 17.02.2007.

Liening, A. (1999): Komplexe Systeme zwischen Ordnung und Chaos. Münster.

Lindner, J. (2004): Entrepreneurship Education für schulische Innovationen. In: J. Aff (Hrsg.): Einführung in das Medienpaket „Entrepreneurship Education". Wien.

Mandl, H./Hense, J. (2004): Lernen unternehmerisch denken: Das Projekt Tatfunk. Forschungsberichte der Ludwig-Maximilians-Universität. München.

Marxen, S./Schick, H. (2003): Grüne Gründer - Ökologische Aspekte in Unternehmensgründungsprozessen. Empirische Ergebnisse der Studie „start-up-to-sustain". Werkstattreihe Betriebliche Umweltpolitik. Band 19. Kassel.

Rebmann, K./Tenfelde, W./Uhe, E. (1998): Berufs- und Wirtschaftspädagogik. Wiesbaden.

Ripsas, S. (1997): Entrepreneurship als ökonomischer Prozess – Perspektiven zur Förderung unternehmerischen Handelns. Wiesbaden.

Schufa (2006): Schulden-Kompass. Repräsentative Auswertung der SCHUFA-Daten. O. O.
Schulte, R. (2003): Entrepreneurship-Ausbildung an Hochschulen und „Kultur der Selbstständigkeit". www.sowi-online.de. Stand 05.02.2007.
Sternberg, R./Bergmann, H. (2003): Global Entrepreneurship Monitor 2002. Köln.
Sternberg, R./Lückgen, I. (2005): Global Entrepreneurship Monitor 2004. Köln.
Universität Hildesheim (2003): Land fördert Juniorprofessur Arbeit/ Wirtschaft. http://www.uni-hildesheim.de/de/presse2003_92.htm. Stand: 09.02.2007.
Wiepcke, C./Mittelstädt, E. (2006): Employability als Zukunftsstrategie der sozialen Sicherung. In: G. Seeber (Hrsg.): Die Zukunft der sozialen Sicherung – Herausforderungen für die ökonomische Bildung. Bergisch Gladbach. S. 169-185.

Teil 5
Arbeit und Gesellschaft

Koordination auf externen elektronischen Arbeitsmärkten

Alfons Schmid

Die verstärkte Nutzung der neuen Informations- und Kommunikationstechnologien (IuK-Technologien) wird u. a. als Grund dafür angeführt, dass der Wettbewerb auf Arbeitsmärkten zunimmt (vgl. z. B. H. Beck 1999; D. H. Autor 2001; C. Becher u. a. 2005). Die neuen IuK-Technologien bewirkten, dass Transaktionskosten der Koordination durch diese Technologien sinken (vgl. C. Becher, A. Brand/A. Schmid 2007). Diese Entwicklung beinhalte zum einen, dass interne Arbeitsmärkte an Bedeutung verlieren und externe Arbeitsmärkte gewinnen (vgl. A. Brand/A. Schmid 2007). Zum andern nehme die Bedeutung des Wettbewerbs auf externen Arbeitsmärkten zu.

Diese Einschätzung korrespondiert mit der Institutionenökonomie (vgl. z. B. O. E. Williamson 1985; M. Erlei 1998). Die Koordination auf Märkten und in Unternehmen erfolgt danach durch eine synonyme Verwendung von Wettbewerb und Markt sowie Hierarchie und Unternehmen. Eine solche Gleichsetzung impliziert aber Probleme, um u. a. auf externen Arbeitsmärkten auch Kooperation und Hierarchie zu erklären. So sind z. B. nach der Interaktionstheorie Märkte (idealtypisch) durch Wettbewerb und Kooperation charakterisiert (vgl. K. Homann/A. Suchanek 2005). Auf Märkten werden Interaktionen nicht nur durch Wettbewerb, sondern auch durch Hierarchie und Kooperation aufeinander abgestimmt. Eine Gleichsetzung von Markt und Wettbewerb impliziert, dass zwar damit die wettbewerbliche Koordination auf Märkten erfasst wird, kooperative und hierarchische Elemente bleiben dabei aber ausgeblendet.

Hier setzt dieser Beitrag an. Es wird von der theoretischen und empirischen Erkenntnis ausgegangen, dass auf (Arbeits-)Märkten gleichzeitig wettbewerblich, hierarchisch und kooperativ koordiniert wird (vgl. C. Becher u. a. 2005 und C. Becher/A. Brand/A. Schmid 2007). Am Beispiel elektronischer externer Arbeitsmärkte wird empirisch untersucht, welche Bedeutung Wettbewerb, Hierarchie und Kooperation bei der Koordination dort haben. Dabei wird der Stellenwert dieser drei Koordinationsformen sowohl für die beiden Arbeitsmarktseiten als auch zwischen beiden untersucht. Als ein elektronischer Arbeitsmarkt wird ein virtueller Ort für den Arbeitskräftetausch verstanden, auf dem externen Arbeitsmarkt primär für die Allokation der Arbeitskräfte.
Die Ergebnisse dieses Beitrags sind primär explorativer Natur, da m. W. das gleichzeitige Auftreten und die Kombination der drei Koordinationsformen auf einem externen Arbeitsmarkt bisher kaum untersucht wurden (vgl. hierzu genauer C. Becher/A. Brand/A. Schmid 2007: 19 ff.).

Die Empirie basiert auf einer quantitativen telefonischen Befragung von knapp 1000 Betrieben, die elektronisch Stellen besetzen (vgl. C. Becher/A. Brand/A. Schmid 2007). Die Befragung fand Ende 2004 und Anfang 2005 statt; sie bezieht sich auf den Zeitraum vom 1.1.2004 bis 30.9.2004. Die Auswertung basiert auf der Gewichtung der hochgerechneten, befragten Betriebe; sie ist, wenn nichts anderes angegeben wird, repräsentativ für die externe elektronische Stellenbesetzung. Wir referieren hier die rein externe Stellenbesetzung, d. h. die Betriebe bilden die Basis, die ihre Stellen ausschließlich über den externen Arbeitsmarkt elektronisch besetzen.

Zuerst erfolgt eine kurze Konzeptualisierung des externen Arbeitsmarktes als Organisationsform und die Unterscheidung der drei Koordinationsformen Wettbewerb, Hierarchie, Kooperation. Dann werden einige ausgewählte empirische Untersuchungsergebnisse als Belege für das Auftreten und die Koexistenz der drei Koordinationsformen auf elektronischen Arbeitsmärkten angeführt. Ein kurzes Resümee schließt den Beitrag.

1 Organisationsform und Koordinationsform

Die Koordination von Interaktionen auf Märkten und damit auch auf dem elekt-ronischen externen Arbeitsmarkt erfolgt prinzipiell durch ein Gegeneinander oder ein Miteinander (vgl. P. Weise 1997: 58 ff.; C. Becher/T. Bürkle/A. Schmid 2007). Wettbewerb ist das zentrale Element des Gegeneinanders. Bei wettbe-werblicher Koordination werden Akteure, die gegenüber Mitbewerbern verlie-ren, von der Nutzung von Ressourcen, vom Tausch, der Kooperation mit Dritten etc. ausgeschlossen. Der Wettbewerb kann mittels unterschiedlicher Instrumente erfolgen, wie z. B. durch Lohn, Qualität, Rang, Turnier etc.

Kooperation umfasst jede Form des gemeinsamen Handels mehrerer Individuen. Dieses Handeln bezieht sich nicht nur auf die Verfolgung eines gemeinsamen Ziels (gemeinsame Interessen), sondern kann auch auf divergierende Interessen zurückgehen. Aus ökonomischer Sicht verschafft kooperatives Handeln den beteiligten Akteuren Wohlfahrtsgewinne gegenüber dem individuellen Handeln.

Kooperation wird hier in zwei Ausprägungen unterschieden: die vertikale und die horizontale Kooperation. Bei einer vertikalen Kooperation arbeiten Akteure zusammen, aber die Handlungen sind vorgeschrieben. Eine horizontale Kooperation beinhaltet, dass Akteure auf der gleichen Ebene interagieren, um Kooperationsvorteile zu realisieren. Kooperation ist auch konstitutiv für Märkte, wie die Interaktionsökonomie betont (vgl. K. Homann/A. Suchanek 2005: 209 ff.).

Von diesen drei Koordinationsformen Wettbewerb, Hierarchie, Kooperation werden die Organisationsformen unterschieden. Organisation wird als ein soziales Gebilde mit eigener Zielsetzung verstanden (vgl. K. Homann/A. Suchanek 2005: 287). Organisationsform ist hier ein soziales Gebilde, in dem die Interaktionen durch die drei genannten Koordinationsformen aufeinander abgestimmt werden. Ein externer Arbeitsmarkt ist nach dieser Unterscheidung eine Organisationsform für den Austausch von Arbeitskräften und Arbeitsleistungen. Dieser Austausch erfolgt nicht nur durch Wettbewerb, sondern auch durch die anderen beiden genannten Koordinationsformen. Für den externen Arbeitsmarkt folgt aus diesen Überlegungen, dass er als Organisationsform durch Hierarchie, Wettbewerb und Kooperation koordiniert wird. Beispielhaft ist in der folgenden Übersicht für jede Koordinationsform noch ein Koordinationsinstrument benannt.

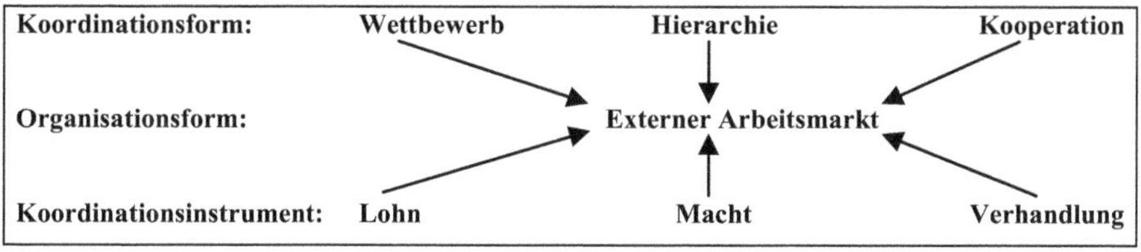

Abbildung 1: Der externe Arbeitsmarkt als Organisationsform

2 Empirische Ergebnisse

Um den Stellenwert der drei Koordinationsformen auf dem externen elektronischen Arbeitsmarkt zu eruieren, wurde auf dem Hintergrund handlungstheoretischer Überlegungen zwischen Handlungsbedingungen (Voraussetzung), Handlungen (Mechanismus) und Handlungsfolgen (Ergebnis) unterschieden und diese Unterscheidung für die drei Koordinationsformen konzeptualisiert und operationalisiert (vgl. ausführlich C. Becher/A. Brand/A. Schmid 2007: 33 ff.). Wir referieren die Ergebnisse anhand dieser drei Handlungselemente.

Die Koordinationsformen werden in der Reihenfolge Wettbewerb, Hierarchie und Kooperation untersucht. Dabei wird zunächst die Koordination der Arbeitskräfte aus Betriebssicht, dann die der Betriebe untereinander betrachtet. Anschließend analysieren wir die Koordination zwischen den Arbeitskräften und den Betrieben.

2.1 Wettbewerb auf den Arbeitsmarktseiten

2.1.1 Wettbewerb auf der Arbeitskraftseite

Auf dem elektronischen externen Arbeitsmarkt besteht – aus betrieblicher Sicht – bei den Voraussetzungen ein ausgeprägter Wettbewerb zwischen den Arbeitskräften um einzelne Stellen: Drei Viertel sahen diese als „sehr stark“ bzw. „eher stark“ an (vgl. Tabelle 1). Institutionelle Hemmnisse des Markteintritts wie Berufsordnungen oder Gewerkschaften spielen offensichtlich hierbei kaum eine Rolle bzw. kanalisieren den Wettbewerb, behindern ihn aber nicht.

Voraussetzung Wettbewerb Bewerber	sehr stark	eher stark	eher schwach	sehr schwach	gesamt	Betriebe absolut
Stärke des Wettbewerbs	32	43,1	20,7	4,3	100	29297

Mechanismus Wettbewerb zwischen Bewerbern	oft	selten	nie	gesamt	Betriebe absolut
Entscheidung gegen Bewerber, weil andere ein geringeres Gehalt verlangt haben	4,2	25,8	64,7	100	30994
Entscheidung gegen Bewerber, weil andere formal besser qualifiziert waren	74,9	17,4	6,4	100	30994

Tabelle 1: Voraussetzung und Mechanismus des Wettbewerbs zwischen Arbeitskräften des externen elektronischen Arbeitsmarktes; in Prozent. Ohne Berücksichtigung der „weiß-nicht-Kategorie".

Beim Mechanismus wurde zwischen Lohn- und Qualitätswettbewerb unterschieden. Das seltene Auftreten eines Lohnwettbewerbs mit 4 % der Nennungen der häufigen Nutzung hängt wahrscheinlich mit dem Tarifrecht und Mindestlohnbestimmungen zusammen. Diese führen dazu, dass deutlich seltener Arbeitskräfte aufgrund zu hoher Lohnvorstellungen diskriminiert werden, als dass Bewerber abgelehnt wurden, weil andere Arbeitskräfte formal besser qualifiziert waren. Denn der Qualifikationswettbewerb anhand formaler Kriterien wie z. B. Zeugnisse mit ca. 75 % der Zustimmung ist hoch. Aus Sicht der Betriebe besteht also weniger ein Lohnwettbewerb zwischen den Bewerbern, sondern eher ein Qualifikationswettbewerb, wobei der Wettbewerb zwischen den Arbeitskräften insgesamt als hoch einzuschätzen ist.

2.1.2 Wettbewerb auf der Betriebsseite des Arbeitsmarktes

Zwischen den Betrieben ist die Voraussetzung für Wettbewerb mit 27 % aller Betriebe eher schwach ausgeprägt (Tabelle 2). Gleichzeitig wird diese Wettbewerbsvoraussetzung auf dem elektronischen externen Arbeitsmarkt auf den ersten Blick nicht umgesetzt. Dies zeigt sich darin, dass der Lohn- bzw. Qualitätswettbewerb zwischen den Betrieben jeweils nur zu ca. 6 % oft auftritt. Auf den zweiten Blick ist dieses Ergebnis jedoch zu relativieren. Der Lohn- und Qualitätswettbewerb tritt nur selten zusammen auf, so dass immerhin 12 % der Betriebe oft seitens der Arbeitskräfte entweder mit einem Lohn- oder einem Qualitätswettbewerb konfrontiert sind.[1]

Voraussetzung Wettbewerb Betriebe		sehr stark	eher stark	eher schwach	sehr schwach	gesamt	Betriebe absolut
	Stärke des Wettbewerbs	10,1	16,7	41,8	31,4	100	26987

Mechanismus Wettbewerb zwischen Betrieben	oft	selten	nie	Betriebe absolut
Ablehnung der Stelle durch Bewerber, weil Gehaltsangebot zu niedrig war	6,7	48,5	42,8	26987
Ablehnung der Stelle durch Bewerber, weil Arbeitsbedingungen nicht angemessen erschienen	5,8	37,9	53,9	26987
Ablehnung wegen Gehaltsangebot oder Arbeitsbedingungen	12,0	88,0		26987

Tabelle 2: Voraussetzung und Mechanismus des Wettbewerbs zwischen Betrieben des externen elektronischen Arbeitsmarkts; in Prozent. Ohne Berücksichtigung der „weiß-nicht-Kategorie".

Eine hierarchische Beziehung zwischen den Arbeitskräften aus der Betriebssicht zu erfassen ist kaum möglich, daher wird sie nicht referiert.

2.2 Hierarchie auf der Betriebsseite

Bei der Voraussetzung für Hierarchie auf der Betriebsseite gibt es verschiedene Möglichkeiten der Betriebe, eine marktbeherrschende Stellung gegenüber anderen Betrieben bzgl. der Stellenbesetzung einzunehmen (vgl. hierzu C. Becher/A. Brand/A. Schmid 2007: 18 ff.). Diese wurde theoretisch als „informelle" Hierar-

1 Hier ist auf den Befragungszeitpunkt hinzuweisen, zu dem eine hohe Arbeitslosigkeit vorherrschte. Die konjunkturelle Situation dürfte einen Einfluss auf den starken Wettbewerb auf der Arbeitskraftseite und den geringen Wettbewerb auf der Betriebsseite. Unter anderen konjunkturellen Bedingungen dürfte der Wettbewerb auf der jeweiligen Marktseite anders ausgeprägt sein. Die Zeitpunktbetrachtung ist allerdings hier nicht von Bedeutung, da es hier um Belege für das gleichzeitige Auftreten der drei Koordinationsformen geht.

chie identifiziert und etabliert sich bspw. als eine hohe Entlohnung, eine hohe Bekanntheit oder bessere Aufstiegsmöglichkeiten in spezifischen Betrieben. Jeweils jeder fünfte Betrieb gibt an (siehe Tabelle 3), entweder eine überlegene Stellung inne zu haben (21 %) oder aus einer unterlegenen Position am Arbeitsmarkt agieren zu müssen (19 %). Insgesamt spielt also betriebsseitig die Hierarchie für den elektronischen externen Arbeitsmarkt eine eher unbedeutende Rolle.

Da es sich hier um eine „informelle" hierarchische Beziehung handelt, kann erwartet werden, dass sich daraus auch konkrete hierarchische Vorteile ableiten lassen, da keine direkten Durchsetzungskosten entstehen. Bezüglich der unterlegenen Marktteilnehmer kann theoretisch kein Ergebnis prognostiziert werden. Sie können von den konkreten Handlungen der überlegenen Seite profitieren, verlieren oder gar nicht tangiert werden.

Voraussetzung Hierarchie	starke Stellung	schwache Stellung	keine Unterschiede in der Stellung	Gesamt	Betriebe absolut
Stellung gegenüber anderen Betrieben	20,7	19	60,3	100	24450

	Mechanismus Hierarchie	immer	oft	selten	nie	gesamt	Betriebe absolut
bei starker Stellung	Vorteile	16,2	50,8	25,8	7,2	100	4948
bei schwacher Stellung	Nachteile	0	6,6	23,5	69,9	100	4489

Tabelle 3: Voraussetzung und Mechanismus der Hierarchie bei Betrieben des externen elektronischen Arbeitsmarkts; in Prozent. Ohne Berücksichtigung der „weiß-nicht-Kategorie".

Ca. 67 % der Betriebe, die eine starke Stellung innehaben, profitieren von dieser immer oder oft. Nur für 7,2 % der Betriebe sind keine Vorteile aus dieser starken Stellung zu realisieren (siehe Tabelle 3). Im Gegensatz dazu scheint die hierarchisch unterlegene Position i. d. R. mit geringen Verlusten einher zu gehen. Nur ca. 7 % realisieren oft Nachteile bei der Stellenbesetzung, fast 70 % werden durch die Überordnung anderer Betriebe gar nicht berührt. Daraus lässt sich ableiten, dass zwar die Betriebe mit der starken Stellung Einfluss über Abwerbungen oder Gehaltssetzungen haben können, dieser Einfluss aber wegen des vermutlich hohen Wettbewerbs auf der Bewerberseite kaum als Problem bei den

Betrieben mit schwacher (elektronischer) Arbeitsmarktstellung wahrgenommen wird. Dieses etwas überraschende Ergebnis dürfte auf die schwache Konjunktur im Befragungszeitraum zurückgehen, die durch ein ausreichendes Angebot an Arbeitskräften geprägt war.

2.3 Kooperation auf beiden Marktseiten

2.3.1 Kooperation auf der betrieblichen Arbeitsmarktseite

Die Nutzung des externen elektronischen Arbeitsmarkts geht neben der Verbesserung der Suchtechnologie mit einer drastisch veränderten Informations- und Kommunikationsumgebung einher. Darüber hinaus sind bestimmte Handlungen anderer Akteure ebenfalls besser bemerkbar (bspw. deren Markteintritt), so dass auch die implizite kooperative Koordination unterstützt wird.

Diese Veränderungen lassen erwarten, dass explizite Kooperationsvereinbarungen zwischen den Marktseiten und teilweise auf der Arbeitskräfteseite zunehmen. Auf der Betriebsseite des externen elektronischen Teilarbeitsmarkts besteht ein Interessenkonflikt zwischen der Rekrutierung produktiver Arbeitskräfte und der Kooperation für z. B. einen Erfahrungsaustausch über Qualitäts- und Bewertungsstandards oder eine Nicht-Abwerbung. Die Rekrutierung produktiver Arbeitskräfte scheint dabei Vorrang zu haben, da die Voraussetzung der Kooperation zwischen Betrieben nur für ein Viertel aller Betriebe eine Rolle spielt und daher von geringerer Bedeutung ist (vgl. Tabelle 4). Aus theoretischer Sicht besteht noch ein weiteres Problem, das in die gleiche Richtung wirken kann. Da es sich zwischen den Betrieben i. d. R. um „nichtkooperative Spielsituationen" handelt, ist die tatsächliche Etablierung einer solchen Situation mit erheblichen Schwierigkeiten verknüpft. Betriebe müssen sich darauf verlassen können, dass sich betriebsseitige Kooperationspartner an ihre Zusagen halten. Da hier keine vertraglichen Bindungen existieren können, muss diese Kooperationsentscheidung (Zusage) als dominante Strategie vorliegen. Diese Situationen sind jedoch nicht die Regel. Das zeigt sich darin, dass von den Betrieben, die die Voraussetzung erfüllt sehen, sich nur ca. ein Viertel oft oder immer abstimmen. Das bedeutet, dass auf dem rein externen elektronischen Arbeitsmarkt nur ca. 5 % aller Betriebe tatsächlich miteinander kooperieren.

Voraussetzung Kooperation	ja	nein	gesamt	Betriebe absolut
Möglichkeit zur Abstimmung zwischen den Betrieben	24,5	75,5	100	30713

Filter bei ja: **Mechanismus** Kooperation	immer	oft	selten	nie	gesamt	Betriebe absolut
Häufigkeit der Abstimmung zwischen den Betrieben	2,0	22,7	57,1	18,2	100	7429

Tabelle 4: Voraussetzung und Mechanismus der Kooperation zwischen den Betrieben des externen elektronischen Arbeitsmarkts, in Prozent von Betrieben, die Voraussetzung der Kooperation angegeben haben; bei Mechanismus nur Kategorien immer, oft in Beziehung zu allen Betrieben, die ausschließlich extern besetzt haben.

2.3.2 Kooperation auf der Arbeitskraftseite

Bei der Kooperation der Arbeitskräfteseite gibt ein Drittel aller Betriebe an, dass sie die Voraussetzungen der Kooperation zwischen den Arbeitskräften bei der Nutzung elektronischer Medien als erfüllt ansehen (vgl. Tabelle 5). Die tatsächlich festgestellte Kooperation zwischen den Arbeitskräften ist geringer: Nur 25 % der Betriebe, die das Potential für Kooperation zwischen Arbeitskräften sehen, stellen eine tatsächliche Kooperation zwischen den Arbeitskräften – abgesehen von Institutionen der Mesoebene – fest. Dies sind nur 8 % der Betriebe insgesamt, die rein extern rekrutieren. Daraus lässt sich schließen, dass zwar die Möglichkeit zur Kooperation bei den Arbeitskräften besteht, diese jedoch kaum genutzt wird. Hier scheint der Wettbewerb um Stellen zum Erwerb des Lebensunterhalts deutlich zu greifen.

Auf der Arbeitskraftseite bestehen aber auch Kooperationsbeziehungen, die betriebsseitig schwer zu eruieren sind: Beziehungs-/Verwandtschafts- und Freundschaftsnetzwerke mit gemeinsamen Rekrutierungsanstrengungen/ Informationsweitergaben über Vakanzen oder Gewerkschaften bzw. Berufsverbände. Hier greift die Beschränkung der Untersuchung auf die Betriebsseite; daher liefern diese Ergebnisse erste Hinweise, dass auf Arbeitskräfteseite nicht nur Wettbewerb, sondern auch Kooperation vorherrschen kann.

Voraussetzung Kooperation	ja	nein	gesamt	Betriebe absolut
Möglichkeit zur Abstimmung gemeinsamer Interessen zwischen den Arbeitskräften	32,6	67,4	100	29636

Filter bei ja: **Mechanismus** Kooperation	immer	oft	selten	nie	gesamt	Betriebe absolut
Häufigkeit der Kooperation der Arbeitskräfte	0,8	24,7	63,3	11,2	100	8579

Tabelle 5: Voraussetzung und Mechanismus der Kooperation zwischen den Arbeitskräften des externen elektronischen Arbeitsmarkts, in Prozent. Ohne Berücksichtigung der „weiß-nicht-Kategorie".

2.4 Kooperation zwischen den Arbeitsmarktseiten

Das Verhältnis zwischen den beiden Arbeitsmarktseiten wird zunächst durch das numerische Verhältnis von Arbeitskräften und vorhandenen Stellen erfasst. Dieses Verhältnis determiniert, ob eine Arbeitskraft aus einer Position der Stärke oder der Schwäche oder „auf gleicher Augenhöhe" in die Verhandlungen mit Betrieben geht. Der erste und der zweite Fall werden als Voraussetzung für eine hierarchische Beziehung zwischen den Marktseiten interpretiert, bei einem numerischen Gleichstand dürfte eine Bedingung für Gleichrangigkeit der Akteure gegeben sein. Aus theoretischer Sicht muss sich beides im Ergebnis der Verhandlung widerspiegeln. Denn erstens muss – wie eben erwähnt – aus einer untergeordneten Stelle nicht notwendigerweise ein Nachteil entstehen, hier spielen unfreiwillige und freiwillige Hierarchiesituationen eine Rolle. Zweitens spielen Institutionen der Makro- und Mesoebene (gesetzliche Arbeitsvertragsbestimmungen, Gewerkschaften) eine Rolle. Diese können eventuelle ungleiche Verhältnisse abmildern. Jedoch haben bspw. Gewerkschaften nicht für alle Bereiche des Arbeitsmarkts einen generellen Vertretungsanspruch, so dass hier die Wirkung begrenzt ist. Wir untersuchen deswegen hier erstens, ob sich in den Vertragsverhandlungen die Interessen der einzelnen Marktteilnehmer erfüllen lassen. Zweitens wird untersucht, wer sich bei den Vertragsverhandlungen durchsetzen kann, wenn Interessenskonflikte auftreten.

Ein empirisches Untersuchungsergebnis ist wenig überraschend: Die Beziehung zwischen den Arbeitsmarktseiten wird eher hierarchisch vom Betrieb zur Arbeitskraft geregelt (siehe Tabelle 6). 73 % der Betriebe geben an, dass es i. d. R. viele Bewerber auf wenige Stellen gibt. Für diese können die Voraussetzungen von Hierarchie zwischen den Marktseiten zunächst als erfüllt angesehen werden. Die Voraussetzungen der Hierarchie von der Arbeitskraftseite auf die Betriebe als viele Stellen auf wenige Bewerber sind nur in wenigen Fällen (ca. 12 %) vorhanden. Bei gleich vielen Stellen wie Bewerbern dürfte kein Hierarchiepotential bestehen, eine numerisch gleiche Arbeitsmarktsituation ist nur in 15,5 % der Fälle festzustellen.

Als Folge dieses hierarchisch geprägten externen elektronischen Arbeitsmarktes können auf den ersten Blick Betriebe ihre Interessen i. d. R. voll durchsetzen. Sie realisieren zu 21 % alleine, zu 78 % gemeinsam mit den Arbeitskräften ihre Interessen. Und auch bei Interessenkonflikten setzen sie sich zu 70 % durch.

Dieses Ergebnis relativiert sich etwas, wenn man die Arbeitskräfteseite betrachtet. Es scheinen Win-Win-Situationen vorzuliegen, denn immerhin 78,5 % der Betriebe geben an, dass Arbeitskräfte beim Arbeitsvertrag (davon jedoch nur 0,1 % alleine) auch ihre Interessen realisieren können. Auf dem externen Arbeitsmarkt wird also auch kooperativ koordiniert. Es gibt einen Grundkonsens an gemeinsamen Interessen: Der Bewerber möchte eine Stelle zur Einkommenserzielung, um seinen Lebensunterhalt zu sichern; der Betrieb möchte produktive Mitarbeiter einstellen. Es wird bei der inhaltlichen Vertragsaushandlung ein gemeinsamer Konsens oder Kompromiss angestrebt. Treten jedoch Interessenkonflikte auf, so schlägt die einseitige Hierarchie des Arbeitsmarktes voll durch: Nur 3,3 % der Betriebe geben an, dass sich die Arbeitskräfte gegenüber den Betrieben durchsetzen können.

Voraussetzung der Hierarchie und Kooperation zwischen den Arbeitsmarktseiten	wenig Bewerber auf viele Stellen	viele Bewerber auf wenige Stellen	etwa gleich viele Stellen wie relevante Bewerber	gesamt	Betriebe absolut
Relation zwischen elektronisch angebotenen Stellen und Zahl der Bewerber	11,6	72,9	15,5	100	29934
Koordinationsform	arbeitskraftseitige Hierarchie	betriebsseitige Hierarchie	Kooperation		
Mechanismus der Hierarchie und Kooperation	meistens die Arbeitskraft	meistens der Betrieb	meistens beide	gesamt	Betriebe absolut
Realisierung der Interessen beim Abschluss eines Arbeitsvertrages durch ...	0,1	21,4	78,4	100	30929
Koordinationsform	Hierarchie	Hierarchie	Kooperation		
Mechanismus der Hierarchie und Kooperation	meistens die Arbeitskraft	meistens der Betrieb	meistens keiner	gesamt	Betriebe absolut
bei Interessenskonflikten während der Vertragsverhandlungen setzt sich durch ...	3,3	69,7	27	100	28180
Koordinationsform	arbeitskraftseitige Hierarchie	betriebsseitige Hierarchie	Kooperation		

Tabelle 6: Voraussetzung und Mechanismus der Hierarchie und Kooperation zwischen den Arbeitsmarktseiten des externen elektronischen Arbeitsmarkts, in Prozent. Ohne Berücksichtigung der „weiß-nicht-Kategorie“.

Bei der konkreten Handlung der Betriebe, die ein hierarchisches Potential haben (siehe Tabelle 7), bestehen theoretisch verschiedene Möglichkeiten, denn der Arbeitsvertrag etabliert i. d. R. ex post eine hier als „freiwillig" definierte Hierarchiesituation.[2] Diese Situation hat zur Folge, dass nicht jede hierarchische Voraussetzung auch ausgenutzt wird, sondern Betriebe ebenfalls die Motivation der Arbeitskräfte und damit eine spätere Arbeitsleistung im Blick haben.

Diese Erwartung ist jedoch von geringerer Bedeutung als erwartet und schließt direkt an die Ergebnisse aus Tabelle 6 an. Immerhin 75 % der Betriebe, die eine starke Stellung gegenüber den Arbeitskräften haben, setzen ihre Interessen auch durch. Nur in etwa einem Viertel aller Fälle wird darauf verzichtet. Aus institutionenökonomischer Sicht ist dies ein Indiz, dass hier bereits Kontrollinstrumente der Arbeitsleistung etabliert wurden, welche die Übertragung der Verfügungsrechte ausreichend sicherstellen.

	Wenn für Betriebe die Voraussetzung für Hierarchie gegenüber den Arbeitskräften gegeben ist, dann erfolgt	
	Interessenrealisation	Konfliktdurchsetzung
meistens für die Arbeitskraft	0,1	2,7
meistens für der Betrieb	19,0	75,6
meistens für beide (bei Interessenrealisation) oder meistens für keinen (bei Konfliktdurchsetzung)	80,9	21,7
Gesamt	100,0	100,0

Tabelle 7: Interessenrealisation und Konfliktdurchsetzung zwischen den Arbeitsmarktseiten nur bei Betrieben mit vorhandener Voraussetzung der Hierarchie, in Prozent. Ohne Berücksichtigung der „weiß-nicht-Kategorie".

2 Hier wird aufgrund der größeren Fallzahlen auf den externen Arbeitsmarkt rekurriert, der auch intern rekrutiert. Die Ergebnisse gegenüber dem rein externen Arbeitsmarkt verändern sich dadurch nicht deutlich, sind jedoch mit geringerer Unsicherheit behaftet.

2.5 Entlohnung

Wurde bisher primär auf die Allokation abgestellt, so wird im Folgenden die Gratifikationsfunktion aus der Koordinationsperspektive zwischen den Arbeitsmarktparteien untersucht. Bei der Entlohnung als Ergebnis der Koordination werden in der Literatur ebenfalls wettbewerbliche, kooperative oder hierarchische Elemente diskutiert (vgl. z. B. W. Sesselmeier/G. Blauermel 1997; A. Brand/A. Schmid 2005).

Die fixe Entlohnung ist eine weit verbreitete Entlohnungsform, die als Entschädigung für den Eintritt in ein hierarchisches Unterordnungssystem angesehen werden kann. Darin ist auch eine Senioritätsentlohnung enthalten. Eine weitere Entlohnungsform ist die Koppelung der Entlohnung an den Unternehmenserfolg, also an die „Gruppenleistung", die einen Anreiz zur Bildung einer Win-Win-Situation etabliert und damit eine Kooperation zwischen Betrieb und Arbeitskraft ermöglicht. Die Koppelung des Gehalts an die individuelle Leistung als dritte Entlohnungsform ist mit einem Vergleich der Arbeitskräfte verbunden, wobei einige wenige einen Bonus und dadurch eine Nutzenerhöhung erhalten, viele aber leer ausgehen.

Die fixe Entlohnung wird hier als hierarchisches, das vom Unternehmenserfolg abhängige variable Gehalt als kooperatives und das von der individuellen Leistung abhängige variable Gehalt als wettbewerbliches Instrument aufgefasst, die auch kombiniert in einem Betrieb verwandt werden können.

Die fixe Entlohnung als Entschädigung für die Unterordnung in ein hierarchisches System hat mit 92 % der zusammengerechneten Kategorien „wichtig", „teilweise wichtig" eine sehr hohe Bedeutung auf dem elektronischen externen Arbeitsmarkt (Tabelle 8). Eine bedeutende Rolle hat auch das wettbewerbliche Element des Gehalts nach der individuellen Leistung, wonach in 58 % aller Betriebe bezahlt wird. Eine Win-Win-Situation eines vom Unternehmenserfolg abhängigen Gehalts besteht bei 48 % aller Betriebe.

Wichtigkeit der Entlohnungsmöglichkeiten für Abschluss von Arbeitsverträgen auf dem rein externen elektronischen Stellenmarkt							
	wichtig	teil-weise wichtig	nicht wichtig	nicht vor-handen	gesamt	Gesamtzahl aller Betrie-be	Koordinati-onsform
fixes Gehalt	73,8	18,4	7,3	0,4	100	30805	Hierarchie
vom Unterneh-menserfolg abhän-giges variables Gehalt	27,5	19,9	27,3	25,4	100	30666	Kooperation
von der indivi-duellen Leistung abhängiges variab-les Gehalt	29,1	29,3	20,1	21,4	100	30666	Wettbewerb

Tabelle 8: Entlohnungsformen Hierarchie, Kooperation und Wettbewerb, in Prozent. Ohne Berücksichtigung der „weiß-nicht-Kategorie".

3 Schlussbemerkungen

Die eher explorativen Ergebnisse dieses Beitrags liefern Anhaltspunke dafür, dass die in der Institutionenökonomie anzutreffende Gleichsetzung von (Arbeits-)Markt und Wettbewerb für den externen Arbeitsmarkt Grenzen für die Erklärung der Arbeitskräfteallokation beinhaltet, da dort auch hierarchisch und kooperativ koordiniert wird. Am Beispiel elektronischer externer Arbeitsmärkte wurde empirisch eruiert, inwieweit neben einer wettbewerblichen auch eine hierarchische und eine kooperative Koordination erfolgen. Als zentrales Ergebnis lässt sich feststellen, dass auf dem externen elektronischen Arbeitsmarkt eine Kombination aus starkem Wettbewerb auf der Arbeitskraftseite, einer geringen Bedeutung des Wettbewerbs auf der Betriebsseite und einer primär hierarchischen Koordination zwischen beiden Seiten besteht. Weil sich Arbeitskräfte nach Vertragsabschluss in eine freiwillige Hierarchie-Situation begeben, wird diese Beziehung zwischen den Marktseiten durch Kooperation ergänzt. D. h. der Betrieb muss die ev. konträr ausgerichtete Motivation der Arbeitskraft mit in sein Kalkül aufnehmen. Deswegen richtet er sich – trotz der Möglichkeit einer hierarchischen Stellung – auf einen Interessenausgleich ein. Diese Ergebnisse dürften zwar durch die konjunkturelle Situation im Befragungszeitraum in ihren Ausprägungen beeinflusst sein; das zentrale Ergebnis, dass auf externen Arbeitsmärkten wettbewerblich, hierarchisch und kooperativ koordiniert wird, bleibt davon unberührt.

Auf dem externen elektronischen Arbeitsmarkt traten alle drei Koordinationsformen mit unterschiedlicher Ausprägung auf. Das bestätigt die analytische Tragfähigkeit der Unterscheidung von Koordinations- und Organisationsformen. Auf diesem Teilarbeitsmarkt treten sowohl auf den jeweiligen Arbeitsmarktseiten als auch zwischen beiden Seiten mehrere Koordinationsformen auf. Sie unterscheiden sich aber in ihrer Bedeutung und Ausprägung.

Als Resümee kann festgehalten werden, dass die in der Transaktionskostentheorie anzutreffenden Gleichsetzung von Markt und Wettbewerb sowie Unternehmung und Betrieb Grenzen bei der Erklärung der Koordination auf (elektronischen) Arbeitsmärkten beinhalten. Andererseits zeigt dieser Beitrag auch, dass es empirisch und theoretisch weiterer Arbeiten bedarf, um die Allokation auf Arbeitsmärkten mittels Wettbewerb, Hierarchie und Kooperation erklären zu können.

Literatur

Autor, D. H. (2001): Wiring the Labor Market. In: Journal of Economic Perspectives. Volume 15, No. 1. S. 25 ff.

Becher, C./Brand, A./Kavai, A./Schmid, A. (2005): Elektronische Arbeitsmärkte – Empirie der Struktur und Funktionsweise elektronischer Arbeitsmarktplätze in Teilarbeitsmärkten. München/Mering.

Becher, C./Brand, A./Schmid, A. (2007): Koordination auf Arbeitsmärkten – Bedeutung und Funktionsweise elektronischer Teilarbeitsmärkte. München/Mering.

Becher, C./Bürkle, T./Schmid, A. (2007): Koexistenz alternativer Koordinationsformen in internen Arbeitsmärkten, Manuskript. Frankfurt a. M.

Beck, H. (1999): Jobs on the Wire: In Search of the Perfect Labor Market. In: Netnomics. Volume 1, 1999, No. 1. S. 71-88.

Brand, A./Schmid, A. (2005): Koordination in einem Open Source-Projekt. Arbeitspapier aus dem DFG-Projekt Struktur und Funktionsweise elektronischer Arbeitsmärkte. Online abrufbar unter: http://www.soz.uni-frankfurt.de/arbeitslehre/pelm/docs/KOORDINATION_-IN_OPEN_SOURCE-PROJEKT_Brand-Schmid.pdf.

Erlei, M. (1998): Institutionen, Märkte und Marktphasen: allgemeine Transaktionskostentheorie unter spezieller Berücksichtigung der Entwicklungsphase von Märkten. Tübingen.

Homann, K./Suchanek, A. (2005): Ökonomik: Eine Einführung. 2. Auflage. Tübingen.

Sesselmeier, W./Blauermel, G. (1997): Arbeitsmarkttheorien. Ein Überblick. Heidelberg.

Weise, P. (1997): Konkurrenz und Kooperation. In: Held, M. (Hrsg.): Normative Grundlagen der Ökonomik. Frankfurt/New York. S. 58 ff.

Williamson, O. E. (1985): The Economic Institutions of Capitalism. New York.

Diagnose der Arbeitslosigkeit in Westdeutschland

Manfred Borchert

Die Betrachtung der Arbeitslosigkeit wird auf Westdeutschland beschränkt, um zu vermeiden, dass bestimmte Ergebnisse mit dem Hinweis auf besondere Umstände in Ostdeutschland in Zweifel gezogen werden könnten; es sei aber zugestanden, dass manche Kriterien ebenso gut auf den Arbeitsmarkt in den neuen Bundesländern anwendbar sind. Es wird auch keine Theorie der Arbeitslosigkeit präsentiert, sondern eine theoriegeleitete, empirische Diagnose versucht.

1 Theorie der Arbeitslosigkeit

Theoretisch unterscheidet man Arbeitslosigkeit in strukturelle, konjunkturelle, saisonale und friktionelle Arbeitslosigkeit. Während die strukturelle Arbeitslosigkeit auf einem nachhaltigen Nachfragerückgang beruht, sind die drei anderen Ausprägungen nur vorübergehender Natur. Die Arbeitslosigkeit in Westdeutschland beruht auf allen Ausprägungen, die lang anhaltende und in den 90er Jahren des 20. Jh. zunehmende Arbeitslosigkeit wird aber wesentlich strukturelle Ursachen haben. Strukturelle Arbeitslosigkeit in einer Branche wird verursacht durch

- Lohnerhöhungen über den Produktivitätsfortschritt hinaus
- nachhaltigen Nachfragerückgang
  - auf Grund von Substitutionskonkurrenz
  - auf Grund kostengünstigeren Angebots aus dem Ausland
- Verdrängung von inländischer Arbeit
  - durch Kapital
  - durch billigere Arbeitskräfte aus dem Ausland (bei gleicher Produktivität)
  - durch produktivere Arbeitskräfte im Inland (bei ähnlich hohem Lohnniveau)
- Fehlanreize der Arbeitsvermittlung.

Bei der Betrachtung der gesamtwirtschaftlichen Arbeitslosigkeit ist zu beachten, dass diese niemals auf nur eine Ursache zurückgeführt werden kann, sondern dass sie immer auf allen genannten Ursachen in unterschiedlichem Ausmaß beruht.

2 Entwicklung der Arbeitslosigkeit in Westdeutschland

Betrachtet man die zeitliche Entwicklung der Bevölkerung, der (unselbständig) Beschäftigten sowie der (unselbständig) Erwerbstätigen – das sind Beschäftigte einschließlich der arbeitslos Gemeldeten –, so fällt insbesondere auf, dass die Zahl der Beschäftigten in der Zeit von 1984 bis ungefähr 1992 um etwa 4 Mio. gestiegen ist, was einer Zunahme von Arbeitsplätzen von fast 20 % entspricht; die Zahl der Beschäftigten hat sich von 2000 bis 2005 noch einmal um fast 2 Mio. erhöht.

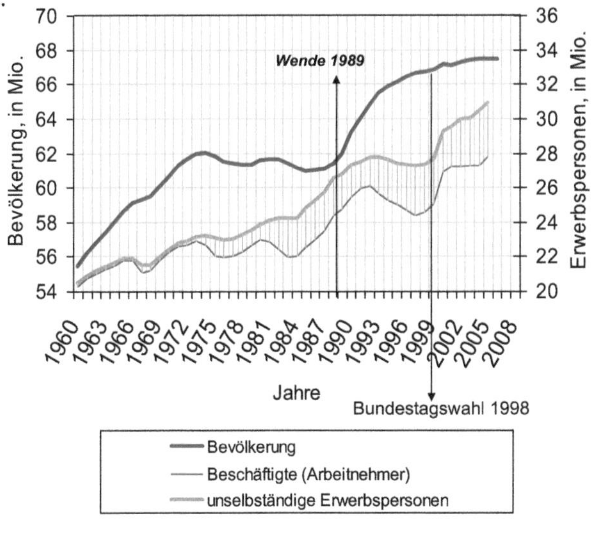

Eigene Darstellung nach Daten des Sachverständigenrats zur Begutachtung der gesamtwirtschaftlichen Entwicklung. Jahresgutachten Deutschland 2003/2004; Statistisches Jahrbuch für die Bundesrepublik 2003; Statistisches Bundesamt: Erwerbstätige im früheren Bundesgebiet. August 2006.

Abbildung 1: Arbeitsmarkt in Westdeutschland

Die Zunahme an Arbeitsplätzen in der Zeit 1984 bis 1992 ist nicht auf eine Zunahme der Beschäftigung ausländischer Arbeitnehmer zurückzuführen; deren Beschäftigung bewegte sich mit Schwankungen bei ca. 2 Mio. Die Zunahme an Arbeitsplätzen in dieser Zeit ist trotz (fast) gleichbleibender Zahl ausländischer Arbeitskräfte und bei (etwas) zunehmender Zahl an deutschen Arbeitslosen erfolgt.

Die Schaffung neuer Arbeitsplätze stellt eine außerordentliche Leistung der deutschen Wirtschaft dar, denn sie ist auch größer als die Zahl neuer Jobs in den gesamten 25 Jahren zuvor, also in der Zeit von 1959 bis 1984. Von 1992 bis 2006 stieg die Zahl neuer Arbeitsplätze noch einmal um 2 Mio., vergleichbar der Zunahme von 1959 bis 1984. Dennoch steigt die Zahl der Arbeitslosen seit 1972 kontinuierlich an.

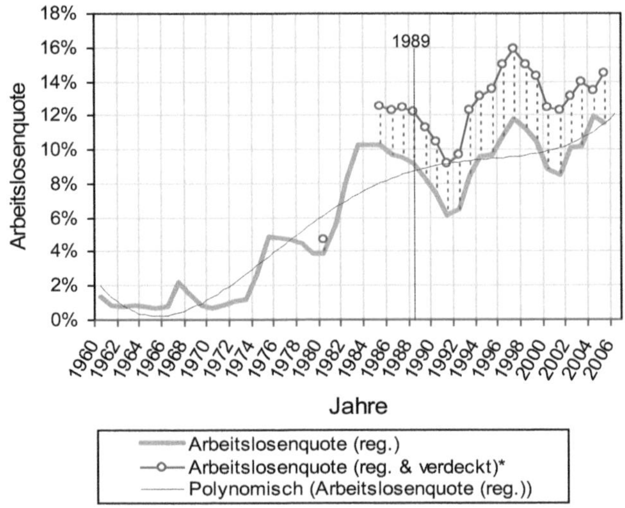

* ***verdeckte Arbeitslosigkeit***: subventioniert Beschäftigte, Trainingsmaßnahmen, berufliche Weiterbildung, Deutsch-Sprachlehrgänge, vorzeitiger Ruhestand, Leistungsempfänger nach SGB III, Kurzarbeiter.

Eigene Darstellung nach Daten des Sachverständigenrats zur Begutachtung der gesamtwirtschaftlichen Entwicklung. Jahresgutachten Deutschland 2003/2004; Statistisches Jahrbuch für die Bundesrepublik 2003; Statistisches Bundesamt: Erwerbstätige im früheren Bundesgebiet. August 2006; Institut der deutschen Wirtschaft Köln: Deutschland in Zahlen 2006: 14.

Abbildung 2: Arbeitslosenquoten in den alten Bundesländern

Offensichtlich hat in der Zeit seit ungefähr 1972 der Anteil der Bevölkerung, der eine Beschäftigung sucht, zugenommen. Möglicherweise hat die Zahl der Einpersonenhaushalte zugenommen, ebenso die Zahl der erwerbstätigen Frauen, die trotz Familie eine Beschäftigung suchen. *Vorsicht*: Diese Entwicklung ist aber nicht für die Arbeitslosigkeit in Deutschland verantwortlich, denn jene Erwerbstätigen verdrängen nicht die gegenwärtig Arbeitslosen mit ganz anderer Qualifikation. Anders ausgedrückt: Würden z. B. nicht so viele Frauen einer Beschäftigung nachgehen, könnten die Arbeitslosen-Zahlungen heute gar nicht mehr im gegenwärtigen Umfang geleistet werden.

3 Qualifikation und Arbeitslosigkeit

Die beruflichen Perspektiven niedrig qualifizierter Personen sind in Deutschland weitaus schlechter als die der besser ausgebildeten Erwerbstätigen.

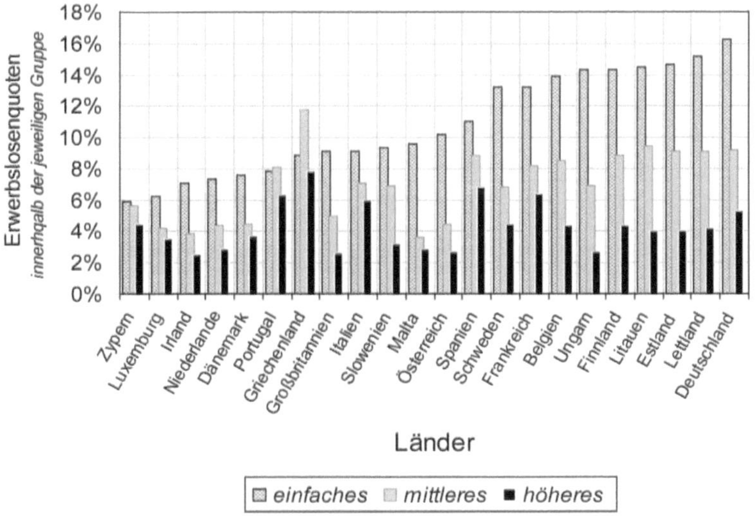

Eigene Darstellung nach Daten des Statistischen Bundesamtes, 15.09.2006

Abbildung 3: Erwerbslosenquoten nach dem erreichten Bildungsniveau

Im Vergleich mit den anderen Mitgliedsländern der EU schneidet Deutschland – ohne Berücksichtigung von Polen, Tschechien und der Slowakei; Rumänien und Bulgarien sind erst seit 2007 EU-Mitglieder – bei den Perspektiven der weniger gut Ausgebildeten am schlechtesten ab. Dieser letztere Aspekt hat auch sozialpolitische Wirkungen (Anreize!). Arbeitskräfte werden immer dann eingestellt, wenn die Arbeitskosten (Bruttolohn plus Lohnnebenkosten) geringer oder allenfalls gleich hoch wie deren Produktivität ist.

Allerdings scheinen Lohnerhöhungen über den Produktivitätsfortschritt hinaus gesamtwirtschaftlich kaum der Grund für die zunehmende Arbeitslosigkeit gewesen zu sein.

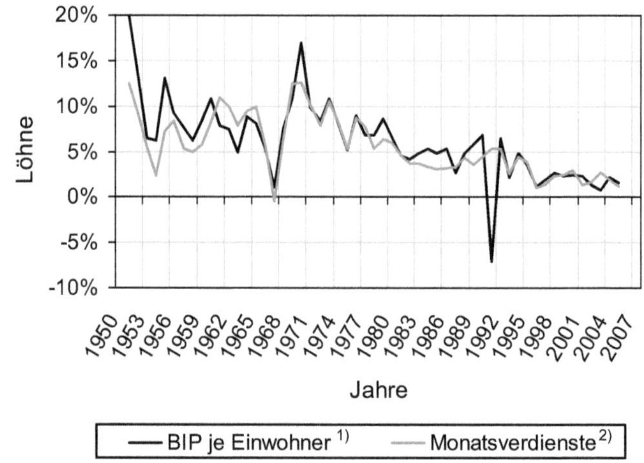

1) Bruttoinlandsprodukt in jeweiligen Preisen je Einwohner. Bis 1960: Früheres Bundesgebiet ohne Saarland und Berlin (West), bis 1991: Früheres Bundesgebiet, ab 1991: Deutschland.

2) Durchschnittliche Bruttomonatsverdienste in EUR der Arbeiter/-innen im Produzierenden Gewerbe im früheren Bundesgebiet.

Quelle: Statistisches Bundesamt: Lange Reihen, Stand: August 2006.

Abbildung 4: Steigerungsraten der Einkommen und der Produktivität in der Bundesrepublik Deutschland

Werden aber bei Tarifverhandlungen die Einkommen insbesondere der unteren Lohngruppen aus sozialpolitischen Motiven stärker angehoben als die mit mittlerem oder höherem Niveau, so werden eben diese unteren Lohngruppen als erste entlassen. Sie sind zu teuer geworden! Man stellt dann eben eher jemanden mit höherer Qualifikation ein, der zwar einen etwas höheren Lohn beansprucht, dessen Produktivität aber ungleich höher ist. Dies zeigt insbesondere die Spreizung der Einkommen, die in anderen Ländern weitaus größer als in Deutschland.

Hier haben sozialpolitisch motivierte Forderungen (Lohnanhebungen insbesondere unterer Lohngruppen) unsoziale Folgen (Freisetzungen). In die gleiche Richtung zielt die aktuelle Mindestlohn-Debatte. Sozialpolitik sollte eben nicht an der Primärverteilung ansetzen, sondern an der Sekundärverteilung, d. h. im Anschluss an die Einkommenszahlung (z. B. über Steuern und Sozialabgaben sowie Transfers)!

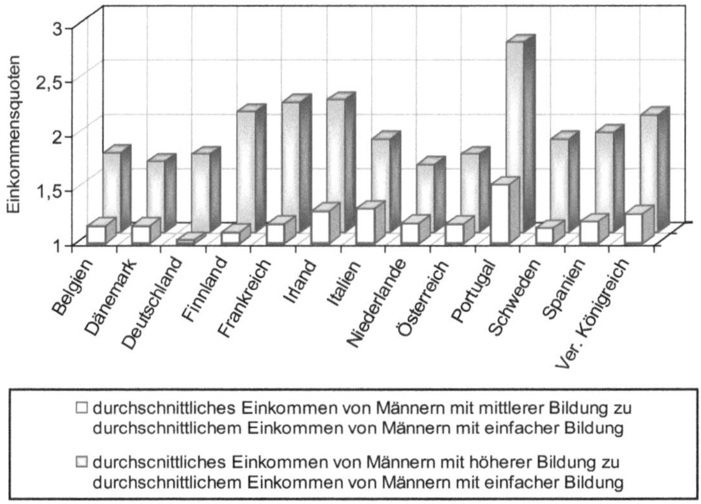

Quelle: D. Dohse/Chr. Krieger-Boden (1998: 5 ff.).

Abbildung 5: Einkommensspreizung in Europa 1997

4 Branchenstruktur und Arbeitskosten im internationalen Vergleich

In Westdeutschland sind die Arbeitskosten weltweit am höchsten; wer billig produzieren möchte – bei vergleichbarer Produktivität der Arbeit –, sollte in Osteuropa investieren. Bei einem Abbau der Arbeitslosigkeit geht es gar nicht so sehr um eine Reduktion der Lohnnebenkosten, sondern um den Abbau der Arbeitskosten schlechthin. Es ist eigentlich müßig, zwischen Direktentgelten und Lohnnebenkosten zu unterscheiden; beide werden an Arbeitnehmer in deren Interesse gezahlt.

Man könnte auch gleich entweder dem Arbeitnehmer die gesamten Arbeitskosten als Entgelt zugestehen, von dem er sämtliche Abgaben und Steuern allein abzuführen hätte, oder aber dem Arbeitnehmer als Entgelt nur den Nettolohn zugestehen und dem Arbeitgeber die Abführung sämtlicher Leistungen abfordern. Netto bliebe in beiden Fällen alles beim Alten.

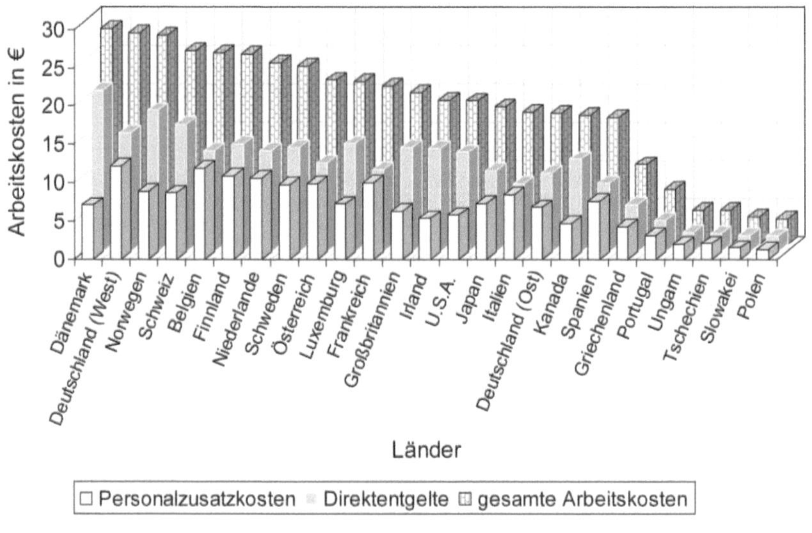

Quelle: Institut der Deutschen Wirtschaft (2006: 142).

Abbildung 6: Arbeitskosten je Stunde im Jahr 2004

Worum es eigentlich geht: Arbeitnehmer müssen auf einen Teil der bisherigen Leistungen (Sozialabgaben oder Nettolohn) verzichten, wenn sie international konkurrenzfähig bleiben wollen; oder sie erhöhen ihre Produktivität durch Aus- und Weiterbildung, was sie auch zu einer Beschäftigung in anderen (produktiveren) Regionen oder Branchen befähigt. Mobilität (beruflich und regional) ist erforderlich!

Es ist auffallend, dass vergleichbare Länder zu Westdeutschland ihre Branchenstruktur inzwischen deutlich verändern und gleichzeitig die Entwicklung ihrer Unterbeschäftigung wesentlich verbessern konnten.

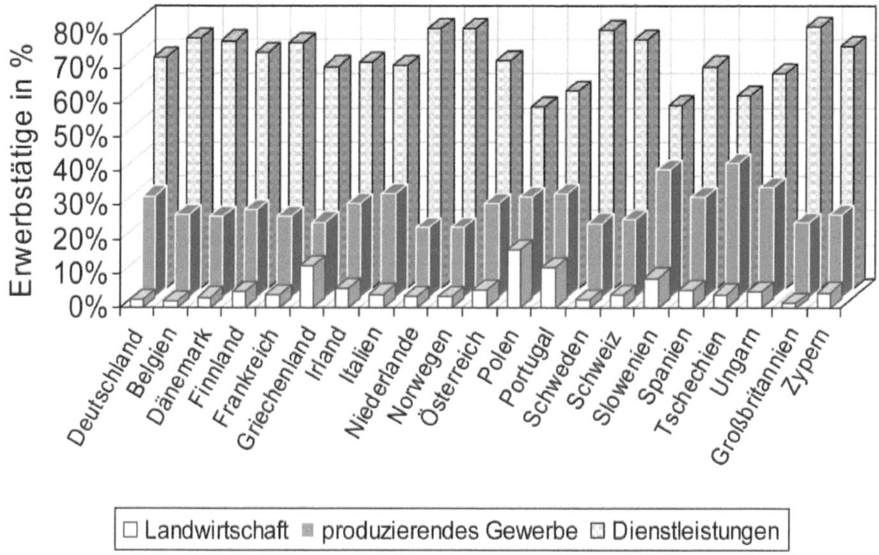

Quelle: Eigene Darstellung nach Daten des Statistischen Jahrbuchs für das Ausland (2006: 248).

Abbildung 7: Beschäftigtenstruktur in Europa im Jahr 2004. Prozentualer Anteil der Erwerbstätigen nach Wirtschaftsbereichen

In Deutschland ist der Bereich des Produzierenden Gewerbes verglichen mit den beiden anderen Sektoren (Land- und Forstwirtschaft, Fischerei sowie Dienstleistungsbranchen) und verglichen mit den anderen EU-Ländern relativ hoch (Tabelle 7). Beachte: Dienstleistungen werden nicht nur von Banken und Versicherungen angeboten, sondern auch als persönliche Leistungen.

Hieran zeigt sich, dass eine gesamtwirtschaftliche Belebung der Nachfrage an der westdeutschen Arbeitslosigkeit nicht viel ändern würde. Zwar könnte eine staatlich generierte Nachfragebelebung die Arbeitslosigkeit verringern, nur an einer Strukturänderung würde sie „vorbeilaufen". Mittelfristig bestünde dasselbe Strukturproblem (verstärkt) fort.

5 Arbeitsmarktpolitische Maßnahmen im internationalen Vergleich

Obgleich die hier betrachteten Referenzländer höchst unterschiedliche arbeitsmarktpolitische Maßnahmen durchführten, ist deren Arbeitslosigkeit gleichermaßen gesunken. Die Arbeitsmarkt-Regelungen sollten allerdings nur grobe Anhaltspunkte für die Beschäftigungssituation darstellen.

Regelungen	**Deutschland**	**Niederlande**	**Schweden**	**Großbritannien**
Lohnfindung nach...	Branchen	Branchen, Firmen	Branchen, Firmen	Firmen
Mindestlöhne	keine	54% des ø-Lohns	keine	keine
Lohnersatz-leistungen				
a) Arbeitslosen-geld	67% bzw. 60% (o. Ki.) für 6 – 32 Monate	70% 6 – 60 Monate	80% Max. 60 Wochen	45,45 £/Woche 1 Jahr
b) Arbeitslosen-hilfe	57% bzw. 53% (o. Ki.)	ja	< Arbeitslosengeld	18% vom Bruttolohn
Zeitflexibilität	Tarifl. 38 Std./Woche Urlaub: 24 Tage	35% Teilzeitjobs 10% Zeitarbeits-verträge	40 Std./Woche Urlaub: 27 Tage	keine Regelung
Kündigungsfristen	1 – 7 Monate	Max. 0,5 Jahr	1 – 6 Monate	1 – 12 Wochen
Abfindungen	Ø 13 Wochen-löhne	Ø 1 Monats-verdienst		21 Wochenlöhne
Aktuelle Maßnahmen	Maßgebl. früheres Arbeitsentgelt jährlich um 3% gekürzt (bei AL-Hilfe);bei Ablehnung eines zumutbaren Angebots: Kürzung von 25% der AL-Hilfe	Zumutbarkeit verschärft; Lohnsubventionen für gering Qualifizierte; Zwang zum Mindestlohn für Langzeitarbeitslose aufgehoben	MWSt von 21% auf 12% gesenkt; Reallohnflexibilität bisher über Abwertung der S-Krone	Reduktion der Dauer der Arbeitslosenhilfe; Verschärfung der Erwerbsunfähigkeit

Quelle: D. Dohse/Chr. Krieger-Boden (1998).

Tabelle 9: Arbeitsmarktregelungen in ausgewählten Ländern der EU

Die Arbeitsmarkt-Regelungen der Referenzländer unterscheiden sich von denen in Deutschland insbesondere hinsichtlich

- von Teilzeitjobs und Zeitarbeitsverträgen in den Niederlanden
- der Möglichkeit einer Wechselkurspolitik in Schweden
- sehr niedriger Lohnersatzleistungen in Großbritannien.

Die arbeitsmarktpolitischen Maßnahmen Schwedens sind in Deutschland faktisch und die Großbritanniens politisch nicht durchführbar; die in den Niederlanden setzen eine sozialpolitische Akzeptanz bei Arbeitnehmern zu niedrigeren persönlichen Einkommen – bei allerdings geringerer Wochenarbeitszeit, d. h. umfangreicherer Freizeit – voraus.

6 Schlussfolgerungen

Die starke Bevölkerungszunahme durch Zuwanderungen in den alten Bundesländern seit 1989 ebbte inzwischen ab; dies mag auch den Arbeitsmarkt tendenziell entlasten.

Neue Arbeitsplätze insbesondere im High-Tech-Bereich des Verarbeitenden Gewerbes und im Dienstleistungssektor werden durch Förderung von Investitionen, also einer Angebotspolitik – zu der auch steuerliche Anreize gehören –, ermöglicht. Um niedrig qualifizierte Arbeitskräfte wieder in eine Beschäftigung zu überführen, sind eine stärkere Lohnspreizung sowie Bildungs-/Umschulungsmaßnahmen erforderlich. Opportunitätskosten der Arbeitslosigkeit, also der Abstand zwischen Einkommen und sozialer Unterstützung, sind zu erhöhen. Dies alles sind lange bekannte und geforderte Maßnahmen, sie gelten nur immer noch nicht als primäre Ansatzpunkte einer Belebung der Beschäftigung.

Literatur

Bofinger, P./Fasshauer, St. (1998): Reduzierung der Sozialabgaben statt Kombilohn. In: Wirtschaftsdienst, 78. Jahrgang. S. 519-535.

Dohse, D./Krieger-Boden Chr. (1998): Währungsunion und Arbeitsmarkt. Tübingen.

Borchert, M. (1995): Arbeitslosigkeit in Deutschland. In: Volkswirtschaftliche Korrespondenz der Adolf Weber-Stiftung, 34, Nr. 7.

Görgens, E. (1996): Aktive Arbeitsmarktpolitik. In: WiSt, 25. Jg. S. 175-780.

Kröger, M./van Suntum, U. (1999): Mit aktiver Arbeitsmarktpolitik aus der Beschäftigungskrise? Ansätze aus Großbritannien, Dänemark, Schweden und Deutschland. Gütersloh.

Sachverständigenrat zur Begutachtung der gesamtwirtschaftlichen Entwicklung: Jahresgutachten. Lfd. Jahrgänge.

Statistisches Bundesamt (2006): Niedriger Bildungsabschluss verringert Berufschancen. Pressemitteilung vom 15.09.2006. Online abrufbar unter http://www.destatis.de/jetspeed/portal/cms/Sites/destatis/Internet/DE/Presse/pm/2006/09/PD06__384__133

Arbeitslosigkeit in Deutschland Globalisierungs- oder Mismatchproblem?

Gustav Dieckheuer

Trotz eines beachtlichen Konjunkturaufschwungs in den Jahren 2006 und 2007 ist die Zahl der Arbeitslosen in Deutschland noch immer sehr hoch.[1] Die Arbeitslosigkeit wurde bis vor kurzem – vor dem Hintergrund dramatischer Zuwächse an Arbeitslosen vor allem in den Jahren von 2000 bis 2005 – in Politik und Gesellschaft häufig der Globalisierung zugeschrieben. Mit der Verbesserung der Arbeitsmarktlage scheint dieser Aspekt aber ein wenig an Bedeutung zu verlieren. Mehr Aufmerksamkeit hat jetzt ein Arbeitsmarktphänomen, das in der wissenschaftlichen Analyse schon immer ein wichtige Rolle spielte, das aber in Politik und Öffentlichkeit nicht so recht wahrgenommen wurde: das Phänomen des Mismatch. Denn offenbar wurden und werden die Expansionsmöglichkeiten in vielen Unternehmungen im neuen Konjunkturaufschwung durch den Mangel an qualifizierten Arbeitskräften erheblich eingeschränkt. Man schätzt, dass das Wirtschaftswachstum hierdurch um fast einen Prozentpunkt geschmälert wird und so jährlich eine BIP-Einbuße von etwa 20 Mrd. verursacht wird.

Zwischen den Einflüssen der Globalisierung und dem Mismatchproblem besteht allerdings ein enger Zusammenhang: Vor allem die Produzenten von Exportgütern und importkonkurrierenden Gütern sind dem in der Globalisierung immer stärker werdenden Wettbewerbsdruck nur gewachsen, wenn sie bei Produktinnovation und Qualität höchsten Ansprüchen genügen – und dies lässt sich nur mit hoch qualifizierten Arbeitskräften realisieren. Somit ließe sich folgern, dass die gering qualifizierten Arbeitskräfte die Verlierer im Globalisierungsprozess sind. Angesichts des Wachstumspotenzials, das sich auch für Deutschland aus der Globalisierung ergibt, ist die tiefer liegende Ursache für dieses Problem jedoch das nationale Mismatch und nicht der internationale Globalisierungseinfluss.

Die hier skizzierte Lage bildet den Hintergrund für diesen Beitrag. Im Einzelnen geht es darum, einige Entwicklungstendenzen und Ursachen der Arbeits-

1 Im Jahresdurchschnitt 2007 wird die Zahl der Arbeitslosen wahrscheinlich bei ca. 3,7 Millionen liegen.

losigkeit in Deutschland aufzuzeigen, zu prüfen, ob die Globalisierung von maßgeblicher Bedeutung für das Beschäftigungsproblem war, und schließlich, wie das qualifikatorische Mismatchproblem derzeit in Deutschland einzuschätzen ist.[2] Im Hinblick auf solche Aspekte und insbesondere auf die Spezifika des deutschen Arbeitsmarktes beschränkt sich dieser Beitrag vorwiegend auf eine empirisch angelegte Analyse.

1 Arbeitslosigkeit in Deutschland

1.1 Entwicklungen seit 1970

Die Arbeitslosenquote in Deutschland ist seit 1970 zwar in zyklischen Bewegungen, die im Wesentlichen den Konjunkturzyklen folgten, aber entlang eines Trends fortlaufend gestiegen.

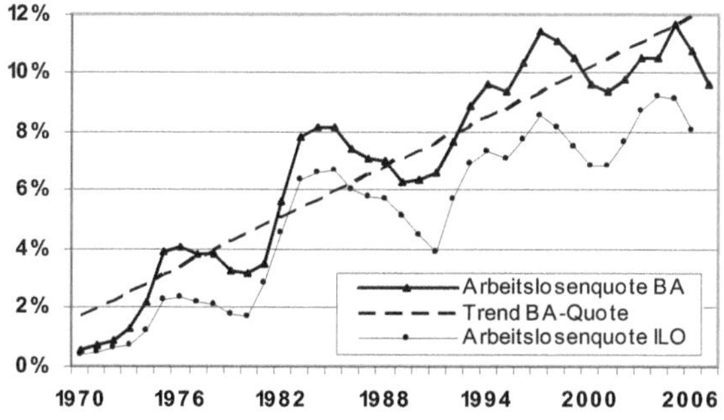

Quelle: Statistisches Bundesamt (2007a); SVR (2006); Jahreswert für 2007 geschätzt.

Abbildung 1: Jahresdurchschnittliche Arbeitslosenquoten 1970 bis 2007

Diese Entwicklung war für die Quoten sowohl der Bundesagentur für Arbeit (BA) als auch der International Labor Organization (ILO) zutreffend.[3] Der jüngs-

2 Zum Mismatch siehe u. a.: H. Entorf (1995); EZB (2003); W. Franz (2006), Kapitel 9; C. Ochsen (2004); R. Shimer (2005); D. J. Snower/R. Winkelmann/K. F. Zimmermann (2006); V. Steiner/H. Wolff (2001).

3 Der Unterschied zwischen BA- und ILO-Quoten resultiert aus unterschiedlichen Erhebungsmethoden und vor allem daraus, dass bei ILO auch die Personen als beschäftigt gelten, die nur einer Minimaltätigkeit nachgehen, wogegen solche Personen bei der BA zu den Arbeitslosen gezählt werden. Die BA-Quote ist deshalb immer höher als die ILO-Quote. Hierzu siehe: Statistisches

te Konjunkturaufschwung hat aber offensichtlich eine deutliche Abschwächung dieses Trends bewirkt. Vor allem im Hinblick auf das Mismatchproblem ist es jedoch – wie noch zu zeigen ist – zweifelhaft, ob der nun zu beobachtende Abbau von Arbeitslosigkeit anhalten wird.

1.2 Ursachen

Die Arbeitslosigkeit in Deutschland und deren zuvor aufgezeigte trendmäßige Entwicklung haben vielfältige Ursachen gehabt. Neben den konjunkturellen Zyklen, deren Einflüsse in der Abbildung 1 unmittelbar erkennbar sind, waren insbesondere ausschlaggebend

- die im internationalen Vergleich hohen Lohnstückkosten, die nicht zuletzt durch die hohen Lohnnebenkosten bedingt waren,
- die institutionellen Gegebenheiten vor allem im Rahmen des sozialen Sicherungssystems, die eine erhebliche Beeinträchtigung der Anreize zur aktiven Beteiligung am Erwerbsleben implizierten,
- die Disparitäten zwischen Angebot und Nachfrage auf dem Arbeitsmarkt, die aus regionaler Immobilität sowie vorwiegend aus qualifikatorischen Defiziten von Arbeitnehmern resultierten.

Der konjunkturelle Aufschwung hat in jüngster Zeit maßgeblich zur Reduktion der Arbeitslosenquote beigetragen. Ein beachtlicher positiver Effekt ist aber auch von der Stärkung der internationalen Wettbewerbsposition deutscher Unternehmungen ausgegangen. Dazu haben die relativ starke Abschwächung des Lohnkostendrucks – vor allem aufgrund der moderaten Lohnpolitik der Gewerkschaften – sowie die Arbeitsmarktreformen einen wichtigen Beitrag geleistet.[4] Demgegenüber ist beim Mismatch zwar eine geringe Erhöhung der regionalen Mobilität feststellbar, aber bei den qualifikatorischen Defiziten hat sich die Lage – wie noch zu zeigen ist – nicht verbessert. Diese Vorgänge lassen sich (siehe Abbildung 2) mit Hilfe einer Beveridge-Kurve darstellen.[5]

Bundesamt (2007b). Der steigende Trend in der Arbeitslosenquote macht ein allmähliches Höherschrauben sowie trotz Verbesserungen in Konjunkturentwicklung und Wachstum eine gewisse Remanenz der Arbeitslosigkeit deutlich (Hysteresis-Phänomen). Dazu: G. Dieckheuer (2003: 293 und 379).

4 Zur Arbeitsmarktpolitik in Deutschland: BA (2006b).

5 Die Beveridge-Kurve stellt den Zusammenhang zwischen der Arbeitslosenquote (hier u) und der Quote der offenen Stellen bzw. der Vakanzquote (hier v) her. Siehe: B. Christensen (2001); G. Dieckheuer (2003: 277); EZB (2002). Die Beveridge-Kurven für Deutschland und viele andere Länder sind in etlichen empirischen Studien ermittelt worden. Die Ergebnisse haben allerdings nur eine beschränkte Aussagekraft, denn die Quote der offenen Stellen wird den offiziellen Statistiken entnommen, die aber die tatsächliche Lage nur unzulänglich erfassen. Das gilt insbeson-

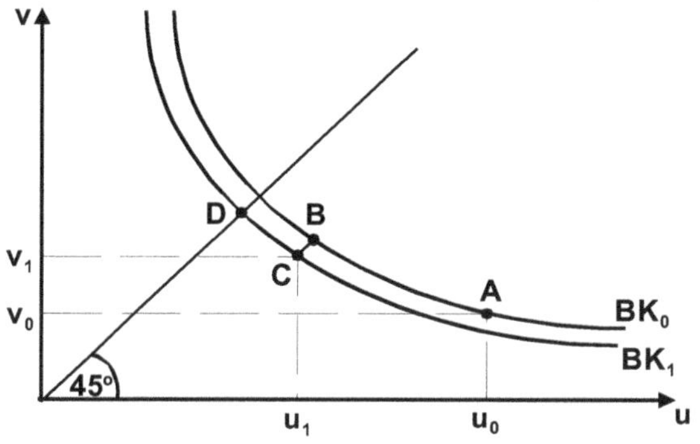

Abbildung 2: Beveridge-Kurve

In dieser Darstellung kommen die zuvor genannten positiven Einflüsse (Konjunktur, Lohnkosten, Arbeitsmarktreformen) in einer Bewegung auf der Beveridge-Kurve BK_0 vom Ausgangspunkt A zum Punkt B und der Einfluss der Mobilitätssteigerung in der (geringen) Verschiebung der Kurve bzw. einer Bewegung von B nach C zum Ausdruck.[6] Gleichwohl wurde ein Punkt auf der 45-Grad-Linie, der nur noch Mismatch-Arbeitslosigkeit widerspiegeln würde, auch im jüngsten Aufschwung nicht erreicht. Andere Ursachen der Arbeitslosigkeit sind somit (bei weitem) nicht ausgeräumt.

1.3 Einflüsse der Globalisierung

Es ist zwar nicht möglich, die verschiedenen Ursachen der Arbeitslosigkeit numerisch exakt zu separieren, aber es besteht kein Zweifel daran, dass der Globalisierungsprozess einen maßgeblichen Anteil am deutschen Beschäftigungsproblem gehabt hat. Die Abbildung 3 macht jedoch deutlich, dass der hierin implizierte Strukturwandel in Deutschland durchaus bewältigt worden ist. Im produzierenden Gewerbe bzw. im sekundären Sektor sind zwischen 1995 und 2006 etwa 2,3 Mio. Arbeitsplätze verloren gegangen.[7] Weil dieser Sektor dem interna-

dere in der aktuellen Situation in Deutschland, in der viele Unternehmungen ohnehin keine Chance sehen, ihre offenen Stellen durch Vermittlung der Bundesagentur für Arbeit besetzen zu können.

6 Die Bewegung von B nach C folgt entlang einer Linie, die eine Steigung von 45° hat.

7 Jeweils mehr als 80 % der deutschen Exporte und importkonkurrierenden Güter werden in diesem Sektor hergestellt.

tionalen Wettbewerbsdruck am stärksten ausgesetzt ist, dürfte die Globalisierung hier einen maßgeblichen Einfluss gehabt haben. Den Arbeitsplatzverlusten im Primär- und vor allem im Sekundärsektor steht allerdings eine Ausweitung um 4 Millionen Erwerbstätige im Tertiärsektor gegenüber. Die Erwerbstätigenzahl in der Gesamtwirtschaft ist demnach um ca. 1,5 Mio. angestiegen.

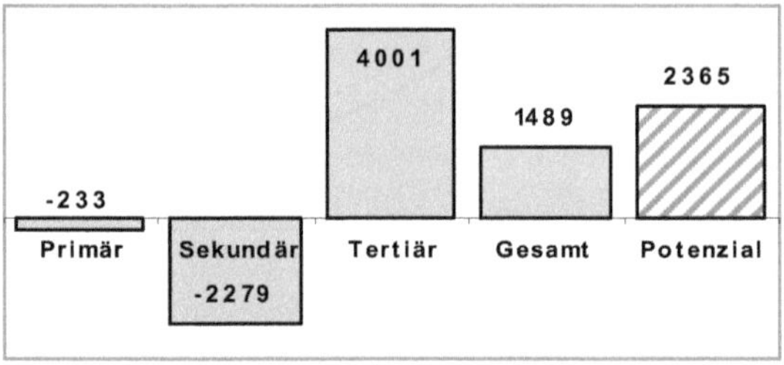

Quelle: Statistisches Bundesamt (2007a); SVR (2006); eigene Berechnungen.

Abbildung 3: Änderung der Beschäftigung 1995 bis 2006 (in Tsd.)

Offenbar hat die Globalisierung zwar einen maßgeblichen Anstoß zu einem Strukturwandel gegeben, aber der Arbeitsmarkt hat sich daran recht gut angepasst. Gleichwohl erhöhte sich die Anzahl der Arbeitslosen zwischen 1995 und 2006 um 876.000, doch das war aus gesamtwirtschaftlicher Sicht vorwiegend der Zunahme der Erwerbspersonen zuzurechnen, welche insbesondere aus Zuwanderung und einer höheren Beteiligung von Frauen am Erwerbsleben resultierte. Allerdings darf nicht übersehen werden, dass im Beschäftigungszuwachs von 1,5 Mio. etwa 1 Mio. zusätzliche Teilzeitbeschäftigte enthalten sind. Die Teilzeitquote erhöhte sich zwischen 1995 und 2006 von 16,3 % auf etwa 19 %.

In der Abbildung 4 wird mit Blick auf spezifische Teilsektoren deutlich, dass

- der prozentuale Beschäftigungsrückgang im Sektor Textil und Bekleidung (TB) am höchsten war, also in dem Sektor, der dem Globalisierungsdruck am stärksten ausgesetzt war und ist,
- beim Fahrzeugbau (FB) der Beschäftigungszuwachs relativ hoch war, obwohl sich auch dieser Sektor in einem globalen Umfeld behaupten muss,
- im Sektor Maschinen- und Gerätebau (MG), in dem der Exportanteil besonders hoch ist, Arbeitsplätze abgebaut wurden[8],

8 Dieser Sektor hat seine Exportstärke behaupten können, weil er u. a. weit über dem Durchschnitt liegende Produktivitätszuwächse realisiert hat. Ein Teil der Arbeitsplatzverluste ist deshalb wahrscheinlich auf den Globalisierungsdruck zurückzuführen.

- eine gravierende Beschäftigungseinbuße (fast 50 % der Reduktion des Sekundärsektors) im Bausektor (BAU) stattgefunden hat, also in einem Sektor, der vorwiegend binnenwirtschaftlich ausgerichtet ist,
- hohe absolute und relative Beschäftigungszuwächse in den Sektoren „Forschung und Entwicklung" (FE) sowie „Unternehmensnahe Dienstleistungen" (UDL) zu verzeichnen waren.

Geht man dem Beschäftigungszuwachs in den Sektoren „Forschung und Entwicklung" (FE) und „Unternehmensnahe Dienstleistungen" (UDL) auf den Grund, so zeigt sich, dass dieser zu einem maßgeblichen Teil auf ein nationales Outsourcing von Unternehmungen des Verarbeitenden Gewerbes (VG) zurückzuführen ist.[9] Hierdurch ist es somit lediglich zu einer Verlagerung von Produktion und Beschäftigung vom Industrie- zum Dienstleistungsbereich gekommen, einer Verlagerung, die allerdings auch durch den globalisierungsbedingten Wettbewerbsdruck erzwungen wurde.

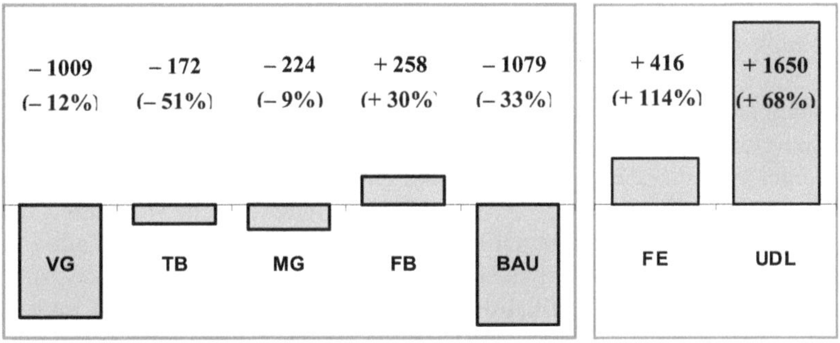

Symbole: VG: Verarbeitendes Gewerbe; TB: Textil und Bekleidung; MG: Maschinen- und Gerätebau; FB: Fahrzeugbau; BAU: Bauwirtschaft; FE: Forschung und Entwicklung; UDL: Unternehmensnahe Dienstleistungen

Quelle: Statistisches Bundesamt (2007a); eigene Berechnungen.

Abbildung 4: Sektorale Änderungen der Beschäftigung 1995 bis 2006 (in Tsd.)

Die empirischen Beobachtungen lassen mit Blick auf die Sektoren „Verarbeitendes Gewerbe", „Forschung und Entwicklung" sowie „Unternehmensnahe Dienstleistungen" sogar den Schluss zu, dass es zwischen 1995 und 2006 zwar einen binnenwirtschaftlichen Strukturwandel, aber keinen gravierenden globalisie-

9 Der Sektor VG umfasst alle Unternehmungen des Sekundärsektors außer denjenigen aus den Bereichen Bergbau, Energie und Bauwirtschaft. Er enthält somit vor allem die Unternehmungen, die dem internationalen Wettbewerb besonders stark ausgesetzt sind.

rungsbedingten gesamtwirtschaftlichen Beschäftigungsabbau gegeben hat.[10] Allerdings sind etwa 50 % der in den unternehmensnahen Dienstleistungen (z. B. in Reinigungsdiensten) zusätzlich geschaffenen Stellen Teilzeitjobs, so dass bei der Verlagerung vom verarbeitenden Gewerbe zu den unternehmensnahen Dienstleistungen offenbar viele frühere Vollzeitjobs verloren gegangen sind. Gleichwohl kann die These vom „Jobkiller Globalisierung" für den hier untersuchten Zeitraum nicht bestätigt werden. Trotzdem bleibt festzuhalten, dass die Zahl der Arbeitslosen zwischen 1995 und 2006 weiter angestiegen ist und dass die deutliche Erstarkung der deutschen Wirtschaft im Jahr 2007 und vermutlich eine gewisse Zeit danach zwar die Beschäftigungslage verbessern, aber dennoch eine recht hohe „Sockelarbeitslosigkeit" erhalten bleiben wird. Dabei spielt das Mismatchproblem zweifellos eine maßgebliche Rolle.

2 Das Mismatchproblem

2.1 Daten zur Berufsqualifikation

Mismatch auf dem Arbeitsmarkt verbunden mit einem grundlegenden Mangel an qualifizierten Arbeitskräften entsteht insbesondere daraus, dass die Anbieter keine oder eine unzulängliche schulische und/oder berufliche Ausbildung haben. Welch große Rolle dabei die berufliche Ausbildung spielt, wird aus folgender Information der Bundesagentur für Arbeit deutlich: im Jahr 2006 hatten fast 80 % der Neuzugänge zur Arbeitslosigkeit keinen berufsqualifizierenden Abschluss (BA 2006a). Um das qualifikationsbedingte Mismatchproblem auf empirischer Grundlage zu erfassen, müssten die heutigen sowie insbesondere die zukünftigen Qualifikationsanforderungen der Nachfrageseite und die heutigen sowie die zukünftig zu erwartenden Qualifikationen der Anbieterseite gegenübergestellt werden. Dass es hierbei ein gravierendes Mismatch gibt, ist aus vielen Äußerungen von Unternehmern und Unternehmensverbänden bekannt und lässt sich auch aus der in der Beveridge-Kurve dargestellten Existenz von offenen Stellen auf der einen und Arbeitslosigkeit auf der anderen Seite schließen. Exakte Statistiken zu den aktuellen Qualifikationsstrukturen im Hinblick auf Nachfrage und Angebot auf dem Arbeitsmarkt liegen aber derzeit (noch) nicht vor, so dass die diesbezügliche empirische Arbeit, die sich – wie hier – auf verfügbare Daten stützen muss, erheblich eingeschränkt ist. Und zu den zukünftig zu erwartenden Strukturen gibt es ebenfalls nur unzulängliche Prognosestudien. Im Folgenden können

10 Die Beschäftigungsquote hat sich zwar zu Lasten des Verarbeitenden Gewerbes verändert, aber im Zuge des binnenwirtschaftlichen Outsourcing war das keine Folge einer echten Deindustrialisierung.

deshalb auf empirischer Grundlage nur gewisse Einblicke in aktuelle Qualifikationsstrukturen insbesondere auf Seiten der Nachfrager gegeben werden, die für das Mismatch am Arbeitsmarkt von grundlegender Bedeutung sind.[11]

In der Abbildung 5 sind für die Erwerbs- und Nichterwerbspersonen im Alter zwischen 15 und 65 Jahren vier Gruppen gebildet worden. Die Abbildung zeigt, dass die Gruppe ohne berufsqualifizierenden Abschluss mit einem Anteil von 19,9 % an allen Erwerbspersonen relativ hoch und deren Beteiligung im Arbeitsmarkt mit 75,1 % relativ niedrig ist. Zugleich ist in dieser Gruppe auch die Arbeitslosenquote mit 19,5 % der Erwerbspersonen dieser Gruppe sehr hoch. Bei der im Durchschnitt hoch qualifizierten Gruppe mit Meister- oder Hochschulabschluss dagegen ist die Bereitschaft zur Erwerbsbeteiligung mit jeweils fast 90 % sehr hoch und die Arbeitslosenquote mit 6,2 bzw. 5,1 % recht niedrig.[12]

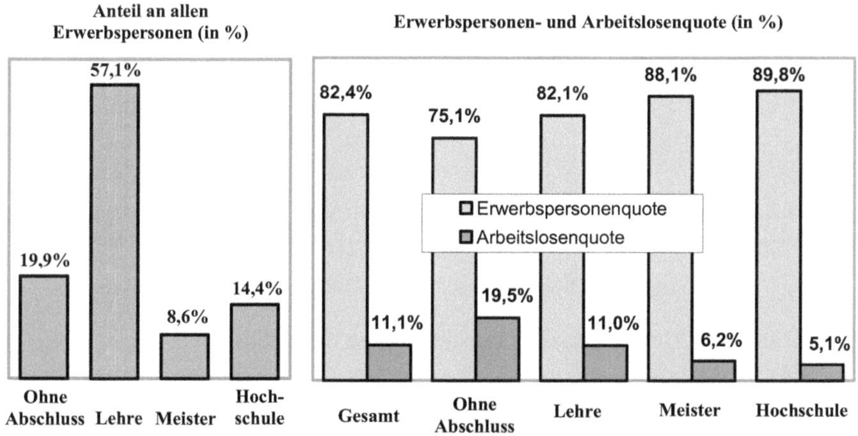

Quelle: Statistisches Bundesamt (2007b); BA (2006a); eigene Berechnungen.

Abbildung 5: Berufliche Qualifikation und Erwerbstätigkeit im Jahr 2005

11 Die meisten der im Folgenden verwendeten Daten beziehen sich auf das Jahr 2005. Neuere Daten sind zurzeit (August 2007) nicht verfügbar. Weil sich die Strukturen im Bildungs- und Ausbildungsbereich von Jahr zu Jahr erfahrungsgemäß nur sehr wenig ändern, dürften die Daten von 2005 auch für andere Zeiträume (1995 bis 2004 sowie 2006 und 2007) aussagekräftig sein.

12 Erfasst werden nur die Personen, die sich nicht in einer schulischen oder beruflichen Ausbildung (inklusive Hochschulstudium) befinden. Erwerbspersonen sind diejenigen, die auf dem Arbeitsmarkt zur Verfügung stehen und dort erwerbstätig oder arbeitslos sind. Zur Erwerbstätigkeit und Arbeitslosigkeit mit Blick auf Qualifikationsgruppen: A. Reinberg/M. Hummel (2005).

Von erheblicher Bedeutung für die weiteren Entwicklungen auf dem Arbeitsmarkt ist auch die Alterstruktur derjenigen, die keinen berufsqualifizierenden Abschluss besitzen. Dazu gibt die Abbildung 6 Auskunft. In der Gruppe der 15 bis 30-Jährigen, die sich nicht mehr in einem Ausbildungsgang befinden, sind Anzahl und auch Anteil derjenigen ohne berufsqualifizierenden Abschluss bedenklich hoch (2,7 Millionen und 23,1 % aller Personen dieser Gruppe).[13] Die Situation hat sich somit in Deutschland in jüngerer Zeit in relativer Betrachtung verschlechtert. Von daher wird sich das Mismatchproblem in Zukunft sogar noch verstärken.

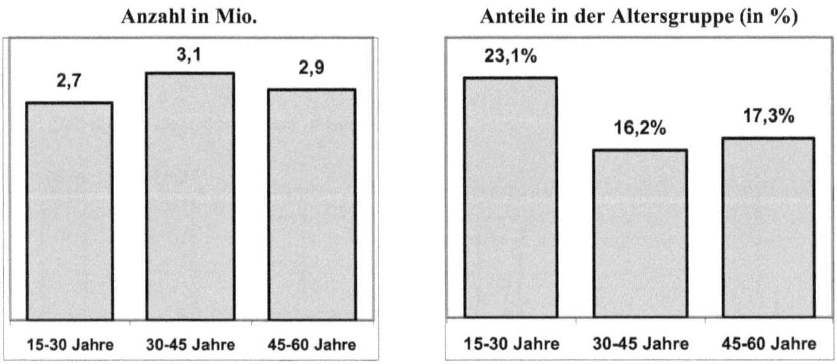

Quelle: Statistisches Bundesamt (2007b); BA (2006a); eigene Berechnungen.

Abbildung 6: Alterstruktur der Personen ohne Berufsabschluss

Die Abbildung 7 lässt erkennen, welche Rolle der Schulabschluss für die Position auf dem Arbeitsmarkt spielt.[14] Der Anteil der Personen ohne Schulabschluss an allen Erwerbs- und Nichterwerbspersonen im Alter von 15 bis 65 Jahren (unter Ausschluss der Personen, die sich noch in einer Ausbildung befinden) ist mit 3,7 % zwar gering, aber dieser Anteil hat in den Jahren seit 1995 laufend zugenommen und scheint derzeit noch weiter anzusteigen.[15]

---

13 Zur Erfassung siehe die Fußnote 12. Allerdings ist zu vermuten, dass es in dieser Gruppe eine gewisse Dunkelziffer von Personen gibt, die sich noch in einem Ausbildungsgang befinden, aber statistisch nicht erfasst worden sind. Gleichwohl dürfte sich dadurch die bedenkliche Situation in dieser Gruppe nicht grundlegend verbessern. Im Übrigen besitzt ein erheblicher Teil der Personen ohne Berufsabschluss in dieser Gruppe einen Migrationshintergrund. Auf dieses Spezialproblem wird weiter unten noch eingegangen.

14 Es gilt die gleiche Abgrenzung wie bei Abbildung 5 (siehe Fußnote 12).

15 In der Gruppe unter 25 Jahre beträgt der Anteil der Personen ohne Schulabschluss bereits 4,7 %.

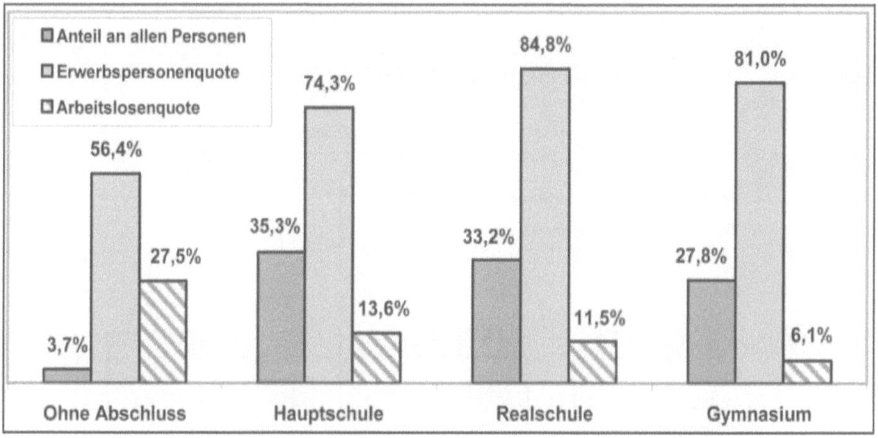

Quelle: Statistisches Bundesamt (2007b); BA (2006a); eigene Berechnungen.

Abbildung 7: Schulabschluss und Erwerbstätigkeit im Jahr 2005

Wie schon in Bezug auf die berufliche Qualifikation, so gilt auch hier, dass die Gruppe der Personen ohne Abschluss eine geringe Erwerbspersonenquote und eine hohe Arbeitslosenquote besitzt. Es ist zu vermuten, dass der weitaus größte Teil dieser Personen letztlich auch ohne beruflichen Abschluss bleibt. Insgesamt wird bestätigt, was man erwarten konnte: je besser die schulische Qualifikation, desto höher ist die aktive Beteiligung am Erwerbsleben und desto geringer ist das Risiko von Arbeitslosigkeit (zu diesem Aspekt: A. Reinberg/M. Hummel 2005).

Eine besondere Problemgruppe in Deutschland sind die Personen mit Migrationshintergrund. In der Gruppe der 15 bis 65-Jährigen, die als Erwerbspersonen gelten, sind das etwa 9 Mio. Menschen. Das entspricht knapp über 17 % aller Erwerbspersonen in Deutschland – ein durchaus maßgeblicher Anteil auf dem Arbeitsmarkt. Die Abbildung 8 macht deutlich, dass die Quoten derjenigen ohne Schulabschluss und ohne berufsqualifizierenden Abschluss sowie die Arbeitslosenquote in diesem Teil der Bevölkerung eklatant höher liegen als bei den Personen ohne Migrationshintergrund.[16] Hier werden grundlegende Versäumnisse und Probleme deutlich: das deutsche Bildungssystem hat sich offenbar nicht adäquat auf die Migranten eingestellt; die deutsche Zuwanderungspolitik hat den

16 Weil exakte Daten für die unter 25-Jährigen nicht verfügbar sind, werden hier in Abweichung von den Abbildungen 5 und 6 nur die Personen ab 25 bis 65 Jahre erfasst. Allerdings dürfte sich in den Relationen auch unter Einschluss der unter 25-Jährigen kein wesentlich anderes Bild zeigen.

Aspekt Bildung offenbar allzu sehr vernachlässigt; die ohnehin schon schwierige Lage bei der Integration von Menschen mit Migrationshintergrund in den Arbeitsmarkt wird sich wahrscheinlich noch verschärfen.

(Personen von 25 bis 65 Jahre)

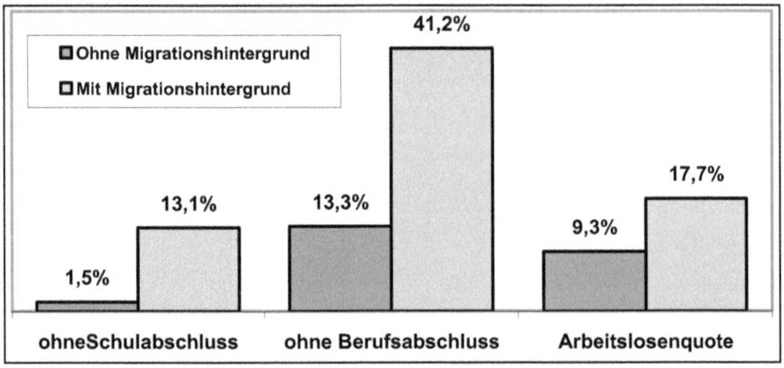

Quelle: Statistisches Bundesamt (2007c); eigene Berechnungen.

Abbildung 8: Migrationshintergrund und Qualifikation im Jahr 2005

2.2 *Qualifikation und Einkommensverteilung*

Im Zuge der Globalisierung sind zwar, wie oben gezeigt, in gesamtwirtschaftlicher Betrachtung zwischen 1995 und 2006 keine Arbeitsplätze verloren gegangen, aber der Wettbewerbsdruck hat Konsequenzen für die Einkommensverteilung zwischen den Gruppen mit unterschiedlichen beruflichen Qualifikationen gehabt. Die Verlierer – sowohl absolut als auch relativ – unter allen Berufstätigen waren vorwiegend Personen, die keinen berufsqualifizierenden Abschluss haben, und die Gewinner – zumindest relativ – waren diejenigen, die über einen Hochschulabschluss verfügen. Wie stark inzwischen die Abweichungen in den Einkommensverteilungen geworden sind, zeigt die Abbildung 9. Etwa 75 % der Personen ohne berufsqualifizierenden Abschluss haben ein monatliches Nettoeinkommen von weniger als 1300 Euro. Bei den Personen mit Hochschulabschluss ist es umgekehrt: hier erreichen 75 % ein monatliches Nettoeinkommen von mehr als 1300 Euro.

(Einkommensgruppen: monatliche Nettoeinkommen in Euro)

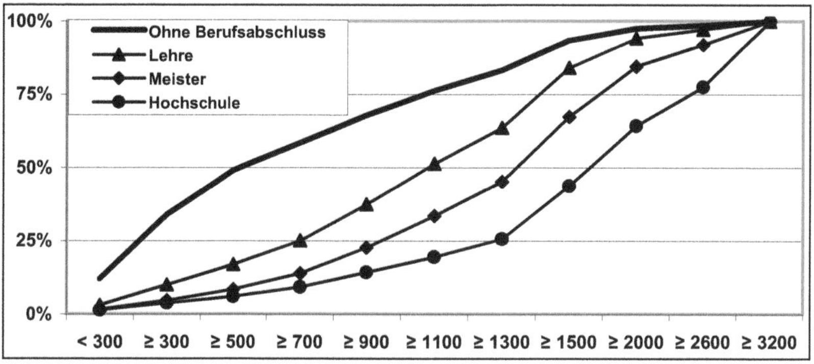

Quelle: Statistisches Bundesamt (2007b); eigene Berechnungen.

Abbildung 9: Einkommensverteilung der Berufstätigen im Jahr 2005

Zwei Ursachen sind für diese Situation ausschlaggebend gewesen:[17]

- Die Nachfrage nach Arbeitskräften ohne berufsqualifizierenden Abschluss ist in den vergangenen Jahren vor dem Hintergrund der im globalen Wettbewerb gestiegenen Qualifikationsanforderungen sowohl absolut als auch relativ stark gesunken. Von hierher wurde ein deutlicher Druck auf die Löhne dieser Personengruppe ausgeübt.
- Das ebenfalls durch den Globalisierungsdruck angeregte binnenwirtschaftliche Outsourcing von Dienstleistungen, die vormals in den Industrieunternehmungen erbracht wurden, hat – wie schon erwähnt – in großem Umfang eine Umwandlung von Vollzeit- in Teilzeitjobs impliziert. Damit waren zwangsläufig negative Wirkungen auf die Einkommen vor allem der gering qualifizierten Arbeitskräfte verbunden.

An diesem Beispiel wird einmal mehr deutlich, welch enger Zusammenhang zwischen den Globalisierungseinflüssen und dem Mismatch am Arbeitsmarkt besteht – hier nicht in Bezug auf die weiter oben dargelegte Arbeitslosigkeit, sondern auf die Verteilungsposition der Geringqualifizierten.

17 Die hier genannten Ergebnisse zeigen die Wirkungen des internationalen Wettbewerbs, die von den Gütermärkten auf die Arbeitsmärkte übertragen werden und theoretisch bereits im Modell von Heckscher und Ohlin erklärt werden. Zum Heckscher-Ohlin-Modell: G. Dieckheuer (2001: 85 ff.).

2.3 Berufsqualifikation: Deutschland im europäischen Vergleich

In den vorangegangenen Untersuchungen stand auf Grundlage von Mikrozensus-Daten die qualifikatorische Struktur der Bevölkerung in Deutschland – bezogen sowohl auf die schulische Bildung als auch auf die berufsqualifizierenden Abschlüsse – im Vordergrund. Der Blick war damit insbesondere auf die Angebotsseite des Arbeitsmarktes gerichtet, also auf die Gesamtheit von Erwerbspersonen und Nichterwerbspersonen.[18] Im Folgenden wird die Qualifikationsstruktur der Personen näher betrachtet, die erwerbstätig sind. Weil sich diese Struktur aus dem Angebot und der Nachfrage auf dem Arbeitsmarkt ergibt, spielt nun implizit auch die Nachfrageseite ein Rolle. Die für das Mismatch wichtige Frage, ob der Nachfrage der Unternehmungen nach Arbeitskräften unter qualitativem Aspekt ein ausreichend hohes Angebot gegenübergestanden hat, kann allerdings auch hier nicht hinreichend beantwortet werden.

Um die qualitative Beschäftigungssituation in Deutschland bewerten zu können, wird jetzt ein Vergleich mit anderen Ländern der Europäischen Union vorgenommen, und zwar zum einen mit der Gruppe der EU15-Länder (außer Deutschland, Griechenland und Niederlande) und zum anderen speziell mit der Gruppe der nordischen Länder Dänemark, Finnland und Schweden.[19] Wie die Abbildung 10 zeigt, haben sich die Qualifikationsstrukturen der Erwerbstätigen in Deutschland von 1995 bis 2005 nur wenig verändert. Der Anteil der hoch qualifizierten Personen (Meister, Techniker, Hochschulabschluss) stieg nur geringfügig von 24,2 % auf 26,0 %, und zugleich erhöhte sich der Anteil der Personen ohne berufsqualifizierenden Abschluss von 15,8 % auf 16,1 %. Im europäischen Vergleich ist die Quote der gering qualifizierten Erwerbstätigen mit etwa 16 % zwar nach wie vor niedrig, aber die Qualifikationsentwicklung ist in allen anderen Ländern der EU15 zwischen 1995 und 2005 günstiger verlaufen als in Deutschland. Ausgehend von einem zu Deutschland relativ hohen Niveau, wurde der Anteil der gering Qualifizierten in allen anderen Ländern der EU15 deutlich reduziert und der Anteil der hoch Qualifizierten deutlich erhöht. Mit 31,5 % im Jahr 2005 ist der Anteil der Personen mit hoher Berufsqualifikation in den nordischen Ländern besonders groß. Deutschland hat somit seinen früheren (zeitweise recht hohen) komparativen Vorteil in nur kurzer Zeit weitgehend verloren.[20]

18 Man beachte, dass zu den Erwerbspersonen die Erwerbstätigen und die Arbeitslosen zählen.

19 Für Griechenland und die Niederlande liegen die erforderlichen Daten nicht vor.

20 Zum Mismatch in europäischen Ländern siehe EZB (2002). Allerdings werden die Entwicklungen auf dem deutschen Arbeitsmarkt teilweise durchaus positiv eingeschätzt: J. Fuchs/ P. Schnur/ G. Zika (2005).

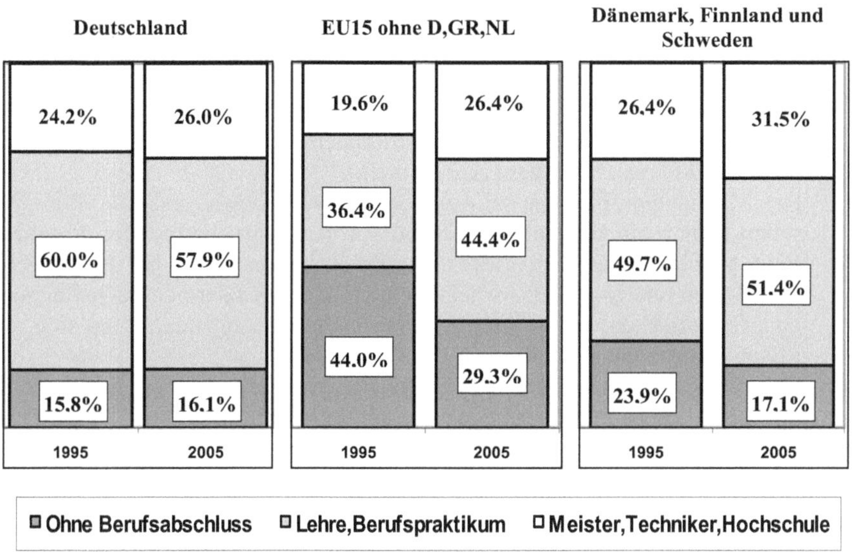

Quelle: EDS (2006); eigene Berechnungen. GR: Griechenland; NL: Niederlande.

Abbildung 10: Internationaler Vergleich der Berufsqualifikation der Erwerbstätigen 1995 und 2005

3 Fazit

Die Untersuchungen in diesem Beitrag waren darauf gerichtet, die hohe Arbeitslosigkeit in Deutschland, die trotz des jüngsten Konjunkturaufschwungs (in 2006 und 2007) noch immer besteht, im Hinblick auf Globalisierungseinflüsse und auf ein Mismatch am Arbeitsmarkt zu beurteilen. Auf der Grundlage empirischer Analysen wurden die folgenden Erkenntnisse gewonnen:

- Die Globalisierung hat einen strukturellen Wandel bewirkt, der mit einem deutlichen Beschäftigungsabbau in den industriellen Sektoren verbunden war. Dieser Verlust wurde aber durch zusätzliche Beschäftigung im Dienstleistungsbereich mehr als ausgeglichen, so dass ein negativer Beschäftigungseffekt der Globalisierung aus gesamtwirtschaftlicher Sicht nicht nachweisbar ist.
- Die Globalisierung hat jedoch maßgebliche Wirkungen auf die Beschäftigungsstrukturen und darüber auf die Einkommensverteilung gehabt. Weil

deutsche Unternehmungen komparative Vorteile gegenüber ausländischen Wettbewerbern nur noch mit hoch qualifizierten Beschäftigten erreichen können, ist die Nachfrage nach gering qualifizierten Arbeitskräften deutlich gesunken. Das hat zwei Wirkungen gehabt: zum einen eine Verschlechterung der Einkommensverteilungsposition der gering Qualifizierten, zum anderen ein Mismatch auf dem Arbeitsmarkt.

- Das Mismatchproblem ist schwerwiegend, weil Anzahl und Anteil der Personen, denen ein Schulabschluss und ein berufsqualifizierender Abschluss fehlt, sehr hoch sind. Überdies ist das Qualifikationsdefizit bei den jüngeren Jahrgängen relativ größer als bei den älteren. Wegen der noch zunehmenden qualifikatorischen Anforderungen ist davon auszugehen, dass sich das Mismatchproblem deshalb noch verschärfen wird.
- Die schulischen und beruflichen Qualifikationsdefizite sind bei Personen mit Migrationshintergrund besonders hoch. Das gilt in dieser Gruppe insbesondere für die jüngeren Jahrgänge. Deren Integration in den Arbeitsmarkt und von daher auch in die Gesellschaft erweist sich deshalb als äußerst kritisch.
- Im Vergleich zur Qualifikation der Beschäftigten in anderen EU-Ländern büßt Deutschland seinen Vorsprung, der in früheren Jahren immer eine Basis für seine Wettbewerbsstärke gewesen ist, mehr und mehr ein. Die relativ schlechte Position Deutschlands in den Pisa-Studien findet hier eine gewisse Bestätigung.

Die aktuelle sozialpolitische Diskussion in Deutschland ist noch immer stark auf vermeintlich negative Globalisierungseffekte gerichtet. Dass diese einen Druck auf die Löhne und eine Verschlechterung der Verteilungsposition der gering qualifizierten Arbeitnehmer implizieren, kann nicht negiert werden. Vor diesem Hintergrund wird häufig eine Ausweitung von staatlichen Mindestlohnvorschriften gefordert. Damit ist aber das Grundproblem für die Geringqualifizierten, das im Wesentlichen auf einem Mismatch am Arbeitsmarkt beruht, nicht lösbar. Vielmehr ist zu erwarten, dass die ohnehin schon hohe Arbeitslosigkeit dieser Arbeitnehmergruppe weiter ansteigen wird. Zwar wird das Mismatchproblem zunehmend wahrgenommen, aber wegen der langen zeitlichen Wirkungsperspektiven erfolgt ein diesbezügliches politisches Handeln nur sehr zögerlich. Gefordert sind allerdings nicht nur staatliche Bildungs- und Weiterbildungsaktivitäten, sondern auch Qualifizierungsinitiativen der direkt betroffenen Arbeitnehmer und nicht zuletzt Weiterbildungsangebote in den Unternehmungen selbst.

Mit Blick auf die Initiativen der gering qualifizierten Arbeitslosen besteht ein enger Zusammenhang zwischen den im sozialen Sicherungssystem angelegten institutionellen Gegebenheiten und der Mismatch-Arbeitslosigkeit. Häufig ist das Marktlohnniveau der Geringqualifizierten nicht oder nicht wesentlich höher als das Einkommensniveau, das ihnen aus staatlicher Unterstützung gewährt wird. Der Anreiz zur Aufnahme von Arbeit wird deshalb erheblich geschmälert, und mit zunehmender Dauer der Arbeitslosigkeit nimmt die qualifikatorische Diskrepanz zur Arbeitsnachfrage der Unternehmungen noch weiter zu. Überdies mindert ein solches System den Anreiz zur Teilnahme an Qualifikationsmaßnahmen, wenn damit keine Erwartung auf ein deutlich höheres Berufseinkommen verbunden ist. Eine (weitere) Absenkung der staatlichen Sicherungsleistungen ist in Deutschland aus sozialen und politischen Gründen jedoch kaum noch möglich. Einen gewissen Beitrag zur Problemlösung könnten deshalb Modelle mit einer Kombination von Lohneinkommen und staatlichen Sicherungsleistungen bieten (z. B. Kombilohn, negative Einkommensteuer).[21] Allerdings ließe sich mit solchen Maßnahmen lediglich die Gefahr von Mismatchverstärkung aus Langzeitarbeitslosigkeit mindern. Für eine nachhaltige Lösung des zugrunde liegenden Mismatchproblems sind sie dagegen nicht geeignet. Geeignet ist nur eine fundierte schulische und berufliche Bildung, die den heutigen und für die Zukunft zu erwartenden Anforderungen gerecht wird. Entsprechende Bildungsinvestitionen beseitigen und verhindern nicht nur soziale Verwerfungen, sondern bringen der gesamten Gesellschaft langfristig eine hohe Rendite.[22]

Literatur

BA, Bundesagentur für Arbeit (2006a): Arbeitsmarkt 2005. Amtliche Nachrichten der Bundesagentur für Arbeit. 54. Jahrgang (Sondernummer). Nürnberg.

BA, Bundesagentur für Arbeit (2006b): Arbeitsmarktpolitik, Beschäftigung und Erwerbstätigkeit. Entwicklung und Zusammenhänge 2000 bis 2005. Nürnberg.

Christensen, B. (2001): Mismatch-Arbeitslosigkeit unter Geringqualifizierten. Mitteilungen aus der Arbeitsmarkt- und Berufsforschung. 34. Jahrgang. Nürnberg.

Dieckheuer, G. (2003): Makroökonomik. Theorie und Politik. Berlin u. a.

EDS (2006): Labour Force Survey, Detailed Data on Employment. Berlin (bereitgestellt vom Statistischen Bundesamt).

Entorf, H. (1995): Mismatch-Arbeistlosigkeit in Deutschland – eine Kritik bestehender Meßkonzepte und neue Evidenz. In: Steiner, V./Bellmann, L. (Hrsg.): Mikroökonomik des Arbeitsmarktes. Beiträge zur Arbeitsmarkt- und Berufsforschung. Nürnberg.

21 Zu den derzeit diskutierten Reformmodellen für Deutschland: Ifo (2007); SVR (2006: 385 ff.).

22 Könnten mit solchen Maßnahmen eine Millionen Menschen in den Arbeitsmarkt integriert werden, so würden (zu den Bedingungen des Jahres 2007) das Bruttoinlandsprodukt um mindestens 30 Mrd. Euro – oder um mehr als einen Prozentpunkt – pro Jahr höher und die Kosten der Arbeitslosigkeit um mindestens 7,5 Mrd. Euro pro Jahr geringer sein als heute.

EZB, Europäische Zentralbank (2002): Mismatches am Arbeitsmarkt der Länder des Euro-Währungsgebiets. Frankfurt a. M.

Franz, W. (2006): Arbeitsmarktökonomik. 6. Auflage. Berlin u. a.

Fuchs, J./Schnur, P./Zika, G. (2005): Arbeitsmarktbilanz bis 2020 – Besserung langfristig möglich. IAB-Kurzbericht 24. Nürnberg.

Ifo (2007): Reformkonzepte zur Erhöhung der Beschäftigung im Niedriglohnbereich. Ifo Schnelldienst. Sonderausgabe Nr. 4. München.

Ochsen, C. (2004): Zur Bedeutung von Arbeitsnachfrage und Mismatch für die Arbeitslosigkeit Westdeutschlands – eine ökonometrische Analyse unter besonderer Berücksichtigung heterogener Arbeit. Oldenburg.

Reinberg, A./Hummel, M. (2005): Höhere Bildung schützt auch in der Krise vor Arbeitslosigkeit. IAB Kurzbericht Nr. 9. Nürnberg.

SVR, Sachverständigenrat zur Begutachtung der gesamtwirtschaftlichen Entwicklung (2006): Jahresgutachten 2006/07. Wiesbaden.

Shimer, R. (2005): Mismatch. NBER Working Paper 11888. Cambridge.

Snower, D. J./Winkelmann, R./Zimmermann, K. F. (Hrsg.) (2006): The Effects of Globalization on National Labor Markets: Diagnosis and Therapy, Applied Economics, Quarterly Supplement. Beihefte zur Konjunkturpolitik 57. Berlin.

Statistisches Bundesamt (2007a): Volkswirtschaftliche Gesamtrechnungen. Inlandsproduktberechnung – Detaillierte Jahresergebnisse 2006. Fachserie 18, Reihe 1.4. Wiesbaden.

Statistisches Bundesamt (2007b): Mikrozensus: Bevölkerung und Erwerbstätigkeit. Beruf, Ausbildung und Arbeitsbedingungen der Erwerbstätigen. Band 2: Deutschland 2005. Fachserie 1, Reihe 4.1.2. Wiesbaden.

Statistisches Bundesamt (2007c): Bevölkerung und Erwerbstätigkeit. Bevölkerung mit Migrationshintergrund. Ergebnisse des Mikrozensus 2005. Fachserie 1, Reihe 2.2. Wiesbaden.

Steiner, V./Wolff, H. (Hrsg.) (2001): Mismatch am Arbeitsmarkt – was leistet die Arbeitsmarktpolitik? Münster.

Diskriminiert der Staat selbst betreuende zugunsten berufstätiger Eltern?

Thomas Apolte

1 Kinder, Küche, Kirche: Zerstört der Staat die natürliche Familienordnung?

Mit der Übernahme des Familienministeriums durch Ursula von der Leyen im Rahmen der zweiten großen Koalition in der Geschichte der Bundesrepublik Deutschland belebte sich die familienpolitische Diskussion deutlich. Dass eine Ministerin aus der konservativ-christlichen Partei CDU Maßnahmen vorschlagen und mit Vehemenz vertreten würde, die im Ergebnis das traditionelle Verständnis von Familie und Erziehung infrage stellen, gefiel vor allem vielen Mitgliedern der Schwesterpartei CSU nicht. Mit den bis dato von der Ministerin auf den Weg gebrachten familienpolitischen Reformen, insbesondere dem Ausbau der frühkindlichen Betreuung von Kindern unter drei Jahren, handelte sie sich den Vorwurf ein, mit staatlichen Interventionen in die autonome Entscheidung der Familien einzugreifen. An dieser Stelle mussten spätestens nicht mehr nur konservative, sondern auch liberale Beobachter aufhorchen. Denn staatliche Eingriffe in die Privatautonomie von Familien sind auch aus ihrer Sicht problematisch. Die CSU konterte der Familienministerin, indem sie einen Vorschlag des Deutschen Familienverbandes aufgriff. Danach soll der Staat zum Ausgleich für die Bereitstellung von Kinderkrippen jenen Familien, welche dem traditionellen Familienbild folgend ihre Kinder selbst betreuen, ein Betreuungsgeld direkt auszahlen.

Mit diesem von Kritikern als „Herdprämie“ verspotteten Betreuungsgeld wollten sich deren Urheber einer nach ihrer Meinung um sich greifenden Tendenz zur Beeinflussung der Familien in Richtung auf eine beiderseitige Berufstätigkeit bei externer Kinderbetreuung durch den Staat stemmen. Einige Liberale schlossen sich dieser Forderung sogar an, weil sie eine Neutralität des Staates in diesen Dingen wünschten: Sofern nämlich das Betreuungsgeld dem vom Staat getragenen Aufwand für die Bereitstellung eines Krippenplatzes entspricht, verhält sich der Staat – allerdings nur scheinbar – neutral in Bezug auf die Entscheidung der Eltern, selbst zu betreuen oder ihre Kinder in eine externe Betreuung zu geben (V. Bünnagel/B. Henmann 2007).

Der Vorwurf, der Staat versuche die Mütter gegen ihre eigentlichen Präferenzen in die Berufstätigkeit und die Kinder in die externe Kinderbetreuung zu drängen, ist Anlass zu diesem Beitrag. Er stellt zunächst die Frage, ob das vorgeschlagene Betreuungsgeld wirklich neutral ist in Bezug auf die Kinderbetreuungsentscheidung von Eltern. Vergleichbare Überlegungen wurden schon im Zusammenhang mit ähnlichen Finanztransfer an selbst betreuende Eltern in Norwegen und Finnland angestellt und empirisch unterfüttert (S. Ilmakunnas 1997; P. Schøne 2004). Im Anschluss daran wird mit einem kleinen Fallbeispiel der Frage nachgegangen, ob der Staat in der Bundesrepublik Deutschland die Familien eher zur externen oder eher zur eigenen Kinderbetreuung drängt oder ob er sich diesbezüglich neutral verhält.

2 Theoretische Überlegungen zum Betreuungsgeld

Die Grundüberlegung des Betreuungsgeldes ist offenbar die folgende: Der Staat will jungen Familien einen Teil der Lasten abnehmen, die mit der Kinderbetreuung verbunden sind. Er will sich dabei aber neutral mit Blick auf die Entscheidung der Eltern verhalten, ob sie die Kinder ganz oder teilweise in eine externe Kinderbetreuung geben oder ob sie die Betreuung selbst übernehmen. Betrachtet man allein die Ausgabenseite dieser Zuwendung und lässt die Finanzierungsseite außer Betracht, so kann ihm dies durch eine Kombination der folgenden Art in der Tat gelingen:

- Sofern sich die Eltern dazu entschließen, ihre Kinder extern betreuen zu lassen, übernimmt der Staat die Kosten der Betreuungseinrichtungen ganz oder teilweise in Form einer Subvention öffentlicher oder privater Kindertageseinrichtungen;
- Sofern sich die Eltern dazu entschließen, ihre Kinder selbst zu betreuen, erhalten sie ein Betreuungsgeld in Höhe der Subvention der Kindertageseinrichtungen pro Kind.

Sofern das Betreuungsgeld genau der Subvention der Kindertageseinrichtungen pro Kind entspricht, verhält sich der Staat auf seiner Ausgabenseite in der Tat neutral in Bezug auf die Entscheidung der Eltern über die Form der Betreuung ihrer Kinder. Dies gilt unbeschadet der Tatsache, dass das Betreuungsgeld nur unter der Bedingung gezahlt wird, dass die Eltern ihr Kind selbst betreuen. Denn wenn sich die Eltern für eine Fremdbetreuung entschließen, wird das Betreuungsgeld ja nicht gestrichen, sondern nur direkt in Form einer Subvention an die Kindertageseinrichtungen gezahlt. Die Wirkung ist also die gleiche, als ob der Staat einen Finanztransfer an alle Eltern unabhängig von der Betreuungsform auszahlen und sodann auf die Subvention der Kindertageseinrichtungen verzichten würde. Im letzteren Falle würden jene Eltern, welche sich für eine eigene Betreuung entscheiden, das Geld quasi als Lohn für ihre Betreuungsleistung behalten, während die anderen Eltern das Geld für die Beiträge ihrer Kindertageseinrichtung verwenden würden. Die Wirkung einer Kombination der Subvention von Kinderbetreuungseinrichtungen mit einem Betreuungsgeld für die selbst betreuenden Eltern ist also die gleiche wie jene eines unabhängig von der Betreuungsform gezahlten Finanztransfers an alle Eltern. Er ist auf der Ausgabenseite neutral mit Blick auf die Entscheidung zur eigenen oder fremden Betreuung.

Sobald neben der Ausgabenseite auch die Finanzierungsseite in den Blick genommen wird, ist das Betreuungsgeld – entgegen der allgemeinen Wahrnehmung – allerdings keineswegs mehr neutral. Dies soll im Folgenden theoretisch aufgezeigt werden. Aus diesen Überlegungen wird dann auch ersichtlich werden, dass eine Reihe weiterer familienpolitischer Maßnahmen diesbezüglich keineswegs neutral sind.

Ausgangspunkt der nachfolgenden Überlegungen ist ein Ehepaar mit mindestens einem Kind. Annahmegemäß ist ein Ehepartner – im Folgenden der hauptberuflich tätige Ehepartner genannt – unabhängig von der zu erbringenden Kinderbetreuung hauptberuflich tätig. Der andere – im Folgenden der nebenberuflich tätige Ehepartner genannt – muss seine Arbeitsangebotsentscheidung mit der Entscheidung über den Kauf einer Kinderbetreuung verbinden. Zur Vereinfachung sei die Freizeit des nebenberuflich tätigen Ehepartners – definiert als diejenige Zeit, in der dieser Ehepartner weder arbeitet noch die Kinder betreut – lohn- und preisunelastisch. Daher entscheidet der nebenberuflich tätige Ehepartner in Abhängigkeit von seinem erzielbaren Nettolohn und den Kinderbetreuungskosten über die Aufteilung seiner Nichtfreizeit (*TZ*) auf Arbeitszeit (*AZ*) und Kinderbetreuungszeit (*KBZ*):

$$TZ = AZ + KBZ \quad \Leftrightarrow \quad AZ = TZ - KBZ \qquad (1)$$

Die Einkünfte des Ehepaares bestehen aus den Nettoeinkommen des hauptberuflich tätigen Ehepartners (Y_H^N), den Nettoeinkommen des nebenberuflich tätigen Ehepartners (Y_N^N) und sonstigen Einkünften (Y_S), zu denen vor allem staatliche Transfers wie Kindergeld, Erziehungsgeld, Elterngeld u. ä. zählen. Um die Konsummöglichkeiten des Ehepaares zu ermitteln, müssen von diesen Einkünften die Kosten der Kinderbetreuung K_{KB} abgezogen werden, welche sich aus dem Bruttolohn (w_K^B) der angestellten Kinderbetreuung, multipliziert mit der Arbeitszeit des nebenberuflichen Ehepartners ergibt:

$$K_{KB} = \frac{w_K^N}{1-t_K} \cdot AZ \quad \text{mit:} \quad \frac{w_K^N}{1-t_K} = w_K^B . \qquad (2)$$

Dabei ist w_K^N der Nettolohn und t_K der persönliche Steuersatz der Kinderbetreuungbetreuungskraft. Mit einem auf P=1 normierten Preisniveau, einem persönlichen Steuersatz t_N des nebenberuflich tätigen Ehepartners sowie einem persönlichen Steuersatz t_H des hauptberuflich tätigen Ehepartners ergeben sich die Konsummöglichkeiten des Ehepaares (X) als:

$$X = (1-t_H) \cdot Y_H^B + Y_S + \left[(1-t_N) \cdot w_N^B - \frac{w_K^N}{1-t_K} \right] \cdot (TZ - KBZ) . (3)$$

Dabei sei der Ausdruck in der eckigen Klammer $(1-t_N) \cdot w_N^B - \dfrac{w_K^N}{1-t_K} = \Delta w$ als Lohndifferenzial bezeichnet, weil Δw die Differenz zwischen dem Nettolohn des nebenberuflich tätigen Ehepartners und dem Bruttolohn der Kinderbetreuung pro Arbeitszeiteinheit angibt. Sofern der nebenberuflich tätige Ehepartner indifferent bezüglich Kinderbetreuungszeit und Arbeitszeit ist, lohnt sich eine Arbeitsaufnahme immer dann (nicht), wenn $\Delta w > 0$ ($\Delta w < 0$) ist. Allein hieran ist bereits erkennbar, dass die bloße Existenz eines Steuersystems den Grad der Arbeitsteilung unter das effiziente Niveau drückt, weil es einen gleich von zwei Seiten wirkenden Keil zwischen den Nettolohn des nebenberuflich tätigen Ehepartners und die Bruttolohnkosten für die Kinderbetreuung treibt. Allerdings ist es nicht plausibel anzunehmen, dass der betreffende Ehepartner indifferent zwischen Arbeitszeit und Kinderbetreuungszeit ist. Ist er dies nicht, dann sind die Ergebnisse nicht mehr so eindeutig. Um die Effekte näher zu beleuchten, sei eine Nutzenfunktion des nebenberuflich tätigen Ehepartners angenommen, welche die Konsummöglichkeiten und die Kinderbetreuungszeiten als Argument enthält und die üblichen Eigenschaften aufweist:

$U(X, KBZ)$ mit $U'(X), U'(KBZ) > 0$ und $U''(X), U''(KBZ) < 0$. (4)

Ein Nutzenmaximum aus (4) unter der Nebenbedingung (3) führt zu:

$$U'(KBZ) = U'(X) \cdot \Delta w \,. \quad (5)$$

Wenn nun neben der ausgabenseitigen Wirkung berücksichtigt werden soll, dass ein Betreuungsgeld auch finanziert werden muss, dann folgt daraus ein Defizitverbot für den Staat. Daher muss jede familienpolitische Maßnahme *ceteris paribus* mit einer Erhöhung der Steuersätze verbunden werden. Zwar kann er Steuererhöhungen kurzfristig durch Verschuldung umgehen, doch wird dies langfristig nur mit umso höheren Steuern verbunden sein. Auch Umschichtungen von sonstigen Aufgaben sind insofern irrelevant, als dass dies immer mit einem Nutzenverlust für die Bürger an anderer Stelle verbunden ist. Die Annahme einer zeitgleich mit der Einführung eines Betreuungsgeldes erfolgenden budgetneutralen Steuererhöhung fängt also die Wirkungen alle alternativen Optionen ein.

Die Anhebung der Steuersätze verändert das Δw in Gleichung (5) und beeinflusst darüber die optimale Höhe der *KBZ*. Die konkreten Wirkungen sind aus Abbildung 1 zu ersehen. Die dort eingezeichneten Zeitbudgetgeraden weisen in *KBZ=TZ* einen positiven Achsenabstand $(1 - t_{H0}) \cdot Y_H^B$ bzw. $(1 - t_{H1}) \cdot Y_H^B + Y_S$ auf. Der Punkt *KBZ=TZ* repräsentiert das jeweilige Einkommen unter der Bedingung, dass der (in diesem Fall nur potenziell) nebenberuflich tätige Ehepartner auf Erwerbsarbeit verzichtet und seine Nicht-Freizeit vollständig der Kinderbetreuung widmet. Sofern der Staat kein Betreuungsgeld zahlt, ergibt sich die optimale Kinderbetreuungszeit als KBZ_0, während $TZ\text{-}KBZ_0$ als Arbeitszeit am Arbeitsmarkt angeboten wird und in diesem Ausmaß eine externe Kinderbetreuung hinzugekauft wird.

Sofern der Staat nun im oben angeführten Sinne direkte Finanztransfers an Familien mit Kindern unabhängig von der Entscheidung über die eigene Kinderbetreuungszeit anbietet und dies über Steuern finanziert, ergeben sich folgende Effekte. Zunächst steigt das von der Erwerbstätigkeit des nebenberuflich tätigen Ehepartners unabhängige Einkommen in Höhe des Transfers Y_S an Familien mit Kindern an. Hinzu kommt aber, dass der Einkommenstransfer an Familien mit Kindern durch Steuersatzerhöhungen finanziert werden muss. Dies wirkt sich in zweierlei Hinsicht aus:

- Zunächst verringert dies das Nettoeinkommen des hauptberuflich tätigen Ehepartners, weil sein Steuersatz von tH_0 auf tH_1 wächst. Dadurch sinkt das von der Erwerbstätigkeit des nebenberuflich tätigen Ehepartners unabhängige Einkommen wieder. Sofern die darüber zusätzlich anfallende Steuerlast des hauptberuflich tätigen Ehepartners kleiner ist als der Transfer Y_S, bleibt es allerdings bei einem positiven Nettoeinkommenseffekt für das Ehepaar in Höhe von $(1-t_{H1})\cdot Y_H^B + Y_S - (1-t_{H0})\cdot Y_H^B$.
- Zugleich steigt aber auch der Steuersatz des nebenberuflich tätigen Ehepartners t_N sowie jener der externen Kinderbetreuungskraft t_K. Beides zusammen führt gemäß (3) zu einer Verringerung des Lohndifferenzials Δw. Dies löst einen Substitutionseffekt aus, weil es die Zeitbudgetgerade aus Abbildung 1 flacher verlaufen lässt.

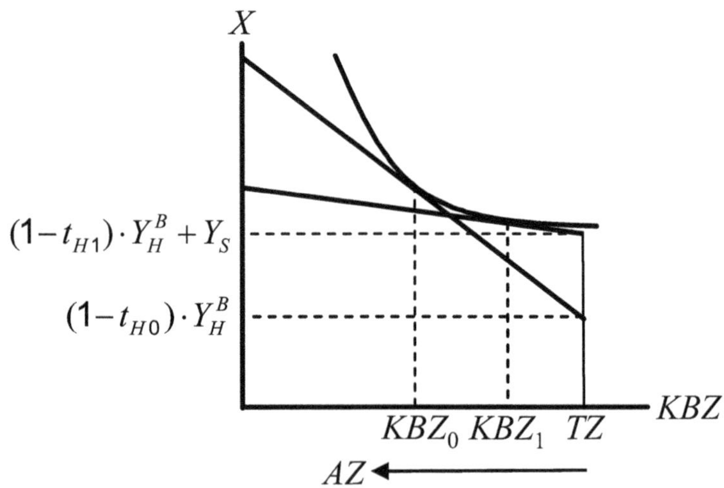

Abbildung 1: Allokationswirkungen direkter Transfers an Familien mit Kindern

Beide Effekte, der Substitutionseffekt ebenso wie der Einkommenseffekt, wirken in die gleiche Richtung, und zwar hin zu einer Verringerung des Arbeitsangebots des nebenberuflich tätigen Ehepartners und damit auch zu einer Verringerung der Nachfrage nach externer Kinderbetreuung. Ein Betreuungsgeld an Eltern, welches unabhängig von der Entscheidung über den Zukauf externer Kinderbetreuung gezahlt wird, ist also nicht neutral mit Blick auf ebendiese Entscheidung zur externen bzw. eigenen Kinderbetreuung.

Sofern der Staat – wie von der Familienministerin vorgesehen – allein eine Subvention an Kindertageseinrichtungen zahlt, ohne dies mit einem Betreuungsgeld an selbst erziehende Eltern zu verbinden, dann kann dies neutral mit Blick auf die Betreuungsentscheidung sein, muss es aber nicht. Denn in diesem Falle erhalten nur jene Eltern eine – in diesem Falle indirekte – Zuwendung, welche ihr Kind extern betreuen lassen. Daraus folgt ein unmittelbarer Anreiz zur Fremdbetreuung. Diesem Anreiz stehen aber nach wie vor die finanzierungsseitigen Effekte entgegen, welche die Attraktivität einer Berufstätigkeit des (potentiell) nebenberuflich tätigen Ehepartners herabsetzen. Der Nettoeffekt ist unbestimmt und lässt sich bestenfalls empirisch abschätzen. Ohne eine solche Schätzung lässt sich der Vorwurf, die Subvention der Kinderbetreuung reize einseitig zur Fremdbetreuung an, nicht belegen.

Nun greift der Staat bereits ohne die neuerlich diskutierten Instrumente mit einer breiten Palette von Instrumenten in die Entscheidung der Eltern ein, berufstätig zu sein und zugleich die Kinder einer externen Betreuung anzuvertrauen oder ihre Kinder selbst zu betreuen. Die wichtigsten unter diesen Instrumenten sind:

- das Kindergeld nach dem Bundeskindergeldgesetz (BKGG) sowie sonstige pauschale Leistungen, welche direkt oder indirekt den Familien mit Kindern zukommen;
- das Ehegattensplitting;
- die steuerliche Absetzbarkeit von Kinderbetreuungskosten gemäß § 4f EStG;
- das Elterngeld nach dem Bundeselterngeld- und Elternzeitgesetz (BEEG) für alle Kinder, die ab 2006 geboren wurden.

Dabei sind die Wirkungen des Kindergeldes sowie des Ehegattensplitting präzise die gleichen wie die oben diskutierten Effekte. Denn auch bei diesen handelt es sich im Ergebnis um staatliche Zuwendungen, welche unabhängig von der Betreuungsform ggf. vorhandener Kinder gewährt und über Steuern finanziert werden. Das Elterngeld setzt sogar explizit voraus, dass ein Elternteil ganz oder teilweise auf Berufstätigkeit verzichtet und fällt ersatzlos weg, wenn ein solcher Verzicht nicht geübt wird. Daher könnte allein die steuerliche Absetzbarkeit von Kinderbetreuungskosten unter bestimmten Bedingungen einen Anreiz dazu aussenden, sich für eine Berufstätigkeit beider Eltern in Verbindung mit einer externen Kinderbetreuung zu entscheiden. Dies ist auf der theoretischen Ebene aber nicht einmal sicher und daher nur empirisch zu entscheiden. Daher stellt sich die

Frage, wie es in der heutigen Situation um die Neutralität des Staates mit Blick auf die Kinderbetreuungsentscheidung der Eltern bestellt ist. Dieser Frage wird im folgenden Abschnitt anhand eines kleinen Fallbeispiels nachgegangen.

3 Begünstigt der Staat berufstätige Eltern? Ein Fallbeispiel

Gegenstand des Fallbeispiels ist ein Ehepaar, dessen wirtschaftliche Verhältnisse jenen eines durchschnittlichen Ehepaares in Westdeutschland entsprechen. Demgemäß hat der Ehemann ein zu versteuerndes Einkommen von 47000 € pro Jahr. Die Ehefrau hat die Option auf eine Halbtagsstelle zu 18 € pro Stunde bei 80 Arbeitsstunden pro Monat, so dass sich ein Hinzuverdienst von 17280 € brutto ergäbe. Nach der Einkommensteuersplittingtabelle erhöht sich die Einkommensteuerschuld des Ehepaares von 7666 € auf 13000 €, wenn die Ehefrau die Stelle annimmt. Daraus ergibt sich ein Grenzsteuersatz von 31 %. Weitere steuerliche Details werden zur Vereinfachung vernachlässigt. Es werden zwei Varianten betrachtet, wobei das Paar in einer Variante ein Kind hat und in der zweiten Variante zwei Kinder.

Sofern sich die Ehefrau für die Halbtagsbeschäftigung entschließen sollte, fallen bei ihr Beiträge zur Gesetzlichen Krankenversicherung (GKV) in Höhe von 13,9 %, zur Gesetzlichen Rentenversicherung (GRV) in Höhe von 19,9 %, zur Gesetzlichen Pflegeversicherung (GPV) in Höhe von 1,7 % und zur Bundesagentur für Arbeit (BA) in Höhe von 3,3 % an, die jeweils hälftig von der berufstätigen Ehefrau und von ihrem Arbeitgeber zu tragen sind. Zur Vereinfachung sei zunächst einmal angenommen, dass alle Sozialversicherungen versicherungsmathematisch fair kalkuliert seien, so dass die Ehefrau zwar Beiträge zahlen muss, diese aber später mit dem mittleren Kapitalmarktzins zurück gezahlt werden (GRV) oder aber einen fairen Versicherungsschutz gewähren. Dass dies in der Regel nicht der Fall sein wird, sondern dass die Beiträge vielmehr zu einem großen Teil verloren sein dürften, wird die Ergebnisse des Fallbeispiels tendenziell eher verstärken, wie noch zu sehen sein wird. Die Beiträge zur GKV müssen aber aus der Sicht des Ehepaares in jedem Falle als verloren angesehen werden. Dies ergibt sich daraus, dass die Ehefrau über ihren Ehemann mitversichert ist, solange sie auf eine Berufstätigkeit verzichtet. Nimmt sie nun eine Beschäftigung auf, muss sie Beiträge zur GKV zahlen, ohne im Gegenzug irgendwelche Vorteile daraus ziehen zu können. Daher haben die Beiträge zur GKV für das Ehepaar reinen Steuercharakter.

Sofern die Ehefrau sich zu einer Erwerbstätigkeit entschließt, muss das Ehepaar die Kinder extern betreuen lassen. Hierzu wird zunächst angenommen, dass beide Kinder in einen Kindergarten gegeben werden. Sofern die Kinder ohne die Erwerbstätigkeit der Ehefrau nicht in den Kindergarten gingen, sind die Beiträge zum Kindergarten als Grenzkosten der Erwerbstätigkeit der Ehefrau zu werten. Auch wenn es nicht sehr realistisch ist, dass die Kinder ohne die Erwerbstätigkeit der Ehefrau nicht in den Kindergarten gingen, sei dies hier zunächst einmal so angenommen. Auf den anderen Fall wird später noch einmal zurückgekommen. Die Beiträge zum Kindergarten für ein Ehepaar mit Kind der hier beschriebenen Einkommensgruppe schwanken je nach Kommune sehr stark, und zwar ungefähr zwischen 50 € und 150 € pro Monat. Der Mittelwert dürfte bei etwa 100 € liegen. Rein rechnerisch ergeben sich aus einem Monatsbeitrag von 100 € Betreuungskosten in Höhe von 1,25 € pro Stunde und Kind. Die hier beschriebene Situation wird im Folgenden kurz als die Situation des Steuerstaates bezeichnet.

Diese Situation des Steuerstaates wird weiter unten verglichen werden mit einer fiktiven Situation, in der es keinen staatlichen Einfluss jedweder Art gibt. Um das Wort Anarchie zu vermeiden, wird diese als die libertäre Situation bezeichnet. In der libertären Situation erhebt der Staat weder Steuern noch Beiträge zu den Sozialversicherungen. Entsprechend bietet er aber auch keinerlei öffentliche Leistungen und damit auch keine Kinderbetreuung an. Nun mag man einen Vergleich der fiktiven libertären Situation mit jener des realen Steuerstaates für etwas gewagt halten, vielleicht gar für einen „Nirwana-Ansatz". Man sollte aber berücksichtigen, dass die Definition der libertären Situation nur dazu dient, die Einkommens- und Substitutionseffekte der hier angesprochenen Steuern und Sozialversicherungsbeiträge sowie der staatlichen Leistungen zu isolieren und in ihrer Wirkung zu vergleichen.

Zunächst sind die Steuern und Sozialabgaben mit Substitutionseffekten in Bezug auf die Erwerbstätigkeit der Ehefrau aus dem Fallbeispiel verbunden, weil sie an der Einkommenserzielung ansetzen und insofern den Nettolohnsatz beeinflussen. Staatliche Leistungen der hier relevanten Art weisen im Gegensatz dazu „*Lump-sum*-Charakter" auf und sind insofern mit reinen Einkommenseffekten verbunden. Ganz allgemein gilt dies, solange die Höhe dieser Leistungen ihrerseits unabhängig vom erzielten Einkommen derjenigen gewährt werden, die diese Leistungen beziehen. Dabei spielt es keine Rolle, ob es sich im Einzelfall um eine Subvention von Kinderbetreuungsleistungen, um Kindergeld oder sonstige Transfers oder um die Bereitstellung öffentlicher Güter handelt.

Die aus den oben angeführten Annahmen folgenden Substitutionseffekte sind in Tabelle 1 zusammengefasst. Dem Bruttostundenlohn in Höhe von 18 € sind alle Arbeitgeberbeiträge zu den gesetzlichen Sozialversicherungen hinzuaddiert, was zu einem Bruttoeinkommenszuwachs inklusive der Arbeitgeberbeiträge in Höhe von 21,49 € führt. Dies ist der Betrag, den der Arbeitgeber für die Beschäftigte aufwenden muss, wenn von weiteren Kosten der Beschäftigung abstrahiert wird. Davon muss die Ehefrau nun die vollen Beiträge zu den vier Sozialversicherungen abführen. Sofern – wie oben beschrieben – angenommen wird, dass alle vier Versicherungen mathematisch fair sind, dann kommen drei der vier davon der Ehefrau allerdings auch in voller Höhe wieder zugute und haben insofern keinen Steuercharakter. Die Beiträge zur vierten – zur Gesetzlichen Krankenversicherung (GKV) – haben aber aus den genannten Gründen reinen Steuercharakter. Um den verbleibenden Nettoeinkommenszuwachs zu berechnen, dürfen die drei fairen Versicherungen also nicht abgezogen werden, weil ihnen annahmegemäß entsprechende Leistungen gegenüber stehen. Was indes abgezogen werden muss, sind die Beiträge zur GKV und die Steuern. Zieht man hiervon noch die rechnerisch pro Stunde anfallenden Kinderbetreuungskosten des öffentlichen Kindergartens ab, so verbleibt ein Nettoeinkommenszuwachs pro Arbeitsstunde in Höhe von 11,70 €.

Für die Ermittlung des Bruttoeinkommenszuwachses in der fiktiven „libertären" Situation gelten folgende Überlegungen. Der Aufwand, den ein Arbeitgeber für die Ehefrau in der Situation des Steuerstaates leisten muss, ist nicht der Bruttostundenlohn, sondern der Bruttoeinkommenszuwachs in Höhe von 21,49 €. Bei gleichen Verhältnissen in beiden Situationen mit Blick auf Präferenzen, Produktivitätsverlauf und Beschäftigungshöhe ist dies der gleichgewichtige Lohnsatz in der libertären Situation.

Von diesen 21,55 € fallen nun keinerlei Sozialabgaben und keinerlei Steuern an. Freilich könnte sich die Ehefrau dazu entscheiden, die zuvor als Gesetzliche Sozialversicherungen organisierten Versicherungsleistungen privat zu erwerben, aber dies hängt von ihren Präferenzen ab und ändert am Vergleich des Nettoeinkommenszuwachses zwischen der steuerstaatlichen und der libertären Situation so lange nichts, wie angenommen wird, dass die Gesetzlichen Sozialversicherungen mathematisch fair sind. Ob sie dies tut, spielt auch mit Blick auf die GKV keine Rolle, denn der Erwerb einer Krankenversicherung fällt auch im Falle fehlenden staatlichen Einflusses unabhängig davon an, ob die Ehefrau erwerbstätig ist oder nicht. Kosten für eine Krankenversicherung sind insofern zwar mit Einkommenseffekten verbunden, nicht aber mit Substitutionseffekten, welche die Zeitallokationsentscheidung berühren. Denn diese Kosten sind keine Grenzkosten der Erwerbstätigkeit.

	Nebenberuflich tätiger Ehepartner in der Situation des Steuerstaats		**Nebenberuflich tätiger Ehepartner in der „libertären" Situation**	
	1 Kind	2 Kinder	1 Kind	2 Kinder
Bruttostundenlohn	18,00	18,00	21,49	21,49
plus Arbeitgeberbeitrag GRV	1,79	1,79	---	---
plus Arbeitgeberbeitrag GPV	0,15	0,15	---	---
plus Arbeitgeberbeitrag GKV	1,25	1,25	---	---
plus Arbeitgeberbeitrag BA	0,30	0,30	---	---
= Bruttostundenlohn plus Arbeitgeberbeiträge	21,49	21,49	21,49	21,49
minus Gesamtbeitrag GKV	- 2,99	- 2,99	---	---
= Bruttoeinkommenszuwachs	18,50	18,50	21,49	21,49
minus Lohnsteuer (31 %)	- 5,56	- 5,56	---	---
minus Kosten der Kinderbetreuung im öffentlichen Kindergarten	- 1,25	- 2,50	---	---
minus Kosten der Kinderbetreuung in vergleichbarem privaten System	---	---	- 2,62	- 5,24
Nettoeinkommenszuwachs	11,70	10,45	18,87	16,25
Nettoeinkommenszuwachs in Prozent des Steuerstaatwerts	100,00	100,00	161,32	155,55

Tabelle 1: Einkommenszuwachs des nebenberuflich tätigen Ehepartners

Insgesamt ergibt sich nur ein einziger Kostenfaktor, welcher mit der Erwerbsentscheidung der Ehefrau verbunden ist: die Kosten der Kinderbetreuung. Um die Vergleichbarkeit zu gewährleisten, wurden diese in Anlehnung an die Verhältnisse in öffentlichen Kindergärten kalkuliert, und zwar auf der Basis der in öffentlichen Kindergärten anfallenden Kosten pro Betreuungsstunde und Kind. Diese abzuschätzen, gestaltet sich allerdings nicht einfach. Neben zahllosen Problemen des Vergleichs über die verschiedenen Träger, Kommunen und Bundesländer gibt es auch deshalb Probleme, weil mit den Mitteln der Kindertageseinrichtungen verschiedene Formen der Betreuung finanziert werden, die von der Krabbelgruppe über Kindertagesstätten bis hin zu Hortgruppen reichen. K. Bock/D. Timmermann (2000: 114 ff.). schätzen in einem oberen Szenario für das Jahr 1994 Betriebskosten pro Kind und Öffnungsstunde eines Kindergartens in Höhe von 3,84 DM. Wenn wir diesen Wert mit dem Preisindex der Lebenshaltung auf das Jahr 2007 (genau: April 2007) umrechnen und in Euro ausdrücken, ergeben sich Kosten pro Betreuungsstunde in Höhe von 2,38 €. Diese beinhalten allerdings noch keine Investitionskosten. Einer Schätzung von M. Kreyenfeld/C. K. Spieß/G. G. Wagner (2001: 84) zufolge liegen die Investitionskosten bei etwa 10 Prozent der Betriebskosten, das wären dann noch einmal 0,24 €. Damit lägen die Kinderbetreuungskosten pro Kind und Stunde zusammen bei 2,62 €.

Nach Abzug dies Kinderbetreuungskosten ergibt sich in der „libertären“ Situation demnach ein Nettoeinkommenszuwachs einer Ehefrau mit einem Kind in Höhe von 18,87 € im Vergleich zu 11,70 € in der realen Situation des Steuerstaates. Die Differenz in Höhe von 7,17 € oder gut 61 Prozent entspricht dem Lohndifferenzial aus Abschnitt 2 dieses Beitrags. Für eine Ehefrau mit zwei Kindern wäre der Nettoeinkommenszuwachs in der „libertären“ Situation 16,25 € im Vergleich zu 10,45 € im Steuerstaat. Dies ergibt ein Lohndifferenzial in Höhe von 5,80 € oder knapp 56 Prozent.

Das Lohndifferenzial ist verantwortlich für die im letzten Abschnitt analysierten Substitutionseffekte; und es ist sowohl für Ehepaare mit einem Kind als auch für Ehepaare mit zwei Kindern groß genug, um auch bei größeren Variationen der Annahmen noch bestehen zu bleiben. Hinzu kommt, dass die Annahmen alle so gewählt wurden, dass eine Annäherung an die Realität fast immer zu einer Erhöhung des Lohndifferenzials führen würde:

- So wurde schon erwähnt, dass die Sozialversicherungen in der Realität alles andere als versicherungsmathematisch fair kalkuliert sind. Dies gilt gerade für die GRV, die GPV und die Beiträge zur BA. Die ersten beiden sind mit erheblichen intergenerationellen und intragenerationellen Umverteilungen verbunden, die zurzeit erstens zu Lasten der aktuellen Beitragszahlergeneration und zweitens zu Lasten der Ehepaare mit Kindern gehen. Insoweit dies der Fall ist, haben diese Beiträge Steuercharakter, und das Lohndifferenzial fällt entsprechend höher aus als in der Beispielrechnung. Gleiches gilt für die Beiträge zur BA, die zu einem erheblichen Teil für aktive Arbeitsmarktpolitik verwendet werden und dem Ehepaar insofern keine Versicherungsleistung bieten.

- Kindergärten bieten eine doppelte Leistung: Betreuung und Bildung. Daher ist es sehr realistisch, dass die Kinder unabhängig von der Betreuungsleistung in den Kindergarten geschickt werden, was sich in der Realität auch widerspiegelt. In diesem Falle sind die Kindergartenbeiträge nicht als Grenzkosten der Beschäftigung anzusehen, und dann erhöht sich das Lohndifferenzial noch einmal. Diese Veränderung ist auf der Basis der Zahlen aus Tabelle 1 auch leicht zu beziffern. Addiert man die jeweiligen Kindergartenbeiträge wieder auf die Nettoeinkommenszuwächse auf, so ergibt sich – unabhängig von der Zahl der Kinder – ein Nettoeinkommenszuwachs in Höhe von 12,95 € für die steuerstaatliche Situation und in Höhe von 21,49 € für die „libertäre" Situation. Das Lohndifferenzial steigt dann entsprechend auf 8,54 € oder auf annähernd 66 Prozent.

Im Ergebnis läuft der Vergleich der beiden Situationen auf Folgendes hinaus: Im Steuerstaat sinkt der Nettoeinkommenszuwachs, während die von öffentlichen Trägern bereitgestellten Konsummöglichkeiten ansteigen. Ohne Staat sinkt die Steuerlast, und es steigen die über private Anbieter bereitgestellten Konsummöglichkeiten. In der Summe bleiben also nur die Substitutionseffekte, weil die Konsummöglichkeiten sich per saldo nicht verändern. Sofern es indes eine Umverteilung von Konsummöglichkeiten von den Ehepaaren ohne Kinder zu jenen mit Kindern gibt (Kindergeld, Subvention von Kindertagesstätten etc.), steigen deren Konsummöglichkeiten bei gleichzeitig ansteigender Grenzsteuerlast. Letzteres ist der realistische Fall, weil alle familienpolitischen Instrumente einen Transfer an Familien mit Kindern beinhalten.

Dieses Ergebnis ist kompatibel mit den theoretischen Überlegungen des zweiten Abschnittes. Dieser zeigte aber darüber hinaus auch die Auswirkungen auf: Danach wirken ein ansteigendes Lohndifferenzial als Substitutionseffekt ebenso wie staatliche Transfers an Ehepaare mit Kindern als Einkommenseffekt in die gleiche Richtung: Sie erhöhen den Anreiz, Kinder selbst zu betreuen, auf Erwerbstätigkeit zu verzichten und der traditionellen Rollenverteilung in der Familie den Vorzug zu geben.

4 Fazit

Generell kann man so weit gehen, dass die bloße Existenz des Staates die traditionelle Rollenverteilung begünstigt. Das liegt schlicht daran, dass der Staat mit seiner Steuer- und Abgabenlast bekanntermaßen einen Keil zwischen die Nettolöhne der Leistungsnachfrager und die Bruttokosten der Leistungsanbieter treibt. In unserem Falle verringert die Existenz des Staates das Nettolohndifferenzial, und allzu oft kehrt er es gar in den negativen Bereich. Man kann es auch so ausdrücken: Der nicht hauptberuflich tätige Ehepartner hat zwei Möglichkeiten zur Verwendung seiner „Nicht-Freizeit": Entweder er widmet sich der Kindererziehung oder er überlässt die Kindererziehung einem externen Anbieter und geht ein Beschäftigungsverhältnis ein. Beides sind Wert schöpfende Tätigkeiten, aber nur eine der beiden wird besteuert, und zwar die bezahlte berufliche Arbeit. Darin liegt finanzwissenschaftlich betrachtet die Verzerrung (G. Cleveland/M. Krashinsky 2003: 6).

Damit drückt der Staat im Falle der Kinderbetreuung ebenso wie in vielen anderen Bereichen den Grad der gesellschaftlichen Arbeitsteilung unter das effiziente Niveau – mit erheblichen Wohlfahrtsverlusten für die Volkswirtschaft. Dass der Staat jederzeit aufgerufen ist, solche Wohlfahrtsverluste durch eine kluge Einnahmen- und Ausgabenpolitik so weit wie möglich zu vermeiden, steht außer Zweifel. Dass sich andererseits diese Wohlfahrtsverluste aber auch unter idealen Bedingungen grundsätzlich nicht vollständig vermeiden lassen, ist ebenfalls weithin bekannt. Es ging in diesem Beitrag aber auch nicht darum, Wohlfahrtsverluste staatlichen Handelns zu analysieren, und es ging nicht einmal darum, ihre Existenz zu beklagen. Vielmehr ging es allein darum zu zeigen, dass diese – teilweise unvermeidlichen und teilweise vermeidlichen – Effekte staatlichen Handelns in einem Punkte recht eindeutig in die gleiche Richtung wirken: Sie entmutigen die Aufnahme einer Erwerbstätigkeit beider Eltern in einer Familie mit Kindern, und sie diskriminieren diejenigen Ehepaare, welche sich dazu entscheiden, ihre Kinder während einer eigenen Erwerbsarbeit extern betreuen zu lassen.

Im Ergebnis fördert der Staat die traditionelle Rollenverteilung. Auch der oben diskutierte Vorschlag, ein Betreuungsgeld zu zahlen, ist entgegen anderen Behauptungen nicht neutral mit Blick auf die Kinderbetreuung, auch wenn dies auf den ersten Blick so erscheinen mag. Nun mag man zu der Bewertung dieser oder jener familienpolitischen Instrumente unterschiedlicher Auffassung sein. Man mag die Förderung der Berufstätigkeit beider Ehepartner oder auch die traditionelle Rollenverteilung für förderungswürdig halten – oder auch nichts von beidem. Das ist eine Frage der Weltanschauung. Dieser Beitrag ist nicht dazu da, zu solchen Wertungen etwas beizutragen. Was hier interessiert, sind allein die faktischen Wirkungen. Und Fakt ist, dass der Staat durch seine Existenz den Grad der Arbeitsteilung tendenziell immer reduziert, sofern er diese allgemeine Wirkung im Einzelfall nicht gezielt rückgängig macht – und das gilt auch für den Bereich der Kinderbetreuung.

Literatur

Bock, K./Timmermann, D. (2002): Wie teuer sind unsere Kindergärten? Neuwied.

Bünnagel, V./Henman, B. (2007): Kleinkindbetreuung: Wahlfreiheit durch subventionierte Krippenplätze? In: Wirtschaftsdienst, 87. Jg. S. 309-318.

Cleveland, G./Krashinsky, M. (2003): Facts and Fantasy. Eight Myths about Early Childhood and Care. Toronto (Childcare and Research Unit).

Ilmakunnas, S. (1997): Public Policy and Child Care Choices. In: Persson, I./Jonung, C. (Hrsg): Economics of the Family and Family Policies. London. S. 178-193.

Kreyenfeld, M./Spieß, C. K./Wagner, G. G. (2001): Finanzierungs- und Organisationsmodelle institutioneller Kinderbetreuung. Analysen zum Status quo und Vorschläge zur Reform. Neuwied.

Schøne, P. (2004): Labour Supply Effects of a Cash-for-Care Subsidy. In: Journal of Population Economics 17. S. 703-727.

Erwerbsaktives Altern und betriebliches Gesundheitsmanagement

Heinz-Dieter Hardes

1 EU-Strategie des erwerbsaktiven Alterns: Bedeutung und Relevanz

Den Ausgangspunkt dieses Beitrags bildet die „Strategie erwerbsaktiven Alterns“ im Rahmen der europäischen Beschäftigungsstrategie (EBS). Die EBS bildet die Grundlage zur Koordinierung der beschäftigungspolitischen Maßnahmen der EU-Mitgliedsländer gemäß dem Beschäftigungskapitel der EG-Verträge von Amsterdam. Die gemeinsame strategische Linie der Beschäftigungspolitik der EU-Länder wurde zunächst im Rahmen einer Tagung des Europäischen Rates (ER) im Jahr 2000 auf der Basis einer *visionären Entwicklungsperspektive* für das erste Jahrzehnt 2000 bis 2010 formuliert: Die EU sollte sich zu einem „Wirtschaftsraum mit höchster Wettbewerbsfähigkeit“ und einem „wissensbasierten, nachhaltigen Wirtschaftswachstum mit höherer Beschäftigung und größerer sozialer Kohärenz“ entwickeln. Diese Vision erschien als ein ambitioniertes Ziel zu mehr Wirtschaftswachstum und Beschäftigung in Europa, auch um die Folgen des demografischen Wandels besser bewältigen zu können, mit einem älter werdenden Arbeitsangebot an Erwerbspersonen und einer rückläufigen Wohnbevölkerung in der Zukunft. Um gleichwohl die europabezogene Vision von mehr Wachstum und Beschäftigung zu erreichen, wurden drei quantitative Beschäftigungsziele bis zum Ende des ersten Jahrzehnts formuliert:

- eine allgemeine Beschäftigungsquote der erwerbsfähigen Wohnbevölkerung in der EU von möglichst 70 % bis 2010 (als Ausdruck von allgemeiner Vollbeschäftigung in der EU) sowie nach demografischen Kriterien
- eine geschlechtsspezifische Beschäftigungsquote der weiblichen Wohnbevölkerung von 60 % und
- *eine Beschäftigungsquote von älteren Personen im erwerbsfähigen Alter von 55-64 Jahren in Höhe von 50 % bis 2010.*

Die letztere Zielvorgabe gilt als ein maßgeblicher Indikator der europäischen Strategie erwerbsaktiven Alterns.[1] Sie wurde vom ER im Rahmen des Treffens in Stockholm (im Jahr 2001) beschlossen. Das strategische Ziel erwerbsaktiven Alterns wurde als ein Teilaspekt der EBS im Zuge der Aktualisierung der integrierten Leitlinien für Wachstum und Beschäftigung gemäß Art. 99, 128 des EG-Vertrags (im Jahr 2005) nochmals bestätigt.

Welche Gründe sprechen für eine gemeinsame Strategie erwerbsaktiven Alterns bzw. die Zielvorgabe der altersgruppenspezifischen Beschäftigtenquoten in EU-Ländern?

Die EU-Kommission verweist insbesondere auf die Effekte des demografischen Wandels in Europa. Ein charakteristisches Merkmal dieses Wandels wird eine *Scherenentwicklung* der Altersgruppen der erwerbsfähigen Wohnbevölkerung bilden: Einerseits werden die Alterungsprozesse der Babyboom-Generation der Nachkriegszeit zu einem Trendanstieg der über 50jährigen Erwerbspersonen im Zeitraum 2010-2025/30 führen, während andererseits die jüngeren Altersgruppen durch den sog. „Pillenknick" der Geburtenentwicklung nach der Mitte der 60er Jahre abnehmen werden. Diese Scherenentwicklung der Altersgruppen des Arbeitskräfteangebots erfordert per se längerfristige Beschäftigungszuwächse der Alterskohorten der über 50jährigen. Erwerbsaktives Altern bedeutet daher zunächst, dass die Beschäftigung der älteren Altersgruppen expandieren muss, wenn die spezifischen Beschäftigtenquoten der älteren erwerbsfähigen Wohnbevölkerung mindestens konstant gehalten werden sollten.

Die *Zielvorgabe* der EU verlangt demgegenüber, die altersspezifischen Beschäftigtenquoten der älteren Erwerbspersonen bis zum Jahr 2010 (und später) zu erhöhen. Diese Vorgabe erfordert ein überproportionales Beschäftigtenwachstum der Alterskohorten (im Vergleich zur expansiven Entwicklung der älteren Wohnbevölkerung): Die Anteile der älteren Nicht-Erwerbspersonen und der älteren Arbeitslosen in Europa müssen folglich reduziert werden. Die Zahl der älteren Nicht-Erwerbspersonen hat sich in den 90er Jahren in der Mehrheit von EU-Mitgliedsländern durch eine allgemeine gesellschaftliche „Kultur des Vorruhestands" erhöht. Diese gesellschaftlichen Entwicklungen bedürfen somit einer *Umkehr*, weg von den präferierten Einstellungen zu Gunsten eines frühzeitigen Vorruhestands hin zu umfassenden Strategien erwerbsaktiven Alterns. Ein Bericht der Task-force Beschäftigung (2003: 15 u. 42) verweist auf die zeitliche

1 Zu den Zielvorgaben vgl. u. a. den Beschäftigungsbericht der EU-Kommission (2006: 28). Beim Treffen des ER in Barcelona (2002) wurde die dritte Zielvorgabe durch ein weiteres Kriterium ergänzt: Das durchschnittliche Erwerbsaustrittsalter der Erwerbspersonen in der EU sollte um ca. 5 Jahre bis 2010 gesteigert werden. Das Zielkriterium von Barcelona erscheint weitgehend komplementär zur vorherigen Zielvorgabe (für einen methodischen Vergleich vgl. EU-Kommission 2003: 164 ff.).

Dringlichkeit der Umkehr von Präferenzen des Vorruhestands, zumal die Übergänge der geburtenstarken Jahrgänge der Nachkriegszeit in den Ruhestand ca. ab 2010 bevorstehen. Aus *makroökonomischer* Sicht bedeuten niedrige Beschäftigtenquoten der älteren Altersgruppen der erwerbsfähigen Wohnbevölkerung auch in der Zukunft eine Verschwendung von gesamtwirtschaftlichen Wachstumspotentialen der EU-Länder (vgl. die Leitlinien Nr. 1 und 2 der Makroökonomischen Politik für Wachstum und Beschäftigung, 2005-08). Zudem: Die finanzpolitische Nachhaltigkeit der Sozialsysteme der Alterssicherung und der Gesundheit in EU-Ländern erfordert notwendigerweise eine Umkehr in Richtung erwerbsaktives Altern in Europa.

Aus individueller Sicht der *Arbeitnehmer* bestehen künftig Chancen einer längeren Lebenserwartung nach dem Übergang in den Ruhestand. Höhere und längere altersspezifische Beschäftigungszeiten können die Sicherung des (bescheidener werdenden) Wohlstands im Ruhestandsalter verbessern. Auch aus betrieblicher Sicht könnten ältere Arbeitskräfte vermehrt und länger eingesetzt werden, so dass *Win-Win-Chancen* der betrieblichen Umsetzung erwerbsaktiven Alterns für beide Seiten betrieblicher Arbeitsbeziehungen ermöglicht werden könnten (vgl. EU-Kommission, KOM (2004: 146).

Nach der einführenden Erläuterung der europäischen Strategie erwerbsaktiven Alterns folgt eine knappe *empirische Analyse* der altersspezifischen Beschäftigtenquoten der EU-Mitgliedsländer, um deren aktuelle Situation (des Jahres 2005) vor dem Hintergrund der Zielvorgaben zu vergleichen. Zur Kommentierung dienen drei Aussagen:

(1) Im linksseitigen Schaubild werden die gegebenen Beschäftigtenquoten der Alterskohorten der 55-64jährigen nach dem Geschlecht differenziert. Es zeigt sich, dass nur die drei skandinavischen Länder die Zielvorgaben für beide Geschlechtergruppen in 2005 bereits erfüllt haben.[2]

(2) Das rechtsseitige Schaubild zeigt die Veränderungstrends der altersspezifischen Beschäftigtenquoten im Zeitraum 1977-2005. Die Tendenzen mäßig steigender Beschäftigtenquoten in den EU-Ländern haben überwogen, für ältere Frauen stärker als für ältere Männer. In der ersten Hälfte des Zielhorizonts hat die Mehrheit der EU-Länder somit einen "turn around" in Richtung erwerbsakti-

2 Zu beachten bleibt, dass die offizielle Zielvorgabe erwerbsaktiven Alterns für die Gesamtheit der Alterskohorte der älteren Arbeitnehmer gelten soll. Die hier vorgenommene Differenzierung verweist in analytischer Sicht auf die geschlechtsspezifischen Lücken der Beschäftigung. Die Mehrzahl der EU-Länder erfüllte die Zielvorgaben mit Bezug zu den männlichen älteren Arbeitskräften bereits in 2005, jedoch nicht in Bezug zu den weiblichen Arbeitskräften. Diese Feststellung gilt auch für die nationalen Daten (DE: > 50 % für ältere Männer, < 40 % für ältere Frauen).

ven Alterns begonnen. Am stärksten war die Umkehr in den Ländern Finnland (FIN) und Niederlande (NL) ausgeprägt.

(3) Eine zusätzliche Differenzierung der älteren Beschäftigten nach deren Ausbildungsniveau (vgl. G. Schmid 2006: 6) zeigt ferner, dass alle EU-Länder die Zielvorgaben bereits mit Bezug zu den Hochqualifizierten mit tertiären Ausbildungsabschlüssen erfüllen, dass die Mehrheit der EU-Länder vornehmlich bei Gering Qualifizierten (ohne Berufsausbildungsabschluss) noch weit von den Zielvorgaben 2010 entfernt sind. Das Ausbildungsniveau bildet folglich einen wesentlichen Faktor der Beschäftigungshäufigkeit älterer Arbeitnehmer.

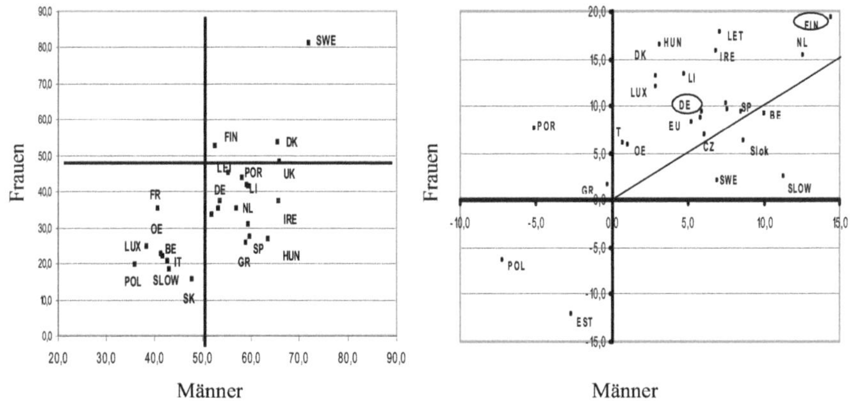

Quelle: EU-Kommission (2006).

Abbildung 1: Altersspezifische Beschäftigtenquoten (links-) und deren Veränderungen (rechtsseitig), Männer/Frauen, 55-64 Jahre, EU-Länder, 2005 bzw. 2005/1997.

Die *Schlussfolgerung* lautet, dass eine Strategie erwerbsaktiven Alterns bis 2010 und in den folgenden Jahrzehnten bis 2030 noch einer stärkeren langfristigen Umsetzung in mehreren EU-Ländern bedarf. Bestimmte Bevölkerungsgruppen, wie weibliche und gering qualifizierte Arbeitskräfte der alternden Kohorten, haben dabei noch relativ größere Lücken. Finnland mag diesbezüglich als ein Benchmark-Fallbeispiel für eine erfolgreiche Umsetzung eines strategischen Programms erwerbsaktiven Alterns dienen, da es im Zeitraum 1997-2005 eine sehr deutliche strategische Wende in der altersbezogenen Beschäftigungspolitik erreichen konnte.

2 Das „Finish-National-Program for Ageing Workers" (FINPAW) als Benchmark

Zu Anfang der 90er Jahre befand sich Finnlands Arbeitsmarkt in einer schwierigen Lage. Die allgemeine Arbeitslosenquote betrug fast 17 % (1994). Die Frühverrentung galt – wie in anderen europäischen Ländern – als eine allgemeine Maßnahme von hoher gesellschaftlicher Akzeptanz, um einerseits schlechten Arbeitsmarktchancen der älteren Arbeitnehmer auszuweichen und andererseits die Zugangschancen Jugendlicher zum Arbeitsmarkt zu verbessern. Das effektive Rentenalter Finnlands war durch die Frühverrentungsmaßnahmen auf unter 58 Jahre gebracht worden. Die tripartistischen Akteursgruppen des Landes – Regierung, Arbeitnehmer- und Arbeitgeberorganisationen – leiteten nach der Mitte der 90er Jahre eine Wende ein, da die Nachhaltigkeit der Rentenfinanzierung gefährdet war und die arbeitsmarktpolitische Umverteilung zwischen Jugendlichen und Älteren eher schlecht funktionierte. Zum anderen wandelte sich die Arbeitsmarktlage im Verlauf der späteren 90er Jahre.

Das nationale FINPAW-Programm im Zeitraum 1998-2002 zielte auf einen langfristigen Wechsel der Beschäftigungspolitik, zur Förderung der Erwerbschancen von älteren Arbeitskräften, ergänzt durch Reformen der nationalen Rentengesetzgebung. Eine Vielzahl von Projekten und Maßnahmen wurde durch das Programm nach verschiedenen Ebenen gebündelt und nach drei strategischen Zielen ausgerichtet (vgl. OECD 2004: 119):

Das erste Ziel betraf vorrangig die *individuelle bzw. betriebliche Ebene* zur Förderung der „Arbeitsfähigkeit" der älteren Mitarbeiter bzw. zur Anpassung der betrieblichen Arbeitsbedingungen. Zum Einen zielten die Maßnahmen auf dieser Ebene darauf, die Arbeitsfähigkeit der Mitarbeiter mit steigendem Lebensalter zu erhalten und zu verbessern, zum Anderen sollten die Arbeitsbedingungen an die Bedürfnisse der älteren Mitarbeiter stärker angepasst werden. Die personenbezogene *Arbeitsfähigkeit* der älteren Mitarbeiter und die Anpassung der betrieblichen Arbeitsbedingungen galten als grundlegende Voraussetzungen für erwerbsaktives Altern auf der *Mikro-Ebene* der Betriebe bzw. der Mitarbeiter.

Ziel (2): Auf der *arbeitsmarktpolitischen Ebene* sollten arbeitslose ältere Erwerbspersonen ab 45 Jahren gezielter zu Gunsten einer Wiederbeschäftigung aktiviert und unterstützt werden. Der Zugang für längerfristige Arbeitslose zur Altersrente sollte geschlossen werden.[3] Statt dessen sollten die älteren Arbeitslosen verstärkt in Aktivierungsmaßnahmen der Arbeitsverwaltung einbezogen werden.

3 Durch die Option des Rentenzugangs für längerfristige Arbeitslose wurde die Dauer der Arbeitslosigkeit – wie auch in anderen europäischen Ländern – erhöht.

Ziel (3): Auf der *Makro-Ebene* wurden um das Jahr 2000 verschiedene Reformen der gesetzlichen Rahmenbedingungen mit dem vorrangigen Ziel eingeleitet und beschlossen, die Beschäftigungsfähigkeit der älter werdenden Babyboom-Generation aus der Nachkriegszeit zu stärken. Neben der gesetzlichen Regelung der beruflichen Rehabilitation (2002), dem Gesetz zur Förderung der Erwachsenenbildung und des Lebenslangen Lernens (2001) zählte hierzu besonders die Neuregelung der Zugänge zu den Alters- und Invaliditätsrenten (bis 2003 vorbereitet, ab 2005 in Kraft getreten). Im Kern wurden Optionen vorzeitiger Altersrenten abgeschafft und flexible Altersgrenzen für ältere Arbeitskräfte zwischen 62 und 68 Jahren eingeführt, wobei die finanziellen Anreize für eine Verlängerung der Erwerbszeiten kräftig gesteigert wurden.[4]

Warum war das finnische Nationalprogramm FINPAW ein erfolgreiches Beispiel einer nationalen Strategie erwerbsaktiven Alterns? Welche Merkmale kennzeichnen dessen Umsetzung?

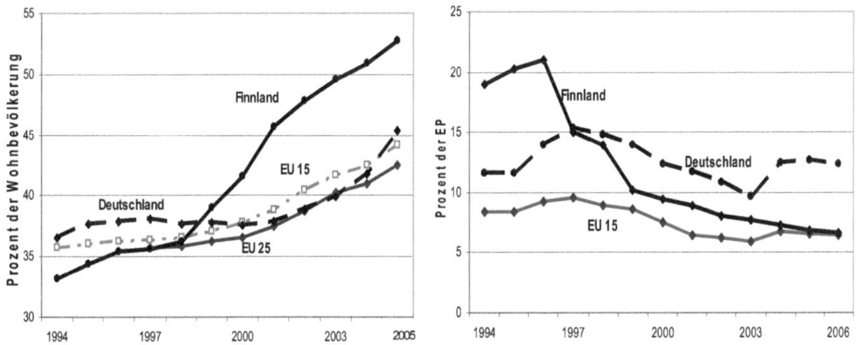

Quelle: OECD (2007); EU-Kommission (2006).

Abbildung 2: Beschäftigten- (links-) und Arbeitslosenquoten (rechtsseitig) der Altersgruppe 55-64 Jahre, Finnland, DE und EU, 1994-2005/06.

Einen empirischen Beleg für den Erfolg liefern offenkundig die nationalen Indikatoren der zeitlichen Entwicklung der altersspezifischen Beschäftigung und Arbeitslosigkeit (vgl. hierzu die Abbildung 2). Seit dem ersten Jahr des FINPAW-Programms stieg die altersspezifische Quote der Beschäftigten, sie entwi-

4 Die Rentenzuschläge für eine Verlängerung der Erwerbsjahre im Lebensalter zwischen 63 und 68 Jahren betragen seit 2005 + 4,5 % /Jahr des späteren Rentenzugangs (vgl. OECD 2004: 73 f.; M. Vogt 2003: 21 f.).

ckelte sich in Finnland deutlich positiver steigend als in den europäischen Vergleichsländern. Die Arbeitslosigkeit der Alterskohorte 55-64 Jahre entwickelte sich im Umkehrtrend: Mitte der 90er Jahre war die Altersarbeitslosigkeit in Finnland zunächst überproportional im Vergleich zu den anderen EU-Ländern und im Vergleich zur allgemeinen Erwerbsbevölkerung aller Jahrgänge Finnlands.[5] Seit Ende der 90er Jahre blieb die Altersarbeitslosigkeit in Finnland hingegen unterproportional im Vergleich zur allgemeinen Arbeitslosenquote des Landes.

Zur Umsetzung und zu den Erfolgsfaktoren des finnischen Nationalprogramms FINPAW: Eine akzeptierte Abkehr vom vorherigen Trend der Frühverrentung setzte zunächst einen allgemeinen Konsens der Regierung und der Arbeitsmarktorganisationen – in tripartistischer Tradition des Landes – voraus. Auf dieser Basis folgte in der Frühphase des Programms eine Vielzahl von öffentlichen Informationsaktivitäten.[6]

Das Programm wurde durch ein kooperatives Netzwerk von staatlichen Ministerien, öffentlichen Organisationen und gesellschaftlichen Akteuren gesteuert. Zu dessen Umsetzung wurde eine Vielzahl von Projekten und Maßnahmen organisiert (Trainingsmaßnahmen für betriebliche Schlüsselpersonen und Führungskräfte, Age Management, Maßnahmen der gezielten Weiterbildung, der Gesundheitsförderung und Erwerbsmotivation von Älteren). Als relevanter Erfolgsfaktor gilt neben einer breiten Akzeptanz der Ziele der übergreifende Charakter des Programms über komplementäre oder wechselseitig zusammenwirkende Ebenen (vgl. OECD 2004: 119 f.).

Verschiedene Projekte des FINPAW-Programms zielten unter einem neuen konzeptionellen Paradigma der *Förderung der individuellen "Arbeitsfähigkeit"* der beschäftigten Mitarbeiter auf eine vorrangige betriebliche Mikro-Fundierung der Strategie erwerbsaktiven Alterns in Finnland. Die individuellen Ressourcen der (älteren) Mitarbeiter, wie Gesundheit, berufliche und soziale Kompetenzen, Arbeitszufriedenheit und -einstellungen, wurden hierbei als ein *Bündel* von betrieblichen Ressourcen verstanden, in *Relation* zu den betrieblichen Arbeitsanforderungen, den Arbeitsbedingungen und zu den sozialen Bezugsgruppen der Betriebe. Die Arbeitsfähigkeit der Mitarbeiter zu erhalten und zu fördern, galt als zentraler Ansatzpunkt der Strategie des erwerbsaktiven Alterns der Mitarbei-

5 Der Vergleich der nationalen Indikatoren der altersspezifischen Beschäftigungs- und Arbeitslosenquoten im Zeitverlauf zeigt, dass die Änderungen der Quote der älteren Beschäftigten die der älteren Arbeitslosen übertroffen hat. Demnach muss die Zahl der älteren Nicht-Erwerbspersonen der Alterskohorte abgenommen haben.

6 „One of the programme's main targets was to influence general attitudes… The experience of older people as a „national asset“ was emphasised in information. It actually seems that the attitude towards older people in working life has become more positive.“ (aus dem Programmbericht des finnischen Ministry of Social Affairs and Health (2002), zit. nach J. Ilmarinen 2006: 61 f.).

ter. Entsprechend dienten *betriebliche Fallbeispiele* als „best practice"-Fälle zur Erhaltung der Arbeitsfähigkeit einer vorrangigen Umsetzung des FINPAW-Programms auf der Mikroebene.

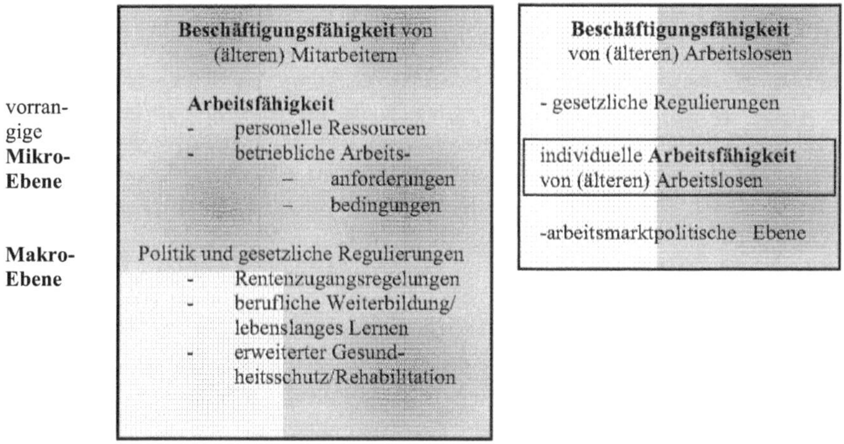

Abbildung 3: Konzeptionelle Grundlagen des FINPAW-Programms der nationalen Strategie erwerbsaktiven Altern

Die Mikro-Fundierung des Konzepts der Arbeitsfähigkeit der (älteren) Mitarbeiter wurde auf der Makroebene nach einem analogen Konzept der *„Beschäftigungsfähigkeit"* ergänzt. Um die Beschäftigungsfähigkeit der Arbeitnehmer auf der Makroebene zu verbessern, sollten Veränderungen der gesetzlichen Rahmenbedingungen zur Strategie des erwerbsaktiven Alterns beitragen. Hierzu trugen verschiedene gesetzliche Initiativen bei, die während der Laufzeit des FINPAW-Programms eingeleitet und beschlossen wurden, vor allem die Rentenreform zur Erhöhung des nationalen Erwerbsaustrittsalters, die gesetzlichen Reformen der Weiterbildung von Arbeitnehmern und der beruflichen Rehabilitation und des Gesundheitsschutzes.

Die Zielgruppe der *Arbeitslosen* bedurfte schließlich einer besonderen Aktivierung zur Re-Integration in den Arbeitsmarkt. Auch hier diente als Basiskonzeption, die individuelle Arbeitsfähigkeit der älteren Arbeitslosen durch gezielte arbeitsmarktpolitische Maßnahmen zu verbessern. Auf der Makro-Ebene wurden schließlich durch gesetzliche Maßnahmen die Optionen des vorzeitigen Altersruhestands für längerfristige Arbeitslose eingeschränkt bzw. dann später abgeschafft.

3 Betriebliches Gesundheitsmanagement und das Konzept der Arbeitsfähigkeit der betrieblichen Mitarbeiter

Auch aus nationaler Sicht bildet eine umfassende Förderung der Arbeits- und Beschäftigungsfähigkeit der älter werdenden Mitarbeiter – ähnlich dem Beispiel des FINPAW – eine notwendige und langfristige Aufgabe. Zwar wurde eine Umkehr der Beschäftigtenquoten in DE in Richtung der EU-Zielvorgaben zeitverzögert erreicht (vgl. obige Abbildung 2), der altersbezogene Wandel der Personalstrukturen steht allerdings noch bevor; denn ab 2010 werden die über 40-jährigen Mitarbeiter, ab 2020 die über 50-Jährigen Mitarbeiter in repräsentativen nationalen Betrieben dominieren. Das konzeptionelle Paradigma der *Arbeitsfähigkeit* der Mitarbeiter soll im Folgenden als eine maßgebliche Grundlage einer nationalen Strategie erwerbsaktiven Alterns betrachtet werden. Den theoretischen Überlegungen zur personalwirtschaftlichen Einordnung folgen abschließend einige Folgerungen zur betrieblichen Umsetzung

3.1 Das Konzept der Arbeitsfähigkeit

Ilmarinen unterscheidet vier Aspekte von personellen Humanressourcen (HR) von betrieblichen Mitarbeitern,

- die individuellen Ressourcen der Gesundheit (G),
- deren Ausbildung und qualifikatorische Kompetenzen (QU),
- die Werte und Erwerbseinstellungen der Mitarbeiter (WE), sowie
- deren Arbeitszufriedenheit und -motivation (AZ).

In formalisierter Darstellung gilt:

$$\mathbf{HR_i = HR_i\,(G_i,\ QU_i,\ WE_i,\ AZ_i)}$$

Die vier Aspekte bilden ein komplexes Bündel individueller personalwirtschaftlicher Humanressourcen der Betriebe. Die Arbeitsfähigkeit (AF) ergibt sich aus Wechselwirkungen zwischen der Entwicklung der personellen Humanressourcen einerseits und dem Wandel der Arbeitsbedingungen (AB) andererseits. Die individuelle Arbeitsfähigkeit verlangt, die jeweiligen Humanressourcen mit den Arbeitsbedingungen zu harmonisieren, um die betrieblichen Arbeitsaufgaben zu bewältigen.

$$\mathbf{AF_i = AF_i\,(HR_i\,,\ AB_i)}$$

Zwischen den Komponenten der Humanressourcen (HR) und den betrieblichen Arbeitsbedingungen (AB) besteht ein Feedback-System mit positiven und negativen Rückkoppelungen. Die Arbeitsfähigkeit ist als dynamischer Prozess zu verstehen, bei dem personelle Humanressourcen und die betrieblichen Arbeitsbedingungen wechselseitig angepasst werden müssen (vgl. J. Ilmarinen/J. Tempel 2002: 168).

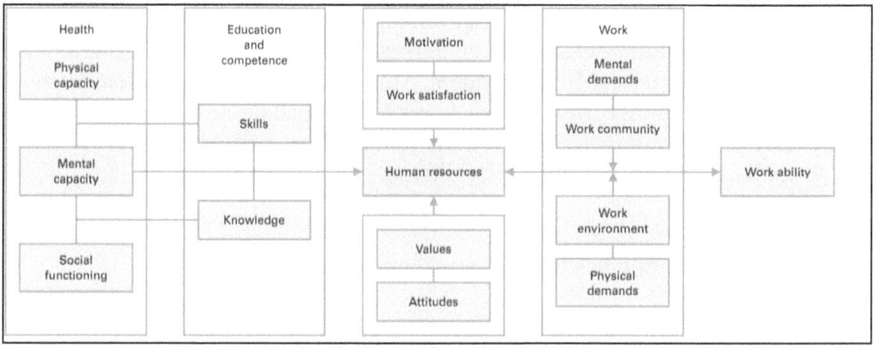

Quelle: J. Ilmarinen (2001: 549).

Abbildung 4: Determinanten der individuellen Arbeitsfähigkeit.

Aus personalwirtschaftlicher Sicht lassen sich die individuellen Humanressourcen von Mitarbeitern auch als Komponenten des *betriebsbezogenen Humankapitals* bezeichnen. Welche Zusammenhänge kennzeichnen aus theoretischer Sicht wichtige Zusammenhänge zwischen dem Alter von Mitarbeitern und den Komponenten der Humanressourcen?

3.1.1 Qualifikatorisches Humankapital und Alter

Zunächst zur herkömmlichen Theorie des Humankapitals: Nach Mincer (1974) bilden school- und post-school investments die relevanten Faktoren der Entwicklung des qualifikatorischen Humankapitals. Ältere Mitarbeiter haben aus Sicht der formalisierten *schulischen Ausbildung* zwei Nachteile: Die Zeiten der formalisierten Ausbildung liegen im Allgemeinen länger in deren Altersbiographien zurück, so dass die Raten der Veralterung des schulischen Ausbildungskapitals bei älteren Arbeitskräften höher sein werden. Zudem: Ältere Mitarbeiter haben i. d. R. geringere formale Ausbildungsabschlüsse als Jüngere.

Des Weiteren berücksichtigt die traditionelle Humankapitaltheorie postschulische Trainingsaktivitäten bzw. berufsbegleitende Berufs- oder Betriebserfahrungsprozesse des „learning on the job". Die Trainings- und Weiterbildungsaktivitäten des *postschool investments* korrelieren allgemein mit dem Niveau der allgemeinen schulischen Ausbildung. Die Trainingshäufigkeiten zeigen ferner alterstypische Beteiligungsmuster, ältere Mitarbeiter sind i. d. R. deutlich weniger an beruflichen Trainingsmaßnahmen beteiligt. Nach diesem traditionellen Muster des altersbezogenen Trainingsverhaltens haben ältere Mitarbeiter erhebliche *Weiterbildungsnachteile* durch geringere berufliche Trainingsaktivitäten außerhalb des Betriebs. Mit steigendem Alter der Mitarbeiter werden daher einerseits Qualifikationsvorteile eines kumulierten Erfahrungswissens angenommen, andererseits relative Nachteile im schulischen Ausbildungsniveau und in der formalisierten beruflichen Weiterbildung.

3.1.2 Gesundheitliches Humankapital und Alter

In analoger Betrachtungsweise lassen sich die Zusammenhänge zwischen der Entwicklung des gesundheitlichen Humankapitals und den personellen Alterungsprozessen aus ökonomischer Sicht deuten. Das gesundheitliche Humankapital unterliegt im Zeitverlauf differenzierten Veränderungen durch Belastungen einerseits und Verbesserungen durch investive zeitliche oder monetäre Aufwendungen in die Gesundheit andererseits. Die Salden aus Abnutzungs- und Investitionsprozessen bestimmen den Zeitpfad des individuellen gesundheitlichen Humankapitals bzw. der Gesundheitsentwicklung. Der personelle Gesundheitszustand als zeitpunktbezogene Größe wird durch vielfältige Faktoren bestimmt: durch das individuelle Gesundheitsverhalten in der Vergangenheit und Gegenwart, z. B. durch den persönlichen Lebensstil, durch erwerbsbiographische Faktoren, wie z. B. Alter, Art und Dauer der Berufstätigkeit, durch betriebliche Arbeitsbedingungen, durch medizinische Leistungen etc.

Die Betriebe nutzen gesundheitliche – sowie qualifikatorische personelle Ressourcen – als Produktivfaktoren. Gesundheitliche Humanressourcen bilden elementare personenbezogene Voraussetzungen der betrieblichen Aktivitäten. BGM-Maßnahmen haben somit aus betrieblicher Sicht grundsätzlich investiven oder produktiven Charakter. Zwei Ansatzpunkte sind prinzipiell geeignet, die zeitliche Entwicklung des betrieblichen Gesundheitskapitals zu beeinflussen. Einerseits können die langfristigen Abnutzungs- und Belastungsprozesse der Mitarbeiter verringert werden, um deren negativen Alterungseffekte zu mindern. Dem dient vorrangig der traditionelle betriebliche *Gesundheitsschutz*, der primär Arbeitsunfälle und arbeitsbedingte Krankheitsursachen der Mitarbeiter zu verringern versucht. Andererseits können präventive Maßnahmen der betrieblichen *Gesundheitsförderung* als investive Aufwendungen in das betriebliche Gesundheitskapital der Mitarbeiter die Humanressourcen der Betriebe verbessern. Die präventive Strategie eines aktiven BGM sollte nicht allein den Alterskohorten der älteren Mitarbeiter gelten, sondern die Gesamtheit der Mitarbeiter aller Altersgruppen betreffen – in Analogie zu betrieblichen Weiterbildungsaktivitäten.

Ein aktives BGM hat ferner neben den unmittelbaren *betrieblichen* Produktivitäts- und Nutzeneffekten weitergehende *private* Folgeeffekte hinsichtlich der Lebensqualität der betreffenden Personen im Ruhestandsalter. Denn die Zufriedenheit der älteren Nicht-Erwerbspersonen im Ruhestand, die Lebensqualität der Rentner(innen) wird maßgeblich von der Arbeitsfähigkeit und -zufriedenheit in den letzten Berufsjahren mitgeprägt.[7]

3.1.3 Psychologische Humanressourcen und subjektives Gesundheitsgefühl

Subjektive oder sozialpsychologische Komponenten der betrieblichen Humanressourcen betreffen vor allem die Arbeitszufriedenheit und die Erwerbsorientierungen der Mitarbeiter. Mangelnde Arbeitszufriedenheit mindert unmittelbar die Leistungsbereitschaft der Mitarbeiter. Langfristig kann eine geringe Arbeitszufriedenheit mit steigendem Alter zur verstärkten Neigung führen, aus dem Erwerbsleben auszuscheiden. Die psychologischen Komponenten des Humankapitals hängen eng mit objektiven Aspekten des betrieblichen Humankapitals zusammen. Sie werden hier hervorgehoben, weil sie direkt das Verhalten der Mitarbeiter steuern und häufig die entscheidenden Verhaltensfaktoren bilden. Als ein maßgeblicher Einflussfaktor des Arbeits- und Erwerbsverhaltens der Arbeitnehmer wird hier deren *subjektive Arbeitszufriedenheit* herausgehoben.

In den Sozialwissenschaften gibt es eine Vielzahl von Theorien der Arbeitszufriedenheit. Die Liste von Determinanten umfasst sowohl *soziale* Faktoren des Betriebsklimas und die Relationen zu Vorgesetzten und Kollegen, als auch *personelle* Faktoren, wie Zuversicht, Selbstvertrauen und das subjektive Gesundheitsgefühl, sowie *betriebliche* Arbeitsbedingungen/-belastungen. Die vom DIW erhobenen Daten des SOEP (Erhebungswelle 2004) lassen sich verwenden, um einige ausgewählte Determinanten der Arbeitszufriedenheit in einer repräsentativen Auswahl der beschäftigten Arbeitnehmer in DE zu ermitteln. Diese Daten erlauben zwar keine explizite Beachtung der sozialpsychologischen Faktoren des Betriebsklimas etc. im Rahmen von Regressionsanalysen, jedoch

---

7 "The last years of work life have an effect on a retiree's everyday life: Good working ability means good functional capacity and health, as well as better quality of life as a retiree, during the third age of a person" (J. Ilmarinen 2006: 107).

lassen sich einige ausgewählte personelle sowie demografische Gruppenvariablen berücksichtigen. Zu den personenbezogenen Variablen gehören insbesondere das subjektive Gesundheitsgefühl und die monetären Bruttoverdienste als mögliche Faktoren der Arbeitszufriedenheit. Das individuelle *Gesundheitsgefühl* gehört zweifellos zu den grundlegenden Faktoren der Erwerbs- und Lebensqualität. Mit der Alterung steigt im allgemeinen das gesundheitliche Bewusstsein der beschäftigten Arbeitnehmer, die Standardabweichung des subjektiven Gesundheitsgefühls der Arbeitnehmer nimmt zu, d. h. das Gesundheitsgefühl differenziert sich i. d. R. mit den Alterungsprozessen. Die monetären *Bruttoverdienste* bilden wichtige extrinsische Anreizfaktoren des Verhaltens der Arbeitnehmer. Zusätzlich werden die *formal-qualitativen Anforderungen* der betrieblichen Tätigkeiten[8] sowie die *demografische Gruppenvariablen* (Alter, Geschlecht) als mögliche Determinanten der subjektiven Arbeitszufriedenheit aufgenommen. Zu den Ergebnissen von multivariaten Querschnittsanalysen der subjektiven Arbeitszufriedenheit der beschäftigten Arbeitnehmer in DE vgl. Tabelle 1.

Variablen [a)]	nicht standardisierte Koeffizienten		standardisierte Koeffizienten
	B	T-Werte	Beta
Konstante	2,202	15,284	-
subjektives Gesundheitsgefühl	0,416	40,159	0,356
Bruttoverdienst-kategorien	0,316	14,025	0,143
erforderliche Ausbildungskategorien	0,249	11,279	0,107
Altersgruppen	-0,083	-3,491	-0,032
Geschlecht	0,227	5,142	0,048

a) (korrigiertes) R^2 der Schätzung: 0,173

Tabelle 1: Relevante Einflussfaktoren der subjektiven Arbeitszufriedenheit der beschäftigten Arbeitnehmer, DE (SOEP-Daten, Welle 2004).

Die Spalte der Beta-Koeffizienten informiert über eine vergleichbare Rangfolge der Einflussstärke der ausgewählten Variablen im Rahmen einer multiplen Quer-

8 Die qualitativen Anforderungen der betrieblichen Tätigkeiten werden durch die erforderliche Ausbildungskategorien erfasst (kein beruflicher Ausbildungsabschluss erforderlich/ abgeschlossene Berufsausbildung.../ abgeschlossenes FH-Studium.../ abgeschlossenes HF-Studium erforderlich).

schnittsregression. Die vorliegenden Schätzergebnisse liefern insbesondere einen Beleg für die relative Stärke des empirischen Zusammenhangs zwischen der subjektiven Arbeitszufriedenheit der beschäftigten Arbeitnehmer und deren Gesundheitsgefühl. Daher lässt sich folgern: Maßnahmen des BGM bilden einen wichtigen, maßgeblichen Ansatzpunkt zur Förderung der Arbeitzufriedenheit der betrieblichen Mitarbeiter, im besonderen in Bezug zu einer aktiven betrieblichen Strategie erwerbsaktiven Alterns in Gegenwart und Zukunft.

3.2 Kohärente und ganzheitliche Maßnahmen als Strategieanforderungen

Die qualitativen Anforderungen an eine strategische Ausrichtung des BGM sind im Zeitverlauf gestiegen. Ein aktives, strategisch ausgerichtetes BGM verlangt eine Weiterentwicklung des betrieblichen Gesundheitsschutzes zu einem umfassenden Managementsystem zur Erhaltung und Förderung des körperlichen, geistigen und sozialen Wohlbefindens der Mitarbeiter. Ein entsprechender *Bedeutungszuwachs des BGM* gilt insbesondere auch in Zusammenhang mit einer Strategie erwerbsaktiven Alterns auf der Mikroebene der Betriebe. Um ein strategisch ausgerichtetes betriebliches Programm zur Förderung der Arbeitsfähigkeit der Mitarbeiter erfolgreich umzusetzen, bedarf es einer komplementären Bündelung verschiedener Bereiche bzw. Maßnahmen.[9] Die Wirksamkeit von begrenzten Einzelmaßnahmen, z. B. des betrieblichen Gesundheitsschutzes zur Verringerung von Unfallhäufigkeiten oder arbeitsbedingten Krankheiten, bleibt hinsichtlich der Arbeitsfähigkeit beschränkt. Die Effizienz von Maßnahmen des BGM wird vielmehr wesentlich gesteigert, wenn die betrieblichen Programme einen *bereichsübergreifenden, integrierten Bündelcharakter* haben.[10] Zur Wirksamkeit betrieblicher Programme bedarf es ferner einer Kohärenz mit Maßnahmen der *Makroebene* und dem „employability-concept", um eine *nationale Strategie* erwerbsaktiven Alterns erfolgreich umzusetzen (vgl. die obigen Ausführungen zum FINPAW-Programm).

---

9 Die betrieblichen Programme des BGM sollen sich nicht ausschließlich auf die Gruppe der älteren Mitarbeiter beschränken, wenngleich einzelne Maßnahmen vorrangig deren Bedürfnisse betreffen. Denn die individuelle Gesundheitsentwicklung bildet einen lebenslangen Prozess (vgl. die humankapitaltheoretischen Überlegungen), der durch Verhaltensprävention der Mitarbeiter frühzeitig zu beeinflussen ist.

10 Von Seiten der Protagonisten des FINPAW wurde wiederholt auf die Effizienzwirkungen von bereichsübergreifenden betrieblichen Maßnahmen des BGM verwiesen, verhaltensorientierte Fitness-Programme z. B. haben demnach zeitlich beschränkte Effekte auf die Arbeitsförderung der (älteren) Mitarbeiter, längerfristige Wirkungen können durch eine Kombination mit Maßnahmen der betrieblichen Arbeitsorganisation und der präventiven Gestaltung von Arbeitsbedingungen sowie durch zielorientierte Programme der Mitarbeiterführung erzielt werden (vgl. K. Tuomi/J. Ilmarinen/A. Jahkola u. a. 1998: 230 f.).

Als ein konzeptioneller Rahmen von übergreifenden integrierten Teilprogrammen zur Förderung der Arbeitsfähigkeit mag ein Pyramidenschema (nach J. Ilmarinen) dienen, das verschiedene betriebliche Handlungsfelder umfasst.

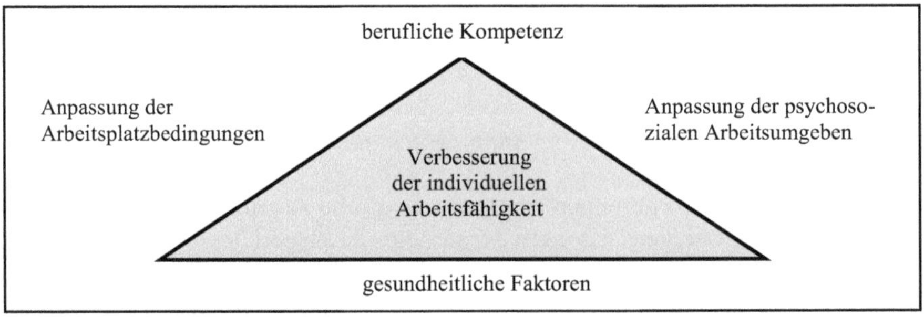

Abbildung 5: Pyramidenschema betrieblicher Programme zur Förderung der Arbeitsfähigkeit der Mitarbeiter (nach J. Ilmarinen 2001).

(1) Aktives BGM als Basisstrategie
Das Teilprogramm des BGM bildet eine Grundlage zur Förderung der Arbeitsfähigkeit. Nach den Vorschlägen von Ilmarinen lassen sich hierzu verschiedene Aktivitäten zur betriebsspezifischen Gestaltung kombinieren:

Die *Durchführung von betrieblichen Gesundheitstests* sowie *altersspezifischen Beratungsgesprächen* mit Mitarbeitern bei Erreichen bestimmter Altersschwellen, z. B. 49 Jahren und/oder 54 Jahren etc. Systematische diagnostische Untersuchungen von Mitarbeitern bilden eine notwendige Grundlage von gezielten altersspezifischen gesundheitlichen Beratungen.

Betriebliche *Fitness-Programme* zur Förderung der individuellen gesundheitlichen Leistungsfähigkeit in Kombination mit Maßnahmen zur Förderung des *Gesundheitsbewusstseins* und der *Motivation zu gesundheitlichem Verhalten* und zur Änderung von individuellen Lebensstilen (vgl. die obigen humankapitaltheoretischen Argumente).

Ferner werden gezielte Maßnahmen der gesundheitlichen *Prävention* mit Bezug zu den sog. Volkskrankheiten mit häufiger Verbreitung vorgeschlagen, zur Vorbeugung besonders von *Erkrankungen von Herz-, Kreislaufsystemen sowie Rücken- und Wirbelsäulenproblemen.*

Die Schaffung *gesundheitsförderlicher Arbeitsbedingungen und Arbeitsmittel*, um die Belastungsintensitäten der Arbeitplätze zu reduzieren.

Diese vier Elemente können als ein betriebliches Basisprogramm eines spezifischen BGM betrachtet werden, das im Rahmen eines *Qualitätsmanagements* im Zeitverlauf weiterentwickelt und verbessert werden sollte.

(2) Teilprogramm Berufliche Weiterbildung und Arbeitsmotivation
Höhere Beschäftigtenanteile von Älteren und häufigere Beteiligung an betrieblicher Weiterbildung korrelieren miteinander. Je stärker die Erwerbsorientierung älterer Personengruppen, je höher die Arbeits- und Lebenszufriedenheit dieser Personen, desto länger dauert deren Erwerbstätigkeit. Erwartete Erwerbsaustritte hingegen reduzieren die BWB-Aktivitäten von älteren Arbeitskräften. Mit dem Wandel der Ruhestandsregelungen auf der *Makro-Ebene* werden die Interessen der älteren Mitarbeiter an BWB auf der *Mikro-Ebene* zunehmen.

Bei geringer qualifizierten Personen sind *Lernentwöhnungsprozesse* durch ein geeignetes betriebliches Lern- und Weiterbildungsklima aufzubrechen. Für qualifizierte ältere Mitarbeiter sind Zusammenhänge zwischen BWB-Maßnahmen und deren Arbeitsmotivation sowie Möglichkeiten der *Personalentwicklung* von großer Bedeutung. Eine *Unterstützung durch die Vorgesetzten* zur Beteiligung an Maßnahmen der BWB ist speziell für ältere Arbeitskräfte sehr wichtig.

(3) Teilprogramm zur Anpassung der betrieblichen Arbeitsbedingungen
Hierzu werden exemplarisch empfohlen: Eine gezielte *Senkung repetitiver oder monotoner Tätigkeitsinhalte*; nach den vorliegenden empirischen Befunden sind bei älteren Arbeitskräften relativ häufiger Klagen über monotone Tätigkeitsinhalte vorzufinden. Den Arbeitskräften soll ferner eine größere *zeitliche Flexibilität der Tätigkeiten* verschafft werden, z. B. indem eine größere individuelle Steuerung des Arbeitstempos erlaubt wird. Auch eine besondere *ergonomische Gestaltung der Arbeitsplätze und Arbeitsmittel* wird empfohlen, mit Bezug zu nachlassenden Sinnesfähigkeiten einzelner älterer Mitarbeiter, wie z. B. des Seh- und Hörvermögens.

(4) Age management für betriebliche Führungskräfte
Vielfach wird die Einbeziehung eines *Age Management* für Führungskräfte vorgeschlagen, um die Wirksamkeit von Programmen des speziellen BGM zu erhöhen. Nach Ilmarinen (2001) lassen sich darunter z. B. die folgenden Programmziele zuordnen: Das *Bewusstsein* der Führungskräfte *um die betrieblichen Alterungsprozesse* soll erhöht werden. Die Führungskräfte sollen motiviert werden, die wechselseitige *Unterstützung in altersgemischten Arbeitsgruppen* zu fördern. Die Führungskräfte sollen zu gezielten Anpassungen der betrieblichen *Arbeits-*

organisation, z. B. flexible Pausenregelungen, veranlasst werden. Die *Kommunikation* von Vorgesetzten und älteren Arbeitskräften soll verbessert werden.

4 Fazit und abschließende Folgerungen

Zuvor wurde mit dem Blick auf das Benchmark-Beispiel Finnland die vorrangige Bedeutung einer Mikro-Fundierung zur Umsetzung der Strategie des erwerbsaktiven Alterns aufgezeigt. Auf der Grundlage des Konzepts der Erhaltung und Förderung der *Arbeitsförderung der Mitarbeiter* wurde im besonderen eine Aktivierung und strategische Ausrichtung des BGM abgeleitet, mit den Anforderungen der Ganzheitlichkeit und Kohärenz. Der Beitrag sollte diese Anforderungen, die den Charakter häufig verwendeter „Schlagwörter" haben, näher erläutern und konkretisieren. Was bedeuten demnach die Anforderungen ganzheitlicher und kohärenter Maßnahmen zur Gestaltung des BGM?

Eine kohärente Ausrichtung von Maßnahmen verlangt prinzipiell eine übereinstimmende Orientierung von Akteuren der Mikro- und Makro-Ebene zur Förderung der Beschäftigungsfähigkeit auch der älteren Mitarbeiter. Das heißt, ein aktives BGM der Betriebe zur Umsetzung der Strategie erwerbsaktiven Alterns verlangt gleichgerichtete Maßnahmen auf der Makro-Ebene, z. B. Maßnahmen der gesellschaftlichen Sensibilisierung des Verhaltens, zur konsequenten Korrektur von Fehlsteuerungen des Übergangs in die Nacherwerbsphase etc.

Erwerbsaktives Altern auf der betrieblichen Mikro-Ebene verlangt umfassende Maßnahmenbündel zur Erhaltung und Förderung der Humanressourcen der Mitarbeiter. Ganzheitliche Maßnahmen des BGM sollten zumindest zwei Anforderungen erfüllen, eine zielorientierte Integration verschiedener Handlungsfelder und die Abstimmung verschiedener betrieblicher Akteure in den jeweiligen Handlungsfeldern. Die Handlungsfelder Gesundheitsförderung, Kompetenzentwicklung, Motivationsförderung und Veränderung der Arbeitsbedingungen sollen demnach eine integrative Kombination von Maßnahmenbündeln bilden. Die Gesundheit der Mitarbeiter im Zusammenhang mit älter werdenden Humanressourcen zu fördern, verlangt deren Potentiale zur Arbeits- und Beschäftigungsfähigkeit umfassend in Wechselbeziehungen zwischen betrieblichen Bedingungen und Akteuren gezielt zu entwickeln und zu nutzen.

Literatur

EU-Kommission (2003): Beschäftigung in Europa. Brüssel.

EU-Kommission (2005): Integrierte Leitlinien für Wachstum und Beschäftigung (2005-2008), KOM (2005) 141. Brüssel. (Als pdf-Datei verfügbar: http://ec.europa.eu/employment_social/employment_strategy/prop_2005/prop_2005_de.pdf; Abruf: 05.08.2007).

EU-Kommission (2006): Employment in Europe. Brüssel.

Ilmarinen, J. (2001): Aging Workers, in: Occup. Environ. Med. S. 546-551 (http://oem.bmjjournals.com/cgi/content/full/58/8/546; Abruf: 05.10.2006).

Ilmarinen, J. (2006): Towards a longer Worklife!, Ageing and the Ouality of Worklife in the European Union, ed. by the Finnish Institute of Occup. Health, Ministry of Social Affairs and Health. Helsinki. (Als pdf-Datei verfügbar: http://www.stm.fi/Resource.phx/eng/publc/special/worklife.htx.i122.pdf; Abruf: 12.08.2007).

Ilmarinen, J./Tempel, J. (2002): Arbeitsfähigkeit 2010. Was können wir tun, damit Sie gesund bleiben? Hamburg.

Kok, W. u. a. (Task-force Beschäftigung) (2004): Jobs, Jobs, Jobs. Mehr Beschäftigung in Europa schaffen. Luxemburg. (Als pdf-Datei verfügbar: http://ec.europa.eu/employment_social/employment_strategy/pdf/etf_de.pdf; Abruf: 05.08.2007).

Mincer, J. (1974): Schooling, Experience and Earnings. New York.

OECD (Hrsg.) (2004): Ageing and Employment Policies – Finland. Paris.

OECD (Hrsg.) (2006): Active Aging in Europe: Innovating the transitions from work to retirement. Berlin. (Als pdf-Datei verfügbar: http://www.wz-berlin.de/ars/ab/pdf/schmid_active_aging.pdf; Abruf: 10.08.2007).

Tuomi, K./Ilmarinen, J./Jahkola, A. et al. (1998): Work ability index, Finnish Institute of Occupational Health. 2. Helsinki.

Vogt, M. (2003): Politik und Maßnahmen für die Beschäftigung Älterer. Erfahrungen in ausgewählten EU-Ländern. FORBA-Forschungsbericht. Wien. (Als pdf-Datei verfügbar: http://www.exabis.com/cm362/fileadmin/wage/pdf/FORBA.pdf; Abruf: 09.08.2007).

Teil 6
Ökonomik
und
gesellschaftliche Ziele

A critical review of the real interest rate concept

Ansgar Belke, Martin Leschke, Wim Kösters, Thorsten Polleit

1 Calculating the neutral real interest rate

The *neutral real interest rate* (NRIR) is defined as the level of the *real interest rate* that is consistent with low and stable inflation and real production corresponding to potential production. To put it differently: the NRIR is the rate consistent with the output gap ($y - y^*$) and inflation gap ($\pi - \pi^*$) being zero, where y (y^*) represents (potential) output and π (π^*) is actual (target) inflation.

The concept of the NRIR actually stems from the work of the Swedish economist Knut Wicksell:

> "There is a certain rate of interest on loans which is neutral in respect to commodity prices, and tend neither to raise nor to lower them. This is necessarily the same as the rate of interest which would be determined by supply and demand if no use were made of money and all lending were effected in the form of real capital goods." (K. Wicksell 2002: 102)

If, according to the so-called Wicksell process, the *market interest rate* falls below the *neutral interest rate* ($i < i^n$), investment will exceed saving ($I > S$), implying that aggregate demand will be greater than aggregate supply ($AD > AS$). This, in turn, is supposed to fuel demand for bank loans and push up the general level of prices. Alternatively, if the market rate rises above the neutral rate ($i > i^n$), savings will exceed investment ($I < S$), aggregate supply will exceed aggregate demand ($AD < AS$), bank loans and the stock of money will contract, translating into a decline of the price level. That said, whenever the market interest rate equals the neutral level, the economy is said to be in equilibrium.

Economic theory has it that the (long-term) real interest rate corresponds, in equilibrium, to the economy's potential output growth. In fact, in equilibrium an economy's potential growth matches the marginal return on capital (adjusted for risk). According to the *Golden Rule*, the risk-adjusted marginal return on capital should, in equilibrium, equal the long-term real interest rate (see T. Bernhardsen 2005; N. Björksten 2003).

Let us assume monetary policy would follow the NRIR concept. Here, the central bank reaction function might be formulated as follows:

(1) $\Delta r = \lambda \; (i_t - i^n)$,

where $\lambda < 0$ shows the intensity with which the official interest rate, *r*, is changed in response to the *interest rate gap*, that is the difference between the actual real money market rate (i_t) and the NRIR (i^n). As the NRIR is unobservable and unknown, economists have put forward a variety of estimation/calculating methods (see T. Wu 2005).

Estimating the NRIR:

A rather simple approach is to assume that the NRIR corresponds to the *real interest rate* as observed in the past. A rather simple calculation method would be subtracting actual inflation from nominal (central bank) interest rates. By doing so, one would obtain a measure of the ex post real interest rate. To give an example, Figure 1 shows a long history of the nominal and real 3-months interest rates in the US and the euro area.

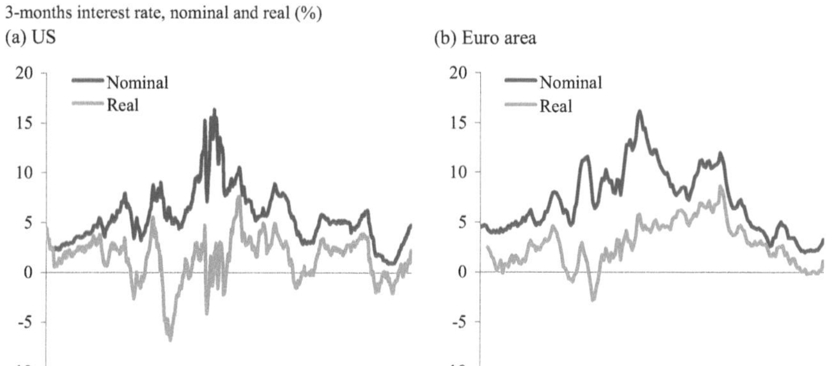

Source: ECB, Federal Reserve Bank of St. Louis, Thomson Financials; own calculations. - Real yields were calculated by substracting annual consumer price inflation from nominal yields. - Monthly data for the US, quarterly data for the euro area.

Figure 1: Nominal and real interest rates in the US and the euro area in percent

A popular method is smoothing the *ex post* real interest rate series by using the Hodrick-Prescott (HP) filter. Such an approach might be a reasonable approximation for periods in which output and inflation gaps were zero. In periods of (large) output and inflation swings, however, such an estimation method might be associated with substantial errors.

A more sophisticated approach is combining econometric tools and structural macroeconomic modeling techniques. For instance, Laubach and Williams (2003) make use of a structural model, which consists of three equations. The authors use an *IS-function* that (i) relates the output gap to the NRIR, (ii) includes a *Phillips curve* (relating inflation to the output gap) and (iii) specifies the positive correlations between the NRIR and the trend growth of output.

Once the macroeconomic model is specified, the researcher can estimate the NRIR through exploring the correlations between the interest rate, inflation, and output. If actual output exceeds trend (as predicted by the model), part of the unexpected strength in output will be attributable to a more accommodative monetary policy, which, in turn, implies that the NRIR was higher than projected.

Based on the paper of Laubach and Williams, the Kalman-Filter method has become a rather popular methodology for calculating the NRIR. Applying the Kalman-Filter to a small-scale macroeconomic model, one can de-trend the data to estimate unobservable variables such as the NRIR and potential output simultaneously.

NRIR are also estimated by using so-called stochastic dynamic general equilibrium models (SDGEM). These models define the NRIR as the interest rate that would prevail if all prices and wages were flexible. The concept allows for a time-varying NRIR, depending on structural factors. To estimate the NRIR, the parameters of the model must either be estimated or calibrated. While theoretically appealing, in practice the estimates turn out to be rather sensitive to choices regarding model specifications and parameter values.[1]

NRIR and the Taylor rule:

At this juncture it is of interest to highlight the relation between the NRIR and the well-known Taylor rule (Taylor 1993). The Taylor rule can be written as:

(2) $i = i^* + \pi^* + \alpha (\pi - \pi^*) + \beta (y - y^*)$ with $\alpha, \beta > 0$.

This is equivalent to:

(3a) $i - \pi + \pi - \pi^* - i^* = \alpha (\pi - \pi^*) + \beta (y - y^*)$, and

(3b) $(i_r - i^*) + (\pi - \pi^*) = \alpha (\pi - \pi^*) + \beta (y - y^*)$.

So the neutral rate i* is:

1 Details on the issue can be found in Gali (2002) and Giammarioli and Valla (2004).

(4) $i^* = i_r + (1 - \alpha_. (\pi - \pi^*) - \beta (y - y^*)$.

So, if α and β are known, the NRIR can be easily calculated. However, to estimate α and β, i* must be known; in fact, it has to be calculated first.

Problems with estimating the NRIR:

Independent of the method used for calculating the NRIR, a number of problems arise (Wu, 2005):

1. The first difficulty has to do with the so-called *one-sided filtering problem.* Statistical theory tells us that, in estimating unobservable variables, the more observations are used in the estimation, the more accurate are the estimates. In reality, however, we can observe macroeconomic data only up to today. Therefore, the estimate of today's NRIR based on data which is available today will be quite different from the estimate when we have data beyond today – which are called *two-sided* or *smoothed* estimates.
2. In addition, estimating the NRIR tends to suffer from the fact that macroeconomic data (especially GDP) are often revised. In many cases such revisions can be quite substantial. This, of course, might weaken the reliability of NRIR estimates.
3. Our discussion so far has assumed that the macroeconomic model underlying the estimates of the NRIR is correct. However, there might be alternative models of the economy, and usually there is no consensus about which model is actually the correct one/most reliable.

NRIR and monetary policy:

The monetary policy recommendation that follows from the NRIR concept is that whenever there is a positive output gap, monetary policy-makers should set the interest rate at a level which puts downward pressure on demand, thereby dampening inflationary pressure. Alternatively, whenever actual output is lower than potential, the central bank should set the real interest rate at a level which stimulates spending, inducing investment and consumption, thereby increasing demand and avoiding the emergence of downward price pressure.

However, is it really advisable for a central bank, which aims at maintaining price stability like the ECB, to base its policy decision on the output gap as required by the NRIR concept? As can be argued, a number of serious difficulties would arise which run counter the objective of keeping inflation at a low and stable level.

To start with, monetary policy works with long (and often uncertain) time-lags. If the central bank lowers interest rates today (as a direct response to below-potential growth), the actual policy impact on output will be felt at a (much) later point in time. An output oriented monetary policy could therefore easily become pro-cyclical, leading to unwanted swings in output, employment and inflation.

What is more, an output oriented monetary policy might actually undermine the central bank's political independence.[2] Take, for instance, the case in which there are disappointing output and employment gains as a direct result of unfavourable macro-economic policies (such as, for instance, high taxation, tight regulation, protectionism, etc.). Under a NRIR concept, the central bank would actually be required to *bail out* the government's policy by cheap money. This, in turn, might (with a time delay) result in inflation (and, in addition, reduce economic incentives for bringing about structural reform).[3]

Finally, and perhaps most importantly, empirical evidence suggests that there are variables which appear to be much more important for inflation than the output gap. Indisputably, the output gap as a *demand pull factor* may have an impact on consumer prices in the short-run. However, as experience in many countries suggests, it is credit and money expansion that determines inflation in the medium- to long-run. However, as the NRIR concept ignores credit and money growth altogether, it is questionable whether it is actually compatible with price stability (that is preventing deflation and inflation).

2 Monetary policy transmission and the interest rate

What role does the (real) interest rate play in the monetary policy transmission mechanism? To answer this question, it might be worthwhile to take a brief look at two basic (and actually interrelated) transmission cannels: the *money channel* and the *credit channel* (see B. Bernanke/M. L. Gertler 1995).

According to the *money channel*, a reduction in base money supply would limit the banking system's ability to create additional credit and money. However, if loan demand remains strong, banks would offer their clients higher deposit rates – to make them move part of their funds from sight and time deposits (which are subject to minimum reserves) into bank liabilities which are not subject to reserve holdings. By doing so, minimum reserves are transformed into free reserves. As bonds are substitutes for time and savings deposits, yields on coupon bearing financial instruments can be expected to rise. This makes investments in stocks and real investments less attractive. As a result, the reduction in base money would eventually, by affecting the yield environment, reduce output and inflation.

2 In this context see ECB-Observer (2001) and (2002, p. 17).

3 See in this context part 2 „Monetary policy and structural reforms" in this report.

The *credit channel* model holds that a restrictive monetary policy can be delivered by raising central bank rates. This, in turn, leads to an immediate rise in borrowing costs. This is because rising rates on central bank reserves force banks to raise their lending rates. This, in turn, reduces the demand for loans and/or results in *credit rationing*. As a result, fewer investments would be realised, with output losses and inflation expected to slow down.

It is important to note here that both the *money channel* and the *credit channel* assume that the central bank can control, at least in the medium- to long-run, the long-term interest rate: Either by setting money supply or by changing official short-term interest rates, monetary policy is supposed to influence long-term borrowing rates which, in turn, affect investment, output, employment and inflation.

Against this background it should be of particular interest to form a view about the impact the ECB main refinancing rate exerts on long-term borrowing rates. Such a relation might be tested by using a simple *Granger causality test* (see box below).

In the period January 1999 to November 2006, we find that the null hypothesis – namely that changes in nominal ECB refinancing rates do not *Granger-cause* changes in nominal long-term rates – cannot be rejected in virtually all tests under review. For real (that is inflation adjusted) rates, the null hypothesis cannot be rejected in all cases under review. Variations of the lag-structure do not change the results; and tests in a vector error correction framework do not change these findings either.

Against the backdrop of these findings, there should at least be some hesitation when it comes to accepting the notion that monetary policy would be in a position to systematically influence medium- to long-term borrowing rates – as is required under the NRIR concept. So what would be the lesson to be learned from the discussion above?

Does the short-rate affect the long-rate area?

Figure 2 shows short-term (official) interest rates and the 10-year Bund yield for the period January 1999 to November 2006. As noted above, both the money and credit view assume a (strong) impact of central bank rates on long-term interest rates. However, is there empirical support for these theories in the euro area?

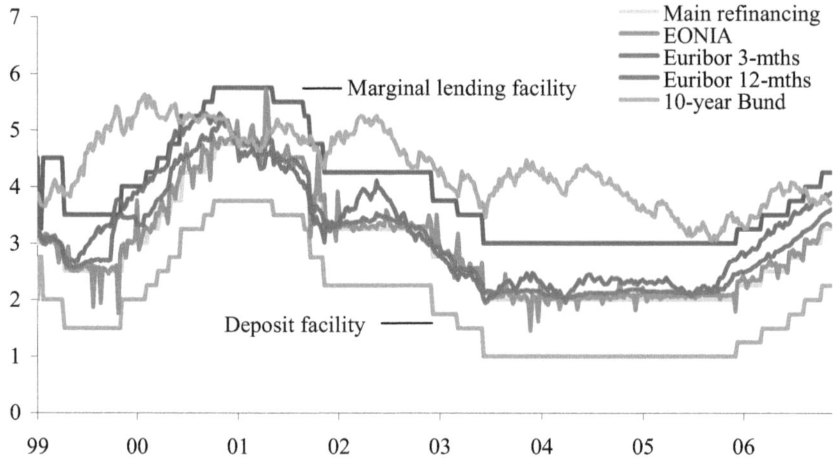

Source: Thomson Financials.

Figure 2: ECB and money market rates and 10-year Bund yield (%)

One test of causality is whether the lags of one variable enter into the equation of another variable. The Granger (1969) approach to the question of whether *X* causes *Y* is to see how much of the current *Y* can be explained by past values of *Y* and then to see whether adding lagged values of *X* can improve the explanation. *Y* is said to be Granger-caused by *X* if *X* helps in the prediction of *Y*, or equivalently if the coefficients on the lagged *X*'s are statistically significant. Note that two-way causation is frequently the case; *X* Granger causes *Y* and *Y* Granger causes *X*.

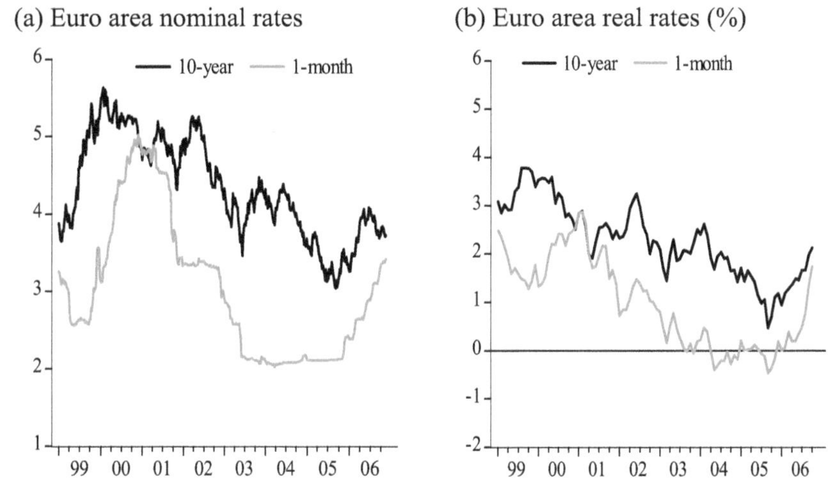

Source: Thomson Financials, own calculations.

Figure 3: Euro area rates

It is important to note that the statement "*X* Granger causes *Y*" does not imply that *Y* is the effect or the result of *X*. Granger causality measures precedence and information content but does not by itself indicate causality in the more common use of the term.

The Granger causality approach runs bi-variate regressions in the following form:

$$Y_t = a_0 + a_1 Y_{t-1} + \dots a_n Y_{t-n} + \beta_1 X_{t-1} + \dots + \beta_n X_{t-1} + \varepsilon_t \text{ and}$$

$$X_t = a_0 + a_1 X_{t-1} + \dots a_n X_{t-n} + \beta_1 Y_{t-1} + \dots + \beta_n Y_{t-1} + \varepsilon_t ,$$

for all possible pairs of (X,Y) series in the group. The reported F-statistics are the Wald statistics for the joint hypothesis:

$$\beta_1 = \beta_2 = \dots = \beta_n = 0$$

for each equation. The null hypothesis is that *X* does *not* Granger-cause *Y* in the first regression and that *Y* does not Granger-cause *X* in the second regression.

Running Granger causality tests, we made use of weekly 10-year Bund yields and the 1- and 3-months money market rate for the period January 1999 to November 2006. Running a VAR model on the basis of changes in nominal rates, the Schwarz criterion suggests a lag length of zero, the Akaike criterion of 2 weeks. However, we also tested for higher lag lengths (see Figure 4).

Null Hypothesis:	Obs	F-Statistic	Prob.	Null Hypothesis:	Obs	F-Statistic	Prob.
Lag 1				*Lag 1*			
D(I1M) does not Granger Cause D(I10Y)	410	0.713	0.399	D(I3M) does not Granger Cause D(I10Y)	410	0.240	0.624
D(I10Y) does not Granger Cause D(I1M)		0.126	0.722	D(I10Y) does not Granger Cause D(I3M)		0.249	0.618
Lag 2				*Lag 2*			
D(I1M) does not Granger Cause D(I10Y)	409	0.862	0.423	D(I3M) does not Granger Cause D(I10Y)	409	0.448	0.639
D(I10Y) does not Granger Cause D(I1M)		0.264	0.768	D(I10Y) does not Granger Cause D(I3M)		0.192	0.825
Lag 4				*Lag 4*			
D(I1M) does not Granger Cause D(I10Y)	407	1.209	0.306	D(I3M) does not Granger Cause D(I10Y)	407	3.545	0.007
D(I10Y) does not Granger Cause D(I1M)		1.079	0.366	D(I10Y) does not Granger Cause D(I3M)		1.179	0.319
Lag 6				*Lag 6*			
D(I1M) does not Granger Cause D(I10Y)	405	1.354	0.232	D(I3M) does not Granger Cause D(I10Y)	405	2.451	0.024
D(I10Y) does not Granger Cause D(I1M)		0.872	0.515	D(I10Y) does not Granger Cause D(I3M)		1.368	0.226
Lag 8				*Lag 8*			
D(I1M) does not Granger Cause D(I10Y)	403	1.209	0.292	D(I3M) does not Granger Cause D(I10Y)	403	1.842	0.068
D(I10Y) does not Granger Cause D(I1M)		1.099	0.363	D(I10Y) does not Granger Cause D(I3M)		1.792	0.077
Lag 10				*Lag 10*			
D(I1M) does not Granger Cause D(I10Y)	401	1.209	0.284	D(I1M) does not Granger Cause D(I10Y)	401	1.209	0.284
D(I10Y) does not Granger Cause D(I1M)		1.265	0.249	D(I10Y) does not Granger Cause D(I1M)		1.265	0.249
Lag 15				*Lag 15*			
D(I1M) does not Granger Cause D(I10Y)	396	1.279	0.212	D(I3M) does not Granger Cause D(I10Y)	396	1.385	0.151
D(I10Y) does not Granger Cause D(I1M)		1.700	0.049	D(I10Y) does not Granger Cause D(I3M)		2.008	0.014
Lag 20				*Lag 20*			
D(I1M) does not Granger Cause D(I10Y)	391	1.320	0.163	D(I3M) does not Granger Cause D(I10Y)	391	1.437	0.102
D(I10Y) does not Granger Cause D(I1M)		1.745	0.025	D(I10Y) does not Granger Cause D(I3M)		1.923	0.010

Source: Thomson Financials, own calculations. – D = difference. I1M = 1-months money market rate, I3M = 3-months money market rate, I10Y = 10-year Bund yield. – Period: January 1999 to November 2006. – Weekly data.

Figure 4: Results of the Granger causality tests, nominal rates

For virtually all lags under review, the null hypothesis – namely that changes in short-term interest rates do not Granger-cause changes in long-term yields – cannot be rejected; only for a lag of 4 and 6 weeks, changes in the 3-month rate tend to lead changes in the long rate. However, at longer lags, there seems to be evidence that changes in long-term rates Granger-cause changes in short-term rates. This finding might suggest that long-term yields adjust (driven by expectations) well before official interest rates are changed. Turning to real rates, the results of the Granger tests cannot reject the null hypothesis that short-term rates do not Granger-cause long rates (see Figure 5).

Null Hypothesis:	Obs	F-Statistic	Prob.
Lag 1			
D(I1M) does not Granger Cause D(I10Y)	92	0.662	0.418
D(I10Y) does not Granger Cause D(I1M)		1.072	0.303
Lag 2			
D(I1M) does not Granger Cause D(I10Y)	409	0.862	0.423
D(I10Y) does not Granger Cause D(I1M)		0.264	0.768
Lag 4			
D(I1M) does not Granger Cause D(I10Y)	89	2.396	0.057
D(I10Y) does not Granger Cause D(I1M)		0.526	0.717
Lag 6			
D(I1M) does not Granger Cause D(I10Y)	87	2.164	0.056
D(I10Y) does not Granger Cause D(I1M)		0.436	0.853
Lag 8			
D(I1M) does not Granger Cause D(I10Y)	85	1.648	0.128
D(I10Y) does not Granger Cause D(I1M)		0.464	0.877
Lag 10			
D(I1M) does not Granger Cause D(I10Y)	83	1.570	0.137
D(I10Y) does not Granger Cause D(I1M)		0.847	0.586
Lag 15			
D(I1M) does not Granger Cause D(I10Y)	78	1.235	0.281
D(I10Y) does not Granger Cause D(I1M)		1.152	0.341
Lag 20			
D(I1M) does not Granger Cause D(I10Y)	73	1.505	0.147
D(I10Y) does not Granger Cause D(I1M)		1.321	0.235

Null Hypothesis:	Obs	F-Statistic	Prob.
Lag 1			
D(I3M) does not Granger Cause D(I10Y)	92	1.650	0.202
D(I10Y) does not Granger Cause D(I3M)		0.313	0.577
Lag 2			
D(I3M) does not Granger Cause D(I10Y)	91	1.917	0.153
D(I10Y) does not Granger Cause D(I3M)		0.276	0.760
Lag 4			
D(I3M) does not Granger Cause D(I10Y)	89	1.792	0.139
D(I10Y) does not Granger Cause D(I3M)		0.271	0.896
Lag 6			
D(I3M) does not Granger Cause D(I10Y)	87	1.803	0.110
D(I10Y) does not Granger Cause D(I3M)		0.296	0.937
Lag 8			
D(I3M) does not Granger Cause D(I10Y)	85	1.210	0.307
D(I10Y) does not Granger Cause D(I3M)		0.363	0.937
Lag 10			
D(I3M) does not Granger Cause D(I10Y)	83	1.338	0.231
D(I10Y) does not Granger Cause D(I3M)		0.738	0.687
Lag 15			
D(I3M) does not Granger Cause D(I10Y)	78	0.980	0.490
D(I10Y) does not Granger Cause D(I3M)		0.933	0.536
Lag 20			
D(I3M) does not Granger Cause D(I10Y)	73	1.066	0.425
D(I10Y) does not Granger Cause D(I3M)		0.875	0.616

Source: Thomson Financials, own calculations. – D = first difference, I1M = 1-months money market rate, I3M = 3-months money market rate, I10Y = 10-year Bund yield. – Period: January 1999 to November 2006. – Real rates were calculated by substracting annual HICP inflation from nominal rates. – Monthly data.

Figure 5: Results of the Granger causality tests, real rates

3 Consequences for monetary policy

According to the consensus view in economics, a monetary policy approach is favoured which is (i) concerned about inflation as well as output fluctuations, (ii) forward looking, and (iii) prevents serious economic downturns related to financial instabilities (bursting of bubbles, banking crises, etc.).

3.1 Hedging against financial crises

In periods of favourable economic expansion, with relatively little uncertainty about the correct model of the economy, the NRIR concept might indeed appear to be an attractive policy approach. However, the assessment might change drastically if the potential consequences of ignoring credit and money expansion are taken into account.

A great number of studies seem to support the hypothesis that growth rates of credit and money play an important role not only for consumer price inflation[4] but also for the development of asset prices. In theory, the potential role of credit and money supply growth for asset price developments is actually straightforward.[5]

In fact, *asset price inflation* is much more likely to appear if investors can leverage their positions, that is finance purchases of existing assets by (additionally created) credit. Furthermore, a strongly rising money stock might signal the build up of ample liquidity, waiting to be invested in potentially higher-yielding opportunities. As a result, ample liquidity qualifies, at least theoretically speaking, as a source for asset price inflation (see Figure 6).

Money and asset prices in Japan

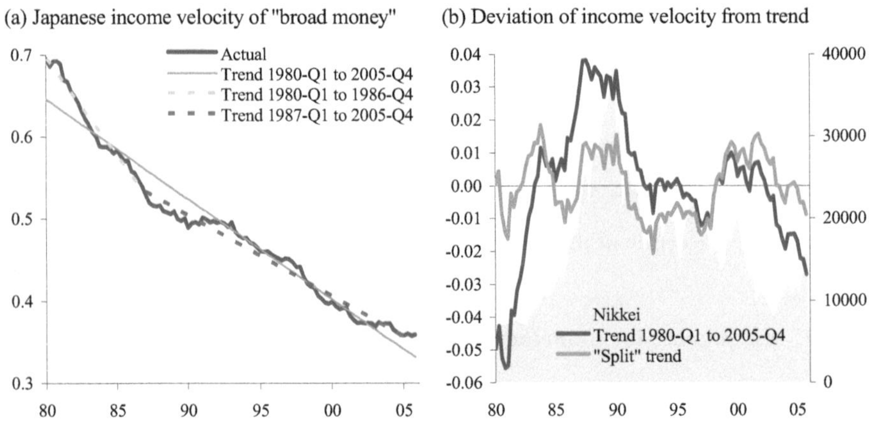

Source: Thomson Financia; own estimation. - Income velocity is defined as nominal GDP minus stock of broad money (all variables in logarithms). - Period: 1980-Q1 to 2005-Q4.

Figure 6: Japanese income velocity, trend deviations and the stock market

A visual inspection suggests that the strong rise in the Japanese Nikkei stock market index around the second half of the 1980s was accompanied by overly generous money supply growth relative to income gains (see Figure 6). This is illustrated by actual income velocity falling below its long-run trend.

4 See, for instance, Altimari (2001); Neumann and Greiber (2004).

5 See Friedman (1988); Borio and Lowe (2002); Bean (2003); Detken and Smets (2004); Srejber (2004); ECB (2005); Knight (2006).

What is more, the decline in stock prices, starting around the end of 1989, appears to have been accompanied by income velocity moving back towards (or even above) the long-run trend, a sign that money supply growth became subdued relative to income expansion (a direct consequence of banks reigning in credit and money expansion).

That said, in Japan prolonged deviations of the actual income velocity of money from its long-term trend seem to contain valuable information for the role credit and money have played for the build up and later collapse of the *stock* market bubble.

In many cases, asset price inflation, which tended to be accompanied by economic boom periods, ended in a sharp correction, or even a collapse, of asset prices, turning boom into bust. In fact, many of the *boom-and-bust cycles* seen in the past have been accompanied, or preceded, by overly expansionary monetary policies – as evidenced by strong growth rates in credit and money supply (see, for instance, C. Detken/F. Smets (2004)).

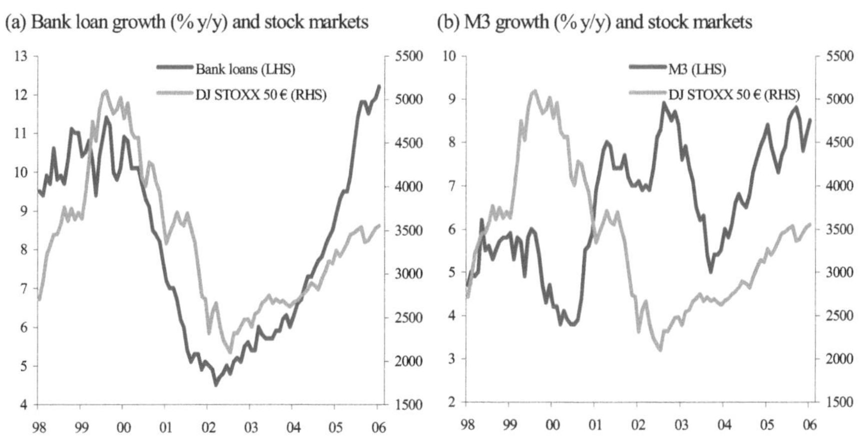

Source: Bloomberg, own calculations.

Figure 7: Credit, money and stock prices

Figure 7 shows the annual growth rates of bank loans extended to the private sector by euro area MFIs in percent and development of the Euro Stoxx 50. The simple correlation coefficient between the two time series is high (with an Rsquared of 0.86). What is more, a simple cross-correlation analysis suggests that credit expansion has, in the sample period, led stock market prices.

That said, a monetary policy that takes into account credit and money supply expansion when setting interest rates should not only be compatible with price stability – given that ultimately inflation is always and everywhere a monetary phenomenon. It would also help reducing the risk of the economy falling into a (monetary induced) financial crisis which, in turn, could have negative and costly consequences for output and employment.

3.2 The lesson to be learned

It is hard to see that the NRIR concept, including the Taylor rule, could qualify as a reliable blueprint for a monetary policy aiming at price stability in the euro area. First, monetary policy cannot systematically influence real output according to a pre-set design; at least in the short-run, a systematic impact of changes in central bank short-term interest rates on long-term borrowing costs is hardly detectable.

Second, monetary policy works with (unknown) time-lags on output and prices. As a result, a central bank that lowers rates in response to a cyclical weakening of the economy might de facto set into motion a pro-cyclical policy which, in turn, leads to unwanted cyclical swings and potential violations of price stability.

Given the uncertainties related to the calculations of the NRIR and the concept's systematic ignorance of credit and money, we are strongly in favour of a monetary policy that has a medium- to long-term orientation, assigning a prominent role to credit and money when setting interest rates. Such a policy should not only be conducive to price stability, it would also reduce the risk of the economy falling into a (monetary induced) financial crisis that would entail a negative impact on growth and employment.

A final word might be in order. It would actually amount to a *fatal conceit* should central bankers give the impression that monetary policy has the power to influence the real economy in a systematic fashion. It needs to be stressed that, in view of currently available knowledge, investment and economic growth depend largely on human capital, technical knowledge and the prevailing institutions (such as, for instance, property rights, the economy's degree of economic freedom, etc.) rather than on monetary policy.

References

Altimari, N. (2001): “Does money lead inflation in the euro area?” ECB Working Paper 63.

Bean, C. (2003): “Asset prices, financial imbalances and monetary policy: are inflation targets enough?” BIS Working paper 140.

Bernanke, B./Gertler, M. L. (2005): „Inside the Black Box: The Credit Channel of Monetary Policy Transmission.” NBER Working Paper 5146. http://www.nber.org/papers/w5146.pdf

Bernhardsen, T. 2005. “The neutral real interest rate.” Norges Bank. Monetary Policy Department. Staff Memo 2005/1 (March). http://www.norges-bank.no/publikasjoner/staff_memo/memo-2005-01.pdf

Björksten, N./Karagedikli, Ö. (2003): “Neutral real interest rates revisited.” Reserve Bank of New Zealand Bulletin 66 (September). http://www.rbnz.govt.nz/research/bulletin/2002_2006/2003sep66_3bjorkstenkaragedikli.pdf.

Borio, C./Lowe, P. (2002): “Asset prices, financial and monetary stability: exploring the nexus.” BIS Working Paper 114.

Clark, T./Kozicki, S. (2004):. “Estimating Equilibrium Real Interest Rates in Real Time.” FRB Kansas City Working Paper 2004-08. http://www.kc.frb.org/Publicat/Reswkpap/RWP04-08.htm

Detken, C./Smets, F. (2004): “Asset price booms and monetary policy.” ECB Working Paper 364.

ECB (2005): “Asset price bubbles and monetary policy.” Monthly Bulletin 2005 (April) pp. 47-60.

ECB-Observer (2001): Can the ECB do more for growth? http://www.ecb-observer.com/downloads/THE%20ECBOBSERVER%20No%202.pdf

ECB-Observer (2002): The Fed and the ECB – why and how policies differ. http://www.ecb-observer.com/downloads/THE%20ECBOBSERVER%20No%203.pdf

Friedman, M. 1988. “Money and the stock market.” Journal of Political Economy 96(2) pp 221-45.

Gali, J. (2002): “New perspectives on monetary policy, inflation, and the business cycle”, NBER, Working Paper 8786.

Giammarioli, N./Valla, N. (2004): The Natural Real Interest Rate and Monetary Policy: a Review. In: Journal of Policy Modeling 26 pp. 641-660.

Knight, M. (2006): “Money, credit and asset prices: (Re-)learning to read their message.” Speech for the ECB Colloquium, Otmar Issing's Festschrift “Monetary policy: a journey from theory to practice”, Frankfurt, 16-17 March 2006. http://www.bis.org/speeches/sp060317.htm.

Laubach, T./Williams, J. (2003): “Measuring the Natural Rate of Interest.” The Review of Economics and Statistics 85(4) (November) pp. 1063-1070.

Srejber, E. (2004): “What role do asset prices and credit play in monetary policy.” Speech within the Adam Smith Seminars – Thun, Switzerland. http://www.riksbank.com/templates/Page.aspx?id=13552.

Wicksell, K. (2002): “Interest and Prices”, Reprints of Economic Classics, New York 1965.

Wu, T. (2005): “Estimating the “Neutral” Real Interest Rate in Real Time.” FRBSF Economic Letter 2005-27 (October) pp. 1-4. http://www.frbsf.org/publications/economics/letter/2005/el2005-27.pdf

Effektivität und Effizienz von Institutionen im Transformationsprozess - Das Beispiel der russischen Wettbewerbspolitik

Norbert Eickhof, Marina Gruševaja

Wettbewerbspolitik stellt ein zentrales Element eines marktwirtschaftlichen Systems dar. Wo es Märkte gibt, gibt es Unternehmen, und wo es Unternehmen gibt, dort gibt es auch die Bestrebung, den Wettbewerb zu beschränken. Wie eine Gesellschaft, so benötigt auch der Markt Regelsysteme, die die Handlungen der Individuen kanalisieren und damit Anreize zu einem wettbewerbswidrigen Verhalten bekämpfen bzw. Rahmenbedingungen für eine bessere Funktionalität des Wettbewerbs schaffen. Nach dieser Definition ist Wettbewerbspolitik eine Institution, konkret: eine der wichtigsten Institutionen, die in Russland nach dem Zusammenbruch des planwirtschaftlichen Systems im Rahmen der empfohlenen Transformationsstrategie übernommen worden sind. Dabei wurde ein Regelsystem westlicher Prägung importiert bzw. transplantiert. Unter Transplantation von Institutionen wird die Übertragung eines kompletten, evolutorisch gewachsenen Regelsystems aus dem Ausland in das Inland verstanden.

Heute, 17 Jahre nach dem Zerfall der Sowjetunion, stellt sich die Frage, wie erfolgreich diese Übertragung war. Der letzte große Bericht der OECD zur Wettbewerbspolitik in Russland aus dem Jahre 2004 unterstrich die Fortschritte, betonte jedoch, dass die Wettbewerbspolitik ihre Rolle noch nicht ausreichend erfüllt, und wies auf schwerwiegende Mängel hin. Es stellt sich die Frage, warum nach 17 Jahren der Transformation die Wettbewerbspolitik in Russland noch nicht hinreichend effektiv ist und die primären Aufgaben wie Schutz und Förderung des Wettbewerbs nur zum Teil erfüllt werden. In diesem Zusammenhang untersucht dieser Beitrag, was die Bestimmungs- bzw. Einflussfaktoren sind, von denen im Wesentlichen der Erfolg der Transplantation neuer Institutionen abhängt und was zur Verbesserung des Prozesses unternommen werden könnte. Auf die detaillierte Darstellung einzelner Regelungen und ihrer Ausgestaltung wird hier verzichtet.

Der Beitrag beginnt mit den theoretischen Grundlagen des institutionellen Wandels. Im Mittelpunkt dieses ersten Kapitels stehen die Konzepte der Effektivität und der Effizienz von Institutionen. Aus diesen Konzepten werden die Determinanten einer erfolgreichen Übernahme von Institutionen abgeleitet. Besondere Beachtung findet die Differenzierung zwischen formellen und informellen Institutionen, wobei hier im Gegensatz zu der in der neoklassisch geprägten Ökonomik üblichen Vorgehensweise informelle Institutionen als endogene Variable betrachtet werden. Das zweite Kapitel gibt einen kurzen Überblick über die Einführung der Wettbewerbspolitik in Russland unter Berücksichtigung der Transformationsstrategien und weist auf die aktuellen Probleme hin. Im dritten Kapitel wird gefragt, welche Fehler Russland aus theoretischer Sicht bei der Übernahme der Wettbewerbspolitik gemacht hat. Danach wird die Frage aufgeworfen, ob bei der Übernahme der wettbewerbspolitischen Institutionen deren mangelnde Effektivität unvermeidlich war, und schließlich werden einige generelle Aussagen darüber gemacht, was bei der Transplantation von Institutionen grundsätzlich zu beachten ist.

1 Transplantation und Effektivität/Effizienz von Institutionen

1.1 Institutionen und institutioneller Wandel

Institutionen unterliegen aufgrund ihrer sozialen Natur einem ständigen Wandel. Wie Menschen verändern sich auch Institutionen im Laufe der Zeit. Im Allgemeinen dienen Institutionen der Reduzierung von Unsicherheit. Indem sie Handlungen kanalisieren, erhöhen sie die Handlungssicherheit der Akteure. Um ihre Rolle erfüllen zu können, müssen Institutionen eine gewisse Stabilität und Beharrlichkeit aufweisen. Eine zu häufige oder zu schnelle Veränderung der institutionellen Regeln verursacht wirtschaftliche (und politische) Instabilität und Unsicherheit bei den Individuen. Daher ist eine gewisse Resistenz gegen Veränderungen charakteristisch für Institutionen. Nichtsdestotrotz verändern sie sich im Lauf der Zeit und passen sich an die neuen ökonomischen (und politischen) Daten an.

Institutioneller Wandel kann durch verschiedene Entwicklungen ausgelöst werden. In der modernen Ökonomik zählen hierzu technischer Fortschritt und gesellschaftlicher Wertewandel sowie politisch festgelegte Strategien. Diese letzte Variante des institutionellen Wandels ist unter Wirtschaftswissenschaftlern besonders umstritten. Hayek war der Meinung, dass ein konstruktivistischer Akt der Institutionensetzung generell nicht zu empfehlen ist. Die meisten Institutionen seien eher das „Ergebnis menschlichen Handelns, aber nicht menschlichen

Entwurfs" (F. A. v. Hayek 1969: 97). Bei der Transplantation von Institutionen handelt es sich indes um einen politisch motivierten institutionellen Wandel. Eine evolutorische Transformation von Planwirtschaft zu Marktwirtschaft ist heute kaum vorstellbar, schon allein aufgrund der Länge und der sozialen Kosten dieses Prozesses. Der institutionelle Wandel im Rahmen der Transformation basiert daher auf einer politisch festgelegten Strategie. Darüber hinaus ist es wichtig, dass die Bevölkerung die Politiker zum Entwurf und zur Umsetzung einer solchen Transformationsstrategie legitimiert. Eine strategische Vorgehensweise kann von den alten/neuen Machtinhabern in Eigeninitiative festgelegt oder von externen Beratern/Organisationen empfohlen bzw. eingefordert werden. Unproblematisch ist diese Vorgehensweise keinesfalls, da die institutionellen Veränderungen bei der Transformation eines ganzen Wirtschaftssystems sehr komplex und allumfassend sind.[1] Die den Institutionen inhärente Resistenz gegen Veränderungen ist durch Pfadabhängigkeiten bedingt.

1.2 Pfadabhängigkeit der institutionellen Entwicklung

Der Ansatz der Pfadabhängigkeit in der institutionellen Ökonomie impliziert, dass anfängliche Zufälle zur Prägung eines evolutionären Pfades führen können. Wenn sich eine von mehreren Alternativen durchsetzt, kann die Lösung effizient oder ineffizient sein. Bedingt durch Rückkopplungsprozesse kann der eingeschlagene Pfad nicht so leicht wieder verlassen werden.

Bestimmte Ereignisse in der Vergangenheit sorgen dafür, dass bestimmte Institutionen gewählt werden. Der zustande gekommene Pfad muss aber nicht der beste sein. Die Entwicklung kann zu suboptimalen Ergebnissen führen. Der Begriff Pfadabhängigkeit bedeutet, dass ein historisches institutionelles Erbe die Auswahl der Möglichkeiten bei der institutionellen Innovation begrenzt. Änderungen, die vorgenommen werden, sind zwar von ihrem Ergebnis her nicht vorbestimmt, aber auch nicht rein zufällig (H. Leipold 2000: 11). Es kommt zu positiven Rückkopplungen, d. h. die Gewinne, die bei der Verfolgung des Weges für die Individuen entstehen, nehmen stetig zu, so dass die Kosten für eine Abkehr vom gewählten Weg den durch den Pfadwechsel entstehenden Nutzen überstei-

1 Bei marginalen Veränderungen geht es beispielsweise um eine institutionelle Anpassung der westeuropäischen Länder im Rahmen der Harmonisierung von institutionellen Regeln innerhalb der EU. Umfassende Veränderungen sind dagegen bei einer Änderung des gesamten politischen und/oder wirtschaftspolitischen Ordnungsrahmens einschließlich der Verfassung gegeben. Beispiele dafür bieten lateinamerikanische und asiatische Länder nach dem Ende des Kolonialismus und die Länder Mittel- und Osteuropas sowie der ehemaligen Sowjetunion nach dem Zusammenbruch des Ostblocks.

gen würden (D. Polster 2001: 21-23). Alle Pfadabhängigkeitskonzepte gehen von einer graduellen institutionellen Entwicklung aus.

Pfadabhängigkeit prägt jeden institutionellen Wandel; die Frage ist jedoch, wie stark ihr Einfluss auf die Institutionen ausfällt. North, der auch den Begriff Rückkopplung im Zusammenhang mit der Pfadabhängigkeit eingeführt hat (D. C. North 1995: 10), geht von der Existenz vorgegebener Entwicklungspfade aus, die entweder gar nicht oder nur sehr schwer verlassen werden können. Er bringt die Pfadabhängigkeit in Verbindung mit der Kultur einer Gesellschaft, mit ihren Normen und mentalen Modellen, die auf bestimmten Informationen beruhen, mit denen die Individuen das Funktionieren der Umwelt wahrnehmen und sich erklären. Individuen handeln auf der Grundlage ihrer kulturellen Vorstellungen und wollen Ordnungen, die ihren Normenvorstellungen entsprechen. Kulturelle Ansätze sind somit Grundlage für neu entstehende Institutionen und begründen aus ihrer Existenz heraus die Pfadabhängigkeit dieser Institutionen (A. T. Denzau/D. C. North 1994: 3-31; D. Kiwit/S. Voigt 1995: 134-136). Im Einzelnen fasst North den Wandel der Institutionen als eine schrittweise Veränderung formeller (d. h. kodifizierter, wie z. B. die Verfassung, das geschriebene Recht etc.) und informeller Regeln (d. h. unkodifizierter, wie z. B. Werte, Konventionen, Verhaltensweisen) entlang des kulturell vorgegebenen Entwicklungspfades auf (D. C. North 1991: 98-124).[2] Stark versteht demgegenüber unter Pfadabhängigkeit, dass die Wahlmöglichkeiten der Individuen, die neue Richtungen einschlagen wollen, lediglich durch schon existierende Institutionen begrenzt sind. Er distanziert sich jedoch von der Annahme, es gäbe bereits vorgezeichnete Wege. „Institutions limit the field of action, they preclude some directions, they constrain certain courses“ (D. Stark 1993: 14).

Alle Ansätze haben Folgendes gemeinsam: Sie gehen von der zeitlichen Stabilität der Institutionen, von sich selbst verstärkenden Rückkopplungsprozessen und der Nicht-Vorhersehbarkeit der Ergebnisse aus.

1.3 Inkonsistenz der institutionellen Entwicklung

Aus der Sicht der Pfadabhängigkeitskonzepte ist eine langsame, graduelle Entwicklung der Institutionen für eine Volkswirtschaft vorteilhaft, weil die innere Dynamik des institutionellen Wandels damit berücksichtigt werden kann. Der Versuch, im Rahmen eines Transformationsprozesses von Planwirtschaft zu Marktwirtschaft formelle Institutionen aus den marktwirtschaftlich organisierten Ländern einfach umzusetzen, birgt die Gefahr, dass die Entwicklung von formel-

---

2 Damit entfernt sich North vom evolutorischen Ansatz, der davon ausgeht, dass die schlechteren Institutionen durch den Wettbewerb selektiert werden.

len und informellen Institutionen zu stark divergiert. Diese Inkonsistenz in der institutionellen Entwicklung führt unter Umständen zu Problemen bei der Durchsetzung und Akzeptanz der neuen formellen Regeln (M. E. Streit/U. Mummert 1996: 12).

Der institutionelle Wandel wird durch die Inkonsistenz in der Entwicklung von formellen und informellen Institutionen verlangsamt. Diskrepanzen zwischen der raschen Umsetzung der formellen Regeln und der pfadabhängigen Entwicklung von Verhaltensnormen sowie Traditionen verursachen interinstitutionelle Konflikte. Das Ergebnis eines institutionellen Wandels wird dadurch letztendlich nur schwer voraussagbar.

Welche Faktoren müssen vorliegen, damit eine Transplantation von formellen Institutionen mehr oder weniger erfolgreich wird? Und wie kann der Erfolg gemessen werden? Hier bieten sich zwei Kriterien an. Einerseits kann die Effektivität der neuen Institutionen untersucht werden. Sind Institutionen effektiv, stellt sich andererseits die Frage nach ihrer ökonomischen Effizienz. Dies soll im Folgenden erläutert werden.

1.4 Determinanten der Effektivität von Institutionen

Auf der konstitutionellen Ebene lässt sich die Effektivität der Institutionen am Verhältnis zwischen De-facto-Regeln (die in einer Gesellschaft tatsächlich geltenden Regeln) und De-jure-Regeln (die im kodifizierten Recht erfassten Regeln) feststellen. Wenn die de facto ablaufenden Entscheidungsprozesse den De-jure-Regeln entsprechen, kann von einer effektiven Institution gesprochen werden (S. Voigt 1999: 8; D. Berkowitz/K. Pistor/J.-F. Richard 2003: 166). Kein Staat kann auf Dauer formales Recht gegen den Willen der Bürger durchsetzen. Die Durchsetzung des Rechts basiert zu einem großen Teil auf den informellen Institutionen, also individuellen Werten, privaten Regelungen und Traditionen. Die Effektivität von Institutionen ist somit davon abhängig, ob die formellen mit den informellen Institutionen konsistent sind (S. Voigt 1999: 15-22). Damit wird deutlich, dass die Effektivität von transplantierten Institutionen keineswegs selbstverständlich ist und eine Transplantation nur unter speziellen Bedingungen gelingen kann.

Besonders wichtig für den Erfolg einer Transplantation von Institutionen ist, dass die neuen Regeln im Inland als legitim anerkannt werden und mit den bestehenden informellen Institutionen konsistent sind. Die erwartete Effektivität kann als Funktion von drei Variablen betrachtet werden:

1) Legitimation durch gesellschaftliche Akteure

Die Nachfrage nach den Institutionen ist für die Legitimität der Institutionen wichtig. Relevante Akteure einer Gesellschaft müssen von der Notwendigkeit neuer formeller Institutionen überzeugt sein bzw. die neuen Regelsysteme als notwendig anerkennen (I. B. Adamovich 2004: 270-271). Der gesellschaftliche Konsens über die notwendigen Institutionen sollte in den Transformationsländern im konstitutionellen Moment (d. h. bei der Entstehung der Verfassung) vorliegen. Wird Schutz des Wettbewerbs in die Verfassung aufgenommen, bekommt Wettbewerbspolitik als eine neue Institution ihre Legitimation. Damit sind die folgenden zwei Variablen von besonderer Bedeutung.

2) Vertrautheit einer Gesellschaft mit den neuen Regeln

Von einer Vertrautheit mit den transplantierten Regeln wird dann ausgegangen, wenn das betreffende Land in seiner jüngeren Geschichte bereits mit den transplantierten Institutionen bzw. mit ähnlichen Regelsystemen konfrontiert war. Hier könnte die so genannte „Kulturgrenze" eine zentrale Rolle spielen (K. Pistor/M. Raiser/S. Gelfer 2000: 336, 346). Einige Forschungsarbeiten belegen, dass die Effektivität von aus dem westlichen Ausland importierten Regeln höher ist, wenn ein Transformationsland bereits früher mit Regeln westlicher Prägung (und zwar aus derselben Rechtsfamilie) konfrontiert war. Solche Gesellschaften haben vermutlich schon eine Rechtskultur entwickelt, die sie für Transplantationen empfänglicher macht, auch wenn aufgrund von Kriegen, Diktaturen etc. von diesen Rechtssystemen lange kein Gebrauch gemacht wurde. Die höhere Effektivität resultiert daraus, dass Akteure das Recht besser verstehen und anwenden können, auch wenn sie selbst noch nie zuvor damit Erfahrung gemacht haben. Die traditionellen Regelsysteme werden durch informelle Institutionen weiter getragen. Dies entspricht der Vorstellung einer pfadabhängigen Entwicklung von Institutionen bzw. der Ansicht, dass informelle Institutionen lange brauchen, bis sie sich verändern (D. Berkowitz/K. Pistor/J.-F. Richard 2003: 175). In diesem Sinne bemerkt auch North: „When there is a radical change in the formal rules that makes them inconsistent with existing informal constraints, there is an unresolved tension between them that will lead to long-run political instability" (D. C. North 1991: 167).

3) Anpassung der formellen und informellen Institutionen

Eine Inkonsistenz der institutionellen Entwicklung kann theoretisch durch die Anpassung der neuen formellen an die vorhandenen informellen Institutionen beseitigt werden. Eine denkbare Möglichkeit könnte eine „informierte Wahl" zwischen verschiedenen Modellen darstellen, die im Vorfeld der Transformation stattfindet. Die Modelle sind dann das Ergebnis der vergleichenden Forschung, die kulturelle und historische Besonderheiten des jeweiligen Landes (d. h. informelle Institutionen) berücksichtigt (D. Berkowitz/K. Pistor/J.-F. Richard 2003: 180). Eine so verstandene Anpassung ist zumindest theoretisch möglich, da sich formelle im Gegensatz zu informellen Institutionen relativ leicht verändern lassen. Darüber hinaus wird der Grad der Anpassung vermutlich höher, wenn mehr relevante Akteure insgesamt und insbesondere mehr Inländer (in Relation zu Ausländern) an der Institutionensetzung beteiligt sind, da die inländischen Akteure die informellen Institutionen naturgemäß am besten kennen. - Denkbar wäre aber auch eine Anpassung der vorhandenen informellen an die neuen formellen Institutionen, was jedoch vermutlich zu einem längeren Anpassungsprozess führt, da sich informelle Institutionen langsamer verändern. In diesem Fall kommt der Anpassungsdruck von innen, indem Akteure erkennen bzw. erfahren, dass neue formelle Regeln langfristig Vorteile bringen, wie z. B. eine Erhöhung der nationalen/internationalen Wettbewerbsfähigkeit der Unternehmen bzw. Qualitäts-/Preisvorteile für die Konsumenten. Die alten formellen Institutionen werden nun zwar im Rahmen des Transformationsprozesses abgeschafft, bleiben jedoch z. B. in der Markt- und Produktionsstruktur nach wie vor verankert. Damit entsteht ein Konflikt zwischen alten und neuen formellen Institutionen. Eine Veränderung der informellen Institutionen kann zur Lösung dieses Konflikts führen und damit das Problem der institutionellen Inkompatibilität lösen.

1.5 Effizienz transplantierter Institutionen

Die Inkonsistenz zwischen formellen und informellen Institutionen kann je nach Stärke ihrer Ausprägung neben der Effektivität auch die Effizienz der transplantierten Institutionen beeinflussen. Die Effizienz von Institutionen wird nach North mit dem Transaktionskostenkonzept erläutert. Zur Erhöhung der institutionellen Effizienz müssen die Kosten der Umsetzung, Durchsetzung und Kontrolle von Institutionen minimiert werden. Wenn die De-facto-Regeln den De-jure-Regeln entsprechen, kann von einer effektiven Institution gesprochen werden. Eine weiter bestehende Inkonsistenz bringt indes mehr oder weniger hohe Transaktionskosten mit sich. Diese äußern sich in Aktivitäten wie Lobbyarbeit, Bildung von Machtclustern, Korruption, Zeitverschwendung und finanziellen Aufwendungen zur Reduzierung von Unsicherheit. Je größer die Diskrepanzen in der institutionellen Entwicklung, desto höher sind die Transaktionskosten, die die wirtschaftliche Entwicklung beeinflussen.

Die erste Ursache für hohe Transaktionskosten ist durch die Public-Choice-Theorie erklärbar. Jede Entwicklung in Richtung neuer Spielregeln in einer Gesellschaft wird immer von den alten Verhaltensnormen und den von ihnen profitierenden gesellschaftlichen Gruppen geprägt. Dies führt fast unvermeidlich dazu, dass die durch den Wandel schlechter gestellten und ihn daher ablehnenden Gruppen versuchen, ihre Interessen durch Lobbybildung und Rent Seeking zu verteidigen.[3] Das kann so weit gehen, dass eine Gesellschaft entsteht, in der die ökonomischen Akteure in entgegengesetzte Richtungen agieren, weil sie sehr unterschiedliche Ziele und Strategien zu deren Erreichung verfolgen. Die unterschiedlichen Normen (die alten und die neuen) können nicht nur koexistieren, sondern auch miteinander konkurrieren. Im Allgemeinen lassen sich zwei verschiedene Bündel von Normen feststellen. Ein erstes Bündel wird von den die neuen Entwicklungen bejahenden Gruppen unterstützt, die zum Wandel bereit sind und die sich vom neuen System mehr Chancen versprechen. Ein anderes Bündel wird von Individuen bevorzugt, die davon überzeugt sind, dass das alte System ihnen mehr Vorteile bringt (M. E. Streit/U. Mummert 1996: 14-18). Durch das Aufeinandertreffen dieser zwei Bündel von Normen werden mehr oder weniger starke Konflikte verursacht. Die Transaktionskosten steigen stärker, als dies bei einer langsamen evolutorischen Entwicklung der Fall wäre. Gelänge es, die Entwicklungsprozesse der formellen und informellen Institutionen in bessere Übereinstimmung zu bringen, würde der Normenkampf Alt gegen Neu gemindert und dadurch die Durchsetzung der neuen Regeln erleichtert.

Zweitens steigen bei starken Diskrepanzen in der Entwicklung von formellen und informellen Institutionen die Unsicherheit und damit die Transaktionskosten, die bei der Reduzierung von Unsicherheit anfallen (D. C. North 1991: 30). Im Verlauf der Transformationsprozesse in Russland und in den anderen mittel- und osteuropäischen Ländern lassen sich zum Teil extreme Unterschiede feststellen, die durch unterschiedliche Interaktion zwischen formellen und informellen Regeln erklärt werden können. In den Ländern, in denen der Wandel der formellen Institutionen in einer besseren Übereinstimmung mit dem Wandel der informellen Institutionen erfolgt, sind die Transaktionskosten niedriger und die Akzeptanz der neuen Regeln durch die Individuen höher (M. E. Streit/U. Mummert 1996: 6). Dadurch wird auch die ökonomische Performance dieser Länder positiv beeinflusst. Wäre eine solche Übereinstimmung mit politischen bzw. wirtschaftspolitischen Mitteln leicht erreichbar, würden die Transformationsprozesse viel ähnlicher und möglicherweise schneller verlaufen. Das größte Problem ist jedoch, dass informelle Institutionen politisch schwer beeinflussbar sind. „Informal constraints, unlike formal rules cannot be changed overnight“ (D. C. North 1992: 12). Bei Diskrepanzen zwischen den formellen und informellen Institutionen können Politiker die informellen Regeln im Gegensatz zu den for-

3 Die den Wandel ablehnenden Individuen sind eher bereit, mehr zu zahlen, um den alten Ordnungsrahmen zu erhalten. Sie können eine repräsentative Lobby oder eine politische Partei bilden, um Vorteile ihrer besonderen Positionen auch weiterhin auszunutzen.

mellen nicht direkt beeinflussen oder unmittelbar verändern (D. C. North 1991: 7).

2 Wettbewerbspolitik in Russland

2.1 Die institutionelle Verankerung der Wettbewerbspolitik

Als Grundlage der Wettbewerbspolitik in Russland ist bereits in den ersten Transformationsjahren ein Wettbewerbsrecht nach dem Vorbild der westlichen Marktwirtschaften eingeführt worden. Dabei wurde das russische Wettbewerbsrecht nicht nach einem einzelnen Land ausgerichtet, sondern es wurden verschiedene wettbewerbspolitische Traditionen in der Gesetzgebung integriert (OECD 2004: 19-43). Auf der administrativen Seite wurde 1991 eine Antimonopolbehörde (Ministerium für Antimonopolpolitik – MAP) gegründet. Die Wahl des Behördenstatus in Form eines Ministeriums hatte bestimmte Vor- und Nachteile. Einerseits sollte sie das politische Signal setzen, dass der Wettbewerbspolitik die höchste Priorität eingeräumt wird. Andererseits wurden jedoch in der praktischen Umsetzung starke politische Abhängigkeiten begründet, da alle Entscheidungen der Antimonopolbehörde mit den anderen Ministerien abgestimmt und von diesen gebilligt werden mussten. Dies führte oft zu Konflikten mit den sektorspezifischen Ministerien, da die Interessen nicht selten stark divergierten. Auch das juristische Vorgehen gegen zentrale und regionale staatliche Behörden wurde dadurch weitgehend unmöglich gemacht (OECD 2004: 43-44). Dennoch gehörte die Stärkung der Wettbewerbspolitik in den ersten Jahren der Transformation zu den wichtigsten politischen Aufgaben. Das änderte sich jedoch schnell nach dem Wechsel der Transformationsstrategie von einer graduellen Veränderung zu einer Strategie des Big-Bang.[4]

Die Entscheidung, eine schrittweise Entwicklung von neuen Rahmenbedingungen aufgrund der sozialen Spannungen aufzugeben, führte dazu, dass ab 1994 einer kurzfristigen Privatisierung des Produktionskapitals, einer schnellen Reformierung der staatlichen Strukturen und – später – der Überwindung der Finanzkrisen höhere Bedeutung beigemessen wurde. Schutz und Förderung des Wettbewerbs rückten in den Hintergrund. Dies äußerte sich schnell in einem sinkenden Ansehen der Antimonopolbehörde. Ihre finanzielle und personelle Ausstattung schrumpfte (insbesondere während der Finanzkrise von 1998), gleichzeitig wurde ihr Aufgabenkatalog immer umfangreicher. Anstatt sich auf

4 Unter dem so genannten Big-Bang versteht man ein radikales Programm, durch das die wichtigsten formalen wirtschaftlichen Institutionen praktisch mit einem Schlag ausgetauscht werden.

den Schutz und die Förderung des Wettbewerbs konzentrieren zu können, wurde von der Antimonopolbehörde erwartet, sich mit den allgemeinen Verhaltensnormen in den Märkten zu beschäftigen, wie zum Beispiel mit Konsumentenschutz, Schutz vor unlauterem Wettbewerb oder unlauteren Werbestrategien, sowie strukturelle und institutionelle Probleme[5] zu lösen. Relativ schnelle Veränderungen in der Struktur der Behörde wie auch in ihren Aufgabenstellungen sowie regelmäßige Änderungen in der antimonopolistischen Gesetzgebung haben die Entwicklung von rechtlichen Standards erschwert und eine Lösung der wichtigsten Aufgaben der Wettbewerbspolitik verhindert (OECD 2004: 10-18). Das erscheint angesichts der vorherrschenden Wirtschaftsstruktur in Russland als besonders problematisch.

2.2 Marktstruktur und Wettbewerbspolitik

Die aus der Sowjetzeit stammende Wirtschaftsstruktur des Landes war von riesigen Konglomeraten bestimmt, die regionale und sektorspezifische Monopolstellungen innehatten. Solche Strukturen erleichterten die Planungs- und Kontrollaufgaben eines kollektivistisch organisierten Staates, der auch die Eigentümerrechte an dem Produktionskapital besaß. Die später angewandte Big-Bang-Strategie war hauptsächlich darauf gerichtet, im Rahmen der Privatisierungspolitik die alten Eigentumsstrukturen aufzubrechen. Dabei wurde jedoch die Schaffung einer effizienten internen und externen Unternehmenskontrolle sowie von Anreizen zur Unternehmensrestrukturierung stark vernachlässigt. So wies 1998 das DIW in einer Studie darauf hin, dass „als Ziel der Privatisierung genannt [wurde]: Investitionen in den realen Sektor zu lenken, zur Verbreiterung der Steuerbasis sowie zur Erhaltung und Schaffung von Arbeitsplätzen beizutragen ... Entscheidende Voraussetzung dafür, dass die genannten Ziele erreicht werden können, ist die Schaffung effizienter Kontrollstrukturen in den (teil-) privatisierten Unternehmen“ (DIW 1998: 37). Wie bereits angedeutet, wurde diese Voraussetzung allerdings nicht erfüllt. Aber auch eine externe Unternehmenskontrolle war zu diesem Zeitpunkt noch nicht geschaffen, so dass die Unternehmen im Rahmen der Privatisierung in die Hände der heutigen Oligarchen wanderten, die eine Verbesserung der Wirtschaftsbedingungen für ihre eigenen Unternehmen

5 Hierzu gehörten die Entwicklung von Gesetzesvorlagen zu unterschiedlichen ökonomischen Problemen auf den Gütermärkten, die strukturelle Einordnung der Regulierungsbehörde(n), die Entwicklung universeller Modelle zur Beurteilung des Wettbewerbsniveaus in verschiedenen Märkten sowie genereller Lösungsansätze zur Erhöhung der Wettbewerbsintensität in jedem denkbaren Wirtschaftssektor usw.

anstrebten und wenig Interesse an einem stärkeren Wettbewerb zeigten (S. Guriev/A. Rachinsky 2005: 145).

Obwohl die Kontrolle der Monopole sowie die Stärkung der Wettbewerbsstrukturen bereits im Frühjahr 1997 auf eine neue gesetzliche Grundlage gestellt worden waren[6], erwies sich diese hinsichtlich der meist staatlichen Großunternehmen als nur unzureichend ausgestaltet. Die daraufhin getroffenen Maßnahmen haben an der Leitungsstruktur der Unternehmen, der mangelnden Offenheit der Märkte und der Preisregulierung wenig geändert. Und statt die gesamte Aufmerksamkeit der Stärkung des Wettbewerbs zu widmen, wurde im Zuge der Krise vom Herbst 1998 über eine Verstärkung der Monopolkontrolle sowie die Einführung von Preisobergrenzen diskutiert. Diese Maßnahmen konnten die Situation zwar kurzfristig entspannen, haben aber nicht dazu beigetragen, der Wettbewerbspolitik mehr Bedeutung zu verschaffen (DIW 1998: 38).

In dem Programm vom Oktober 1998 wurde die Förderung kleiner und mittlerer Unternehmen (KMU) zu einer vordringlichen wirtschaftspolitischen Aufgabe erklärt. Gefordert wurde, dass die KMU den Wettbewerb stärken sowie zur Schaffung von Arbeitsplätzen beitragen sollten. Konkrete Unterstützungsmaßnahmen wurden jedoch auch in diesem Programm nicht genannt. Im Ergebnis hat auch danach keine Verbesserung der unzureichenden Rahmenbedingungen stattgefunden, was eine dynamische Entwicklung dieses Unternehmensbereichs verhinderte (DIW 1998). Dieser Zustand dauert bis heute an. Dabei sollte die Förderung der KMU zu einer der wichtigsten wirtschaftspolitischen Aufgaben gemacht werden. Stattdessen wird eine noch stärkere Konzentration in immer mehr Sektoren angestrebt.[7] Ein politisches Interesse an einer Verbesserung der Wirtschaftsstruktur des Landes lässt sich kaum erkennen, worauf öfters seitens internationaler Experten hingewiesen worden ist (OECD 2004; EBRD 2004).

Eine umfassende Reform der Wettbewerbspolitik wurde dann ab 2003 vorbereitet und schrittweise durchgeführt. 2005 erfolgte die Umwandlung des MAP in die Institution „Föderaler Antimonopoldienst" (Federal'naja Antimonopol'naja Slushba - FAS), die bei wettbewerblichen Verstößen auch gegen öffentliche Unternehmen juristisch vorgehen kann. Damit wurde zumindest formell ihre Unabhängigkeit von der Politik signalisiert. Schließlich fand im Jahre 2006 eine Novellierung des Wettbewerbsrechts statt. Ziele der Reform waren Vereinfachung und Neustrukturierung des Wettbewerbsgesetzes sowie Einengung des Aufgabenfeldes der FAS auf die wichtigsten Bereiche der Wettbewerbspolitik.

6 So war z. B. vorgesehen, in Bereichen der Gasindustrie und Stromwirtschaft, die keine natürlichen Monopole sind, den Zugang für neue Anbieter zu erleichtern und damit Wettbewerb einzuführen (DIW 1997).

7 Siehe aktuelle Regierungspläne von April 2007 zur Unternehmenskonzentration (RIAN 2007).

2.3 Das Wettbewerbsgesetz von 2006

Das neue Wettbewerbsgesetz (WbG) Russlands lehnt sich an das geltende Wettbewerbsrecht der Europäischen Union an. Von grundsätzlicher Bedeutung für den Schutz des Wettbewerbs sind die Missbrauchsaufsicht über marktbeherrschende Stellungen (Art. 10 WbG), das Verbot von wettbewerbsbeschränkenden Absprachen (Art. 11-13 WbG) und von unlauterem Wettbewerb (Art. 14 WbG) sowie die Zusammenschlusskontrolle (Art. 27-35 WbG). Darüber hinaus wurde mit der Reform von 2006 auch eine Beihilfenkontrolle in das Wettbewerbsgesetz aufgenommen (Art. 19-21 WbG).

Eine Besonderheit der russischen Antimonopol-Gesetzgebung sind Bestimmungen, die ausschließlich das Verhalten des Staates betreffen. So enthält das neue Wettbewerbsgesetz ein Verbot wettbewerbsbeschränkender Aktivitäten durch administrative Organe aufgrund der staatlichen Macht in der Wirtschaft (u. z. als wirtschaftspolitischer Akteur und als Unternehmenseigentümer), welche hinsichtlich des Wettbewerbs nicht reguliert bzw. eingeschränkt ist (Art. 15-18 WbG). Aus ordnungspolitischer Sicht erscheint diese Regelung als paradox. Üblicherweise schafft der Staat das Wettbewerbsrecht, um gegen mächtige private Unternehmen vorzugehen, in Russland kämpft er vor allem gegen sich selbst (O. Dillenz 1999: 106). Eine Analyse der Fälle entsprechender Rechtsverletzungen zeigt indes, dass oft auch staatliche Organe involviert waren (FAS 2005a: 4). Aufgrund des fehlenden Verständnisses für die Wettbewerbsprozesse, gepaart mit mangelnder Rechtsstaatlichkeit, kam es vielfach zur Missachtung des Wettbewerbsrechts wie auch anderer Normen durch die Verwaltungsorgane. Daher schien es angebracht, der Antimonopolbehörde entsprechende Kompetenzen zu verleihen, damit sie administrative Rechtsverletzungen, die gleichzeitig auch den Wettbewerb beschränken, bekämpfen kann.

2.4 Verstöße gegen das Wettbewerbsgesetz

Um die Wirksamkeit der russischen Maßnahmen zum Schutz des Wettbewerbs beurteilen zu können, ist es interessant, Statistiken der Verstöße gegen das Wettbewerbsrecht zu untersuchen[8], auch wenn diese nur mit Vorsicht zu genießen sind. Am häufigsten finden sich derartige Rechtsverstöße in den Bereichen der Wettbewerbsbeschränkungen durch Verwaltungsorgane, des Missbrauchs einer marktbeherrschenden Stellung sowie der Zusammenschlüsse. Konkret wurden nach Angaben der FAS im Jahre 2004 1.332 Rechtsverstöße im Bereich der

8 Hier können nur die wenigen zur Verfügung stehenden Statistiken analysiert werden.

Zusammenschlusskontrolle, 1.535 Fälle des Missbrauchs einer marktbeherrschenden Stellung sowie 3.062 Fälle von Wettbewerbsbeschränkungen durch Verwaltungsorgane aufgedeckt (FAS 2005b: Tab. 1). Knapp zwei Drittel der Rechtsverletzungen gingen auf Unternehmen der Energiebranche, des Transportsektors sowie des Post- und Fernmeldewesens zurück, konkret entfielen 22 % auf die Elektroenergie, 6 % auf die Gas- und 2 % auf die Erdölwirtschaft, 26 % auf den Transport sowie 9 % auf das Post- und Fernmeldewesen (FAS 2005c). Negativ anzumerken ist insbesondere, dass im Zeitraum zwischen 1996 und 2005 die Fälle des Missbrauchs einer marktbeherrschenden Stellung um 110,5 % und wettbewerbsbeschränkende Aktivitäten der Verwaltungsorgane sogar um 477,2 % zugenommen haben (FAS 2005a: 6). Gerade diese Prozentzahlen geben am deutlichsten die zentralen Probleme der russischen Wettbewerbspolitik wieder.

Es zeigt sich, dass die alleinige Übernahme eines Wettbewerbsrechts und die Gründung einer Wettbewerbsbehörde für eine effektive und effiziente Wettbewerbspolitik nicht ausreichend sind. In der ehemaligen Sowjetunion war die Wirtschaftsstruktur durch eine starke regionale und branchenspezifische Konzentration gekennzeichnet. Die Markt- und Produktionsstruktur wurde durch die alten formellen Institutionen geformt und blieb auch nach dem Zusammenbruch der Sowjetunion zunächst noch bestehen. Die schnelle Veränderung der Eigentümerstruktur ohne Schaffung von Anreizen zur Unternehmensrestrukturierung sowie die Liberalisierung der Wirtschaft und Transplantation der Wettbewerbspolitik haben in Bezug auf einen funktionsfähigen Wettbewerb nicht die erhofften Ergebnisse gebracht. Eine effektive Transplantation von wettbewerbspolitischen Institutionen ist in Russland nicht gelungen.

3 Welche Fehler hat Russland bei der Transplantation der Wettbewerbspolitik gemacht?

Russland, das einen ähnlichen Weg wie die anderen ehemals sozialistischen Länder Europas bei der Transformation gewählt hat, hatte es grundsätzlich schwerer, eine erfolgreiche Strategie zu finden. Die Inkonsistenz zwischen informellen und formellen Institutionen war hier wesentlich größer als in den anderen Ländern des Ostblocks. Mehr als 60 Jahre Sozialismus haben das Land und die gesellschaftlichen Akteure sehr stark geprägt. Der Mangel an Rechtskultur und die fehlende Vertrautheit mit den neuen Regeln verstärkten die Inkonsistenz der institutionellen Entwicklung immens, die traditionellen informellen und die neuen formellen Institutionen waren extrem inkompatibel. Der erforderliche Anpassungsprozess wurde dadurch erheblich erschwert. Aber auch die Politik ist durch (wissentliches oder unwissentliches) Missmanagement für das negative Ergebnis nach 17 Jahren Transformation verantwortlich.

Bereits in der Anfangsphase wurden entscheidende Fehler gemacht. Der erste Fehler betraf die Reihenfolge der Reformschritte nach dem Zusammenbruch des alten Systems. Mit dem Wechsel von einer graduellen zur Big-Bang-Transformationsstrategie wurde zu viel Gewicht auf Reformschritte wie Privatisierung der Unternehmen und Liberalisierung der Wirtschaft gelegt. Dabei hätte die Schaffung von rechtlich-institutionellen Rahmenbedingungen eine höhere Priorität genießen müssen, insbesondere in einem Land wie Russland, das auf keine rechtsstaatliche Tradition zurückgreifen konnte. Vor allem im Nachhinein wird deutlich, dass die Schwerpunkte im Transformationsprozess falsch gesetzt waren. „Creation and advancement of a legal framework for the market economy should be much higher on the agenda of international financial organizations. It must be put in front, as a more urgent and important issue than liberalization and privatization, since the latter can contribute to sound growth only if the former is secured" (G. W. Kolodko 1998: 23).

Der zweite Fehler lag in der mangelnden politischen Unterstützung für die ausführenden Organe und deren Überfrachtung mit allen möglichen Aufgaben, die den Wettbewerbsschutz nicht direkt betrafen. Einerseits hatten Politiker selbst sehr wenig Erfahrung mit den neuen Institutionen und mussten auf die im Ausland ausgearbeiteten Vorschläge zur institutionellen Umgestaltung zurückgreifen. Andererseits gingen die Erfordernisse der Wettbewerbspolitik und die Interessen der neuen russischen Wirtschaftselite auseinander. Aufgrund der bei der Privatisierung gemachten Fehler nahm die Verflechtung zwischen Politik und Wirtschaft extrem zu. Bei dem hohen Grad oligopolistischer Konzentration und der engen Verbindung dieser Unternehmen zur Politik hatten wettbewerbsfördernde Maßnahmen relativ wenige Chancen (S. Guriev/A. Rachinsky 2005).

Der dritte Fehler betraf die mangelnde Aufklärung aller Interessengruppen zur Steigerung des Verständnisses für die Bedeutung der Wettbewerbspolitik. So befürwortet nach wie vor die Mehrheit der Bevölkerung die Existenz von Konglomeraten und staatlicher Unternehmen mit Monopolstellung (S. Guriev/A. Rachinsky 2005: 146). Abgesehen von der Bevölkerung in den wirtschaftlichen Ballungszentren wie z. B. Moskau und St. Petersburg verbinden die meisten Bürger Russlands mit dem Begriff „Wettbewerb" Unsicherheit, Arbeitslosigkeit und Armut. Alle Phänomene, die in den ersten Jahren nach dem Zusammenbruch des alten Systems aufgetreten sind, werden mit Marktwirtschaft und Wettbewerb assoziiert. Das mangelnde Verständnis für die Vorteile des Wettbewerbs und für die Notwendigkeit der Wettbewerbspolitik hängt sehr eng mit der Tatsache zusammen, dass Russland keine Tradition einer „rule of law" hat. Das fehlende Vertrauen in das Rechtssystem und in die Durchsetzung rechtlich begründeter

Ansprüche macht es den Wettbewerbsbehörden nicht leicht, das Wettbewerbsrecht anzuwenden und das Verhalten der Marktteilnehmer zu kontrollieren. Die Politik ihrerseits zeigte wenig Interesse, diesen Missstand zu beseitigen. Vor der Novellierung des Wettbewerbsgesetzes im Jahre 2006 waren weder Sanktionen bei Verstößen gegen das Wettbewerbsrecht noch Kontrollmechanismen und die erforderlichen juristischen Verfahren klar vorgegeben bzw. effektiv ausgestaltet. Im Rahmen der jüngsten Reformen wurden unter anderem auch diese Probleme berücksichtigt. Ob das neue Wettbewerbsrecht einen effektiven Schutz des Wettbewerbs zu leisten vermag, wird allerdings erst die Praxis zeigen.

4 Ist Ineffektivität von transplantierten Institutionen unvermeidlich?

Die Effektivität von transplantierten Institutionen kann nicht ohne weiteres bewusst beeinflusst werden, da institutionelle Entwicklungen schwer vorauszusagen und genauso schwer zu planen sind. Werden jedoch die Determinanten der Effektivität bei der Gestaltung der Reformschritte berücksichtigt, können viele Fehler vermieden und damit die Effektivität erhöht werden.

Als vorzugswürdig erweist sich eine graduelle Transformation, die an die länderspezifischen Umstände möglichst weit angepasst ist. Das bedeutet, dass die bisherige Entwicklung von formellen und informellen Institutionen möglichst stark berücksichtigt werden muss, und zwar bereits in der Vorbereitungsphase der institutionellen Umgestaltung. Bei diesem Szenario bekommt die politische Gestaltungsstrategie des institutionellen Wandels eine evolutorische Komponente, die für die Effektivität und damit für den Erfolg der neuen Institutionen von entscheidender Bedeutung ist.

Es ist jedoch nicht allein die Geschwindigkeit der Reformen, die über deren Erfolg entscheidet. Die meisten Länder Osteuropas sind bei der Transformation ihrer Volkswirtschaften der Big-Bang-Strategie gefolgt. Die Ergebnisse unterscheiden sich jedoch zum Teil radikal. Während der Wettbewerbspolitik z. B. in Polen[9] schon seit einigen Jahren recht gute Ergebnisse beim Schutz und bei der Förderung des Wettbewerbs bescheinigt werden (M. Wise 2003), ist die Effektivität der Wettbewerbspolitik in Russland noch mangelhaft (OECD 2004). Die Legitimation der Institutionen als gegeben vorausgesetzt, kommen bei einer schnellen Transplantation der Institutionen der Stärke der Politik bei der Durchsetzung der Reformen wie auch der professionellen Unterstützung ausländischer Spezialisten große Bedeutung zu. Wird der institutionelle Wandel schnell und

9 Im Gegensatz zu Russland war Polen vor dem Zweiten Weltkrieg bereits mit Rechtsstaatlichkeit vertraut und hatte in der sozialistischen Periode eine eher polypolistische Markt- und Produktionsstruktur, die aus vielen mittelständischen Unternehmen bestand.

von oben[10] durchgesetzt, stößt der Prozess auf einen mehr oder minder starken Widerstand seitens verschiedener Interessengruppen. Das Verhalten der Individuen bzw. Gruppen, die durch das neue System ihre Vorteile eingeschränkt sehen oder gar verlieren, sowie das Zusammenspiel von gesellschaftlichen und politischen Machtgruppen determinieren den institutionellen Wandel und entscheiden über seinen Erfolg. „... if they are lobbies that fight with any and all means for their own present interests, there are no lobbies fighting with such determination and force in favour of long term development and remote policy targets" (G. W. Kolodko 1998: 18). Daher ist die Stärke der jeweiligen Exekutive und Legislative in der Reformphase besonders wichtig, um die Reformen durchzusetzen und eine effektive Kontrolle in der Anfangsphase zu gewährleisten. Sind diese Institutionen jedoch zu schwach, droht die Gefahr, dass sich aufgrund verstärkter Unsicherheiten, die einer Umbruchsituation immanent sind, und weit verbreiteter Orientierungslosigkeit Korruption und Kriminalität ausbreiten.

5 Abschließende Bemerkungen

Bei der Transplantation der Institution „Wettbewerbspolitik" in Russland sind mehrere Fehler gemacht worden, die ihren heutigen Zustand erklären. Obwohl die Wettbewerbspolitik bereits in den ersten Jahren der Transformation nach westeuropäischem Muster eingeführt wurde, lässt sich heute feststellen, dass sie wenig effektiv sowie wenig effizient ist. Auf die geringe Effektivität weisen die antikompetitive Marktstruktur wie auch die geringe gesellschaftliche Bedeutung der wettbewerbspolitischen Entscheidungen hin. Das größte Problem stellen jedoch die noch weit verbreitete Korruption sowie Verstöße gegen die wettbewerbspolitischen Regeln bzw. deren Nicht-Befolgung dar. Andererseits weisen die hohen Transaktionskosten auf Ineffizienzen hin. Da die neuen Regelungen ganz oder zum Teil unbekannt geblieben sind und es an Erfahrung bei ihrer praktischen Umsetzung mangelte, fallen hohe Lernkosten sowie Informationsbeschaffungskosten an. Juristische Folgen einer Verletzung der wettbewerbspolitischen Regeln sind oft undurchsichtig, was zu einer erhöhten Unsicherheit der Marktteilnehmer führt. Insgesamt lässt sich feststellen, dass die Wettbewerbspolitik in der Russischen Föderation von effektivem Schutz und wirksamer Förderung des Wettbewerbs noch weit entfernt ist.

---

10 Die neuen Institutionen werden zwar in der konstitutionellen Phase durch die Mehrheit der Bevölkerung legitimiert, die Umsetzung erfolgt jedoch im Rahmen der politisch festgelegten Strategie.

Diese Erfahrung legt nahe, dass die Transplantation von Institutionen ein sehr komplexer Prozess ist, dessen Ausgang nicht genau prognostiziert werden kann. Neue Institutionen so zu transplantieren, dass sie in einer anderen Umgebung (ebenfalls) effektiv sind, ist ein schwieriges Unterfangen. Der Prozess muss von Anfang an sorgfältig durchdacht und vorbereitet werden. Die wichtigsten Determinanten des Erfolgs sind durchsetzungsstarke politische Kräfte im Inland und erfahrene Experten, die der Regierung bei der Umsetzung zur Seite stehen und den Reformprozess begleiten. Darüber hinaus müssen noch weitere Faktoren berücksichtigt werden, wie die wirtschaftsgeschichtliche Prägung, die rechtsstaatliche Kultur sowie weitere informelle Institutionen. Die Berücksichtigung aller dieser Faktoren stellt zwar noch keine Erfolgsgarantie dar, erhöht aber erheblich die Chancen einer erfolgreichen Transplantation von Institutionen.

Literatur

Adamovich, I. B. (2004): Entstehung von Verfassungen. Tübingen.

Berkowitz, D./Pistor, K./Richard, J.-F. (2003): Economic development, legality, and the transplant effect. In: European Economic Review. Vol. 47. S. 165-195.

Denzau, A. T./North, D. C. (1994): Shared Mental Models: Ideologies and Institutions. In: Kyklos. Bd. 47. S. 3-31.

Dillenz, O. (1999): Das russische Wettbewerbsrecht: Recht gegen den unlauteren Wettbewerb und Kartellrecht der Russischen Föderation. Wien.

DIW (1998): Die wirtschaftliche Lage Russlands – Krise offenbart Fehler der Wirtschaftspolitik. In: Wochenbericht des DIW. Nr. 51-52.

DIW (1997): Die wirtschaftliche Lage Russlands – Wirtschaftspolitik muss jetzt endlich Wachstumserfolge vorweisen. In: Wochenbericht des DIW. Nr. 51-52.

EBRD (2004): Law in Transition 2004: Competition Law and Policy – Enhancing enforcement and cooperation, veröffentlicht unter http://www.ebrd.com/pubs/legal/5878.htm, recherchiert am 25.10.2005.

FAS (2006): Das Gesetz der Russischen Föderation „Über den Wettbewerb und die Beschränkung der monopolistischen Tätigkeit auf den Warenmärkten", veröffentlicht unter http://www.fas.gov.ru/competition/443.shtml, recherchiert am 15.04.2007.

FAS (2005a): Statistitscheskij analiz dannych o rabote antimonopol'nych organov Rossii v 1992-2005 godach (Statistische Datenanalyse der Tätigkeit von Antimonopolorganen in den Jahren 1992-2005), veröffentlicht unter http://www.fas.gov.ru/competition/1501.shtml, recherchiert am 05.05.2007.

FAS (2005b): Predvaritel'nye itogi dejatel'nosti antimonopol'nych organov v 2002-2004 gg (Vorläufiger Tätigkeitsbericht der Antimonopolorgane in den Jahren 2002-2004), veröffentlicht unter http://www.fas.gov.ru/files/1501/Predvaritel_nye_itogi_2004_g..doc, recherchiert am 13.11.2006.

FAS (2005c): Anatolij Golomolsin: Praktika antimonopol'nogo sakonodatel'stva trebuet izmenenij (Praxis der Anwendung der Antimonopol-Gesetzgebung verlangt nach Änderungen), veröffentlicht unter http://www.fas.gov.ru/news/n_2031.shtml, recherchiert am 05.05.2007.

Guriev, S./Rachinsky, A. (2005): The Role of Oligarchs in Russian Capitalism. In: Journal of Economic Perspectives. Vol. 19. S. 131-150.

Hayek, F. A. von (1969): Freiburger Studien. Tübingen.

Kiwit, D./Voigt, S. (1995): Überlegungen zum institutionellen Wandel unter Berücksichtigung des Verhältnisses interner und externer Institutionen. In: ORDO. Bd. 46. S. 117-148.

Kolodko, G. W. (1998): Ten Years of Postsocialist Transition: The Lessons for Policy Reform. Working Paper No. 2095. World Bank. Washington.

Leipold, H. (2000): Die kulturelle Einbettung von Wirtschaftsordnungen. Bürgergesellschaft vs. Sozialstaatsgesellschaft. In: Wentzel, B./Wentzel, D. (Hrsg.): Wirtschaftlicher Systemvergleich Deutschland/USA. Stuttgart. S. 1-52.

North, D. C. (1995): The Adam Smith Address: Economic Theory in a Dynamic Economic World. In: Business Economics. Vol. 1. S. 7-12.

North, D. C. (1992): Privatization, Incentives, and Economic Performance. In: Siebert, H. (Hrsg.): Privatization – Symposium in Honour of Herbert Giersch. Kiel. S. 3-16.

North, D. C. (1991): Institutions, Institutional Change, and Economic Performance. Cambridge.

North, D. C. (1988): Theorie des institutionellen Wandels. Tübingen.

OECD (2004): Competition Law and Policy in Russia – An OECD Peer Review. Paris.

Pistor, K./Raiser, M./Gelfer, S. (2000): Law and Finance in Transition Economies. In: Economics of Transition. Vol. 8. S. 325-268.

Polster, D. (2001): Finanzintermediation und institutioneller Wandel. Aachen.

RIAN – Russische Informationsagentur Novosti (2007): http://de.rian.ru/business/20070419/63977005.html, recherchiert am 18.04.2007.

Stark, D. (1993): Path Dependence and Privatization Strategies in East Central Europe. In: Transformation der Wirtschaftssysteme in Ostmitteleuropa. Südosteuropa-Studien Nr. 51. S. 11-39.

Streit, M. E./Mummert, U. (1996): Grundprobleme der Systemtransformation. Diskussionsbeitrag Nr. 9/96. Max-Planck-Institut zur Erforschung von Wirtschaftssystemen. Jena.

Voigt, S. (1999): Choosing how to Choose – The Narrow Path Between Effective Constitutions and Wishful Thinking in Constitutional Choice. Diskussionsbeitrag Nr. 15/99. Max-Planck-Institut zur Erforschung von Wirtschaftssystemen. Jena.

Wise, M. (2003): Review of Competition Law and Policy in Poland. In: OECD Journal of Competition Law and Policy. Vol. 5. Issue 2. S. 83-132.

Humankapital und Wirtschaftswachstum

Andreas Liening

Die ‚Theorie Komplexer Systeme'[1] kann als relativ junger wissenschaftlicher Erklärungsansatz angesehen werden. Dieser Ansatz hält in zunehmendem Maße auch in der Wirtschaftswissenschaft Einzug, um beispielsweise Ordnungsmuster, wie sie marktwirtschaftliche Systeme hervorbringen, besser zu verstehen.
Folgt man z. B. von Hayek, dann wird deutlich, dass er Ordnungen nicht als Ergebnis einer Planung ansieht, sondern in diesem Zusammenhang sogar einen konstruktivistischen Irrtum postuliert (vgl. F. A. v. Hayek 1996: 17ff.). In diesem Kontext schreibt er:

> „Es ist daher paradox und beruht auf einem völligen Verkennen dieser Zusammenhänge, wenn heute oft gesagt wird, dass wir die moderne Gesellschaft bewusst planen, weil sie so komplex geworden ist. In Wirklichkeit können wir eine Ordnung von solcher Komplexität nur dann erhalten, wenn wir sie nicht nach der Methode des Planes, d.h. nicht durch Befehle, handhaben, sondern auf die Bildung einer auf allgemeinen Regeln beruhenden spontanen Ordnung abzielen." (zitiert nach B. Ziesemer 2007: 74)

In Anlehnung an Hayek kann dann eine solche Ordnung aber nicht durch die vielfach noch verwendeten mechanistischen, auf linealen[2] Ursache-Wirkungs-

---

1 Ein System lässt sich als die Interdependenz von Elementen im Rahmen eines Ganzen verstehen, wobei bei offenen Systemen ihre kohärente Struktur im Austausch mit der Umwelt entsteht (vgl. z. B. N. Luhmann 1976: 23).
Kennzeichen von Komplexität sind nicht die Zahl der miteinander verknüpften Elemente oder die Anzahl der Verknüpfungen, sondern a) die rekursive Art der Verknüpfung und b) die nichtlineare, dynamische Weise der Verknüpfungen (vgl. A. Liening 1999: 53 ff.).

2 Bei linealen Systemen handelt es sich um Konzeptionen, in der die Elemente des Systems als Kette hintereinander angeordnet sind. Da in einer derartigen Struktur im Gegensatz zu nichtlinealen Systemen Rückkopplungsschleifen fehlen, wird ein vordefiniertes Verhalten abgearbeitet, ohne dabei auf endogene oder exogene Ereignisse zu reagieren. Lineale Systeme sind oftmals mathematisch linear, nicht-lineale Systeme hingegen vielfach nicht-linear. Daher sind lineare von linealen Systemen zu unterscheiden.

Ketten beruhenden und damit vorhersagbaren Modelle[3] adäquat untersucht werden.

Die Entwicklungen in der Wirtschaft als Ganzes oder auch in einzelnen Bereichen wie z. B. dem Unternehmenssektor, sind häufig eben gerade nicht durch fließende Übergänge gekennzeichnet. Vielmehr treten Diskontinuitäten, Sprünge und Turbulenzen auf. Wirtschaft und auf Wirtschaft bezogene Teilbereiche können somit als nicht-lineare, dynamische Systeme aufgefasst werden. Man spricht in diesem Zusammenhang auch von komplexen Systemen.

Um die in der Realität anzutreffenden komplexen Entwicklungen zu modellieren, greift man traditionell auf exogene Störungen oder Zufallsgrößen zurück. Es werden unregelmäßige und sprunghafte Entwicklungen letztendlich mit Methoden untersucht, die nur für lineare resp. lineale Bedingungen oder nur für stetige Vorgänge geeignet erscheinen. Lange Zeit stand die Wirtschaftswissenschaft unter dem Regulativ des mechanistischen Weltbildes, das beispielsweise auf Modelle zurückgriff, deren zum Gleichgewicht tendierenden Trajektorien[4] vorhersagbar und mit Partialanalysen greifbar erschienen.

In einer immer komplexer werdenden Gesellschaft verlieren aber zahlreiche auf diesem Weltbild beruhende ökonomische Erklärungsmuster an Überzeugungskraft. Deshalb ist es von besonderer Bedeutung, nach neuen Verfahren auf dem Gebiet komplexer dynamischer Systeme zu forschen.

Die ökonomische Realität ist oft viel diffiziler und komplexer als dies z. B. lineare Modelle suggerieren. So lassen sich z. B. selbstorganisierende Prozesse fernab vom Gleichgewicht mittels linearer Sichtweisen nicht erklären. Zu Recht stellen *Nijkamp* und *Poot* daher fest:

> „Our economic world is highly dynamic and exhibits a wide variety of fluctuating patterns. This forms a sharp contrast with our current economic toolbox, which is largely filled with linear and comparative static instruments." (P. Nijkamp/J. Poot 1993: 25)

Die Beschäftigung mit nicht-linearen, komplexen Systemen kann bei der Suche nach einer Erweiterung der ‚economic toolbox' eine zentrale Rolle spielen. Mit ihnen lassen sich ein sehr breites Spektrum an ökonomischen Verhaltensweisen

---

3 Modelle lassen sich als materielle oder immaterielle Systeme interpretieren, die andere Systeme darstellen, so dass experimentelle Manipulationen der abgebildeten Strukturen und Zustände möglich werden (vgl. G. Niemeyer 1977: 57).

4 Unter einer Trajektorie versteht man die Entwicklungslinie eines dynamischen Systems. Es beschreibt die Bahn, die ein System von einem bestimmten Ausgangspunkt beginnend im Laufe seiner dynamischen Entwicklung im Phasenraum vollzieht. Der Phasenraum ist dabei der Raum, der von den zeitlich veränderlichen Variablen eines dynamischen Systems aufgespannt wird.

und Erklärungsmustern abbilden. So lässt sich Komplexität beschreiben, analysieren und verstehen, wo z. B. traditionelle statistische Methoden gänzlich versagen (müssen).[5]

Nicht-Linearität, Rückkopplungen aber auch Irreversibilität, Selbstorganisation und Komplexität sind zentrale Schlagwörter des damit verbundenen Ansatzes, deren Teildisziplinen sich unter dem Schlagwort Theorie Komplexer Systeme subsumieren lassen. Neben der Theorie der Selbstorganisation, der Synergetik, ist hier vor allem die Chaostheorie zu nennen, wobei diese Theorien sich primär mit Fragen der Entstehung und Analyse von komplexen Ordnungsmustern beschäftigen.

Die Chaostheorie gelangte im Rahmen ihres populärwissenschaftlichen Aufschwungs in den neunziger Jahren bei den einen zur Theorie einer neuen, einheitlichen Welterklärung - oder sollte man besser sagen Weltverklärung?;[6] bei den anderen wurden die Vertreter der Chaostheorie als Schamane beschimpft.[7] So suchen noch heute diese Befürworter der Chaostheorie in den Strukturen ferner Galaxien oder in den von einer Zigarette emporsteigenden Rauchschwaden nach der Macht des Chaos; die Gegner ereifern sich darin, immer neue Argumente zu finden, warum das Chaos ausschließlich im Computer existiere, und warum der ‚Spuk' vorüber sei, sobald man den Rechner abstelle.

Richtig ist, dass die Möglichkeit, ‚Chaos' und damit verbundene Ordnungsstrukturen in komplexen Systemen zu erforschen, erst mit der Entwicklung moderner Computertechnik denkbar wurde. Die Vielzahl der Berechnungen und die verschiedenen Visualisierungsarten komplexer Strukturen waren zuvor nicht realisierbar gewesen. Daher verwundert es auch nicht, dass gerade zu Beginn der neunziger diese Theorie an Popularität gewann.

Mittlerweile hat sich die mit der Chaostheorie einhergehende Euphorie wieder gelegt und die Zahl der populärwissenschaftlichen Neuerscheinungen verringert. Gleichzeitig wächst jedoch die Zahl der wissenschaftlichen Publikationen, die versuchen, wichtige Aspekte der Chaostheorie auf andere Wissenschaftsbereiche zu transferieren. Die Wirtschaftswissenschaft ist dabei nicht ausgeschlos-

5 Vgl. hierzu z. B. die Ausführungen zur Grammar Complexity in G. Strunk/G. Schiepek (2006: 203 ff.).

6 Zur populärwissenschaftlichen Literatur sei z. B. hingewiesen auf: F. Bestenstreiner (1991).

7 Es sei an dieser Stelle beispielhaft auf die Aufsatzserie im SPIEGEL verwiesen, die populärwissenschaftlich unter dem Motto „Kult um das Chaos - Aberglaube oder Welterklärung" steht. Mit fragwürdigen Argumenten wird hier der Versuch unternommen, die Chaostheorie zu widerlegen. Statt einer seriösen Auseinandersetzung versucht *Brügge* mit seiner reißerischen Darstellungsweise die „Chaoslobby" zu entlarven. Anerkannte Mathematiker wie *Mandelbrot* bezeichnet er als „Schamane". Die Ergebnisse des Wetterforschers *Lorenz* tituliert er als „Wink des Himmels von seinem Computer", wobei er ohne einen stichhaltigen Hinweis zu nennen, seine Ergebnisse als falsch bezeichnet (vgl. P. Brügge 1993a, 1993b und 1993c).

sen, erhofft man sich doch von der Chaostheorie einen anderen, besseren Zugang zur ökonomischen Wirklichkeit, als dies beispielsweise das neoklassische Paradigma zu leisten vermag.[8]

Da sich die Chaostheorie mit offenen dissipativen dynamischen Systemen beschäftigt, kommt gerade auch der Wachstumstheorie, als einem wichtigen Zweig der Ökonomik in diesem Kontext besondere Bedeutung zu. In der Wachstumstheorie spielen Dynamisierungs-, Rückkopplungsprozesse und Nicht-Linearitäten eine wichtige Rolle, so dass mit Fug und Recht hier von Komplexität[9] gesprochen werden kann.

In dem vorliegenden Beitrag soll daher exemplarisch die Wachstumstheorie betrachtet werden. Während noch in den siebziger Jahren von den ‚Grenzen des Wachstums' (vgl. D. H. Meadows u. a. 1972) die Rede war und von bestimmten Kreisen der Gesellschaft Null-Wachstum eingefordert wurde, hat sich heute mehr und mehr die Erkenntnis durchgesetzt, dass es ohne wirtschaftliches Wachstum keine Weiterentwicklung, nicht einmal ein Halten des Status quo geben kann.[10] In diesem Zusammenhang wird zunehmend für die modernen Dienstleistungsgesellschaften die Bedeutung des Humankapitals betont, ohne dass in zahlreichen Betrachtungen zur Wachstumstheorie adäquate Abbildungen vorhanden wären.

Der vorliegende Aufsatz soll einen Beitrag dazu leisten, erstens den dynamischen Verlauf des Wirtschaftswachstums im Sinne der Theorie Komplexer Systeme aufzufassen und zweitens eine Möglichkeit aufzuzeigen, die Bedeutung des Humankapitals in die Betrachtungen zu integrieren.

1 Die ‚alte' Wachstumstheorie

Die Wachstumstheorie hat sich in den letzten Jahren zu einer der dynamischsten und innovativsten Bereiche der Volkswirtschaftslehre entwickelt. Die zentrale Frage, um die es dabei geht, lautet: Wie kann die langfristige Entwicklung von Wirtschaftssystemen erforscht werden, wenn Veränderungen in Wachstumsprozessen nicht exogen, sondern endogen erzeugt werden, wenn die Entwick-

---

8 Es sind gerade in jüngster Zeit zahlreiche interessante Publikationen zum Thema Chaostheorie und Wirtschaftswissenschaft erschienen. Beispielhaft seien hier folgende Monographien angeführt: B. B. Mandelbrot/R. L. Hudson (2007), F. Trosky (2006), M. Thiemann (2004), T. Büssow (2003), G. Zehetner (2003), T. Puu (2003).

9 Es sei darauf hingewiesen, dass der Begriff ‚komplex' keineswegs mit dem Begriff ‚kompliziert' verwechselt werden darf. Ein System, das durch eine Vielzahl von Parametern gekennzeichnet ist, kann durchaus kompliziert anmuten, ohne dabei komplex zu sein (vgl. hierzu auch A. Liening 1999).

10 Vgl. hierzu die bereits 1974 geäußerten Anmerkungen von F. A. v. Hayek (1996: 11).

lungen nicht über lineare Ursache-Wirkungs-Ketten erklärt werden können, wenn strukturelle Brüche wahrscheinlich und Gleichgewichte sowohl selten als auch multipel sind, kurz:
Wie untersuchen wir komplexe Wirtschaftssysteme zwischen Ordnung und Chaos?

Mechanistische Ansätze, die den Keynesianismus wie auch die Neoklassik maßgeblich prägen, leisten die Beantwortung dieser Frage nicht. Darin liegt gewiss ein Grund für die wirtschaftspolitische Irrelevanz der ‚alten' Wachstumstheorie, die keynesianisch motiviert auf den Modellen von Harrod und Domar basiert und neoklassisch orientiert sich an das Solow-Modell anlehnt.

Letzteres hat dabei unstreitig einen höheren Stellenwert in der ökonomischen Diskussion: So stellt Solow selber zutreffend fest, dass die Modelle von Harrod und Domar die Wirklichkeit unzutreffend widerspiegeln. Diese Modelle sind so konzipiert, dass eine gleichgewichtige Wachstumsrate von zentrifugalen Kräften umgeben ist, so dass man von einem ‚Wachstum auf des Messers Schneide' sprechen kann. Auch wenn man die folgenden Worte Solows als übertrieben erachten muss, so ist die Kritik an der Instabilität des Modells, verbunden mit exponentiellen Wachstumseffekten, nicht ganz ungerechtfertigt:

> „An expedition from Mars arriving on Earth, having read this literature, would have expected to find only wreckage of a capitalism that had shaken itself to pieces long ago." (R. M. Solow 1988: 308)

In der Tat muss man konstatieren, dass im Gegensatz zu den postkeynesianischen Modellen das neoklassische Solow-Modell als ‚Gipfelpunkt' der ‚alten' Wachstumstheorie bezeichnet werden kann. In diesem neoklassischen Modell wird unterstellt, dass es nur einen Produktionssektor, ein Gut, kein Ausland und keine staatlichen Aktivitäten gibt. Es ist also, wie im Übrigen die anderen Wachstumsmodelle auch, ein Modell mit sehr restriktiven Annahmen. Solow bemerkt hierzu:

> „All theory depends on assumptions which are not quite true. That is what makes it theory." (R. M. Solow 1956: 66)

Im Mittelpunkt der neoklassischen Wachstumstheorie steht die Produktionsfunktion. Sie ist das zentrale neoklassische Instrument zur theoretischen Analyse. Die Produktionsfunktion beschreibt den Zusammenhang von Input und Output. Der Input besteht dabei aus zwei Produktionsfaktoren: Arbeit L und Kapital K. Die Produktionsfunktion lässt sich daher folgendermaßen allgemein beschreiben:
$Y = F(K,L)$, wobei Y den Output symbolisiert. (Vgl. R. M. Solow 1956: 66)

Betrachtet man die Produktionsfunktion nun zur Vereinfachung nicht zwei, sondern eindimensional, indem man den Output pro Arbeitskraft betrachtet, so ergibt sich aus der Gleichung $Y = F(K,L)$ unter gewissen Annahmen (konstante Skalenerträge): $Y / L = F(K / L,1)$, oder anders formuliert:

$y = f(k)$, wobei $y = Y / L$ der Output pro Arbeitskraft und das Kapital pro Arbeitskraft durch $k = K / L$ symbolisiert wird. Erweitert um die Möglichkeit des technischen Fortschritts ergibt sich $Y = F(K,\ L \cdot A)$, wobei A die Arbeitseffizienz ist. Für $y = f(k)$ ist dann $k = K /(L \cdot A)$ die Kapitalintensität, die hier als Kapital pro Kopf und Arbeitseffizienz definiert wird.

Ein wesentliches Ergebnis dieser Theorie ist darin zu sehen, dass bei einer vorgegebenen Sparquote und bei Identität von volkswirtschaftlichen Sparen und Investieren die langfristige Wachstumsrate einer Volkswirtschaft allein durch die Rate des Bevölkerungswachstums sowie der Zuwachsrate der durchschnittlichen Arbeitsproduktivität bzw. des technischen Fortschritts bestimmt wird.

Die das Wachstum also langfristig beeinflussenden Größen, wie Bevölkerungswachstum und technischer Fortschritt sind in diesem Modell exogen vorgegeben. Dies gilt z. B. auch für die Investitionsquote, die hier - und das wird häufig kritisiert - keine nachhaltige Auswirkung auf das langfristige Wachstum hat. Es muss jedoch noch einmal betont werden, dass alle relevanten Größen, die nachhaltiges Wachstum garantieren können, hier exogen, also wie Störungen von außen, betrachtet werden.

2 Die Neue Wachstumstheorie

2.1 Übergang zur Neuen Theorie

Man kann eruieren, wie der relativ unbefriedigende Ansatz, der alles, was langfristiges Wachstum erklärt, als exogenen Schock interpretiert, dergestalt modifiziert werden kann, dass er realistischer wird, so dass ein Modell entsteht, dessen Wachstumsdeterminanten Wachstum als selbstorganisierenden Prozess begreifen. Ziel muss es sein, ein Modell zu beschreiben, das Wachstumsprozesse nicht ausschließlich durch fließende Übergänge kennzeichnet, sondern vielmehr Unstetigkeiten, eruptive Veränderungen und Turbulenzen erlaubt. Nur so kann Wirtschaft als nicht-lineares, dynamisches bzw. komplexes System aufgefasst werden. Aus diesen und zahlreichen anderen Überlegungen resultiert die ‚Neue Wachstumstheorie'.

Die zentralen Ideen und Konzepte der ‚Neuen Wachstumstheorie' gehen dabei von der wirtschaftswissenschaftlichen Fakultät der Universität Chicago aus, die Milton Friedman zum Ahnherrn hat. Daneben sind insbesondere die Arbeiten Romers zu beachten, welche die aktuelle wachstumstheoretische Diskussion mitprägen. (A. Liening 1999: 269 ff.)

2.2 *Die Bedeutung der Humankapitalbildung und des Unternehmergeistes*

Gerade in einer Volkswirtschaft wie der unserigen, in der nahezu keinerlei Rohstoffe vorhanden sind, spielen gute Forschungs- und Entwicklungsergebnisse eine wichtige Rolle. Dazu bedarf es aber hochqualifizierter Mitarbeiter. Die Ausstattung einer Volkswirtschaft mit Humankapital[11] ist daher ein zentraler Gesichtspunkt moderner Volkswirtschaften.[12]

In Anlehnung an Romer soll hier die neoklassische Produktionsfunktion um einen, diesen Gesichtspunkt berücksichtigen Faktor erweitert werden. Dies läuft letztlich darauf hinaus, Humankapital im Wachstumsmodell zu endogenisieren. In dieser Endogenisierung liegt eine neue Qualität der Diskussion um die Wachstumstheorie, die man damit auch als ‚Endogene Wachstumstheorie' bezeichnen kann.

So wird z. B. die Annahme eines exogen vorgegebenen technischen Fortschritts aufgehoben. Ging die neoklassische Wachstumstheorie davon aus, dass technische und wissenschaftliche Errungenschaften gleichsam ‚wie Manna vom Himmel fallen', so hat die neue Wachstumstheorie den Anspruch, alle entscheidenden Größen zu endogenisieren.[13]

---

11 Wir wollen hier unter Humankapital einen Produktionsfaktor verstehen. Unter Humankapital verstehen wir die Fähigkeiten, Fertigkeiten und das im Menschen verinnerlichte Wissen, das der Einzelne durch Ausbildung, Weiterbildung und Erfahrung erlangt hat. Der Begriff Humankapital ist daher eng an den Begriff des Wissens, der Kompetenz und der Bildung gekoppelt. Humankapital wird somit gesteigert, indem die Einzelnen durch Ausbildung, Weiterbildung und Übung/Erfahrung ihr Wissen erhöhen und ihre Kompetenzen verbessern. Vgl. auch J. B. Donges (2005) im Kontext der Debatte um das Unwort „Humankapital" des Jahres 2004.

12 Produktionsfaktoren wie Arbeit und Kapital sowie technologischer Fortschritts führen zu wirtschaftlichem Wachstum. Diese Vorstellung gilt für Industrie- und Dienstleistungsgesellschaft, nicht jedoch für die Wissensgesellschaft, wie Horst Siebert betont, in der Humankapital zur entscheidenden Wachstumsdeterminante werde. (Vgl. H. Siebert 2005).

13 $k(t) = \frac{K(t)}{L(t) \cdot A(t)}$ und $k(t+1) = \frac{\sigma \cdot f(k(t)) - \delta \cdot k(t) + k(t)}{(1+\omega) \cdot (1+a)}$

mit σ = Sparquote, δ = Abschreibungsrate, ω = Wachstumsrate der Bevölkerung, a = technologischer Fortschritt, wobei für $f(k(t))$ gilt: $f(k(t)) = B \cdot k(t)^{\beta}$.

$F(K(t), L(t)) = B \cdot L^{1-\beta} \cdot K^{\beta}$ ist die Cobb-Douglas-Produktionsfunktion mit B als Niveauparameter und β als Substitutionsparameter. $K(t)$ ist das Kapital (Geld- und Sachkapital), abhän-

Lucas hebt folgende Effekte hervor, die sich bei einer Integration der Humankapitalentwicklung in ein ökonomisches Wachstumsmodell ergeben:

> „Introducing human capital into the model, then, involves spelling out both the way human capital effect current production and the way the current time allocation affects the accumulation of human capital." (R. E. Lucas 1988: 17)

Um diese beiden Effekte in das vorliegende Modell zu integrieren, wird daher davon ausgegangen, dass die Veränderungsrate des Wissens und der Kompetenzen dynamisch und von der Kapitalakkumulation abhängig ist.[14]

Dabei wird angenommen, dass die Veränderung des Humankapitals (z) ab einem bestimmten Einkommen pro Erwerbstätigen stets positiv ist und im Laufe der Zeit ertragsgesetzlich mit dem Geld- und Sachkapital pro Kopf oder genauer pro Effizienzeinheit anwächst (Abbildung 1). Es ist plausibel anzunehmen, dass das Humankapital mittelfristig stagniert,[15] wenn das angenommene Minimum an Einkommen pro Erwerbstätigen unterschritten wird.[16]

---

gig von der Zeit *t*. Man betrachtet das Kapital aber pro Kopf bzw. berücksichtigt um den Faktor Arbeitseffizienz, pro Effizienzeinheit. $k(t) = K(t)/(L(t) \cdot A(t))$. $k(t+1)$ ist dabei abhängig von den Investitionen $\sigma \cdot f(k(t))$, abzüglich den Abschreibungen $\delta \cdot k(t)$, zuzüglich der Kapitalintensität der vergangenen Periode. Dieser Ausdruck ist wiederum vom exogen vorgegebenen Bevölkerungswachstum ω und dem exogen vorgegebenen technologischen Fortschritt a abhängig. Der Parameter a stellt den Faktor dar, um den sich die Arbeitseffizienz verändert, die u. a. vom Wissensstand der Erwerbstätigen abhängig ist.

Ausgehend von einem technologischen Niveau $A(0)$ wächst der technologische Fortschritt um den Faktor a, d. h. $A(1) = A(0) + a \cdot L(0) = (1 + a) \cdot A(0)$.

Für A(2) gilt dann analog:

$A(2) = A(1) + a \cdot A(1) = (1 + a) \cdot A(0) + a \cdot (1 + a) \cdot A(0) = (1 + a)^2 \cdot A(0)$.

Insgesamt ergibt sich für den technologischen Fortschritt nach n Perioden:

$A(n) = (1 + a)^n \cdot A(0)$. D. h., in jeder Periode verändert sich der technologische Fortschritt um den Faktor $(1+a)$. Geht man nun wieder von der Kapital pro Effizienzeinheit, d. h. dem Quotienten aus Kapital und Arbeit, $k(t) = K(t)/(L(t) \cdot A(t))$. für eine bestimmte Periode t aus, dann ergibt sich offensichtlich für $t := t + 1$: $k(t + 1) = .../(1 + a)$.

Das Bevölkerungswachstum ω hat ähnliche Auswirkungen auf das Kapital pro Effizienzeinheit wie der technologische Fortschritt.

14 Der Funktionsverlauf wird mit Hilfe der Software Maple abgebildet. Bei diesem Beispiel wird τ=10, y_{min}=0.6 und in der Produktionsfunktion B=1 sowie β=0.7 gesetzt.

15 Die Annahme, dass bei geringem Einkommen das Wissen stagniert statt sich zu verringern, geht konform mit der Vorstellung, die Romer vertritt. So stellt Romer fest: „Knowledge does not depreciate" (P. M. Romer 1986: 1019).

16 Für die Humankapitalfunktion gilt:

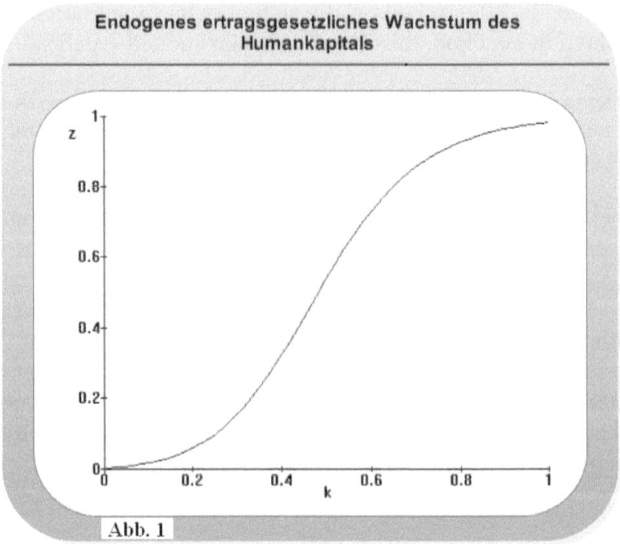

Abbildung 1: Endogenes ertragsgesetzliches Wachstum des Humankapitals

Insgesamt betrachtet kann einerseits mit einem höheren Humankapital, resp. höherem Wissensstand und Kompetenzgrad die Möglichkeit eines höheren Pro-Kopf-Einkommens wachsen und andererseits kann ein höheres Pro-Kopf-Einkommen die Möglichkeit eines höheren Wissenstandes und Kompetenzgrades nach sich ziehen. Der individuelle Nutzen kann daher von beiden Richtungen ausgehend, Bildung oder Einkommen, gedeutet werden.

Diese individuelle Situation lässt sich jedoch nicht so einfach auf die Volkswirtschaft als Ganzes übertragen. Einmal angenommen, es hätte in den letzten hundert Jahren weder Innovationen noch technologische Veränderungen gegeben, dann würde die Bevölkerung nach wie vor mit Kutschen über das Land fahren und mit Segelschiffen die Meere überqueren. Man könnte die Humankapitalbildung fördern, indem einem größeren Anteil der Bevölkerung ein höherer Schulabschluss ermöglicht wird. Oder man könnte die (physische) Kapitalakku-

---

$$h(k(t)) = \{ \begin{array}{ll} z(k(t)), \text{ falls } f(k(t)) \geq y^{\min} \\ 0, \quad \text{falls } f(k(t)) < y^{\min} \end{array} \text{ mit } z(k(t)) = \frac{1}{1 + \exp(\tau \cdot (y^{\min} - f(k(t)))}.$$

mulation forcieren, indem mehr Segelschiffe und Kutschen produziert würden. Aber irgendwann müsste man einsehen, dass der volkswirtschaftliche Nutzen nur sehr gering ist, wenn ein zusätzlicher Abiturient eine zusätzliche Kutsche führe (vgl. A. Liening 1999: 277).

Kurzum: Wenn man die Situation volkswirtschaftlich betrachtet, dann zieht ein höheres Humankapital noch nicht per se auch ein höheres volkswirtschaftliches Einkommen resp. einen Fortschritt nach sich. Vielmehr ist es die Innovation, die Kreativität, der Erfindergeist und die von Schumpeter beschworene Unternehmermentalität (vgl. J. Schumpeter 1993), die mit einem Anwachsen des Humankapitals zu einem höheren Lebensstandard (ausgedrückt in Pro-Kopf-Einkommen) führt.[17]

Deshalb wird in dem vorliegenden Modell implizit unterstellt, dass es zwischen dem Humankapital und dem Geld- und Sachkapital pro-Kopf einen *‚Transmissionseffekt'* gibt, der durch Begriffe wie Innovation und Unternehmergeist beschrieben werden kann.[18] Im Kontext der entsprechenden Kompetenzbildung zur Ausbildung und Unterstützung eines derartigen Effektes spricht man auch von *‚Entrepreneurship Education'*.[19] Dabei gilt es bei der Aus- oder

---

17 Solow geht z. B. davon aus, dass sich technischer Fortschritt generell nur schwer anregen lässt und dass es letztendlich das Ergebnis unternehmerischer Eigeninitiative bleibe, so dass selbst gut gemeinte Subventionen des Staates den Fortschritt möglicherweise sogar nur aufhalten (vgl. B. Ziesemer 2007: 185).

18 Insgesamt ergibt sich für die Kapitalintensität k(t+1) folgende Formel:

$$k(t+1) = \frac{\sigma \cdot B \cdot k(t)^{\beta} + (1-\delta) \cdot k(t)}{(1+\omega) \cdot (1+h(k(t)))}$$, wobei h die Humankapitalfunktion darstellt.

19 Der Begriff Entrepreneur hat französische Wurzeln (entreprendre = unternehmen) und wurde um 1730 von Cantillon für selbständige Händler verwendet, die Waren aufkaufen ohne zu wissen, zu welchem Preis sie diese wieder verkaufen können (R. Cantillon 1952). Die ursprüngliche Bedeutung liegt also in risikotragenden Zwischenhändlern. Um 1920 bezeichnet Knight Unternehmer, die auf Veränderungen der Märkte setzen und diese Umwälzungen Ertrag bringend nutzen wollen, als Entrepreneure (R. B. Emmett 1999). Die Fähigkeit eines Entrepreneurs, günstige Gelegenheiten zu erkennen und für sich zu nutzen, wird somit zur konstituierenden Eigenschaft beim Eintritt des Entrepreneurs als Phänomen im wissenschaftlichen Diskurs.

Es hat sich bislang keine einheitliche Definition herausgebildet, unter anderem auch bedingt durch einen interdisziplinären Zustrom an Forschern. Entrepreneur oder Entrepreneurship wird im deutschsprachigen Raum in der Regel als „Unternehmergeist" bzw. „Unternehmertum" bezeichnet (U. Blum/F. Leibbrand 2001). Mandl versteht darunter unternehmerisches Denken und Handeln, welches im Zuge der Entwicklung zur Wissensgesellschaft eine zunehmend wichtige Kompetenz darstellt. Die gestiegene Komplexität von Entscheidungsstrukturen, eine beschleunigte Veränderungsdynamik in Verbindung mit der abnehmenden Prognostizierbarkeit zukünftiger Entwicklungen führt zu einer Dezentralisierung von Arbeit, mehr Autonomie, ganzheitlicher Aufgabenkompetenz, verstärkter Interaktion, mehr Teamwork und zu einer Aufweichung starrer zeitlicher und räumlicher Grenzen von Arbeit.

Weiterbildung von Entrepreneuren oder Intrapreneuren neben der Kompetenzorientierung auch die Bedeutung der Wertebasis aufzugreifen. Bildung in Form von Entrepreneurship Education fördert ökonomische Kreativität, Eigenverantwortung, Entscheidungsfähigkeit, Selbständigkeit und die Fähigkeit zur Übernahme von Verantwortung gegenüber Dritten. Es ist dabei insbesondere auf selbstorganisiertes Lernen zu fokussieren, welche Instruktion Impuls gebend mit Konstruktion verknüpft und durch Methoden, die Lernende aktivieren, zu Beurteilungs-, Entscheidungs- und Handlungskompetenz führt (vgl. A. Liening 2006). Dies kann eine Möglichkeit darstellen, den Transmissionseffekt positiv zu verstärken.

2.3 *Das Wachstumsmodell mit endogenisierter Humankapitalbildung*

Eine erste Veranschaulichung des neuen Wachstumsmodells zeigt die nächste Abbildung:[20]

Die Parameter sind so gewählt, dass ceteris paribus ausschließlich die endogen definierte Humankapitalbildung mit ihrem Transmissionseffekt als Ursache für ein dauerhaftes Wachstum in Frage kommt.

Für sehr niedrige Werte (< 0.5) der Kapitalintensität, also des Geld- und Sachkapitals pro Kopf bzw. pro Effizienzeinheit stagniert die Humankapitalentwicklung, so dass man ein ungestörtes Wachstum der Geld- und Sachkapitalintensität (gemessen in Effizienzeinheiten) erhält, vorausgesetzt, das Pro-Kopf-Kapital befindet sich wie hier in der Ausgangssituation unterhalb des steady

Unternehmerisches Denken und Handeln kann nach Mandl in folgende vier Teilkompetenzen (Kompetenzbündel) operationalisiert werden: kognitive Kompetenzen, motivationsbezogene Kompetenzen (Eigeninitiative, zielorientiertes Handeln), soziale Kompetenzen und organisationale Kompetenzen (H. Mandl/J. Hense 2004).

20 Die Sparquote beträgt hier 40%, d. h.=0.4. Zur Vereinfachung der Analyse beträgt die Wachstumsrate der Bevölkerung 0%, also=0. Für die Abschreibungsrate gilt ebenso=0. In der Humankapitalfunktion h wird=100 undmin0.5ygesetzt. In der Produktionsfunktion wird der Niveauparameter B=0.7 gesetzt sowie der Substitutionsparameter=0.5 angenommen. Den Grund hierfür findet man in den vorhergegangenen Bemerkungen zum neoklassischen Mo-dell. Ergänzend sei bemerkt, dass beispielsweise aus einer Veränderung der Sparquote allenfalls eine kurzfristige Änderung im ökonomischen Wachstum, keineswegs aber ein dauerhaftes Wachstum erklärt werden kann. Im neoklassischen Ursprungsmodell waren es vornehmlich das exogen definierte Bevölkerungswachstum und der exogen vorgegebene technologische Fort-schritt, die ein dauerhaftes Wachstum erklären konnten. Im Gegensatz zum neoklassischen So-low-Modell ist in diesem Modell der technologische Fortschritt implizit über die endogene Funktion zur Humankapitalbildung erklärt.

state, des Wachstumsgleichgewichts.[21] Wird der kritische Punkt y^{min}, das Mindesteinkommen, das für ein Steigen des Wissens und des Kompetenzgrades erforderlich ist, erreicht, beginnt das Humankapital ertragsgesetzlich zu wachsen, womit über den Transmissionseffekt schließlich die Arbeitseffizienz zunimmt, was zunächst ein Absinken der Geld- und Sachkapitalintensität zur Folge hat.

Bei der gegebenen Parameterkonstellation zeigt sich, dass sich bei einem bestimmten Ausgangswert der Kapitalintensität (0.1) ein Gleichgewicht ergibt, das einen Zweierzyklus ausweist. Dieser ergibt sich daraus, dass der kritische Wert y^{min} bei der derzeitigen Parameterkonstellation immer wieder unterschritten wird, was ein Stagnieren des Wissensstandes und Kompetenzgrades zur Folge hat. Dies führt zu einem kurzfristigen Anstieg der Geld- und Sachkapitalintensität, da nunmehr die Arbeitseffizienz geringer ist als zuvor. Dieser kurzfristige Anstieg bewirkt jedoch, dass der kritische Wert überschritten wird, und das Humankapital anwächst. Letztendlich folgt daraus wieder eine Erhöhung der Arbeitseffizienz und damit ein kurzfristiges Sinken der Geld- und Sachkapitalintensität, usw.

Damit wird deutlich, dass der Wachstumseffekt, der durch die endogene Erklärung der Humankapitalakkumulation verursacht wird, keineswegs einen gleichmäßigen Anstieg des Sozialprodukts zum Ergebnis haben. Vielmehr ergeben sich Schwankungen, die, wie in der obigen Parameterkonstellation, zu einer gleichmäßigen Oszillation führen können. Die nächste Abbildung (Abbildung 2) zeigt diesen Vorgang in Bezug auf die Entwicklung der Kapitalintensität im zeitlichen Verlauf.

Es sei an dieser Stelle darauf aufmerksam gemacht, dass die Endogenisierung des Wissenstandes und des Kompetenzgrades, neben einem regulären Verlauf wie dem obigen, auch eine irreguläre Geld- und Sachkapital-pro-Kopf-Entwicklung zur Folge haben kann.

---

21 Das Wachstumsgleichgewicht ist erreicht, wenn im einfachsten Fall Investitionen und Abschreibungen sich ausgleichen. Dann wird sich die Höhe des Kapitalstocks pro Erwerbstätigen im Zeitablauf nicht mehr ändern.

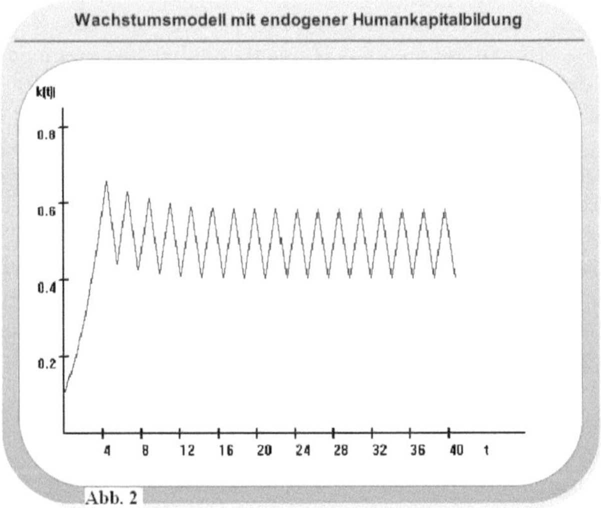

Abbildung 2: Wachstumsmodell mit endogener Humankapitalbildung

In dem nachstehenden Bifurkationsdiagramm[22] wird die Kapitalintensität k(t) gegen den Substitutionsparameter β der Produktionsfunktion aufgezeigt (Abbildung 3). Dieser Parameter zeigt an, wie stark in der Produktionsfunktion der Produktionsfaktor Arbeit durch den Produktionsfaktor (Geld- und Sach-)Kapital substituiert wird.

Dabei zeigt sich, dass bei ansteigenden Werten des Substitutionsparameters der Produktionsfunktion die Entwicklung der Kapitalintensität keineswegs stabil ist, sondern immer wieder von Phasen irregulärer Entwicklung unterbrochen wird.[23]

22 ‚furca' bezeichnet im Lateinischen eine zweizinnige Gabel. Eine Bifurkation zeigt die qualitative Änderung der Struktur eines Komplexen Systems an. So kann z. B. ein System, dessen Trajektorie auf einen Punktattraktor hin konvergiert durch Änderung eines Parameters schlagartig in einen Zweierzyklus ‚umkippen'. Bei einer beliebigen Häufung derartiger Bifurkationen spricht man auch von (mathematischem) ‚Chaos'.

23 Die Parameter für die folgenden Abbildungen lauten: σ=0.3, ω=0, δ=0, τ=100, y^{min}=0.5, B=0.7 sowie $0<\beta<1$.

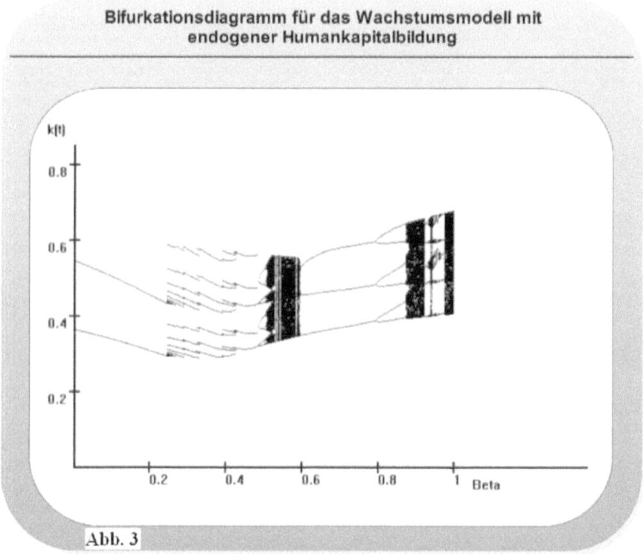

Abbildung 3: Bifurkationsdiagramm für das Wachstumsmodell mit endogener Humankapitalbildung

Das Bifurkationsdiagramm zeigt, dass sich etwa bei β=0.5 und β=0.9 Attraktionsgebiete befinden, die aufgrund ihrer Struktur vermutlich als chaotisch zu bezeichnen sind. Das folgende Schaubild (Abbildung 4) veranschaulicht einen dieser ‚Strange Attractors'[24] bei β=0.55, in dem die Entwicklung des Kapitals pro Effizienteinheit aufgezeigt wird.

---

24 Die meisten Komplexen Systeme weisen Attraktoren auf. Man versteht darunter einen mathematischen Begriff für Zustände, in denen sich ein dynamisches System je nach seinen Eigenschaften irgendwann einpendelt. Ein typisches Beispiel ist ein Fixpunkt-Attraktor. Dabei nähert sich die Bahn bzw. Trajektorie eines Systems immer stärker einem bestimmten Zustand an, in dem die Dynamik zum Erliegen kommt. Ein anderes Beispiel ist ein Grenzzyklusattraktor: Hierbei werden nach endlicher Zeit immer wieder die gleichen Zustände, periodisch durchlaufen. „Seltsame Attraktoren" zeichnen sich dadurch aus, dass eine Trajektorie, die in einen derartigen Attraktor gerät, sich nie wieder selbst kreuzt und zwei Trajektorien, die dicht beieinander liegende Anfangspunkte besitzen, schon nach kurzer Zeit beliebig weit auseinanderdriften können (Schmetterlingseffekt). Gleichwohl besitzt ein derartiger Attraktor ebenfalls eine erkennbare Struktur.

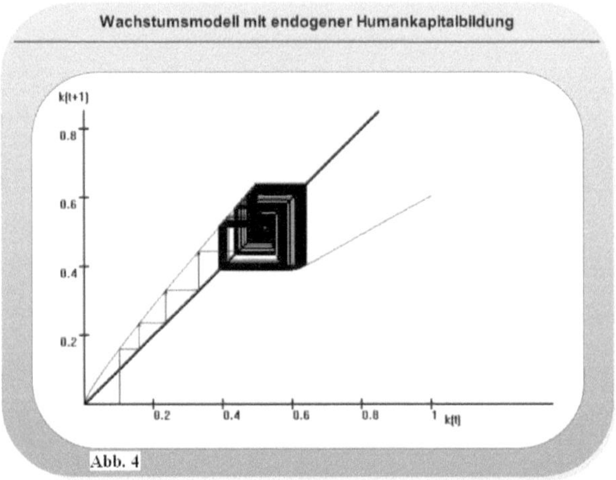

Abbildung 4: Wachstumsmodell mit endogener Kapitalbildung (a)

Das typische Merkmal Seltsamer Attraktoren ist, dass man zwar sagen kann, in welchem Bereich sich hier die Kapitalintensität bewegt, dass der konkrete Ort jedoch nicht bestimmbar ist.

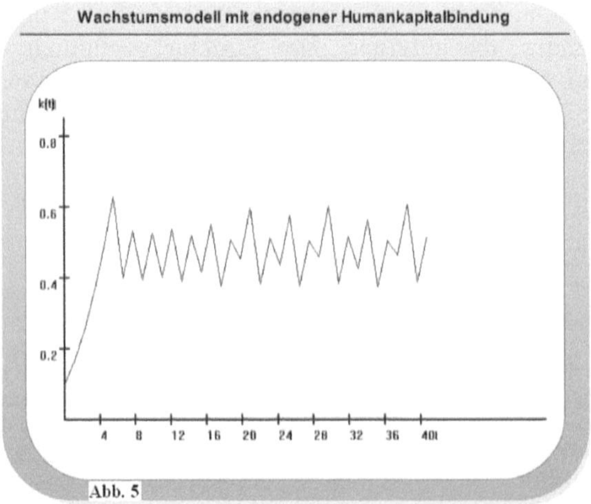

Abbildung 5: Wachstumsmodell mit endogener Humankapitalbildung (b)

Die Abbildung 5 zeigt die eben erläuterte Situation im zeitlichen Verlauf. Sehr deutlich sieht man hier die irregulären Schwankungen, die auf kein regelmäßiges Muster schließen lassen.

Eine genauere Analyse mit Hilfe der Berechnung von Lyapunov-Exponenten für verschiedene β-Werte bestätigt die Vermutung, dass im zeitlichen Verlauf Chaos entsteht. Der Lyapunov-Exponent zeigt an, wie sich die Trajektorien zweier benachbarter Startwerte zueinander entwickeln. Ist der Lyapunov-Exponent positiv, dann driften die beiden Trajektorien exponentiell stark auseinander. Mit anderen Worten, der Schmetterlingseffekt kommt hier voll zum Tragen: Minimale Änderungen in den Anfangsbedingungen führen zu enormen Unterschieden in den Ergebnissen.

In der nächsten Abbildung (Abbildung 6) sieht man das Diagramm, das die Geld- und Sachkapital-pro-Kopf-Entwicklung bei der Berechnung der Lyapunov-Exponenten für unterschiedliche β-Werte zeigt. Vergleicht man das Lyapunov-Diagramm mit dem Bifurkationsdiagramm, so sieht man eindeutig, dass die im Bifurkationsdiagramm angenommenen chaotischen Bereiche tatsächlich chaotisch sind.

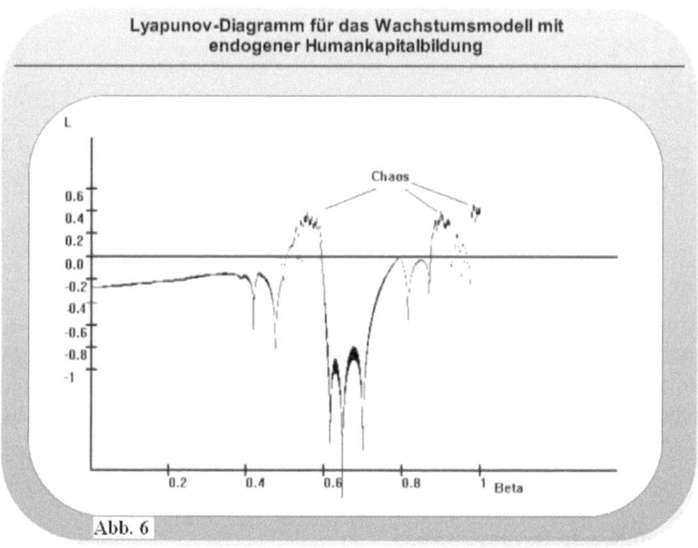

Abbildung 6: Lyaounov-Diagramm für das Wachstumsmodell mit endogener Humankapitalbildung

Wir sehen hier zum Schluss (Abbildung 7) einen mit Hilfe des entwickelten Modells generierten Wachstumsverlauf für den Gesamtoutput einer Volkswirtschaft, wobei ein wesentlicher Motor des Wachstums der Einfluss der endogenen Humankapitalentwicklung darstellt.

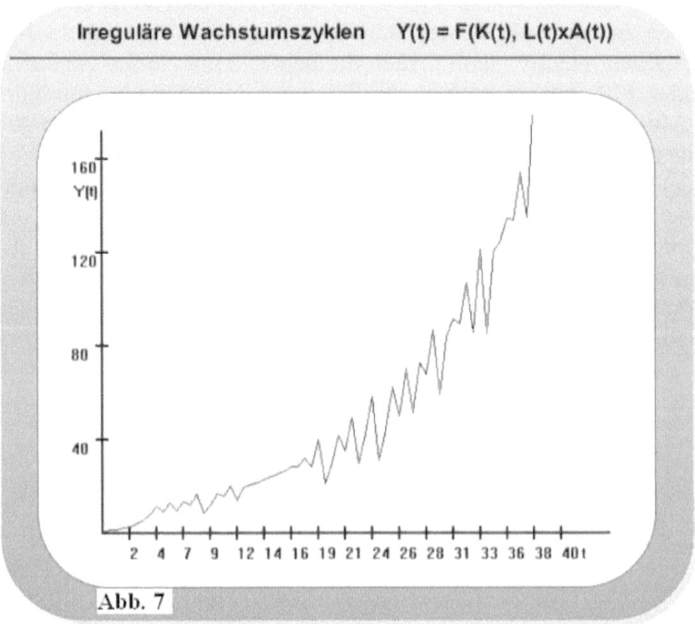

Abbildung 7: Irreguläre Wachstumszyklen

Diese unterstützt mittels des Transmissionseffektes, den wir mit Begriffen wie Innovation und Unternehmergeist umschrieben haben, einen positiven, sogar exponentiellen Wachstumstrend, der jedoch von irregulären Phasen durchzogen wird.

3 Abschließende Bemerkungen

Insgesamt lässt sich also festhalten, dass in dem hier entwickelten Modell ein Wachstumseffekt durch Humankapitalakkumulation entstehen kann, der jedoch keineswegs von gleichmäßigen, sondern vielmehr von z. T. irregulären Schwankungen des Sozialprodukts gekennzeichnet ist. Um im Rahmen dieses Modells eine positive Wirkung des Humankapitals auf das Wirtschaftswachstum zu erhalten, benötigt man einen Transmissionseffekt, der hier mit Begriffen wie „Unternehmergeist" umschrieben wurde. Ein Anwachsen des Humankapitals alleine reicht daher nicht aus, um in diesem Modell Wirtschaftswachstum zu forcieren. Als Konsequenz aus dieser Modellbetrachtung ist daher die Förderung der Unternehmermentalität im Sinne einer Entrepreneurship Education als notwendig für ein Funktionieren des Transmissionseffektes anzusehen. Die Analyse des Modells zeigt auch, dass das neue Konzept nicht zwangsläufig zu einem vollkommenen Bruch mit der neoklassischen Sichtweise führen muss. Vielmehr gibt es Ansatzpunkte, mit deren Hilfe neoklassische Elemente durch Modifikation in die neue Sichtweise als Spezialfall integriert werden können. Daher ist die neue Theorie keineswegs substitutiv, sondern eher als komplementär zur neoklassischen Sichtweise anzusehen. So lässt sich – wie in dem vorgestellten Beispiel – eine Klammer von der neoklassischen zur Neuen Wachstumstheorie schaffen.

Man kann festhalten, dass natürlich von einem so relativ einfachen Modell, wie es hier vorgestellt bzw. entwickelt wurde, nicht erwartet werden kann, dass es die realen Gegebenheiten exakt widerspiegelt. Derartige Erwartungen können diese Modelle – folgt man der Logik Komplexer Systeme – auch gar nicht erfüllen. Aber mit Hilfe dieser Modelle können grundlegende Eigenschaften nichtlinearer ökonomischer Systeme veranschaulicht werden. Darüber hinaus zeigt die nähere Analyse, dass derartige Modelle eine breite Palette von Möglichkeiten und Erklärungsmustern zulassen, die die Aussagefähigkeit traditioneller Modelle bei weitem übersteigen. Dies weist darauf hin, dass die Betrachtung Komplexer Systeme in der Ökonomik nicht nur zweckmäßig, sondern notwendig ist, will man den ‚Laplace'schen Dämon'[25] einer linear-kausalen Wirtschaftswelt hinter sich lassen. Insgesamt besehen, lässt sich Solows Aussage über den aufklärenden Charakter seiner Modelle ruhigen Gewissens auch auf das entwickelte nichtlineare Modell übertragen:

> „I don't think that models like this lead directly to prescription for policy or even to detailed diagnosis. But neither are they a game. They are more like reconnaissance exercises." (R. M. Solow 1987: 105)

25 Der Laplace'sche Dämon ist jene fiktive Gestalt, die, wenn sie nur alle Anfangsbedingungen eines Systems kennte, die Zukunft des Systems exakt berechnen könnte (vgl. A. Liening 1999: 15).

Literatur

Bestenstreiner, F. (1991): Der phantastische Spiegel. Quanten, Quarks, Chaos – Oder vom Trost, der aus der Formel kommt. Frankfurt am Main.

Blum, U./ Leibbrand, F. (2001): Entrepreneurship und Unternehmertum – Denkstrukturen für eine neue Zeit. Wiesbaden .

Bossel, H. (2004): Systeme, Dynamik, Simulation. Modellbildung, Analyse und Simulation komplexer Systeme. Norderstedt.

Brügge, P. (1993a): Mythos aus dem Computer. Artikel in: SPIEGEL, Nr. 39. S. 156-164.

Brügge, P. (1993b): Mythos aus dem Computer. Artikel in: SPIEGEL, Nr. 40. S. 232-241.

Brügge, P. (1993c): Mythos aus dem Computer. Artikel in: SPIEGEL, Nr. 41. S. 240-252.

Büssow, T. (2003): Chaostheorie und Unternehmenssteuerung. Konstruktionen zur modellgestützten Entscheidungsvorbereitung (Entscheidungs- und Organisationstheorie). Wiesbaden .

Cantillon, R. (1952): Essai sur la nature du commerce en général - Institut national d' ètudes démographique, Paris .

Donges, J. B. (2005): Interview 21.01.2005. http://www.kominform.at/ article.php?story=20050120152613566.

Emmett, R. B. (1999): The Economist and the Entrepreneur. In: History of Political Economy, Vol. 31. S. 29-52.

Hayek, F. A. v. (1996): Die Anmaßung von Wissen. Tübingen .

Liening, A. (2006): iLearning – Ein synergetischer Ansatz zum selbstorganisierten Lernen im Rahmen ökonomischer Bildung. In: Brunner, E./Meynhardt, T. (Hrsg.): Selbstorganisation Managen. Beiträge zur Synergetik der Organisation. Münster u. a. S. 179-205.

Liening, A. (1999): Komplexe Systeme zwischen Ordnung und Chaos. Neuere Entwicklungen in der Theorie nicht-linearer Systeme und die Bedeutung für die Wirtschaftswissenschaft und ihre Didaktik. Münster u. a.

Lucas, R. E. (1988): On the mechanics of economic development. In: Journal of monetary economics 22. S. 3-42.

Luhmann, N. (1976): Funktionen und Folgen formaler Organisationen. Berlin.

Mandelbrot, B. B./ Hudson R. L. (2007): Fraktale und Finanzen. Märkte zwischen Risiko, Rendite und Ruin. München u. a.

Mandl, H./ Hense, J. (2004): Lernen unternehmerisch denken. LMU-Forschungsbericht Nr. 169. München.

Meadows, D. H. u. a. (1972): The Limits to Growth. A Report of the Club of Rome's Project on the Predicament of Mankind. New York.

Niemeyer, G. (1977): Kybernetische System- und Modelltheorie. München.

Nijkamp, P. / Reggiani A. (Hrsg.) (1993): Nonlinear Evolution of spatial economic systems. Berlin, Heidelberg, New York.

Puu, T. (2003): Attractors, Bifurcations, and Chaos: Nonlinear Phenomena in Economics. Berlin u. a.

Romer, P. M. (2007): Economic Growth. In: Henderson, D. R.: The Concise Encyclopedia of Economics (Forthcoming, available on home page).

Romer, P. M. (1986): Increasing Returns and long-run growth. In: Journal of political economy 94. S. 1002-1037.

Romer, P. M. (1994): The Origins of Endogenous Growth. In: Journal of economic perspectives 8. S. 3-22.

Schumpeter, J. (1993): Theorie der wirtschaftlichen Entwicklung, 8. Auflage (Nachdruck der 4. Auflage von 1934). Berlin .

Siebert, H. (2005): Jenseits des sozialen Marktes. München.

Solow, R. M. (1987): Growth Theory – An Exposition. New York u. a.

Solow, R. M. (1956): A contribution to the theory of economic growth. In: Quarterly journal of economics. Nr. 70, S. 65-94.

Solow, R. M. (1988): Growth theory and after. In: American economic review 78. S. 307-317.

Strunk, G./Schiepek G. (2006): Systemische Psychologie. Eine Einführung in die komplexen Grundlagen menschlichen Verhaltens. München .

Thiemann, M. (2004): Chaostheorie auf Kapitalmärkten: Untersuchung des DAX, DOW und FTSE anhand moderner Verfahren auf deterministisches Chaos.

Trosky, F. (2006): Heterogene Erwartungen auf dem Geldmarkt. Berlin.

Zehetner, G. (2003): Anwendungen der Chaostheorie in der Betriebswirtschaftslehre. Wien.

Ziesemer, B. (2007): Eine kurze Geschichte der ökonomischen Unvernunft. Frankfurt a. M. u. a.

Teil 7
Wirtschaft und Globalisierung

Herausforderungen des Internationalen Managements aus institutionenökonomischer Perspektive

Albrecht Söllner

1 Wohlstandssteigerung durch internationale Kooperation

Globalisierung ist zunächst nichts anderes als die Verheißung von Wohlstandsgewinnen. Ein sinnvoller Gegenstand des Faches Internationales Management ist daher der Mensch in seinem Streben nach Verbesserung der eigenen Situation bzw. nach Befriedigung von Bedürfnissen durch internationale Kooperation (vgl. A. Söllner 2008). Ein Bedürfnis ist der Wunsch eines Menschen, der – wenn er in Erfüllung geht – zu einer Steigerung des Wohlbefindens des jeweiligen Menschen beiträgt.

Zahl und Art menschlicher Bedürfnisse sind ausgesprochen vielfältig. Teilweise sind sie ihren Trägern selbst nicht klar bewusst. Sehr bekannt geworden ist die Vorstellung des amerikanischen Psychologen Abraham Maslow, der die menschlichen Bedürfnisse in einer Pyramide geordnet hat, mit den körperlichen Bedürfnissen als fundamentalen Basisbedürfnissen und dem Bedürfnis nach Selbstverwirklichung an der Spitze (A. Maslow 1970). Für präzisere Aussagen müsste allerdings die individuelle Nutzenfunktion eines Menschen bekannt sein. Eine Nutzenfunktion stellt den genauen Zusammenhang zwischen dem Konsum eines Gutes und dem daraus resultierenden Nutzen für ein Individuum dar.

Das Ziel der Bedürfnisbefriedigung ist eng mit dem Mittel der Kooperation und der Arbeitsteilung zwischen Menschen verbunden. Zwar kann der Mensch seine Bedürfnisse in einem gewissen Umfang durch Güter abdecken, die er selbst herstellt. Vor allem wenn wir aber annehmen, dass der Mensch in Bezug auf seine Ausstattung an Ressourcen und Zeit Restriktionen unterliegt, kann er die Befriedigung seiner Bedürfnisse (und damit seinen Nutzen) durch die Kooperation mit anderen Individuen erheblich steigern (vgl. A. Smith 1776/1976; D. Ricardo 1817/1970). Unter Kooperation ist dann vor allem der freiwillige Austausch von Gütern zwischen Menschen zu verstehen.

Paul Krugman, einer der einflussreichsten Wirtschaftspublizisten der USA, betont die Potentiale der internationalen Arbeitsteilung (P. Krugman 1999). Nach Krugman besteht das Wesen der Globalisierung nicht darin, dass sich eine immer größere Anzahl von Akteuren einen bestehenden Wohlstandskuchen teilen muss. Vielmehr kann die Globalisierung durch eine vertiefte internationale Arbeitsteilung zusätzlichen Wohlstand entstehen lassen. Globalisierung wird in diesem Sinne verstanden als ein Prozess der Ausweitung der Möglichkeiten der internationalen Arbeitsteilung, der vor allem auf eine Reduktion der Kommunikations- und Transportkosten und auf den Abbau von Handelsbarrieren zurückzuführen ist.

2 Ausweitung internationaler Kooperation

Aus ökonomischer Sicht determinieren vor allem Transaktionskosten – also die Kosten der Koordination der Arbeitsteilung – den Grad der internationalen Arbeitsteilung. Sie zeigen bei steigender Arbeitsteilung einen den Produktionskosten genau entgegengesetzten Verlauf und können Koordination dadurch verhindern (vgl. Abbildung 1).

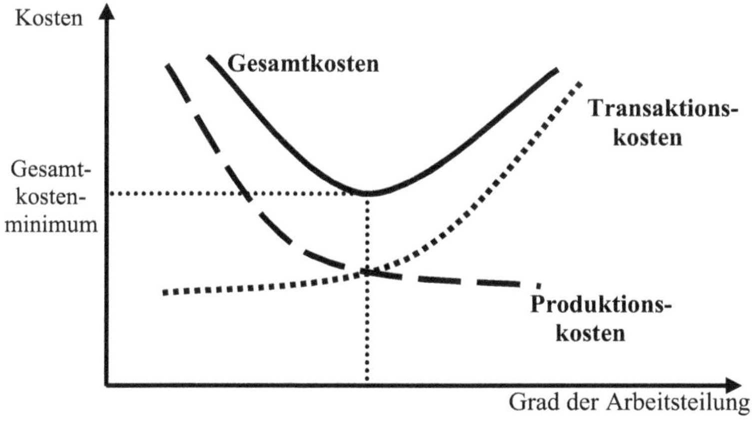

Abbildung 1: Produktions- und Transaktionskosten als Funktion des Grades der Arbeitsteilung

Während die Produktionskosten aufgrund von Spezialisierungs- und Größeneffekten mit einem zunehmenden Grad an Arbeitsteilung abnehmen, steigen der Koordinationsbedarf und damit die Transaktionskosten mit zunehmender Arbeitsteilung an. Aus der gemeinsamen Betrachtung von Transaktionskosten und Produktionskosten in Abhängigkeit vom Grad der Arbeitsteilung ergibt sich ein Punkt – in der Abbildung das Minimum der Gesamtkostenkurve – wo eine weitere Steigerung der internationalen Arbeitsteilung nicht mehr zu weiteren Wohlstandsgewinnen führt. Die Ursache für die Begrenztheit der Märkte ist somit in Transaktionskosten zu sehen, die von einer kritischen Größe des Marktes an in einem solchen Maß anwachsen, dass die Produktionskostenvorteile der Arbeitsteilung aufgebraucht werden.

Gerade in Bezug auf die Transaktionskosten haben sich in den vergangenen Jahren aber sehr unterschiedliche Entwicklungen ergeben. Einerseits haben neue Sicherheitsrisiken teilweise zu einem Anstieg von Transaktionskosten geführt (vgl. T. Brück/D. Schumacher 2004). Andererseits haben sowohl technologische Fortschritte etwa im Kommunikationsbereich, sinkende Transportpreise, aber auch politische Entwicklungen, zu Transaktionskostensenkungen geführt und dazu beigetragen, dass verschiedene Märkte permanent gewachsen sind und in bestimmten Branchen nur noch von einem globalen Markt gesprochen werden kann. In Abbildung 2 wird die Entwicklung der Transport- und Kommunikationskosten seit 1930 dargestellt.

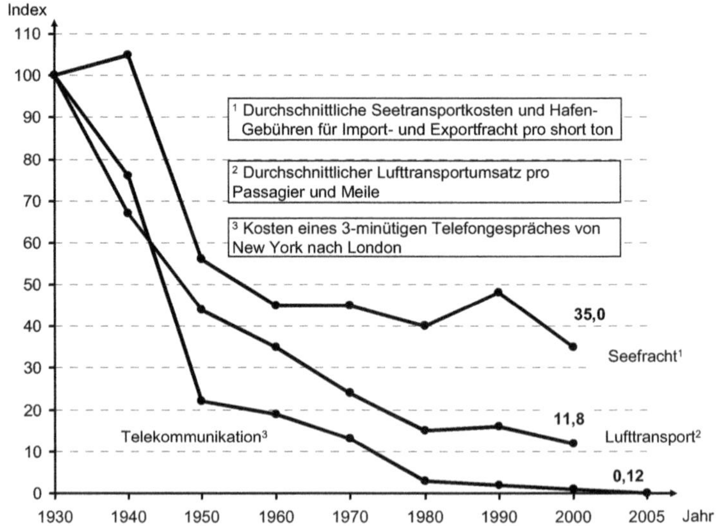

Quelle: M. Busse (2006). Index (1930 = 100), in konstanten Preisen, 1930 bis 2005.

Abbildung 2: Transport- und Kommunikationskosten

In die gleiche Richtung wie die fallenden Transaktionskosten wirken auch Deregulierungsprozesse auf zahlreichen Märkten sowie politische Entwicklungen, die auf eine Senkung von Marktbarrieren abzielen. Die Öffnung der Märkte und eine Förderung des Handels ist eine der zentralen Aufgaben der Welthandelsorganisation. Die Folgen dieser Entwicklungen sind offensichtlich. Der weltweite Handel und die internationale Arbeitsteilung sind in den vergangenen Jahren in einem weit höheren Maße angestiegen als die weltweite Produktion (vgl. Abbildung 3). Die Mobilität der Einsatzfaktoren ist in fast allen Bereichen gestiegen.

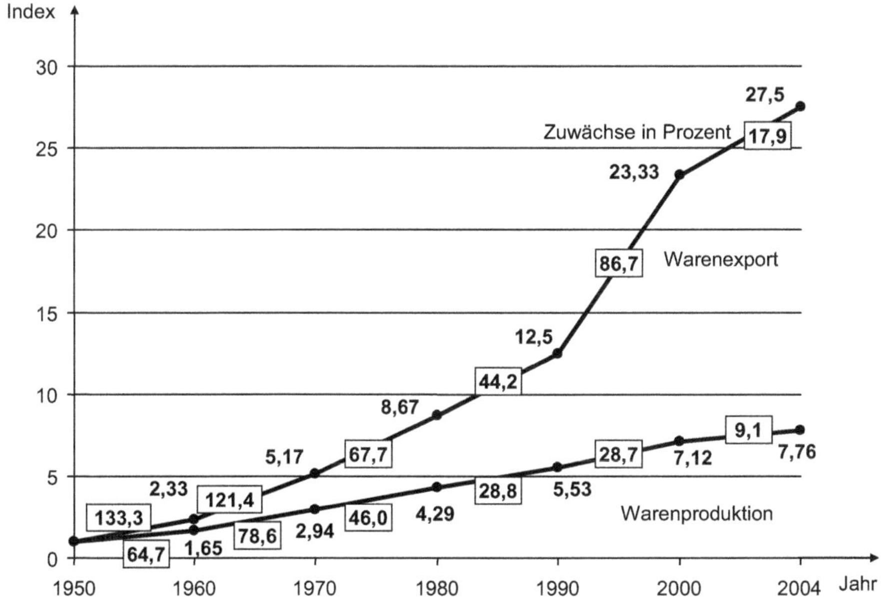

Index (1950 = 1), in konstanten Preisen, Zuwächsen in Prozent, weltweit 1950 bis 2004.
Quelle: World Trade Organisation (WTO): International trade statistics 2005, Stand: 06.2006.

Abbildung 3: Welthandel und Weltproduktion

3 Herausforderungen der Globalisierung für Unternehmen und Gesellschaft

Die bisherigen Ausführungen gingen von der Grundannahme aus, dass Globalisierung und internationale Arbeitsteilung praktisch automatisch Wohlstandsgewinne erzeugen. Das ist aber nicht der Fall. Die Voraussetzungen zur Realisierung von Wohlstandsgewinnen müssen durch kluge Entscheidungen oft erst geschaffen werden. Gleichzeitig gilt es, potentiell negative Auswirkungen der Globalisierung – z. B. Umweltverschmutzung und Ressourcenvernichtung – zu vermeiden. Im Folgenden sollen die Herausforderungen für Unternehmen und Gesellschaft an einigen Beispielen aufgezeigt werden:

3.1 Internationale Arbeitsteilung realisieren

Für das einzelne Unternehmen ergeben sich aus den stark vergrößerten Märkten als Folge der Globalisierung Chancen und Risiken. Neue Märkte bieten zusätzliche Absatzmöglichkeiten. Gleichzeitig erhöht sich die Wettbewerbsintensität. Aus dieser Situation resultieren erhebliche Herausforderungen:

Am Beispiel der Automobilhersteller werden diese Herausforderungen offensichtlich: Viele Automobilproduzenten haben ihre Fertigung ins Ausland verlegt, um Kosten zu sparen. So stammt der Audi TT aus Ungarn, der Opel Astra aus Belgien, England und Polen, der Porsche Boxster aus Finnland und der VW Polo aus Spanien und der Slowakei. Aber auch Teile und Komponenten beziehen der Hersteller – bei sinkender Fertigungstiefe - zunehmend aus dem Ausland. Der Anteil der in Deutschland produzierten Teile eines Fahrzeugs ist von 1991 bis 2001 von 35 Prozent auf rund 25 Prozent gesunken. Teile und Komponenten stammen dabei oft von Zulieferern aus aller Welt.

Der Opel Vectra kann als ein Beispiel dieser Entwicklung angesehen werden. Er wird im Werk Rüsselsheim gefertigt, das 2002 eröffnet wurde. Abbildung 4 zeigt anhand einer Auswahl wichtiger Einzelkomponenten, dass der Vectra als ein echter „Europäer“ angesehen werden kann. Die Kooperationsbeziehung zwischen einem Hersteller wie Opel und einem potentiellen Zulieferer ist aber keineswegs einfach. Erhebliche Unsicherheiten begleiten sie. Hersteller und Zulieferer verhandeln frühzeitig, d. h. sie sprechen über eine Leistung, die es noch gar nicht gibt. Viele Fragen können dabei nicht mit Sicherheit geklärt werden: Wird der Zulieferer den Erwartungen, die in ihn gesetzt werden, wirklich gerecht und in welchem Verhältnis zur Leistung wird der Preis tatsächlich stehen? Welche Rolle spielen Gewerkschaften und Streiks im Land des Zulieferers?

Wird ein ausländischer Zulieferer in Engpasssituationen eventuell Kunden aus seinem Heimatland bevorzugt beliefern?

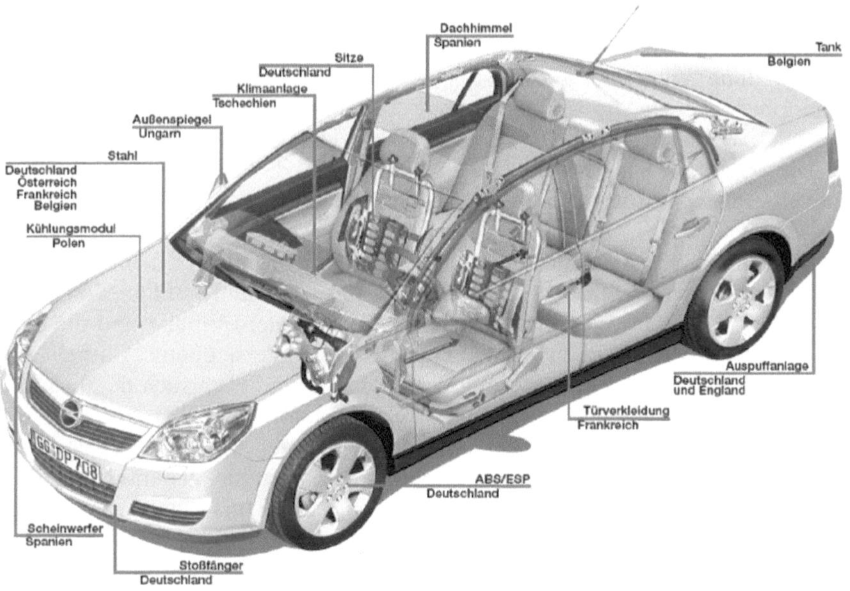

Quelle: o.V. (2007): 46 f.

Abbildung 4: Der Opel Vectra und die Herkunft wichtiger Komponenten

Auch für den Zulieferer ist die Transaktion mit Unsicherheiten verbunden. Die exklusive Zusammenarbeit mit dem deutschen Hersteller erscheint auf den ersten Blick lohnend. Doch wie wird sich die Zusammenarbeit langfristig gestalten? Werden die prognostizierten Mengen realisiert werden, so dass sich die erforderlichen Investitionen amortisieren und zu Gewinnen führen? Wird der Hersteller so kooperativ bleiben, wie er es in den Vorgesprächen angedeutet hat? Oder besteht die Gefahr zu einer „verlängerten Werkbank" zu werden und Preise akzeptieren zu müssen, die kaum die Kosten decken?

Die im Beispiel geschilderten Probleme können so gravierend sein, dass eine potentiell gewinnbringende Transaktion aufgrund der genannten Schwierigkeiten unterbleibt. Dadurch würden positive und erwünschte Effekte einer internationalen Arbeitsteilung nicht eintreten. Wir können dann von einem Fall von Marktversagen sprechen. Es stellt sich die Frage: Wie kann Marktversagen in einer solchen Situation vermieden werden?

3.2 Globalisierung und Umwelt

Der Begriff des Marktversagens ist allerdings nicht auf Situationen beschränkt, in denen Kooperation unterbleibt. Ebenso können wir von Marktversagen sprechen, wenn negative und nicht erwünschte Effekte als Folge der internationalen Arbeitsteilung eintreten. Wirtschaftswachstum und steigender internationaler Handel beeinflussen die Umwelt. Lange Zeit aber haben Politiker und Bürger, aber auch Wissenschaftler die negativen Auswirkungen der Globalisierung auf die Umwelt nicht wahr haben wollen oder ignoriert. Frühe Warnungen durch Umweltschützer wurden weitläufig als Überreaktionen abgetan.

Heute gibt der UN-Weltklimabericht der Menschheit nicht einmal 15 Jahre, um eine unumkehrbare Klimakatastrophe zu verhindern. Nicht mehr zu bestreiten ist nach dem vierten UN-Klimareport des Intergovernmental Panel on Climate Change (IPCC 2007), dass der Mensch für die Erderwärmung und die damit einher gehenden Konsequenzen wie Hitzeperioden, Versteppung, Wirbelstürme etc. eine weitgehende Verantwortung trägt. Damit wird aber auch deutlich, dass die gegenwärtigen Wohlstandsgewinne der Menschen nicht nur aus einer effizienten Nutzung von Ressourcen durch internationale Arbeitsteilung im Sinne von Smith und Ricardo resultieren. Vielmehr stammen sie aus einer in der Geschichte der Menschheit einmaligen Ausbeutung der Natur. Deren Kosten tragen nicht die heutigen Nutznießer, sondern allein künftige Generationen. Das gilt für die globale Erderwärmung genauso wie für die Überfischung der Meere, die Verknappung von Trinkwasser und den Verbrauch anderer „freier" Ressourcen. Aus ökonomischer Sicht stellen diese Auswirkungen externe Effekte dar. *Externe Effekte* liegen vor, wenn die Situation eines Menschen durch wirtschaftliche Aktivitäten einer anderen Person beeinflusst wird, diese Beeinflussung aber nicht durch eine Gegenleistung kompensiert wird. Bei externen Effekten stimmen die privaten Kosten bzw. Erträge nicht mit den sozialen Kosten bzw. Erträgen überein. Der Markt kann diese Probleme offensichtlich nicht lösen. Wie also soll mit „externen Effekten" der geschilderten Art umgegangen werden?

3.3 Verteilung von Wohlstandsgewinnen

Obwohl es zunächst scheint, als hätten Umweltprobleme und Verteilung nichts mit einander zu tun, stehen sie doch in einem Zusammenhang. Der CO_2-Ausstoß wurde bislang vor allem von den Industrienationen hervorgerufen. Gerade die ärmeren Länder, die am Wohlstand durch internationale Arbeitsteilung partizipieren möchten, wehren sich nun gegen strikte Umweltstandards mit dem Argument, ihr Wirtschaftswachstum werde durch derartige Standards behindert. Die

Verteilung von Wohlstandgewinnen zwischen Staaten ist mit der Frage der Lösung von Umweltproblemen untrennbar verknüpft.

Die Verteilung von Wohlstand und Wohlstandsgewinnen ist eine besonders schwierige Aufgabe, weil es nicht *einen* anerkannten Maßstab für eine „gerechte" Verteilung gibt. Und selbst die Messung zunehmender Gleichheit oder Ungleichheit von Wohlstand zwischen und innerhalb von Ländern gestaltet sich schwierig. Was Wohlstand ist, ist keine triviale Frage. Die Vereinten Nationen haben mit dem Index der menschlichen Entwicklung (Human Development Index, HDI) einen eigenen Index zur Messung von Ungleichheit zwischen Ländern entwickelt. Er misst Ungleichheit über den Zugang zu Gütern wie Bildung, Altersversorgung und Gesundheit. Im Zeitraum zwischen 1980 und 1990 sank der HDI in vier Entwicklungsländern, im Zeitraum zwischen 1990 und 2000 sank er in 21 Entwicklungsländern (vgl. Atlas der Globalisierung 2006: 44 f.). Auch Statistiken, die auf Indikatoren wie das Bruttoinlandsprodukt pro Kopf nach Kaufkraftparität abstellen, deuten auf steigende Ungleichheit zwischen den reichen und armen Staaten hin. Aber auch innerhalb der einzelnen Länder nimmt die Ungleichheit zu. Während in der Zeit nach 1945 bis in die 1970er Jahre hinein die Ungleichheit innerhalb von Ländern sowohl in den Industrieländern als auch in den Entwicklungsländern abnahm, kehrte sich der Trend danach um.

Tatsächlich muss neben der Schaffung von Wohlstand auch die Verteilung von Wohlstand als eine zentrale Herausforderung der Gegenwart angesehen werden. Die Diskussion um eine „gerechte" Verteilung wird allerdings dadurch erschwert, dass es unterschiedliche Prinzipien der Verteilungsgerechtigkeit gibt – etwa die Leistungsgerechtigkeit (Entlohnung für Leistung), die Bedarfsgerechtigkeit (Entlohnung nach Bedarf, z. B. für ein menschenwürdiges Leben) oder das Gleichheitsprinzip (gleiche Entlohnung für alle) – und dass eine Entscheidung zwischen diesen Prinzipien überwiegend auf Werturteilen beruht. Ernst Fehr und Josef Zweimüller vom Institut für Empirische Wirtschaftsforschung an der Universität Zürich betonen aber, dass größere wirtschaftliche Ungleichheit zwischen den Menschen in einem Land die wirtschaftliche Leistungsfähigkeit der Länder eher behindern als fördern (o. V. 1997). Insofern ist die Lösung des Verteilungsproblems innerhalb und zwischen Staaten relevant für die Leistungsfähigkeit von Gesellschaften.

4 Die Perspektive der Neuen Institutionenökonomik

Die Perspektive der Neuen Institutionenökonomik ist besonders gut geeignet, um zu Aussagen zu gelangen, durch welche die positiven Wirkungen der Globalisierung unterstützt, negative Auswirkungen aber reduziert werden können.

Neben den Originalquellen, beispielsweise dem klassischen Aufsatz von Coase (1937) oder den Beiträgen von Commons (1934), Demsetz (1968) und von Williamson (1975, 1985 und 2000) sowie North (1990, 1994) bieten inzwischen auch verschiedene Lehrbücher einen Zugang zur Neuen Institutionenökonomik, z. B. die *Neue Institutionenökonomik* von Richter und Furubotn (2003) oder die Bücher von Erlei, Leschke und Sauerland (1999) oder Söllner (2008).

Die Besonderheiten der Sichtweise der Neuen Institutionenökonomik lassen sich erneut anhand des Beispiels des Automobilherstellers und seines Zulieferers aus Punkt 3 darlegen. Es zeigt sich ein deutlicher Unterschied zu den Annahmen der Neoklassik: In einer neoklassischen Arrow/Debreu-Welt (K. J. Arrow/G. Debreu 1954) wird das Verhalten der Marktteilnehmer vor allem durch den Preis als Koordinationsmechanismus beeinflusst. Die Akteure auf einem *vollkommenen* Markt werden bei der Festlegung ihrer Aktivitäten durch die Preise gelenkt. Die Preise zeigen, welche Aktivitäten lohnend sind, und führen dadurch zu einer effizienten Ressourcenallokation.

So nützlich diese Sichtweise für das ursprüngliche Ziel der Neoklassik – den Nachweis der Existenz marktwirtschaftlicher Konkurrenzgleichgewichte – war, so deutlich wird aber auch die Vernachlässigung von Problemen, die für das o. g. Beispiel von Relevanz sind. Von einem polypolistischen Markt kann spätestens, wenn die beiden Akteure sich für eine längerfristige Zusammenarbeit entschieden haben, keine Rede mehr sein. Auch scheint es für die Parteien – den Automobilhersteller und seinen Zulieferer – keineswegs einfach, einzuschätzen, ob sie aus der potentiellen Kooperation einen Nutzen ziehen werden. Nutzen können die Akteure nur dann ziehen, wenn durch die Kooperation ein Wert entsteht, der zwischen Zulieferer und Hersteller verteilt werden kann. Ein Wert entsteht im Beispiel dann, wenn die Kunden des Herstellers, also die Käufer eines Automobils, bereit sind, sich ein Auto des Herstellers zu kaufen und sie dabei einen Preis entrichten, der über den Kosten des PKW-Herstellers liegt. Es ist dann – um in einem beliebten Bild zu sprechen – ein Kuchen entstanden, den es zwischen dem Hersteller und seinen Zulieferern zu verteilen gilt. Ob die prognostizierten Stückzahlen (also der zu verteilende Kuchen) auch eintreten werden, kann mit Sicherheit aber nicht festgestellt werden. Die Antwort auf diese Frage hängt von ganz unterschiedlichen Faktoren ab. Neben der Leistungsfähigkeit der gesamten vom Hersteller koordinierten Wertschöpfungskette spielen konjunkturelle Faktoren, das Wettbewerberverhalten oder aber die durch den Staat bereitgestellten Spielregeln des Wettbewerbs eine entscheidende Rolle. Bereits an dieser Stelle sehen wir, dass der Erfolg der Zusammenarbeit nicht allein von den beiden Kooperationspartnern, sondern auch z. B. vom Verhalten der Kunden und der Wettbewerber bestimmt wird.

Darüber hinaus stellt sich die Frage, wie ein Wert – sofern er entsteht – zwischen den Kooperationspartnern verteilt wird. Die Frage nach der Verteilung des Kuchens lässt offensichtlich werden, dass in der Zusammenarbeit zwischen Kooperationspartnern sowohl gemeinsame als auch gegensätzliche Ziele auftreten. Die gemeinsamen Interessen liegen in dem Kooperationsgewinn, den beide Parteien aus der Kooperation ziehen können. Gegensätzliche Interessen herrschen in Bezug auf die Aufteilung des Kooperationsgewinns vor.

Insgesamt bestehen somit *Interaktionsprobleme* (vgl. K. Homann/A. Suchanek 2000: 8 f.), die von den Parteien nicht leicht überwunden werden können und dadurch zu *Transaktionskosten* führen, einer Größe, die in der neoklassischen Mikroökonomie keine Rolle spielt, für das reale Wirtschaftsgeschehen aber von zentraler Bedeutung ist. Transaktionskosten können ganz allgemein als Kosten der Koordination einer Transaktion angesehen werden. Sie umfassen die Anbahnungskosten, Vereinbarungskosten, Kontrollkosten, Anpassungskosten und Durchsetzungskosten (vgl. A. A. Alchian/S. Woodward 1988: 66; A. Picot 1981: 5; ähnlich z. B. auch L. de Alessi 1980: 2; E. G. Furubotn/S. Pejovich 1974: 2). Ihre Berücksichtigung ist eines der charakteristischen Merkmale der Neuen Institutionenökonomik. Transaktionskosten können zu einer Situation führen, in der eine potentiell gewinnbringende Transaktion aufgrund von Interaktionsproblemen eventuell unterlassen wird. Der Kooperationsgewinn entstünde nicht, weil den Kooperationspartnern die nötige Sicherheit fehlt.

Genau an dieser Stelle setzt die Neue Institutionenökonomik an. Sie analysiert mögliche, aber gefährdete Kooperationsgewinne und sucht nach institutionellen Möglichkeiten zu ihrer Absicherung. Dazu teilt sie bestimmte theoretische Positionen der Neoklassik und geht in Bezug auf andere Fragen eigene Wege. Die Berücksichtigung von Transaktionskosten und die Betonung von Institutionen als Mittel zur Lösung von Interaktionsproblemen können als zentrale Merkmale der institutionenökonomischen Sichtweise angesehen werden.

Die Vertreter der Neuen Institutionenökonomik antworten auf die Herausforderung des Marktversagens mit dem Hinweis auf die Spielregeln (Institutionen), denen Kooperationsbeziehungen unterliegen. Sie werden als das entscheidende Instrument zur Handhabung von Problemen des Marktversagens angesehen. Die Wirkung von Institutionen wird inzwischen als so gravierend angesehen, dass Unterschiede in der Ausgestaltung von Spielregeln heute als eine zentrale Ursache für Unterschiede in der Leistungsfähigkeit von Staaten, Unternehmen oder sonstigen sozialen Einheiten angesehen werden (vgl. D. C. North 1990). Institutionen werden als Spielregeln von North folgendermaßen definiert: *Institutionen* sind „humanly devised constraints that shape human interaction“ (D. C. North 1990: 3). Als eines der zentralen Ziele von Institutionen kann die Reduktion von Unsicherheit angesehen werden.

Untrennbar verbunden mit den Institutionen sind auch die Kontrolle und die Durchsetzung von Institutionen. Nur bei Institutionen, deren Befolgung einem Individuum offensichtliche Vorteile bringt – etwa die Regel, sich im Straßenverkehr in Deutschland an das Rechtsfahrgebot zu halten – kann auf Kontrolle und Durchsetzung verzichtet werden. Solche Regeln werden als sich selbst durchsetzend (self-enforcing) bezeichnet.

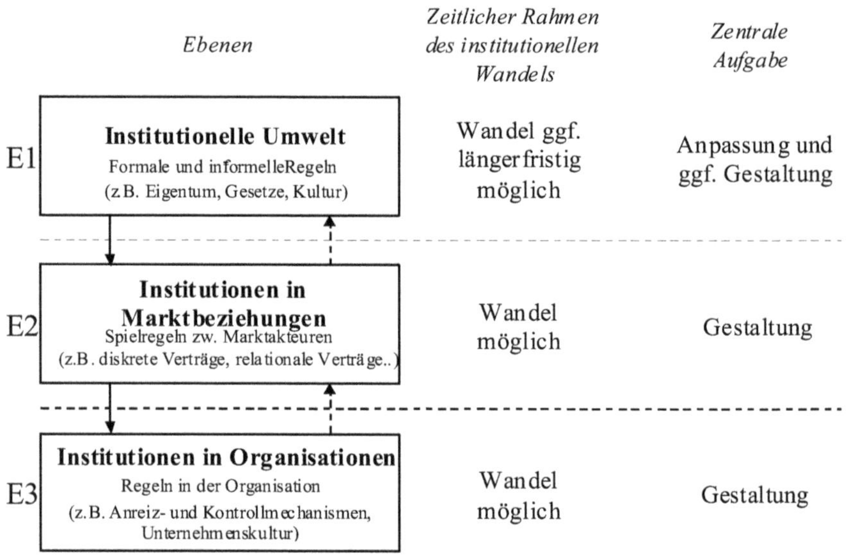

E 1: Property-Rights-Theorie E2: Transaktionskostentheorie E3: Prinzipal-Agent-Theorie

Quelle: In Anlehnung an O. E. Williamson (2000).

Abbildung 5: Ebenen von Institutionen

Institutionen können auf ganz unterschiedlichen Ebenen existieren (vgl. insbes. O. E. Williamson 2000). Einige Institutionen, wie z. B. Länderkulturen oder Gesetze, gelten für ganze Länder oder Kulturbereiche. Andere Institutionen regeln die Kooperation zwischen unabhängigen Marktteilnehmern. Und wieder andere Spielregeln gelten innerhalb bestehender Organisationen. Denkbar ist es darüber hinaus, dass sich Menschen ganz individuell bestimmte Verhaltensmaßregeln auferlegen. Institutionen auf einer übergeordneten Ebene – vor allem informelle Institutionen – zeichnen sich durch eine besonders lange Lebensdauer aus, teilweise entziehen sie sich der bewussten Steuerung (vgl. O. E.

Williamson 2000). Andere Spielregeln, etwa Gesetze oder Unternehmensrichtlinien, können relativ schnell geschaffen und implementiert werden.

Die verschiedenen Schulen der Neuen Institutionenökonomik unterscheiden sich unter anderem darin, auf welcher Ebene von Institutionen sie den Schwerpunkt ihrer Analyse setzen. Gerade dadurch können sie auch einen Beitrag zur Lösung der unterschiedlichen Herausforderungen der Globalisierung leisten.

Die *Verfügungsrechtetheorie* (Property-Rights-Theorie) eignet sich besonders für die Diskussion zahlreicher Fragestellungen, in denen es um die institutionelle Umwelt von Unternehmen geht. Sie stellt das System der Verfügungsrechte in einer Gesellschaft in das Zentrum der Betrachtung. *Verfügungsrechte* sind gesellschaftlich anerkannte Rechte über materielle und immaterielle Dinge (vgl. R. Richter/E. G. Furubotn 2003; F. Ullrich 2004: 106). Die Einzelrechte umfassen das Recht, den Vermögenswert zu nutzen bzw. zu gebrauchen (ius usus), sich die Erträge (z. B. Zinsen, Umsatzerlöse, Ernteerträge) aus der Nutzung eines Vermögenswertes anzueignen (ius usus fructus), einen Vermögenswert in seiner Form, Substanz oder Örtlichkeit zu verändern (ius abusus) und den Vermögenswert und damit das Bündel der an ihm bestehenden Verfügungsrechte ganz (z. B. durch Verkauf, Erbe, Schenkung) oder teilweise (z. B. durch Miete, Leasing) anderen zu überlassen (ius successionis).

Verfügungsrechte definieren somit die Nutzungsmöglichkeiten an Ressourcen und mit ihnen auch Verhaltensanreize für die Mitglieder einer Gemeinschaft. Die Verteilung von Verfügungsrechten hat damit einen unmittelbaren Einfluss auf die Wirtschaftsleistung einer Gemeinschaft. Vertreter dieser Richtung sind insbesondere Coase (1960), Furubotn/Pejovich (1972, 1974) und Richter/Furubotn (2003). Das Coase-Theorem und die Property-Rights-Theorie zeigen Lösungen für das Problem der externen Effekte auf und liefern wichtige Ansatzpunkte zur Lösung z. B. von Umweltproblemen, die im Zusammenhang mit Wachstum und Globalisierung entstehen. Dabei werden auch mit der Property-Rights-Theorie positive und normative Ziele verfolgt. Zum einen geht es in einem positiven Sinne darum zu erklären, welcher Zusammenhang überhaupt zwischen der Verteilung von Verfügungsrechten und den Ergebnissen des Marktprozesses besteht. Zum anderen besteht das normative Ziel darin, zu untersuchen, welche tatsächliche Verteilung von Verfügungsrechten der Wohlfahrtsmehrung am besten dient. Damit wird unmittelbar auch die Frage angesprochen, welche Verteilung von Verfügungsrechten durch den Staat vorgenommen werden muss, damit sich als Ergebnis eines freien Austauschs von Verfügungsrechten eine effiziente Nutzung von Ressourcen ergibt.

Die *Transaktionskostentheorie* bildet ein wesentliches Fundament für die Analyse der Gestaltung von Marktbeziehungen zwischen den Akteuren. Sie stellt die Transaktionskosten, die im Zusammenhang mit einem Austausch entstehen können, in den Mittelpunkt der Betrachtung. Ausgehend von einer Analyse der Ursachen von Transaktionskosten, interessieren sich die Vertreter der Transaktionskostentheorie dafür, wie die Transaktionskosten durch die Gestaltung von Verträgen und anderen Institutionen minimiert werden können. Stellvertreter dieses Ansatzes sind insbesondere Coase (1937), Williamson (1975, 1985, 2007) und im deutschsprachigen Raum Picot (1982). Die Transaktionskostentheorie liefert für das Internationale Management eine wesentliche theoretische Grundlage für die Koordination internationaler Arbeitsteilung und der Gestaltung internationaler Wertschöpfungsketten.

Die *Prinzial-Agenten-Theorie* widmet sich der Beziehung zwischen einem Auftraggeber (Prinzipal) und einem Auftragnehmer (Agenten). Ein typisches Anwendungsbeispiel ist etwa die Beziehung zwischen einem Arbeitgeber und einem Arbeitnehmer. Die Prinzipal-Agenten-Theorie geht ganz ähnlich vor, wie die Transaktionskostentheorie. Vertreter dieser Richtung sind z. B. Jensen/Meckling (1976) und Fama/Jensen (1983). Werden die Akteure als eigennutzorientierte homines oeconomici modelliert, ergeben sich Konflikte, die über eine entsprechende formale oder informelle Vertragsgestaltung aufgelöst oder abgeschwächt werden sollen. Für das Fach Internationales Management liefert die Prinzipal-Agenten-Theorie wertvolle Hinweise beispielsweise zur Gestaltung der Arbeitsbeziehungen in internationalen Unternehmen, etwa der Beziehung zwischen Vorgesetzen und Mitarbeitern oder der Beziehung zwischen Mutterunternehmen und den ausländischen Tochterunternehmen. Die Prinzipal-Agenten-Theorie lässt sich auf viele Aspekte der internen Gestaltung internationaler Unternehmen anwenden.

5 Zusammenfassung

Die Perspektive der Neuen Institutionenökonomik teilt einige Positionen mit der Neoklassik und unterscheidet sich in anderen Positionen. Zu den Positionen, die von der Neoklassik und der Neuen Institutionenökonomik geteilt werden, gehören die Eigennutzorientierung, die sogar noch gesteigert wird (Opportunismus), als heuristische Grundannahme über den Menschen. Eine deutliche Abkehr von der Position der Neoklassik erfolgt in Bezug auf andere Annahmen. So betont die Neue Institutionenökonomik die Annahme beschränkter Rationalität und asymmetrischer Informationsverteilung. Die Gefahr opportunistischen Verhaltens der Marktakteure führt - ebenso wie andere problematische Merkmale von Transaktionen – beschränkte Rationalität der Akteure, Unsicherheit und Abhängigkeit durch spezifische Investitionen – zu Transaktionskosten. Transaktionskosten und externe Effekte können potentiell vorteilhafte Transaktionen unvorteilhaft werden lassen (Marktversagen). Die potentiell positiven Wirkungen der Globalisierung können dadurch gefährdet werden.

Institutionen und Governance-Strukturen können als Spielregeln oder Bündel von Spielregeln Marktversagen verhindern. Dabei setzen die drei wichtigsten Schulen der Neuen Institutionenökonomik – die Transaktionskostentheorie, die Prinzipal-Agenten-Theorie und die Verfügungsrechtetheorie (Property Rights Theorie) - unterschiedliche Schwerpunkte.

Die Transaktionskostentheorie analysiert auf der Grundlage von Williamsons „market failures framework“ Merkmale von Transaktionen und ordnet Transaktionen mit bestimmten Merkmalsausprägungen effiziente Governance-Strukturen (insbes. Markt, Hierarchie und relationalen Austausch) zu. Sie bietet eine wichtige theoretische Grundlage für die Koordination internationaler Transaktionsbeziehungen.

Die Prinzipal-Agenten-Theorie thematisiert Austauschbeziehungen zwischen einem Auftraggeber (Prinzipal) und einem Auftragnehmer (Agenten) und betont dabei Kooperationsprobleme, die auf asymmetrische Informationsverteilung zurückgeführt werden können. Derartige Probleme stellen innerhalb von internationalen Unternehmen relevante Fragestellungen dar.

Die Property-Rights-Theorie bietet ein theoretisches Fundament für die Lösung des Problems der externen Effekte. Zentral ist dabei die klare Zuordnung von Verfügungsrechten, um zu effizienten Lösungen zu gelangen. Im Zusammenhang mit der Globalisierung können vor allem negative Auswirkungen von Wachstum und internationaler Arbeitsteilung – z. B. Umweltbelastungen – theoretisch analysiert und gelöst werden.

Mit der Analyse wesentlicher Probleme, die mit der Globalisierung einhergehen und durch den Vorschlag von Lösungen durch institutionelle Designs auf unterschiedlichen Ebenen, besitzt die Neue Institutionenökonomik das Potential, die Globalisierung und ihre Auswirkungen wesentlich mit zu gestalten.

Literatur

Alchian, A. A./Woodward S. (1988): The Firm is Dead; Long Live the Firm. A Review of Oliver E. Williamson's The Economic Institutions of Capitalism. In: Journal of Economic Literature 26. S. 65-79.

Alessi, L. de (1980): The Economics of Property Rights: A Review of the Evidence. In: Research of Law and Economics. S. 1-47.

Arrow, K. J./Debreu, G. (1954): Existence of an Equilibrium for a Competitive Economy. In: Econometrica 22. S. 265-290.

Brück, T./Schumacher, D. (2004): Die wirtschaftlichen Folgen des internationales Terrorismus. In: Beilage zur Wochenzeitung Das Parlament. 19. Januar 2004. S. 41-46. http://www.bpb.de/files/21P8X7.pdf.

Busse, M. (2001): Transaktionskosten und Wettbewerbspolitik. HWWA Discussion Paper Nr. 116.
Coase, R. H. (1937): The Nature of the Firm. In: Economica 4. S. 386-405.
Coase, R. H. (1960): The Problem of Social Cost. In: Journal of Law and Economics 3. S. 1-44.
Commons, J. R. (1934): Institutional Economics. Madison.
Demsetz, H. (1968): The Cost of Transacting. In: Quarterly Journal of Economics 82. S. 33-53.
Erlei, M./Leschke, M., Sauerland, D. (1999): Neue Institutionenökonomik. Stuttgart.
Fama, E./Jensen, M. (1983): Agency Problems and Residual Claims. In: Journal of Law and Economics 26. S. 327-349.
Furubotn, E.G./Pejovich, S. (1972): Property Rights and Economic Theory: A Survey of Recent Literature. In: Journal of Economic Literature 10. S. 1137-1162.
Homann, K./Suchanek, A. (2000): Ökonomik. Eine Einführung. Tübingen.
Intergovernmental Panel on Climate Change (2007): Climate Change 2007: The Physical Science Basis. Summary for Policy Makers.
Jensen, M. C./Meckling, W. H. (1976): Theory of the Firm: Managerial Behavior, Agency Costs and Ownership Structure. In: Journal of Financial Economics 3. S. 305-360.
Krugman, P. (1999): Der Mythos vom globalen Wirtschaftskrieg. Eine Abrechnung mit den Pop-Ökonomen.
Maslow, A. (1970): Motivation and Personality. Princeton.
North, D. C. (1981/1988): Theorie des institutionellen Wandels. Tübingen.
North, D. C. (1990): Institutions, Institutional Change and Economic Performance. Cambridge.
o.V. (1997): Ungleichheit ist kein Wachstumsgrund. In: CASH 11. April 1997.
o.V. (2007): Dieser Opel Vectra ist ein Europäer. In: ADAC motorwelt 2/2007. S. 46-47.
Picot, A. (1981): Transaktionskostentheorie der Organisation. Hannover.
Picot, A. (1982): Transaktionskostenansatz in der Organisationstheorie: Stand der Diskussion und Aussagewert, Die Betriebswirtschaft 42, 1982. 267-284
Ricardo, D. (1871/1970): On the Principles of Political Economy and Taxation. Cambridge.
Richter, Rudolf/Furubotn, Eirik G. (2003): Neue Institutionenökonomik. Eine Einführung und kritische Würdigung, 3. Aufl. Tübingen.
Smith, A. (1776/1976): Der Wohlstand der Nationen. Eine Untersuchung seiner Natur und seiner Ursachen. München.
Söllner, A. (2008): Einführung in das Internationale Management. Eine institutionenökonomische Perspektive. Wiesbaden.
Ullrich, F. (2004): Verdünnte Verfügungsrechte. Konzeptualisierung und Operationalisierung der Dienstleistungsqualität auf der Grundlage der Property Rights Theorie. Wiesbaden.
Williamson, O. E. (1975): Markets and Hierarchies: Analysis and Antitrust Implications. New York.
Williamson, O. E. (1985): The Economic Institutions of Capitalism: Firms, Markets, Relational Contracting. New York.
Williamson, O. E. (2000): The New Institutional Economics: Taking Stock, Looking Ahead, in: Journal of Economic Literature XXXVIII. S. 595-613.
Williamson, O. E. (2007): Transaction Cost economics: An Introduction, Economics Discussion Papers, The Open-Access, Open-Assessment E-Journal. Discussion Paper 207-3.
World Trade Organization (WTO): International trade statistics 2005. Stand: 06.2006.

Unternehmensstrategien im Globalisierungsprozess

Theresia Theurl

1 Mikroaspekte der Globalisierung

In der aktuellen Globalisierungsdiskussion stehen nicht die Mikroaspekte der Globalisierung im Vordergrund. Im Globalisierungsprozess werden viele Unternehmen erstmals grenzüberschreitend tätig oder erhöhen ihren Globalisierungsgrad. Zunehmend verfolgen auch immer mehr mittelständische Unternehmen Internationalisierungsstrategien. Diese sollen jedoch nicht im Zentrum dieses Beitrages stehen, in dem der Beobachtung nachgegangen wird, dass sich im Globalisierungsprozess der Mix der gewählten Organisationsformen für einzelwirtschaftliche Transaktionen verändert, wobei hybride Organisationsformen steigende Bedeutung gewinnen.

Parallel zu einer verbreiteten Auslagerung von einzelnen Unternehmensaktivitäten in Sourcing-Prozessen werden zahlreiche Markttransaktionen nun in längerfristig angelegte Transaktionsbeziehungen eingebunden. So entstehen immer mehr Unternehmensnetzwerke, Allianzen und Partnerschaften. In diesem Prozess verschieben sich die Grenzen zwischen Markt und integrierten Unternehmen. Zusätzlich werden die horizontalen und vertikalen Grenzen von Unternehmen verändert und es stellt sich die Frage, weshalb zunehmend Unternehmensgrenzen überschreitend zusammengearbeitet wird (O. Williamson 1996: 2005a; 2005b).

Die fortschreitende wirtschaftliche Integration korrespondiert also mit einer Veränderung von Unternehmensstrategien und Unternehmensstrukturen. Die beiden Prozesse verstärken sich gegenseitig. Nicht nur die vielfältigen Möglichkeiten für globale unternehmerische Aktivitäten, sondern auch die Notwendigkeit auf den heimischen Märkten wettbewerbsfähig zu bleiben, haben zu weit reichenden strategischen und organisatorischen Veränderungen in vielen Unternehmen geführt. Andererseits treibt die grenzüberschreitende Tätigkeit von Unternehmen die Internationalisierung der Wirtschaft voran. In diesem Prozess entsteht ein neues Wettbewerbsumfeld für die Unternehmen, das geänderte Verhaltensanreize enthält.

Vor diesem Hintergrund wird im Kapitel 3 ausgelotet, welche Anforderungen die Globalisierung an die Gestaltung der Governancestrukturen auf der Mikroebene vernetzter Unternehmen stellt, nachdem im folgenden zweiten Kapitel die relevanten Merkmale der Globalisierung und die Herausforderungen für die Unternehmen herausgearbeitet worden sind. In einem kurzen Fazit im Kapitel 4 wird darauf hingewiesen, dass die Strategien, die von Unternehmen als Reaktion auf die Globalisierung gewählt werden, auch Konsequenzen für die Wirtschaftspolitik beinhalten, die jedoch hier nicht weiter ausgeführt werden können.

2 Der Globalisierungsprozess

Wirtschaftliche Globalisierungsprozesse zeichnen sich durch komplexen Ursache- und Wirkungsbeziehungen aus. Im Folgenden erfolgt eine Konzentration auf einige wesentliche Dimensionen, die die konkreten Herausforderungen für Unternehmen enthalten, die diese zu einer Änderung ihrer Wertschöpfungsstrategien veranlassen.

2.1. Dimensionen des Globalisierungsprozesses

In ökonomischer Hinsicht sind zumindest vier Dimensionen der Globalisierung von Bedeutung (T. Theurl 1999: 29). Zur Ausweitung der Wirtschaftsräume, die in die wirtschaftlichen Integrationsprozesse einbezogen werden, kommt eine Vertiefung der Integration der Faktor- und Gütermärkte. Drittens folgen häufig Akte einer – zumindest partiellen – wirtschaftspolitischen Supranationalisierung sowie Schritte der wirtschaftspolitischen Harmonisierung oder Koordinierung. Dazu kommt die Internationalisierung einzelwirtschaftlicher Entscheidungen. Es bilden sich ökonomische Kalküle heraus, die die nationalen Grenzen immer weniger einbeziehen.

Die Analyse des aktuellen Globalisierungsprozesses ist durch die Betonung von Makroaspekten gekennzeichnet. Grenzüberschreitende Handelsvolumina, Direktinvestitionen und andere Kapitalströme sind im Zuge der Globalisierung der letzten Jahrzehnte schneller gewachsen als die globale Wertschöpfung (C. Denis/K. Mc Morrow/W. Röger 2006; H. Berg/S. Schmitt 2003: 279). Zusätzlich offenbart sich die Globalisierung unternehmerischer Aktivitäten durch grenzüberschreitende Outsourcing-Transaktionen (OECD 2006), Allianzen und Netzwerke[1], Unternehmenskäufe und -verschmelzungen (F. Contractor/P. Lorange

1 Im Rahmen dieses Beitrages werden alle Bezeichnungen für kooperative Arrangements, wie Netzwerke, Allianzen, Partnerschaften und Kooperationen, synonym verwendet.

2002, I. Bamberger/T. Wrona 1997, N.-H. Kang/S. Johansson 2000, ENSR 2003a)[2]. In diesem Prozess wurden viele national segmentierte Märkte international und aus manchen Unternehmern wurden „global player". Es ist davon auszugehen, dass der Internationalisierungsgrad der Unternehmen weiter zunehmen wird.

Die Ursachen der Globalisierung sind zahlreich und nicht unabhängig voneinander: Weitreichende transaktionskostenwirksame Innovationen der Transport- und Telekommunikationstechnologie, eine internationale Annäherung von Präferenzstrukturen sowie formelle Integrationsentscheidungen, die Erweiterungs- und Vertiefungsakte in unterschiedlichen Integrationsräumen beinhalteten. Zu letzteren sind vor allem die Entwicklungen im Rahmen der Europäischen Union und anderer regionaler Integrationsräume, aber auch die Vereinbarungen von GATT und WTO zu zählen. Sie alle haben dazu beigetragen, dass unternehmerische Aktivitäten im Ausland angeregt wurden, die über internationale Handelstransaktionen hinausgingen. Ehemals weitgehend isolierte Wirtschaftsräume mit nichtmarktwirtschaftlichen Governancestrukturen, so in Asien und Osteuropa, transformierten ihre Wirtschaftssysteme nicht zuletzt mit der Zielsetzung einer Integration in die globale Arbeitsteilung. Die Unternehmen zahlreicher neuer Ökonomien und emerging markets, wie der BRIC-Staaten, werden so nicht nur zu Handelspartnern, sondern auch zu Kandidaten für Fusionen, Käufe und Kooperationen.[3] Der Globalisierungsprozess mit diesen Merkmalen wird weiter fortschreiten und für die Unternehmen noch mehr Herausforderungen als bisher bereithalten.

2.2 Herausforderungen für Unternehmen

Für jedes einzelne Unternehmen geht es im Globalisierungsprozess darum, wettbewerbsfähig zu bleiben. Die unternehmerischen Herausforderungen können durch mehrere Entwicklungen konkretisiert werden, wobei eine Beschränkung auf jene Faktoren erfolgen soll, die die Unternehmensstrategien unmittelbar beeinflussen.

---

2 Anders als internationale Handels- und Kapitalströme sind Unternehmenskooperationen und -verschmelzungen deutlich weniger gut erfasst und sind durch den Charakter anekdotischer Evidenz belastet. Annähernde Größenordnungen können aus Branchenprimärerhebungen, aus der Medienberichterstattung sowie aus Informationen von Wettbewerbsbehörden und internationalen Unternehmensdatenbanken gewonnen werden.

3 Manche Unternehmen dieser Wirtschaftsräume verfolgen darüber hinausgehend bereits aktiv internationale Kooperationsstrategien.

2.2.1 Intensivierung des Wettbewerbs

Den Unternehmen ermöglicht die Globalisierung einerseits eine Ausweitung ihrer internationalen Handlungsoptionen, andererseits ist sie mit einer Zunahme des Wettbewerbs auf ihren Märkten verbunden. Es wird einfacher, zusätzliche Standorte für wirtschaftliche Aktivitäten zu wählen, so auch für die Produktion im Ausland und den Erwerb von ausländischen Unternehmen. Neue Sourcing- und Vertriebsstrategien werden ermöglicht (H. Abele/J. Kluge/U. Näher 2006). So können einerseits durch den globalen Markt Größenvorteile realisiert werden. Andererseits entsteht ein Zugang zu neuen und unterschiedlichen Faktoren und Standorten, die innovative Produkte und Produktionsmöglichkeiten eröffnen. Vor allem mittelständische Unternehmen haben in diesem Prozess Entscheidungen über ihre Internationalisierungsstrategie zu treffen, die auch organisatorische Konsequenzen nach sich ziehen. Eine umfassende Studie über die Internationalisierung von europäischen mittelständischen Unternehmen (ENSR 2003b) zeigt, dass bisher noch die Beziehungen zu ausländischen Lieferanten und Exporte die häufigsten Formen der Internationalisierung darstellen. Es folgen jedoch bereits Kooperationsbeziehungen mit ausländischen Unternehmen, die der Produktion dienen, sowie Tochtergesellschaften oder Zweigniederlassungen im Ausland zwecks Produktion und Vertrieb. Neuere Erhebungen deuten darauf hin, dass internationale Wertschöpfungskooperationen an Bedeutung gewinnen und dass international tätige Unternehmen stärker in Kooperationen eingebunden sind als Unternehmen, die ausschließlich auf dem Heimatmarkt agieren (K. Sakai 2002; U. Krystek/E. Zur 2002; T. Meyer/F. Jacob 2006).

Neben der Globalisierung des Wettbewerbs kommt es zu seiner Intensivierung auf den angestammten Märkten, was auch Unternehmen fordert, die ausschließlich auf dem regionalen oder auf dem nationalen Markt tätig sind. Eine generelle Verkürzung der verfügbaren Dispositions- und Kalkulationsfristen für unternehmerische Entscheidungen korrespondiert mit der Verkürzung von Produkt- und Investitionszyklen. Die darin enthaltenen Anreize fördern eine weitere Spezialisierung der unternehmerischen Tätigkeit. Auch ein geändertes Nachfragerverhalten erhöht die Anforderungen an Unternehmen. Viele Gütermärkte haben sich in Käufermärkte gewandelt, auf denen Systemlösungen und umfassende Produkt-/Leistungskombinationen gewünscht werden. Zusätzlich sind die Präferenzstrukturen der Nachfrager differenzierter geworden und die Kunden zudem schneller bereit, ihre Transaktionen mit wechselnden Partnern durchzuführen. Unternehmen entwickeln vor diesem Hintergrund kosten- und risikosenkende Prozesse und/oder innovative Leistungen, um Zugang zu neuen Märkten zu finden, dies häufig in Kooperation mit anderen Unternehmen (P. Ebertz

2006). Festzuhalten sind also ein zunehmender Wettbewerbsdruck und zusätzliche Internationalisierungsanreize für Unternehmen.

2.2.2. Veränderung staatlicher Regulierungsregime

Im Zuge des Globalisierungsprozesses werden die Aufgaben des Staates hinterfragt, andererseits verändern sich die Inhalte von staatlichen Regulierungsregimen für unternehmerische Aktivitäten. Unabhängig davon führen die globalisierungsinduzierten Regimewechsel der staatlichen Wirtschaftspolitik auch zu entsprechenden Reaktionsnotwendigkeiten der Unternehmen. Sie hängen damit zusammen, dass manche Aufgaben (wieder) in den privaten Sektor übertragen werden und neu zu organisieren sind. Neue Wertschöpfungsketten sind dann in privatisierten Branchen aufzubauen. Häufig handelt es sich um unternehmensnahe oder um persönliche Dienstleistungen. Beispiele sind die Leistungen im Bereich von Telekommunikation und Energie, in Ansätzen aber auch bei Gesundheit, Bildung und der Altersvorsorge.

Daneben sind eine generelle Deregulierung von Güter- und Faktormärkten sowie ein Rückbau ambitionierter makropolitischer Programme zu beobachten. Einerseits handelt es sich dabei um Bestandteile von Integrationsprogrammen, andererseits um Folgen der zunehmenden internationalen Orientierung der privaten Wirtschaftssubjekte, also um einen Wettbewerb wirtschaftspolitischer Regime und von Staaten und Standorten (T. Theurl 1999; H.-W. Sinn 1990). Es ist davon auszugehen, dass sich im Globalisierungsprozess die staatlichen Aktivitäten weiter verringern und sich die Inhalte wirtschaftspolitischer Regime annähern werden sowie dass die Deregulierung unternehmerischer Aktivitäten fortschreiten wird. Zusätzlich werden die regionale und die lokale Dimension der Wirtschaftspolitik eine stärkere Bedeutung gewinnen. Dies alles führt dazu, dass Unternehmen zusätzliche Felder wirtschaftlicher Betätigung im In- und Ausland vorfinden und umgekehrt ausländische Unternehmen diese auch im Inland suchen werden, worauf organisatorische Antworten zu finden sind. Solche können Kooperationen mit anderen Unternehmen sein.

2.2.3. Wissensintensive Dienstleistungen

Der Prozess der sukzessiven Ausweitung des Dienstleistungssektors setzt sich fort, was mit Faktorsubstitutionsprozessen und der Verlagerung von Produktionsstätten mit entsprechenden Beschäftigungs- und Regionalwirkungen verbunden ist. Sowohl unternehmensnahe als auch persönliche Dienstleistungen enthalten zunehmend Wissensbestandteile. Diese werden entweder als eigenständige Dienstleistungen angeboten oder als Komplementärleistungen zur Güterproduktion. Leistungen der Informations- und Kommunikationstechnologie, die Entwicklung und Nutzung geistigen Eigentums, Beratungs- und Ausbildungsleistungen werden im Globalisierungsprozess zunehmend wichtiger (D. T. Quah 1999). Die Entwicklung in eine internationale Wissensgesellschaft ist mit weit reichenden organisatorischen Konsequenzen für die Unternehmen verbunden, ist Wissen doch häufig an einzelne Individuen gebunden oder nur in spezifischen Kontexten Wert schaffend. Die Bewertung und der Transfer von implizitem Wissen zählen zu den großen Herausforderungen von Unternehmen, die es notwendig machen, vorhandene Wissens-Links adäquat zu berücksichtigen, um Wissen kombinieren und für neue Problemlösungen verfügbar machen zu können (J. L. Badaracco 1991), aber auch neues Wissen zu generieren. Häufig wird diese Herausforderung mit der Bildung von Wissensnetzwerken beantwortet (S. Simon 2006). Wissensintensive Dienstleistungen werden noch weiter an Bedeutung gewinnen.

Mit den Entwicklungen in der Informations- und Kommunikationstechnologie, einer weltweiten Nutzung des Internets sowie leistungsfähigen Computern und Software sind viele Dienstleistungen weltweit handelbar geworden. Sie können räumlich und zeitlich getrennt von ihrem Konsum und ihrer Verwendung arbeitsteilig produziert, digitalisiert und über globale Datennetze vertrieben werden. Zusätzlich haben die technologischen Entwicklungen die mit dem Austausch verbundenen Transaktionskosten deutlich gesenkt (T. Malone/J.-A. Yates/R. Benjamin 1987). Vor diesem Hintergrund können Dienstleistungen über große Distanzen und kostengünstig erbracht werden. Sie sind nicht an bestimmte Standorte gebunden. Für die Erbringung der Leistungen treten Rohstoffe, Anlagegüter oder natürliche Faktoren in den Hintergrund und wo sie tatsächlich produziert werden hängt von anderen Standortfaktoren ab. Produktionsprozesse und Wertschöpfungsketten für viele Güter können vor diesem Hintergrund neu sowie Unternehmens- und Staatengrenzen überschreitend organisiert werden (OECD 2006).

2.3 Zwischenfazit

Globalisierungsprozesse sind mit Herausforderungen und Optionen für Unternehmen verbunden, die nicht nur darin bestehen, wirtschaftliche Aktivitäten im Ausland durchzuführen. Mit der Globalisierung sind vielmehr strukturelle Veränderungen im Umfeld unternehmerischer Tätigkeit verbunden, die es notwendig machen, die bisher praktizierten Strategien der Wertschöpfung zu überprüfen. Im

Ergebnis sind damit auch Veränderungen der Regime verbunden, in die Transaktionen eingebunden werden. Diese Transaktionsregime sind typisch für globalisierte Märkte. Die globalisierungsbedingten Herausforderungen bringen es mit sich, dass Wertschöpfungsketten zu optimieren sind. Es wird nicht nur notwendig, sondern es wird nun auch möglich, sie zu zerlegen und neu zusammenzusetzen. Dies kann über die Unternehmensgrenzen hinweg und zunehmend unter Einbezug ausländischer Unternehmen geschehen. Beobachtet wird tatsächlich eine Abnahme der Tiefe der Wertschöpfung in den einzelnen Unternehmen. Gefragt ist daher die Institutionalisierung von Governancestrukturen, die dezentrale unternehmerische Anreize, Spezialisierung und Wettbewerb zulassen und die es dennoch gleichzeitig ermöglichen, bei Existenz von zahlreichen Informationsasymmetrien spezifische Investitionen und Abhängigkeiten der Unternehmen abzusichern.

3 Kooperative Governancestrukturen

Ein zunehmender Anteil der wirtschaftlichen Wertschöpfung wird tatsächlich in Netzwerken geschaffen (S. Odenthal u. a. 2002: 21 ff.; Yoshino/U. Rangan 1995; J. Harrison 2005). Knapp über die Hälfte der europäischen KMU sind in Kooperationen engagiert. (ENSR 2003a: 25 ff). Die Vereinbarung von Kooperationen steigt nach einer Phase der Stagnationen seit 2004 wieder an. Netzwerke und Kooperationen sind nicht auf einmalige Transaktionen angelegte, freiwillige Verbindungen mit anderen rechtlich selbständig bleibenden Unternehmen, die einzelne Unternehmensaktivitäten betreffen, um einzelwirtschaftliche Ziele besser zu erreichen als in alternativen marktwirtschaftlichen Koordinationsformen.[4] Kooperationen sind kein Merkmal einzelner Branchen, Größenklassen oder Wirtschaftsräume, sondern Ausdruck von Wertschöpfungsstrategien in globalisierten Märkten.

3.1 "Move to the middle"

Unternehmen entscheiden sich für die Wahl kooperativer Governancestrukturen auf der Basis eines Vergleiches unterschiedlicher Regime, die für die Lösung der Organisations- und Koordinationsaufgaben in arbeitsteiligen Ökonomien zur Verfügung stehen. Die Einbindung einzelwirtschaftlicher Transaktionen in die Governanceregime von Markt und Hierarchie sind die Alternativen zu solchen

4 Hierbei handelt es sich um eine sehr weite Begriffsabgrenzung, die viele unterschiedliche Kooperationsformen einbezieht, was der Vielfalt in der unternehmerischen Praxis entspricht.

hybriden Organisationsformen (O. Williamson 2005a, 2005b). Die Herausbildung globalisierter Märkte drängt Unternehmen zur Überprüfung der gewählten Strategie und ihrer organisatorischen Verankerung. Dabei führt die Globalisierung zunächst zu einer deutlichen Vergrößerung der den Unternehmen zur Bearbeitung zur Verfügung stehenden Märkte, so dass Skaleneffekte und die damit verbundenen Kostenvorteile genutzt werden können. Die Vorteile von Markttransaktionen wachsen also, so dass vormals integrierte Unternehmen ceteris paribus einzelne Aktivitäten durch Markttransaktionen organisieren werden. Internationale Beziehungen sind jedoch mit einer höheren Unsicherheit verbunden. Unternehmen präferieren daher engere und längerfristige Vertragsbeziehungen zu den Transaktionspartnern. Meist wird auch deren Anzahl reduziert. So werden Marktbeziehungen in kooperative Strukturen mit exakt spezifizierten Transaktionen transformiert. Ein solcher Prozess ist aktuell im Gange.

Netzwerkstrukturen entstehen derzeit also sowohl aus der Transformation von marktlichen als auch von hierarchischen Organisationen, eine Bewegung die als „Move to the middle“ bezeichnet (E. Clemons u. a. 1993) wurde, und die durch die beiden Einflussfaktoren Marktgröße und Unsicherheit verstärkt wird, die den Globalisierungsprozess kennzeichnen. Die aktuelle Kooperationsbewegung lässt darauf schließen, dass sich die relativen Organisationskosten zugunsten von netzwerkartigen Strukturen verschoben haben (B. Holmström/J. Roberts 1998). Als dominante Zielsetzung für Kooperationen mittelständischer Unternehmen hat sich der Zugang zu neuen und größeren Märkten vor einer Verbreiterung der Beschaffungsbasis und dem Zugang zu Know-how und Technologien heraus gestellt. Erst für Unternehmen mittlerer Größe tritt das Kostensenkungsargument in den Vordergrund (ENSR 2003a: 18 ff). Die Motive für eine stärkere Internationalisierung von Unternehmen und die für die Vereinbarung von Kooperationen sind weitgehend deckungsgleich.

Mit der konkreten Institutionalisierung einer Kooperation ist zu gewährleisten, dass die Vorteile größerer Märkte nicht durch hohe Governancekosten zunichte gemacht werden. Die Governancestrukturen entsprechen der Verfassung des Netzwerkes und bestehen aus vertragliche Beziehungen und „weichen Faktoren“. Mehr noch als im einzelnen Unternehmen wirken in einem Netzwerk Akteure mit unterschiedlichen Interessen zusammen und sind Informationen asymmetrisch verteilt. Spielregeln einer „Cooperative Governance“ (T. Theurl 2005) müssen daher einen Interessenausgleich zwischen den Beteiligten ermöglichen, um die langfristige Funktionsfähigkeit des Zusammenwirkens sicherzustellen. Besonders herausfordernd ist die Kombination selbständig bleibender Unternehmen, die nun ihre Aktivitäten koordinieren müssen. Es ist nicht überraschend, dass sich dies in internationalen Kooperationen als besonders herausfordernd darstellt. Es entstehen zahlreiche Schnittstellen in der Organisation unternehmensübergreifender Prozesse.

3.2 Kooperative Governancestrukturen

3.2.1 Ihre Inhalte

Kooperative Governancestrukturen enthalten Regelungen, die die Arbeitsteilung zwischen den einzelnen Akteuren entweder festlegen oder beeinflussen. Dazu kommen die Modalitäten des Kooperationsmanagements, die Mechanismen der Entscheidungsfindung, Konfliktlösung und Anpassung, die Zutritts- und Austrittsregeln, die Kommunikationsstrukturen sowie die Vereinbarungen zum Leistungsaustausch mit kooperativen Verrechnungspreisen (T. Theurl/E. Meyer 2003). Es werden die kooperationsrelevanten Verfügungsrechte festgelegt, die im Vergleich zum einzelnen Unternehmen verdünnt sind. Das Koordinierungsrecht wird durch das Kooperationsmanagement, dem Agenten der kooperierenden Unternehmen, ausgeübt. Das Aneignungsrecht der Kooperationsrenten bleibt hingegen bei den Unternehmen, die es auf der Basis vereinbarter Verrechnungspreise und Gewinnaufteilungsregeln nutzen. Auch das Veräußerungsrecht, dessen Ausgestaltung von den Exit-Regeln abhängt, wird von den kooperierenden Unternehmen in Anspruch genommen.

Wie bei der Corporate Governance hat auch bei der Gestaltung der Cooperative Governance auf Restriktionen geachtet zu werden, die ihre Gestaltbarkeit einschränken. Sie stammen vor allem aus Wettbewerbsregeln, sektorspezifischen Regulierungen, aber auch aus gesetzlichen Grundlagen für einzelne Kooperationsformen wie das Genossenschaftsgesetz oder das Partnerschaftsgesetz für die Zusammenarbeit von Freiberuflern. Andere Elemente, die die Aktivitäten der Partner koordinieren sollen, sind Gegenstand konkreter Vereinbarungen in Kooperationsverträgen mit allen Merkmalen, Vorzügen und Gefahren relationaler Verträge (T. Theurl 2005). Neben die formellen Elemente treten Strukturen, die sich durch ihre informelle Natur auszeichnen und die sich meist erst in der konkreten Zusammenarbeit herausbilden können. Die weichen Faktoren sind eine wichtige Determinante der Kooperationsperformance (A. Schweinsberg 2006; K. Riemer 2005). Mit den Inhalten der kooperativen Governancestrukturen wird gleichzeitig auch über die Höhe der Transaktionskosten des Netzwerkes entschieden, die einerseits von den Mechanismen der Entscheidungsfindung, den vorhandenen Spielräumen der beteiligten Akteure und den Steuerungsmodalitäten der Kooperation, andererseits aber von der Intensität der Anreize abhängen. Wenn es möglich ist, Konsequenzen von Entscheidungen abzuwälzen, ist eine

Ausbeutung von Kooperationspartnern möglich. Eine effiziente Cooperative Governance enthält konsistente Anreize, die bewirken, dass ein einzelwirtschaftlich orientiertes Handeln die Netzwerkperformance fördert und dass netzwerkorientiertes Handeln sich positiv für die einzelwirtschaftliche Performance auswirkt.

Es ist evident, dass die Gestaltung und die Umsetzung der Governancestrukturen in internationalen Kooperationen größere Anforderungen als in nationalen oder regionalen Kooperationen stellen. Die erfolgreiche Steuerung der Kooperationen ist mit erheblichen Managementanstrengungen verbunden (F. Jacob u. a. 2006). Hierzu zählen insbesondere die Bewältigung unterschiedlicher kultureller Gegebenheiten, die Beachtung divergierender rechtlicher Rahmenbedingungen und die Funktionsfähigkeit der Kommunikationskanäle zwischen den Unternehmen.

3.2.2 Ihre Anforderungen

Zur Sicherstellung konsistenter Strukturen in einer dynamischen Umwelt ist nicht nur Anpassungsfähigkeit erforderlich, sondern gleichzeitig werden Kräfte benötigt, die in der Lage sind, einzelwirtschaftliche Erwartungen und Entscheidungen der Kooperationspartner zu stabilisieren. Die erste Anforderung spricht für eine marktnahe und die zweite für eine hierarchienahe Ausgestaltung von Netzwerken. Diesen inhärenten trade-off haben die Partner bei der Formulierung der kooperativen Governancestrukturen zu lösen. Kennzeichnen Dynamik und Komplexität das Umfeld, dann wird die Anpassungsfähigkeit der Governancestrukturen zu einem wichtigen Erfolgsfaktor. Sie setzt sich aus der Anpassungsflexibilität und der Ausgestaltungsflexibilität zusammen. Letztere ist dann gegeben, wenn das Kooperationsarrangement maßgeschneidert werden kann. Vorgaben des Gesellschaftsrechts (A. Loose u. a. 2005), des Arbeitsrechts oder der Wettbewerbspolitik können dem entgegenstehen (K. Lange 2001). Auf dieser Basis erfolgt dann die Institutionalisierung über die Gründung eines gemeinsamen Unternehmens (Joint Venture), alternativ über die Formulierung privater Verträge, die durch ein- oder wechselseitige Kapitalbeteiligungen ergänzt werden können. Auch formlose Vereinbarungen sind weit verbreitet. Wenn externe Faktoren Flexibilität erfordern, verringern sich die Möglichkeiten die Abhängigkeit der Kooperationspartner, die durch kooperationsspezifische Investitionen entsteht, abzusichern.

Wohlfahrtserhöhende Kooperationen können bei Vorliegen solch widersprüchlicher Anforderungen völlig unterbleiben oder später scheitern. Generell hat sich gezeigt, dass Umweltunsicherheit – wie das Fortschreiten der Globalisierung – mit einer Zunahme von Kooperationen, mit dem Einbezug wichtiger strategischer Funktionen, mit einem Fokus auf komplexe Systeme und Lösungen, aber häufig auch mit einer Verkürzung ihrer Lebensdauer oder ihrer Vertragsdauer verbunden ist (S. Odenthal u. a. 2002: 14 ff., K. Crocker/S. Masten 1988). Die Dauer einer Kooperation eignet sich nur sehr bedingt als Performanceindikator. Gerade in Phasen einer turbulenten Umwelt werden Netzwerke auch zur Bewältigung von Anpassungsprozessen gegründet, um mit dem Erfolg wieder aufgelöst zu werden. (O. Williamson 2005b).

Die Konkretisierung der Governancestrukturen sowie die Bewertung der Leistungen und Verpflichtungen der Partner stellen in einem solchen Umfeld eine große Herausforderung dar. Immer dann, wenn die Verhaltensweisen der Akteure Interdependenzen aufweisen, sind Mechanismen erforderlich, die in der Lage sind, ein kooperationskonformes Verhalten zu fördern. Weil sich Kooperationen durch die Kombination von übereinstimmenden und von konfligierenden Zielen auszeichnen, ist es wichtig, dass in einem Umfeld vielfältiger Informationsasymmetrien Erwartungen über die Verhaltensweisen der Partner aufgebaut werden können. In einem Unternehmensnetzwerk zusammenzuarbeiten ist immer mit der Gefahr ungeeigneter Partner und einseitiger Abhängigkeitsverhältnisse verbunden. Daher ist es nicht überraschend, dass das mit Abstand wichtigste Hindernis für die Vereinbarung von Kooperationen der Wunsch nach unternehmerischer Unabhängigkeit ist (ENSR 2003a). Gelingt es nicht, Anreize zu einem kooperationsschädigenden Verhalten zu eliminieren, können weder die einzel- noch die gesamtwirtschaftlichen Kooperationsvorteile verwirklicht werden: Entweder weil die Kooperation in der Erwartung eines solchen Verhaltens der Partner von vorneherein nicht zustande kommt oder weil sie sich dann als nicht funktionsfähig herausstellt.

Werden in Befragungen von Netzwerkpartnern die Erfolgsfaktoren erhoben, finden sich auf den ersten Plätzen weiche Faktoren (K. Riemer 2005; A. Inkpen 2002; A. Zaheer u. a. 2002). Kooperationsstabilisierende Mechanismen können formeller oder informeller Natur sein: Vertragsklauseln mit Sanktionen, gegenseitige Bindungen oder die Nutzung von Informationen über das Verhalten der Kooperationspartner in der Vergangenheit. Letztlich geht es um die Existenz glaubwürdiger Verhaltenssignale, die bewirken, dass kurzfristige Vorteile zulasten der Partner nicht ausgenutzt werden und dass insgesamt kooperationsorientierte Handlungen dominieren. Sie werden nur dann erfolgreich sein, wenn es im einzelwirtschaftlichen Interesse liegt, sie zu befolgen. Kooperationen benötigen verbindliche und durchsetzungsfähige Spielregeln. Um die Glaubwürdigkeit zu erhöhen sind daher Elemente mit einer höheren Selbstbindungskraft zu finden. Dabei kann die Abgabe der Entscheidungskompetenz an ein Kooperationsmanagement oder an andere dafür geschaffene Gremien als Agenten der Partner gewählt werden. Auch Maßnahmen, die eine Erhöhung der Verhaltenstransparenz bewirken, können durch eine Korrektur von unvollständigen und asymmetrisch verteilten Informationen stabilisieren. Eine typische Abfolge der wirksamen Stabilisierungsmechanismen in Netzwerken beginnt mit irreversiblen Investitionen beider Partner am Beginn der Kooperationsbeziehung. In wiederholten Interaktionen und in der Bewältigung von Konfliktsituationen gelingt im positiven Fall der Aufbau von kooperationsspezifischem Vertrauen (A. Parkhe 1993).

3.2.3 Kooperationsspezifische Investitionen

Die Zusammenarbeit in Netzwerken erfordert von den Partnern kooperationsspezifische Investitionen. Die Inhalte von kooperativen Governancestrukturen korrespondieren mit dem Institutionalisierungsgrad des Netzwerkes. Dieser beinhaltet die Möglichkeiten der Absicherung solcher Investitionen. Mit der Zunahme des Institutionalisierungsgrades steigen die Exit-Kosten. Strenger formalisierte Entscheidungs- und Handlungsroutinen können einerseits die Entscheidungen erleichtern, da transparente und verbindliche Spielregeln festgeschrieben sind. Andererseits ist davon auszugehen, dass bei heterogenen Partnern und bei größeren Kooperationen, die Entscheidungsfindung und flexible Reaktionen dadurch erschwert werden. Im Gegensatz zu formlosen Kooperationen erleichtern Kooperationsverträge eine Absicherung kooperationsspezifischer Investitionen. Je nach Vertragstyp können die Institutionalisierung und damit die Einschränkung der Verfügungsrechte für die einzelnen Partner sehr ausgeprägt werden. Eine Sonderform vertraglicher Bindungen stellen Kooperationen dar, die auf der Basis gesetzlicher Vorgaben gegründet werden, die meist die Konkretisierung von Details den Statuten überlassen. Eine weitere Erhöhung des Institutionalisierungsgrades bedeutet die Ergänzung von Verträgen durch Kapitalbeteiligungen. Gegenseitige Beteiligungen verhindern die Herausbildung einseitiger Abhängigkeiten. Mit der Errichtung eines gemeinsamen Unternehmens als Tochter der kooperierenden Mutterunternehmen steigt der Grad der Absicherung der Kooperation weiter. Erst mit einer Fusion würde es zusätzlich zu einer Konzentration der Verfügungsrechte kommen. Mit der Errichtung von eigenen Kooperationsunternehmen oder bereits mit der Institutionalisierung eines Kooperationsmanagements sind zusätzlich die Handlungsspielräume und die Anreizstrukturen dieser Agenten zu berücksichtigen.

3.3 Zwischenfazit

Mit dem Fortschreiten des Globalisierungsprozesses ist ein struktureller Wandel der Wertschöpfungsstrategien von Unternehmen verbunden, der zusätzliche Optionen beinhaltet. Veränderte Anreize legen es nahe, unternehmerische Transaktionen verstärkt in Netzwerke und andere Formen der Kooperation einzubinden. Dies gilt unabhängig von den Standorten der Unternehmen, denn die strukturelle Veränderung besteht darin, dass die Globalisierung eine Vernetzung von Unternehmen fördert. Dass mit dem Fortschreiten der Globalisierung Kooperationen mit internationaler Besetzung zunehmen, ist dann nur noch eine graduelle Entwicklung. Kooperationen erfordern adäquate Governancestrukturen, die einem trade-off zwischen Flexibilität und Stabilisierung zu genügen haben. Zahlreiche Kooperationen erfüllen die ursprünglich in sie gesetzten Erwartungen nicht, weil der Gestaltung kooperativer Governancestrukturen noch zu wenig Beachtung geschenkt wird.

4 Fazit: Wirtschaftspolitische Konsequenzen geänderter Wertschöpfungsstrategien

Die Zunahme der Wertschöpfung in regionalen, inländischen und grenzüberschreitenden Netzwerken im Zuge des Globalisierungsprozesses hat Konsequenzen für die nationale und die internationale Arbeitsteilung sowie für die Wirtschaftspolitik, vor allem für die Wettbewerbs- und für die Standortpolitik. Für erstere stellt sich durch die Zusammenarbeit von Unternehmen in größer gewordenen Märkten die Frage der Entstehung wirtschaftlicher Machtpositionen (T. Theurl 2006). Für eine Regional- und Standortpolitik ergeben sich neue Herausforderungen, weil an manchen Standorten Wertschöpfung, Arbeitsplätze und Steueraufkommen verloren gehen und umfangreiche strukturelle Anpassungen erforderlich werden. Unter diesem Gesichtspunkt werden die aktuellen Outsourcing-, Nearshoring- und Offshoring-Prozesse diskutiert. Die thematisierten Effekte der Globalisierung werden lokal verspürt und rufen Forderungen nach wirtschaftspolitischen Maßnahmen hervor. Einer effektiven Standortpolitik kann es jedoch gelingen, zusätzliche Wertschöpfung anzuziehen, wenn die Unternehmen der Region attraktive Kooperationspartner für andere Unternehmen sind und so die Voraussetzung für Produktivitäts- und Innovationscluster vorliegen (T. Straubhaar/T. Theurl 2005). Diese Facetten der Globalisierung sollen im Rahmen dieses Beitrages jedoch nicht weiter ausgeführt werden.

Literatur

Abel, H./Kluge, J./Nähe, U. (Hrsg.) (2006): Handbuch Globale Produktion. München.

Badaracco, J. L. (1991): The Knowledge Link. Cambridge/Massachusetts.

Bamberger, I./Wrona, T. (1997): Globalisierungsbetroffenheit und Anpassungsstrategien von Klein- und Mittelunternehmen: Ergebnisse einer empirischen Untersuchung. In: Zeitschrift für Betriebswirtschaft. Vol. 67, No. 7. S. 713-735.

Berg, H./Schmitt, S. (2003): Globalisierung der Wirtschaft und Kooperation. In: Zentes, J. u. a. (Hrsg.): Kooperationen, Allianzen und Netzwerke. Wiesbaden. S. 277-303.

Clemons, E /Reddi, S./Row, M. (1993): The Impact of Information Technology on the Organization of Economic Activity: The Move to the Middle Hypothesis. In: Journal of Management Information Systems. Vol. 10, No. 2. S. 9-35.

Contractor, F./Lorange, P. (2002): The Growth of Alliances in the Knowledge-based Economy. In: International Business Review. Vol. 11, (4). S 38-41.

Crocker, K /Masten, S. (1988): Mitigating contractual hazards: Unilateral options and contract length. In: Rand Journal of Economics. Vol. 19. S. 327-343.

Denis, C./Mc Morrow, K./Röger, W. (1991): Globalisation: Trends, Issues and Macro Implications for the EU, European Economy No. 254. Brüssel.

Ebertz, P. (2006): Risikowirkungen von Unternehmenskooperationen. Aachen.

European Network for SME Research (ENSR) (2003a): KMU und Kooperationen, No. 5. Luxembourg.

European Network for SME Research (ENSR) (2003b): Internationalisierung von KMU, No. 4. Luxemburg.

Harrison, J. (2005): Why Alliances Are Gaining Momentum. In: Mergers & Acquisitions: The Dealmaker's Journal. Vol. 40, Issue 6. S. 28-31.

Holmström, B./Roberts, J. (1998): The Boundaries of the Firm Revisited. In: The Journal of Economic Perspectives. Vol. 12, Issue 4. S. 73-94.

Inkpen, A. (2000): Learning, Knowledge Management, and Strategic Alliances: So Many Studies, so Many Unanswered Questions. In: Contractor F./Lorange P. (eds.): Cooperative Strategies and Alliances. Amsterdam u. a. S. 569-593.

Jacob, F. u. a. (2006): Management globaler Produktionsnetzwerke. In: Abele H./Kluge J./Näher U. (Hrsg.): Handbuch Globale Produktion. München. S. 274-323.

Kang, N.-H./Johansson, S. (2000): Cross-border Mergers and Acquisitions: Their Role in Industrial Globalisation, STI Working Paper 2000/1 (OECD). Paris.

Krystek, U./Zur, E. (Hrsg.) (2002): Handbuch Internationalisierung: Globalisierung – eine Herausforderung für die Unternehmensführung. 2. Aufl. Berlin.

Lange, K. (2001): Rechtliche Probleme Virtueller Netzwerke. In: Corsten, H. (Hrsg.): Unternehmungsnetzwerke. München. S. 271-298.

Loose, A. u. a. (2005): Rechtliche Gestaltung von Unternehmensnetzwerken. In: Becker T. u. a. (Hrsg.): Netzwerkmanagement. Heidelberg. S. 75-83.

Malone, T./Yates, J.-A./Benjamin, R. (1987): Electronic Markets and Electronic Hierarchies. In: Communications of the ACM. Vol. 30. S. 484-497.

Masten, S. (ed.) (1996): Case Studies in Contracting and Organization. New York u. a.

Meyer, T. (2006): Globale Standortwahl – Einflussfaktoren. In: Abele H./Kluge J./Näher U. (Hrsg.): Handbuch Globale Produktion. München. S. 36-100.

Meyer, T./Jacob, F. (2006): Gestaltung globaler Produktionsnetzwerke. In: Abele H./Kluge J./Näher U. (Hrsg.): Handbuch Globale Produktion. München. S. 144-198.

Parkhe, A. (1993): Strategic Alliance Structuring: A Game Theoretic and Transaction Cost Examination of Interfirm Cooperation. In: Academy of Management Journal. Vol. 36. S. 794-829.

Odenthal, S./Säubert, H./Weishaar, A. (2002): Strategische Partnerschaften – mehr Erfolg mit dem neuen Partnering-Ansatz. Wiesbaden.

OECD (2006): Information Technology Outlook: Information and Communications Technologies. Paris.

Quah, D. T. (1999): The Weightless Economy in Growth. In: The Business Economist. Vol. 30. S. 40-53.

Riemer, K. (2005): Sozialkapital und Kooperation. Tübingen.

Sakai, K. (2002): Global Industrial Restructuring. Implications for Small Firms. OECD Technology and Industry Working Paper 2002/4. Paris.

Schweinsberg, A. (2006): Flexibilität und Stabilität globaler Unternehmenskooperationen. Aachen.

Simon, S. (2006): Anbindung von Forschung und Entwicklung. In: Abele H./Kluge J./Näher U. (Hrsg.): Handbuch Globale Produktion. München. S. 350-371.

Sinn, H.-W. (1990): The Limits to Competition Between Economic Regimes. In: Empirica, Vol. 17. S. 3-14.

Straubhaar, T./Theurl, T. (2005): Globalization and Cooperative Business Strategies. In: Theurl, T. (ed.): Economics of Interfirm Networks. Tübingen. S. 29-52.

Theurl, T. (2006): Notwendig, aber nicht kostenlos. In: ifo-Schnelldienst. 59. Jg., Nr. 15. S. 16-18.

Theurl, T. (2005): From Corporate to Cooperative Governance, In: Theurl, T. (ed.): Economics of Interfirm Networks. Tübingen. S. 149-192.

Theurl, T. (1999): Globalisierung als Selektionsprozess ordnungspolitischer Paradigmen. In: Berg H. (Hrsg.): Globalisierung der Wirtschaft: Ursachen – Formen – Konsequenzen. Berlin. S. 23-49.

Theurl, T./Meyer, E. (2003): Verrechnungspreise in Unternehmenskooperationen – eine Einleitung. In: Crüger A./Theurl T. (Hrsg.): Verrechnungspreise in Unternehmenskooperationen. Berlin. S. 11-53.

Williamson, O. (2005a): Transaction Cost Economics. In: Ménard C./Shirley M. (eds.): Handbook of New Institutional Economics. Dordrecht. S. 41-65.

Williamson, O. (2005b): Networks – Organizational Solutions to Future Challenges. In: Theurl T. (ed.): Economics of Interfirm Networks. Tübingen. S. 3-28.

Williamson, O. (1996): The Mechanisms of Governance. Oxford.

Yoshino, M./Rangan, U. (1995): Strategic Alliances. Boston, Mass.

Zaheer, A./Lofstrom, S. u. a. (2002): Interpersonal and Interorganizational Trust in Alliances. In: Contractor F./Lorange P. (eds.): Cooperative Strategies and Alliances. Amsterdam u. a. S. 347-377.

Interkulturelle Herausforderungen für das Personalmanagement in China

Jan Karpe, Michael Krohn

China matters. Spätestens seit dem Beitritt zur Welthandelsorganisation (WTO) im Dezember 2001 wurde China zum Magneten für Direktinvestitionen von europäischen und amerikanischen Unternehmen. Anhaltend zweistellige Wachstumsraten, geringe Produktionskosten, eine 300 Millionen Menschen umfassende Mittelschicht sowie last not least medienpräsente Erscheinungsbilder glitzernder Mega-Städte wie Shanghai schrauben die Erwartungen westlicher Auslandsinvestoren hoch. Mittlerweile stellt sich bei konkreten China-Engagements immer häufiger heraus, dass diese Erwartungen nicht oder nur zum Teil erfüllt werden. Insbesondere bei Rechtsfragen, Verhandlungen und der Zusammenarbeit mit chinesischen Mitarbeitern wird eine Reihe von Problemen virulent, die sich auf unterschätzte kulturbedingte, *mentale Unterschiede* zwischen westlich geprägten und chinesischen Kooperationspartnern zurückführen lassen.

Ein zentrales Problem für in China engagierte Westpartner ist der Einsatz von und die Zusammenarbeit mit qualifizierten Personal. Bis 2008 wird allein für Konzerne aus dem Ausland ein Bedarf von 750 000 Studienabgängern errechnet. Insgesamt werden dem chinesischen Arbeitsmarkt aber nur 1,1 Millionen geeignete Absolventen zur Verfügung stehen. Noch dramatischer gestaltet sich die Suche nach qualifizierten Managern. In den kommenden zehn bis 15 Jahren werden landesweit gut 75 000 Führungskräfte gesucht – zur Zeit weisen einschlägige Statistiken für die chinesische Wirtschaft gerade 3.000 bis 5.000 erfahrene Kräfte aus (J.-M. Gillies 2007).

Nach einer kürzlich veröffentlichten Studie eines deutsch-chinesischen Beratungsunternehmens gibt eine große Anzahl deutscher Manager in China als kritische Erfolgsfaktoren Ausbildung der Mitarbeiter, qualifizierte Fachkräfte und Personalmanagement an (Vauman Management Consultants 2006). Das Studienergebnis weist auf den ungenügenden Ausbildungsstand der chinesischen Mitarbeiter und den Mangel an qualifizierten Fachkräften als entscheidenden Engpass im Chinageschäft deutscher Unternehmen hin. Der Mangel an qualifizierten Mitarbeitern wird verschärft durch eine hohe Fluktuationsrate der Mitarbeiter und damit einhergehend eine niedrige Loyalität der Mitarbeiter gegenüber dem Unternehmen. Umgekehrt wird es aus Kostengründen, aber auch wegen fehlenden Kompetenzen ausländischer Manager nur in begrenztem Umfang möglich sein, ausländische Mitarbeiter zu beschäftigen.

Qualifiziertes Personal für Repräsentanzen und Vertriebsbüros, aber auch für Gemeinschaftsunternehmen (Joint Ventures) mit chinesischen Partnern oder für Tochtergesellschaften stellen die zentralen Herausforderungen für das Personalmanagement in China dar. Die Gewinnung und Bindung von qualifizierten und dauerhaft motivierten Mitarbeitern wird zum zentralen Wertschöpfungsfaktor in einem stark expandierenden Wettbewerbsumfeld. Wir wollen in diesem Artikel die entsprechenden Problemfelder des Personalmanagements mit dem häufig vernachlässigten interkulturellen Fokus erörtern, der ins Zentrum eines erfolgreichen Managements westlicher Unternehmen in China rückt.

Zwar kann gleichsam in Deutschland eine der wichtigsten Aufgaben des Personalmanagements in den nächsten Jahren gelten, einem Mangel an qualifizierten Arbeitskräften entgegenzuwirken. Dies spielt sich aber in einem gänzlich anderen Gesellschafts- und Bildungskontext ab. Vor der Diskussion der chinaspezifischen Herausforderungen erscheint es sinnvoll, die relevanten institutionellen Rahmenbedingungen für das Personalmanagement in China darzulegen (Kapitel 1). Im Anschluss werden Personalbeschaffung und -auswahl (Kapitel 2) sowie Personalentwicklung und -bindung (Kapitel 3) in China unter besonderer Berücksichtigung der interkulturellen Dimension diskutiert.

1 Kultur- und bildungsspezifische Rahmenbedingungen für das Personalmanagement in China

Das tragende chinesische Regelsystem ist geprägt durch *informale Institutionen* wie familiäre Bindungen und durch komplexe religiöse konfuzianische Prinzipien. Diese informalen Institutionen haben in China durch ihre jahrtausendlange Anwendung und Weiterentwicklung eine außerordentliche Belastbarkeit bewiesen, so dass den formalen und rechtlich-gebundenen Institutionen nur eine nachrangige Bedeutung zugemessen wird (H. Leipold 2006: 164). Gekoppelt mit der fehlenden Rechtsstaatlichkeit des sozialistischen Systems führte dies dazu, dass sich bis zum Beginn von Dengs Reformen 1978 ein eigenständiges formales Wirtschaftsrecht nicht entwickeln konnte. Zwar bemüht sich China insbesondere auf Druck der ausländischen Partner um die Errichtung formgebundener Institutionen des Wirtschaftsrechts. Doch nach wie vor ist die Bedeutung formgebundener Rechtsregeln untergeordnet. Es dominieren formlose Netzwerkstrukturen *(Guanxi)*.

Die kollektivistische Tradition Chinas ist von jeher auf den Gehorsam gegenüber Autoritäten und Vorbildern statt auf das Befolgen abstrakter Gesetze abgestellt. Dementsprechend hat das von den Westpartner hochgehaltene Prinzip der Vertragstreue (‚*pacta sunt servanda*') in China keine Tradition. Die abendländisch-westliche *Gesetzesmoral* konfligiert mit der chinesischen *Beziehungsmoral*. Wirtschafts-, Kooperations- und Arbeitsverträge mit chinesischen Unternehmen und Mitarbeitern bergen daher ein hohes interkulturelles Konfliktpotenzial. Häufig wird von europäischen und amerikanischen Kooperationspartnern die Tatsache unterschätzt, dass schriftliche Verträge in China (entbehrlichen) Absichtserklärungen gleichen. So schließen chinesische Unternehmen – unabhängig vom Geschäftsumfang – überhaupt keine oder nur rudimentäre Verträge. Dasselbe gilt für die Einstellung von Personal und sogar für Eheschließungen. Statt auf Verträge zu bauen, setzt das chinesische Leben auf informale Beziehungen, die flexibel für die jeweiligen Bedürfnisse der Partner sorgen sollen. Die Regelungsinstanzen sind gegenseitige persönliche Verpflichtungen und das sichernde Element in einem solchen vertragslosen System ist die Netzwerkstruktur der Beziehungen. Wer betrügt, verliert mit einem Schlage seine kompletten geschäftlichen Beziehungen (U. Reisach/T. Tauner/X. Yuan 2003: 329). Das Personalmanagement sollte dem Rechnung tragen und nicht vornehmlich auf Motivation durch arbeitsvertragliche Regeln (Urlaubsregelungen etc.) setzen. Wichtig ist vielmehr ein Führungsstil, der konfuzianische Fürsorgepflichten erfüllt und sich stärker an der Beziehungspflege mit den lokalen Mitarbeitern orientiert (z. B. Berücksichtigung von Schulungspräferenzen der aufstrebenden Manager, verbale Anerkennung).

Neben der untergeordneten Bedeutung formgebundener Institutionen spielen vor allem auch die Unterschiede zwischen dem westlichen und dem chinesischen Bildungssystem eine entscheidende Rolle für das Personalmanagement in China. So ist China (noch) stark unterakademisiert. Während in Deutschland bei etwa 12 Mio. Schülern und mehr als zwei Millionen Studierende ein Verhältnis zwischen Schülern und Studierenden von gut 6 : 1 vorherrscht, ergibt sich nach aktuellen Zahlen in China ein Verhältnis von etwa 33:1. Auf mehr als 200 Mio. Schüler kommen derzeit gerade 6 Mio. Studierende an Universitäten (ohne Colleges) (H. Schuh 2000).

Das Problem, qualifizierte Fachkräfte gerade auf der mittleren Managementebene zu bekommen, hängt entscheidend damit zusammen, dass sich das chinesische Bildungssystem seit jeher auf praxisferne Elitebildung im Sinne der Herrschaftssicherung konzentrierte. Die Kommunistische Partei hat diese Tradition im Sinne der Kaderbildung übernommen, wobei an die Stelle der kanonisierten Inhalte die kommunistischen Klassiker traten. Zwar werden – anders als im deutschen Bildungssystem – in China Begabte intensiv gefördert und unterstützt. Diese bislang dominierende Fokussierung auf die Eliten verläuft jedoch weitgehend ohne Praxisbezüge. Dementsprechend wird geschätzt, dass von den chinesischen Hochschulabsolventen nicht einmal ein Zehntel der Kandidaten für einen Job in einem multinationalen Unternehmen geeignet sind (J.-M. Gillies 2007).

Die Absolventen der Eliteuniversitäten bilden dafür ein Segment aus äußerst ehrgeizigen und erfolgsorientierten Arbeitnehmern, die sich unter Millionen Konkurrenten mit Hilfe ihrer Selbstdisziplin und Durchsetzungsfähigkeit behauptet haben. Daher sollten die westlichen Arbeitgeber bedenken, dass die harte Auslese des elitären chinesischen Bildungssystems bei den erfolgreichen Absolventen dazu führt, dem materiellen Erfolg einen hohen Stellenwert einzuräumen (H. Seelmann-Holzmann 2004: 22 f.). Die monetäre Entlohnung wird damit zum Eintrittsticket auf dem chinesischen Arbeitsmarkt für hoch qualifizierte Kräfte. Da die materiellen Entlohnungskomponenten von den konkurrierenden Arbeitgebern allerdings relativ leicht kopiert werden können, bekommen die immateriellen Faktoren beim Personalmanagement in China einen zentralen Stellenwert. Dies gilt es im Folgenden anhand der Personalbeschaffung und -auswahl sowie der Personalentwicklung und -bindung zu beleuchten.

2 Personalbeschaffung und -auswahl

Der Erfolg auf dem chinesischen Markt ist von verschiedenen kritischen Erfolgsfaktoren abhängig. Einer der zentralen Erfolgsfaktoren ist gut ausgebildetes Personal in den Schlüsselpositionen der Unternehmen. Grundsätzlich gibt es zwei Möglichkeiten. Zum einen können Mitarbeiter aus dem Stammhaus im Heimatland für einen Einsatz in China gewonnen werden (Expatriates) oder man rekrutiert qualifizierte chinesische Mitarbeiter.

Mehrere Gründe sprechen für einen Einsatz chinesischer Manager. So sind Beziehungen und Netzwerke von westlichen Unternehmen wichtige Erfolgsfaktoren für die Chinaaktivitäten. Kontakte und Beziehungen zu Kunden, Lieferanten, lokalen Politikern hängen stark von einzelnen (einheimischen) Mitarbeitern der Unternehmen vor Ort in China ab. Erfahrene chinesische Manager verfügen auf dem chinesischen Markt bereits über sehr gute Beziehungen und Netzwerke und können für viele deutsche Unternehmen und ihr Geschäft eine *Brückenfunktion* darstellen. Diese Besonderheiten sollten in Abhängigkeit von der ausgeschriebenen Position im Unternehmen bei der Personalbeschaffung berücksichtigt werden.

Fernerhin ist zu beachten, dass für das Gehalt eines westlichen Expatriates auf gleicher Hierarchieebene 5-10 chinesische Manager beschäftigt werden können – eine Tatsache, die insbesondere bei Joint Ventures zu Begründungsnöten führen kann. Allein aufgrund der *Kostenvorteile* gegenüber einem Expatriate herrscht auf dem chinesischen Arbeitsmarkt ein immenser Bedarf an gut ausgebildeten chinesischen Managern. Besonders in den schnell wachsenden Metropolen wie Peking, Shanghai und Kanton herrscht große Knappheit an lokalen »High Potentials« – an Managern mit Fachkompetenz, Englischkenntnissen und Berufserfahrung in der gewünschten Branche. Dabei kommt der Personalbeschaffung westlicher Unternehmen zugute, dass diese (insbesondere auch deutsche Unternehmen) unter den Angeboten auf dem chinesischen Markt für chinesische Arbeitnehmer als äußerst interessante und attraktive Arbeitgeber einen exzellenten Ruf genießen. Dies beschränkt sich nicht nur auf junge Absolventen aus den staatlichen und privaten Universitäten in China, sondern gilt auch für Personal mit langjähriger Berufserfahrung auf dem chinesischen Markt. Diesen Vorteil können europäische und insbesondere auch deutsche Unternehmen im Konkurrenzkampf um hochqualifizierte Mitarbeiter nutzen.

Ein Problem ist die praxisferne Ausbildung an den Hochschulen. Dies führt dazu, dass deutsche Manager von ihren frisch rekrutierten akademischen Mitarbeitern nur wenig selbstständiges Umsetzen von Arbeit erwarten können. Trotz hoher Leistungsorientierung der Elitestudenten hat diese für ausländische Arbeitgeber begehrte Zielgruppe typisch chinesische Vorstellungen bezüglich einer Führung, die auf eine umfassende Begleitung und Anweisung durch ihre unmittelbaren Vorgesetzten setzt. Chinesische Mitarbeiter sind an die Ausführung umfassender, detaillierter und exakter Anleitung gewöhnt (A. Mohl 1999). Fernerhin wird eine Berufsausbildung, die den deutschen Vorstellungen entspricht, erst seit einigen wenigen Jahren gefördert. Es gibt verschiedene Formen staatlicher und privater Berufsschulen mit ein- bis dreijährigen Ausbildungsgängen. An einigen Standorten wie in Tianjin oder Taicang sind mit deutscher Unterstützung duale Ausbildungszentren aufgebaut worden. Viele Unternehmen bilden jedoch ihre Fachkräfte *'on the job'* aus.

Wegen des ubiquitär hohen Bedarfs an gut ausgebildeten Mitarbeitern für alle Positionen der Unternehmen, Institutionen und staatlichen Behörden herrscht große Konkurrenz unter den Arbeitgebern. Chinesische Ingenieure oder Wirtschaftswissenschaftler mit mehreren Jahren Berufserfahrung sind weiterhin äußerst rar und für mittelständische Unternehmen kaum in hinreichender Anzahl zu rekrutieren. Daher ist auch auf den Einsatz von Expatriates zurückzugreifen. Auch hier existiert ein Mangel an qualifizierten Bewerber. Zwar steigt die Zahl der Absolventen und Young Professionals mit China-Bezug durch zahlreiche asienbezogene Studiengänge. Oft mangelt es jedoch an profunder Berufserfahrung sowie technischem und ökonomischem Wissen. Somit werden zwar die sprachlichen und kulturellen Anforderungen erfüllt, die fehlende Berufserfahrung die Bewerber erscheinen aber nicht für Leitungspositionen geeignet.

Die Personalbedarfsdeckung für das Chinageschäft bleibt somit weit von einer geozentrischen Personalstrategie entfernt, die als Besetzungsmerkmal primär die Qualifikation und Fähigkeiten einer Führungskraft vorsieht, während Eigenschaften wie die regionale Herkunft oder die Anbindung an das Stammhaus zu Gunsten des Aufbaus einer globalen Führungskultur in den Hintergrund treten (W. Weber u. a. 2001: 90). Die erfolgreiche Umsetzung der dadurch notwendigen Kombination der *ethnozentrischen* Strategie, bei der die Mitarbeiter vom Stammhaus entsendet werden, mit der *regiozentrischen* Strategie, bei der lokale Mitarbeiter eingestellt werden, wird in China somit in hohem Maße vom Aufbau der interkulturellen Kompetenzen der westlichen und chinesischen Mitarbeiter bestimmt.

Die Schwierigkeit bei der Personalbeschaffung von westlichen Mitarbeitern ist darauf zurückzuführen, dass China kein Ort ist, der raschen Erfolg und Karriere garantiert. Als *‚most competitive market in the world'* werden vielmehr Anpassungsbereitschaft, Ideenreichtum, voller Einsatz und ein häufig entbehrungsreiches Alltagsleben der Auslandsentsandten verlangt. Für die Auswahl ist entscheidend, Mitarbeiter zu finden, die den spezifischen interkulturell geprägten Anforderungen entsprechen. Diese notwendigen Anforderungen können durch ein dreidimensionales Konstrukt der *interkulturellen Kompetenz* erfasst werden (U. Reisach/T. Tauner/X. Yuan 2003: 319 ff.):

- Bei den interkulturell wirksamen *Fach- und Methodenkompetenzen* ist neben fundierten technischen und/oder ökonomischen Kenntnissen vor allem die Fähigkeit gefragt, dieses Wissen weiterzugeben und auf andere Kontexte (veraltete Maschinenparks, unzureichende Infrastruktur, defizitäre Organisation, nicht vorhandene Buchführung) zu übertragen. Führungs- und Auslandserfahrung sind ebenso wie sehr gute Englischkenntnisse und Grundkenntnisse des Mandarin unabdingbar.
- Interkulturelle *Sozialkompetenzen* sollen zum Agieren in Arbeitsprozessen in europäisch-chinesischen Teams beitragen. Dies umfasst Fähigkeiten wie interkulturelle Kommunikation- und Kooperationsfähigkeit, interkulturelle Sensibilität und Konfliktfähigkeit und Einfühlungsvermögen. Stärker als in Europa kommt es bei Managern auf einen fürsorglichen (konfuzianischen), persönlichen und mitarbeiterbezogenen Führungsstil an. Der Manager hat zugleich eine Vorbild-, Lehrer- und Schlichterfunktion zu erfüllen.
- Bei den interkulturell bedeutsamen *Selbstkompetenzen* sind vor allem mentale Offenheit, Improvisationstalent, hohe Eigeninitiative, Selbstbeherrschung zu nennen. Da schnelle Entscheidungen notwendig und Rückfrage in der Zentrale oft zu aufwendig sind, werden Führungskräfte mit Realitäts-

sinn, strategischer Denkweise und Risikofreude gesucht (keine ‚Verwaltermentalität' oder ‚Rückversicherer').

Gängige Auswahlverfahren sind umfassende Bewerberinterviews und Assessment Center. Das *China Cross Cultural Assessment Center* beinhaltet chinabezogene Testinhalte (‚*intercultural case studies*') sowie möglichst realitätsnahe Simulationen der Wirtschaftskooperation mit China (Verhandlungen, Personalgespräche, Dolmetscher-Situationen u. ä. m.) Fernerhin bieten sich intensive Chinavorbereitungsmaßnahmen an. Unbeschadet dessen wird ein Mangel an qualifizierten einheimischen Bewerbern beobachten zu sein. Dieser ist dann durch entsprechende Personalentwicklungsmaßnahmen zu beheben. Zentral wird dabei die Kombination aus Personalentwicklung und -bindung zum Erhalt des interkulturell qualifizierten Personals im eigenen Unternehmen.

3 Personalentwicklung und -bindung

Neben der Qualifikationsvermittlung durch die berufliche (Weiter-)Bildung beinhaltet die Personalentwicklung in einem erweiterten Verständnis die potenzialorientierte Förderung der beruflichen Entwicklung der Mitarbeiter sowie den geplanten und systematischen Wandel des gesamten Unternehmens durch die Organisationsentwicklung. Erfahrungsobjekt der interdisziplinären Forschung zur Personalentwicklung ist der Mensch, während sich das Erkenntnisobjekt auf den arbeitenden Menschen als lernendes, entwicklungsbedürftiges und entwicklungsfähiges Individuum konzentriert (M. Becker 2002: 6 ff.). Dem *Lernen in und von fremden Kulturen* kommt dabei eine Schlüsselrolle für das Chinaengagement deutscher Unternehmen zu. Die Entwicklung der Führungskräfte wird zum Ausgangspunkt bei der Entwicklung einer deutsch-chinesischen Unternehmenskultur, welche als nur sehr schwer imitierbarer, interkulturell gewachsener Wettbewerbsvorteil internationaler Unternehmen fungieren kann.

Die besondere Bedeutung der interkulturellen Kompetenz von Managern im Ausland zeigt sich daran, dass nach Schätzungen bis zu 50 Prozent aller Entsendungen mit einem vorzeitigen Abbruch durch die individuelle Unfähigkeit enden, sich in einer fremden Kultur zurechtzufinden. Aus Sicht der Unternehmen kommt der Fähigkeit, mit kulturellen Unterschieden erfolgreich umzugehen, vor allem in Asien eine zentrale Rolle zu. Die Personalentwicklung geht bei der Verbesserung der individuellen Leistungspotenziale von einer grundsätzlichen Trainierbarkeit interkultureller Kompetenzen aus. Die entsprechenden Trainingsprogramme legen in der Praxis neben dem Selbststudium einen Schwerpunkt auf Seminare, Gruppendiskussionen, Coaching, Abordnungen zu Tochterunternehmen und Teamentwicklungstrainings. Vor allem das *Coaching* wird als sehr gut geeignetes Instrument betrachtet und auch häufig im Vorfeld eingesetzt. Bei den Abordnungen besteht allerdings durch die geringe Vorbereitungszeit von zwei bis vier Monaten die Gefahr, dass die Entsandten nur unzureichend auf ihren Auslandsaufenthalt vorbereitet werden (W. Fritz/A. Möllenberg 2003: 295 ff.). Die Relevanz des Problems wird somit zwar zunehmend erkannt, die Manager im Ausland bleiben allerdings noch zu sehr auf sich allein gestellt, was den Bedarf nach einer systematischen Personalentwicklung für einen erfolgreichen Chinaeinsatz dringlicher macht. Diese sollte die chinesischen Nachwuchskräfte mit einbeziehen, deren hoher Marktwert sich in einer hohen Fluktuationsrate ausdrückt.

So liegt die durchschnittliche stellenbezogene Beschäftigungsdauer bei den Young Professionals nach Schätzungen von Beratungen derzeit gerade mal bei ein bis zwei Jahren. Die entsprechende Personalknappheit wird durch das Bildungswesen nicht ausreichend kompensiert. In Folge der oftmals ungenügenden englischen Sprachkenntnisse kommen beispielsweise nur 10 Prozent der studierten chinesischen Ingenieure für den Einsatz in ausländischen Firmen in Frage. Dazu kommt, dass der hohe Wachstumskurs der chinesischen Wirtschaft dazu führt, dass die Nachfrage das Angebot an qualifizierter Arbeit permanent übersteigt. Darüber hinaus konkurrieren die ausländischen Unternehmen mit expandierenden chinesischen Arbeitgebern wie etwa dem Computerhersteller Lenovo. Der Mangel an talentierten Mittel- und Seniormanagern erklärt sich auch aus dem traditionellen chinesischen Bildungssystem, dass sich auf das Auswendiglernen konzentriert und bislang wenig auf kreative oder teamorientierte Inhalte eingeht. Die erfahren chinesischen Führungskräfte stammen zudem entweder aus den bürokratischen Staatsbetrieben oder haben sich nach den Wirtschaftsreformen von 1978 eine unternehmerische Haltung unter den rauen Bedingungen wenig geltender legaler Regeln angewöhnt, die ihren heutigen Einsatz in westlichen Unternehmen ebenfalls erschwert (S. Toloken 2007: 21 f.).

Der Mangel an qualifizierten Mitarbeitern wird verschärft durch eine *hohe Fluktuationsrate* der Mitarbeiter und damit einhergehend eine *niedrige Personaltreue* der Mitarbeiter zum Unternehmen. Der Wechselwille auf dem chinesischen Markt ist stärker ausgeprägt als auf anderen Märkten. Es gilt daher nicht nur die richtigen Mitarbeiter zu finden, sondern diese auch über einen längeren Zeitraum im Unternehmen zu halten. Die besonders wertvollen jüngeren, qualifizierten chinesischen Arbeitnehmer orientieren sich bei der Realisierung ihrer ehrgeizigen Karriereziele neben einer hohen Entlohnung vor allem am Erwerb westlichen Managementwissens, da dies ihre derzeit starke Position auf diesem von westlichen Firmen umkämpften chinesischen Arbeitsmarktsegment weiter stärkt.

Dadurch erhalten sie einen hohen Anreiz zur Teilnahme an den Entwicklungsmaßnahmen ihrer westlichen Arbeitgeber. Die erhöhte Wechselbereitschaft insbesondere der gut ausgebildeten chinesischen Arbeitnehmer stellt den westlichen Arbeitgeber aus ökonomischer Sicht allerdings vor zwei grundlegende Probleme der Personalentwicklung:

1. Wie können die firmenspezifischen Investitionen in das Humankapital der Arbeitnehmer geschützt werden können, wenn diese ihr erworbenes Wissen bei einem Wechsel zur Konkurrenz strategisch zu Lasten ihres alten Arbeitgebers vermarkten können?
2. Wie lassen sich die unspezifischen Investitionen in das Humankapital amortisieren, wenn dadurch primär die externe Arbeitsmarktfähigkeit der Arbeitnehmer erhöht wird und diese die Entwicklungsmaßnahmen „mitnehmen" können, um danach das Unternehmen wieder zu verlassen?

Die Vermittlung von englischen Sprachkenntnissen allein stellt keine spezifische Investition der Mitarbeiter dar. Die Entwicklung interkultureller Kompetenzen in deutsch-chinesischen Unternehmensformen wird ebenfalls immer auch unspezifisches Wissen beinhalten, dass nicht nur im eigenen Unternehmen, sondern innerhalb des chinesischen Kulturkreises eingesetzt werden kann. Erst mit der Kopplung der generellen interkulturellen Kompetenz mit der spezifischen interkulturellen Kompetenz bezüglich des internationalen Unternehmens ergeben sich nicht nur für den Arbeitgeber, sondern auch für den Arbeitnehmer höhere Wechselkosten durch die geteilten Werte einer mit der Zeit entstehenden gemeinsamen Unternehmenskultur. Die spezifischen interkulturellen Kompetenzen können auch zu erwarteten Einkommensvorteilen durch neue Kontakte mit Führungskräften aus der jeweils anderen Kultur beitragen, welche die eigene Karriere wirksam unterstützen können. Eine erfolgreiche Personalentwicklungsstrategie insbesondere in wissensintensiven internationalen Unternehmen muss daher die höheren Investitionskosten ihrer hoch qualifizierten und damit besonders lernbereiten Beschäftigten durch eine erfolgreiche Personalbindung amortisieren. Der Aufbau persönlicher Beziehungen zwischen deutschen und chinesischen Beschäftigen trägt so einerseits zum Aufbau interkultureller Kompetenzen ‚*on the job*' bei, während die Etablierung persönlicher Netzwerke andererseits spezifische Investitionen der Beschäftigten darstellen, die wiederum ihre Wechselkosten erhöhen.

Durch die ökonomische Interpretation der Personalbindung als Managementprogramm zur Erhöhung der aktuellen und erwarteten Wechselkosten der Beschäftigten im Falle eines Austritts aus der Arbeitsbeziehung können die beiden Grundprobleme der Personalentwicklung effizient bewältigt werden. Da sich die individuellen Wechselkosten nur über unternehmensspezifische Investitionen erhöhen, rechnen sich für den Arbeitgeber durch die höhere Verweildauer auch die unspezifischen Investitionen (M. Krohn 2007: 204 ff.).

Die Abgrenzung von allgemeiner und firmenspezifischer Weiterbildung ist in der Praxis nur über Hilfsannahmen möglich, da hier zumeist beide Bestandteile gleichzeitig auftreten. Erfolgen die Weiterbildungen am Arbeitsplatz, werden sie vom Arbeitgeber finanziert oder sind sie informeller Art, spricht dies für eine Firmenspezifität. Dagegen ist die unternehmensexterne, nicht vom Arbeitgeber finanzierte oder stark formalisierte Weiterbildung mehr allgemeiner Art und kann auch extern genutzt werden. In empirischen Studien für westliche Arbeitnehmer lässt sich ein statistisch signifikanter positiver Einkommenseffekt lediglich durch allgemeine Weiterbildung nachweisen (A. Kuckulenz/T. Zwick 2005: 258 ff.). Bei einer unterstellten Übertragbarkeit dieser Befunde auf den chinesischen Arbeitsmarkt steht die Kopplung der Personalentwicklung mit der Personalbindung vor der Herausforderung, insbesondere den einkommensorientierten chinesischen Führungsnachwuchs durch spezifische Entwicklungsmaßnahmen an das Unternehmen zu binden, die zumindest nicht unmittelbar zur Einkommenssteigerung beitragen.

Das Personalmanagement in China sollte somit ein attraktives Komplettpaket aus monetären und nicht monetären Leistungen anbieten. Zu den monetären Bestandteilen der Personalbindung in China zählen eine leistungsorientierte, überdurchschnittliche Entlohnung, umfangreichere Sozialleistungen, eine attraktive und klare Karriereperspektive und das Bereitstellen von Krediten für Umzüge, Wohnungskäufe oder Ausbildung der Kinder. Daneben können arbeitsvertragliche Fristen und Klauseln zur Kostenerstattung der Aus- und Weiterbildung im Falle der arbeitnehmerseitigen Kündigung genutzt werden, wobei sich die formale Durchsetzung vertraglicher Ansprüche in der chinesischen Gerichtspraxis oftmals als äußerst schwierig erweist. Die nicht monetären Bestandteile ergeben sich aus der längerfristigen Karriereperspektive auf Basis interkultureller Kompetenzen, da die chinesischen Mitarbeiter das Unternehmen durch eine gezielte Rotation im Rahmen von Trainee- und Nachwuchsprogrammen im Mutterland und China kennen lernen. Zwar werden die chinesischen Mitarbeiter bei ihren Aufenthalten im Stammhaus fachlich geschult, vorbereitende interkulturelle Trainings bezüglich der Besonderheiten der Landeskultur finden aber derzeit noch zu wenig statt, was oft mit einem Kulturschock beim ersten Besuch in Deutschland verbunden ist. Bei der Weiterbildung für die chinesischen Mitarbeiter ist zudem die kulturell geprägte Haltung zu beachten, den Ausbilder als nachzuahmendes Modell zu sehen, das öffentlich nicht in Frage gestellt wird. Da auf Nachfragen im offiziellen Unterricht weitgehend verzichtet wird, können informelle Institutionen wie häufigere Teepausen dazu genutzt werden, den individuellen Lernprozess im Gespräch ohne den drohenden Gesichtsverlust vor der Gruppe zu überprüfen (U. Reisach/T. Tauber/X. Yuan 2003: 253 ff.).

Interkulturelle Kompetenzen beziehen sich primär auf solche informellen Besonderheiten bei der Interaktion mit den Angehörigen einer „anderen“ Kultur, die sich von der eigenen wesentlich unterscheidet, dabei aber nicht grundsätzlich auf- oder abgewertet wird. Diese möglichst nicht wertende Unterscheidungskraft lässt sich im Sinne einer interkulturellen Dialogfähigkeit in ein der jeweiligen interkulturellen Situation angemessenes Handeln überführen. Rotationsprogramme mit Abordnungsphasen im Stammhaus bzw. in China für die deutschen Auslandsentsendeten sollten daher mit dem Aufbau von persönlichen Beziehungen gekoppelt werden. Ein deutscher Manager kann so im Stammhaus als interkultureller Mentor arbeiten, während er in China die Rolle wechselt und dann von dem nach Deutschland entsendeten chinesischen Manager betreut und unterstützt wird. Diese „interkulturellen Tandems“ sind als Baustein von Karrierenetzwerken in internationalen Unternehmen zu verstehen, die den Aufbau firmenspezifischer interkultureller Kompetenzen unterstützen.

Die interkulturelle Personalentwicklung kann sich dabei auf die kulturellen Besonderheiten der chinesischen Gesellschaft stützen, die in ihrer wechselhaften Geschichte schon immer einen besonderen Wert auf die Bildung von Netzwerken aus persönlichen Beziehungen (*Guanxi*) gelegt hat. Die konfuzianische Prägung und die Ethik reziproker Verpflichtung (*renqing*) sind die zentralen Merkmale von Guanxi. Daher lässt sich von einer relationalen chinesische Identität sprechen, welche das Individuum untrennbar mit dessen Beziehung verbindet. Die Familie und der engste Freundeskreis stellen dabei den emotionalen Kern dar, der bei einem weiterhin hohen Verpflichtungsgrad von der weiteren Verwandtschaft, Personen gleichen Nachnamens, aus denselben Ausbildungs- und Beschäftigungsstationen oder der derselben Region immer weiter ausgedehnt wird. Die Beziehung zu einem „Fremden“, der nicht zu diesen Kreisen gehört, ist nicht von der Verpflichtung zur Wahrung des Gesichts, sondern vor allem vom eigennützigen Instrumentalisieren geprägt. Allerdings kann eine „echte“ Beziehung durch die Rolle von Vermittlern angebahnt werden, wobei der Statushöhere seine Kontakte für den Statusniedrigeren öffnet (S. Panther 2002: 254 ff.).

Grundsätzlich lassen sich so beim Guanxi die ererbten, verwandtschaftlichen Beziehungen von den durch soziale Anlässe wie Essen oder wechselseitige Geschenke aufgebauten oder vermittelten persönlichen Kontakten unterscheiden. Für westliche Manager kann das ebenfalls über den beruflichen Kontext hinausgehende persönliche Guanxi zum Ausgangspunkt bei der Entwicklung interkultureller Dialogkompetenzen werden. Der Aufbau persönlicher Vertrauensbeziehungen zwischen westlichen Führungskräften und ihren chinesischen Mitarbeitern trägt so mit der Zeit zu einer auch kontroversere Inhalte berührenden privaten Öffnung der offiziell ansonsten sehr indirekten Kommunikation bei. Als Gegenleistung für die besseren Arbeitsabläufe erhalten die chinesischen Partner bessere Arbeitsangebote und Karriereaussichten. Eine branchenübergreifende Befragung von 163 mittel- und hochqualifizierten chinesischen und amerikanischen Mitarbeitern amerikanisch-chinesischer Joint Ventures bestätigt diesen Zusammenhang insbesondere bei den Chinesen. Die zukünftige Forschung sollte daher einen Schwerpunkt darauf legen, wie Manager ihre interkulturellen Beziehungen in China vertiefen können, um damit die wechselseitige Dialogfähigkeit erfolgswirksam anzuregen (Y. Chen/D. Tjosvold 2007: 171 ff.).

Die hohe Reputation einer auf persönlichem Guanxi basierenden Vermittlerrolle für westliche Manager als Baustein eines internationalen Karrierenetzwerkes systematisch aufzubauen, bleibt somit angesichts ihrer zeitlich begrenzten Einsätze ein zeit- und kostenaufwändiges Unterfangen für die Unternehmen, das sich angesichts der chinesischen Arbeitsmarktsituation durch die damit verbundene Bindung insbesondere hoch qualifizierter Arbeitskräfte aber auch zukünftig lohnt. Die chinesischen Mitarbeiter investieren beim Aufbau einer dialogorientierten Unternehmenskultur genauso wie ihre deutschen Kollegen in unternehmensspezifisches Humankapital und können für diese vor Ort als loyale Vermittler auf dem chinesischen Arbeitsmarkt dienen, um weitere qualifizierte Mitarbeiter mit Hilfe ihres ererbten und persönlichen Guanxi einzustellen.

4 Fazit

Die aus Sicht westlicher Investoren beeindruckende Dynamik des Privatsektors in China droht in Folge des Mangels an qualifizierten Fachkräften zu erlahmen. Das knappe Personalsegment der fachlich gut ausgebildeten und auch fremdsprachlich westlichen Unternehmensstandards entsprechenden Absolventen der Elitehochschulen rückt dadurch in den Mittelpunkt der personalpolitischen Aktivitäten zur strategischen Unterstützung des Chinageschäftes. Ihre interkulturelle Kompetenz ist allerdings erst noch systematisch zu entwickeln. Ebenso scheitern in China viele fachlich und methodisch kompetente Führungskräfte aus westlichen Ländern durch das Fehlen von ausreichenden interkulturellen Sozial- und Selbstkompetenzen. Für das Internationale Personalmanagement stellt die interkulturelle Personalentwicklung als zentraler Baustein der Personalbindung ein effizientes Mittel dar, um einerseits die Personalknappheit zu bewältigen und andererseits den Aufbau interkultureller Kompetenzen zu fördern. Der damit verbundene Aufbau von persönlichen Beziehungen wird in Folge der kulturell geprägten mentalen Modelle selbst der karriereorientierten chinesischen Mitarbeiter auf lange Sicht nicht durch materielle Anreize zu ersetzen sein. Das alleinige Setzen auf materielle Anreize könnte zudem in einem ruinösen Wettbewerb auf Unternehmensseite enden und so die Vorteilhaftigkeit des Chinaengagements bedrohen. Der Aufbau von interkulturellen Beziehungen zwischen deutschen und chinesischen Führungskräften stellt daher beide Seiten vor die Herausforderung, interkulturelle Lernprozesse immer wieder als Anregung zu einer Vertiefung des gemeinsamen Dialoges zu betrachten, der letztlich auch der Stärkung der gemeinsamen Geschäftsinteressen dient. Dabei kommt dem Personalmanagement die zentrale Aufgabe zu, systematisch den Aufbau, den Erhalt und die Weiterentwicklung der interkulturellen Kompetenzen mit der Durchführung von unternehmensspezifischen Investitionen der Mitarbeiter zu verbinden.

Literatur

Becker, M. (2002): Personalentwicklung: Bildung, Förderung und Organisationsentwicklung in Theorie und Praxis. 3.Auflage, Stuttgart.

Chen, Y./Tjosvold, D. (2007): Guanxi and Leader Member Relationships between American Managers and Chinese Employees: Open-minded Dialogue as Mediator. In: Asia Pacific Journal of Management, Volume 24, Number 2. S. 171-189.

Fritz, W./Möllenberg, A. (2003): Interkulturelle Kompetenz als Gegenstand internationaler Personalentwicklung. In: Bergemann, N./Sourisseaux, A. (Hrsg.): Interkulturelles Management. Berlin u. a. S. 295-307.

Gillies, J.-M. (2007): Mitarbeiter verzweifelt gesucht, in: McKinsey (Hrsg): Knowledge Matter. http://www.mckinsey.de/knowmatters/ mckwissen/ publikationen_mckwissen_17.htm.

Krohn, M. (2007): Personalbindung in Netzwerkorganisationen durch Investitionen in Sozialkapital. Frankfurt/M. u a.

Kuckulenz, A./Zwick, T. (2005): Heterogene Einkommenseffekte betrieblicher Weiterbildung. In: Die Betriebswirtschaft, 65 Jg., Heft 3. S. 258-271.

Leipold, H. (2006): Kulturvergleichende Institutionenökonomik. Studien zur kulturellen, institutionellen und wirtschaftlichen Entwicklung, Stuttgart.

Mohl, A. (1999): Nach China unterwegs. Ein Trainingshandbuch zur Vorbereitung auf China, Paderborn.

Panther, S. (2002): Sozialkapital und Religion – Das Beispiel China. In: Nutzinger, H. (Hrsg.): Religion, Werte und Wirtschaft. China und der Transformationsprozess in Asien. Marburg. S. 243-265.

Reisach, U./Tauber, T./Yuan, X. (2003): China – Wirtschaftspartner zwischen Wunsch und Wirklichkeit, 3. Auflage, Frankfurt am Main/Wien.

Schuh, H. (2000): Großmacht der Köpfe. In: Die ZEIT (46) vom 9.11.2000.

Seelmann-Holzmann, H. (2004): Den anderen verstehen lernen. In: Harvard Business Manager, Jg. 26, Heft 8. S. 22-24.

Toloken, S. (2007): China´s Pool of Management Talent Growing But Still Lags Business Need. In: Business Insurance, Vol. 41 Issue 13. S. 21-22.

Vauman Management Consultants (2006): Wettbewerb in China. Eine branchenübergreifende Betrachtung der Wettbewerbssituation von deutschen Unternehmen auf dem chinesischen Markt, Shanghai.

Weber, W. u. a. (2001): Internationales Personalmanagement, 2. Aufl. Wiesbaden.

Globalisierung verstehen und gestalten – Ein Themenfeld wirtschaftspolitischer Bildung

Klaus-Peter Kruber

1 Eine Weltwirtschaftsordnung für die Globalisierung

Wir leben im Zeitalter der Globalisierung – jedenfalls ist das eine verbreitete Bezeichnung zur Beschreibung von prägenden Entwicklungstendenzen unserer Zeit. Kern von Globalisierung ist die Intensivierung internationaler Wirtschaftsbeziehungen und die zunehmende Vernetzung von Volkswirtschaften. Nach einer verbreiteten Definition von E. Koch ist Globalisierung „ein *dynamischer Prozess*, der, ausgelöst durch Änderungen der *politisch-ökonomisch-technischen Rahmenbedingungen*, die *wirtschaftliche Bedeutung nationaler Grenzen* geringer werden lässt. Die hierdurch ausgelöste Intensivierung des *internationalen Wettbewerbs* führt zu einer intensiveren Nutzung der Möglichkeiten *internationaler Arbeitsteilung*. Hierdurch verbessert sich der weltweite *Einsatz der Ressourcen* laufend, es entstehen *neue Chancen und Risiken*. Gleichzeitig werden nationale Regelungen zunehmend durch *internationale Vereinbarungen* ergänzt, so dass die nationalen politischen Akteure zu Gunsten *internationaler Organisationen* an Bedeutung zu verlieren beginnen.“ (E. Koch 2000: 5) Die mit Globalisierung verbundenen wirtschaftlichen und sozialen Entwicklungen auf Güter-, Finanz- und Arbeitsmärkten beeinflussen die Lebenssituation jedes Einzelnen. „Globalisierung“ ist darüber hinaus zu einem Schlagwort geworden, das für positiv oder negativ empfundene Entwicklungen in allen Lebensbereichen (Umweltprobleme, Migration, McDonaldisierung der Essgewohnheiten) in Anspruch genommen wird. Sie ist ein kontroverses Thema in privaten Diskussionen, in der Öffentlichkeit und in der Politik. Globalisierung hat viele Ursachen, genannt werden besonders technischer Fortschritt bei Kommunikation und Transport, Liberalisierung des Welthandels und Deregulierung von Finanzmärkten. Die Dynamik der Globalisierung ist grundsätzlich nicht aufzuhalten, wohl aber ist der Prozess wirtschaftspolitisch gestaltbar und gestaltungsbedürftig, wenn – um mit Stiglitz (2006, 2002) zu sprechen – die „Chancen der Globalisierung“ gegenüber ihren

„Schatten" (zukünftigen Risiken und bereits offenkundigen Nachteilen) überwiegen sollen.

Gestalt*bar* ist der Prozess, weil er nicht Naturgesetzen gehorcht, sondern Liberalisierung, Deregulierung und auch Technikentwicklung das Ergebnis politischer Entscheidungen sind und Staaten – auch wenn sie an Autonomie verlieren – auf nationaler und internationaler Ebene politische Handlungsmöglichkeiten behalten bzw. neue schaffen können (durch internationale Abkommen, regionale Integration, internationale Organisationen). Politikwissenschaftler sprechen in diesem Zusammenhang bezogen auf Probleme der internationalen politischen Ökonomie von Global Economic Governance (St. Schirm 2004: 237 ff.). Gestaltungs*bedürftig* ist der Prozess der Globalisierung, weil nach den Erkenntnissen der ökonomischen Ordnungstheorie Marktprozesse grundsätzlich einer institutionellen Rahmenordnung bedürfen, die – anders als im nationalen Rahmen – auf internationaler Ebene in weiten Bereichen völlig fehlt oder den heute zu erfüllenden Anforderungen nicht gerecht wird (das gilt für die vorhandenen Institutionen, beispielsweise die Welthandelsorganisation WTO, den Internationalen Währungsfonds IMF, die Internationale Arbeitsorganisation ILO, das Kyoto-Protokoll über Klimaschutz usw.; vgl. A. Schüller/H. J. Thieme 2002; H. Sautter 2004; J. Stiglitz 2006).

Sautter (2004: 53 ff.) nennt als wichtigste Herausforderungen an eine internationale Ordnungspolitik fünf Aufgaben:

- „Die Wohlfahrtsgewinne einer internationalen Arbeitsteilung bei der Produktion privater Güter lassen sich nur realisieren, wenn die Staaten zu einer Selbstbindung ihres Handelns an die Regeln des Leistungswettbewerbs bereit sind (...).
- Das ‚Systemrisiko' der Weltwirtschaft, das aus volatilen internationalen Kapitalströmen resultiert, lässt sich nur durch eine Kooperation der Staaten begrenzen, und dies gilt sowohl im Blick auf Krisenprävention als auch das Krisenmanagement (...).
- Die Bereitstellung globaler Kollektivgüter im Umweltbereich macht die Etablierung einer internationalen Umweltordnung notwendig (...).
- Die Staatenwelt, die sich – insbesondere unter dem Einfluss von NROs [Nichtregierungsorganisationen, K.P.K.] – in Richtung auf eine internationale Rechtsgemeinschaft hin entwickelt, sieht sich dazu herausgefordert, den weltweiten Schutz anerkannter Menschenrechte als einem ideellen globalen Kollektivgut zu gewährleisten (...).
- Angesichts einer wachsenden Interdependenz der Interessenwahrnehmung in reichen und armen Ländern stellt das zunehmende internationale

Wohlstandsgefälle eine Herausforderung an eine institutionell geordnete Entwicklungszusammenarbeit dar (...)."

Sautter fordert daher (und skizziert in seinem Buch in Grundzügen) als notwendige Institutionen einer Weltwirtschaftsordnung

- eine internationale Handels- und Wettbewerbsordnung,
- eine internationale Währungs- und Finanzordnung,
- Menschenrechtsstandards als Elemente einer internationalen Sozialordnung,
- globale Regeln für die Ressourcen- und Umweltnutzung,
- eine regelgestützte Entwicklungskooperation.

Politikwissenschaftler würden zu diesem Katalog internationaler Regimes bzw. Organisationen als grundlegende Voraussetzung (und teilweise als übergreifendes Dach) die Weiterentwicklung vorhandener Ansätze einer internationalen Friedens- und Sicherheitsordnung (UNO) zu einem tragfähigen System von Global Governance hinzufügen (S. Gareis/J. Varwick 2003: 34 ff.).

Angesichts der Vielzahl der Akteure im internationalen politischen Willensbildungsprozess (Regierungen der einzelnen Nationalstaaten, Internationale Organisationen, multinationale Unternehmen, Gewerkschaften, Nichtregierungsorganisationen usw.) und ihrer unterschiedlichen, oft gegensätzlichen Interessen handelt es sich bei der Entwicklung internationaler Regelsysteme um einen außerordentlich komplizierten und langwierigen Prozess. Erschwert wird dieser Prozess noch dadurch, dass er alle Merkmale einer sozialen Dilemmastruktur aufweist, das heißt: Selbst dort, wo die Akteure sich über ein Ziel (CO_2-Reduzierung) einig sind, weil seine Erfüllung allen Vorteile brächte, ist es für den einzelnen unvorteilhaft, Aufwendungen dafür zu tätigen, solange nicht alle Akteure sich der Regel unterwerfen („Gefangenendilemma"; H. Sautter 2004: 70 ff.). Unter solchen Umständen weltweit verbindliche Regelsysteme zustande zu bringen, ist eine enorme Herausforderung an die Politik und in einer demokratischen Gesellschaft auch an die Bürger, die diese Prozesse verstehen müssen, damit sie sie beurteilen und über ihre Partizipationsmöglichkeiten an der politischen Willensbildung auf nationaler Ebene mitgestalten können.

2 Lernen im Zeitalter der Globalisierung

Globalisierung verstehen und beurteilen zu können, erfordert eine fundierte ökonomische und politische Bildung. Globalisierung ist ein Lehrplanthema in vielen Fächern (Geografie, Religion, Sozialkunde). Sie ist auch ein zentrales Thema im

Wirtschafts- und Politikunterricht. Eine allgemeine bildungstheoretische Begründung des Themas zielt darauf, die daran zu gewinnenden Kenntnisse, Einsichten und Fähigkeiten, seinen möglichen Beitrag zur Persönlichkeitsbildung und den Beitrag verschiedener Fächer zu diesen Aufgaben zu bestimmen. Klafki beschreibt Globalisierung als „Schlüsselproblem der modernen Welt“. Er spricht von der „Entwicklung zunehmender Wechselwirkungen und wechselseitiger Abhängigkeiten aller Teile der Welt“, und er weist darauf hin, dass man „jenen Prozess globaler Vernetzung als unaufhaltsam [wird] ansehen müssen, und zwar in seinen Gefahren, vor allem aber auch in seinen Chancen für die weitere Entwicklung der Menschheit.“ Globalisierung „verbindet die in früheren Jahrhunderten in viele, weitgehend beziehungslose oder nur locker verknüpfte Teilbereiche gegliederte Erde immer mehr zu *einem* Weltzusammenhang.“ (W. Klafki 1996: 79 f.). Klafki fordert deshalb die Stärkung der „globalen Perspektive“ in Bildungsprozessen:

> „Die Erziehungswissenschaft und das allgemeine pädagogische Bewusstsein der Eltern und aller beruflichen Erzieherinnen und Erzieher, nicht zuletzt der Lehrerinnen und Lehrer, müssen einen universalen Horizont gewinnen, und zwar in allen Staaten und Kulturen. Aus einem solchen weltweiten Blickwinkel heraus aber muss darüber nachgedacht werden: Welche Erkenntnisse, Fähigkeiten und Einstellungen benötigen junge Menschen für ihre Zukunft, um sich produktiv mit jenen universalen Entwicklungen und Problemen auseinandersetzen zu können und schrittweise urteilsfähig, mitbestimmungsfähig und mitgestaltungsfähig zu werden?“ (ebd.: 80)

Tatsächlich gibt es Handlungsmöglichkeiten im privaten Bereich und im öffentlichen: Konsumenten und Investoren können beispielsweise bei ihren Kauf- oder Anlageentscheidungen auch internationale Zusammenhänge und soziale und ökologische Folgen berücksichtigen (und es gibt zahlreiche Beispiele, dass dies nicht wirkungslos bleibt: Tropenholz, Teppiche, Kaffee ...), und als Bürger sind wir aufgerufen, durch Wahlentscheidungen oder durch Engagement in Verbänden und Nichtregierungsorganisationen auf Wirtschaftspolitik mitgestaltend Einfluss zu nehmen.

In didaktischen Konzepten zur Bearbeitung des Themas Globalisierung konkurrieren zwei Ansätze miteinander, die sich in ihrer „Herangehensweise“ an die Probleme und ihrer Vorstellung von der Rolle des Bürgers im Prozess der Globalisierung („Bürgerleitbild“) unterscheiden: Globales Lernen und Transnationales Lernen.

Globales Lernen („Bildung für die Weltgesellschaft“) vereint didaktische Entwürfe verschiedener Disziplinen, etwa der interkulturellen Pädagogik, der Umweltbildung oder der Menschenrechtserziehung. Trotz unterschiedlicher

Fokussierung gründen diese Konzeptionen auf der gemeinsamen Dimension Entgrenzung gesellschaftlicher Herausforderungen.

> „Ausgangspunkt Globalen Lernens ist die Hypothese, dass die herkömmlichen Formen, Methoden und Gegenstände des Lehrens und Lernens nicht hinreichen, um der heranwachsenden Generation zu jenem Wissen, jenen Kompetenzen und Einstellungen zu verhelfen, derer sie bedarf, um sich in einer Welt orientieren zu können, die in wachsendem Maße von der globalen Vernetzung sozialer Beziehungen und von grenzüberschreitenden gesellschaftlichen Prozessen geprägt ist." (K. Seitz 2002: 366)

Bezugspunkt Globalen Lernens ist nicht länger die Welt der Staaten, sondern die Weltgesellschaft.

> „Der relative Machtverlust nationalstaatlicher Instanzen, die schwindende Steuerungsfähigkeit nationaler Politik und die wachsende Durchlässigkeit staatlicher Grenzen für soziale Kommunikation, ökonomische Beziehungen oder ökologische Gefährdungen haben das internationale System bzw. dessen öffentliche Wahrnehmung grundlegend verändert. Damit wird auch die Rolle der mündigen Bürger(innen) neu definiert, schienen sie doch bislang nur vermittels ihrer politischen Repräsentanten an der globalen Ebene partizipieren zu können, wohingegen nun eine direkte Teilhabe am sozialen und ökonomischen Netzwerk der Weltgesellschaft vorstellbar ist." (ebd.: 376)

Grundlage Globalen Lernens ist die Ablösung des nationalstaatlichen Paradigmas und der Aufruf zu persönlichem Handeln und Partizipation auf verschiedenen Ebenen:

> „Education for international understanding may be part of global education. Global education is broader, it encompasses understanding between people. Global education is something, in which NGOs play a key role." (A. Osler 2007: 103)

Betrachteten frühere Konzeptionen die "Dritte Welt" als einen Gegenstandsbereich politischer Bildung, geht das Konzept der Weltgesellschaft von der unteilbaren Verantwortung aller Menschen für eine gelingende Ordnung der Welt aus. Als Konsequenz dieser globalen Perspektive fordert Seitz eine Neuorientierung politischer Bildung. Sie solle Verständnis für die Handlungsebenen jenseits des Nationalstaats wecken und die Reichweite des Solidaritäts- und Rechtsempfindens der heranwachsenden Generation über den Kreis der engeren politischen Gemeinschaft hinaus ausdehnen. Ziel ist es nach Osler, „to enable learners to recognise our common humanity and provide a sense of belonging to a global community." (ebd.: 113)

Positiv hervorzuheben ist der Lebenssituationsbezug dieses Ansatzes, die Vermittlung einer globalen Perspektive, das Aufgreifen der Motivation von Heranwachsenden und ihrer Bereitschaft zu Engagement. Kritisch hinterfragt wird, ob hier nicht möglicherweise das Solidaritätsempfinden überstrapaziert wird (beispielsweise wenn es zu realen Interessenskonflikten oder Dilemmasituationen kommt). Kritisiert wird auch, dass das Konzept der Weltgesellschaft die noch immer dominierende Bedeutung institutionalisierter internationaler Politik zwischen Staaten und Organisationen nicht abbildet und damit letztlich „unpolitisch“ sei.

Das Konzept *Transnationales Lernen* zielt auf politische Urteilsbildung, die über den nationalen Rahmen hinausführt, verzichtet aber auf den Anspruch, Bürger einer Weltgesellschaft erziehen zu wollen. Höffe geht davon aus, dass Menschen sich auch im Zeitalter der Globalisierung zuerst als Staats- und Wirtschaftsbürger verstehen. Er spricht von der notwendigen Erweiterung dieser Rollen um eine transnationale Perspektive. Unter den Bedingungen der Globalisierung gibt es für ihn eine dritte Dimension der Bürgerrolle, den komplementären Weltbürger – nicht als Alternative, sondern als Ergänzung zu den anderen Rollen.

> „Der komplementäre Weltbürger (...) richtet seine Bürgertugenden, den Rechts-, Gerechtigkeits- und Gemeinsinn, zunächst auf das eigene Gemeinwesen. Gegen die großregionale und am Ende globale Perspektive aufgeschlossen, weitet er aber sein Engagement über den eigenen Staat beispielsweise auf Europa und schließlich auf die Weltordnung aus.“ (O. Höffe 2004: 152)

Die Befähigung zu politischer Urteilsbildung darf sich im Zeitalter der Globalisierung nicht auf innenpolitische Probleme beschränken.

> „Dem Politikunterricht ist deshalb die Vermittlung derjenigen politischen Kenntnisse aufgegeben, welche den Schülerinnen und Schülern (...) die Teilhabe am Prozess in der politischen Öffentlichkeit in Europa sowie auf weltpolitischer Ebene ermöglichen.“ (I. Juchler 2005: 143)

Transnationale Politische Bildung zielt auf die Entwicklung einer „erweiterten Denkungsart“ im Sinne von Immanuel Kant (I. Juchler 2004: 127 ff.). Ausgehend von der Staatsbürgerrolle und einem institutionellen und prozessualen Politikverständnis vermittelt sie die notwendigen Kenntnisse und Fähigkeiten, die zur Wahrnehmung der komplementären Weltbürgerrolle benötigt werden.

Transnationales Lernen stellt geringere Anforderungen an ethische Gesinnung und moralisches Verhalten des Einzelnen als das Konzept Globalen Lernens. Es ist gut vereinbar mit verhaltens- und institutionentheoretischen Ansätzen der ökonomischen Bildung (J. Karpe/G.-J. Krol 1997) und meines Erachtens gut geeignet, Globalisierung als (wirtschafts-)ordnungspolitische Gestaltungsaufgabe zu bearbeiten. Kritisiert wird, Transnationales Lernen laufe Gefahr, die globale Perspektive zu vernachlässigen, es sei zu „verkopft" und weise eine zu große Distanz zur Lebenswelt der Heranwachsenden auf. Dies sind Kritikpunkte, die sehr ernst zu nehmen sind, aber durch geeignete methodische Gestaltung des Unterrichts entkräftet werden können. Eine noch wenig genutzte Möglichkeit sind gezielte Praxiskontakte „vor Ort" als didaktisch geplanter Teil von Unterrichtseinheiten zum Thema Internationale Wirtschaftsbeziehungen. Kaminski, Krol und andere haben hierzu ein vorbildliches Projekt (PRAWIS) entwickelt und dokumentiert (H. Kaminski/G.-J. Krol u. a. 2005: 235 ff.).

3 Inhaltliche Strukturierung des Themenfeldes Globalisierung aus ökonomischer Sicht

Für das Verständnis der ökonomischen Aspekte von Globalisierung sind eine Reihe von Themen grundlegend:

- die Analyse von Entwicklungstendenzen, Ursachen und Wirkungen des Außenhandels und des internationalen Kapitalverkehrs,
- die Bedeutung von Direktinvestitionen und multinationalen Unternehmen,
- Freihandel und Protektionismus (insbesondere mit Blick auf die Nord-Süd-Beziehungen),
- die Funktionsweise von Währungssystemen und internationalen Finanzmärkten und
- die Anforderungen an wirtschaftspolitische Kooperation von Staaten, regionalen Staatenverbünden (EU) und internationalen Organisationen.

Internationale Arbeitsteilung entsprechend dem Prinzip der komparativen Kostenvorteile und die damit einhergehende Entwicklung von Waren- und Kapitalströmen im globalen Wettbewerb ermöglichen wirtschaftliches Wachstum und Wohlstandsgewinne. Grundsätzlich handelt es sich um eine win-win-Situation, die allerdings aufgrund von ökonomischen (Monopolbildung) oder politischen Faktoren (Protektionismus) auch einseitig zum Vorteil für ein Land verändert werden kann. Elementare Kenntnisse über die Bestimmungsgründe des internationalen Handels, die Wirkungen von Zöllen und nichttarifären Handelshemmnissen, die Bedeutung von multinationalen Unternehmen, Formen regionaler Integration und die Funktionsweise von internationalen Währungssystemen und Finanzmärkten sind dazu ebenso notwendig, wie eine grundsätzliche Auseinandersetzung mit den Vor- und Nachteilen von Freihandel und Protektionismus. Hierzu gehört das Verständnis der Wohlfahrtswirkungen handelspolitischer Eingriffe, aber auch die Auseinandersetzung mit Macht und Interessen der verschiedenen Akteure beispielsweise im Nord-Süd-Verhältnis. Mit Außenhandels- und Währungsproblemen verbundene Inflations- und Beschäftigungswirkungen sind kontroverse Themen nationaler Politik. Sie manifestieren sich beispielsweise im politischen Streit über Mindestlöhne, die Übernahme heimischer Unternehmen durch ausländische Konzerne oder die Kontrolle von Hedgefonds. Urteilsbildung in solchen Fragen erfordert neben ökonomischen Kenntnissen auch Wissen über politische Prozesse und die darauf einwirkenden Faktoren (Politikzyklus; Massing 1999: 28 ff.). Auf globaler Ebene sind differenzierte Wachstumswirkungen des Welthandels und damit verbundene externe Effekte (Umweltschädigungen) und soziale Ungleichheiten Anlass zu Nationen übergreifenden Konflikten (Nord-Süd-Konflikt, Armutsmigration, Konkurrenz um Rohstoffe). Die Entwicklung der Weltwirtschaft bedarf eines wirtschaftlichen und politischen Ordnungsrahmens, der bisher erst in Ansätzen (WTO, IMF, G 8) existiert. Das wird besonders deutlich an krisenhaften Entwicklungen auf Devisenmärkten (Asienkrise) und auf den weitgehend ungeregelten internationalen Finanzmärkten (so jüngst die weltweite Bankenkrise, ausgelöst durch US-Immobilienprobleme). Handels- und Währungspolitik und politisch-strategische Erwägungen sind häufig miteinander verbunden, sehr unterschiedliche Interessen treffen aufeinander. Lassen sich manche Probleme durch Vereinbarungen zwischen mehreren Staaten lösen (beispielsweise Schutz und Kontrolle von Direktinvestitionen), so bedürfen andere globaler Regelungen (Klimaschutz, Finanzmärkte) durch internationale Regimes oder internationale Organisationen. In der öffentlichen Wahrnehmung dominieren große Handelsmächte wie die USA und die EU die Handelspolitik – aber auch sie sind verletzlich durch Störungen der internationalen Vernetzung (Ölkrise) und herausgefordert durch aufstrebende Nationen (China, Indien). Akteure internationaler Politik sind in erster Linie die Staaten, aber ihre Macht wird durch die ökonomischen Handlungsmöglichkeiten von multinationalen Unternehmen einerseits und den Einfluss von Nichtregierungsorganisationen andererseits relativiert. Vielfach geht es um freiwillige Selbstbindung in einer Situation, in der starke Anreize zu Trittbrettfahrerverhalten oder *moral hazard* bestehen. Die Gestaltung der internationalen Ordnung ist ein Problem, zu dessen theoretischer Durchdringung Institutionenökonomik und Politische Ökonomie beitragen können (H. Sautter 2004; St. Schirm 2004).

4 Erschließung des Themenfeldes aus wirtschaftsdidaktischer Sicht

Die Fülle des hier angesprochenen Lernstoffs, die Komplexität des Gegenstandes und der rasche Wandel der jeweils aktuellen Probleme legen es nahe, sich zu seiner Erschließung am fachdidaktischen Ansatz der kategorialen Bildung (W. Plöger 1999: 44 ff.) zu orientieren. An geeigneten Gegenständen sollen elementare Strukturmerkmale und fundamentale Einsichten in ökonomische und politische Zusammenhänge erarbeitet werden, um „allgemeine“, für das Verständnis, die Beurteilung und die Mitgestaltung zukünftiger Problemstellungen hilfreiche Erkenntnisse, Fähigkeiten und Einstellungen zu gewinnen. (W. Klafki 1996: 145 ff.).

In der Wirtschaftsdidaktik bietet sich hierzu die Verbindung des verhaltenstheoretischen Ansatzes mit der Institutionenökonomik an. (J. Karpe/G.-J. Krol 1997: 75 ff.). Dieses Konzept fokussiert auf die spezifisch ökonomische Sichtweise, es reicht aber darüber hinaus und bezieht die politische Dimension ökonomischer Probleme mit in die Betrachtung ein. Der Ansatz zielt darauf, wirtschaftspolitisches Denken zu lernen (K. P. Kruber 2005: 203 ff.); er eignet sich in besonderer Weise, um eigennütziges Verhalten ökonomischer Akteure (Unternehmen, nationale Regierungen, Konsumenten und Gewerkschafter etc.) in internationalen Beziehungen zu verstehen, Marktprozesse und wirtschaftliche Kreislaufzusammenhänge zu analysieren, Grenzen des Marktes, Marktversagen und soziale Dilemmastrukturen zu erkennen und Folgerungen daraus für das eigene Urteil und privates und politisches Handeln zu ziehen. Globalisierung ist aus dieser Sicht ein hervorragend geeigneter exemplarischer Gegenstand, an dem ökonomische Bildung erworben werden kann.

Internationale Wirtschaftsbeziehungen beruhen auf der Nutzenstiftung durch arbeitsteiligen Austausch von Leistungen, der Außenhandel zu einer win-win-Situation macht. Ökonomisches Verhalten von Unternehme(r)n und Konsumenten wird durch die Entwicklung von Preisen und Zinsen im Wettbewerb auf internationalen Märkten, sowie durch Zölle und andere Eingriffe in den Marktmechanismus beeinflusst. Am Thema Außenwirtschaft werden ökonomische Kreislaufbeziehungen und damit verbundene Interdependenzen deutlich. Die davon ausgehenden Wirkungen berühren die Interessen von Betroffenen (Textilarbeiter, Bauern, Regierungen usw.); sie sind verbunden mit Zielkonflikten auf nationaler und internationaler Ebene und führen zu politischen Reaktionen (Lobbyismus, Protektionismus, Handelskrieg). Die Vermeidung von Marktmacht (etwa von multinationalen Konzernen in einem Entwicklungsland), die Korrektur von Marktversagen (externe Effekte), die Errichtung Effizienz fördernder internationaler Institutionen (beispielsweise für Finanzmärkte) oder die Vermeidung von politischem Druck oder willkürlichen staatlichen Interventionen erfordern eine Rahmenordnung, die häufig aufgrund von sozialen Dilemmastrukturen nur schwer zu erreichen ist. Arbeitsteilung, Marktmechanismus, Wettbewerb, externe Effekte, Kreislaufbeziehungen, Interdependenz, Interessen, Macht, Recht usw. sind Begriffe und Denkwerkzeuge zur Beschreibung und Erklärung ökonomischer Globalisierung (ich bezeichne sie als Stoffkategorien). Darüber hinaus eignen sie sich auch zur didaktischen Erschließung des Gegenstandes. Sie werden damit zu Bildungskategorien im Sinne von Klafki (1996: 145 ff.): Es handelt sich um *elementare Strukturmerkmale* ökonomischer Prozesse, sie sind *exemplarisch* im Sinne von übergreifenden Situationsmerkmalen, und sie sind auch *fundamentale Prinzipien* an die in anderen Kontexten angeknüpft und auf denen vertiefend aufgebaut werden kann.

Kategoriale Fachdidaktik läuft in der Praxis gelegentlich Gefahr, Begriffe statt Zusammenhänge und einseitige „Einsichten“ statt differenzierter Erkenntnisse zu vermitteln. Ihre Auswahl und Begründung sowie ihre Anwendung erfordern vertiefte fachwissenschaftliche und fachdidaktische Kenntnisse der Lehrkräfte. Es bedarf eines fundierten Verständnisses der zu Stoffkategorien komprimierten Begriffe, Strukturen, Prinzipien, Gesetze oder Methoden, um unzulässige Verkürzungen, Einseitigkeiten oder fehlerhafte Anwendungen zu vermeiden. Beispielsweise wird Nutzen-Kosten-Denken in solchen Fällen auf monetäres Gewinnstreben reduziert, Wettbewerb wird einseitig mit Freiheit und Fortschritt einerseits oder Gewinnmaximierung und ruinöser Konkurrenz andererseits gleichgesetzt, oder die Internalisierung externer Effekte wird zur „Vermarktung von Umwelt“. Hinter Kategorien im Sinne von Klafki und anderen Fachdidaktikern verbergen sich komplexe Zusammenhänge, die im Unterricht beachtet werden müssen. Am Beispiel von *Macht*, einem Begriff, der im Zusammenhang mit Globalisierung unzweifelhaft „kategoriale Qualität“ hat, soll die Notwendigkeit, sorgfältig verschiedene Dimensionen zu unterscheiden, abschließend skizziert werden.

Macht ist eine politische und ökonomische Kategorie gleichermaßen. Macht begegnet uns in den internationalen Wirtschaftsbeziehungen in verschiedener Form und mit unterschiedlichen Wirkungen. So ist private monopolistische Macht – beispielsweise Preisdruck eines multinationalen Unternehmens auf abhängige Zulieferer (Squeezing) oder die Blockierung von Patenten durch marktbeherrschende Pharmakonzerne – zu unterscheiden von öffentlicher Macht – etwa, wenn die EU durch Drohung mit Sanktionen eine „freiwillige“ Selbstbeschränkung der Textilexporte von Entwicklungsländern erzwingt oder wenn private Unternehmen willkürlich verstaatlicht werden. In solchen Fällen wird Macht aus ökonomischer und politischer Sicht negativ beurteilt (Effizienzeinbuße, Ausbeutung, Rechtsbruch). Andererseits wird fehlende Macht bedauert, wenn die Durchsetzung beispielsweise von Verbraucherrechten über nationale

Grenzen hinweg scheitert oder wenn die WTO faire Spielregeln im Außenhandel nicht wirksam durchsetzen kann oder internationale Abkommen scheitern, weil Trittbrettfahrerverhalten nicht verhindert werden kann. Institutionen ohne Sanktionen werden leicht missachtet. Macht ist eine ubiquitäre Dimension sozialer Verhältnisse (und deshalb von kategorialer Bedeutung nicht nur in Politik und Wirtschaft). Formen und Wirkungen von Macht (und ebenso von anderen Kategorien) sollten auf fachlich-theoretischer Grundlage erschlossen und für Unterricht bearbeitet werden.

Globalisierung ist ein typisches Querschnittsthema schulischen Unterrichts insgesamt. Ungeachtet der Notwendigkeit, Fächer übergreifende Zusammenhänge zu beachten und miteinander zu verbinden, bleibt es Aufgabe der einzelnen Fächer, ihren spezifischen Beitrag zu allgemeinen Bildung zu leisten. Der institutionentheoretisch fundierte Ansatz der ökonomischen Bildung, der von Gerd Jan Krol maßgeblich mit entwickelt wurde, ist ein didaktisches Konzept, das die ökonomische Perspektive in den Vordergrund rückt, bei dem kategoriales ökonomisches Denken geschult wird, und das zugleich schon von seiner Anlage her stets zur politischen Dimension hinführt.

Literatur

Gareis, S./Varwick, J. (2003): Die Vereinten Nationen, 3. Aufl. Opladen.

Höffe, O. (2004): Wirtschaftsbürger, Staatsbürger, Weltbürger. Politische Ethik im Zeitalter der Globalisierung. München.

Juchler, I. (2005): Demokratie und politische Urteilskraft. Schwalbach/Ts.

Kaminski, H./Krol, G.-J. u. a. (2005): Praxiskontakte. Zusammenarbeit zwischen Schule und Wirtschaft. Braunschweig.

Karpe, J./Krol, G.-J. (1997): Ökonomische Verhaltenstheorie, Theorie der Institutionen und ökonomische Bildung. In: Kruber, K. P. (Hrsg.): Konzeptionelle Ansätze ökonomischer Bildung, Bergisch-Gladbach. S. 75-102.

Klafki, W. (1996): Neue Studien zur Bildungstheorie und Didaktik, 5. Auflage Weinheim u. a.

Koch, E. (2000): Globalisierung der Wirtschaft. München.

Kruber, K.P. (2005): Hinführung zu „Denken in ökonomischen Kategorien" als Aufgabe des Wirtschaftsunterrichts. In: Weitz, B. O. (Hrsg.): Standards in der ökonomischen Bildung. Bergisch-Gladbach. S. 203-224.

Massing, P. (1999): Wege zu einem kategorialen und handlungsorientierten Politikunterricht. In: Kuhn, H. W./Massing, P. (Hrsg.): Politikunterricht kategorial + handlungsorientiert. Schwalbach/Ts. S. 5-38.

Osler, A. (2007): Education for democratic citizenship in a global age: challenges for policy and pedagogy. In: Gesellschaft für Politikdidaktik und politische Jugend- und Erwachsenenbildung (Hrsg.): Wirkungsforschung zur politischen Bildung im europäischen Vergleich. Schwalbach/Ts. S. 99-115.

Plöger, W. (1999): Allgemeine Didaktik und Fachdidaktik. München.

Sautter, H. (2004): Weltwirtschaftsordnung. München.

Schirm, St. (2004): Internationale Politische Ökonomie. Baden-Baden.

Schüller, A./Thieme, H. J. (Hrsg.) (2002): Ordnungsprobleme der Weltwirtschaft. Stuttgart.

Seitz, K. (2002): Bildung in der Weltgesellschaft. Gesellschaftstheoretische Grundlagen Globalen Lernens. Frankfurt a. M.

Stiglitz, J. (2002): Die Schatten der Globalisierung. München.

Stiglitz, J. (2006): Die Chancen der Globalisierung. München.

Autorenverzeichnis

Prof. Dr. Hans-Jürgen Albers
Professor für Wirtschaftswissenschaft und ihre Didaktik und seit 2002 Rektor der Pädagogischen Hochschule in Schwäbisch Gmünd

Prof. Dr. Thomas Apolte
Professor für Wirtschaftspolitik am Institut für Ökonomische Bildung an der Westfälischen Wilhelms-Universität Münster

Ivo Bayer, M.A.
Wissenschaftlicher Mitarbeiter am Soziologischen Institut der Akademie der Wissenschaften der Tschechischen Republik in Prag

Prof. Dr. Ansgar Belke
Professor für Volkswirtschaftslehre an der Universität Hohenheim

Prof. Dr. Holger Bonus
Emeritierter Professor für Volkswirtschaftslehre an der Westfälischen Wilhelms-Universität Münster

Prof. Dr. Manfred Borchert
Emeritierter Professor für Volkswirtschaftslehre an der Westfälischen Wilhelms-Universität Münster

Prof. Dr. Gustav Dieckheuer
Emeritierter Professor für Volkswirtschaftslehre an der Westfälischen Wilhelms-Universität Münster

Prof. Dr. Alexander Dilger
Professor für Betriebswirtschaftslehre am Institut für Ökonomische Bildung an der Westfälischen Wilhelms-Universität Münster

Kathrin Eggert
Geschäftsführerin der IÖB GmbH Oldenburg

Prof. Dr. Norbert Eickhof
Professor für Volkswirtschaftslehre an der Universität Potsdam

Dipl. Vw. Marina Gruševaja
Wissenschaftliche Mitarbeiterin am Lehrstuhl für Volkswirtschaftslehre, insbesondere Wirtschaftspolitik an der Universität Potsdam

Prof. Dr. Heinz-Dieter Hardes
Professor für Volkswirtschaftslehre an der Universität Trier

Prof. Dr. Karl-Hans Hartwig
Professor für Volkswirtschaftslehre und Direktor des Instituts für Verkehrswissenschaft an der Westfälischen Wilhelms-Universität Münster

Prof. Dr. Manfred Hübner
Professor für Wirtschaftsdidaktik und Direktor des Institut für Ökonomische und Technische Bildung an der Carl von Ossietzky Universität Oldenburg

Prof. Dr. Dr. h.c. Hans Kaminski
Professor für Wirtschaftsdidaktik an der Carl von Ossietzky Universität Oldenburg, Geschäftsführer der IÖB GmbH Oldenburg und Direktor des Deutsch-Russischen Institutes für Ökonomische Bildung

Dipl. Vw. Tanja Kasten
Wissenschaftliche Mitarbeiterin am Institut für Finanzwissenschaft II an der Westfälischen Wilhelms-Universität Münster

Prof. Dr. Jan Karpe
Professor für Betriebswirtschaftslehre und Direktor des Instituts für Distance Learning & Further Education an der Fachhochschule Köln

Michael Koch, M.A.
Wissenschaftlicher Mitarbeiter am IÖB Oldenburg und Leitung der Abteilung Schulpraxis

Dr. Ansgar Kortenjann
Referent Geschäftsbereich Börse, Abteilung Finanzwirtschaft an der Handelskammer Hamburg.

Prof. Dr. Wim Kösters
Professor für Volkswirtschaftslehre an der Fakultät für Wirtschaftswissenschaft an der Ruhr-Universität Bochum

Prof. Dr. Dietmar Krafft
Emeritierter Professor für Wirtschaftswissenschaft und ihre Didaktik an der Westfälischen Wilhelms-Universtität Münster

Dr. Michael Krohn
Wissenschaftlicher Mitarbeiter am Lehrstuhl für Betriebswirtschaftslehre, insbesondere Internationales Management an der Europa-Universität Viadrina Frankfurt (Oder)

Prof. Dr. Klaus-Peter Kruber
Professor für Wirtschaft/Politik und Direktor am Institut für Politische Wissenschaft der Christian-Albrechts-Universität zu Kiel

Prof. Dr. Martin Leschke
Professor für Volkswirtschaftslehre an der Universität Bayreuth

Prof. Dr. Andreas Liening
Professor für Wirtschaftswissenschaft und Didaktik an der Universität Dortmund

Dirk Loerwald
Wissenschaftlicher Mitarbeiter am Institut für Ökonomische Bildung an der Westfälischen Wilhelms-Universität Münster

Prof Dr. Thorsten Polleit
Chief German Economist bei Barclay Capital und Honorarprofessor an der Frankfurt School of Finance & Management

Prof. Dr. Aloys Prinz
Professor für Volkswirtschaftslehre, insbesondere Finanzwissenschaft an der Westfälischen Wilhelms-Universität Münster

Prof. Dr. Fritz Rahmeyer
Professor für Volkswirtschaftslehre an der Universität Augsburg

Prof. Dr. Thomas Retzmann
Professor für Wirtschaftsdidaktik an der Universität Duisburg-Essen (Campus Essen)

Prof. Dr. Hans Jürgen Schlösser
Professor für Wirtschaftswissenschaft und Didaktik der Wirtschaftslehre an der Universität Siegen

Prof. Dr. Alfons Schmid
Professor für Polytechnik/Arbeitslehre, Schwerpunkt Wirtschaft, an der Universität Frankfurt/a. M.

Prof. Dr. Günther Seeber
Professor für Wirtschaftspädagogik/Bildungsmanagement an der Wissenschaftlichen Hochschule Lahr

Prof. Dr. Albrecht Söllner
Professor für Allgemeine Betriebswirtschaftslehre, insbesondere Internationales Management an der Europa-Universität Viadrina Frankfurt (Oder)

Prof. Dr. Theresia Theurl
Professorin für Volkswirtschaftslehre und geschäftsführende Direktorin des Instituts für Genossenschaftswesen an der Westfälischen Wilhelms-Universität Münster

Dr. Claudia Wiepcke
Wissenschaftliche Mitarbeiterin am Lehrstuhl für Wirtschaftswissenschaft und Didaktik der Wirtschaftslehre an der Universität Dortmund, Fachreferentin Wirtschaftswissenschaft der Universitätsbibliothek Dortmund

Dipl. Vw. Maik Wiesweg
Wissenschaftlicher Mitarbeiter am Institut für Ökonomische Bildung an der Westfälischen Wilhelms-Universität Münster

Andreas Zoerner, M.A.
Ehemaliger Mitarbeiter am Institut für Ökonomische Bildung an der Westfälischen Wilhelms-Universität Münster; Autoren- sowie Lehrtätigkeiten in der ökonomischen Bildung

Gerd-Jan Krol

Vita

- geboren 1943 in Bentheim (Niedersachsen)
- nach dem Abitur an der Oberschule Nordhorn 1963 Studium der Volkswirtschaftslehre an der Westfälischen Wilhelms-Universität
- nach Abschluss zum Diplom-Volkswirt wissenschaftlicher Mitarbeiter am Lehrstuhl für Volkswirtschaftstheorie (Prof. Dr. Jochen Schumann) und am Institut für Genossenschaftswesen (Prof. Dr. Erich Böttcher)
- ab 1970 wissenschaftlicher Mitarbeiter und Assistent am Lehrstuhl Professor Dr. Bernhard Gahlen, Universität Augsburg
- 1971 Promotion zum Dr. rer. pol. an der Westfälischen Wilhelms-Universität (Fakultätspreis)
- 1974 Berufung an die Pädagogische Hochschule Westfalen-Lippe, Abteilung Münster auf den Lehrstuhl für Wirtschaftswissenschaft und die Didaktik der Wirtschaftslehre (Schwerpunkt Wirtschaftspolitik)
- seit 1980 Professor im Institut für Wirtschaftswissenschaft und ihre Didaktik des Fachbereichs 06 (Sozialwissenschaften) der Universität Münster, ab 01.01.2000 im Institut für Ökonomische Bildung
- Mitglied des Vereins für Socialpolitik und der Deutschen Gesellschaft für Ökonomische Bildung
- Mitglied im Beirat des Ökumenischen Studienwerkes (1980-1985), sowie des Beirats der Nordrhein-Westfälischen Natur- und Umweltschutzakademie (1996-2001)
- Vertrauensdozent des Evangelischen Studienwerkes Villigst (1996-2006)

Schriftenverzeichnis Gerd-Jan Krol (Stand: April 2008)

Monographien:

- G.-J. Krol, Die Wirtschaftsreform in der DDR und ihre Ursachen, Tübingen 1972.
- G.-J. Krol/J. Karpe, Ökonomische Aspekte von Nachhaltigkeit. Die Umweltproblematik aus sozioökonomischer Sicht. Umweltforschung Band 1. Herausgegeben vom Umweltbundesamt, Münster 1999.
- G.-J. Krol/A. Zoerner/J. Karpe, Sozialökologische Kartographierung. Ein Instrument zur Förderung von Nachhaltigkeit in Umweltbildungsprozessen. Umweltforschung Band 2. Herausgegeben vom Umweltbundesamt, Münster 1999.
- G.-J. Krol/A. Schmid, Volkswirtschaftslehre Eine problemorientierte Einführung. 21. Auflage, Tübingen 2002.
- G.-J. Krol/J. Karpe/A. Zoerner, Private Haushalte im Wirtschaftsgeschehen. Band 2: Ökonomische Bildung kompakt. Braunschweig 2005.
- G.-J. Krol/H. Kaminski u.a., Praxiskontakte – Zusammenarbeit zwischen Schule und Wirtschaft. Braunschweig 2005.
- G.-J. Krol/D. Loerwald/A. Zoerner, Märkte. Wochenschauheft für die Sekundarstufe I. 57. Jahrgang, Nr. 5. September/Oktober 2006. Schwalbach/Ts.

Herausgeberschaften:

- G.-J. Krol, Wirtschaftliche Grundbildung. Der Verbraucher in der Sozialen Marktwirtschaft (bis 1994, von 1984 bis 1991 "Verbrauchererziehung und wirtschaftliche Bildung"; 1978 - 1983: "Informationsdienst zur wirtschaftlichen Bildung").
- G.-J. Krol, Gesamtwirtschaftliche Probleme und Zusammenhänge, Münster 1988.
- G.-J. Krol/F. Gravenberch/M. Pieters, Der Konflikt zwischen Ökonomie und Ökologie und Möglichkeiten seiner Entschärfung, EU - Projekt zur Umweltbildung, Abschlußbericht, Münster 1996.
- G.-J. Krol, Diskussionsreihe Ökonomische Bildung. Münster: 1998-2002. (ab 2002 gemeinsam mit Th. Apolte und A. Dilger: IÖB-Diskussionspapiere).

- G.-J. Krol/K.-P. Kruber: Die Soziale Marktwirtschaft an der Schwelle zum 21. Jahrhundert - Neue Aufgaben für die ökonomische Bildung. Bergisch-Gladbach 1999.
- H. Kaminski/G.-J. Krol, Ökonomische Bildung: legitimiert, etabliert, zukunftsfähig. Stand und Perspektiven. Bad Heilbrunn 2007.

Beiträge in Zeitschriften und Reihen:

- G.-J. Krol, Die Wirtschaftsreform in der DDR in der westlichen und in der östlichen Literatur "Konjunkturpolitik". Zeitschrift für angewandte Konjunkturforschung. 17. Jg., H. 5, 1971, S. 283-324.
- G.-J. Krol u.a., Wirtschaftspolitik und gesamtwirtschaftliche Gruppen in der marktwirtschaftlichen Ordnung der Bundesrepublik Deutschland. "Aus Politik und Zeitgeschichte", B. 28, vom 14. Juli 1973. S. 3-22.
- G.-J. Krol, Verbraucherpolitik in Massenkonsumgesellschaften. Gegenwartskunde, Sonderheft 3, 1981, S. 9-27.
- G.-J. Krol/H. Diermann, Projekt: Einkommen in unterschiedlichen Ausbildungs-, Erwerbs- und Lebenssituationen. Verbrauchererziehung und wirtschaftliche Bildung, H. 3, 1984.
- G.-J. Krol, Das Umweltproblem aus ökonomischer Sicht. Verbrauchererziehung und wirtschaftliche Bildung, H. 1, 1984.
- G.-J. Krol/H. Diermann, Projekt: Markenkäufe bei Alltagskäufen? Verbrauchererziehung und wirtschaftliche Bildung, H. 1, 1985.
- G.-J. Krol/A. Wolf, EG-Agrarpolitik und Verbraucher. Verbrauchererziehung und wirtschaftliche Bildung, H. 3, 1985.
- G.-J. Krol, Grundlagen der Verbraucherpolitik. Verbrauchererziehung und wirtschaftliche Bildung, H. 1, 1986.
- G.-J. Krol, Das Umweltproblem aus ökonomischer Sicht. Gegenwartskunde, H. 3, 1986. S. 377 -408.
- G.-J. Krol, Mehr Markt im Umweltschutz? Zum Verhältnis von Ökologie und Ökonomie im Umweltschutz. Gegenwartskunde, H. 2, 1989. S. 207 - 217
- G.-J. Krol, Ökonomische Bildung - (k)ein zentraler Bereich der Allgemeinbildung? Die Realschule, H. 3, 1989. S. 102-107.
- G.-J. Krol, Der sozialökonomische Beitrag der Arbeitslehre zur Umweltbildung. arbeiten + lernen, Die Arbeitslehre, Heft 65, 10. Jg., Okt. 1989. S. 6–9.
- G.-J. Krol, Ökonomie in der Realschule - wirtschaftsbezogenes Wissen für Realschüler. bildung real, 34. Jahrgang, H. 1, 1990. S. 2-7.

- G.-J. Krol/I. Terzidis, Europäischer Binnenmarkt und Handelshemmnisse. arbeiten + lernen, Die Arbeitslehre, Nr. 69, 1990, S. 33-39.
- G.-J. Krol, Elemente eines originären Beitrags des Faches Sozialwissenschaften zur Umwelterziehung. Die Realschule, Nr. 6, 1990. S. 241-245.
- G.-J. Krol, Ökonomische Bildung in der Realschule – Befunde und Aspekte zur Weiterentwicklung - Statement, Die Realschule, H. 3, 1991, S. 116 f.
- G.-J. Krol/Dieter Peters, Der Gegenstandsbereich Wirtschaft in der Realschule - Wirtschafts-bezogenes Wissen für Realschüler - dargestellt am Beispiel des Konflikts zwischen Ökologie und Ökonomie. In: Ökonomische Bildung in der Realschule. Hrsg. v. F. Bitz und H. Wollenweber. Köln 1991. S. 91-119.
- G.-J. Krol, Wirtschaftspolitik als Gegenstand des Wirtschaftslehreunterrichts. arbeiten + lernen, 2. Jg., Heft Mai 1992, S. 12-19.
- G.-J. Krol, Umweltpolitik. arbeiten + lernen. 2. Jg., Heft 6, Mai 1992, S. 38-47.
- G.-J. Krol/J. Karpe, Umwelt und Verkehr ausgewählte Probleme und Lösungskonzepte. In: Wirtschaftliche Grundbildung, Heft 3, 1992.
- G.-J. Krol Ökonomie in der Realschule - Stellungnahme zum Richtlinienentwurf" Sozialwissenschaften" für die Realschule (Fassung vom 11.11.1991). In: Neue Richtlinien und Lehrpläne für die Realschule. Bildung real. 36.Jahrgang.Sonderdruck 1992, Düsseldorf 1992, S.110 – 115.
- G.-J. Krol, Ökologie als Bildungsfrage? Zum sozialökonomischen Vakuum der Umweltbildung. Zeitschrift für Pädagogik. Jahrgang 39, Heft 4, Juli 1993, S. 651-672.
- G.-J. Krol/H. Diermann, Umwelterziehung in der Sekundarstufe I - Eine Methodenkonzeption zur unterrichtlichen Aufarbeitung ökologischer und ökonomischer Aspekte. Wirtschaftliche Grundbildung. Heft 4, 1993. S. 1-16.
- G.-J. Krol, Änderung gesellschaftlicher Anreize statt individueller Bedürfnisse? Kritik der Umweltpädagogik aus ökonomischer Sicht. DGU Nachrichten, Heft 9, April 1994, S. 3-12.
- G.-J. Krol/H.J. Schlösser, Wir Euro-Konsumenten. Was der Europäische Binnenmarkt den Verbrauchern bringt. Hrsg. v. der Stiftung Verbraucherinstitut, Berlin 1991.
- G.-J. Krol/A. Zoerner/J. Karpe, Der sozialökonomische Beitrag zur Umweltbildung. Diskussionsreihe Ökonomische Bildung Nr. 1, Münster 1998.
- G.-J. Krol/T. Hönemann, Der sozialökonomische Ansatz der Umweltbildung - Grundlagen und Praxis der Umsetzung im Unterricht. Diskussionsreihe Ökonomische Bildung, Nr. 3, Münster 1998.

- G.-J. Krol, Freiwilligkeit Zwang Anreize - Bemerkungen zu strategischen Ansatzpunkten der Umweltpolitik. Diskussionsreihe Ökonomische Bildung, Nr. 4, Münster 1998.
- G.-J. Krol, „Ökonomische Bildung“ ohne „Ökonomik“? Zur Bildungsrelevanz des ökonomischen Denkansatzes. Journal für Sozialwissenschaften und ihre Didaktik, 2. Jg., Ausgabe 1, 2001. S. 20 ff.
- G.-J. Krol/J. Karpe/A. Zoerner, Modul: Private Haushalte im Wirtschaftsgeschehen. „Ökonomische Bildung online“, Oldenburg 2002.
- G.-J. Krol, Modul: Einkommensverteilung. „Ökonomische Bildung online“, Oldenburg 2003.
- G.-J. Krol/ I. Schenk-Kurz, Modul: Kooperation Schule-Unternehmen. „Ökonomische Bildung online“, Oldenburg 2003.
- G.-J. Krol, Kultur der Selbständigkeit und Schule. Unterricht Wirtschaft 04/2004. S. 57-61.
- G.-J. Krol/D. Loerwald/A. Zoerner, Standards für die ökonomische Bildung in der gestuften Lehrerbildung. IÖB-Diskussionsbeitrag 01-06. Münster.
- G.-J. Krol/D. Loerwald/A. Zoerner: Standards für die ökonomische Bildung in der gestuften Lehrerausbildung. Zeitschrift für Berufs- und Wirtschaftspädagogik. Band 103, Heft 03/2007. S. 442-457.

Beiträge in Sammelbänden und Handbüchern:

- G.-J. Krol/H. Wessels, Systemanalyse und politische Ökonomie in den Ostblockländern. In: Systemanalyse in den Wirtschafts- und Sozialwissenschaften, hrsg. von K.-E. Schenk, Berlin 1971, S. 103-135.
- G.-J. Krol/E. v. Knorring, Lohnquote und Wachstumszyklus, ein internationaler Vergleich. In: Wachstumszyklen und Einkommensverteilung, hrsg. v. B. Gahlen, Tübingen 1974. S. 29-52
- G.-J. Krol, Vorschläge für die Entwicklung eines Lehrerfortbildungsprogramms zur Verbrauchererziehung. In: Verbrauchererziehung an Realschulen und Gymnasien des Landes Nordrhein-Westfalen. Hrsg. vom Minister für Wirtschaft, Mittelstand und Verkehr des Landes NRW, Düsseldorf 1977. S. 218-238.
- G.-J. Krol, Konjunktur- und Wachstumspolitik. In: Wirtschaft, Handwörterbuch zur Arbeits- und Wirtschaftslehre, Bad Heilbrunn 1981.
- G.-J. Krol, Das Konzept rationalen Verhaltens als Bezugsrahmen für eine integrative Theorie des Konsumentenverhaltens. In: Ökonomische Bildung - Aufgabe für die Zukunft, Bergisch Gladbach 1988. S. 151-173.

- (Gekürzter Wiederabdruck in : K.-P. Kruber (Hrsg.), Didaktik der ökonomischen Bildung. Schriftenreihe Wirtschaftsdidaktik, Band 29. Hohengehren 1994, S. 70-81.)
- G.-J. Krol, Der sozialökonomische Beitrag zur Umwelterziehung. In: Abfall und Schadstoffbelastung, Ein interdisziplinäres Kolloquium, Dokumentationsband, Münster 1988. S. 8-11.
- G.-J. Krol, Mehr Ökonomie im Umweltschutz. In: Sozialwissenschaften in Münster, hrsg. von J. Bellers, Münster 1989. S. 234-242.
- G.-J. Krol, Transformation der DDR-Wirtschaft. In: Fragen an die deutsche Zukunft. Hrsg.v. M. Husemann und I. Zwilling. Münster 1991, S. 34-41.
- G.-J. Krol, Der sozialökonomische Beitrag zur Umweltbildung und Umwelterziehung - Ergebnisse einer Lehrerbefragung. In: Umwelterziehung - Theorie und Praxis. Hrsg. v. G. Hellberg-Rhode, Münster , New York 1991. S. 17-60.
- .-J. Krol, Begründung eines eigenständigen sozialökonomischen Beitrags zur Umweltbildung und Umwelterziehung - Lehrerbefragung zur Umwelterziehung. In: Umweltbildung und Umwelterziehung. Ansätze und Ergebnisse empirischer Forschung. Hrsg. v. G. Eulefeld et al., Kiel 1991, S. 135-171.
- G.-J. Krol, Ökonomische Verhaltenstheorie. In: Handbuch der ökonomischen Bildung, 4. Auflage. Hrsg. H. May, München 2000, S. 17-31.
- G.-J. Krol, Umweltprobleme aus ökonomischer Sicht - Zur Relevanz der Umweltökonomie für die Umwelterziehung. In: Handbuch der ökonomischen Bildung, 4. Auflage. Hrsg. H. May, München 2000, S. 525-546.
- G.-J. Krol, Leitbilder der Verbraucherpolitik. In: Handbuch der ökonomischen Bildung, 4. Auflage. Hrsg. H. May, München 2000, S. 83-98.
- G.-J. Krol, Einkommensverteilung in der Bundesrepublik. In: Handbuch der ökonomischen Bildung, 4. Auflage. Hrsg. H. May, München 2000, S. 369-396.
- G.-J. Krol/A. Zoerner, Zum Verhältnis von Ökonomie und Ökologie in der Umweltbildung - Ergebnisse einer Studierendenbefragung. In: Studien zur Umwelterziehung Ansätze und Ergebnisse empirischer Forschung, hrsg. v. G. Eulefeld, IPN 137 Kiel 1993 , S. 301-326
- G.-J. Krol/B. Weber, Preisvergleiche bei Alltagskäufen. In: Handlungsorientierte Methoden in der Ökonomie - Hrsg. v. B. Steinmann u. B. Weber. Neusäß 1995, S.181-193.
- Krol, G.-J./J. Karpe, Die Relevanz der umweltökonomischen Dimension für eine Europäische Umweltbildung. In: Umweltbewußtsein und Umweltbildung in der Europäischen Union. Hrsg. v. K. Schleicher, Hamburg 1995, S. 47-78.

- G.-J. Krol, Das Verhältnis von Ökonomie und Ökologie in der Umweltbildung. In: Grundlagen der beruflichen Umweltbildung in Schule und Betrieb Theoretische Grundannahmen, Probleme und Perspektiven . Hrsg. v. F-J Kaiser, M. Siggemeier, V. Brettschneider u. H. Flottmann. Bad Heilbrunn 1995. S. 73-88.
- G.-J. Krol, Umwelt und Entwicklung aus wirtschaftswissenschaftlicher Sicht. In: Umwelt und Entwicklung Eine Herausforderung für Wissenschaft, Politik und Schule, hrsg. v. K. Engelhard, Münster, New York 1995, S.87-110.
- G.-J. Krol, Ökologie und Ökonomie im gesellschaftlichen Aufgabenfeld des allgemeinbildenden Schulwesens. In: Biologieunterricht und Lebenswirklichkeit, hrsg. v. H. Bayrhuber u.a., Kiel 1997, S. 109-113.
- G.-J. Krol, Umweltpolitik. Handbuch zur Arbeitslehre, hrsg. v. D. Kahsnitz u.a., München 1997, S. 769-785.
- G.-J. Krol, Verbraucherpolitik. Handbuch zur Arbeitslehre, hrsg. v. D. Kahsnitz u.a., München 1997, S. 753-767.
- G.-J. Krol, Sustainability als Herausforderung für die Umweltbildung - Sozialökonomische Aspekte. Hrsg.v. Arbeitskreis Gymnasium Wirtschaft e.V. München 1996, S. 18-33.
- G.-J. Krol, The socio-economic dimension in environmental education. In: Der Konflikt zwi-schen Ökonomie und Ökologie und Möglichkeiten seiner Entschärfung, Abschlußbericht, Münster 1996, S.86-93.
- G.-J. Krol/J. Karpe, Ökonomische Verhaltenstheorie, Theorie der Institutionen und ökonomische Bildung. In: Konzeptionelle Ansätze ökonomischer Bildung. Wirtschafts- und Berufspädagogische Schriften, Band 17, hrsg. v. K.-P. Kruber, Bergisch-Gladbach 1997, S. 75-102.
- G.-J. Krol, Ökologie - Ökonomie - Bildung. In: Umweltbildung Theoretische Konzepte, empirische Erkenntnisse, praktische Erfahrungen, hrsg. v. M. Beyersdorf, G. Michelsen u. H. Siebert, Neuwied 1998, S. 271-283.
- G.-J. Krol/J. Karpe, Funktionsbedingungen moderner Gesellschaften und Neue Institutionentheorie als Herausforderung für die ökonomische Bildung. In: Die Soziale Marktwirtschaft an der Schwelle zum 21. Jahrhundert - Neue Aufgaben für die Ökonomische Bildung? Hrsg. v. G.-J. Krol u. K.-P. Kruber, Bergisch-Gladbach 1999, S. 21-48.

- G.-J. Krol, Bearbeitung der Stichwörter Gemeinlastprinzip, Konsum, Verbraucherbildung, Vorsorgeprinzip, Ökologie und Ökonomie, Ökosteuern, ökologische Steuerreform, Umweltauflagen, Umweltpolitik nationale, Umweltpolitik europäische, Umweltrisiken, Wirtschaftswachstum, Kooperationsprinzip, ökonomische Rahmenbedingungen für ökologisches Handeln des: Hand-Wörterbuch Umweltbildung, hrsg. v. O. Brilling u. E.W. Kleber, Baltmansweiler 1999.
- G.-J. Krol, Environmental Problems, Morals and Incentives in Modern Societies. Our Fragile World Challenges and Opportunities for Sustainable Development. Vol. I, ed. by M. K. Tolba, Oxford 2001, S.973 – 982.
- G.-J. Krol, Praxiskontakte und Ökonomische Bildung - Potenziale, Grenzen, Herausforderungen. Vortrag auf der Edutain am 9. November 2003.
- G.-J. Krol, Globalisierung aus ökonomischer Sicht. In: Globalisierung. Eine Herausforderung für Entwicklungspolitik und entwicklungspolitische Bildung, hrsg. v. K. Engelhard und K.-H. Otto, Münster 2005, S. 33-58.
- G.-J. Krol, Europäischer Emissionshandel. In: Entscheidungsorientierte Volkswirtschaftslehre, Festschrift für Gustav Dieckheuer, hrsg. v. M. Göcke u. S. Kooths. Frankfurt u.a. 2005. S. 291-314.
- G.-J. Krol/D. Loerwald/A. Zoerner, Ökonomische Bildung, Praxiskontakte und Handlungskompetenz. In: Kompetenzentwicklung, -förderung und -prüfung in der ökonomischen Bildung, hrsg. von B. O. Weitz. Bergisch Gladbach 2006. S. 61-110.
- G.-J. Krol, Bildung für nachhaltige Entwicklung - Ein Beitrag der ökonomischen Perspektive. In: Bildung für nachhaltige Entwicklung. Perspektiven für die Umweltbildung, hrsg. v. B. Hiller, M. Lange. Zentrum für Umweltforschung. Münster 2006. S. 67-89.
- G.-J. Krol/M. Wiesweg, Märkte und Akteure in wirtschaftswissenschaftlicher Perspektive. In: Handbuch ökonomisch-politische Bildung, hrsg. v. J. Althammer, U. Andersen, J. Detjen und K.-P. Kruber. Schwalbach/Ts. 2007. S. 94-113.
- G.-J. Krol/A. Zoerner, Ökonomische Bildung, Allgemeinbildung und Ökonomik. In: H. Kaminski/G.-J. Krol (Hrsg.), Ökonomische Bildung: legitimiert, etabliert, zukunftsfähig. Stand und Perspektiven. Bad Heilbrunn 2007 S. 91-129.
- G.-J. Krol/ D. Loerwald, Ökonomische Bildung in der gestuften Lehrerausbildung am Beispiel eines Schwerpunktmodells. In: Kaminski, H./Krol, G.-J. (Hrsg.): Ökonomische Bildung: legitimiert, etabliert, zukunftsfähig. Stand und Perspektiven. Bad Heilbrunn 2007. S. 239-254.

www.ingramcontent.com/pod-product-compliance
Ingram Content Group UK Ltd.
Pitfield, Milton Keynes, MK11 3LW, UK
UKHW042059021026
15589UKWH00001B/59
* 9 7 8 3 5 3 1 1 5 9 9 0 4 *